再出发

中国文化史研究

武汉大学中国传统文化研究中心
武汉大学历史学院
武汉大学国家文化发展研究院
武汉大学台湾研究所
编

武汉大学出版社
WUHAN UNIVERSITY PRESS

图书在版编目(CIP)数据

中国文化史研究再出发/武汉大学中国传统文化研究中心等编.—武汉:武汉大学出版社,2021.11

ISBN 978-7-307-22696-8

Ⅰ.中…　Ⅱ.武…　Ⅲ.文化史—研究—中国　Ⅳ.K203

中国版本图书馆 CIP 数据核字(2021)第 220633 号

责任编辑:李　程　　责任校对:汪欣怡　　版式设计:马　佳

出版发行:**武汉大学出版社**　(430072　武昌　珞珈山)

(电子邮箱:cbs22@whu.edu.cn　网址:www.wdp.com.cn)

印刷:武汉精一佳印刷有限公司

开本:787×1092　1/16　印张:30.5　字数:647 千字　插页:2

版次:2021 年 11 月第 1 版　　2021 年 11 月第 1 次印刷

ISBN 978-7-307-22696-8　　定价:218.00 元

题　记

中国文化史研究发端于20世纪初年，20世纪50年代以降沉寂近三十年，20世纪80年代复又重兴，得以纵深发展。冯天瑜先生是此际有贡献的学人，撰著文化通史、文化断代史，又兼及概念史、区域史，新见迭出，著述等身。冯先生的为人处世和学术成就，学界同仁有所评议，今次由武汉大学中国传统文化研究中心、武汉大学历史学院、武汉大学国家文化发展研究院、武汉大学台湾研究所加以选辑，成此《中国文化史研究再出发》一编。

文集分列“师说”“纪谊诗文”“学脉”“文化史”“概念史”“区域史”“前瞻”诸目，各目以总论性文字居前，以下各篇什大致依齿德为序，文题及行文由编者略加修订，谨此说明。

编　者

2021年5月4日

目　录

师　说

纪谊诗文

学 脉

文化史

概 念 史

区 域 史

前 瞻

师说

提出“元典精神”是一项重要贡献

张岱年 *

冯天瑜同志对于中国传统文化与中国传统哲学有较深的研究，出版了《中华文化史》及《中华元典精神》等专著，都具有很高的学术价值，受到学术界的赞誉。冯天瑜同志提出“元典精神”的概念，确有非常深刻的含义，是对于传统文化研究的一项重要贡献。

冯天瑜同志近将历年发表的论文编为一集，题为“人文论衡”，内容多精心撰构之作。其中对于中国的人文精神作了精详的阐释，对于中国文化的现代转型提出了自己的见解。这些文章是冯天瑜同志对于文化研究的又一贡献。

我们创建有中国特色的社会主义新文化，必须对于西方现代文化成就有全面的了解，努力迎头赶上，但是如果忘掉本国民族文化已达到的成就，数典忘祖，势将丧失民族文化的独立性。所以，弘扬中国文化的优秀传统是非常必要的。但是中国传统文化的内容是非常复杂的，瑕瑜互映，精粗并存。如何去粗取精，去伪存真，是一项艰巨的工作。天瑜同志钻研中国文化与中国哲学确有心得，他赞同我对于文化问题的见解，可谓所见略同，这是我非常高兴的。冯天瑜同志以新编文集的内容见示，并邀序于余，于是略述所感，作为序言。

张岱年

序于北京大学

1996 年 7 月

---

* 张岱年(1909—2004)，北京大学哲学系教授，国学家，哲学家。本文是张先生为冯著《人文论衡》(武汉出版社 1997 年版)所作序言。

如嚼冰梨，如沐清晨爽气

邱汉生*

明清时期是中国封建社会的末世。封建统治露出了崩解的端倪，但是还很强固。资本主义因素的萌芽已在东南地区稀疏地出现，但是十分稚嫩。这是时代的特点。明清文化就是在这样的时代特点下发展着的。

冯天瑜同志的《明清文化史散论》，论述了明清时期的中国文化。书中的内容涉及这一时期的哲学、文学、艺术、历史、科学技术各个领域，视野很宽广。它是通过若干具体问题的阐扬，反映这个宽广面的，论述很丰满、深刻。名曰"散论"，实际是有脉络可按，有统系可寻的。这只要翻读目录就可以得到印证。这样的著作，当前还不多见，确是读者在哲学史、文学史、科学史等史著之外所想寻求的书籍。

《明清文化史散论》的时代断限，起自明初，迄于辛亥革命，清社覆亡，凡544年。对辛亥革命的论述，时代已阑入半殖民地半封建社会。既称"明清"，是以朝代为标志，则亦无妨。书中论哲学思想的，有明初的朱学，有元明之际的《郁离子》，有明中期的王学及尔后王学的流变，有明末清初王、黄、顾三先生的学术思想。论文学的，有明代的"台阁体"及前后七子的复古主义，有明中期以后的市民文学"三言""二拍"。论科学技术的，有明末西洋传教士带来的西方学术，有徐光启在学术上的会通中西，以及王夫之自然观方面的创见。论文化政策的，有明清文字狱，有明清类书、丛书的编纂。这样，就清晰地勾勒了明清时期文化发展的轮廓。这个轮廓既是属于封建末世的，也带有新的城市平民的生机；既反映中国传统的封建文化，也说明其中有新输入的西方学术的涓涓细流。在卷帙浩繁的《永乐大典》《古今图书集成》《四库全书》的旁边，出现了《几何原本》《名理探》等西方著作的译本，及西洋传教士编绘的世界地图。这就透露了明清文化的时代消息。

《明清文化史散论》的不少论文写得很深刻，抉发了问题的本质，给人以诸多启示。例

---

* 邱汉生(1912—1992)，中国社会科学院历史研究所研究员，中国思想史家。本文是邱先生为冯著《明清文化史散论》(华中工学院出版社1984年版)所作序言。

如把《郁离子》放在“元明之际”的历史条件下来考察，使书中的寓言和故事得到恰当的政治说明，这就颇具卓识。论“台阁体”及前后七子的复古诗风，不仅区别二者之间的不同，还在引严羽诗以汉魏盛唐为师、戴表元复唐音的理论之后指出，“复古”乃是对点缀升平的“台阁体”的革新。这不能不说是别具慧眼的。《“三言”、“二拍”表现的明代历史变迁》是一篇力作，论证明中叶后“市民文学的勃兴”，指出“三言”“二拍”展现在读者面前的工商业者的形象再也不是受人凌辱的下等人，再也不是猥猥琐琐的可怜虫，他们以正面形象扬眉吐气地站立在读者面前。论文又说，“三言”“二拍”所表现的带有近代意味的生活图景，其清晰程度是空前的。“好比是在乍暖还寒的冬春之交，自然景象一片肃杀，但在某些洼地，开始萌发着青草的嫩芽。这些嫩芽还很不起眼，但毕竟预示着早春季节将要来临。”这些生动的语言，使符合历史实际的科学论证更具有引人入胜的力量。书里赞扬了顾炎武的风俗论，“今将静百姓之心而改其行，必在制民之产，使之甘其食，美其服，而后教化可行，风俗可善乎”，认为这位先哲的理论“已孕育着某些唯物史观的萌芽因子”。《从晚周的民本思潮到黄宗羲的〈明夷待访录〉》指出，黄宗羲在否定封建帝王的“一家之法”的前提下，向往建立一种“未尝为一己而立”的公法。这种公法将保护民众“各得其私，各得其利”。以天下之法取代一己之法的法治思想，是孟子“听政于国人”一类观念的跃进，直逼近代法治观的边缘。《利玛窦等耶稣会士的在华学术活动》，恰当地评价了耶稣会士所传入学术的价值，又指出徐光启也已隐约觉出，这些外国传教士“犹世局中人，其种种有用之学，乃其秘密家珍”，是居为奇货而不肯轻以传人的。这些论断很精辟，是在绵密的科学论证的基础上作出的，因而是有价值的。冯天瑜同志努力探索植根于政治经济的明清文化，书中随处闪射出历史唯物主义的灼然光耀。

早些年我就知道冯天瑜同志，但至今并未识面。这次他要我为他的《明清文化史散论》写序文，我欣然应允了。我穷日夜之力一口气把它读完。如嚼冰梨，如沐清晨的爽气，我为书内可贵的探索，精辟的论断，清晰、明快的文风所吸引。读这样的书，是一种知识的享受，也是一种美好的文学享受。我认为这确是一部好书。

冯天瑜同志对文化和文化史含义的阐释，是恰当的。今后沿着这个路径走去，我期望他能够写成更丰硕的中国文化史方面的著作。新中国成立前，柳翼谋①先生著有三卷本《中国文化史》，史料翔实，断制谨严，观点虽是旧的，但不失为一部有价值的著作。冯天瑜同志以马克思主义的立场、观点、方法治中国文化史，成就自当超过前人，即以书中引据浩博而论，已足以与柳先生方轨。1936年夏，我读书南京龙蟠里国学图书馆。时柳先生为馆长，每日见其从早至晚安坐书室，把卷不息，勤谨令人叹服。这个动人的形象深印我

---

① 柳翼谋(1880—1956)，即柳诒徵，江苏镇江人，我国现代著名历史学家、文学家、图书馆事业家和爱国主义者。历任国立东南大学、国立女子大学、国立东北大学史学教授，江苏省国学图书馆馆长。著《中国商业史》《中国教育史》《中国文化史》《中国版本概说》《国史要义》等书，其中尤以《中国文化史》为传世之作。

的脑际，至今将及半个世纪，犹鲜明如昨。1971 年，我再游南京，柳先生已谢世多年，倦倦怀旧，我写了《白门杂诗》，其中一首七绝是怀念他的：

鲁酒难寻周雁石，书城长忆柳诒徵。
乌龙潭水娟娟净，空印清宵一片冰。

1936 年，周雁石君亦在南京国学图书馆工作，我临归，他置酒饯行，故诗中兼及。我想，诚笃勤奋的学者给人的印象是极为深刻的，虽历数十年而犹不能去怀。读冯天瑜同志《明清文化史散论》的这十多天来，我总不时想起柳先生，想起柳先生的著作，因在序文之末，缀此数言，以志我的一段心印，且以寄厚望于天瑜同志。

邱汉生谨序

1983 年 9 月于北京

读《“封建”考论》

刘绪贻*

承天瑜同志不弃，让我在这里来对他的大作《“封建”考论》发表一点意见。我对这个问题虽然有兴趣，但没有研究；而且近来很忙，只在这两三天抽时间读了一遍，理解不深，谈不出什么有分量的意见，只能谈点肤浅的学习心得。

具体我是什么时候起关注这个问题的呢？现在已记不起了。若干年前，本校历史学院离休教授薛国中送一篇文章给我看，题为“秦汉社会性质再思考”。该文认为，秦汉以后中国社会，虽然在西汉初、西晋初时期，周代的封建制度曾经回光返照，但都只是昙花一现，而且与周代封建制不尽相同。秦汉以后中国社会是君主专制社会，不能称为封建社会。该文建议称为“专制主义社会”。我当时读了这篇文章后，尽管觉得它的论点与我们几十年来读到的而且相信的中国自秦至清社会是封建社会的论点完全不同，但认为有说服力，很有创见。后来，《武汉大学学报》虽然发表了这篇文章，但可惜未引起什么影响。再以后，我读到李慎之先生1993年发表的《“封建”二字不可滥用》一文，其中提到“湖北大学冯天瑜教授”已经开始了“中国封建制度辨析的工程”，而且完全同意天瑜同志反对将秦至清中国社会称为封建社会的意见。慎之同志是我很尊重的、我认为极有思想的朋友，他的这些话使我产生了阅读天瑜同志有关著作的意愿。天瑜同志调来武汉大学以后，我们成为同事，有机会了解到他撰写《“封建”考论》的计划，就一直想拜读他的大作。现在有幸读到了。虽然读得不够仔细，今后还要读，但大意是了解的，我有以下几点想法。

首先，我认为这是一本认真做学问的人下了很大工夫的、可称为科学的著作。它不同于时下有些“著书只为稻粱谋”的人所写的书，容易让人发现不足、缺点甚至硬伤。我读过一遍，尚未发现问题，甚至疑问。当然，这也可能是因为我水平有限，阅读又不仔细的缘故，但它确实对所研究的问题的方方面面考虑得很全面、很周到，而且搜集的材料非常丰

---

* 刘绪贻(1913—2018)，武汉大学历史学院教授，世界史家、社会学家。本文原载《读书》2008年第12期。

富，论证不厌其烦，反反复复，既有条理，又很确切。可以说，它把自秦至清中国社会不应称为封建社会的道理讲得很透彻。

其次，这本书对纠正我国社会科学界、理论界的一个重大误识作出了重大贡献。它运用充分的材料证明，马克思关于人类社会发展规律的研究，始终坚持历史演进统一性与多样性相结合的原则，反对将欧洲史的发展轨迹泛化为普世性规则，并多次谴责那些随意将个别推及一般的论者。他认为中国社会发展过程有别于欧洲，从来没有说自秦至清中国社会是封建社会。将新中国成立以前的中国社会说成是封建社会的，首先是列宁。后来，斯大林歪曲马克思思想，提出了错误的社会形态共性论和历史单线进化论，通过《联共(布)党史简明教程》，影响甚至控制了一个时期的中国理论界，造成了中国社会科学界、理论界的误识。本书揭露并纠正了这种误识，有力地证明了中国封建社会出现于周代，而且封建社会在周末崩溃后，接踵而兴的并非资本主义社会，而是一种君主专制社会：这种社会是封建社会的否定，当然不能称为封建社会。在本书出版前，也有中国学者做过纠正这种误识的工作，但据我所知，这本书的论证最有说服力。

再次，本书再一次有力地证明：抱着政治的目的谈学问，在政治面前胆怯做学问，都是难以接近真理而容易陷入荒谬的。本书引李慎之先生的一段话证明：中国人之所以误认自秦至清社会是封建社会，乃是抱着政治目的。这段话是："时下所说的'封建'以及由此而派生的'封建迷信'、'封建落后'、'封建反动'、'封建顽固'……并不合乎中国历史上'封建'的本义，不合乎从 feudal，feudalism 这样的西方文字翻译过来的'封建主义'的本义，也不合乎马克思、恩格斯所说的'封建主义'的本义，它完全是中国近代政治中为宣传方便而无限扩大使用的一个政治术语。"①本书还举出不少事例证明，有些严肃而渊博的学者其所以改变自己对封建社会本义的正确看法，是由于他们顶不住当时政治大气候对他们的无理要求。从这一角度看，本书作者的学术勇气也是值得称道的。

最后，我想提出两个问题和作者商榷。第一个问题：对于违反中国历史上本义，违反马、恩所称封建社会本义，将自秦至清中国社会称为封建社会的这种"语乱天下"的滥用，冯天瑜同志是坚决主张予以纠正的。对此，我同意并且支持，因为这有利于扫除中国历史科学发展的障碍，有利于历史唯物主义的发展。但是，我记得李慎之先生在某一篇文章中曾提到，资深革命学者李锐认为，这种滥用已经约定俗成。改正起来非常不容易，只好将错就错。的确，近两三年来我写文章为了纠正这种滥用，往往觉得很费笔墨，扩大篇幅，还不容易说得圆满。因此我想到能否有一种调和办法。这次读《"封建"考论》，有两段文字触动了我。一段是引自毛泽东《中国革命与中国共产党》一文的，"如果说周是诸侯割据称雄的封建国家，那么自秦始皇统一中国以后，就建立了专制主义的中央集权的封建国

① 见冯天瑜：《"封建"考论》，武汉大学出版社 2006 年版，第 382~383 页。

家……”①另一段是引自东京大学西岛定生教授的，“将长达两千年的中央集权专制君主统治下的官僚政治的持续存在作为封建社会的特征，这样的封建社会与西欧的封建社会也是很不相同的”②。这两段文字提醒我从另一个角度看问题，即人们既有权将中国周代社会和西欧中世纪社会称为封建社会，也有权将自秦至清中国社会称为封建社会，就像著名作家和一般市民都有权叫“池莉”一样。但是，为避免“语乱天下”起见，应有所区别，可以将自秦至清中国社会称为“新封建社会”或“后封建社会”。当然，这种历史分期命名法，与冯天瑜同志在其书中提出的历史分期命名标准的第二条“循旧以造新”不符，但这种做法在中外历史上是不少见的。比如，王安石将他实行的“新政”说成是“法先王之政”；又比如，美国的里根总统将他实行的有悖于罗斯福“新政”的保守的内政政策，称为是学习罗斯福的“新政”。总之，这是我的一种初步想法，是否可行，尚待探讨。

第二个问题：本书在第十八章正式提出“宜以‘宗法地主专制社会，取代‘封建社会’”命名自秦至清的中国社会，并提出了如此更改的理由。对此，我有一个初步的想法。我认为，在自秦至清的中国社会里，君主的影响和作用实在太大、太突出、太根深蒂固，对这段历史命名如果不提君主，似乎不大适宜。因此，我认为“君主专制宗法社会”似乎比“宗法地主专制社会”好一些，因为君主是最大的地主，甚至是地主的地主，君主专制也就是地主专制。当然，这只是我个人的初步想法，提出来仅供参考。

① 见冯天瑜：《“封建”考论》，武汉大学出版社2006年版，第290页。

② 见冯天瑜：《“封建”考论》，武汉大学出版社2006年版，第364页。

《上古神话纵横谈》序

袁　珂*

两年前接到冯天瑜同志的来信和附寄的一篇神话研究论文，当即复信如下：

> 接来信和附寄大作《古代神话断想》，读了很是高兴。神话基于现实，从神话可以看到古代的史影，大作用充分的材料和事实，将这两点阐述尽致，极表赞同。甚望见到《纵横谈》早日出书，将来得以先睹为快。我早年写的几篇神话论文，今年亦拟并为一集，他日出版，亦当寄奉请你指正。

目前我国研究神话的同志还不是很多，较之我们的邻国日本，在这方面，是大有逊色。我们应当携起手来，朝着远大的目标，共同迈进。

复信所说的《纵横谈》，就是这本《上古神话纵横谈》，从论文给我的良好印象，我确实希望此书能早日出版，"先睹为快"。今天终于给我期盼到了，天瑜同志寄来了此书的清样和我那篇复信的复制品，要我写一短序。我在"先睹"之余，感到精神愉快，于是欣然命笔，扩充前年复信里未尽的意思，写下这么一点感想。

神话，是一门较难研究的学科；中国神话，尤其有它特殊复杂的艰巨性。那艰巨就在于：材料琐碎零散，真伪杂糅，又每每搅混在谶纬和仙话的烟雾里，还常常和历史相混淆。要除去这些尘氛，用马克思美学观点加以审核，给予评述，实在是不大容易的。除此而外，要进入神话尤其是中国神话这座庄严宏伟的殿堂，还需要带有多种开这座殿堂门的锁的钥匙；因为它是一把神奇的锁，需要多种钥匙才能打开它。

复信中谈到目前研究神话的同志还不太多是事实，上述两点可能便是它的原因。钥匙的比喻是指文化知识，意思是说需要具有多种文化知识才能打开神话殿堂的门。但是，还

---

* 袁珂（1916—2001），四川省社会科学院文学所研究员，神话学家。本文系为冯天瑜先生《上古神话纵横谈》（上海文艺出版社1983年版）所撰序言。

有一个重要条件，就是研究神话的兴趣。要这三者切实相结合，神话殿堂的门才能呀然而开。

相形之下，我们的邻邦日本的情况就大不相同。意识形态方面可以存而不论(有比较接近我们的，也有距离较远的)，文化知识的基础，也在某些方面比我们丰厚。我手边有一本《日本的中国学家》这样的书，厚厚一巨册，近乎分类名人辞典。大略一翻检，发觉彼邦专门研究中国神话传说的学者，竟不下一打之多。而我们自己的队伍呢，据我所接触、所了解到的(多半是通信)，全国范围内，不过二三十人，其中大半还只是爱好神话、欲知门径的青年。当然我孤陋寡闻，接触了解有限，一定还不止此数，但估计也不会超过此数太多。所以我在上次复信中说："较之我们的邻国日本，在这方面，是大有逊色"，谅不为过。

当我知道有几个中年学者，在神话研究这方面踏踏实实地努力着，并且作出了相当可观的贡献的时候，我心里确实是感到高兴的。《庄子·徐无鬼》说："夫逃虚空者，闻人足音跫然而喜矣。"我倒不是"逃虚空"，只好像是行空谷，听见有同道者的"足音跫然"，便忍不住有一种发自内心的欢喜罢了。

几个中年学者，他们的视野都比较广阔，他们从民俗学、考古学、文学、史学、比较神话学……各方面来考察研究中国神话，自然收获丰富，光彩诸多。天瑜同志的这本《上古神话纵横谈》，便是首先贡献出来的可喜的成果之一。

天瑜同志是学历史的，从这本书可以见到作为一个史学者的他在书中所下的工夫。他处处从社会发展史的角度来研究中国神话，正如我上次读了他《古代神话断想》论文复信所说，"神话基于现实，从神话可以看到古代的史影，大作用充分的材料和事实，将这两点阐述尽致"，本书也有这样一个特色。尤其是下篇中"器用文物创造的神话"一段，可以说就是一部古代文化史的缩影在神话上的反映，写得最为精彩有力，将本书这样一个特色发挥得最是充足。

除了中国神话，本书还旁征博引，将世界上各个民族、各个国家的神话征引来和中国神话比较，由此寻找出神话起源和发展演变的共通规律，也是本书的一个特色。其中引征得最多的，是希腊神话。在下篇的好些章节中，都有中国神话和希腊神话的对比，为神话研究展示了一个新的格局。

本书是普及性质的读物，对神话研究，用的不是经院派的枯燥的讲述，而是饶有兴趣的夹叙夹议体，合乎普及读物所需要的深入浅出、引人入胜的要求。这也是本书的一个显著特色。下篇除了更突出这个特色以外，在结构安排方面，看得出来，作者也是很下一番苦心的。

书名"纵横"，上篇"总论"是一"横"，下篇"举要"是一"纵"；一"纵"一"横"，中国上古神话的面貌便大略可以见到了。这对广大文艺(自然首先是神话)爱好者说来，是很好的设计，可以逐渐引导他们登堂入室，有的甚至还可期望加入神话研究的行列。

书中议论精辟的地方多有，让读者自去鉴赏、玩味，这里就不逐一介绍了。也偶有我感到个别论点还不那么妥切处，也是见仁见智，自当找机会和作者商榷，不在这里啰嗦。总之，上次复信中末尾所说的“我们应当携起手来，朝着远大的目标，共同迈进”几句话，这里一样是用得着的。我的几篇“并为一集”的神话论文，名“神话论文集”，已由古籍出版社出版，给天瑜同志寄了去，请他指正，也算是“携手”的小小表现吧。是为序。

1983年1月29日于成都

博涉旧闻　敏求新知

——喜读《中国文化史断想》

萧萐父*

冯天瑜教授继《明清文化史散论》之后又推出新著《中国文化史断想》。前一书经老专家邱汉生先生之揄扬，早已流誉学林；新出的后一书也属于20世纪80年代文化讨论热潮中涌现的优秀之作。本书虽由17篇论文辑成，作者也谦称为“断想”，实际上表达了作者近几年对文化及文化史研究中一系列重要问题的系统思考，以中国文化的特质为中心，以中国文化走向近代的曲折历程为重点，宏观立论，微观考史，自为经纬，成一家言。

本书在学术路线上，博涉旧闻，敏求新知，对西方文化学诸流派的评述、对文化的本质及其结构层次的剖析、对儒家传统和当代西方晚清史研究成果（如《剑桥晚清史》等）的评估等，都能以马克思主义理论为圭臬，入其堂奥，论其短长，表现了科学的批判精神。

本书对文化史研究的领域，详人之所略，有新的开拓。诸如，关于传统智力论及其特色，关于儒学经世传统及其历史形态，关于传统的童蒙读物及其文化功能等一些新颖的课题，一般文化史论著颇少涉及，本书特给以充分重视和系统论述。

值得特别重视的是，本书突出地论述了明清之际早期启蒙文化与近代新学的历史联系问题，强调指出“新学”并非全等于“西学”，而有其民族文化传统中的深厚土壤；由明清之际的启蒙思潮，到道咸间的经世实学，再到晚清勃起的新学，其间有着内在联系的历史逻辑。为证实这些精辟论断，作者对近代文化史上的人物有选择地作了精心解剖：龚自珍、魏源的个案考究，深化了对道咸间经世实学的历史地位的具体了解；《劝学篇》（张之洞）与《〈劝学篇〉书后》（何启、胡礼垣）的对比研讨，有助于认清洋务派与改良派之间的联系和区别；而辜鸿铭与鲁迅的鲜明对照，更是以表明近代中国古今、中西的文化冲突，新旧两种文化观的对立斗争，何等离奇，何等尖锐！这些微观剖视，使本书区别于某些架空之论而达到了历史科学应有深度和密度。

---

* 萧萐父（1924—2008），武汉大学哲学系教授，中国哲学史家。本文原载《中国图书评论》1990年第4期。

颇有奥义

——评《“千岁丸”上海行》

茅家琦*

2001年商务印书馆出版了冯天瑜教授的专著《“千岁丸”上海行——日本人一八六二年的中国观察》。作者在日本讲学期间，查阅丰富的藏书系统，研究“近代日本人禹域踏查”这一颇有价值的课题。这本专著是这部丛书的第二本。

在国内系统介绍并研究这方面的文献还是第一次。

19世纪60年代初期，英、法、美以上海为侵略中国最重要的据点，上海的对外贸易迅速发展。太平军也于这时发动了对上海的进攻。1862年4月初，李鸿章从安徽到达上海，随即被清政府任命为江苏巡抚，他指挥的湘、淮军也陆续到达。在上海的清军、常胜军以及英、法陆海军联成一体，由英国军官士迪佛立统一指挥。英法侵略军与清政府勾结共同防卫上海地区，干涉中国革命已成定局。5月17日，李秀成率领大军在太仓打破清营三十余座，击毙知府李庆琛，攻克嘉定。学者们将研究视线集中在英法与清王朝的关系以及共同打击太平军问题上是完全可以理解的。在这种情况下，1862年日本幕府派遣使团乘幕府官船“千岁丸”赴沪，在上海逗留两个月一事，长期以来就被忽视了。

冯著是根据使团成员撰写的各种“见闻录”写成的，它对使团在上海的活动、所见所闻、思想动态做了多方面的论述，填补了中国近代史研究的一项空白。

1862年“千岁丸”上海之行的性质、任务是什么？冯著判明：它是1854年日美签订《神奈川条约》，日本被迫开放，“锁国体制”崩溃，追求现代化思想发展的结果。冯著说：“在被迫开放门户以后，日本‘开国’的力度和主动性，明显高于中国”；“幕府以重金购买英船，作为贸易官船出使上海，其直接任务自然是开展对清商贸”，但是，“具体的货品交

---

* 茅家琦（1927— ），南京大学历史系教授，中国近代史家。本文原载《武汉大学学报》（人文科学版）2002年第4期。

易尚在其次，借此作广泛的商事及社情调查更为要紧”。[①] 冯著说：这是因为，“其一，上海是西洋人在远东最重要的商业、交通、军事据点”，日本“把上海视作西方各国在远东的支店和窗口，当然希望到这个近水楼台来观摩西洋文明”；其二，“日本民间把太平天国与大盐暴动联系起来……幕府此际遣使到清朝与太平军作战前线的上海，当然有实地观察太平战事的意图”；其三，“具体考察日清贸易诸细节，以及清朝与西洋人商贸关系诸问题”。[②]

可见，“千岁丸”上海之行就是日本方面了解世界，寻求改革，走向现代化的一项具体行动。冯著以使团人员撰写的各种见闻录验证了上述观点，冯著写道：

> 翻阅上述见闻录，少有风花雪月的咏叹，多有对上海社会实态的记述与思考，从中可以看见年轻的下层武士们(年龄最小的纳富18岁，较大的中牟田25岁、五代27岁，居中的高杉、日比野23岁左右)席不暇暖、左右采获的身影，显示了近代日本人求知于世界的维新趋向和富国强兵的炽烈追求。[③]

1862年“千岁丸”上海之行，的确又推动了日本改革维新思潮的发展。冯著写道：“曾是日本‘文化母国’的近邻中国的沉沦，给日本人敲响了警钟，他们获得的共识是——不能重蹈中国的覆辙，必须改弦更弦……幕末日本的社会思潮，呈现过‘锁国佐幕’、‘锁国倒幕’、‘开国佐幕’、‘开国倒幕’等几种形态，总趋向是由‘锁国’到‘开国’，由‘佐幕’到‘倒幕’，而导致这种变化的原因当然是多方面的，来自清国的教训也是其中之一，‘千岁丸’上海行直接观察所获得的‘开国不可缓’、‘改革弊政不可缓’一类感想，又尤为真切。当其反馈回日本，自然会发生相当影响。”[④]

冯著以各种“见闻录”为依据提出了两个很有意义的问题。

一是太平天国农民战争与日本“开国”奉行的路线问题。

日本的幕末维新和明治维新采取拥戴天皇的自上而下井然有序的社会改革。冯著指出：1862年“千岁丸”上海行以后形成的“太平天国否定观”，即对于自下而上的大规模农民战争的恐惧，“也在这种抉择中起了点化作用”。冯著写道：

---

① 冯天瑜：《“千岁丸”上海行——日本人一八六二年的中国观察》，商务印书馆2001年版，第15~16页。

② 冯天瑜：《“千岁丸”上海行——日本人一八六二年的中国观察》，商务印书馆2001年版，第49~51页。

③ 冯天瑜：《“千岁丸”上海行——日本人一八六二年的中国观察》，商务印书馆2001年版，第61页。

④ 冯天瑜：《“千岁丸”上海行——日本人一八六二年的中国观察》，商务印书馆2001年版，第80页。

日本藩士的见闻所及，无不在清方氛围之内，他们对太平天国的印象是：暴虐无理，杀人无数，破坏社会生产力，摧残传统文化，导致外国势力入侵……他们在上海对太平战事的观察和体验，集中到一点，便是认为农民战争必将导致内乱，并加剧西洋人入侵造成的外乱，使得国将不国。①

冯著明确写道：

从高杉、中牟田、久坂等人的言论可以清楚看出，发生在西邻中国的太平战事，给日本维新志士的教训是：力避下层民众暴动，以杜绝社会动乱，尤其是谨防内乱外患并作。正是出于这种考虑，维新志士……走上一条依靠天皇权威、自上而下、有秩序的变革路线。应当说，访沪藩士进一步强化的“太平天国否定论”，对于这一路线的择定是起作用的。②

冯著就中国太平天国农民起义与日本“开国”路线形成之间的关联，作出如上判断是极富新意的。我个人赞成他的论断。

冯著写的另一个很有意义的问题是关于被迫开埠以后上海地区的道德沉沦。

访沪日本人士，对上海开埠以后的繁荣景致做了大量笔记。他们惊叹：日本的大阪远远比不上上海的繁华。同时各种“见闻录”也大量记载了当时上海官员的腐朽、社会道德的败坏。

日本使团访问了上海道台。冯著写道：从使团成员的记述中，“可以得见，处在兵荒马乱之际的上海道台府，礼炮、仪仗等官厅派头虽然还保持着，但内在的货色已经贫乏得可以，连在道台大人眼皮底下，招待外宾的场合也秩序混乱、内外无别，而且仆从们竟当着外宾之面小偷小摸，大失国格。这一切都显示着清朝官府权威的跌落”③。

上海开埠以后，社会风气日益衰败。“千岁丸”访沪成员看到的是：秦楼楚馆，竞相开办；毒、赌、娼已成为上海的“三大毒瘤”。他们接触到的社会人士给他们的印象是贪利、庸俗、无耻。冯著中择引了下列几件事：

日比野辉宽日记载：他们乘船在黄浦江上，有人“把烟袋掉进水里，舢板过来捞

---

① 冯天瑜：《“千岁丸”上海行——日本人一八六二年的中国观察》，商务印书馆 2001 年版，第 184~185 页。

② 冯天瑜：《“千岁丸”上海行——日本人一八六二年的中国观察》，商务印书馆 2001 年版，第 87 页。

③ 冯天瑜：《“千岁丸”上海行——日本人一八六二年的中国观察》，商务印书馆 2001 年版，第 119 页。

起来就拿走了，实在可恨”。另一次日比野由一中国人引导寻路，日比野口渴，想吃桃子，引路者要日比野给五十文钱，买来桃子后，那人见日比野钱给得爽快，马上改口要一百文钱。日比野大骂此人“奸商狡猾、贪婪。投桃而去”。日比野将这种刁滑作风归结为“海港边人的贪婪，是洋夷风俗的结果”。

冯著还转述高杉晋作与一位中国士人的笔谈记录，说明中国士人也哀叹上海风俗之败坏：

高杉晋作问：“弟要问上海之隐士逸民，请兄为语其名。”

中国士人答：“此地海滨之地，俗人多而隐逸者无，不敢具名。惟钱是欲，圣道凌夷，可慨叹矣。”

高杉晋作说：“是极，是极。惟钱是命，廉耻不息，可笑可叹。”①

冯著写的这两个问题，就问题本身看，正如冯天瑜教授在“后记”中所说，“内容皆无奥义”。但，如果考虑到访问团成员是在1862年提出这两个问题，联系到此后140年的风云变幻，学者们不能不产生如下思考：从中国太平天国农民战争中吸取什么样的经验教训，中日双方各不相同，中国方面，志士仁人热衷于做“洪秀全第二”，日本方面却从“太平天国否定论”中得到启示形成另一条“开国路线”。这条路线，虽存在弊端，日本国的现代化走过的道路也曲折坎坷，但取得的成就则是显著的：如何历史地、全面地认识、评价这一条路线，从而吸取有益的东西，仍然值得学者研究。学者们也不能不产生如下思考：文明古国，礼仪之邦，打开国门，一下子就变成如此贪利、庸俗、无耻，从100年的历史看，“经济发展、道德落后”，似乎是落后地区推动现代化必然要出现的一种现象。应如何认识并预防或治理这种现象？人们阅读冯著，对上述两个问题会得到若干启示，但问题的答案必将是多种多样的。从这个意义上说，冯著提出的内容，是“颇有奥义”的。

① 冯天瑜：《“千岁丸”上海行——日本人一八六二年的中国观察》，商务印书馆2001年版，第227~228页。

与李慎之、唐德刚、谷川道雄三先生议“封建”*

冯天瑜　口述　姚彬彬　笔录

“封建”本为表述中国古代政制的旧词，意谓“封土建国”“封爵建藩”，近代以前在汉字文化圈诸国(中、越、朝、日)通用，未生异议。19世纪中叶西学东渐以降，中日两国用“封建”一词翻译西洋史学术语 feudalism(封土封臣、采邑领主制)，衍为一个表述社会形态的新名(时间上中西并不对应，中国封建在殷周，西欧封建在中世纪，时差千余年)，此新名的基本内涵仍然与“封建”原义相通。

20世纪20年代开始，来自苏俄的“泛化封建”观强势降临，把“以农业为基础的”从秦汉至明清的中国社会视为“封建社会”。郭沫若先生是此说的力推者，他在1930年出版的《中国古代社会研究》中称：“中国的社会固定在封建制度之下已经二千多年”，还将“废封建、立郡县”的秦始皇称为“中国社会史上完成了封建制的元勋”。这种说法，是在斯大林及共产国际影响下应运而生的，但30年代还仅是一家之言，学界很少顺应。至延安整风时期，《联共(布)党史简明教程》立为干部必读书和述史经典，中国的历史进程纳入该《简明教程》规定的模式——原始社会—奴隶社会—封建社会—资本主义社会—共产主义社会(其初级阶段为社会主义社会)，且在时段划分上也必须与西欧史对应。自1949年以降，正式颁发的历史学教科书和大多数社会科学论著及整个文宣系统皆沿袭此说。

我们这一代及下代中国人，受教的是“五种社会形态单线直进”论，将商周归入奴隶社会，秦汉至明清是一以贯之的封建社会。1978年至20世纪80年代中期，本人步入学术研究领域，不假思索地运用这种论式。转机发端于20世纪80年代中期以后，我在撰写《明清文化史散论》及稍晚的《中华元典精神》之际，较系统地阅读《左传》《史记》《明史》《清史

---

* 李慎之(1923—2003)，哲学家、社会学家。曾任周恩来外交秘书、中国社会科学院副院长兼美国研究所所长。唐德刚(1920—2009)，美籍华人学者，历史学家、传记文学家，曾任哥伦比亚大学教授、中文图书馆馆长，纽约市立大学教授、亚洲研究系系主任。谷川道雄(1925—2013)，日本京都学派第三代学者，历史学家，京都大学名誉教授。本文原载《人文论丛》2020年第1辑(武汉大学出版社2020年版)。

稿》以及柳宗元、马端临、黄宗羲、顾炎武、王夫之的史论，又从梁启超、章太炎、钱穆等近代学者的讲论中得到启示，并于20世纪80年代末读到刚翻译出版的马克思晚年的《人类学笔记》，对“泛化封建观”渐生疑窦，不再将秦汉—明清封建时代说视为确论。这些思考，初步反映在1989年前后与何晓明、周积明二君合著的《中华文化史》(上海人民出版社1990年版)中。吾撰之上篇探讨中国历史分期问题，并专立一目《中国“封建制度”辨析》云：

> 中国古来即用的专词“封建”，是“封土建国”的简称。……西方的“封建制度”(feudalism)与中国古来的“封建”在概念上比较切近。……自20世纪40年代以来，我国史学界所通用的“封建制度”、“封建社会”，则是从“五种社会形态”角度确定其含义的，用所有制和阶级关系作为判定标准，指由地主阶级占有土地等生产资料的主要份额，以剥削农民(或农奴)剩余劳动为基础的社会制度；自然经济是这一制度的特征，农民和地主构成这一制度的基本成员，农民与地主的阶级矛盾是这一制度的主要社会矛盾。这里所使用的“封建”一词，已与“封建”的古义和西义均不搭界。

该目提出，“秦汉至明清两千年间社会形态较确切的表述，应是‘宗法君主专制社会’”，其制度主体已不是“封建”的。1989年的此种看法，是我2005年前后撰写《“封建”考论》的基点。

上述思路的整理及明晰化和渐趋深入，得益于与师友的切磋，特别值得纪念的是与三位年长我20岁左右的学界先哲——李慎之、唐德刚、谷川道雄——的研讨。

一、与李慎之先生议“封建”

李慎之先生20世纪80年代中后期是中国社会科学院副院长，主管外事工作，同时也是社科院美国所所长，以博通中西著称。

1988年，李慎之副院长受上级命，组建一个小型人文学者代表团，赴美国与华裔人文学者建立联系。当时台湾当局刚刚“解严”，海峡两岸人员交流渠道尚未开通，大陆方面试图通过在美华裔学者(如历史学家唐德刚、哲学史家成中英、政治学者熊玠等，他们与台湾关系密切)，搭建海峡两岸学术沟通桥梁。

那个人文学者代表团由四人组成，中国社科院两位：《历史研究》主编庞朴、政治所所长严家其；院外两位：社会学家郑杭生(时任中国人民大学副校长)、文化史学者冯天瑜(时为湖北大学教授)。我们四人到社科院会合后，由李慎之交代任务。这是我第一次见到李氏，即为其博学和率真所吸引。之后代表团一行到美国夏威夷，在东西方中心(East-West Center)和夏威夷大学与美籍华裔学者晤谈甚欢，达到预期目的。回国后我们到社科院向李氏汇报，他很高兴，说以后每年举行一次这样的会议，并把台湾学者汲纳进来。后来由于情势变化，李氏的这一设想未能实现。

李氏1989年秋辞去中国社科院副院长职，次年拙著《中华文化史》出版，我往外寄送的第一位便是李氏。以后几年间，在北京的学术会议上曾两三次见到李氏，他说，收阅《中华文化史》，特别称赞其中论封建一节“甚精当”。然见面匆匆，未及详述。后来我获悉，李氏在文章中多次论及“封建”问题。

李氏1993年10月发表《“封建”二字不可滥用》，指出中国学术必须保持“自性”，不可乱套外来模式，由此论及“封建”概念和历史分期问题：

> 时下所说的“封建”以及由此而派生的“封建迷信”、“封建落后”、“封建反动”、“封建顽固”……并不合乎中国历史上“封建”的本义，不合乎从feudal，feudalism这样的西方文字翻译过来的“封建主义”的本义，也不合乎马克思、恩格斯所说的“封建主义”的本义，它完全是中国近代政治中为宣传方便而无限扩大使用的一个政治术语。

李氏坦陈：“这个错误是我代人所犯下的”，显示了老辈学人的历史担当精神。他指出：

> 循名责实，正本清源，是所望于后生。所幸的是青年一代史学家已经有人注意到了这个问题。两年多前，我收到湖北大学冯天瑜教授寄给我的《中华文化史》，书中即已专列《中国“封建制度”辨析》一节，可说已经开始了这一工程。

1993年我已年过天命，慎之先生称之“青年一代史学家”，这是老辈寄语，我只能勉为认领了。(一笑)

近年我又读到李氏1998年撰写的《发现另一个中国》，文章在批评“封建”滥用后指出：“把中国自秦始皇起的社会制度称为封建主义实在是近几十年才大行其道(在此以前的名家，如陈寅恪、冯友兰都是压根儿不用这个名词的，西方研究中国历史的学者也不用这个词儿)。然而究其实际，则与中国原来所说的封建与日本、西洋的封建(feudalism)大不相同，当然也与马克思所说的封建不同(他心目中封建主义本来就是西方通用的封建主义概念)，因此名实不符，只能乱人视听。”愚见与李氏所议一致。惜乎1993年以后，我们没有交流机会，拙著《“封建”考论》2006年出版时，先生已辞世三载，只能献之于灵前。

二、与唐德刚先生议“封建”

与唐德刚先生相识，恰在前述1988年夏威夷大学交流之际。会议期间我与夏威夷大学成中英、纽约州立大学熊玠及唐德刚互动较多。唐氏时任纽约市立大学教授、亚洲研究系系主任，他的学术贡献，最为人熟知的是口述史。唐氏擅长采访，又有一支生花妙笔，李宗仁、胡适、张国焘、张学良的口述传记出自他的手笔。我读过精彩纷呈的《李宗仁回忆录》，对笔者十分心仪。因为神交已久，故与唐氏一见如故，俩人在会议休息期间交谈，晚饭后到海边散步，指天画地，渐渐集中到封建辨析问题。我陈述对“封建”滥用的反拨之议，唐氏连称“难得”，因为在他的印象中，大陆学者普遍持五种社会形态单线直进说，认定秦汉至明清是封建社会。唐氏听罢我的陈述，立即操着浓重的安徽乡音，介绍他撰写的《论中国大陆落后问题的秦汉根源》中的观点。唐氏的这篇文章是 1987 年在西安一个会议上宣读的论文，我们 1988 年交谈时，该文尚未正式发表，我当时听来颇觉新颖(该文 20 世纪 90 年代后收入他的《史学与红学》等文集中)。

唐氏说，中古欧洲式的封建制，政治属从的关系只是皇帝与诸侯、诸侯与附庸的关系，政府与人民之间无直接关系。农民只附属于土地，而土地则是附庸、诸侯或(直属于)皇帝的私产。欧洲史家十七八世纪把这种管辖制度称为 feudalism。近代中国知识分子读欧洲历史，发现中国古代亦有类似的制度，这个制度并且有个古老的名字叫作“封建”。封建者，封君建国也。唐氏讲到这里兴奋起来，提高声调说，20 世纪二三十年代，“封建”一词便逐渐变质了，最后它竟变成了所有古老而落伍的一切坏的风俗习惯的总代名词。唐氏强调：“时至今日，在中国马克思史学派的词汇中，所谓‘封建’显然既非中古欧洲的 feudalism，也不是中国古代封君建国的‘封建’了，它变成中国马克思主义者受苏联影响而特创的一个新名词。”

唐氏这一评论基本符合实际，但有须加修正的地方。我插言：“大陆流行的泛化封建观，并非‘马克思史学’，实则与马克思封建社会原论相悖。”

唐氏闻言有些诧异，连问：“这是么意思?”我解释道：“泛化封建观是在苏俄及共产国际影响下、中国初学唯物史观的学者形成的一种偏失判断。”

唐氏可能没有读过马克思关于“封建”的论说，误以为那种泛化封建观出自马克思，我特别指出：“马克思认为，非欧国家只有日本的前近代是封建社会，中国、印度等绝大多数东方国家的前近代皆非封建社会。中国一些熟悉马克思原著的史学家并不赞成秦汉—明清封建社会说。”唐氏听到介绍后，连连点头说：“可能是你讲的这种情况”，并连连拍我的肩膀，说：“看来你读了不少原著，所以不人云亦云。”唐氏的虚心态度和敏锐判断力令人钦佩。

1998 年以后几年我在日本讲学，1999 年 5 月初专程回国参加在北京大学举办的纪念五四运动八十周年国际学术研讨，会上重逢唐先生，我们不约而同地谈到不能把五四运动的题旨概括为“反封建”，而应称为“反君主专制”，如辛亥革命诸人从未“反封建”，而是“反帝制，争共和”。由此我们在会上会下继续讨论“封建”所涉诸题。住在同一宾馆的王元化先生也曾参与交谈，三人所见一致。

在这次北大会议期间，爱知大学绪形康教授邀中国的王元化、冯天瑜，美国的周策纵、唐德刚，新加坡的王赓武座谈(座谈纪要载于爱知大学《中国21》1999年卷，中国社会科学出版社2001年版)，王元化讲到，五四"反封建"一说应当重估，因为秦始皇统一中国后，就不再是封建制了。绪形康接着说：

> 冯天瑜先生发表过《厘清概念——以"封建"与"形而上学"为例》，与王元化先生观点相近。看来我们对五四运动的再认识，有一个重新厘定概念的任务。

这次北大重晤，我与唐德刚讨论封建问题较夏威夷那次深入。我把1988年以后十年间自己对"封建"问题的进一步思考告诉唐氏，他深表赞许，并阐述己见。

唐氏指出：

> 中国社会历史可划分为三个阶段，即封建、帝制、民治。帝制就是君主专制，民治就是进入民主制度的实践阶段。

唐氏这种划分与吾见相似。我补充道：封建的基旨是宗法，宗法封建制初现于殷商，西周得以完备。从春秋战国到秦汉，发生从分权的封建到中央集权的君主专制的转变(史书称"废封建，立郡县")，但周代确立的宗法观念和宗法制度秦汉以后承袭下来，用严复的话来说，直到今天，中国人"犹然一宗法之民"。封建制解体，宗法制保留下来，周代是宗法封建，秦汉后是宗法君主集权制，这是中国史的一个特点。唐氏赞成此说。

我们还讨论到，中唐前后的中国社会形态，颇有差异。从秦汉到中唐以前，进入皇权专制社会，但封建性要素还多有遗留，从两汉到魏晋南北朝，一直发生封建制与郡县制的博弈。

俩人有一共识：因为秦汉到明清时间跨度长，应作阶段性划分，这两千年间，各种典制、习俗、思想多有迁衍变化，秦至中唐为"皇权时代前期"，其地主经济、官僚政治粗具规模，却又保留领主经济、贵族政治的若干要素，某些时段(如两晋南北朝)封建制更有张大之势(可称"亚封建")；中唐至明清为"皇权时代后期"，领主经济、贵族政治淡出社会舞台，地主经济、官僚政治成熟，专制君主集权迈向极峰，但封建性要素仍有遗存。

唐德刚先生的封建、帝制、民治的三段分期法，胜在简明。他有一个形象的比喻，叫做"历史三峡"。他说：

> 历史的潮流中，前后两个社会政治形态的转换，其间必然有个转型期，此转型期就是个"三峡"，跨过这个转型期，就像江水经过瞿塘峡、巫峡、西陵峡之后便一泻千里。他认为，第一个"历史三峡"，是自公元前4世纪"商鞅变法"起至秦皇汉武之间，

> 实现了从封建转帝制，历时约三百年。此次转型是自动的，内部矛盾运行的结果。

我续接道：从宗法封建向皇权社会的过渡，直至西汉的中期，也就是在汉武帝时，才算真正克服了贵族政治的遗留，当然其后还有反复。

唐氏说：

> 第二个“历史三峡”，发端于鸦片战争之后，时间应该也是二三百年，此次转型是受外来刺激而行，是被迫的，我们至今仍处于这个转型期之中。民国以来一直没有彻底消除的出身论、阶级固化等社会现象，可以看作是宗法专制甚至是封建制的历史遗留物，彻底克服尚须时日。

我赞同唐氏此议，又补充道，第二个“历史三峡”，并非全是外力所致，内在动力也十分重要，而且愈到后来愈重要。

以上对谈是宾馆房间内和晚餐后在北大校园散步时进行的。我在笔记本有简要记载。

李慎之、唐德刚二位先生与我议“封建”，发生在80年代末，延及90年代初。三人原未谋面，事先彼此没有任何沟通，相逢一叙，即不谋而合，可谓“心有灵犀一点通”。

三、与谷川道雄先生议“封建”

1998—2001年我应聘位于日本名古屋的爱知大学专任教授；2004—2005年在京都的国际日本文化研究中心（简称“日文研”）作访问学者，这两个时段与沟口雄三、中岛敏夫、加加美光行、梅原猛等日本学者切磋“封建”议题，更多次与谷川道雄先生深度研讨。

谷川道雄被称为日本京都学派第三代“祭酒”，在中国六朝隋唐史研究方面贡献卓著。我在爱知大学任教时，已经结识谷川氏，他在京都主持的学术会常邀我参加，他到名古屋这边也多来晤谈。2004—2005年我到京都“日文研”以后，见面就更方便了，经常一起畅谈。他持非常明确的中国秦汉后“非封建”观点，所撰《中国中世社会与共同体》等书多有阐发。当时我正撰写《“封建”考论》，曾持文稿向谷川先生请益，他极表赞赏，并以蝇头小楷写意见书数页。2006年《“封建”考论》出版，他收到赠书后第一时间即细致阅读，并用红笔作了密密麻麻的批记圈点，后来见面他专门翻给我看。

2008年我赴京都参加学术会议，其间谷川先生邀我到他府上。同去的还有聂长顺和牟发松二君。长顺是我的学生，日语很好，时任武汉大学中国传统文化研究中心副教授（现在已是教授了）；发松是唐长孺先生及门弟子（唐先生与谷川先生友谊甚深，谷川书房悬挂的唯一条幅便是唐先生所书），与我在武汉大学历史系同事，后任华东师范大学教授，时在京都访学。我们在谷川先生书房畅谈一整天（中餐由谷川夫人主厨），四人的议题是“封建”问题。后来聂长顺把谈话内容整理成文，题为“关于中国前近代社会‘非封建’的对话”，发表于《史学月刊》。

谷川氏服膺唯物史观，对中国史学界一些学者(有的是谷川的老朋友)至今抱持“泛化封建论”表示非常不理解。他说，这些老友以为是在坚持马克思主义，实则非也。将秦至清中国社会称为“封建社会”，是斯大林教条的产物，与马克思主义史学相悖。他说：

> 真正的马克思主义是发展的。而发展必须首先探究她的本来面目，找到她的基本理念、逻辑原点和逻辑结构。斯大林把“五种生产方式形态”模式化，是机械的、专断的，并不尊重马克思的本来面目和根本原则，并不是对马克思学说的发展。像冯先生的《“封建”考论》那样，才是发展马克思主义。

我表示，自己并不肯认马克思的全部观点，更不敢自命发展马克思主义，但认为马克思在“封建”问题上的阐述，是准确而深刻的。

《“封建”考论》出版以后，我遭到措辞严厉的批评，获得三顶帽子：一是“反马克思主义”；二是“否定中国民主革命”(中国民主革命是“反帝反封建”，你说中国前近代不是封建社会，便从根本上否定了中国民主革命)；三是“否定了中国现代史学成就”。会晤时，谷川先生笑问：“冯先生对这几顶帽子作何回应?”我笑答：

第一顶帽子是否恰当，那就得认定马克思的封建观是什么。查阅《马克思恩格斯全集》或四卷本《马克思恩格斯选集》，如果觉得麻烦，可以把《马克思恩格斯论中国》这本小册子找来看，便会发现，马克思从来没有说过中国前近代是封建社会，而是用“东方专制主义”“亚细亚生产方式”概括包括中国在内的东方国家的前近代制度。

马克思有两篇文章直接论及东方国家社会形态，一篇是为驳斥俄国民粹主义者米海洛夫斯基而作的《给〈祖国纪事〉编辑部的信》(1877 年 11 月)，文称：“关于原始积累的那一章只不过想描述西欧的资本主义经济制度从封建主义经济制度内部产生出来的途径。”但米海洛夫斯基却“一定要把我关于西欧资本主义起源的历史概述彻底变成一般发展道路的历史哲学理论，一切民族，不管它们所处的历史环境如何，都注定要走这条道路——以便最后都达到在保证社会劳动生产力极高度发展的同时又保证每个生产者个人最全面的发展的这样一种经济形态。但是我要请他原谅。他这样做，会给我过多的荣誉，同时也会给我过多的侮辱”。马克思明确反对用西欧的社会发展模式硬套其他区域的作法。

另一篇是《科瓦列夫斯基〈公社土地占有制，其解体的原因、进程和结果〉一书摘要》。马克思的朋友、文化人类学家科瓦列夫斯基写了一部研究印度历史的书《公社土地占有制，其解体的原因、进程和结果》，认定前近代印度是封建社会，马克思不同意这一论断，他指出，中古印度不同于西欧中世纪，“依据印度法典，统治权不得由诸子平分；这样一来，欧洲封建主义的大量源泉便被堵塞了”。马克思的理由有二：首先，印度存在一个中央集权的官僚政治系统，这是非封建的；此外，当时印度的土地是可以自由买卖的，这也是非封建的。

对照马克思确认的封建标准，中国的前近代就更不是封建社会了。秦汉以后确立中央集权的皇权官僚政治，制度的非封建性超过印度。至于土地可以自由买卖的情况，中国兴起于战国末期，秦汉以后更加普遍，经济制度的非封建性也在印度之上。而马克思认为印度前近代不是封建社会，那么中国前近代就更加不是封建社会了。因此，在封建问题上，有些人糊制的“反马”帽子很容易扣到马克思本人头上。这可万万使不得。(众笑)

第二，关于中国的民主革命，对外“反帝”，这没有分歧；至于对内“反”什么，就要如实判定：中国民主革命不是反对封建性的领主经济，而是革除非封建的地主经济。在政治领域不是反对封建性的贵族政治，而是革除非封建的君主专制，从辛亥革命、二次革命，直到新民主主义革命，都是反对君主专制及变相的君主专制。孙中山说过，封建贵族制中国两千年前已经打破，我们的革命对象为非封建的专制帝制，他的名言是：“敢有帝制自为者，天下共击之。”

中国民主革命在经济、政治两方面，皆不能以“反封建”概括。因此“否定中国民主革命”的帽子也戴不上吾头。(众笑)

第三，是不是否定了中国现代史学的成果。《“封建”考论》中以很大篇幅回顾近现代史学家的“封建论”，从章太炎、梁启超、钱穆、瞿同祖、张荫麟、李剑农等，一直到晚近的吴于廑、齐思和等，这些史学家或对封建制度有正面阐述，或对泛化封建论提出质疑，均言之凿凿。我们正是承袭近现代史学的这一传统，对沿袭苏联《联共(布)党史简明教程》的史学偏误略加纠正。不知是何人在“否定中国现代史学成果”。(众笑)

笑谈后，牟发松教授介绍，谷川道雄先生曾在上海作《“非封建”的中国中世》讲座，论述中国前近代社会的非封建性问题。谷川先生接着发表许多精辟意见，概述如下。

(1)“封建”的名实之辨，涉及多层级论题，是一个需要细致用心的学术课目。而“封建”问题要置于历史分期的大视野中探讨。近代日本史学界曾从东西比较角度对历史分期作探究，内藤湖南等人对中国史分期颇有创识，但现在日本学者已极少讨论分期问题，这令人遗憾。谷川氏寄望中国史学界继续推进此一研究。我对谷川氏此议表示赞同，并认为，分期问题在社会形态定型了的现代日本，可能已经退出视野，但在转型间的现代中国，却有着深切的理论意义和实践意义。

(2)谷川氏将中国秦汉以下排除在“封建社会”之外，而称为“专制政治社会”。他说，春秋战国以前属古代社会(或曰封建社会)，秦汉以下属中世社会。中世社会分前后两段：中唐以前是古代社会(或曰封建社会)残存的中世社会，其间的农民有较多君主农奴性质；中唐以后已少有古代社会残存，其间的农民有较多君主隶奴性质。我补充道，秦汉以下的自耕农，已成为直接向朝廷纳税服役并有人身自由的编户齐民，与封建时代(中国先秦时、西欧中世纪、日本三幕府时)人身依附的农奴有区别，这是秦汉以下社会非封建的表现。

(3)谷川氏评介“二战”后日本史学界的中国史分期论争：由前田直典及东京的历史学会为一方，认为从秦汉至明清乃至民国是“封建社会”；而发扬内藤史学的京都学派(代表者宫崎市定及其弟子谷川道雄)为另一方，认为秦汉至明清，中国确立为官僚制的、郡县制的君权一统帝国，并非封建社会，而为“专制政治社会”。

我介绍了与日本汉学家沟口雄三的交流。沟口氏认为：自秦汉帝国以来，一直采取以皇帝为中心的中央集权制，至少在政治体制上，不能将近代以前的中国称为封建时代。他在一篇文章中指出，“把鸦片战争以前看作是长期的封建时代”，“存在着一个概念的偷换”。

晤谈中大家说到现在学术界许多人已脱离《联共(布)党史简明教程》的框架，但大的文宣语境和教科书仍然沿用中国前近代封建说，表明对时下中国史学的进步，还只能持谨慎乐观态度，有些问题还须阐明。

(1)将秦汉至明清称封建社会，套用的是西欧历史模式(西欧中世纪是封建社会)。这种模式不仅无法套用于印度、中国，连东欧的俄罗斯都不是这样的。俄罗斯前近代有一个漫长的农村公社制阶段，并未出现西欧中世纪时的封建制度。五种社会形态单线直进说，是对西欧历史的概括，而且是粗糙概括，许多欧美学者并不认同。

(2)封建社会和皇权专制社会的根本差别，可概括为：政治制度上是贵族政治与官僚政治之别；经济制度上是领主经济与地主经济之别。这些要点尚须深入研讨。

(3)中国周代“封建”制，与欧洲中世纪的feudalism，内涵有相近处，但在时间上二者错位一千多年。这是东西方历史条件差异造成的。如果把西欧历史模式硬套到中国史上，便是“削足适履”(钱穆语)，结果造成“语乱天下”(侯外庐语)。

以上皆世纪之交旧事，时过二三十年后，只能追记其概略，但大意不会走样。谨以此篇敬奉三先生在天之灵。2020年春末 新冠肺炎大疫，于武昌珞珈山。

纪谊诗文

八 绝 句

俞汝捷*

一

敝屣功名谢宦游，潜心学术励藏修。
等身著作多新创，今古东西一望收。

天瑜兄淡泊功名、敝屣官身，以对学术之执着、对文化之痴情，步上如马斯洛所谓“自我实现”之途，其潜能、天资均获充分发挥，在多个领域卓有建树，成就斐然。藏修，潜心力学之谓。

二

辉煌华夏古文明，重演于今冀转型。
历劫千秋元典在，几人烛照发幽冥？

文化史为天瑜兄主研方向，堪称硕果累累，如《中华文化史》《中华元典精神》《明清文化史散论》诸作，既高屋建瓴，复抉幽发微，影响殊为深远。

三

“封建”从来本义存，奈何泛化语昏昏。
一篇考论驱迷雾，范式新开焕学魂。

* 俞汝捷(1943—　)，湖北省社会科学院研究员、湖北省人民政府文史研究馆馆员、湖北省文艺理论家协会第一届副主席、湖北省作家协会理事。

《“封建”考论》一词成著，于语词概念之古今转换、中西对接及泛化误植，均详加考索，剖析分明，实开史学研究之新范式、新风气。

四

抱冰堂上忆香涛，阅马场怀首义潮。
江汉风云笼笔底，史家才识欲凌霄。

湖北近代史志亦为天瑜兄致力耕耘之地，所撰《张之洞评传》《辛亥武昌首义史》，于人物之评价、史事之论述，高议滔滔，才识过人。

五

兴到还迷世界杯，先生馀事亦多才。
且看片纸闲挥处，胜友联翩入画来。

天瑜兄兴趣广泛，不惟因早年所习，而多识乎草木鸟兽之名，且于足球世界杯等赛事亦津津乐道；尤所技痒者则在人物速写，每于会议间隙，取白纸数页为诸公写生，多年下来，闻已积箧可观。

六

“我友”昔称胡适之，谦诚品格谓多“磁”。
今朝“磁性”谁堪誉？到处欣闻说项斯。

曾听多人谈与天瑜兄之交往，称道之余，引为知己，有荣耀焉。由此忆及当年各色人物习称“我的朋友胡适之”之趣闻。究其原因，固与对象之诚恳、谦和、与人为善、乐于助人等美德相关。据云西方将此种特质喻为“磁性人格”，谓有吸引力耳。项斯，唐人，杨敬之赠诗曰：“平生不解藏人善，到处逢人说项斯。”

七

君家乔梓嗜收藏，遗墨丹青引兴长。
从此珞珈添一馆，樱花丛里有沉香。

天瑜兄先尊永轩先生雅好收藏，所收古泉悉捐湖北大学，而字画、函札亦侥幸躲过丙午之劫。近年冯氏昆仲复将两代人所拥藏品捐赠武汉大学，该校遂于图书馆内新辟一冯氏捐藏馆，一时传为士林嘉话。

八

旷达何忧二竖侵，艰关屡过奏佳音。
八旬犹奋如椽笔，更向前峰试一临。

天瑜兄晚岁以旷达胸怀屡胜病魔，以高龄而笔耕不辍，其思致之深，持论之新，皆不减当年。学海无涯，轻舟远泛；前峰在望，登跃可期。

七　　律

张端明 *

国士无双桑梓幸，
松风鹤舞一书生。
文章曾恐紫薇领，
杏苑常闻凤鸟鸣。
大笔如椽文化史，
国家有事柱梁情。
天涯咫尺遥觞寿，
衰朽偏怜是同城。

写于辛丑年元日。

天瑜兄家学渊源甚厚，其先严乃梁任公、王观堂亲传高才，与先父甚稔，可惜晚年无缘相见。余则与天瑜兄在珞珈山某次研讨会中有一面之缘。

---

* 张端明（1941—　），物理学家，华中科技大学教授。

五　　古

唐翼明*

人生驹过隙，
忽然到耄耋。
与君同年庚，
弟兄情相契。
时共叉手语，
叹息或肠热。
君治文化史，
海内奉圭臬。
宏篇封建论，
廓清真豪杰。
文章固璀璨，
道德乃相埒。
我亦习文籍，
心服孔孟说。
驽钝谢吾兄，
勉力随车辙。
中华五千年，
斯文不可灭。
拳拳此心在，
岂可辞鲁拙？
风檐展坟典，
古道时一瞥。

二〇二一年二月十一日，旧历除夕

* 唐翼明(1942—　)，华中师范大学教授，国学院院长。

七　　绝

漆文瑾*

品学珪璋贝叶馨，
授言立德黄钟声。
谈今论古皆成鉴，
炳煜史坛分外明。

---

* 漆文瑾(1942—　)，原武汉市教育局局长。

老　友

李扬竞*

我曾于天瑜兄为我手绘的侧影上即兴题词说："相识相知相惜，人生能有几回，珍惜、珍重。"是的，这是我的心里话。

益者三友，友直、友谅、友多闻。天瑜就是我的一位正直的、诚实的和博学的益友。我曾有言：好友中"最敬南冯北罗"，"北罗"是南开大学教授罗宗强(去年往生了)；"南冯"即天瑜。

我与天瑜初识于武汉教师进修学院(武汉教育学院前身)，我是他的领导，彼此关系很好。后来，他从市教院、湖北大学，直至武汉大学。近二十年见面少了，友谊却愈益加深。"人得多情人不老，多情到老情更好。"

天瑜记忆力超常，在教院时，有次我看报，不知报上那个小国家在哪里，天瑜拿起铅笔画出地图指出那个很小的国家来，此事他肯定忘了。此事还可见天瑜广有见识!

天瑜多才多艺，德艺双馨，他的品德有口皆碑；他的才艺广而精，研究中国传统文化，成绩卓越。

我虚长天瑜十岁，他八十初度而我是九十可望了。"老来多健忘，惟不忘相思"，天会亮、梦会醒；只有思念，无声无息，日日夜夜陪伴着你!

临书依依，不尽欲言……但愿人长久，千里共婵娟!

八八叟　李扬竞　于辛丑春节

---

* 李扬竞(1933—　)，曾任武汉教师进修学院副院长。

真 学 者

邹贤敏*

浮躁喧哗的时代，学术生态日益恶化，假冒伪劣似成常态，但也不乏真正的学者，他们才是学界精英，是中国当代学术精神的代表，冯天瑜就是其中的一位。

一

那是20世纪70年代末，原武汉师范学院的教师正为重新获得了教学科研的权利摩拳擦掌，一个消息不胫而走："冯天瑜调到我们学院来了，在历史系！"不知怎的，我也有一点莫名的兴奋，虽然我只知其名不识其人。凑巧，他就住在我家对面一幢老旧平房的两居室里，于是整个夏天，我和爱人几乎每天傍晚都目睹了30米开外的一幕：男主人搬出把躺椅，放在房门口的水泥台阶上，女主人缓缓步出，慢慢躺下，享受着病人的闲适，他又搬出一高一矮两张旧木凳，或坐下看书，或俯身写作，对四周传来的"锅碗瓢盆交响乐"充耳不闻；掌灯时分，她慢慢起身，缓缓踱进，他撤走所有"道具"，关上纱门，书桌上的灯光亮起……三十年如白驹过隙，这感人的一幕已永远定格在我的脑海，且随时光的流逝愈益鲜明。我爱人曾多次忆及当时的感受："那时我以为你够用功的了，可他比你还要用功，一看就知道是个真做学问的人。"坐在小凳上的天瑜，此前刚刚抓住选择专业的机会，决心竭尽绵渼于中国文化史，正在和时间赛跑，潜心撰写有关明清文化史方面的专论。

进入20世纪80年代，我与天瑜相识，没有任何过渡，成了可交心的朋友。其中一天，我俩在校园相遇，按惯例聊了起来，其间有这样一段对话：

"党委找我谈话，要我当校领导，说省里已同意，征求我的意见。"

"你是怎么样想的呢？"

"我不想干，还是搞业务更适合我。"

---

* 邹贤敏(1938—)，湖北大学文学院教授。本文系早年撰述。

“上面都决定了，恐怕由不得你。”

“我给省委书记和省长写了封信，详细申述了自己的想法，恳请组织上更换更合适的人选……”

“老师们肯定都希望你出来，会支持你的工作；但对你个人来说，当然还是做学问好些。”

“我相信省里会考虑我意见的。”

显然，天瑜面临又一次人生选择。以他的能力，任正职也有余裕，能否胜任肯定不在他考虑之列。他要思量的是进入官场“双肩挑”还是坚守书房一心做学问。我猜想，他有过内心斗争，但不会太激烈，因为他步龙门扶风后尘，是扎根于少年博览、青年庭训和诸多人生体悟之中，经过了深思熟虑，外力难以动摇；何况他已在自己耕耘的土地上收获了《明清文化史散论》等甜美的果实，目不暇给、引人入胜的文化史景观吸引着他，升堂入室、探幽致远的学术雄心推动着他，前辈学者的热评和厚望也鼓舞、激励着他，权力的召唤不可能让他改弦易辙。最终他远离权力诱惑选择了学术，而学术也选择了他。事实证明，这完全符合他的天性，是极其明智的。当然，这与对权力的价值评判无关。

此后二十多年，天瑜在学界如鱼得水，任情游弋，好不快哉！当风云突变，不少像我这样的知识人陷入颓唐，他仍坚守学术理想，以昂扬的精神笔耕不辍；当权势者找他的麻烦，在其学术道路上设置障碍，他毅然出走，到新的学术环境里施展自己的才华；当病痛拖他的后腿，与他相濡以沫的妻子曾几次向我“投诉”，我也觉得他的弦绷得太紧，劝他歇一歇，可这又有什么用呢？即使是出国访学期间难得的游览，他也未能忘情至爱的学术女神：

> 2002 年夏，笔者访学德国，曾泛舟于山川如画的莱茵河中游，目睹两岸苍翠峰峦，每距几十公里即有灰色城堡耸立，它们或者已成断壁残垣，或者保持着巍峨壮丽的旧观。此乃西欧中世纪诸侯林立的封建社会的物质遗存。面临其景，近二十年来一直思考着的“封建”概念辨析问题，骤然齐集心头。
>
> ——《“封建”考论·题记》

这就是冯天瑜，一个“潜心探究，乐此不疲”，“终身莫懈，不倦无悔”，“一切以学术为鹄的”，矢志献身学术的纯粹的学者。

二

在历史研究从传统向现代转型的过程中，冯天瑜无疑是文化史领域里现代研究思路的倡导者和践行者。他之所以能成为这个学科的主要代表，唯一的原因是他做出了真正的学问，治学有大家气象。

读天瑜的论著，最令我动容的是那渗透在字里行间的强烈的使命感——学术使命感和历史使命感。

从古至今，中国的学者很难做到为学术而学术，天瑜也不例外。他曾多次引用宋人张载关于治学目的的千古名论："为天地立心，为生民立命，为往圣继绝学，为万世开太平。"传统知识分子忧国忧民、为现实而学术的文化基因深植于他的灵魂，"固有的忧患意识"正是他走上文化史研究道路的主要动力之一。忧患什么？在天瑜看来，"面对现代化这一与国家民族生死攸关的大主题"，"民族灵魂的认识和改造，是一个切关紧要的大问题"，因为现代化事业的根本目的就是"实现人自身的现代化"；而中国文化史研究"可以使我们深入了解国民精神的发展历程"，为改革国民性、塑造现代新人提供重要的借镜。这与他景佩和服膺的鲁迅文化观的核心——把"立人"置于中国走向现代化、顺应世界潮流的首位——是一脉相承的，不同的是鲁迅更多暴露"国民劣根性"，以引起"疗救的注意"，而他在新的历史文化语境下，更多地思考如何"疗救"。他撰写《中华文化史》，就是因为"一个民族的文化，始终闪现着该民族灵魂的搏动"，要"了解一个民族，便应当从纷纭复杂、变动不居的文化史入手"，把握该民族文化的特质，"以达到深入民族灵魂底蕴的目的"。这部大制作不仅勾勒了三千年中华历史运动中的文化演进，更提示了中华传统文化锻造中华民族自身的过程，像一面历史巨镜，使我们从中清晰地照见"过去的"自己，进而从文化入手改造和完善"现在的"自身，以大踏步走进"未来的"历史。他写作《中华元典精神》，也是为了借助对"中华元典"提供的符号编码的破译去"透视中华民族的灵魂"，着力探讨中华元典所蕴含的民族原创精神的现代转换。值得我们注意的是，天瑜的忧患意识在这部著作中已从民族、国家上升到整个人类，从中国的现代化进程扩大到世界的现代化走向，因而反复强调中华元典精神对整个现代社会"文明病"的"良方"价值，认为它"今后在中国现代化进程中还可能一再显示其特殊的调节功能，同时又可能给世界文化的健康发展提供一种均衡系统"。在"时代冷漠症"流行于知识界之今日，这种热切关怀民族和人类命运的历史使命感显得尤为珍贵。

天瑜的历史使命感是与他人的学术使命感——自觉的学科意识交融在一起的。有无自觉的学科意识是现代学术区别于传统学术的重要标志，"追求学科发展的愿望"是他跳入史学之门的另一主要动力。入门要先认"门牌"，从《明清文化史散论》中的《文化·文化史·明清文化史》，到《中国文化史断想》中的《关于文化概念和文化史研究的历史考察》，再到《中华文化史》的"导论"，天瑜对文化史学科的研究对象、性质、功能问题颇下了一番工夫，视野不断扩大，认识步步深入，在科学界定文化史"以历史运动中的文化表现和文化锻造人自身的过程为研究对象"的基础上，通过动态的"史"的研究即文化概念在中国本土文化接纳外来异质文化的过程中复杂演变，去渗透、把握"文化"的真谛，准确而深刻地提示出文化的本质内蕴：

文化的实质性含义是“人类化”，是人类价值观念在社会实践过程中的对象化，是人类创造的文化价值，经由符号这一介质在传播中的实现过程，而这种实现过程包括外在的文化产品的创制和人自身心智的塑造。

这比中外文化学者关于文化的形形色色定义更切近文化的本质，更富理论穿透力和说服力，克服了史学研究中“见物不见人”或“见人不见物”的历史偏颇，是对已有研究成果的创造性综合与超越。在长期的学术研究中，天瑜持续地为文化史学科“这个被荒芜了的领域”增添着有价值、有创意的内容，旗帜鲜明地捍卫史学主流价值：“实录、直笔传统永远不能背弃”，“恢复历史本来面目，是史家第一天职”；倡导实证研究与理论探究相结合，以展现历史的规律性；主张贯穿古今、打通中西以在专攻方向上有所突破；建立第一个科学、系统的文化史认识体系，以唯物史观对中华文化的价值精神进行评估；提出“元典精神”概念，把“传统文化与近代化的关系”问题的探讨提升到新的层面；独创“历史文化语义学”的新方法，丰富了历史研究的方法论系统，等等，都有力地推动了历史和文化史的学科建设。这种自觉的学科意识源于他对学科现状的清醒认识和力图改变学科现状的学术抱负。在回顾中外知识界对文化问题进行探讨的历史时，面对从新中国成立到70年代末大陆冠以“文化”的著作不过两三本的尴尬现实，他痛切地呼号：“这与‘泱泱大国’兼‘文明古国’的‘我中华’是何等不相称！与世界各国在同一时期文化学和文化史研究云兴霞蔚般的盛况相距何止千里！”所以他要与中国知识界一道，借改革的春风“奋起填补这一巨大空档”，“追赶各国同行”。当他构思《中华文化史》时，萦绕在心头的是郭老30年代对后辈史学家的殷殷嘱托：“世界文化史的关于中国方面的记载，正还是一张白纸……中国人应该自己起来，写满这半部世界文化史上的白页。”他如此回应：“老一辈史学家在这方面做过工作，其筚路蓝缕之功不可没，然而，更浩大、更系统的工作，则期待着后来者。”他不就是不负先辈重托，为完成宏大的学术使命而努力奋斗的“后来者”中的一员吗？

读天瑜的论著，最令我信服的是贯串始终的昂扬的现代理性精神——独立的学术人格和整体的思维。

王夫之的《读通鉴论》和黑格尔的《历史哲学》，在史学理论和方法上曾给天瑜以深刻的启迪，他是在学习、融合中西理性主义传统的基础上接受和运用唯物史观的，其根本精神就是超越实用理性和经验理性的现代理性，不迷信不盲从不武断，不追新潮不赶时髦，不仰人鼻息，极力“维护历史记载与历史评判的尊严性”，以一种超越性的文化心态和精神力量，坚持独立的学术人格，这是现代理性精神的体现。天瑜是以一种独立的学术姿态进入史学研究领域的，他毫无保留地向读者袒露过当时的心迹：

70年代后期，我遇到一次选择专业的机会。少年时的作家梦这时早已淡化，因为自知形象思维非己所长；而哲学固然有诱惑力，但玄虚抽象又令人生畏，于是我决计以冷热适度、虚实相济的历史研究为业……由于目睹近30年的史学偏于政治史和经济史，文化史久遭冷落，而自己对文、史、哲均有涉猎，又稍长于综合，便选择总揽诸观念形态的文化史为自己的专攻——那时尚在全国性的“文化热”兴起以前四五年。……就个人经历而言，走上文化史研究道路，也与一时之热潮关系不大，而可以说是蓄之久远，发于天然。

没有来自上面的指令，没有外在热潮的诱惑，没有个人功利的考量，从这里不难找到独立的学术人格和学术尊严形成的根基。“蓄之久远，发于天然”八个字，其实也是对天瑜整个学术道路之独立性的精妙概括。20世纪80年代，不论是“在明清文化大殿的回廊徘徊”的《明清文化史散论》，还是力图升堂入室、探幽致远的《中国文化史断想》，虽然个别篇章不无旧的痕迹，但都“成之天然”，没有附着衍生于时风时潮。天瑜70年代对孔丘教育思想的批判性思考，被政治利用过、“清查”过，但学理上的清醒给了他坚持独立思考的勇气。收入《中国文化史断想》的“孔子‘重政务、轻自然、斥技艺’思想评议”一文就据史实批评孔子“轻自然、斥技艺”的倾向给两千余年中国的文化教育和社会生活带来了不小的负面影响，认为这是“中国无法产生出现代科学的一个直接原因”，并指出孔学局限性的产生同孔子运用的“逻辑方法简单、肤浅”，“思辨能力尚处在较低的水准线上”直接相关。90年代，知识分子群体发生分化，天瑜却不迷失不退缩，一如既往地跋涉在学术的崇山峻岭：《中华文化史》于1989年12月4日脱稿、1990年3月12日修订完毕，紧接着的三个春秋完成了《中华元典精神》，1997年年初结集出版《人文论衡》。这三部著作充分证明，在天瑜的内心，启蒙理想之火从未熄灭，学术信仰之光从未暗淡，独立的学术人格依然丰盈。特别是两部专著，没有陈腐的冬烘，没有媚时的说教，没有流行的浮躁。尽管有的部分对传统文化中消极基因的抉发与批判分量不足，尽管个别章节的内容太过浅白，有“为尊者讳”之嫌，我还是被整体思想的厚重和醇美征服，被作者听从内心召唤的理性思考征服，被流淌在文本中的现代情愫、时代气息、人性温暖征服。当“弘扬传统文化”沦为有意识形态意味的广告语，变成抵制新思潮的挡箭牌，复活陈腐观念的遮羞布，天瑜拒绝同流合污，以独立的学术探讨为转型时代的道德重建、人格重塑、民族精神重铸和文明世界现代病的诊治奉献出自己的勇气、良知、智慧，其悲天悯人的情怀令人钦敬和感动。新世纪十年，天瑜仍不“与时俱进”，远离学林拜金媚权之风，不曲学阿世，按既定的学术路线我行我素，他大胆“伸斧钺于定论”，将二十年思虑泛化封建观形成的“心结”化为四十余万言的《“封建”考论》，震动学林并波及世界。此书对“封建”一“名”及其背后文化意义、历史内涵的思索探究，阐微抉疑所达学术境界，足显天瑜治史之问题意识、批判意识和创新意识远超庸常，并深见其独立的学术人格特出之处：既不因追求学术而消解了自己的现实关怀，也不因面向现实而扰乱了自己的学术视线，在二者之间求得平衡，达到按人文精神治学与依科学精神求道的统一。仅从书中浩博的引据，就能对其毋庸置疑的学术性和力透纸背的现实性领略一二。现信手转引三则：

《春秋》所以大一统者，六合同风，九州共贯也。

——《汉书·王阳传》

专制政体是既无法律又无规章，由单独一个人按照一己的意志与反复无常的性情领导一切。

——孟德斯鸠《论法的精神》

伟人们之所以看起来伟大，只是因为我们自己在跪着。站起来吧！

——1789 年《巴黎革命周报》

思维的整体性是天瑜论著中现代理性精神的又一表现，他是在回溯人类思维发展规律（古典的整体思维——近代的分析、实证思维——现代的整体思维）的基础上，遵循古与今、东与西结合的原则来确立自己治史的思维方式与方法的。整体思维与辩证思维、综合思维、系统思维具有同一性，在实际运用中难分彼此。按《东方智慧与现代文明》（见《人文论衡》）的认知，现代的整体思维以东方的“整体观”为启示源泉，融“中西”于一炉，带有更多的中国特质。天瑜得其精髓，将之用于文化史研究之运思，虽未达炉火纯青，却也驾轻就熟，调谐自如。他把微观析察与宏观把握结合起来，既详考树木又概览森林，既以大观小又见微知著，对历史事件的梳理、历史人物的复原和中外文化发展重大问题的评说，不想当然，不走极端，不情绪化，比较接近研究对象的本来面目，比较易于为他人所理解和接受。这方面的例子在其论著中俯拾即是，此不赘引。更重要的是，从这种在现代理性精神背后发生支撑作用的思维方式，天瑜得益的不是学做四平八稳、是非不分的学术乡愿，而是突破思维“瓶颈”，集众家之长成一家之方，在学术上有所发现有所创新。比如，他从易道的“元—亨—利—贞”、黑格尔的“正—反—合”、唯物辩证法中的否定之否定律的相通相融，见出事物的发展是按“螺旋式”上升，从而在浩如烟海、错综复杂的中外文化史实里发现了“文化重演律”——文化的演进不是直线式的，而呈“螺旋状”的“回复”与“重演”，其实质和意义在于：“一种文化在蜕变过程中，为了摆脱现状的束缚，有着发扬文化‘元本’的趋向。而‘元本’的发扬，正开创着民族文化的新生面。”这就深刻揭示了近代化与元典精神的关系，也充分体现出和合融通的中国式思维气质。当然，这种现代的整体思维方式不是天赋，其习得也并非一蹴而就，它内化为一个学者的思维习惯和思维定式，是他在学术研究中长期的认识—实践—再认识—再实践，不断向真理逼进的结果。拿对邹衍阴阳五行说的评价来说，王夫之斥其为“惑天下”的“邪说”，梁启超判定它“为二千年来迷信之大本营”，天瑜 20 世纪 80 年代的有关论述受他们的影响，也给邹说戴上了“蒙昧主义”“命定论历史观”的帽子。显然，以思维方式的层面看，王梁的误判可以从传统思维的感性特征所导向的片面性、浅表性找到原因，天瑜的偏颇也反映出他还没完全摆脱传统思维的局限，没注意到老辈学者在这方面已有了突破(如胡适以犀利的眼光看出了掩藏在迷信之下的思想变革的时代诉求，胡秋原敏锐地发抉出迷信背后的“新世界观与新历史观”)。80年代末90年代初，当天瑜的学术思想走向成熟，重新审视邹衍的学说，所见就不一样了。在《中华文化史》下编，他站在中国和世界思想史的高度，从阴阳学派对中国文化多方面的巨大影响这一文化史事实出发，探讨其价值，从而发现阴阳学家以恢宏的气魄与眼光“把自然哲学与历史哲学结合起来，把时间和空间结合起来”，构建了“熔天、地、人于一炉的宏观思维方式”，这证明还在希腊人、印度人发展机械原子论时，中国人则发展了有机宇宙的哲学，是秦汉时代出现的“中华民族独特的早熟的系统思想……直接的理论和方法论渊源”，“表明人的思维能力的巨大进步”。对阴阳学派的整体把握，还使他看到了其理论和方法论具有理性与非理性的双重性质，“蕴含着向不同方向发展的可能性，即重视世界系统的流转变化和强调神秘的天人感应”，这两者都在以后的岁月里获得了长足的发展，并构成中华文化鲜明特色，这便是阴阳家在中国文化史上的特殊地位之所在”。这些分析判断高屋建瓴、深刻透辟、大气淋漓，学理上无疑超越了前贤，充分体现出现代整体思维的广度和深度，打上了冯氏思维严谨而灵动的印记，内耀着现代理性精神光彩。

三

1993年暮春，校毕《中华元典精神》的天瑜抱悠闲情怀，勾如烟往事，写下了《地老天荒识是非》(后改为《回眸学术理路》)，这篇寓情于理的学术自述，抒发了“天将降大任于斯人”，欲成就“表征盛衰，殷览兴废”的治史者的豪迈情怀，对自己秉持的学术理念和践行的史学精神作了拈精摘要的阐发，在学术理路的如实回眸中自然流露出不卑不亢、不骄不矜、吞吐自在、俯仰自如的性情之真。这种真性情可从他的家庭变故找到渊源：

> 先父性格刚直，宁折勿弯。1958年被戴上“右派”帽子，其时正在念高中的我心情十分抑郁，只有忘情于文学时方获得几分精神自由。1960年初，我正值高中毕业前夕，三兄因发表在今日看来完全正确的言论而被作为“反革命”逮捕。父兄的问题显然杜绝了我投考理想大学和专业的可能。

他没因此自暴自弃、颓废丧志，也没变成谨小慎微的君子，而是将父兄讲真话、做真人的处世之方烙印于心，义无反顾地选择了自强自立。要走近天瑜，读懂其文其人，还不可不读他写于20世纪90年代的《中国文化人的三个发展阶段》《文化转型中的知识分子》。这两篇文章对不同历史文化背景下产生的传统士大夫和现代知识分子的品格，作了相当准确的勾勒和剖析，士大夫阶层以天下为己任的博大胸怀、强烈的政治参与意识、严格的道德自律；近代知识分子自觉而强烈的时代意识，新的知识结构，新的角色认同；作为自觉不自觉的士大夫的传人，中国知识分子将西方知识分子和中产阶级分别担当的文化重建和社会重建的任务义不容辞地一身二任。这里对知识分子群体的素描和《回眸学术理路》对知识分子个体的素描具有“互文”意义，从中不难找到作者形诸笔墨之外的意蕴所在。特别是当我读到下面两段话：

> (在早期现代化过程中)纯粹学科意义的文化重建，往往被看作等而下之的不急之务，少数潜心于学科建设的文化匠师(如哲学家熊十力)长期被社会所冷待。
>
> (《知识分子与现代化之路》)对孜孜于文化重建的学者型知识分子着墨较少，而这类知识分子的默默耕耘，实乃现代化事业的题中应有之义。

便自然而然地想到了天瑜这三十余年所走过的人生学术道路。我不相信什么“学术凸显，思想淡出”，无思想的学术接近不了真理，无学术的思想也难有生命力。文化重建和社会重建本来是不可分离的，是中国走向现代化二而一的历史目标。不论是以学术为工具、武器直接投身社会重建，为文化重建开辟道路，还是以学术为职志，潜心于文化重建，为社会重建提供精神资源，都是现代知识分子的使命和责任，应不分轩轾，无论高下。沿着不同的路径，朝着同一的方向，都可抵达“真实意义的现代知识分子境界”。不从这个层面去认识、接受天瑜，就难以真正理解他的性情之真，难以走进他的精神世界。

“文如其人”虽不具普适性，但于天瑜是适合的，读他的论文和专著，就如读他的思想、人格，读他的性情。在他的笔下，历史不是冰冷的，当你置身其间，身边有暖意，眼前有亮光，请看：

> ……“三言”“二拍”所表现的带有近代意味的生活场景，其清晰程度在中国文学史上是空前的。它们好比是在乍暖还寒的冬春之交，自然景观一派肃杀，但在某些洼地，开始萌发着青草的嫩芽。这些嫩芽还很不起眼，但毕竟预示着早春季节将要来临。

> 乾嘉学派虽在古代文化的整理方面做了浩大的工作，有不容忽视的贡献，但就中国文化的进程而言，毕竟是一种畸形的、病态的发展，如同那些在大石镇压下的小草：弯弯曲曲、惨白焦黄，而决不可能茁壮雄大。

> 春秋战国时代，物质文明在迅速发展，财富、享受、欲望与野心、权势、罪恶同步增长，文明进步与道德沦丧的二律背反，越来越尖锐地刺激着思想家，生发出改变现状的种种主张。如果说儒家是试图从调节人际关系入手，以阻止“世风日下”，那么

道家尤其是庄子，则是从强调个体自身的价值入手，呼唤人性的复归。这种人性的复归，是要回到人所自来的原始社会，回到生命的本真状态。

从这里我们能感受到一股活泼的生命之流、性情之流的存在。这是因为，一方面，文化和文化史本来就是一个不断运动、演化着的生命过程；另一方面，天瑜也把自己的生命性情融入其中，从对象和主体、历史生命和现实生命的契合中，实现了精神的自由飞翔，性情的本色放纵。他以追求历史记载的真实性和历史评判的道义崇高性为尺度，带着批判性的理性思考进入历史、审视历史、重构历史、超越历史，既不为表现思想解放作“激烈状”，也不为加大保险系数作“嗫嚅科”，执着地以一己之思想、人格、性情叩问历史，探寻历史之真。他之所以认为史学较近于文学，“钦仰前辈史家的文质彬彬，不满新旧八股的呆板乏味”，从根本上说就是要让历史活起来，赋予死去的历史以人性的暖意和亮色。

氤氲在天瑜论著中从容大气、自在自如的真性情，在他与朋友的交往中表现得更为直接，他不喜亦不乏交游，故友朋不少，圈子不小。他宽容、儒雅、谦和，但有是非底线，不人云亦云，随声附和；他交往不讲形式，不拘小节，然重情重义，一视同仁。我与他相识相交近三十年，虽然我对传统文化、国学不大喜欢，知之甚少，虽然我们少有在一起长谈畅谈的机会，但思想精神的相通使我们互相视为知己，从无隔阂陌生之感。比如赠书，他不搞“对等”，至少对我是如此。他出的书，我书架上多有，而在他手上我的书几近于无。不是我吝啬，实在无书可赠，虽“赤字”高悬，他照送不误，我也坦然照收。因为这些书不仅传递知识和思想，还传递着汩汩流淌的友情。

前年，我们相聚于湖北评书表演艺术家何祚欢工作室，三人神侃得差不多了，他忽然离座，从旁边桌子上拿起我十分眼熟的那个 20 世纪 90 年代初人用的蓝色布提包，取出备好的铅笔说要给我俩画像。我这才想起他说过的从小就迷上了人物画，连解手纸也未能幸免于涂抹的趣事。毕生第一次“被速写”，我不习惯地摆好坐姿，只十分钟他即摹毕，随即复印了一张送我，并要我在原作上题写了一句话由他“收藏”。他还告诉我们，家里有不少为学界前辈和朋友画的，言语间颇为自得。去岁相聚，他送我一本由世界华人美术家收藏家联合会监制的《冯天瑜作品集》，内有“辛亥百年祭”瓷画和“学人侧影”硬笔速写共 20 余幅，令我大开眼界。湖北美术学院徐勇民院长评其速写“不拘一法，形神兼具”，赞其瓷画曰：“遍览陶瓷艺术，绘系列辛亥人物唯先生一人，品其画格，莫过于‘真情现史’四字。先生妙笔丹青再现辛亥百年英烈于泥火淬变中，玉润华光，韵调致远。”“真情”二字，可谓得天瑜为文为画为人之神髓！

天瑜的真性情还表现为在“名”的问题上他从不矫情，这一点给我的印象更为深刻。20 世纪 90 年代早期，高校开始有了“博导”，这是高端学术水平的一个标记，那时遴选比较严格，早期的博导很少有遭人非议质疑的，不像后来流于既滥且烂。天瑜当然希望自己在学术上的努力得到承认，期待有更好的条件做学问，于是向校方提出了申请，当时的校长徐章煌为学校发展计极力促成，我从“小道消息”得知此事，满以为不会有什么问题。一天在校区碰到天瑜，顺便问起进展情况，他没有掩饰自己的失望，也没有故意装出满不在乎的样子，在平静地告诉我事情没办成时，神情和往日有点不同。我深感意外，追问了一句：“那是哪个环节出了问题？”出于对朋友的信任，他讲了学界几位前辈对他的肯定，讲了非学术因素干扰的情况。“哪有这么巧的事？……”我听后愤愤不平地骂了两句，他连忙笑着反过来劝我：“算了算了，为这不值得，反正以后还有的是机会。”说完这句实实在在的话，他怕我再骂下去，便快步离开了。有些在乎，但不耿耿于怀，尽快自己化解掉，他的态度使事情没有发酵，画上了句号。2006 年 5 月，我去武汉大学参加研究生毕业论文的答辩会，刚在逸夫楼前下车，天瑜从楼里迎面出来，多时不见，一阵惊喜，彼此问候过了，他习惯地以平静的声调告诉我：武大文科资深教授的评审刚刚结束，他和刘纲纪顺利通过，还讲了一些他知道的具体情况。这是水到渠成、瓜熟蒂落、实至名归之事，我当然为他和纲纪老师感到高兴。这应当是朋友相处的常态，在我面前，天瑜丝毫没有掩饰自己内心的欣慰之情，没说一句矫情的话，那一刻我感受到的是信任和尊重，是对快乐的分享。教授里能评上资深的没几个(不知以后是否也会滥)，这多少能说明你在特定学科领域确有实力确有贡献，你有充分的理由享受这个“名”，一个钟情于学术的人因辛勤劳动得到报偿，自我得到实现而欣慰而宣之于友，这是情感的自然流露，再真实不过了，我欣赏天瑜坦荡荡的君子之风。

在我的眼中，冯天瑜就是这样一个活出了思想、活出了性情、活出了境界，有传统文人气质的现代知识分子。

学问好，人品更好

宋公文*

自 1979 年有幸与天瑜相识、相交，至今已三十余年。1994 年前，我们在同一系、校工作，联系密切自不必说；其后他调往武汉大学，彼此仍往来不断，可谓相知匪浅的故朋老友。

天瑜做学问，天资聪睿，刻苦有加。用著作等身、时有创见、斩获甚丰、誉满中外来评赞其学术成就，实不为过。有关这方面的详情，已有多文专论，兹不赘述。本文仅就其德行表现，略述一二。

天瑜高额深目，常呈现出一副眯眯笑脸，名气很大而谦虚尤甚。论学识，他文、史、哲兼通，知识面的宽博远在一般同仁之上。但他从不自满，总是以“三人行，则必有吾师”的态度，向他人请教自己所不知或知之不多的疑难问题。一部《“封建”考论》，他腹运十余载，稿成于日本访学期间，以 40 万字的卷帙，复印多份寄回国内，征询友人意见，删修数度而后成书。在此书之《跋》中，他罗列了 34 位与其交流“封建”论题的国内外学者的大名，并引“嘤其鸣矣，求其友声”的《诗经》名句，来表达对众人的感念之情。在以后的学术会议上，他旧话重提，向对此书提出过建设性修改意见的朋友，再次敬致谢忱。这一切，都表现了其谦虚的风度。这种谦虚坦诚真挚，毫无矫情。还有一则“一字之师”的故事，更加活画出了他谦虚的态貌。某日，他应邀作“中华原典精神”的学术讲座，论述“五经”“四书”等典籍对中华文化的深邃影响。一位胡姓听众会后致函，建议以“元典”取代“原典”。他阅后以为“陈义甚高”，欣然受纳，并因此铺陈，论到“元”的十种意蕴，又在交付出版的书稿中附加一注，“特此感谢一字之师”。此“一字之师”何许人也？答曰：非专家教授，乃学校图书馆不满 30 的一毛头小伙。

自奉甚俭，为天瑜的另一美德。身为院士级的终身教授，他在本市开会、讲学、看病，完全可以享受小车接送的待遇。但他从不主动要车。体能尚好之时，他总是脚登“11”

* 宋公文（1939—　），湖北大学历史文化学院教授。本文系早年撰述。

号上路。后来心脏多次“搭桥”，年齿渐加，则弃脚踏而改乘公汽。即使严冬与酷暑，也极少见到他乘坐可以报销之出租车。他办公常用办公室或家中电话，公家配给他的手机几乎弃而不用。外出宿住，除非会议或邀请单位作了相应安排，他从不住高级宾馆。一次到沪上出差，他觉得该市宿费太高，干脆选住在每晚不足 20 元的地下室。刻苦节约到如此程度，已与众多农村至城市的打工者别无二致。待己若苦行僧，待人则无比宽厚。他曾多次向灾区群众捐献钱物。对周遭家境困难的同事，也不吝施济。20 世纪 80 年代末，他曾一次性资助一詹姓教师 500 元钱。当时社会上薪酬普遍不高，这笔钱相当于一个普通知识分子数月的工资。

以人为本，助人为乐，竭尽全力帮人办好事、办实事，是天瑜品性中最为闪光之点。他在湖北大学历史系和思想文化史研究所当负责人时，所做好事不胜枚举。当时有两位老师家住市郊，平时上班花在途中的时间较长，不利于教学和科研工作，天瑜和其他系领导商量后，设法疏通校领导，先后将他们的家属调来湖大。某老师之子身患晚期肺结核，医院已下了病危通知，指言必求一代号为“1321”的药品(即“丙硫异烟胺”)。此药因有某种副作用而停产多年，市面早已脱销。但医生称在有关新药问世之前，非此药不可救命。其时正值暑假，天瑜闻知此情，马上通知系办公室人员向全系两百余名学生各发一函，求寻此药。最终此药在武汉市郊东西湖农场购得，救了患者一命。这种猝发事件的解决，是其大智大勇使然，但这种大智大勇则是根生于他的一颗大慈大悲之心！系里某骨干教师因住房问题未得解决，要求调离湖大。天瑜找到徐校长，建议动用校长所掌握的百分之十的房源，解决该同志的困难。他说：“校领导常拿所掌握的房源引进校外人才，但这类人才校内不乏存在。我系这位教师，我们看了多年，确有业务能力，希望学校能设法将他留住。”校长从其所谏，很快给这位老师分配了一套较好的居室。对教师在学术交流活动和科研方面出现的困难，他更是多方奔波，倾力相助。20 世纪 80 年代初，某老师受邀参加为期两月的丝绸之路考察活动，需预缴考察费用 500 元。这笔钱在 1981 年相当于普通教师将近一年的薪水，要校方破例拿出殊非易事。但天瑜认为这项活动有利于开阔老师的视野，有助于课堂教学质量的提高。他竭力游说当时主管财务的张副校长，使这位老师的西行计划得以顺利实现。此后不久，某老师一本学术专著获批出版。天瑜为此又专门找到徐校长，请求在校长基金中资助其出版。此书的面世极大地推动了全系教师的科研热情，若干年后，历史系老师的科研论著已如雨后春笋般涌出。可见，天瑜助人的用心，不只是为了解决某些个人的困难，而是着眼于提高全系教师的业务水平。可以这样说，在教学、科研、生活等方面受惠于天瑜帮助者不下数十人次。无论对任何人，只要有能力相助，他都会尽力而为，直至帮出成效，开花结果。众人皆知，历史系在天瑜等的引领下，80 年代及 90 年代初，出现了其历史上最佳的发展时期，无论在教学和科研方面，都走在了全校文科各系的前头。这种局面的出现，显然与天瑜的人格魅力密不可分。“德不孤，必有邻”，天瑜在全系唯一一次民选系主任的投票中，能获得除他之外的全票——61 票，就清楚地说明了这一问题。天瑜的为众所推，在一定程度上诚然得益于其深厚的学术造诣，但更主要的是由于他品德的高尚。

专心治学，不愿当官，显现了天瑜品格中的又一特质：敦厚和清纯。在物欲横流、求官之风大盛的今天，此德则显得尤为可贵。而立与不惑之间，上级领导点名要他出任中共武汉市委宣传部长。世人只知其走马上任、桂冠覆顶的结果，却不知其曾抗命三月最后不得不服从组织调令而就任的委屈情节。在湖北大学任教的十余年间，领导曾几次协商让其履职校座，他为此数度致函省委关书记，一再声明这种安排是避其所长，用其所短，坚辞不从。

天瑜是研究中国传统文化的大师，他由肌入骨，含英咀华，吸食着先辈文化遗产中的道德精髓，又在今日新形势下加以发展，将之化为行动，最终修炼成了一个高尚的人，一个纯粹的人，一个将做学问和做人结合得最为完美的人。总之，“学问好，人品更好”。这就是天瑜的真实人生。

恰同学少年

杨天钧*

1954年长江发大水，我们由武昌实验小学毕业升初中，门槛很高的武昌实验中学近两千人报考录取两个班，天瑜和我有幸入列，我们一生的友谊，因书结缘。

当时的学业，我们都很轻松，只要上课聚精会神，认真完成作业，考试和成绩不会差，同学之间常常谈天说地、论古述今，在意于知识的广博，几乎没有"比学赶帮超"互相较劲的风气，这样，课余常有大把的时间，阅读是我们共同的爱好。

这要从武昌实验小学说起，其校园曾是清代"两湖书院"和大革命时期国共合作的原"武汉中央军事政治学校"旧址，隔湖常常传来中南音专(现在武汉音乐学院)悠扬的钢琴声……小学伊始，常常放学之后，由文明路、彭刘杨路，经阅马场，到绿树葱茏蛇山脚下的湖北省图书馆看书，当时天瑜的母亲张秀宜老师在这里工作，常常给予指导。在少儿阅览室，从小人书入门，而后阅读了许多儿童读物，诸如叶圣陶的《稻草人》、冰心的《寄小读者》、陈伯吹的《吹口哨的孩子》等，印象深刻的还有袁鹰的《丁丁游历北京城》，叙述了一位上海少先队员丁丁利用暑假游览北京城，欣赏了许多名胜古迹，见闻了许多新人新事的故事。张老师和蔼可亲，告诉我们："多看书更要多动笔，经常撰写读书心得。"小学高年级时，洋洋洒洒五六百字并不费力，记得只有天瑜独出心裁，美文之外，配图描摹首都北京的历史建筑，记得在稿纸上方，手绘一幅颐和园全景，佛香阁巍然屹立，昆明湖水波光粼粼，图文并茂，赏心悦目。小学高年级开始阅读《三国演义》《水浒传》《西游记》《红楼梦》四大名著，后来广泛涉猎《说唐》《说岳》《镜花缘》《老残游记》等书籍。尤其印象深刻的是，因为常常光顾，张老师把我们这些熟面孔组织起来，称为"基本读者"，编成小组，除了自由发言，互相讨论之外，在这顶桂冠之下，仅仅是小学生，并无任何担保，也无需复杂的手续，可以借阅书籍，当年对于这帮不更事的少年，是莫大的福利。这样，从小培养了热爱阅读和写作的习惯，增长了对知识的渴望，幼小的心灵充满阳光。

---

* 杨天钧(1943—)，著名冶金专家，北京科技大学教授，原校长。

少年天瑜，绘画技高一筹，多为绘像人物。记得有一年，大家喜欢《说唐》，天瑜手绘第七条好汉罗成，面容俊俏，不苟言笑，身跨闪电白龙驹，手持五钩神飞枪，栩栩如生；又说到其表哥秦琼秦叔宝，画面展示双手紧握镀金双铜锏，大有勇武过人之势。少年时期，向往英雄好汉，通过手绘而出神入化了。

天瑜家住武昌矿局街，会同张庆圭，每日清晨经花堤街到清风巷邀我上学。20 世纪 50 年代，兄弟姐妹都在上学，家境都不宽裕，没有条件在学校“搭伙”，中午回家午饭后到校，时间还有富余，我们沿着法国梧桐树影婆娑的大成路到解放路，路经曹祥泰杂货铺、刘有余堂中药店，走到新华书店门市部才是我们兴趣之所在。初中时期，阅读范围扩大到历史地理，以及政治经济的入门读物，午休时间有限，有趣的书籍在书店里也只能大致浏览，但涉及领域逐渐增加，扩大了我们的视野。只是有一次阅读邹韬奋先生的“萍踪寄语”和“萍踪忆语”，虽然只是述及欧美的陈年旧事，但在当年禁锢的环境，开始知道西方世界一些真实情况，眼界大开，爱不释手，每天在读过的那一页夹一纸条，放在一摞书最下面，第二天继续阅读。这样，由书店经司门口到西捲棚上学的路上，尤其下午课后，天瑜和我们几个小友，信马由缰，话说天下大势。特别在初二之后，时逢苏共二十大批判斯大林个人崇拜及肃反扩大化问题，国内反右运动又刚开始，我们十分关注，天瑜有时听过湖北省图书馆的相关讲座，加上勤于思考，“天下兴亡，匹夫有责”，不免广征博引，试图解读我们小小心灵感受的困局，常常妙语连珠。我们虽有不惑，但也畅所欲言，总能高高兴兴获得许多真知灼见。我们这些少年，朦胧中盼望政通人和、国泰民安。

所幸当年实验中学也有一座规模不大的图书馆，操场一侧高坡上还有一个书报杂志十分丰富的阅览室。当年在“学好数理化、走遍天下都不怕”口号下，北京出版的《大众科学》，上海出版的《科学画报》给我们许多教益，尤其由苏联杂志脱胎的《知识就是力量》，更是阅读的重点，诸如宇宙的起源、生物多样性、科学技术的新进展，乃至不同门类工业的介绍，都是我们关心的话题。实际说来，实验中学的教师十分优秀，课堂教学循循善诱，班级同学充满浓郁的学习氛围，鞭策我们从少年时代就非常注重文理兼修。数理化几门功课，学起来也是兴趣盎然，加上“平时不烧香，临时抱佛脚”的小聪明，学习成绩也常名列前茅，中学教育打下良好的基础，让我们终身受益。

配合政治思想教育，当时正是《钢铁是怎样炼成的》和《卓娅和舒拉的故事》风行的年代，不仅如此，天瑜和我们心中更是钟爱经典的俄罗斯文学，莱蒙托夫、普希金、托尔斯泰、屠格涅夫，直至高尔基、肖洛霍夫、法捷耶夫等是我们常常议论的作家，甚至戈宝权、梅益、刘辽逸等一些名家优美的译笔，也让我们钦佩。至今还记得一件有趣的事，偶尔从兄长处得到一本郭沫若转译的《少年维特之烦恼》，这是一本讲述德国狂飙运动时期年轻人向往美好爱情而不得的巨著，但在当时，这本奇书只能几个小伙伴私下传阅，印象深刻。几十年过去，直到 20 世纪 80 年代初期，我在德国攻读学位，看了几年前东德导演由书籍改编的电影，几位演员非常优秀，维特是一位多情善感的英俊青年，绿蒂是一位激情四溢的妙龄少女，整部电影像一篇感伤的抒情诗，坦率、真实、袒露心扉、毫不做作、十分精彩。回国后赶紧买了一本人民文学出版社新版，杨武能先生直接由德文翻译的译本，好像老朋友重逢，读起来韵味十足，联想起少年时代最初阅读的印象，方知中外书籍的营养，就是这样滋润着青少年的心灵，自然也有许多感慨。

说起50年代中期，武昌的物价还很便宜，当时“过早”，三分钱一个面窝，五分钱一碗热干面。出于对走读生的关怀，后来学校茶水房开始可以给学生中午热饭，每天只收一分钱。记得当时，睿智沉稳的李宝襄、颇有音乐禀赋的高宏、聪明秀丽的刘同平，加上天瑜和我，几个要好的同学，每日中餐，虽无大鱼大肉美味佳肴，但也是“青菜萝卜糙米饭，瓦罐天水菊花茶”，吃得津津有味。引人入胜的倒是每天午饭后，坐在教室里海阔天空的谈天，天瑜常常是话题的引领者，时时还冒出一些独到的见解。记得当时，读了一些鲁迅、茅盾、老舍、曹禺、李六如等作家的著作，先后也读了郭沫若《我的幼年》《少年时代》《创造十年》《反正前后》，而热闹一阵的议题，是《洪波曲》中记载了我们熟知的“昙华林”和“汉阳门”，“大东门”和“长春观”，“珞珈山”和“梁子湖”，其中叙述民国、北伐和抗战，并将历史地理融合一起，格外有趣。当然不免也议论有关郭老先生的趣闻，大家哈哈一乐，后来还相约读了郁达夫、张资平和田汉的作品，始知难怪鲁迅先生戏称创造社有几位，或可戏称为“流氓才子”。当年，我们一群初中生，谈起“文学研究会”和“创造社”以及“鸳鸯蝴蝶派”的分野，谈起“左联”的影响，有理有据，经常争得面红耳赤，在中国现代文苑中漫游的这么一群少年，常常自得其乐。可惜的是好景不长，学校强制必须午睡，老师不时沿教室巡视，我们也还聪敏，后来离开教室，不时变换地方，继续我们口无遮拦的“午间讨论会”。

就这样，我们慢慢长大成人，至今留下了许多温馨的回忆。

光阴荏苒，几十年过去，我由理工科的学生，大学毕业后从西南到东北，投身工业建设，改革开放后才有机会出国深造，回国后从事高校的教学和科研工作。只要有机会回到武汉，少年时代的朋友，唐翼明、李宝襄、高宏、方克明、余抱青、宋亦王、漆文瑾等当年的少男少女，常有机会到天瑜和同平伉俪家中小聚，珍贵的礼物总是得到他的新著，饭后余兴总是放开喉咙把少年时代的歌曲复习一遍。天瑜和大家依然保留着许多年轻时代的执念和热情，海阔天空，谈古论今。平常时日，现代的信息技术，如微信和邮件也让我们紧密联系在一起。

20世纪90年代，每年我会出席国务院学位委员会的会议，有一次住会，我校柯俊院士(武大化学系出身，金属物理和科学技术史领域的权威)和我，夜访出席会议的社科院历史所李学勤先生，请益关于我校科学技术史的学科发展，以及科技考古和科技文化遗产保护等方面相关事宜。李先生谈到近现代科学技术史研究时，特别提及张之洞的历史功绩，建议看看武汉大学冯天瑜的专著，这些著作深入研究了张之洞在建设汉阳铁厂、汉冶萍公司乃至汉阳兵工厂等近现代系统工业体系的贡献。后来又有几次碰到李先生闲聊，知道我和天瑜曾经同学，他又说起天瑜在构建现代意义文化史的努力，《“封建”考论》一书引发的讨论…… 话语之中，始知天瑜已据史学要津，让我肃然起敬，有这么一位杰出的同学！

2018 年暑期，我在欧洲参加维也纳国际会议之余，家人同游希腊罗德岛。同行的孙女在德国念八年级，没有成天摆弄手机的习惯，总是手捧书籍，候机、乘船也是手不释卷。罗德岛是地中海文明的起源地之一，在其鼎盛时期，公元前 302 年，人们竖立起一个巨大的太阳神雕塑，成为古代世界七大奇迹之一。岛上许多中世纪的建筑让我们流连忘返，孙女沉浸在岛上的文学气氛和独特的历史内涵之中，开始思索公元前西方文明与中国文明的意义，从她身上仿佛又看到我们少年时代渴求知识的影子，我告诉她这些领域必须请教天瑜爷爷，首先要学好中文。第二年初，孩子回国省亲，送给我一篇读书心得，讨论欧洲城邦文化与中国耕读文化，我和家人私下戏曰：如果学好了中文，成绩还不错，长大之后应该报考武汉大学文化历史研究所，进入天瑜门下攻读。

2020 年 11 月，适逢武昌实验中学百年华诞，我们当年同学们天南海北齐聚江城，喜见天瑜精神矍铄，又见《冯天瑜文存》卷帙浩繁，不禁慨叹：一生家风诗礼，勤勉笔底波澜，必将传之久远。

良师益友

严昌洪*

冯天瑜教授只比我长一岁，我却一直将他视为良师益友。

初识冯老师是1985年春寒料峭的3月，在中国文化书院主办的第一期“中国文化讲习班”上。当时湖北同去北京学习的还有郭齐勇兄。尽管早已知道冯老师的大名，但识荆却在此时，而且第一次朝夕相处了十多天。讲习班办在中央团校，学员住在对面一家没有暖气的小招待所，十多个人挤在一间小屋子里。大家虽然过着艰苦的学习生活，但也感觉十分惬意，因为很幸运地见到了多位泰斗和名家。中国文化书院第一任院务委员会主席梁漱溟，中国文化书院名誉院长冯友兰，中国社会科学院研究员李泽厚、庞朴、丁守和、虞愚、牙含章、吴晓铃，国家图书馆馆长任继愈，北京大学教授张岱年、汤一介、金克木、阴法鲁、侯仁之、朱伯昆、白化文，中国人民大学教授戴逸、石峻，北京师范学院教授孙长江，海外回来的知名学者陈鼓应、杜维明、袁晓园，等等，均到讲习班讲学。冯老师作为学员代表在开班仪式上发言，并被邀请作了一次讲演。能在大家云集的讲坛上发表自己的学术见解，可知冯老师的名气了。郭齐勇教授至今回忆起那次经历，还很有感情地说道：“最难忘的是汤先生与今天在会场上的几位先生办的中国文化书院于1985年早春在北京办的第一期‘中国文化讲习班’，我与冯天瑜及在座的陈卫平兄等都是这个讲习班的成员，我们是‘黄埔一期’的。”①

我和冯老师第二次朝夕相处，是在1989年暑假，我们应辛亥革命志士后裔联谊会之邀，作为顾问参加了该会在张家界举行的联谊活动。我们又同住一间房，同住的还有我的同事罗福惠教授。白天跋山涉水游览仙境般的张家界风光，累了一天的我，早早就靠在床上休息了，但是冯老师却拿出随身带来的书稿工作。从这里我看到了他的勤奋，以后多次

---

* 严昌洪(1943—　)，华中师范大学中国近代史研究所教授、博士生导师。本文系早年撰述。

① 郭齐勇：《根源性的重建与儒学研究的多面相、多维度——在北京大学儒学研究院成立大会上的致辞》，2010年6月29日。

见到他惜时如金，利用一切零星时间勤奋工作的情景。英国著名历史学家、辜鸿铭的导师卡莱尔关于“天才就是无止境刻苦勤奋的能力”的名言，在他那里得到又一次验证，他的成就就是来自这样的勤奋。

在张家界还有一件轶闻趣事。一天晚上，冯老师穿了件背心去舞厅找他女儿说事情。第二天一早就有人到我们房间来说，有人看见冯教授昨晚跳舞，跳得热了只穿一件背心。冯老师真是哭笑不得，感慨道：昨晚的事实到今早就传变样了，难怪史学研究想弄清真相，要花很大气力。

冯老师做学问是不怕下大力气的。既在宏大题材上用大手笔进行系统的阐发，写出了《中华文化史》等巨著；又在微观的史实方面，不厌其详地进行细致考订辨析，对“封建”一词就写出几十万字的考论。近来两部新著《江河万古流——中国文化巡礼》和《武昌首义史》就是这两种治学风格的新证。前者提出了在世界视野下审视中国文化的宏阔视角，并打破以往按朝代来划分历史阶段的叙史方式，大致按照中国文化自身发展、演进的规律和各个阶段的特点来划分章节，分创榛辟莽、青铜文化、轴心时代、一统整合、盛世强音、清谈玄风、精致内敛、农牧交会、东西沟通、帝国暮年、近代转型等部分，介绍了中国文化自上古至近代形成、发展、转型的历程，基本勾勒出中国文化几千年发展的轨迹，使读者一册在手，纵览中国文化的前世今生，了解丰富多彩的中华文化成就，熟悉灿若群星的历代文化精英，珍视中国文化生生不息、延绵坚韧的生命力，并对全球化背景下中国文化的走向问题进行思考。后者所论武昌首义本来是一个老题目，冯老师与贺觉非先生合作撰写的《辛亥武昌首义史》，已出两版，影响很大，但他不满足，现在又与张笃勤兄合作撰写《辛亥首义史》，力图通过对详尽占有的史料进行深入的辨析，展现辛亥首义从酝酿、爆发到演进的全过程，不仅对湖北、武汉成为“首义之区”的原因进行了深度的探索，还对湖北革命党人的组织、宣传活动作了细致的解析，如湖北革命团体发端于科学补习所之前的“花园山聚会”，《大江报》时评的作者非詹大悲而为黄侃，汉口宝善里机关失事时间及细节，打响辛亥首义第一枪者是谁，1911 年 10 月 10 日傍晚城内工程第八营与城外辎重队起事孰先孰后，举黎元洪为鄂军都督的最早动议，黎元洪是否为“床下都督”，“谋略处”的实存性及名实之辨，黄兴是否主张放弃武昌，等等，对于这些史籍记述分歧、学界争论不休的重要史事，进行缜密考订，提出平实有据、富于说服力的结论。

以上仅仅是几点片断的回忆，足以说明冯天瑜老师的道德文章均堪称吾辈良师。

冯老师在与我的交往中，亦是益友。自从在北京结识冯老师后，他对我是多方关照，诸般提携，在学术研究方面多次合作，在培养研究生方面常常相助。

在章开沅先生和我主持的《辛亥革命辞典》的编纂工作中，冯老师屈居编委，以他对辛亥人物的熟知，负责任地指导湖北大学郭莹、高路、张祥晖三人完成了历史人物词条的撰写。他亦邀请我参加他所主持的《中国文化辞典》的编纂工作，由于我参与了部分词条的审阅，抬举我与何晓明兄同列副主编。

我一部关于文化史的著作《雷鼓灵鼗响神州——中国鼓文化研究》(与蒲亨强君合写)完成后，向冯老师索序，得到他热情的支持，在他所赐序言中充分肯定了我们的尝试："日前，严昌洪教授将他与蒲亨强君合著的《雷鼓灵鼗响神州——中国鼓文化研究》一书清样示我，并有作序之约。匆匆拜读一遍，尚未深切领会这部新作的精义，却已被字里行间洋溢着的中国鼓文化的阳刚雄风所感染，并对作者在文化研究中别开蹊径的努力油然而生敬意。"他不仅肯定了该著作"走在一条显示文化研究特色和魅力的道路上，通过对'鼓'这一具象器物形成、发展历史的考察，揭示丰富的文化内涵……读者可以由'物'窥'神'，透过鼓这个'八音领袖'得见中华民族的风尚和心态"，并在"使专家之学与普通读者相契合，从而达到学术性、知识性、趣味性的统一"方面所作的"有益的尝试"，而且注意到我们两位不同学术背景作者的合作："值得一提的是，本书两位作者的互补与协作。严君多年从事风俗史研究，多有实绩；蒲君是音乐专才。他们的珠联璧合，方成就这部既需要思想史、风俗史准备，又需要音乐史专学的著作。这也是一种启示：文化史作为一个富于综合性的史学分支，尤其要求多学科的协同努力。而严、蒲二君作出了好的范例。"我把这些话当做冯老师对我们的鼓励和鞭策。

高山仰止

罗福惠*

从20世纪80年代初与冯天瑜先生相识，至今已快三十年了。三十年中，我在业师章开沅先生门下，一直从事中国近现代思想文化史、湖北地方思想文化和辛亥革命，以及中日文化互动等范围的教学和研究，而冯天瑜先生恰恰是上述诸研究领域的先进，成果斐然，自然给我很多影响。可以说我和冯先生是“同道”，但他在这同一条“道”上却走在我的前面老远老远，我只能望其项背勉力追赶而已。

冯先生和我又在“同城”，并且这个“城”的范围不是指大武汉，而专指武昌。20世纪90年代初之前，冯先生在湖北大学，那时还没有出现交通堵塞的问题，到湖北大学请冯先生出席答辩，车行往返不超过四五十分钟。冯先生到武汉大学后，与我所在的华师桂子山，相距不足一千米。如果从我家中出来，走出华师北大门，走过一条短短的广八路，进武大南一门，上坡就到冯先生家，时间不会超过二十分钟，要拜访冯先生十分方便。

中国的“文人”本来是很注重交游和切磋的，从晚清文士的“雅集”，民国新式知识分子的“沙龙”，直至三五知交的清谈、探讨以及争论，都曾给后来的记忆甚至学术文化史留下生动的印记。20世纪80年代，由于武大萧萐父教授的倡议，武汉几所高校中研究思想文化史的同道举行过几次聚会，思想活跃略见起色。但自进入90年代，各人又“躲进小楼成一统”去了，学问倒也在进步，其表现就是各种以“新”“深”特色吸人眼球的著作不断涌现。到新世纪风气又一变，其中最突出的一是忙于“上项目”，二是“上电视上网络”，尽管成功者永远是少数，但不能说多数人对此不羡慕。因此我有一个也许不太准确的总结：80年代出思想，90年代出学问，这十年出项目大户和学术明星。我不想评价此中变化的是非得失，只是遗憾知识分子的交友和切磋越来越少。

如果对此说不以为然，不妨对学术会议的情形略作回顾：20世纪80年代学术会议有大会发言、分组讨论，历时三四天还觉得言犹未尽；90年代的学术会议，如果有三天以

---

* 罗福惠(1945—)，华中师范大学中国近代史研究所教授、博士生导师。本文系早年撰述。

上，一半时间是参观游览；而近几年的学术会议绝大多数不超过两天，一天的会议不在少数，而且往往是会议开幕式官员一大排，合影后迅即跨进轿车绝尘而去；会议进行到一半，本地学者多半就打道回府，外地学者则溜号游玩，或被请去讲学，剩下的时间只好让学生充数和主持人为难。近几年尤其流行所谓“高峰会议”或“高端论坛”，花大钱安排一流食住和会场，请来退而不休的政界上层人物和境外国外人士，就“大题目”作高、精、尖的研讨。可惜的是最后往往连一本有分量的类似于“经世文编”的东西都没有，为之捧场的报纸上的发言摘登，仍然是一些稍有见识的人都曾想到或讲过的话，鲜有新意。

话说回来，虽然三十年来风气凡三变，冯先生和我们聚首的机会却非常之多。20 世纪 80 年代学术沙龙的情形就不说了，以后无论是在本地的或外地的学术会议上，或者在两校研究生的毕业论文答辩时，一年数见是经常的事情。在与冯先生的交往中，对冯先生留下的第一个印象是忙。例如 80 年代初的一个寒冬，在湖北大学作了一天的明清文化座谈，晚餐后有车送我们各自回校，顺道也送了冯先生去武昌火车站，原来他要赶去北京，参加那次著名的文化讲习班。听说那次的讲习班有梁漱溟等老先生亲临讲演，但时近岁末，我们都打算留在家中“忙年”，而冯先生却以为机会难得，于是报名当了“学员”，所以同车的萧萐父先生称赞冯先生“好学不倦”。

1984 年在郑州举行第一次近代思想文化讨论会，冯先生也去了。参会之余，他忙着校对河南教育出版社给他出版的《张之洞评传》。1989 年暑假，在湖南慈利和张家界出席一次什么“学术联会”，“联会”的名字怪怪的，后来果然是一个大杂烩，倒也名符其实。适值“六四风波”刚过不久，人们的思绪尚未平复，置身神奇的湘西山水之间，至少我是有遁迹桃源，把一切抛诸脑后的虚空之念。但冯先生仿佛是山水助文思，有空就赶写什么书稿。所以冯先生的忙，实出于其好学。古人珍惜时间，如三国时魏人董调常教人利“三余”时间治学，称“冬者岁之余，夜者日之余，阴雨者时之余”。而在冯先生的生活中，不仅“三余”，还有会议之“余”、观赏之“余”、饮食娱乐之“余”，统统都利用上了。于是才能集腋成裘，成果迭出。

对冯先生的第二个印象是他的与人为善和助人为乐。还是 20 世纪 80 年代，我和本所的严昌洪先生曾应冯先生之邀，参加他主编的《中国文化辞典》的编写工作；又曾和冯先生及已故的唐文权先生一道撰写发表在《历史研究》上的《评〈剑桥中国晚清史〉的文化观》。前者历时甚长，后者则要求甚高，工作中我们都是各抒己见，知无不言；而冯先生总是耐心听取，择善而从，因而多次合作都愉快而且成功。90 年代初，我写了四十来万字的《湖北近三百年学术文化》，付梓之前请冯先生拨冗赐序，冯先生欣然命笔，除称许拙著“体例周严，条贯清晰，评析公允”之外，犹借顾炎武批评部分学人辗转抄袭的不良风习为“买旧钱以充铸”，把发掘直接资料喻为“入山采铜”的名言，肯定拙著“在占有第一手文献方面用力真切”，使我深受鼓舞。也正是在冯先生的示范之下，我也逐渐改变了自己重思想轻资料的毛病，自此较为注重实证研究。

冯先生的与人为善和助人为乐还体现在很多方面。诸如各种成果鉴定，对于真正的学术成果，他总是充分肯定誉扬；对研究生的毕业论文答辩，在予以肯定和鼓励的同时，委婉而又独具慧眼地指出有待改进提高之处，使答辩人和旁听者都深受教益。近几年我的好几个学生曾向冯先生求教或求助，只要力所能及，冯先生总是立即施以援手，屋乌之爱，令我和学生感铭肺腑。

对冯先生的第三个印象是他的学人本色和学术品位一贯。前面说过，冯先生和我们都生活在未必尽如人意的环境之中，不可避免地感受到剧变风气的包围和驱迫。但无论在什么场合，冯先生从不发违心之言，不故作哗众取宠的大言高论。冯先生比多数学术明星更有学问功底，在青年学生中存在众多“粉丝”，但冯先生的志趣只在“学术”而不在“明星”，因此我所读到的冯先生的著述，听到的冯先生的发言，丝毫不见矫情、作秀的色彩。厚积薄发，以十当一，恰恰与以一当十，嘴尖皮厚腹中空的作秀者相反。

冯先生始终保持着学人本色，坚守在学术园地，永无止境地开拓和深掘。从最早的《明清文化史散论》《张之洞评传》，到中期的武昌首义研究和《中华文明史》，以及最近几年关于“封建”概念的精审辨析和文化语义学的开拓性研究，都一直实践着思想和学问的高度结合。“求是”和“求真”构成了冯先生的学术品位和学术境界，对中国传统文化价值的探究，对张之洞等历史人物的公允月旦，对“封建”理论的科学考索，都不仅仅是一家之言，因为这些已经引起不少好学深思者的共鸣。昔年章太炎先生曾对其弟子感喟：为学“淹博难，精审更难，识断尤难”，冯先生就一直走在攻克三“难”的治学之路上。

亦师亦友

郭齐勇*

冯先生是我十分敬重的师长，他很谦虚，视我为朋友。承冯先生不弃，他提携我，使我们之间即成为人们常说的“亦师亦友”的关系，在许多问题上，心灵相通。

冯先生是历史学家，中国文化史的大家。他是以文史研究见长的学问家，同时又是了不起的思想家。他做的是有思想的学术研究，在明清史、中华元典精神、中国思想范畴史及湖北地方史等方面，下了很大的功夫，有扛鼎之作，又对中国传统的制度史，特别是制度思想史有精湛的研究。

例如，关于“封建”史论的深入研究，我以为当今之世，无出其右者。冯先生的精专大著《“封建”考论》，循名责实，拨乱反正，为“封建”正名。他指出，我国秦汉至明清社会的主流离开所谓“封建”渐远，实行的其实是地主经济基础之上的君主集权官僚政治。他深入比较了中国与欧洲、日本的异同，检讨了近现代思想史上的相关论战，楷定了概念，批评了概念误植的弊病。

冯先生的研究首先是学理的、学术的，这是他的立身之本。与现代其他的学术大家一样，冯先生的研究又不仅仅停留在学术层面，他有现实关怀，愈到晚年愈显强烈。近日在网上拜读了他有关“史剧与史观”“周制与秦制”的宏论，顿觉卓然经纶，耳目一新。他坚持人类文明史上的普遍之道，并为此而奋斗，虽遭致明枪暗箭也毫无惧色。王船山云：“宠不惊而辱不屈者，君子之贞也。”信如斯言。冯先生正是保存着君子之贞的大君子！

冯先生善于学习，博采众长，又有自己卓特的见解，独树一帜，正所谓“器识高爽，风骨魁奇”。他是通人，打通了文史哲，打通了中西马。他揭示中国前近代社会文化的本真面目，为中国特色的现代化提供比较准确的前史研究基础。

冯先生特别勤奋，不论在什么样的时空环境中，他都能静思与撰著。他晚年的大著都是在病房里、病榻上写成的。他特别坚强，数次手术，癌病转移，放化疗过程中，有时甚

---

* 郭齐勇(1947—)，武汉大学哲学学院教授、国学院院长。

至每分钟呕吐一次，痛苦异常，一般人是难以忍受的，很多人精神上垮了……可是冯先生置之度外，他仍在沉思构想，奋笔写作。由是可见他的定力。

冯先生是一位奇人，豁达开朗，积极乐观。医生多次宣判他生命的期限，可他就是不予理睬，似乎无暇消沉悲戚，抓紧分分秒秒，专心专意思考理论、历史的问题，一门心思写书。随着一部部深具“问题意识”的高品质专著问世，他的精神与肉体生命得以升华，得以延展。医生说他创造了生命的奇迹，他本身就是奇迹！他用生命实践了他的哲学，他的生命就是他的哲学的载体。

“看家书”及其他

麻天祥*

认识冯先生二十年了，知道冯先生史是早在20世纪70年代的事。认识先生时，先生已经是卓尔不群的历史学家，知道先生则是在特殊年代镌刻下的特殊记忆。虽然如此，毕竟和先生不在一地，即使同在珞珈山下，也不在同一个学院，近距离地接触而能请益的机会较少，但先生永远是我的仰望与追慕。先生为人谦和，思维敏捷，德行高而学问博，和先生的每一次的接触都在我的心底留下了强烈的震撼和深刻的印迹。就学术而言，给我留下最深印象的还是“看家书”说。

先生尝言：

少时阅览甚泛，遍及中外文学名著，广涉史地杂学，谈不上“看家书”。我三十多岁方初入学术门墙，而一进门，即深感理论思维紧要。为弥补疏于理论的缺陷，读了一些思想史名著，渐被三本书所吸引，一是黑格尔的《历史哲学》，曾在一年间看了五六遍。黑格尔的辩证思维和“巨大的历史感”令我着迷，黑格尔把历史视作世界性辩证过程的思想，对我深有启迪。后来我的几本拙著，包括《中华文化史》《中华元典精神》，都可以看到《历史哲学》的影响。

(另外两本)是王夫之的《读通鉴论》和黄宗羲的《明夷待访录》。二书是历史学者，尤其是近古及近代文化史研究者的必读之书。王夫之的《读通鉴论》洞察历史发展的不以人的意志为转移的力量，这便是“一动而不可止”的“势”(《读通鉴论》卷十五)，以历史大势观史、辩证观史，突破了流行的以“仁义”论史的皮相之见，打开我的脑洞。

第三本“看家书”，是黄宗羲的《明夷待访录》。这部仅十万言的论著把中国古典的政治学说推向高峰。西方近代的政治哲学，如卢梭的《民约论》(后来翻译为《社会契约论》)、孟德斯鸠的三权分立思想，提供了今之政治建构的理论基石，黄宗羲承袭

---

* 麻天祥(1948—)，武汉大学哲学学院教授、人文社会科学院驻院研究员。

先秦以来的民本思想，又向前跨进，直逼近代民主主义。我把明清之际产生的这种思想称之“新民本”，在拙著《解构专制——明末清初“新民本”思想研究》中加以阐述，意在于说明：中国近代民主主义并非全为舶来品，还自有民族文化的内在根据。梁启超便讲过此点，孙中山多次给日本友人赠送《明夷待访录》的《原君》与《原臣》，也是强调此点。

黑格尔把古希腊称作欧洲人的“精神家园”。我们中国人也有自己的“精神家园”，先秦诸子便是。

另外，先生还谈到“顾炎武也有富于近代启蒙意义的观点，如他区分‘天下’与‘国家’，这也是纠谬归正的卓识”。据此可知，先生的“看家书”远不止上述。其家学渊源，及中华文明的优秀传统潜移默化的人文素养，更是其立德立言的根本与滋养。先生说：“以前我没有想过这个问题，并未自觉认定‘看家书’。张先生之问，促使我反顾自己的读书历程：少时阅览甚泛，遍及中外文学名著，广涉史地杂学，谈不上‘看家书’。”其实说的也是这个问题。

忆本世纪初，因缘辐辏，学术的召唤，让我驻足珞珈山下，才有机会喜托龙门，聆听先生的教诲。曾记得，第一次拜望先生，是在先生的家里，一进门，蓦然映入眼底的即是一副古色古香的楹联。上联“遥山向晚更碧”，下联“秋云不雨常阴”。字体遒劲，画如刀刻。联语又呈现一派洒脱不羁的气象。先生解释说，这是梁任公题赠冯老先生的宋词集句联，难怪字迹似曾相识。

原句上联引自周邦彦《浪淘沙慢》，有“细草和烟尚绿，遥山向晚更碧。见隐隐，云边新月白”。下联出自孙洙的《河满子 · 秋怨》，“黄叶无风自落，秋云不雨常阴。天若有情天亦老，摇摇幽恨难禁。惆怅旧欢如梦，觉来无处追寻”。上下一体，对仗工整，气度卓然，而无蔬笋气；飘逸，静谧，高远，而略带苍凉，让人顿生回归自然的惬意。

先生家还有王国维的墨宝，内容是陶渊明借酒抒怀的《饮酒》诗中的句子，同样流露出灵魂深处的洒脱无羁。时隔数年，每忆及此，挥之不去：任公此联，陶公之诗，悬挂厅堂，也是先生的家风与学术气象的写照。总觉得，先生今日之成就，实得力于幼承庭训之家教，及往圣先贤人文素养之熏陶。这比任何一部“看家书”都尤为重要。

冯老先生，字永轩，清华国学研究院第一期毕业，与王力、高亨等同学，专攻历史考据与少数民族史，先后师从黄侃、梁启超、王国维、陈寅恪等。梁启超的史论、政论，王国维的“二重考据法”，陈寅恪的中古文化及民族史研究方法，都为他的学术研究奠定了深厚的基础，特别是文献考据的方法。其毕业论文《匈奴史》，是 20 世纪较早的匈奴史研究专论。其著作《史记楚世家会注考证校补》，旁征博引，纠谬补缺；《西北史地论丛》，熟练运用“二重证据法”研究甘肃、新疆史地和民族史，颇多创见。冯老先生也是楚文化研究的开拓者，其论著亦多为当今学人借重。另有《楚史》十万言，动乱中散失。其经实地考察后撰写的《论五水蛮》长文，是对鄂东古民族史的专门研究，论析缜密周详，在湖北古民族史研究中，无出其右。老先生的学术风范，无处不显现乾嘉诸老的风流遗韵。先生幼承庭训，叨陪鲤对，青年时期，几经寒暑，由旦及暮，常听父亲讲解《论语》《孟子》和《史记》，“不仅逐句吟哦经典原文，而且背诵程注、朱注等各类注疏，并联系古今史事，议论纵横”①。乾嘉学派严谨的考据之风，无时不在向先生的理念潜移默化地渗透。

先生母亲张秀宜，也是书香世家，尝留学苏联东方大学，尤喜鲁迅作品。20 世纪 60 年代中晚期，当大多数人忙于阶级斗争的派仗，或无可事事，热衷于五十四号文件(扑克)时，先生则“躲进小楼”，躲进 11 平方米的宿舍里，“认真通读了《鲁迅全集》和几种马列经典。鲁迅对社会、人生的深刻剖析，对历史、文化的独创见解，以及无与伦比的犀利文笔，都于我恩泽久远。而《德意志意识形态》《法兰西内战》《反杜林论》《家庭、私有制和国家的起源》则提供了历史辩证法的生动范本”②。让先生义无反顾地投入于他的学术追求。

另外，先生夙喜章太炎、李卓吾及鲁迅的学术风格和学术思想，延及家学家教，尤其是“远权贵，拒妄财”的家训陶冶而成的处世原则，孕育了他的义理、考据、词章之学，以及诸子平等、会通中西的文化根底，造就了先生心无旁骛、无欲无求的学术追求和学术气象。

先生幼承庭训，博览群书，诸子百家，历史文论，渍染甚深；并且，在前辈学者，诸如梁启超、王国维、鲁迅、章太炎等思想的潜移默化中，初步奠定了具有现代意识的传统文化观的基础。先生在而立之年时，已成为一位卓有见地的优秀学者，显然有其家学的渊源和历史文化的背景。

先生平生治学，内外兼修，刚柔相济，实澹泊而寡欲，独怡乐而长吟，登高层而望远，漱朝露之清流，不仅有“元典”说、“封建”考等，诸多不刊之论，而且恪守家训——“远权贵，拒妄财”，一生无改独立的人格和自主的学术精神，犹如千年的古茶树，青葱苍翠，与天地融为一体，化苦为甜，集百味而成清茶，故其门户宽宏，硕果累累，诚吾辈之楷范。

2020 年 9 月 25 日

---

① 《冯天瑜文集》，武汉大学出版社 2009 年版，第 1141 页。

② 《冯天瑜文集》，武汉大学出版社 2009 年版，第 1141 页。

印象导师

张　薇*

1997 年，我作为大龄考生，选择冯天瑜教授指导攻读博士学位，收获满满。回首一步一步地前行，脑海里留下了深刻的恩师印象，最有感触的印记是：学养专深而博大、为师从严而不厉、禀赋敏锐而睿智、做人坚毅而不畏。

印象之一：学养专深而博大

1994 年，冯天瑜教授到武汉大学任教后，我专选“中华元典精神”课程修习，在课堂上初识冯教授。我主攻明清史，对先秦历史文化知识浅薄，当讲到公元前 6 世纪几大文明古国，“不约而同地进入一个精神飞跃时期”，出现了“构建观照宇宙、社会、人生的文本，成为延传后世的经籍”，被称作人类精神枢轴形成的“轴心时代”。这引起了我极大的兴趣与关注。开始领悟冯天瑜先生提出的“元典”文化新概念，明白正处于人类文明史上“轴心时代”的西周东周时创作的“五经”“诸子”典籍，蕴含着中国人的基本理性思维和哲学思想，称之为中华元典精神，认知元典的生成、构成历史及其所反映的中华文明之特质。尤其是当听到异域元典各板块从起源乃至文化流传，其地域分布之广袤，在脑海里一时难以全盘构图，没想到冯先生在黑板上快速勾画出世界地图，在印度河流域标示出印度元典、在东地中海标示出希腊元典、在两河流域和埃及两大古老文化地区之间标示出希伯来元典，对元典产生的自然生态和人类文明进程一图解析，豁然解疑释惑，进而引发联想大河文明与人类文明发展的渊源关系。他不仅将元典文本意蕴研究与元典精神的现代阐释引申相结合，讲授语言生动，知识面广博，而且绘画功底卓尔不群，讲课达到这种境界是我一生的追求。冯先生的学养是从童子功练起的，自小学课余就跟随母亲在省图书馆孜孜

---

* 张薇(1953—　)，武汉大学国家文化发展研究院教授。

以求，博览群书，可谓根底厚实。此时作为武汉大学讲堂上执教鞭的我，尽管有了十多年的教龄，自认为还站在珞珈山脚下，需奋力攀登，于是下决心报考冯门攻读博士学位，没有功利驱动，只为用继续读书而得来一次生命的超越。

印象之二：为师从严而不厉

考上了明清文化史专业博士研究生后，有了更多向先生学习请教的机会，除了听课和学术报告及研讨之外，得到的大多是学位论文指导，我做的选题是对中国古典园林首部理论文献《园冶》的研究，冯先生认为此研究的学术前史只是集中于对园林技艺研究运用，选题的价值在于通过对《园冶》文化的系统研究很可能做出创新性成果，这对我找准选题的切入点很有启发。并且，要求广泛阅读，不局限于园林专业领域，必须涉及历史文化学及中外哲学美学和艺术学等。给我开出了必读的文献清单，还从书柜中抽出《世界艺术史》等书交给我。遵照先生的指导，掌握慢—快—慢的节奏，读书梳理资料需花费时间可慢，撰写一气呵成要快，修改定稿要缜密可慢。当我交出写作大纲时先生指导我作了修改，将《园冶》有关造园本体的内容略去，待著作出版时再完善，学位论文重点在于对《园冶》文化圈层做创新性研究，在原创性和重构性研究上下功夫，这样使我明确了研究的重点和着力点。我于 2003 年暑假开始撰写论文，至临近寒假完成，其间按要求写完一章交一章，尽管先生从没严厉批评我拖延，而这种无声的敦促，使我一天都不敢怠慢，将手中的系主任、研究院院长、主持旅游规划项目等公务和家务一概放下，在这半年多的时间里完稿、提交外审和答辩。记得正值 2004 年春节，导师推举国内历史学和园林学的顶级专家写评阅意见，由时任中国社会科学院历史所所长、学部委员陈祖武研究员和中国工程院园林专业院士陈俊愉教授利用节假日评阅我的论文，都给予了优等成绩，答辩通过后获得湖北省优秀博士学位论文奖。在导师的悉心指导下，一篇博士学位论文得以通过，深感经历了一次写作系统工程：阅读—提问—选题—阅读—拟纲—修改—资料长编—撰写—修改—答辩—修改—充实—出版，前后历时十年，让我享受到“读书—写作”过程所带来的精神力量。还没想到的是《〈园冶〉文化论》专著出版后，在风景园林学界业界引起了不小的反响，时任中国风景园林学会理事长的陈晓丽女士看到此书后，专门找到我交谈，希望在风景园林学科领域理论与历史专业方向上多作贡献。在攻读博士学位过程中，深感在导师高标准要求和高屋建瓴的点拨指导下，才可能出有质量的成果。

印象之三：禀赋敏锐而睿智

冯先生做学问善于发现问题，在查阅文献、交谈讨论过程中，往往会敏锐地发现值得探究的问题，从不愚从盲从权威观点和已有定论，而发掘被忽略的研究领域和创发独到的具有远见卓识的观点。

前不久有幸接受《武汉大学传统文化研究中心 20 年》纪念册排版工作，从中了解到进入 21 世纪的 20 年来，冯先生带领中心的师生为中国传统文化学科建设取得了骄人的成果，成为教育部人文社会科学重点研究基地。冯先生作为中心负责人和学科带头人，身先士卒，做出了表率，亲自主持多项国家哲学社会科学基金重点项目和教育部重点研究基地重大项目，出版了三十多部学术专著，年年有新书问世。尤其是论著不乏新视角、新概念、新观点。

1998 年至 1999 年先生在日本爱知大学中国学部任兼职教授和至 2001 年在日本讲学期间，发现东亚同文书院从清末至 1945 年，每年派学生到中国各地进行调查，呈送调查报告千余份，在中国调查资料内容之详尽、涉及领域之宽广、运用方法之先进是空前的，不失为研究中国社会史、经济史、地方史的极其重要的资料。爱知大学方专家说，那么多中国学者来校访学，唯有冯先生发现了东亚同文书院中国调查资料的极高价值，可谓慧眼识珠。回国后先生于 2012 年组织编译出版了《东亚同文书院中国调查资料选译》，于 2020 年主持申报成功获得国家社会科学基金后期资助重点项目：东亚同文书院中国调查之研究。可见，只有厚重的知识积淀底蕴，才能呈现科研成果焕发的智慧之光。

印象之四：做人坚毅而不畏

冯先生做人践行冯氏家训："远权贵，拒妄财"。

求真不屈权贵。冯先生对学术问题不从含糊，考证求实，论述求真。所著代表作《"封建"考论》，涉及自秦代至清代鸦片战争为中国社会发展的五种形态之三封建社会的命题，这一论断早已被中国最高学术权威认定，并且写入了教科书，影响了几代人，冯先生从厘清"封建"概念严密的坐标系入手，"从概念的历时性演绎及中外对接的过程中窥探'封建'被泛化的社会—文化因缘"。通过对古今中外相关论断引经据典，进行全方位的充分论证，得出结论：中国的封建制确立于西周，发展于东周，为封建社会形态；而自秦汉以降，中国是典型的君主集权专制社会。《"封建"考论》于 2006 年问世，至 2020 年发行了五版，在学界、政界引起了极大的反响。评价很高的赞誉之声不绝于耳，而反对的呼声也很高调，不乏学术权威人士。故而，约在十年前，因《"封建"考论》，被戴上"反马克思主义""否定民主革命""否定新史学成就"三顶大帽子。对此冯先生以史实考据和马克思原著的论述为依据，加以辨析，坚持己见。现今仍风趣地说："好像人还站立着，并未被压弯了腰。"铮铮风骨，浩气凛然，令人敬佩。

坚韧不畏病痛。多年来先生承受着心脏病和癌症的疾苦，不仅配合医生做各种大难度的治疗，能坦然面对，与疾病共处，一次次闯过惊险难关，创造一个个生命奇迹；而且每天每时每刻都要忍受麻木、酸痛的侵袭，往往道法自然，泰然处之，没有坚韧不拔的意志力是无法承受的。其精神物质支柱是什么？我想是对学问不倦追求起着关键性的作用，一直以来，无论是在办公室、在家、在住院，先生都持之以恒地阅读和写作，节假日伏案是常态，勤耕而不辍。而且，还坚持为我校研究生讲授“中国文化元典导论”通识课程的“轴心时代元典创制”专题；应邀作学术主旨报告、专题演讲，为传承弘扬中国优秀传统文化奉献一切，活力无限。可见，信念坚定而意志顽强而坚不可摧，正如宋代苏轼所言，“立大事者，不惟有超世之才，亦必有坚韧不拔之志”。

2021 年春节于丰颐苑

大家风范

李少军*

我正规拜师入冯门，是在1997年投考冯老师的博士生，到现在已过二十四载，当年历史学苑一枚“青椒”，已变成二毛之人，然而盘点学业，自愧对恩师难以像样成绩报称。恩师的道德文章、巨大成就，多有方家称道、同仁激赏，我不惧狗尾续貂之讥，说一说自己所仰慕的恩师的大家风范。

由于身在学术圈多年，接触过不少以学术为业或至少将此作为部分工作的人士，我有一种印象，取得卓越成就者，无论在何领域，定有一个共同点，就是对学问发自内心的热爱与浓厚的兴趣，这种热爱与兴趣，决不以环境顺逆、状况好坏而有改变。而恩师的学术生涯，正是极好的例证。

恩师从青年时代志趣就在文史，但上大学时所学专业，却被安排为生物学，恩师以天资聪颖、认真钻研而成为好学生，然而也决没有放弃宿志，且将通过生物专业学习接受的自然科学理论方法训练，在日后化为从事文史研究的一种优长。

《回眸学术理路》这篇恩师自述，我拜读过多次，其中提到的“文革”期间一事，总使我颇有所感：那时，恩师的一些同事，或打派仗，或打扑克，但还是青年教师的恩师，却躲进11平方米斗室，通读了《鲁迅全集》和几种马列经典，系统学习鲁迅对历史、文化的深刻创见，在哲学上强化理论思维训练。由此，我对恩师在新时期到来后源源推出高水平学术论著的前因，似觉了然。我还联想到入职时听过的生物系杨弘远院士的报告，他谈了几乎相同的事：“文革”中，别人打扑克消磨时间，而他却抓紧看遍所有新到专业杂志，因而在改革开放之初，就迅速站到了本学科的前沿。

1994年，恩师移驾武大，我也开始有机会面聆教诲。那时，所谓脑体倒挂较为普遍，历史系教师成了周知的低收入群体，大学里各种创收成风。我的一位老同学与冯老师交谈，说起现在大家都不想做学问，但冯老师却说，正因为很多人不想做学问，我们才要做

---

* 李少军(1958—)，武汉大学历史学院暨中国传统文化研究中心教授。

学问。这位老同学很感慨，跟我说冯老师果然不同常人。我第一次登门请教，已经名闻中外的恩师还住在一套两室半宿舍里，亲切和蔼，但在交谈中并没有多少客套话，主要问我做何研究，而我则呈以参著的《鸦片战争史》，并报告拜读《中华文化史》的心得。那时，与恩师接触较多的同事都知道，拜见时能谈较长时间的话题，一是与学问相关之事，再就是足球。

自来武大以后，恩师遭遇病痛的日子渐多。我前往病室及府上探望，所见情形，恩师如住院时间稍长，桌上必有笔记本电脑，在家中如精力稍好，一般都在书房写作，谈起所思考的问题，则往往显得病容消散。此间恩师出手的鸿篇大论，其内容之丰厚、思维之缜密、文辞之磅礴，不知者绝难将其与作者正忍受巨大病痛相联系，足见恩师对学问之爱与投入已到常人难以企及之境，也令人深感精神力量降伏病魔之效，堪比对症药石。

从清末民初以来，学术分科日细，即使一国历史的研究，不同阶段、不同课题，也逐渐自成领域而彼此间多有壁垒，专家取代通家掌握话语权，成为趋势。在此状况下，不为分科所限，而又在所涉及的学科领先、有足够的学术影响力，才堪称大家。而在我心目中，恩师正是这样的大家。

20 世纪 70 年代后期，恩师英姿勃发，投身史学研究，正式出征，治学一体两翼，在中国文化史与湖北地区近代史两个领域同时发力。这在恩师同辈学者中极为罕见，但也决非简单轻易的抉择。因为恩师在同侪中具备两种明显优势：一是在青少年时期有幸遨游湖北省图书馆提供的知识天地，并利用其他条件，博览中外群书，广为涉猎文史地理，且经过了理论思维的训练；二是向学如饥似渴的恩师，还很及时地接受了作为杰出史学家的严父之庭训，深研中国古代典籍，得窥治学门径而领会其真谛。

应该说，中国文化史研究，在恩师安营扎寨之时，并不是未曾开垦的处女地。然而，恩师承前启后，别开生面，将研究推升到全新的境地。1990 年，恩师率何晓明、周积明教授推出巨著《中华文化史》，随即引起学界高度关注与盛赞，其缘由，正如《中国社会科学》刊出的专题评论所指出的那样，在于该书“系统地、史论结合地、历史与逻辑统一地探索中华民族文化发展规律”，较之于既往同类论著，“是一个突破”。而对该书之匠心独运，恩师的叙说最为真切：《中华文化史》就中国文化得以发生发展的生态环境，作全景式把握，从地理环境、经济土壤、社会结构三层面的分析与综合着手，剖析中华文化的生成机制；运用历史唯物主义的理论、系统论的方法诠释中华文化诸特质，并对跳跃式的西方文化历程、连续性的中国文化历程作出比较。我以为，恩师等蓄积深厚的文史底蕴、放眼中外的宏阔视野、精湛论析的理论功力、文采斐然的珠玑言辞，使《中华文化史》成为无愧于博大精深的中华文化的扛鼎之作。惟其如此，成于 20 世纪 80 年代后期文化热之中的该书，却并不因为其后热点的转移而降低其巨大影响力，迄今在国内外同类学术论著中，仍为公认的高峰与标杆。

大家之大，我想，除了学问淹通，还有眼光深邃之意，而恩师从事湖北地区近代史研究，也正是以眼光深邃而取得了不俗的成就。晚清湖北，影响全国而且声播域外的人物首推湖广总督张之洞，社会运动则数辛亥武昌起义，恩师从大处着眼，主要围绕这两者进行考察和探讨。张之洞作为晚清“清流”要角及洋务派殿军主帅，从在位到死后，长期是话题人物，对其品行、学问、主张、政绩、官声、手腕、交游，等等，谈论评说众多。20 世纪 80 年代之初，研究者基本上是将其视为“中体西用”论的代表、竭力维护清朝统治而又在客观上造成有利于革命派活动的条件的典型人物。而恩师对张之洞的研究，是与系统考察中华文化史平行展开的，亦与对古来中国社会经历转型、近代中外关系大变局的卓识相关联，视域深广，因而不落窠臼，大幅扩展审视张之洞的时空范围，在 19 世纪后半叶世界性工业文明与农业文明冲突的总背景下，揭示张之洞所处的古今中西交会的特定位置，透视其“会通中西”的客观条件、主观意图以及实际效应，并从新的维度，以文化保守主义来阐释他所乐道的“中体西用”的实质。这些灼见新解，汇聚于恩师与何晓明教授 1991 年推出的大作《张之洞评传》及以后的增订本中，标志着张之洞研究更上层楼。恩师对于张之洞的精深研究，不只是刷新和深化了对张之洞本人的认识与评断，对中国近代其他重要人物的研究，也有从方法上提供示范的意义。

论从史出，是史学研究的行规，恩师在这一点上也作出表率，突出的表现，即为对辛亥武昌首义的研究。1985 年面世的恩师与贺觉非先生合著之《辛亥武昌首义史》，是超出见闻、回忆范围，对湖北地区辛亥革命史进行正规研究而在学界享有盛誉的史著。恩师通观辛亥革命运动历程，相当深刻地阐释清末中国、特别是湖北社会状况与武昌首义之内在联系，为在既往相关论著基础上出新，以极大努力搜求和整理各种史料，其中不仅有大量回忆录、年谱、手稿、书信和口述资料，而且还有不少档案资料。在此过程中，恩师与湖北武汉的图书机构档案部门建立了十分密切的联系，与当时还健在的辛亥老人及其当年革命党人的后裔，也多有交往。对于繁多的史料，恩师下苦功夫进行了细致考辨，由此对一些流行说法之虚实真伪，提出有充足根据的判断与解说，诸如湖北革命团体花园山聚会与科学所补习所的关系、作为武昌起义导火线的汉口宝善里革命党机关失事的具体日期、所谓首义第一枪由谁打响、首先举义的新军是在武昌城内还是城外、黎元洪任湖北都督究竟是起义爆发后被逼所致还是早有一定基础，等等。基于确凿史实，恩师在《辛亥武昌首义史》中对阳夏战争过程作了更全面具体的叙述，对立宪派人物在首义前后的动向，也提出了有别于当时还颇有影响力的陈说的新见，并介绍了不少研究者也鲜有所闻的湖北一些地方在武昌首义后的风云变幻。总之，《辛亥武昌首义史》体大思精、史事丰赡、考订周详，因而一经推出，即被史家赞为同类论著的上品。此书此后每次再版，恩师都要补充新见史料，反映了一以贯之的严谨治学态度。

恩师早负盛名，却从不为名所羁，而总是充满探索精神，勇于开辟新的学术园地，我想这也正是大家的可贵气质。1998 年至 2001 年，恩师前往日本爱知大学讲学授业，而从学术研究的角度来看，这三年实为恩师开新局的蕴蓄期。此间，通过大量接触近代日本涉华资料与其他史籍，寻觅日本吸收西学过程中汉字新术语生成的轨迹，恩师进一步深化了多年来对近代中日关系尤其是文化交流的审视与思考，选定两个新的研究方向：一是通观近代日本摒弃锁国政策走向世界、同时转向对中国等邻国扩张之一体两面，并用作对照其时中国社会状况及趋向的一面镜子，追溯、揭示近代中日走向殊途的根源；二是从中西日文化互动与近代汉字术语生成课题入手，开始建构历史文化语义学的框架体系。

就前者来说，恩师于2001年推出论著《"千岁丸"上海行——日本人一八六二年的中国观察》，可谓向新标靶射出的一支学术之箭；而在爱知大学大力发掘的东亚同文书院近代进行中国地方调查的资料，在面向学界内外译介之后，更是引起了高度重视，围绕这些资料的整理与研究，国家社会科学基金数次立项，其中除了恩师所主持的重点项目外，还有国家图书馆、北京大学的学者分别承担的重大项目。就后者来说，恩师为历史文化语义学之成立，经历了创榛辟莽的种种艰辛，以2004年推出的《新语探源——中西日文化互动与近代汉字术语生成》搭起这门新学的骨架，通过初版于2006年且后来一再重版的《"封建"考论》，为该学矗立其血肉丰满而蕴涵厚重的标志性杰作，此书围绕近代中国核心术语之一的"封建"，循着历史文化语义学的轨范，基于对于中外相关典籍的融会贯通和对中西日古代社会制度异同的精察深考，紧扣历史脉络，理清近代"封建"概念的源头流变并阐释各种关联因素，揭示其多样呈现的含义，指明其复杂影响。就该书的价值而言，远非历史文化语义学本身所能限，因为其对于进一步理解、认识和准确阐明古来中国社会形态的特征及其演变，具有很大的启发性。该书所提出的观点，引起学界种种讨论(也包括不同意见的交锋)，在我想来，这正是其不同凡响的确证。

但凡大家，必不止于自身取得累累学术硕果，而都深切关注与擘画引领学术共同体的发展，精心呵护、扶持奖掖晚辈后学的成长。恩师在这些方面亦为楷模。

无论是在湖北大学，还是在武汉大学，恩师都十分注重聚集和建设学术团队，而分别成立于两校的中国思想文化研究所、中国传统文化研究中心。两个研究机构也都在恩师的运筹、主持下，汇集各种人才资源，接连推出高品质学术成果，成为享誉学界的重镇。与此同时，恩师还与湖北省与武汉市的文史研究与图书档案机构保持密切联系，以远见卓识促进地方文史事业的发展。2010年湖北省首次表彰"荆楚社科名家"，恩师以杰出学术成就和对学术共同体的重要影响与贡献，而荣膺其选，可谓实至名归。

说到身受恩师影响、点拨、栽培的晚辈后学，也是为数众多，我自己亦忝列其中。1995年前后，我开始从研习鸦片战争史转向尝试近代中日比较、近代中日关系研究。受恩师治学博识宏通之启迪，我意识到对中日两国乃至于世界近代史都要打牢知识基础，加强理论功底对提升学术品位至关重要，大力发掘新史料关乎学术研究立足点的奠定。我在日本京都大学人文科学研究所历时一年的访学，交织了这三个方面的努力。在此期间，我了解到近代日本驻外领事报告开始在日本学界引起关注和探讨，便动了收集整理其中涉华的内容、向国内学界译介的念头，但限于财力和条件，无法全面了解和掌握为数巨大的领事报告资料，故回国后只是简略介绍所见日本学界动向。后来，我入恩师门墙，对中日国门打开前夕彼此经世实学进行比较研究，同时参与东亚同文书院中国调查资料的译介，由此更进一步了解到近代日本人来华探捡、对各地方社会状况发出种种报告的情况，并通过恩师的相关阐述，加深了对这些报告的性质与价值的认识，于是，我想收集、整理和译介近代日本驻华领事报告的愿望更为迫切。2005 年，借国家斥巨资修纂清史的机会，“晚清日本驻华领事报告编译”终于得以立项，但所能到手的资料只是日本雄松堂制作的缩微胶片，如不使用将胶片扫描还原为电脑图像的设备，就要消耗很大体力、甚至导致视觉损伤，而整理的进程也会极为缓慢。当时，我找遍武汉三镇，要么所见设备不堪使用，要么设备拥有者索费奇昂而经费则相形见绌。无奈之下，我多方求助，只有恩师十分认可资料整理的价值，而决不以爱莫能助相拒，慨然施以援手，商得郭齐勇教授等同意后，从中国传统文化研究中心拨巨款购置设备，保证了我的资料整理工作顺利进行。结果，在 2016 年推出了《晚清日本驻华领事报告》6 卷，并引起学界关注。2020 年，我对民国时期日本驻华领事报告也作整理研究之想，以我申报的“1912 年至 1937 年间日本驻华使领商务报告整理与研究”课题被批准为国家社科基金重大项目，而得以实现。但我深知，如果没有先前在恩师有力支撑下做成的工作，则现在的一切无从谈起。

另外，回首厕身中国近代史学界多年的历程，我自以为多少有些独自见解、受到一定关注的成果，主要是产生于对近代长江流域与日本关系的研习方面，而这些研习，又是以译介恩师收集的东亚同文书院中国调查资料、编译晚清日本驻华领事报告为契机和发端的。2009 年，我通过中国传统文化研究中心，以“从晚清到抗战前长江流域与日本关系研究”为题，申报教育部人文社会科学重点研究基地重大项目。如果从中国传统文化研究中心的基本方向考虑，我的申报得不到支持也是无话可说的，我当时对此也不无担心。但是，恩师及郭齐勇教授等负责人却没有任何踌躇，一致同意推荐我的申报。在那炎热的一天，得各位老师投票通过后，我的欣喜之情，至今还不时记起。

写这篇小文，我颇有笔力孱弱、文不尽意之憾。恩师之大家风范，我以一孔之见何能俱道；恩师之学问精义，我因浅陋少文亦难深解。唯高山仰止，略可表我作为弟子一直以来的崇敬之情。

品格与风范

孙秋云*

2001 年 9 月，我从中南民族学院(现中南民族大学)的历史文化学院跳槽到华中科技大学社会学系工作。2002 年年底，接受好友钟年教授的建议，在职申请武汉大学历史学专门史方向的论文博士，次年 3 月获得武汉大学学位评定委员会办公室的资格认定。当初选导师时，我首先想到了冯老师。在此之前，我虽然于 20 世纪 90 年代在中南民族学院图书馆聆听过冯老师的一次关于中国近代文化转型的学术报告，且印象很深，后又认真拜读过冯老师与何晓明、周积明合著的《中华文化史》，但由于研究的领域不同，且学术差距太大，并未与冯老师有过实际接触。2003 年 6 月 28 日、29 日，为跨过在职人员以研究生毕业同等学力申请博士学位的门槛，先后参加了英语、政治、专业学位课三门课的考试。记得当时的专业学位课，考的是"明清社会经济史"，因考题出得比较细，自由发挥的余地比较小，感觉结果不是很理想，结果这门课的成绩为 75 分，勉强合格。

其实，我对史学并不陌生。1979 年 9 月至 1983 年 7 月，我在厦门大学历史系考古专业学习，获史学学士学位，是正宗的史学科班出身。只是毕业后先后从事民族学、人类学、社会学方面的教学和研究工作，对传统史学研究方式有所荒疏而已。正因为如此，重拾史学，也能为我增添一份跨学科角度来审视自己学术研究路径的可能。

在攻读学位课程、参与学术讨论、开题、做学位论文期间，冯老师对我的第一个要求就是力求创新。当时我国政府正号召建设创新型社会，冯老师认为学术创新本应该就是创新型社会建设题中应有之义。但创新不能凭空而起，要有较深厚的积累，要综会学术前史，方能逼近学术前沿。创新还得掌握第一手资料。他常以顾炎武的话语来做激励。顾炎武曾以"铸铜"来比喻著述，把一味借取二、三手材料的称为"废铜充铸"，把用心开掘一手材料的称为"进山采铜"。冯老师告诫我前者会导致信息衰减，后者才能增添新的信息量。

冯老师对我的第二个要求，就是研究中要运用多科际性视野。他认为学科分野是近现

---

* 孙秋云(1960—)，华中科技大学社会学院教授。

代学术的一大走势，是学术研究精密化的必须。但任何研究对象其实又是综合性的，社会本身就是一个混合体，并不受限于某一学科而存在，故要真正地了解社会，就需要在单科分析的基础上作多学科的综合研究。法国年鉴学派历史学家布罗代尔曾主张历史学家至少是在三个层面上进行工作：第一个层面，是传统的历史学层面，历史学家就像一个编年史家或今天的记者一样，按照常见的叙述方式，匆匆地从一个事件转向下一个事件；第二个层面，是作为一个整体的一系列事件的层面，如浪漫主义、法国大革命、工业革命、第二次世界大战等，各种事实根据这些现象被组织起来，加以说明和解释，它们或者被称为时期(段)，或者被称为阶段，有时还被称为趋势；第三个层面，超出了这些事件的范围，所考虑的只是那些按照一个世纪或更长的时间来衡量的现象，在这个最后的视角中，文明被看作不同于标志着它们发展的偶然的和变化无常的事件，它所提示的是它们自身的长期性、恒久性的特征以及它们的结构。① 冯老师认为历史学家不仅要从事布氏所说的第一、二层面的工作，还应从事第三层面的工作，要透过具体的事件、人物、民族、国家等表征，对人类社会最深层次的本质性特征进行研究。而从事这后一方面的工作，就需要有广阔的学术视野和扎实的多学科知识，正所谓“它山之石可以攻玉”。我的博士学位论文《十八世纪汉文明向苗疆的传播及苗文明的回应研究》能得到外审专家的好评，2007 年 4 月在人民出版社以“核心与边缘——18 世纪汉苗文明的传播与碰撞”为书名出版后得到学术界的肯定，并在 2011 年 2 月荣获湖北省第七届社会科学优秀成果著作二等奖，就是冯老师精心指导和亲切教诲的结果。相信师门中蒙受冯老师如此恩惠的肯定不止我一人吧！

虽然在冯老师身边学习和研磨的时间不长，但在我的心目中，冯老师就像是一位不知疲倦的建筑大师，专心致志地构建着他心目中文化学和中国文化史学的神圣殿堂。他那宏丰的著述，是这个神圣殿堂中当之无愧的圣品。在冯老师的影响和感召下，这个神圣的殿堂聚集了一批又一批才华横溢的青年才俊，他们追随冯老师，认同冯老师的人格魅力，自愿接纳冯老师为人为学的旨趣和品德感召，内心真诚地尊称冯老师为“先生”。凡受过他教育和教诲的学生当中，有的已成学术方家，有的已成大学校长，有的已成著名实业家，更多的则成为各地大学、科研和文化机构的教授、学术中坚、业务翘楚。他们都铭记冯老师的做人品格、情怀和教诲，做走向人民、服务于人民、与人民感同身受的事业和学问。

自 1983 年 7 月大学毕业参加工作以后，我曾有幸师事老一辈社会学家、民族学家、人类学家吴泽霖教授(1898—1990)达七年之久，为他们这一辈学者的学识、文风、襟怀和风范所折服，常常会在心底里情不自禁地去追寻、缅怀这种风范。非常庆幸的是，在冯老师身边三年多时间的学习和研讨中，我又一次沐浴了我一直所仰慕并汲汲以求的那种风范！我希望我也能把这种风范保持下来，并传承下去。

2021 年 1 月 18 日

---

① ［法］费尔南·布罗代尔：《文明史纲》，肖昶等译，广西师范大学出版社 2005 年，第 54 页。

心中的好老师

张艳国*

在中国传统话语语境中，“老师”(或称“师父”)是一个内涵丰富，崇高而神圣的字眼，具有极强的社会生活意义和文化学意义。没有人能够生而知之，也没有人能够无师自通，都需要老师指导、教诲和训练，得到人格提升和技能提高。唐代著名文学家韩愈在《师说》中论述道：

> 古之学者必有师。师者，所以传道受业解惑也。人非生而知之者，孰能无惑？惑而不从师，其为惑也，终不解矣。生乎吾前，其闻道也，固先乎吾，吾从而师之；生乎吾后，其闻道也，亦先乎吾，吾从而师之。吾师道也，夫庸知其年之先后生于吾乎？是故无贵无贱，无长无少，道之所存，师之所存也。①

这是从教与学关系的一般意义上讲老师的职责和功用。若要从更高的意义和价值上衡量老师，察考其师德、师技、师能和师长，像我国伟大的教育先行者、思想家孔子那样，“子以四教：文，行，忠，信”②，教育人的文化，塑造人的品性，培育人的忠厚，格律人的忠诚，并且做到“学而不厌，诲人不倦”，“发愤忘食，乐以忘忧，不知老之将至”③，这则是“老师中的老师”，堪称“好老师”的美誉了。“好老师”当然是教师中的翘首，如业师章开沅先生所说，“这种无声的师，不自以为师而人尊之为师的师，乃是最高层次的教

---

* 张艳国(1964—)，南昌师范学院教授、院长。

① (唐)韩愈：《师说》，(清)吴调侯、吴楚材编：《古文观止》下，华夏出版社 1998 年版，第 382 页。

② 张艳国：《〈论语〉智慧赏析》，人民出版社 2020 年版，第 129 页。

③ 张艳国：《〈论语〉智慧赏析》，人民出版社 2020 年版，第 114、125 页。

师，潜移默化的教育，其精英堪称万世师表”①。

我追随冯天瑜老师学习已久，从 1985 年我入职《江汉论坛》从事史学编辑算起，至今已有三十多年的历史了。从“门外”追随冯老师，到“入门”请益冯老师，冯老师留给我感人、温暖、受益的场景历历在目，这些都一一有序地温润地储存在我的脑际，随时有用。每当我回忆冯老师指导我学习思考的点滴片段，体会从中所受的教益，总是感恩有幸受到冯老师点拨教化，总是感叹“遇到冯老师真好！得到冯老师教育培养，真是我一生的造化”；而冯老师在我眼中，总是一位“德艺周厚”、具有古时儒者之风的老师，② 我总是将冯老师视为当代教育界的“好老师”。

2001 年初夏，经过章开沅先生、严昌洪老师三年悉心地指导、培养，我在华中师范大学中国近代史研究所就要完成博士研究生学业了。当时，冯老师既被章先生礼聘为我的博士学位论文《破与立的文化激流——五四时期孔子及其学说的历史命运》评审专家，又是 6 月 4 日我们博士论文答辩会的主席。我在 5 月 20 日晚就将我的论文送到冯老师府上，请他审阅，当时我的心情是十分紧张的。冯老师似乎看出了我内心的紧张情绪，招呼我坐下后，并不急于与我谈论文，而是与我交谈近来的工作。在我的情绪稍稍平复后，他才慢慢地翻阅起我的论文来，表现出一种温和而严肃的表情。在翻阅中，冯老师就他感兴趣的问题询问我，其间不乏肯定和鼓励我的话语。这个过程，足足用了半个多小时。在我即将告辞的时候，冯老师询问我出席答辩会的其他专家，并嘱咐我认真准备，努力答出学术内涵来。从冯老师家出来，我紧张不安的情绪一扫而光，受到冯老师温和关切的情致感染，在回家的路上，我的内心充满自信和轻松的感受。

6 月 4 日的答辩会分为上午和下午两个半场进行，而我的论文安排在上午半场答辩。在上午的答辩中，冯老师作为答辩主席掌握会议的节奏和调理会议的气氛，很有艺术性，效果很好，会后受到章先生赞扬和感谢。应邀参加我们答辩的老师，个个都是饱学之士，而且学风严谨，对于这场答辩作了充分准备，个个精神饱满，特别是校外专家更是精气神十足，对于他们认为研究不充分、表述不准确或者论文挖得不深不精的问题，往往抓住不放，穷追不舍，刨根问底，而学生最后在“禁不住问”的时候，自然面有羞色，难免流露尴尬之情。这时，也正好是阶段性落场之时，该冯老师进行总结了。只见冯老师微笑着温和地说：“老师追问的问题，正是有待继续研究完善之处，这是一种有益的提示和强化性强调，不必难为情。学无止境，贵在精益求精。”经冯老师这样一说，整个会场如同春风吹过，满屋子冷峻的气氛回归平和。现在想来，答辩中专家追问，唇枪舌剑是必然的，无可厚非；像冯老师作为主持人这样温润智慧，也是必要的。因为，再精彩的大戏，也需要剧

---

① 章开沅：《春风化雨 桃李芬芳——向第一个教师节献词》，《20 后寄语 90 后——章开沅小品文选集》，周挥辉、曾艳编注，华中师范大学出版社 2013 年版，第 5 页。

② 张艳国：《〈颜氏家训〉精华提要》，人民出版社 2020 年版，第 272 页。

情整合和合理调节。我因为在答辩前得到导师组老师较多肯定性评价，原以为答辩能“轻松过关”，不想在答辩中也遭遇了猛烈的“学术炮火”。开始时颇为慌张，慢慢才跟上答辩节奏，进入状态。对于我开始时的紧张情绪，冯老师也像对待其他同学那样，时有善意的提醒，“不要紧张，更不要慌乱。知之为知之，不知为不知，实事求是就好”。这对于稳定情绪、保持定力，还是很有效果的。也可能由于专家们对我的论文感兴趣，在提问讨论环节，汇总起来，有二十来个问题。数量较大，这让我显得为难。能否扼要准备，突出重点，而不是面面俱到？正在我犹豫不决之时，还是冯老师给了我好的建议。他微笑着说道：“艳国，这样吧，综合各位老师的评论和提问，你在以下四个问题上再结合你的论文准备一下吧。第一，你在文中说‘全盘反传统论’是近代西方文化哲学模式与历史哲学模式影响的结果，那么，这种模式为何物？你是否建立了一种‘破与立的文化模式’？第二，你在文中说要给予五四时期评孔批孔文化运动予以时段划分，这样‘更可靠些’，是何指？第三，你在文中说五四时期的评孔思潮不为研究者所重视，是何确指？第四，你在文中关于杜亚泉文化观的评价与当前学术界的一些评价有所不同，为什么？你看这样好吗？”还有什么比这更好的？简直太好了！在问题集中后，我便认真进行思考、梳理；在学生答辩陈述环节，我的回答得到老师们肯定。

答辩结束时，冯老师代表答辩委员会宣读了评议结果，我的博士学位论文被评为“优秀”。特别珍贵的是，我的论文答辩决议，是由冯老师亲自起草的，词语中洋溢着对青年学子的激励和爱护之情：“论文具有历史的深度和宽阔的视野；占有材料比较丰富，对材料的勘比、剖判也颇为用心，加之文笔畅达、富于生机，使全篇较好地实现了‘义理、考据、词章’三者的相济。总之，这是一篇成功的、有较高学术价值的优秀博士论文。”①正是因为答辩会的肯定，我的博士学位论文被评为华中师范大学年度优秀学位论文，我被评为华中师范大学优秀毕业生，并获得了“野泽丰奖学金”。关键是冯老师的“专家评语”和代表答辩委员会宣读的“答辩决议”，激励我坚定地在中国近代史研究，特别是在中国思想文化史研究领域走下去。

在答辩过程中，我再一次受到冯老师谦和、博雅的君子之风熏陶和教育。他既不放松答辩要求，而又体现出对学生的同情共感。他在答辩中勉励我“将答辩中讨论的问题作为今后研究的思想题材，多加留意，予以深化”，是指导我完善论文的重要意见，我十分珍惜。在整个答辩过程中，冯老师都是既严肃认真，而又温和包容的。这给我留下了终身难忘的印象。这不就是我们常说“好老师”所具有的儒雅，“温而厉，威而不猛，恭而安”②吗？

---

① 参详张艳国：《破与立的文化激流——五四时期孔子及其学说的历史命运》附录二，花城出版社 2003 年版，第 326 页。

② 张艳国：《〈论语〉智慧赏析》，人民出版社 2020 年版，第 139 页。

我博士研究生毕业后，一心想着做博士后研究。我心中的理想导师是冯老师。为了慎重稳妥起见，我专门征询了我的博士导师章开沅先生和严昌洪老师的意见①。他们一致认为，冯老师是合适的人选。特别是章先生说："你在冯老师的指导下，一定还有大的进步。"这句话鼓舞着我，坚定了我跟随冯老师做博士后研究的选择。在章先生、严老师的推荐下，我专程拜访冯老师，当面表达我的申请。因为有了博士学位论文答辩期间感受冯老师对我关怀的经历，我这次提出申请，还是蛮有信心的，一扫上次送呈博士论文时的紧张和惶恐。冯老师在批准我的申请后，对我做博后研究的思想准备提出了指导性意见。冯老师说：博士后研究，重在研究，贵在创新。不要做一般性研究，不要为了"做博士后"而"当博士后"。下决心做博士后研究，就要以博士学位论文为基础，找准问题意识，深化下去，取得有厚重感的学术成果。冯老师的语气平和，但要求明确，指向具体。我理解，冯老师平静的指导，具有鞭策我前进的千钧之力。这次谈话，使我明确做博士后研究的科研方向，围绕博士学位论文与博士后研究选题的对接口做足文章，在寻找问题意识和突破口上狠下功夫。

在冯老师的指导下，入站手续办理是顺利的。特别是进站评议会的准备，冯老师特别指导我，要逐一登门请教参会评议的老师，提醒我在登门请教时主动报告我的博士学位论文研究成果，以及在读期间取得的研究进展，并适当介绍进站后的科研准备。在冯老师指导下，我三次登门向武汉大学历史系中国史博士后流动站负责人朱雷教授进行深度请教，每次都得到朱雷先生的亲切鼓励和热心指点。因此，我的进站评议会开得很成功，老师们都对我进站研究表示了欢迎，提出了要求，提点了问题。我能够顺利进站，这与冯老师周全地考虑，特别是冯老师一贯要求自己克己待人、谦逊低调的作风学风，是密不可分的。那时，一些博士说，武汉大学中国史博士后流动站门槛高、要求严、进门难。他们常有畏难情绪流露。可见，人的主体作为，是要辅以积极条件的。而我得以顺利地入站，能够在充满喜悦的情绪下从事博士后研究，这不能不说得益于冯老师在学问之外对自己严格要求，营造了良好的学术生态和人际环境，他对博士后流动站其他导师发自内心的尊重真诚和待人处世的周到细致，一直得到他的同事们好评。这对我来说，终生有益，终生受用，人生的大智慧往往体现在待人接物、为人处世上。

进站后，我和冯老师就博士后研究的问题意识很快达成了一致，那就是：博士学位论文研究五四时期新思想新思潮围绕孔子学说进行"破"的问题，博士后研究就是围绕五四时期文化新人所做的"立"的工作，将破与立结合起来，形成五四时期新思想新思潮演进展开的一个对立统一的完整体相，形成一个五四时期思想演化新陈代谢的个案亮点。冯老师在明确问题意识、目标导向和研究进路后，在选题的拟定上，显得很慎重，与我多次交流讨论。冯老师说，从学术话语表达上，围绕"立"，使用"开启现代之门的理论借取"，就突

① 《礼记·学记》说："择师不可不慎也。"此之谓也。

出了“借取”这个关键词；从指向明确上，显示“立”，使用“李大钊与五四时期唯物史观思潮互动性研究”，就突出了“立”的载体与表现——唯物史观。冯老师表示，如何定选题，由我思考后自己定。我感受到，冯老师在指导我的研究中，既是严谨认真的，又是民主开放的，他鼓励我比选，而不代替我决策，有利我发挥积极性和主动性。这对我做好全过程研究，在敬畏学术、潜心学术方面，是很有教益的。

在冯老师的悉心指导下，我经过三年研究，“李大钊与五四时期唯物史观思潮互动性研究”报告最后顺利完成。2006 年 1 月 9 日下午，在武汉大学中国传统文化研究中心（教育部人文社科重点研究基地，其时，冯老师担任中心主任）举行了博士后研究报告答辩评审。历史系和中心的敖文蔚教授、陈锋教授、张建民教授、李少军教授和谢贵安教授应邀参加，他们在冯老师的主持下，组成了答辩评议委员会。老师们充分肯定冯老师指导我在研究中，问题意识强，博士后研究报告与博士学位论文联系紧密，重点突出，有时代感，对于深化五四新文化运动史研究具有新的、积极的学术价值；同时，也具体指出了一些有待深入研究的之处和值得商榷的问题。冯老师在最后的总结讲话中，既综合了各位老师的意见，又突出表达了他对我这份研究报告的评价：

> 艳国的研究做得比较深入，是短时段思想史研究的结晶。研究报告围绕五四思潮的充分展开，包括马克思主义在中国的传播，问题意识与思绪思路在破与立上展开，解证问题的深度与厚度相兼顾，思想理路清晰可见。问题的选择具有现实性、实践性，研究走向与时代思考的问题紧密联系在一起。当然，学术研究与现实性研究既有联系，又有一定的区别，要善于从现实的思想纷扰中摆脱出来，要重视从马克思主义在中国的传播史角度研究思想史、文化史问题，不要过多地回答现实理论问题，坚定明确地做“史”的研究。譬如说，还有一些值得深究的学术问题：李大钊从日本学者那里学习了哪些概念、知识，他是如何运用的？明治时期日本学者所做相关性研究的程度是怎样的？这些问题是很重要的。鲁迅曾对李大钊作过一个评价：守常先生的学术未必精当，但却为社会所需要；他的遗文是先驱者的遗产，革命史上的丰碑。如何对此进行学术定位？唯物史观为什么会在李大钊身后风靡中国学术界？对于这种现象的描述，值得进行更加深层次的研究。特别是当时关于科学与迷信的讨论，也值得我们关注进来，加以研究。总之，这篇研究报告值得肯定之处甚多，为深化后续研究奠定了扎实基础。希望艳国继续推进，在这个领域取得更多成果。

冯老师的这段话，我认认真真地记录下来，踏踏实实地装在自己的脑海里储存起来，生怕有所遗漏。冯老师和专家们对我的研究报告给予充分肯定，研究报告也被评为“优秀”等级、我被评为武汉大学年度优秀出站人员并获得奖励，这既是冯老师精心培养教育我的成果体现，也是我继续前进的新的起点；更为重要的是，冯老师为我在出站后继续在学术研究上探索前行，站在更高的学术视野上思考问题、研究问题，指明了正确的努力方向。从已有的研究开始，坚定地走深走远，对于一名准备献身学术研究的青年学者来说，这是最为紧要的，也是最有意义的。

2016年寒假、2017年春节前夕，我从江西师范大学回到武汉，赶往冯老师所在的湖北省人民医院住院部病房看望他，特地带上了我发表在《中国社会科学》2016年第10期上题为“李大钊、瞿秋白对俄国道路的认识”的长篇论文。尽管冯老师重病在身，但他一如既往地处在思考、写作的状态之中，丝毫没有身患重病的疲惫倦乏与痛苦不堪。当时，他的兴致很高，在接过我手中的杂志后，非常高兴地翻阅着，还将他感兴趣的文字读出声，望着我笑，表情十分慈祥，释放的情绪十分饱满、给力。他说：“你带来的杂志及其发表在上面的大作，是对我最好的新年祝福。”我说：“感谢老师的教诲，我的小作受到了您发表在《中国社会科学》杂志上的《唯物史观在中国的早期传播及其遭遇》①的深刻启发。”冯老师连忙打断我的话说：“不，不。看得出来，你的这篇大作，是你博士后专题研究的继续深化。这些年来，你还没有放弃，继续深入研究，功夫没有白费啊。可喜可贺!”冯老师既谦虚，又看得很准，可谓一语中的！真是“了解学生莫如其师”啊！这些年来，我的确牢记冯老师在我出站答辩评议会上的总结讲话，遵循冯老师关于学术研究要重视“后续研究，继续推进”的教导，锲而不舍，终于收获了劳动成果，尝到了接续努力的甜头。冯老师对我的教育培养，充分体现了做一名“好老师”“己欲达而达人，己欲立而立人”②的深厚情怀，所谓为师者要有仁者之心，做到教学相长③，无非是在提升自己的同时，也站在学生的立场上看问题想办法，通过教育达到培养学生成长成才的目的。在实践中感悟我的亲身经历，这对我传承冯老师“好老师”的育人精神，具有示范意义。

冯老师成名很早，学术成果丰硕，赢得了学术界广泛的尊敬和尊重。在常人看来，冯老师能够在学术研究上取得极大成功，一方面源于冯老师自己的勤奋努力，他常年孜孜不倦，手不释卷，笔耕不辍，师母刘老师不无诙谐地评论说：“冯老师做起学术来，有瘾。”另一方面，则是源于冯老师极其聪明，具有惊人的记忆力和敏捷的反应力，冯老师的朋友们不无羡慕地评论说，“冯老师聪明绝顶”。在很长的时间里，我也这样认为，觉得做学问要“勤奋+聪明”，甚至认为具备超强的记忆力，在治学中是主要的。直到前不久，冯老师在来信中对我进行训示，使我顿开茅塞，明白了做一名出色的职业历史学家，究竟应该具备什么？2020年9月4日上午，冯老师在来信中，这样说道：

艳国君好！做史学研究，诚如你言，记忆力重要。然不必过多地寄望于天赋的记

---

① 冯天瑜：《唯物史观在中国的早期传播及其遭遇》，《中国社会科学》2008年第1期。

② 张艳国：《〈论语〉智慧赏析》，人民出版社2020年版，第110页。

③ 关于“教学相长”，如《礼记·学记》所说：“是故学然后知不足，教然后知困。知不足，然后能自反也；知困，然后能自强也。故曰：教学相长也。”

忆力。史学工作者对历史的感悟力也至关紧要。而这种感悟力的获得，除部分凭记忆力赐予外，更多的则是依靠研史实践中理性思维的锤炼。至于史学撰著，记忆力提供某些基础，更赖义理、考据、词章三者相济。你在这三方面皆有优势，再下功夫定可再上层楼。

这既是冯老师对我的教益，更是冯老师对自己的学术思想、学术方法进行自我总结的经验之谈，具有极其重要的教育意义和学术价值。在学术研究中，使义理、考据和词章有机结合、相互融通，这是中国学术史上大家、名儒素来提倡的学术理念、学术门径，也是冯老师一贯坚持的学术指向。早在 1994 年，冯老师应邀撰写的一篇学术总结性自述中，专门论述了他关于义理、考据和词章的理解、重视和坚守：

清人姚鼐说："余尝谓学问之事，有三端焉。曰：义理也，考证也，文章也。是三者，苟善用之，则足以相济；苟不善用之，则或至于相害。"……从姚氏之言可以得到的启示是：一个以学问为事业的人(史学工作者自然也在其列)，应当有理论准备，得以攀登时代的理论高峰，对错综的研究对象获得理性的真解和创造性的诠释；应当有广博的知识积累，占有丰富的材料，并具备辨析材料的能力，所谓"前言往行无不识也，天文地理无不察也，人事之记无不达也"；应当锤炼语言，长于词章，有一种"二句三年得，一吟双泪流"的追求。姚鼐提及的"义理、考据、词章"三方面，是我近十年潜心探究，乐此不疲的所在。……"义理、考据、词章"不仅各具独立价值，而且，理论指导、材料辨析、文字表达等三个方面的能力缺一不可，此三者之间的关系应当"相济"而不得"相害"。以史学而论，忽视史料的占有与考证，其义理不过是空中楼阁，是无源之水，无本之木；同样，没有理论思维，所占有的史实也只是一堆原材料，无以建构伟岸的大厦……此外，有义理与考证功力，如果文章苍白乏力，也难以成就良史，正所谓"言而无文，行之不远"；反之，擅长文章表达，却缺乏义理考证功夫，则不过是花拳绣腿，上不得真阵式，而且还会以文坏史。古来忌文人修史，文人修志，即是防范这种情形。①

难怪冯老师在不同的时间段里，都着重强调"义理、考据、词章"在治史中的重要作用和重大价值，这实在是他承续古人而又发扬光大的学术思想与学术方法。由此看来，勤奋也好，聪明也罢，包括超群过人的记忆力，这些都是做学问的"外功"，而不是"内力"；治学，真正的内力乃在于"义理、考据、词章"的有机结合，有了这个内力，外功才起作

① 冯天瑜：《地老天荒识是非・二、义理・考据・词章》，张艳国主编：《史学家自述——我的史学观》，武汉出版社 1994 年版，第 32~33、34 页。

用。这应当是治学，特别是研究历史的重要法门和应予遵循的学术准则。

“好老师”当然也是老师，但是，他的确比一般的老师要高明得多，要了不起得多！冯老师在言传身教中所彰显的“义理、考据、词章”相互融通、相得益彰的这一学术思想、学术方法，实际上贯通了古往今来一切优秀学者所坚守的“志于道，据于德，依于仁，游于艺”①的学术思想和教育方法，具有打通古今、超越传统的重要实践意义。这对我们所产生的教益作用，也是显而易见的。当然，更值得我们在治学的实践中细加体会，随时遵循，学以致用。

在与冯老师交往、追随冯老师求学求知的几十年历程中，我既受到冯老师严谨治学的学风影响，又受到冯老师诲人不倦的人格魅力熏陶。作为个体人物而言，冯老师具有“好老师”的品质情操和文化内涵，可能是一种偶然的存在。但是，冯老师几十年如一日，热爱中华文化，研究中华文化，传播中华文化，弘扬中华文化，他既有历史感，“追究历史”，又有现实感，“考察现实”②；而且具有民族文化认同感自觉性和自豪感归宿感，坚信“中华民族正驾驭巨舟，升起云帆，在无垠的文明沧海破浪远航，‘诞敷文德’”③，他像古人的史学情怀那样，“究天人之际，通古今之变，成一家之言”④，这就不能用“偶然性”来解释了，而应该就是一种必然产生了。在冯老师身上所体现的这种历史、文化发展与士、君子道德承载的必然性，无论如何，都是任何一个时代一切具有社会责任感和历史使命感的知识分子所“心向往之”的。

良师之风是教师长期积累的善美风尚，内涵品德、情操和育人理念。“教师的良好风范不是与生俱来的自然功能，而是长期刻苦磨砺形成的优秀素质，包括思想作风、道德操守、文化素养、生活情趣等各个方面。”⑤良师之风又会风行草偃，春风化雨，润物发生。俗话说得好，“一落叶而知秋，一滴水能成冰”。尤其是在冯老师身上所映现的“温良恭俭让”的君子之德、“天梯度与有志人”的君子之风、“终生追求从不懈怠”的君子之行，把“好老师”的使命担当扛在肩上的教育实践、文化实践，理所当然的是我们这个时代极具标志意义和文化价值的典范，是我们这个时代一切从事文化教育工作的人应予珍视的榜样。

---

① 张艳国：《〈论语〉智慧赏析》，人民出版社 2020 年版，第 116 页。

② 冯天瑜：《中国文化生成史》下册，武汉大学出版社 2013 年版，第 898 页。

③ 冯天瑜：《中国文化生成史》下册，武汉大学出版社 2013 年版，第 888 页。

④ (西汉)司马迁：《报任安书》。收入(清)吴调侯、吴楚材编：《古文观止》上，华夏出版社 1998 年版，第 246 页。

⑤ 章开沅：《春风化雨 桃李芬芳——向第一个教师节献词》，《20 后寄语 90 后——章开沅小品文选集》，周挥辉、曾艳编注，华中师范大学出版社 2013 年版，第 5 页。

书生老矣犹卷澜

周　荣*

冯先生于我虽无直接的师承关系，但我在心中一直是把先生奉为老师的。重要的原因有二：其一，先生的《中华文化史》等著作伴我走过了最黄金的读书年华，也将“中华文化的生成机制”这一“疑情”深深植入了我的内心；其二，先生和我都曾经主动放弃看起来一片光明的“仕途”而返身学问，先生约长我一代人，先生走过的路正好成为我的镜鉴。

我读博期间先生已由湖北大学调入武汉大学，我留校后又有幸与先生同在一个教研室，得以有很多机会聆听先生的教诲。先生平易近人，淡泊无争，言笑间处处体现出一位长者和智者的风范，总能让同事和学生在极轻松的氛围中受益。至今记得，单位组织了一次户外参观活动，地点是武汉近郊新开发的一个景区，我们一群毕业不久的博士围绕着他，边走边问，先生兴意盎然地陪我们聊天，从义理谈到考据和词章，从史学谈到中外文学名著，从漫画谈到足球，在先生面前，我们都自叹自己不过是“专士”，先生是无需学位的真正的博士。尚记得有人问起《明清文化史散论》时先生说过，做学问选题没有“大”和“小”之分，大题可以小做，小中也能见大。一项好的研究总是能打动人心的，而且常常是融学术性、思想性甚至是艺术性于一体的。2006 年先生的《“封建”考论》出版了，次年我才开始拜读该书，在惊叹先生的书以一“名”的考订来拉动一部历史时，我也真切地领会到了先生那段话的含义。先生的话，经常让我反思作为一名学者的使命和责任，也常想起龚自珍的《咏史》诗，在“著书都为稻粱谋”的大环境下，如何坚守一个学者的本分，创造出既有学术又有思想，既无愧于时代又经得起历史检验的学术成果，其实是每一位有良知的学人都要修行的功课。

我在历史学院工作的那些年，几位志同道合的师友坚持以“眼光向下”“走向田野”为基本的研究方法，因此，我有机会接触到一些民间收藏者和一些散佚在民间的稀见文献。有一次，我惊喜地看到了贺觉非先生手书的“辛亥武昌首义史稿”“辛亥革命武昌首义史料

---

* 周荣(1968—　)，武汉大学历史学院暨中国传统文化研究中心教授、图书馆古籍保护中心主任。

整理报告”和有关辛亥首义老人调查访谈的一些手稿，此后不久的一次学术活动中，我与先生在梅园餐厅同桌共进午餐，当时先生正与杨华教授谈及他为一些学界名流绘“学人侧影”、《光明日报》拟连载的话题，我伺机问起他与贺觉非先生的交谊，并提到这批手稿。

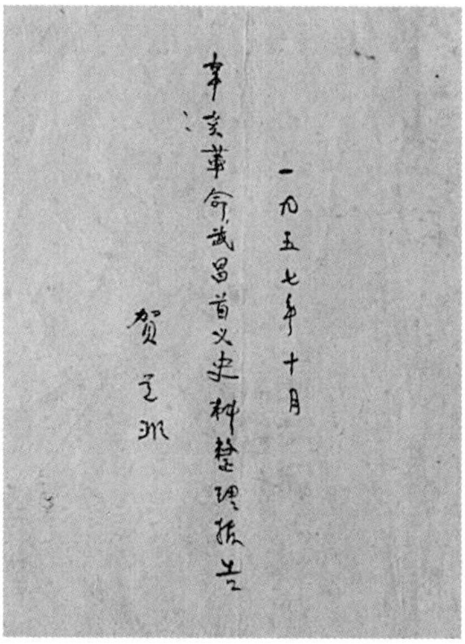

先生说贺觉非是他从事辛亥首义研究的引路人，贺老倾其一生从事辛亥革命史料的搜集整理，对幸存的首义老人都一一记录、访问，与首义老人的子女也广为接触，成为朋友。先生特别称赞了贺觉非为首义老人及其家属的生活困难积极奔走的事迹。先生说贺老在与他合著《辛亥武昌首义史》时，交给他大量的手稿和资料卡片，先生对这些资料都进行了认真的考订、消化和吸收。先生说他非常遗憾的事就是没能在贺老逝世前完成《辛亥武昌首义史》，贺老未能亲览他期盼已久的成果。但令他欣慰的是，在《辛亥武昌首义史》出版时，他坚持以贺老为第一署名作者，并给贺老的家属送去了稿费和奖金。简短的往事回忆之后，先生对我的谈话立即转向“正题”，他语重心长地说了几句话，原话我虽不能重复，但原意我印象极深。先生说，做历史研究，亲临历史现场，对当事人进行访谈，充分搜集口述史材料是非常必要的。他同时提醒我，人是感性的动物，研究一个人物久了，会对这个人物有偏好，研究一个地方久了，便会产生一种乡土情结。因此，我们在进行史料分析时，要学会排除个人情感因素的影响，不能以今人之好恶来定古人之是非。而应当尽可能广泛占有史料，以中立的态度，公允地立论。先生说这些话不是他的发明，古人早有精彩的论述。在《辛亥武昌首义史》中，他便以这种态度纠正了贺老的很多访谈结论。

先生当时很忙，一番话后就接着与杨华教授等人商谈别的事情了。先生不经意间的这些话对我而言可谓入脑又入心，我在梅园餐厅静默良久，回味先生的话。对当时的我，先生所言，无异于用自己的亲身经历为我上了一堂“历史人类学”的课。我原本打算利用贺老的这批手稿就辛亥首义的相关问题做点研究，后来，我在阅读原始文献时，发现辛亥早期史料与后期史料存在许多差异，又看到许多学者关于相关问题的一些争论，觉得有些问题的解决可能还得假以时日，遂放弃了原有的计划。再后来读清人戴东原的《戴氏遗书》，读到“凡宗仰昔贤，有寄爱慕，虽指不知谁氏之垄而闻名起敬可也，援以证实，用资考核，必有起而辨之者”这段话，当时就想，这应该就是冯先生所言古人早有精彩论述的言论之一吧。

前几年，我又有幸看到了先生与萧萐父先生之间的通信，通信内容主要围绕劝请巴蜀书社出版“明清文化史丛书”这一话题。当时先生尚在武汉师范学院(后改为湖北大学)工作，通信时间从20世纪80年代中期持续到90年代初期。

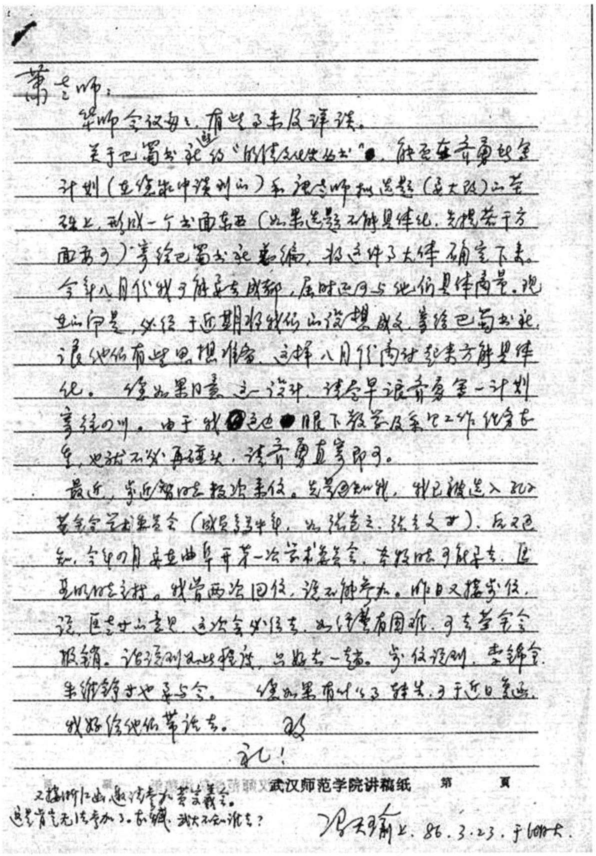
萧老师：

华师会议匆匆，有些事未及详谈。

……

礼！

武汉师范学院讲稿纸　第　页

冯天瑜上。86.3.23.于湖大.

从往来书信的内容可以看出，先生在这期间承担了很繁重的教学和科研工作任务，当时武大、华师和武师(湖大)文科学者之间的交流互动很频繁，武汉学者与全国各地学者之间也时有往来和会议交流。高校教师投身学术研究的热情很高，人文学科呈现出欣欣向荣的活跃气象。如冯先生在1985年6月26日的信中说：“近来我这边连续收到《辛亥武昌首义史》的两次清样和《张之洞评传》的清样，一个月来完全泡在校阅工作中。……下面再回过头来考虑明清文化史提纲。”当时学者从事科研的条件也非常有限，在学者和出版社的关系上，出版社完全处于主导的地位，学者欲出版学术专著面临各种困难。萧萐父和冯天瑜两位先生在1983年左右就策划出版一套“明清文化史丛书”，为促成巴蜀书社出版这套丛书，在接下来的几年中，他们想了很多办法，作了很多努力。在1988年8月25日的信中，冯先生说：“这次在成都利用会议机会，与巴蜀书社段文桂等同志多次晤谈。……最后一次，我和老罗去书社，段公跟近十名有关编辑都来与会，整整会谈一天，终于达成了比较理想的协议。”事情到此似乎有了眉目，但最终我们没有看到萧先生和冯先生在信中所说的这套“明清文化史丛书”的出版，当时出版一部学术专著的难度据此可想而知。

我没有向先生提及这些信件，但每每想起这些信件，心中总是生起很多的感慨：80年代中后期，正是我们在大学求学的时代，当时武汉大学的校园里几乎每天都有学术讲座，文科学子是引领校园风气的人，他们关心国家大事，关注新的思潮，听讲座是他们了解新思想、新动态的重要途径，很多外校的学生也跑到武大校园来听讲座。老师们的待遇很一般，经常是一群人挤住在筒子楼里，把公用的通道当厨房，但是他们的精神面貌却很昂扬，老、中、青年教师们在人头攒动的教室里充满激情地说教是武大校园里常见的风景。老师们出书的确很难，能出一本专著是很了不起的事情，很多老师几乎把出书视为终生志业。也正因为难，在出版之前都要经过反复的打磨，出版出来的也常常是精品。再看现在的学术生态，学者与出版社的关系基本颠倒过来了。出版社已经企业化，而学术圈也日益江湖化，掌握学术资源的人俨然学界“大佬”，各类人才计划选拔出来的精英像企业家一样批量地生产学术成果，出版的作品却是良莠不齐，“劣币驱逐良币”。非常感谢最后的纸本时代为我们留下的这批信札，这些凝聚了先生们心力的字迹见证了一代人的学术，也见证了一个时代的历史。

近年与先生的一次交往缘于“冯氏捐藏馆”的古籍。2018年，先生将家藏的一批文物和艺术品捐赠给武汉大学，学校在图书馆设“冯氏捐藏馆”，而图书馆负责捐藏事务的是万林博物馆。当时万林博物馆正值许永健馆长重病住院时期，一些不熟悉博物馆业务的下属对捐赠品中一批线装古籍，一时不知如何处理。很自然，他们将目光盯上了我所在的古籍部。为了让我配合他们的工作，他们采用了行政命令和许诺加班费相结合的办法，我见惯了这种空头的许诺，只是暗中置之一笑。我没有透露我和先生之间的关系，非常顺从地配合了他们的工作。只是我的积极主动态度可能有点让他们意外。经我和同事的整理，先生这次捐赠古籍共45种125册，对其中破损较严重的，我的同事也作了修复。为了便于这批古籍的保存和后续修复，我曾建议将这批古籍入藏我们的古籍书库。在我们编目和整理期间，相关领导承诺了我的这一请求，而一旦整理工作完成，这批古籍便被悉数运走了，对此，我也毫不意外，自然也只是置之一笑。好在博物馆已经有了新的馆长，也有懂业务的博士来协助工作，我也不必为这批古籍的安危担心了。

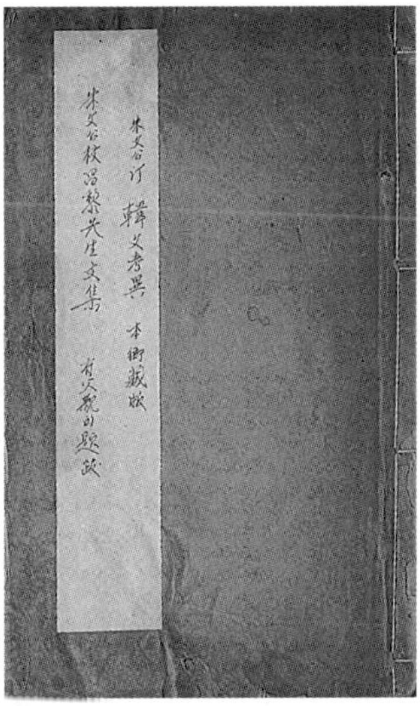

这批古籍虽经几次展出，但其中有价值的部分未必被人知晓。在此特将我印象较深的几种作一小记以备忘：《朱文公校昌黎先生文集》1 函 9 册，为明万历三十三年刻本，书前有冯永轩先生题跋。《国榷》旧抄本 4 册。该抄本甚罕见，惜为残本，仅存崇祯一朝事。有 1953 年冯永轩先生手书题跋，钤“冯永轩印”“永轩所藏”“黄安冯氏珍藏”印。此书罗振常经眼，有庚申年(1920)题跋，并“罗振常读书记”朱文印，“顽夫”白文印。《宋氏绵津诗钞》八卷，清康熙三十四年(1695)刻二家诗钞本。存卷一至四，有“黄安冯氏珍藏”朱文长方印、“永轩金石书画”白文方印、“沈节之印”白文方印、“节”朱文圆印。

在“冯氏捐藏馆”筹展期间，我曾陪相关人员到湖北大学图书馆去商借先生捐赠给该馆的家藏二十四史。因湖大馆这种专柜装存的二十四史有二套，我跟先生通电话，先生非常准确地描述了家藏版的特征。我来图书馆工作的这些年，因工作业务常与湖北省图书馆的专家和领导们接触，从他们的口中，我也时常听到先生小时候在省馆勤学苦读的故事，先生也自称湖北省图书馆是他的“精神家园”。所谓“测其渊源，览其清浊”，我想，正是深厚的家学渊源和博览群书的知识积淀造就了先生的儒雅风范和学问成就，也铸造了先生豁达的人生观。为此，我再记述先生在生活态度上影响我的一件小事。2010 年我曾因重症肝炎住院，出院后很长一段时间都不愿意看书学习。有一天聂长顺和洪均两位教授匆匆忙忙来找我，说是冯先生昨夜被送省人民医院了，转氨酶指标高达 1000 多，他们邀我一同去探望先生，主要用意是向先生讲述一下抗御肝病和养肝、护肝的经验。我当时非常焦急，一路上想好了各种说辞，诸如“三界唯心”“一即一切”的禅观等都想到了，宗旨是想劝先生放下万缘，安心静养。没想到等我们踏入病房时，先生正静静地看他的书稿。我们坐下后，先生放下书稿，面带微笑，一脸祥和地跟我们寒暄，完全不像是在病房，倒更像是在宾馆和茶室中。在先生的笑容中，一切言语都是多余的。我们小坐之后便轻松地离开了。近几年来，先生多次住院、多次手术、多次化疗，无论病情如何演化，先生都如闲庭散步，处之泰然。而且还一直坚持思考和写作。在疫情严重时还多次为民生疾苦发声，并动员弟子为疫区捐钱捐物。先生这种乐观开朗的人生态度深深打动了我，回想当初还试图拿禅境来劝先生随缘放下，不禁觉得自己十分可笑。在先生面前，我们所讲的言语都只是“口头禅”，先生面对病苦所显现出的定力才是真实的禅。

由此，我找到了以先生为师的又一个理由：同有战胜病魔的经历和经验，而先生的境界远在我之上。在人生旅途上，先生源源不断地给我精神力量，我衷心地祝愿先生福寿绵长！

我的老师

余冬林*

我的老师冯天瑜先生在文化史领域潜心耕耘数十年，含英咀华，熔钧文史，一空依傍卓然成家。每当我读到《论语·子罕》中"仰之弥高，钻之弥坚，瞻之在前，忽焉在后"，眼前就会浮现出先生的形象。确实于我心有戚戚焉，感谢古人言我所不能言。先生精骛八极，心游万仞，笼天地于形内，挫万物于笔端，纵横驰骋于文化史的原野上，将思想结晶一一演绎成金声玉振而意涵隽永的文字。除学问的博通气象外，先生的书法和绘画也受人称道，在此不必赘言。

早在20世纪90年代初，我就开始阅读先生的《中华文化史》(与何晓明师、周积明师合著)。此书一版再版，成为文化史研究的经典之作。虽我爱不释手反复阅读了近二十遍，但因禀赋和学识所限，对其中的义理依然不能真切地领悟。后又相继阅读《中华元典精神》《张之洞评传》《辛亥武昌首义史》《"封建"考论》以及《中国文化生成史》等扛鼎之作。

在阅读的过程中，我常常惊诧于先生闳阔的视野、缜密的思辨以及非凡的才识。先生从义理阐发到语义考辨，莫不"振叶以寻根，观澜而溯源"。经过多年的阅读，我渐渐意识到，先生的研究方法的确独具一格，将研究对象置于一个立体的坐标系中，不仅从历时性的角度考察其变迁之规律，而且从共时性的角度于比较中凸显其内涵及特征。诚然，这种研究方法若不具备洞察的睿智、深厚的学养实不能及。倘若强行效颦，恐有画虎类犬之虞。"学如弓弩，才如箭镞"，此之谓也。

先生曰："文物是文化载体，不应降格为金钱的等价物！"这掷地有声的话语在孜孜逐利的社会中实有振聋发聩的作用。先生不仅如是言，而且如是行。在将古钱币数百件捐给湖北大学后，2020年先生与其兄冯天瑾又将家族珍藏文物及艺术品捐赠给武汉大学。这种嘉惠学界的义举实令人赞叹钦佩。诚然，这些文物对于开拓与弘扬文物的历史内涵、学术价值、美学价值的意义自不待言。

---

* 余冬林(1972—　)，九江学院文传学院教授。

先生之为人，“望之俨然，即之也温，听其言也厉”。先生是温和的，也是严厉的。对待学生后辈，先生循循善诱不知疲倦，多有提携奖掖。对待学术学问，先生执着追求严于律己，“勤勉不敢让人”，发愤忘食乐在其中。对待歪风浊流，先生正气凛然义正辞严。不过，也因此招致一些物议。随着时间的推移，这些物议往往不攻自破烟消云散。毋庸置疑，先生是坚强也是乐观的。虽然饱受病魔的折磨，先生依然精神矍铄，笑对人生。这种坚强乐观，源于强大的内心而外化于日常言行之中。

先生之惜时，也常常为人所乐道。在先生工作的地方，一副对联“曾三颜四，禹寸陶分”极为醒目。珍惜时间、砥砺品行是我们要终生坚持的，先生身体力行垂范于前。2009—2012 年，我有幸游于先生门下，曾亲眼看见先生匆匆穿行于校园之中。先生说，不能将时间浪费在路上。有一次，先生入院动手术前，还在孜孜不倦地工作，我心中不忍劝他好好休息，在他坚定的眼神下，我只能欲言又止悻悻而退。

在我的眼中，先生是一个纯粹的知识分子，有着事事关心的家国情怀，有着“以先知觉后知，以先觉觉后觉”的使命感。正因为纯粹，才有“直而不肆，光而不耀”的光芒，才能不物于物和光同尘；正因为纯粹，才能气定神闲笑看风云；也正因为纯粹，才真正难能可贵地站在常人无法企及的高度。每当想起先生，常有“巍巍乎若泰山”之慨，虽不能至，然心向往之。

“知止而后有定，定而后能静，静而后能安，安而后能虑，虑而后能得”，这是先生治学为人给我的启示。

吾师点滴

彭雷霆*

2008年7月，笔者从华中师范大学中国近代史研究所博士毕业，为暂缓我就业无着的困境，罗福惠师将我引荐至冯天瑜老师门下进行博士后研究。幸蒙冯师不弃，收纳入门，至今已十有三年。古人曾云“经师易遇，人师难遭”。而冯师不仅学问上让我等后学小子高山仰止，在为人处世上更足以垂范世人。

早在华师就读本科期间，笔者已仰慕冯师大名，后在罗福惠师门下攻读硕士、博士，学的是近代思想文化史，所中诸先生对于冯师又屡屡提及，包括对于冯师辛亥首义、中华元典精神等诸多专深之作要求我等多加研习，但限于学识，当初只是略有涉猎。直到笔者准备博士学位论文期间，做的是近代日本人的中国认识，偶读冯师所著《“千岁丸”上海行——日本人一八六二年的中国观察》及相关论文，才初窥冯师学术奥义。冯师对于中日史料的信手拈来，史识判断的精审确凿，特别是行文的娓娓流畅，让我有恍然顿悟之感。2007年暑假，受罗师之托，为请冯师写一《辛亥革命史料新编》的鉴定意见，需送该套新编给冯师，才有了与冯师的第一次亲密接触。当时在武大人文馆中国传统文化研究中心办公室，与冯师初见，见其正身处书海当中，背心短打地在电脑前忙碌；顿时惊为天人，原来如此学术大家竟可随意如此。不想因缘际会，一年后有幸忝列冯门，并在2010年9月博士后出站留于武汉大学，得以师从冯师十有三年。

离冯师愈近，跟冯师愈久，对冯师为学为人的敬佩愈深。罗福惠师曾言，冯师的学问是旁人学不来的，因为是七分勤奋加三分天赋。冯师为学之勤，跟在身边的我辈弟子是素有体会的，师母刘老师对此还颇有微词。前年帮冯师选编《冯氏学术源流照片集》，其中就留有一张冯师如厕还手不释卷的侧影。最初我们弟子觉得这张照片不雅，建议删除，但师母坚持留下，觉得这即是冯师一辈子视学术为生命的写照。近年冯师身体欠佳，但笔耕不辍，诸如《冯氏三藏》及《冯天瑜文存》的修订多是在医院病榻上完成。甚至多次是刚下手

---

* 彭雷霆（1981— ），武汉大学国家文化发展研究院副教授。

术台不久，即已埋头于书间笔头。正是冯师的勤，让冯师为学博古通今、中西开阖、著作等身，我等弟子高山仰止。

但更让我感慨与感动的是冯师为人。冯师身出名门，少有大名，多次有学而优则仕的机会，但冯师秉承冯氏家训“远权贵，拒妄财”，既不出仕，也淡泊名利。2018 年 12 月冯师毅然将其家两代人收藏的文物艺术品无偿捐赠给武汉大学，成立“冯氏捐藏馆”。在这些捐赠的藏品当中，包括张大千先生的山水画作、欧阳中石先生的珍贵墨迹等艺术珍品，也有众多名家友朋赠与冯师的条幅、画作。多有师友好奇探询冯师此次捐赠价值几何，但冯师总避而不言，只谈起他年幼所见：父亲每有收获，都是为文物的史料价值和艺术魅力欣喜、沉醉，从未言及哪件很值钱、将来会增值多少倍。在“众皆言利”的当下，冯师此举实具守望文化、回馈社会的大情怀。

2020 年春节疫情期间，冯师与师母受困武汉，笔者也恰好留滞在汉。不少师兄师姐或已返乡或已出游，难以返汉，都心忧冯师及师母，托我就近看顾一二。当时武汉内外隔绝、出门不便，且一时购物不便。一日我好不容易抢购了一批蔬菜，给冯师送出。冯师开门见面第一句话就是：“你家两个孩子，更不容易，下次不用忙活了。”一句暖心之言及冯师从容之色，让人倍觉心安。实际上自疫情在武汉蔓延以来，受困江城的上下内外皆不知下一步疫情将发展至何样，也不知自身及家人将面临怎样的未来。但冯师面对疫情，在弟子群中说了两句话，一是“每临大事有静气”，二是“大疫读书”。面对疫情，从大年初一开始，冯师或通过自身的渠道向市政府反映居家隔离的弊端，或为武大附属医院——省人民、中南医院等联系对口的防疫物资援助，或“宅”家思考、“读书为务”。冯师应对疫情非常态的大智慧，给我们弟子们上了生动的一课，也让身处疫情震中的我心安气定，度过了不平凡的居家抗疫 76 天。

冯师除了具有非常人的大情怀、大智慧外，还具有非同一般的大意志。从几年前开始，冯师就身染重疾，经过一轮又一轮的化疗与手术。连他的主治医生都很感慨地对我们说，想不到冯先生年近八旬的人还能坚持这么多轮化疗，创造了一个医学奇迹。一次我陪冯师去陆军总医院检查，联系的是校车队的一位师傅来回接送。检查结束后，恰巧校车队的车堵在医院门口难于进来，校车师傅电话联系我建议陪冯师步行到门口坐车。当时冯师刚化疗结束不久，身体十分虚弱，但冯师本着一贯少给别人添麻烦的性格，笑着说没关系，由我虚搀着一步一步挪到了医院门口。每次冯师入院，我与诸师兄师姐多焦虑不安，但冯师都是神色平静，坦言“不过换个地方而已”。冯师面对生死的大意志、大从容，让我等弟子受教良多。

孔子言“智者乐，仁者寿”。冯师既是智者又是仁者，衷心祝愿老师健康长寿、幸福安康！

学脉

治学理路

何晓明*

一

从1979年算起，追随冯天瑜先生求道问学已经四十二年。过去也曾写过几篇有关先生学术功业的文字，但多限于介绍先生的著述创见，而对先生治学的门径理路，少有思考琢磨。此次借有幸参加“中国文化史研究再出发”研讨会的机会，对此问题有所研习，所获心得，不敢自夸，谨呈同门诸贤分享，更敬请先生教正。

先生曾概括自己的学术理路为“即器求道，观象索义”（见2006年5月12日向武汉大学社会科学委员会的汇报），我体会这里的“求道”“索义”，表明先生治学的宗旨在于追寻道义，其中又兼有两重意蕴：一是梁启超、王国维当年强调的“必视学问为目的，而不视为手段”的“书呆子”求真精神，二是李大钊当年赞赏的“铁肩担道义，辣手著文章”的士大夫家国情怀。前者是后者的科学理性根基，后者是前者的终极价值体现。

先生曾在一篇记录自己“心路历程”的文章《地老天荒识是非》（《史学家自述》武汉出版社1994年版）里，特别论及桐城派领袖姚鼐的一段名言：“学问之事，有三端焉。曰：义理也，考证也，文章也。是三者，苟善用之，则足以相济；苟不善用之，则或至于相害。”先生从中得到的启示是：一个以学问为事业的人，应当有理论准备，得以攀登时代的思想高峰，对错综复杂的研究对象获得理性的真解和创造性的诠释；应当有广博的知识积累，占有丰富的材料，并具备辨析材料的能力；应当锤炼语言，长于词章，要有贾岛“二句三年得，一吟双泪流”的追求。总之，义理、考据、词章三方面，是先生“潜心探究，乐此不疲的所在”。

先生认为，就“义理”而论，阅读前贤的理论杰作是极其重要之一途。从先秦诸子、希

---

* 何晓明（1952—　），湖北大学中国文化史研究所教授，副所长。

腊群哲到现代各思想流派的代表作，均应涉猎，尤其需要钻研前贤历经岁月淘汰检验的历史哲学论著。作为“看家书”，先生“较用力于王夫之的《读通鉴论》和黑格尔的《历史哲学》二书，在史学理论与方法上从中获益匪浅”。我以为，王夫之是近代以前，中国学理系统中历史观的最高峰；黑格尔则是马克思以前，西方学理系统中历史观的最高峰。先生直接从中吸取教益，在此基础上，又努力学习并把握马克思主义唯物史观的根本要义，进而在“义理”考求层面达到旁人难以企及的高度和深度。我以为，先生丰厚著述的根本精彩，正在于此。

就“考据”而论，先生认为，应作“考据家之考据”与“一般学者之考据”的区分。“我既钦佩乾嘉学者的渊博和谨严，又不愿追其故迹，将生命全然消耗在名物训诂和一字一句的疏证上。然而，考据精神和考据方法又是十分必需的。对一切以学术为鹄的的人来说，都有占领材料，进而对材料去伪存真、去粗取精的必要。”“总之，辨析材料决非考据家的专利，而是全体学者的必修功课，对于史学工作者而言，既以‘实录’为治史目标，也就格外需要相当的考据功力。”

就“词章”而论，先生认为，前人对此有两种极端之论，扬雄以为是“雕虫小技”，“壮夫不为”；曹丕则认定是“经国之大业，不朽之盛事”。“平情而论，作为表达思想的手段，词章重要，自不待言。”中国有文史不分家的传统。追求词章之美者，非唯文学家，史学家孜孜于此且文采斐然者也代有其人。“我甚钦仰前辈史家的文质彬彬，不满新旧八股的呆板乏味，虽自叹才情欠缺，却心慕手追，力图文章有所长进，述事纪实，务求清顺流畅，娓娓道来；辩驳说理，则讲究逻辑层次，条分缕析。”总之，就文章而论，史学不同于哲学，而较近于文学。“除史论以外的历史著作，哲理最好深蕴于述事背后，主题更应贮藏于事实展现和形象描绘之中。”我观先生的文章，就气势汪洋、意蕴宏阔而论，颇近任公鸿文，但更添一层古朴典雅的风采。陆机《文赋》所言“石韫玉而山辉，水怀珠而川媚”，恰是先生文笔的最好写照。

关于治学理路，先生特别强调“贯穿古今与打通中西”的眼光与境界。此意为，史家除兢兢业业于专攻方向的同时，还应当“左顾右盼”，以获得比较参数和开阔前景。惟其如此，方能求得历史问题之通解。以清代学术为例，就清学论清学，难明究竟；唯有考镜源流，对阳明心学、程朱理学、两汉今古文经学乃至先秦诸子学有一个贯通的认识，才能明白清初复宋之古，清中叶复汉唐之古，清末复西汉之古，进而上溯先秦孔孟之古的因由所在。不仅如此，先生还指出，即使研究“纯粹”的中国问题，也有必要打通中外，于比较中窥探奥秘。1998 年以后，先生有近五年时间在日本讲学并从事研究。借此良机，先生与多国汉学家论难究学，开掘异域史料，运用王国维先生“二重证据”三法之两条——“取异族之故书与吾国之旧籍互相补正”，“取外来之观念，与固有之材料互相参证”，在中、西、日文化的比较勘验中，将中国文化转型研究向纵深处拓展。

总之，先生认为，治史者不能自闭门户，而应将古今中外尽收眼底。对于学者个人来说，可以侧重宏观，也可以侧重微观。前者应当吸取别人的微观考察成果，上策是自己选择切关宏旨的微观问题，从第一手材料抓起，使得宏观把握免于“空穴来风”之讥；后者有必要借鉴别人的宏观视野，上策是把自己探讨的专门问题置于纵横比较的网络之中。先生归纳道：以有限生命去了解无穷的中外古今，当然力不能企。唯一的弥补之路是学习。“学习他人比一味鄙薄他人要困难得多，却又有益得多。”长于宏观者往往批评微观研究者的细琐，长于微观者往往批评宏观研究者的空泛。其实，双方都不可忘记从对方那里汲取自己所缺乏的学养——宏观研究者应予补充的“精密”，微观研究者必须借助的“博大”。双方应当携手共进在“即器求道”“观象索义”的学问途中。

先生曾言：“天将降大任于治史者，必先精思义理，苦心考据，擅长词章，并致力于三者间的‘相济’，于弘大处着眼，从精微处着力，方有可能成就‘表征盛衰，殷鉴兴废’的良史。”以此心语观照先生的学术理路，庶几可得个中奥秘。

学术界不是逐热避冷的名利场，不是捧角追星的娱乐圈。学术事业乃天下之公器。长期以来，从事中国文化史研究的学人为数众多，但就成果贡献与学术影响而论，能与先生齐肩者，并不多见。究其缘由，先生的家学渊源与天资禀赋固然是优越条件，个人的勤奋努力也是促成因素，但这些可能还不足以说明全部问题，或者说关键问题。笔者追随先生问学多年，感受最深的是先生始终以学术为自己的基本生活方式和生存状态，且从不受各种积极消极、正面负面外在影响的干扰，不求且不受现实“爵位”，不惧且不理莫名毁伤，专心致志，潜心治学。我们看到，学界诸多成功人士功成名就之日，便是学问停滞之时。或者终日以题词、作序为业，乐于担当形形色色不负责任、只拿钞票的“主编”“顾问”，或者干脆以学业“资本”去博取乌纱。先生显然与这些时下处处可见的学界“通例”格格不入。由“而立”“不惑”“知天命”一路走来，心无旁骛；以古稀乃至杖朝之年，依然笔耕不辍，不假手于人，不开学店，不当“老板”，借助先进的电子书写板，一字一句，一行一段，一文一著，皆自得之。观者皆以为辛苦备尝，先生却自得自幸，其乐融融。之所以如此，盖因学问之事于先生，就是生命意义的全部，或者就是生命本身。由此说来，这已经不是什么“积极拼搏”的人生姿态，而是一种从容淡定的人生境界。

先生的学术成就可研究而难以企及，先生的学术理路可揣摩而难以模仿。但是，先生以学术为生命的人生境界，现实地为我们标示出道德文章的高山景行。高山仰止，景行行止，虽不能至，心向往之！

二

先生名气很大。笔者出差、开会，常遇景仰先生之名而未见其人者，打听“冯老先生”如何如何。对此，笔者即笑而答曰，对冯天瑜，称老师可，称教授可，称先生亦可，唯称“老先生”，则大不可。何则？先生乃 1942 年生人，刚“知天命”，正当壮年，此其一；且先生心态，工作激情，生活雅好，与吾辈不惑之人相比，丝毫不显“老”气，此其二。

又有询问先生模样者。先生不善照相，开会、访问、讲学，留影虽多，但神采飞扬者绝少。给人留下深刻印象的，一是因早早谢顶而显出的宽大脑门，二是略显凹陷的眼睛。先生双眼惧强光刺激，常作眯缝状，而在与人交谈时，却放射出深邃的光，同时又传递出浓浓的亲切与友善。

对于有些人，名气大，同时就意味着派头大、讲究大、脾气大。但先生与这后几“大”，一概无缘。

按照有关规定，先生外出，可享受小车接送待遇，但他几乎从不要车，无论路途远近，总是骑一辆破旧自行车前往。先生自认，这“扶而蹬”比伏尔加、奥迪、桑塔纳更具优越性，方便自在，且能活动腿脚，锻炼身体，何必劳神司机，耗费公家汽油。

先生多出席隆重场合，但其衣着，极为随便。会见外宾，出国访问，须着西装，打领带。但先生老记不清领带结法，左缠右绕，不得要领，于是干脆购回“一拉得”式领带若干，届时草率从事，蒙蒙老外。

先生脾气随和，待人极诚恳。住所“门虽设而常开”，从不在门口贴上“交谈勿过×分钟”之类告示，令来访者陡生惶恐之情。相识或不相识者登门，一律热情接待。学生、同事、朋友托先生帮忙，新著作序、指导论文、查询资料、推荐报考研究生，乃至介绍工作、征求儿女婚事意见，先生无不倾心相助，竭诚以待。尤其对于登门求教的后学，更是奖掖有加，不惟循循善诱，临别之际，往往取出新作，问清来者姓名，工工整整在扉页写下“××同志惠存”字样，馈赠一册，留作纪念。

先生与人为善，脾气随和到太好说话的地步，不过，如果以为先生任何时候都是温文尔雅的谦谦君子，那又错了。先生曾于大会之上，当众批评某权要人物以权谋私的劣行，并逐条驳斥其无理狡辩，义正词严，大快人心。笔者曾向先生问及当时心态，先生淡淡一笑：“该说的话，总得有人出来说。”

追随先生问学多年，对其治学经历，略知皮毛。曾有某君与先生同游磨山植物园，听先生一一指点奇花异草，大感惊诧。其实，先生上大学时，所修专业正是生物学。毕业分配到武汉教师进修学院，仍与门、纲、目、科、属、种之类打交道。70年代以后，先生走上文史研究之路，成就斐然，这在相当程度上，与其家学渊源有关。先生令尊冯永轩，早年就学于清华研究院，师从王国维、梁启超、陈寅恪、赵元任诸大师，攻读国学，后长期任教于西北大学、武汉师范学院等高校历史系。先生令堂曾供职湖北省图书馆，这也为先生从少年时即博览群书，提供了方便条件。当然，这些仅为外因。就内因而论，先生天性聪颖，固然重要，但更根本的，恐怕还在于先生的勤奋及对事业的投入，非常人可比。

1987年初夏，笔者随先生赴华东师大参加国际王国维学术讨论会。会议期间，有上海人民出版社编辑王有为、胡小静二君来访，邀约先生撰写一部通史性中华文化史。先生初不应允，认为自己功力未逮，研究不够。王、胡二君紧追不舍，又搬来出版社总编辑，恳切陈词，加之出席会议的学界同仁在旁极力怂恿，先生方答应一试。

第二天，会议组织全体代表赴浙江海宁王国维故居参观，顺便观赏天下闻名的钱塘大潮。上海到海宁距离百余公里，汽车需跑一上午。一路上，但见先生于颠簸之中，埋首思索，手不停书。中午时分，众人伫立堤岸，静候大潮到来。先生悄然递过稿纸数张，翻开一看，千余言的中华文化史写作构想，已历历在目。正当此时，大潮奔腾而至，山呼海啸，壮观至极。笔者在惊叹大自然壮阔奇观的同时，不禁深深感佩于先生奔涌的才情与只争朝夕的敬业精神。

先生多次出境访学，归来谈起与外国及中国港、台学者交往的感受，说内地(大陆)学者与他们相比，论经济、生活条件，固然太差，但在时间条件上，却优裕得多。人家每周上课动辄数十小时，学术研究多在晚间进行。我们既无多少授课任务，再不勤奋笔耕，多出成果，实在是上无以对国家的俸禄，下无以对自己的良心。

先生最烦也最怕开无关痛痒的会糟蹋光阴，凡接此类通知，一概置之不理。但有些会议，实在躲不脱，推不掉，只得“舍命陪君子”。先生学问好，声望高，大家信得过，于是每逢评定职称，总被推举为评审委员，从系、所学科组、校评委会，直到省里专家组，一当到底。不仅教委高校系列，而且省、市社会科学院系列、图书情报系列、群众文化系列，也纷纷发来评委聘书，甚至有评审会期相互撞车的。先生上午在这边发表了意见，下午又匆匆赶往那边投票表决。更不妙的是，近年来职称评定“制度化”，每年都评，先生更是难得安逸。每议及此，先生一脸的无奈，露出苦恼人的笑。

相对来讲，暑假期间，会议少，干扰少，这便成为先生写作的黄金时段。武汉的夏季，酷热难当，但先生每日工作，都在 10 小时以上。笔者多次撞见此类镜头：先生端坐电扇之下，短裤背心，挥汗运思。见是熟人，先生并无礼仪方面的顾忌，与笔者议论风生，每为研究得意之处乐而开怀。后有学校图书馆馆长陈君，体谅先生艰辛，于图书馆大楼地下室内，辟出一间，供先生借用。于是先生大表感激，每日“穴居”，工作进度益增。

先生以中国历史文化为研究对象，尤其对于中华文化的生成机制、生态环境及其从古代向近代的转换，见解更为专精。对于中华文化的特质，先生不仅要“知其然”，而且要“知其所以然”，于是独辟蹊径，从地理环境、经济形态、社会结构及元典精神诸方面，探赜索隐，钩深致远。同时又注重与世界各国各民族文化参照比较，纵横捭阖，由是著书立说，成一家言。

先生治学，虚怀若谷，故能汲纳百川，有容乃大。某日，先生应邀作“中华原典精神”学术讲座，论述《诗》《书》《易》《礼》《春秋》等典籍对中华文化的深远影响。听众之一胡君，于会后致函先生，建议以“元典”取代“原典”。先生阅毕，以为“陈义甚高”，欣然接受，并因此铺陈，论列“元”之十种意蕴，又在交付出版的书稿附加一注，说明情况，“特此感谢一字之师”。或者会问，这“一字之师”何许人也？答曰，非专家教授，乃学校图书馆不满三十岁一毛头小伙。

先生文风，清新典雅，每于行云流水之中，给人辞丰意警的体味。“石韫玉而山辉，水怀珠而川媚”，读先生之文，有如登凌峨嵋秀峰，泛舟漓江清流，其味隽永，其乐陶陶。对比时下多故作高深玄妙，以为非佶屈聱牙云山雾罩不足以言学术者，更感先生真名士手笔，大家风范。

先生日日徜徉于五千年古国文明“郁郁乎文哉”的氛围之中，有儒雅之风，而无学究“冬烘”之气，某些受好，还相当“时髦”。

足球乃当今世界第一运动，痴迷者数以亿计，先生即其中积极分子。世界杯足球大赛，中央电视台五十二场全播，先生五十二场全看，一场不漏。即便凌晨转播，也照看不误。只不过怕影响夫人休息，将电视机转移至客厅，调小音量而已。光看不过瘾，还要“侃”，不惟津津乐道马特乌斯如何，古立特如何，里杰卡尔德又如何，而且还就比赛双方的布阵方略，战术选择品评得失，头头是道。先生一好友之子，秉笔于武汉晚报体育部，得知先生这一嗜好，于某日登门，引发先生大侃一通，整成“冯天瑜侃球经”一文，刊载于晚报周末版，引起一片迷惑：此冯天瑜非彼冯天瑜否？

如果说对于足球，先生像绝大多数球迷一样，只侃不练的话，那么对于乒乓球，先生则操演兴趣甚浓，虽够不上技艺精湛，却也身手不凡。研究所新添置乒乓球台一张，众人跃跃欲试，立下规矩，胜者坐擂，负者下台。混战一场，结果大出意料，先生竟然将所内同仁(较先生年轻八九岁至二十岁不等)悉数挑落马下，擂主地位岿然不动。众人不服，大叫此系轻敌所致，重整旗鼓，将先生打下擂台。先生胜固可喜，败亦欣然，连称筋骨活动已开，痛快痛快。

先生是名人，也是凡人，少不得与衣食住行等“俗”事打交道，这一切又离不开一个“钱”字。

关于“钱”，《人间指南》编辑部余德利君有一至理名言：钱不是万能的，但没钱是万万不能的。先生对此极表赞同，而且加以自己的理解和发挥。先生常言，作学问之人，钱太少不行，钱太多也不行。此话怎讲？且听论证：钱太少，温饱不得解决，“著书都为稻粱谋”，哪里还顾得上研究学术。但如若钱太多，又容易被花花世界所吸引，耐不得寂寞，坐不住冷板凳，同样也作不成学问。有此见解，先生对赵公元帅，并无特别礼拜。先生著作颇丰，但从未因稿酬厚薄与出版社方面议论短长，总是人家给多少接多少，完全处“消极被动”地位。

先生“经济头脑”之缺乏，还有诸多表现。由于夫人身体不好，先生“承包”采买等外动。但他永远摸不清市场行情，也报不出明细账目。买菜从来不比不挑不还价，上当与否，全凭撞大运，看卖菜的太婆、小贩“良心好坏的干活”。好在夫人宽大为怀，从不追究责任，先生也落得个省心省事。

不惟买菜算账稀里糊涂，一般而言，先生对数字的记忆、感悟能力，也比较糟糕。从来记不住电话号码，也记不准列车时刻。某日一朋友对先生开玩笑，说是谁要成心将先生您蒙得晕头转向，最行之有效、立竿见影的办法，就是连续不断地进行数字轰炸。先生颔首，连称极是极是极是。

但是，在某些特殊方面，先生的记忆能力，又大超常人水平之上。他对世界各国的地理位置，版图形状，人口多少，面积几何，国民生产总值若干，均烂熟于心。美、俄、英、法、德、日等大国自不待言，就连中南美洲的危地马拉、厄瓜多尔之类小国，也能一一道出，如数家珍。有人将信将疑，当面测试，结果丝毫不爽。笔者也曾不解：地理位置、版图形状之类，少有变化，记忆当属不难；但人口、国民生产总值，等等，增长不居，如何记得？就教于先生，答曰：注意搜集，不断补充、更新即可。笔者默然。清人章学诚曾论曰，学者之心，"当如活水泉源，愈汲愈新，置而不用，则山径之茅塞矣"。验之先生，更见此言不虚。

先生书房，为笔者经常光顾之地。八九个大书柜，塞得满满当当，但仍有不少书本、报刊堆积于地，仅留窄窄一条过道，从房门通向座椅。宽大的写字台上，横七竖八、层层叠叠摊开书本、笔记、稿纸。冒昧地套用一个时髦的词汇，房内呈典型的"无序"状态。倒是书房壁上，清清爽爽，别无装饰，单悬书法家黄亮手书对联一副：

曾三颜四，禹寸陶分

笔者请闻其详。先生释曰，上联典故，出自《论语》。"曾三"，是说曾参"吾日三省吾身"：替别人办事是否尽心尽力？与朋友交往是否真诚？老师传授的学业是否温习？"颜四"，是说颜回自认不敏，但决心按照老师孔子教导的"四勿"去做，非礼勿视，非礼勿听，非礼勿言，非礼勿动。下联典故出自《淮南子》和《晋书》。"禹寸"，是说大禹不重尺之璧(宝玉)而重寸之阴(光阴)，因为"时难得而易失也"。"陶分"，是说晋人陶侃，励志勤力，常谓"大禹圣者，乃惜寸阴，至于众人，当惜分阴"。笔者闻此，恍然而悟。

中国知识分子，向来讲究道德文章。先生承继先贤，以"曾三颜四，禹寸陶分"自勉自励，意在追求一种高洁、充实的人生境界，其心光明，可对日月，其行正直，可昭后学。先生之人品有口皆碑，学业卓然而成，根基大约正在于此。

笔者追随先生学习、研究中国历史文化多年，曾同在一所，期夕相处，多得教益，没齿不忘。蒙《芳草》同仁不弃，邀约笔者就先生学问、人品乃至趣闻轶事作一短文，以飨读者。再三推辞不允，遂勉为其难，以秃笔权作素描一幅，此即本文的第二部分。

冯天瑜与侯外庐学派

陈寒鸣*

一

冯天瑜教授是位主要以其中国文化史研究方面卓越而又丰硕的成果在国内外学术界享有盛誉的著名历史学家。我与他的结缘，也是因为中国文化史研究。

我与天瑜教授是1983年11月在召开于西安的全国首届中国思想史学术讨论会上初识的。那是由中国社会科学院历史研究所、中国社会科学院近代史研究所、西北大学、复旦大学、北京师范大学等单位联合发起召开的，1949年以来中国思想史学科的第一次全国性盛会，一百三十余位学者参加，而其时还在江苏镇江光学仪器厂工作的我，则是以23岁青年工人的身份参加了这次学术会议。我提交会议的论文是《试论思想史与文化史、哲学史的联系与区别》，这是在中国社会科学院历史研究所思想史室黄宣民先生、南京大学历史系刘毓璜先生等指导下，研读了很多论著，尤其是梁启超《中国历史研究法》和《中国历史研究法补编》后撰述而成的。这是我早期的一篇文章①。在这篇拙作中，我综观诸家之说，认为"文化"不外广、狭两义，狭义者，盖指在一定的共同体范围内生活的人们不同程度上共有的价值观念、思维方式、心理趋向和性格特征，等等，即精神文明方面的内容；广义者则泛指人类在历史发展过程中形成的物质生活和精神生活的一切活动方式和活动成果。与此相对应，文化史自然亦有广、狭之分：广义文化史有经济史、政治史、精神史三部分组成，狭义文化史则以精神史为主，又包含着部分属于政治史范围的内容如文化政策、文化机构及有关制度文化（如政治体制、法律制度），等等。而就狭义文化史来看，由

---

* 陈寒鸣（1960— ），天津市工会管理干部学院副教授、南京大学泰州学派研究中心研究员、中国哲学史学会理事。

① 这篇拙作一直没有公开发表，其中主体部分则经修改成为拙著《中国文化史纲》（江苏人民出版社1993年版）的"绪论"。

于人创造历史的一切实践活动都是在一定思想支配下进行的，故而最能体现其主旨的是学术思想史，思想史因此而成为文化史、尤其是狭义文化史的主体。

现在来看，当年拙作其实还很不成熟，行文稚嫩，论证并不很精当，所述观点还有明显的教条思维印迹。但万没想到的是，天瑜教授竟然注意到我这篇拙作。他在分场报告中专门提到了这篇文章，介绍了拙作有关"文化"概念、文化史分类及文化史与学说思想史、哲学史关系的一些观点，并予以基本肯定。他进而讲了梁启超的《中国历史研究法》及其补编，讲了柳诒徵的《中国文化史》，讲了他深思熟虑后形成的有关"文化"概念、文化史研究对象及文化史与思想史、哲学史关系问题的基本思想。天瑜教授的这场报告及会间与我的交谈，我至今仍记忆犹新。其要旨大略谓，文化史既以历史运动中的文化表现和文化锻造人自身的文化过程为研究对象，那么，这种研究的必要前提便是对"文化"这一概念作出科学界定和准确把握。而文化是人的文化，人创造文化，文化也创造人自身。文化既包括人类活动的对象性结果，也包括人在活动中所发挥的主观力量和才智，故而文化史不仅要研究文化的"外化过程"即人类是如何创造各种物化产品以改造外部世界，从而使外部世界不断"人化"的，而且更要研究文化的"内化过程"即作为文化主体的人在创造文化的实践中是怎样不断被塑造的，同时还要研究这"外化过程"和"内化过程"又是如何交互渗透、彼此推引，共同促进文化有机整体进步和发展，从而演化出绚丽多彩的人类历史的。天瑜教授对我说，你很年青，但不仅有志于斯学，而且勤于读书，勇于思考，既已有了个良好的起步，千万不要止足，更不要以此为傲，一定要百尺竿头奋然前行，要做出越来越多的成就。他并勉励道：你是镇江人，柳诒徵先生是出自你们镇江的先贤，完成了中国学术史第一部《中国文化史》；你要承继先贤事业，运用历史唯物主义的立场、观点和方法进行更全面更深入的研究，写出无负于我们这时代的新的中国文化史著作来啊！这使我倍受鼓舞，同时也受到很大教益。这样，我就与天瑜教授相识相交了起来。

嗣后的十多年间，天瑜教授与我保持着通信往还。1984 年春，他先给我寄来刊有邱汉生先生为其《明清文化史散论》所作序的《湖北大学学报》(哲学社会科学版)，寻即收到他的《明清文化史散论》一书。后来又陆续收到《中国古文化奥秘》《中国文化史断想》《中华文化史》《解构专制——明末清初"新民本"思想研究》《中华元典精神》《"封建"论考》等诸多著作。在《中国社会科学》《历史研究》《新华文摘》《近代史研究》《天津社会科学》《江汉论坛》《中国文化研究》《光明日报》等重要报刊上，我不时拜读到他的论文。通过研读这些论文论著，我渐渐对天瑜教授其人其学有了越来越多的了解和认识。而天瑜教授得知我由镇江调到天津，由一个企业青工而到天津市工会管理干部学院任教，并且主讲中国文化史课程，尤其是得知我撰著《中国文化史纲》一书，很是高兴，更不时激励我，催我进取，促我努力，并在我就一些学术问题(如中国文化史的分期、晚明清初进步文化思潮的性质、黄宗羲思想的时代意义和现代价值、中国社会和中国文化近代转型的"难产"性，等等)提出自己的看法向他请教时，他总是不厌其烦地予我以指导。天瑜教授的无私之教，为我的学术成长提供了重要助力，我至今铭感在心！

撰述本文时，我已年过“耳顺”了。检点四十年来所思所得，深觉有愧于天瑜教授；而唯一无所愧憾的，则是我自认始终是个勤苦读书，并一直在中国思想文化史领域努力探究的人。我虽无幸入冯门，成为天瑜教授的亲传弟子，但我很为青年时代就结识了天瑜教授，并蒙他四十年来一直关怀我，不断给我以种种教益而庆幸。

二

冯天瑜教授的学说思想固然是与其家学，尤其是与其视为“看家书”的黑格尔《历史哲学》、王夫之《读通鉴论》、黄宗羲《明夷待访录》息息相关，但又正如他在“中华传统思想的创造性转化与创新性发展暨《中华思想通史·封建社会编》第七次全编大会”上所说：“我长期受益于中国社会科学院思想史研究的一批前辈及同辈学者的教诲，侯外庐先生、邱汉生先生、张岂之先生都和我成了忘年之交。我的第一本论文集《明清文化史散论》就是邱汉生先生作的序，后来邱先生一直给我很多教益。与我年龄相仿或长十岁的，如李学勤、黄宣民、卢钟锋、步近智先生，都是很好的兄长。……我对中国社科院历史所有很深的感情。”这表明天瑜教授与著名的“侯外庐学派”①有着“亲缘”关系，他的学说思想与外老的史学思想及侯派的基本治学方法息息相关。

三十多年前，我以初生牛犊不怕虎之情撰述《中国文化史纲》时，邱汉生先生②特地向我介绍天瑜教授道，这是位“学养深、悟性高，又极勤奋，文笔也好的学者，是位不可多得的史学人才”。他叮嘱我一定要认真研读天瑜教授的相关论著，注意其中内蕴着的研究方法和基本思想，要学习天瑜教授是如何广征博引，将自己的观点建立在坚实史料基础上的。我的老师黄公宣民先生③生前不止一次地对我说，学术界有很多人读外老的书，或多

① 关于“侯外庐学派”，笔者在《历史教学》2004 年第 4 期上发表过《侯外庐与侯外庐学派》，请参阅。另，方克立教授曾在为黄宣民、陈寒鸣主编的《中国儒学发展史》所作书评中说，“该学派已有三代人薪火相传，具体说就是：第一代是以该学派创始人侯外庐为代表的老一辈马克思主义学者，包括赵纪彬、杜国庠、邱汉生等人，代表作是他们共同编撰的多卷本《中国思想通史》；第二代是解放后随侯外老一起编著《中国思想通史》第四卷的‘诸青’，以及侯外老在‘文革’前培养的研究生和助手，如张岂之、李学勤、黄宣民、卢钟锋等人，代表作是《宋明理学史》和《中国近代哲学史》；第三代是侯外老在‘文革’后招收培养的研究生以及第二代学者培养的学生，其代表人物有姜广辉、陈寒鸣等人，代表作是姜广辉主编的《中国经学思想史》和这部《中国儒学发展史》”(《“侯外庐学派”的最新代表作——读〈中国儒学发展史〉》，《中国文化的综合创新之路》，中国社会科学出版社 2012 年版，第 484 页)。

② 关于邱先生其人其学，请参阅拙作《邱汉生先生的中国思想史研究及其对侯外庐学派的卓越贡献》，《朱子学刊》第二十辑，黄山书社 2010 年版。

③ 先师黄公宣民先生(1934—2001)，江西萍乡人，曾任中国社会科学院历史研究所研究员、中国思想史室主任、所学术委员会委员，中国社科院正高级职称评定委员会委员，中国社会科学院研究生院教授、湖南大学岳麓书院特聘教授、湘潭大学历史系客座教授，《中国哲学》主编，中国哲学史学会理事、孔子基金会理事及炎黄文化研究会理事兼学术委员会委员等。他长期担任侯外庐先生的学术助手，协助外老做了大量工作。

或少地受到外老学术的影响，但真正自觉接受外老学说思想影响下，而又能够开创性发展出具有自己个性的学问天地和创新性思想的学者并不多，天津的刘泽华、武汉的冯天瑜、云南的李埏①就是这样的学者。他嘱咐我一定要认真阅读这类学者的论著，要学会善于从中汲取对自己学问成长有益的因素。他还说，泽华教授在政治思想史研究领域自觉运用、并且是发挥性地运用外老的治学方法，发展或至少是引申了外老的学术思想，学术上有自己创造性的发挥或发展，具有与外老、与侯派不甚相同的自身特色；天瑜教授也是这样，他将外老治学的基本方法运用于研究中国文化史，将外老的一些重要思想如古代社会史论、早期启蒙说等予以充分发挥并有一定发展，别开学问天地，成就了令人瞩目的学术事业。你在天津，一定要多向泽华教授请教；你讲中国文化史，一定要多读天瑜教授的论著，多向他请教！依我数十年所学所思，深以为黄公之言完全符合事实。我曾有专文绍述"刘泽华与'刘泽华学派'"，对泽华教授与外老之学及侯派的关系进行了论析②，本文仅着重从下列三点来略述我对天瑜教授与外老之学及侯派关系的浅见。

其一，众所周知，侯外庐先生始终以会通社会史与思想史为最基本和最主要的研究方法，他晚年总结平生学术历程时说：

> 我在《中国古代思想学说史》序言中为自己规定，在学术研究工作中探寻真理，必须之注意下列问题："社会历史的演进与社会思想的发展，关系何在？人类的新旧范畴与思想的具体变革，结合何在？人类思想自身的过程与一时代学说的个别形成，环链何系？学派同化与学派批判相反相成，其间吸收排斥，脉络何分？学说理想与理想术语，表面恒常掩蔽着内容，其间主观客观，背向何定？方法论犹剪尺，世界观犹灯塔，现实的裁成与远景的仰慕恒常相为矛盾，其间何者从属而何者主导，何以为断？"这些问题，用今天的话概括起来，就是：一、社会历史阶段的演进，与思想史阶段的演进，存在着什么关系。二、思想史、哲学史出现的范畴、概念，同它所代表的具体思想，在历史的具体发展过程中，有怎样的先后不同。范畴，往往掩盖着思想实质，如何分清主观思想与客观范畴之间的区别。三、人类思想的发展与某一时代个别思想学说的形成，其间有什么区别。四、各学派之间的相互批判与吸收，如何分析究明其条理。五、世界观与方法论相关联，但是有时也会出现矛盾，如何明确其间的主导与从属的关系。③

① 按：李埏(1904—2008)，著名历史学家、云南大学中国经济史学科创建者。他对侯外庐先生的"中国古代土地国有制"论有较多发挥，1984年犹与吴慧一道发起举办中国古代土地国有制讨论会，并想请外庐先生为讨论会主席，外老年老体衰而未能与会。

② 拙作《刘泽华与"刘泽华学派"》由《衡水学院学报》2018年第4期、5期连载。

③ 侯外庐：《韧的追求》，生活·读书·新知三联书店1985年版，第267页。

“研究历史，主要在于解决历史的疑难，弄清楚一些带规律性的问题。”①以唯物史观为指导探明这些问题，是外老撰著《中国古代思想学说史》过程中所遵循的科学的规范。这些科学规范，后来也为《中国思想通史》各卷撰著者们共同遵循，并由此而成为侯外庐学派的一大特色。就是说，侯外庐学派最为注重思想史与社会史的关联。在他们看来，思想史研究应以社会史研究为基础，即把思想家及其思想放在一定的历史范围内进行分析研究，把思想家及其思想看成生根于社会土壤之中的有血有肉的东西。人是社会的人，思想是社会的思想，不应作孤立的抽象的考察。据此，侯外庐先生自从事史学研究以来，一向等量齐观社会史与思想史的地位，夙志完成的《中国思想通史》，便包括完整的、平行的社会史研究计划。这体现在《中国思想通史》上，就是按照中国社会史的发展阶段，论述各社会阶段的思想发展，第一次系统地概括出先秦子学、两汉经学、魏晋玄学、隋唐佛学、宋明理学、近代启蒙学说等各社会阶段的时代思潮，揭示了各个学派之间的对立与融合不仅反映了人类自身思维的矛盾性和多样性，而且与中国特定条件下不同阶级、不同阶层的利益有密切关联，从社会经济关系、政治关系和民族关系的宏阔背景下考察思想史的整体风貌。

天瑜教授认同外老和侯外庐学派会通社会史与思想史的基本研究方法，十分注重对中国文化进行“土壤分析”，指出半封闭的温带大陆大河环境、农业型的自然经济、家国一体的宗法社会构成了中国古文化赖以存在发展的现实土壤，“正是这些社会存在的综合作用，养育了中国人特定的社会心理，如勤谨质朴、热爱和平、自足自得、崇尚中庸、习惯稳定、尊重传统等等，而以这种社会心理为中介，铸成了富于中国风格的社会意识形态，如天人相与、王民相维、上下相依的世界观、政治观、伦理观三者合一的思想体系，政治学、文学、艺术、史学、哲学无不渗透着这种思想体系的影响”②。但是，他不是简常地结合社会史的考察来论析不同发展阶段的文化，从而形成貌似会通了社会史与文化史的文化史体系，而是将外老的基本研究方法创新性地运用到文化史研究之中，提出具有其自身学术个性的“文化生态”说。天瑜教授认为“人作为自然—社会的双重存在物，是在自然场与社会场相交织的环境中创造文化的”③，而所谓“‘自然场’指人的生存发展所赖以依托的自然界；‘社会场’指人在生存与发展过程中结成的全部社会关系的总和，可大略分为经济和社会组织两方面”④。他注意到地理环境构成了文化创造的自然基础，“历史和文化的发展不能摆脱人类在时间—空间上所处的特定自然条件”⑤，故而历史的及文化的研究理所当然地要重视对地理环境的考察。但他更认为作为“整个社会生活及整个现实历史的基

---

① 侯外庐：《韧的追求》，生活·读书·新知三联书店 1985 年版，第 230 页。
② 冯天瑜、周积明：《中国古文化的奥秘》，湖北人民出版社 1986 年版，第 71 页。
③ 冯天瑜、何晓明、周积明：《中华文化史》，上海人民出版社 1990 年版，第 9 页。
④ 冯天瑜、何晓明、周积明：《中华文化史》，上海人民出版社 1990 年版，第 10 页。
⑤ 冯天瑜、何晓明、周积明：《中华文化史》，上海人民出版社 1990 年版，第 27 页。

础的”“物质生产及其技术系统构成地理环境影响人类历史进程和文化创造的主要中介”①，“地理环境经由物质生产方式这一中介，给各民族、各国度文化类型的铸造奠定了物质基石”②；并且，“地理环境只为文化发展提供多种可能性，至于某种可能性以某种形态转变为现实性，则取决于人类的选择”③，故而人文因素乃是将地理环境为文化发展所提供的可能性转变为现实性的选择动力，这“使人类可以在同一自然环境内创造不同的文化事实”④。天瑜教授进而指出：

当我们对中华文化的生态环境和生成机制进行考察时，不仅应当综览其自然条件、地理背景，还尤其需要探究：依托于这种自然条件、地理背景，中华民族发展了怎样的物质生产方式，从而为中华文化提供了怎样的经济生活土壤。⑤

他认为：“农耕与游牧作为东亚大陆两种基本的经济类型，是中华文化的两个彼此不断交流的源泉。在一定意义上可以说，中华文化是农耕人与游牧人的共同创造，中华文化是农耕人与游牧人在长期既相冲突又相融汇的过程中整合而成的。而长城正是实现这个整个过程的交汇线，迁徙、聚合、战争、互市都在这条交汇线上波澜起伏地展开。”⑥当然，两种基本经济类型中，农耕无疑占据优势，“是中华文化赖以生存和发展的主要经济基础”⑦。天瑜教授又指出：

人类是生态系统的一个成员，又是生态系统的干预者和调节者。随着文明程度的提高，具有愈益精密的技术系统和观念系统的人类，愈有能力突破自然环境的某些限制，享有日益广泛的自由度，社会场（经济的及社会结构的）更加强有力地影响文化生成。⑧

因而，“对社会结构的分析，直接逼近文化生成机制的内层”⑨。对于中国来说，“在漫长的历史进程中，中国的社会结构发生过种种变迁，然而，由血缘纽带维系着的宗法制

① 冯天瑜、何晓明、周积明：《中华文化史》，上海人民出版社 1990 年版，第 29 页。
② 冯天瑜、何晓明、周积明：《中华文化史》，上海人民出版社 1990 年版，第 30 页。
③ 冯天瑜、何晓明、周积明：《中华文化史》，上海人民出版社 1990 年版，第 31 页。
④ 冯天瑜、何晓明、周积明：《中华文化史》，上海人民出版社 1990 年版，第 33 页。
⑤ 冯天瑜、何晓明、周积明：《中华文化史》，上海人民出版社 1990 年版，第 96 页。
⑥ 冯天瑜、何晓明、周积明：《中华文化史》，上海人民出版社 1990 年版，第 125 页。
⑦ 冯天瑜、何晓明、周积明：《中华文化史》，上海人民出版社 1990 年版，第 126 页。
⑧ 冯天瑜、何晓明、周积明：《中华文化史》，上海人民出版社 1990 年版，第 11 页。
⑨ 冯天瑜、何晓明、周积明：《中华文化史》，上海人民出版社 1990 年版，第 191 页。

度及其遗存和变种却长期保留着”①，“在中国延续时间甚长、获得完备形态的君主专制制度与宗法制度的遗存互为表里，形成一种‘家国同构’的宗法—专制社会系统。这种社会系统与中国的农耕型自然经济相适应、相应援，深刻影响着中华文化的外在风貌和内在品格”②。

总之，天瑜教授认为，“人类创造文化依托的生态条件，由自然环境、经济环境、社会环境、政治环境等诸因素综合而成”，“自然的、经济的、社会的、政治的诸生态层面主要不是各自单线影响文化生成，而是通过组成生态综合体，共同提供人类文化发展的基础，决定文化生成的走向”，同时，“拥有自由意志的人是文化主体，其演出的‘事件’固然受‘结构’与‘局势’的规范，但人的创造力和随机性不可低估，人所制造的‘事件’对‘结构’与‘局势’会造成影响，并终究融入‘结构’与‘局势’之中”。③ 这样，天瑜教授就以“文化生态”说为基本要旨，对中国文化的生成机制、基本特质、发展走向等进行全面系统的研究论析，不仅建立起具有其鲜明学术个性的中国文化史体系，而且为当代中国文化史研究提供了有价值的理论范式。

其二，明清之际“早期启蒙”说，是外老始终坚持的重要学说思想。在中国思想史上，明清之际是可以和春秋战国之际相比拟的时代，这是两个巨变的时代，它不同于历史上常见的改朝换代的权力变动，因为这时旧制度正经历着“天崩地解”式的震荡，社会正走到一个新的十字路口，它要求睿智的哲人指示前路。时代在召唤伟大的思想家，而且也产生了伟大的思想家，他们的思想体现了时代的精神。外老在《中国早期启蒙思想史》中指出，明清之际进步思想家们的思想尽管存在着“旧的和新的既和平共处，而又不共戴天”的矛盾，但启蒙思想的时代精神是与资本主义萌芽因素的发展相平行的，他们的进步思想不仅仅是“反理学运动的量变，而是按他们自己的方式表现出对资本主义世界的绝对要求”。而他们矛盾的思想体系，对中古社会与中古思想体系叛变的不彻底性，则“正反映着资本主义萌芽阶段的矛盾”，说明了新生的东西在旧社会母胎中还很微弱，如同中国社会正处于方生未死、新旧纠葛的矛盾困惑中，“十七世纪中国学者们的思想，在中世纪长期的冬眠中，既有适应历史发展的进步的因素，又有受传统的思想所束缚的因素”。这些思想因素虽然还不够强大，却已透射出预示近代社会即将来临的曙光，具有早期启蒙性质。

天瑜教授研究中国思想文化史，十分重视春秋、战国时期和明清之际这两个历史阶段。对于前者，他认为春秋、战国时期生成了凝结着中华民族在以往历史进程中所形成的集体经验的中华元典，元典具有的精神深刻影响着中华民族的发展走向。这方面的研究体现在他的《中华元典精神》以及他与姚彬彬合著的《中国文化元典十讲》之中。而对于后者，

---

① 冯天瑜、何晓明、周积明：《中华文化史》，上海人民出版社 1990 年版，第 190 页。
② 冯天瑜、何晓明、周积明：《中华文化史》，上海人民出版社 1990 年版，第 191 页。
③ 冯天瑜、姚彬彬：《中国文化元典十讲》，商务印书馆 2020 年版，第 352 页。

他在外老“早期启蒙”说基础上进一步研究明清之际的进步思想，与谢贵安合作出版了《解构专制——明末清初“新民本”思想研究》。这里仅对后者予以绍述。

《解构专制——明末清初“新民本”思想研究》一书指出，如果说先秦战国诸子百家为绵延二千余年的君主专制提供精神支撑、理论指导，那么，在已经历了二千余年，君主专制的弊害昭彰于世的明末清初，进步思想家则通过理论清算来“解构专制”。所谓“解构”，就消极面看是否定性清算君主专制，而在积极面上则是要探寻新的政治文化组建之路，从而谋求中国文化的转型与更新。明清之际哲人是在基本没有受到西方政治理念影响的情形下，运用中国固有的思想资源来从事这项工作的。其思想进路是：厘析君主专制主义，猛烈抨击其两翼之一的法家极端尊君论，对另一翼的儒家民本论加以辨别，承继、发挥其中“重民”“敬民”“恤民”的思想传统，对其中“尊君”“卫君”的思想则予以扬弃、更替，这就使得先秦以降的儒家民本思想在明末清初的哲人那里获得改造与升华，成为一种与《左传》《孟子》以来的民本论既有联系又有区别的“新民本”。从中国文化近代化的角度看，作为“解构专制”的未完成形态，“新民本”思想既同近代民主存在本质差异，又是近代民主最切近的民族文化资源与前驱先路。这样的研究论析，无疑是对外老“早期启蒙”说的发挥，宜乎吴光称其“颇有外老遗风”①。

在《中国文化生成史》下册中，天瑜教授对明末清初早期启蒙思想家“解构专制”的努力又做了进一步论析：“如果说，战国的诸子争鸣，在政治文化的层面是为方兴未艾的非封建的君主集权政治提供精神支撑、理论指导，当然其间又有儒家温和的民本—王道论和法家强硬的君本—霸道论之别，那么，降至近古(如明清之际)，当中央集权的皇权政治运行两千余年，其专制性弊害昭彰于世之际，对其作理论清算(或称‘解构’)，是时代向近古思想界提出的使命。”②“作为解构专制先驱的明清之际哲人，较卢梭、孟德斯鸠整整早一个世纪，黄、顾、王、唐是在没有接触西方民主宪政理念的情形下，依凭中华文化资源(如先秦的民本论、汉唐宋元的非君论、明代中末叶士人议政之风和市民文化)，在当时的历史条件下突破皇权政治规范的。”③只是在外老所谓“方生未死”的社会历史条件下，“在皇权传统深厚的中国”，要真正最终完成这使命委实不易，“清初以降，因皇权专制的高压和学风转向，‘非君’政论隐伏下来，黄宗羲著述称之‘待访录’、唐甄著述称之‘潜书’，颇为传神地点化出此种窘境困局”④。唯其没有完成，“清末以降，新的时代风云际会再度提出‘解构专制’这一大主题。近代政治思想变革的基本任务，是突破皇权主义及其各类近代变种，从龚自珍、魏源、王韬、郑观应、何启、胡礼垣，到孙中山、章太炎、宋教仁、

① 吴光：《侯外庐学派的治学特色》，《北京日报·理论版》，2013 年 5 月 13 日。
② 冯天瑜：《中国文化生成史》下册，武汉大学出版社 2013 年版，第 517 页。
③ 冯天瑜：《中国文化生成史》下册，武汉大学出版社 2013 年版，第 520 页。
④ 冯天瑜：《中国文化生成史》下册，武汉大学出版社 2013 年版，第 521 页。

邹容、陈独秀诸人，以至今之仁人志士，分别在不同层级上推进此项未竟之业”①。天瑜教授受外老“早期启蒙”说影响而发挥的这种思想，如他自己所说，“可以纠正一种流行说：民主主义全然是舶来品。这种‘民主舶来’说，既来自全盘西化论者，也来自拒斥西学论者，而这两种极端论者都忽略了民主主义的民族文化根据，无视中国文化自身存在奔向民主主义的潜能与趋向”②。

其三，在明清之际早期启蒙思想家中，外老最为重视王夫之和黄宗羲，对他们有很高的评价。他认为王夫之思想“蕴涵了中国学术史的全部传统”③，称黄宗羲为启蒙思想家，所著《明夷待访录》“在清初为一近代意义的伟著”④，不仅是“东林、复社的自我批判”⑤，而且更“类似‘人权宣言’，尤以《原君》《原臣》《原法》诸篇显著说出民主主义”，“无疑为一代表时代精神的作品”⑥。天瑜教授在明末清初思想家中也十分推重王夫之和黄宗羲，把船山的《读通鉴论》和梨洲的《明夷待访录》视为自己学术思想生命中堪与黑格尔《历史哲学》并称的“看家书”，并且认为王、黄二氏的这二本书是历史学者必读的。他说：

> 王夫之的《读通鉴论》洞察历史发展的不以人的意志为转移的力量，这便是“一动而不可止”的“势”。(《读通鉴论》卷十五)自先秦以来，多有哲人论“势”，如孟子谓“虽存智慧，不如乘势”；韩非子谓“服于势”“乘必胜之势”；唐人刘知幾、杜佑、柳宗元都论势。但中古时代占主导的史观是“心术决定论”，如朱熹认为历史变化取决于“心术”，尤其是“人主之心术”。而王夫之认为心术论浅薄，他的《读通鉴论》指出，在“心术”之后，有更深沉的力量左右历史进程，这便是“趋势”“机势”。如张骞通西域，固然直接起因于汉武帝“远求善马”及邀击匈奴之类的“心术”，但其背后的推力则是中原与西域间经济文化交流的大势，这是“武帝、张骞之意计”所不及的。(《读通鉴论》卷三)又如秦始皇废封建，立郡县，出于一家之私，是嬴政期望秦朝从始皇、二世一直到万世能够传继不辍。但因为郡县制有利于国家统一，符合历史趋势，故两千年相沿不改，王夫之的评判是：“秦以私天下之心而罢侯置守，而天假其私以行其大公，存乎神者之不测，有如是夫！”(《读通鉴论》卷一)此论类似黑格尔“最大的‘罪孽’反而最有益于人类”以及“恶”是历史前进的“杠杆”的警句。王夫之指出，而导致

① 冯天瑜：《中国文化生成史》下册，武汉大学出版社 2013 年版，第 521 页。

② 冯天瑜：《中国文化生成史》下册，武汉大学出版社 2013 年版，第 520 页。

③ 侯外庐：《船山学案》，岳麓书社 1982 年版，第 2 页。

④ 侯外庐：《近代中国思想学说》上册，张岂之主编：《侯外庐著作与思想研究》第三十二卷，长春出版社 2016 年版，第 116 页。

⑤ 侯外庐：《近代中国思想学说》上册，张岂之主编：《侯外庐著作与思想研究》第三十二卷，长春出版社 2016 年版，第 117 页。

⑥ 侯外庐：《近代中国思想学说》上册，张岂之主编：《侯外庐著作与思想研究》第三十二卷，长春出版社 2016 年版，第 115 页。

这种历史吊诡的，是不以人的主观动机为转移的客观历史趋势。再如汉武帝频繁用兵，将文景之治以来国家积累的财富消耗几尽，武帝的做法在后世受到很多人的批评，但《读通鉴论》指出，武帝之作为，虽有劳民伤财之弊，但收到国家统一、开发东南西南的大利，“以一时之利害言之，则病天下。通古今而计之，则利大而圣道以弘”（《读通鉴论》卷三）。诸如此类以历史大势观史、辩证观史，突破了流行的以“仁义”论史的皮相之见，打开我的脑洞。①

他的《明清文化史散论》可以明显看到《读通鉴论》对其影响的印迹。天瑜教授又称黄宗羲的《明夷待访录》，虽仅十万言，但“把中国古典的政治学说推向高峰”，“西方近代的政治哲学，如卢梭的《民约论》（后来翻译为《社会契约论》）、孟德斯鸠的三权分立思想，提供了今之政治建构的理论基石，而黄宗羲的《明夷待访录》在若干方面可以与孟德斯鸠、卢梭的思想相比肩”，说，“黄宗羲承袭先秦以来的民本思想，又向前跨进，直逼近代民主主义。我把明清之际产生的这种思想称之‘新民本’，在拙著《解构专制——明末清初‘新民本’思想研究》中加以阐述，意在于说明：中国近代民主主义并非全为舶来品，还自有民族文化的内在根据”。② 总之，在天瑜教授看来，“黄宗羲《明夷待访录》、王夫之《读通鉴论》，皆不让于伏尔泰、卢梭、洛克”，这表明中国思想文化的近代化也有着自己的内在理路。他的这看法，亦可视为是对外老相关思想的继承与发展。

三

方克立教授曾说：“形成学派首先要有‘学’，就是要有原创性的学术思想，它还不是一般性的创新思想，而是具有重要理论价值和实践价值的学术思想，能够形成系统的学理和学说，对那个时代学术思想的发展产生重要影响，起到引领和推动作用。因此，一个学派开宗立派的代表人物就非常重要，在一定意义上说，他的学识与人格，对于这个学派的气象和规模、生存和发展具有决定意义。”③天瑜教授无疑堪称提出足以开创学派之学说思想的宗师型学者。尽管他对我说，长期学术研究中受到外老思想和侯派影响并略有申发，这是事实，但完全谈不上开宗立派。而在我看来，某一学派的继承与发展，以及在继承发展中另外形成具有新的学术个性和思想风貌的学派，正是这个学派富有强大生命力的显现，这种生命力又必然会对学术、思想文化繁盛性发展起重要推动作用。譬如王阳明集心学思想之大成而创姚江学派，在他身后，其亲传弟子心斋王艮开门授徒，以“百姓日用之

---

① 冯天瑜：《我的“看家书”》，《南方周末》，2018 年 10 月 11 日。

② 冯天瑜：《我的“看家书”》，《南方周末》，2018 年 10 月 11 日。

③ 方克立：《为“刘泽华学派”赞一个》，《天津社会科学》2015 年第 2 期。

学”为思想宗旨而建构平民儒学，开创泰州学派，这就既彰显了阳明心学的内在生命力，同时又有力推动了晚明思想文化的发展，并促成了儒学的社会化与大众化。

由此而使我想起了刘泽华教授。他青年时代曾前往中山大学，师从杨荣国先生进修中国思想史。杨先生是侯外庐先生主编的《中国思想通史》合作者之一，是“侯外庐学派”第一代代表性学者，因此，在学术师承上，泽华教授与外老和“侯外庐学派”有着直接的“亲缘”关系。而天瑜教授与外老和“侯外庐学派”则并无任何师承关系存在，但由上述的三点浅见来看，他与外老和侯派更多的是治学方法和基本思想观念上的内在关联性。天瑜教授说他长期受到外老和侯派前辈或同辈学者的教诲，相互间建立起深厚的学术情谊。而侯外庐学派的学者对天瑜教授则一直有着高度评价，如早在20世纪80年代中叶，外老的重要合作者之一并为《中国思想通史》贡献了所能贡献出的一切，堪称“侯外庐学派”第一代中的重要人物和引领了第二代的邱汉生先生，就对天瑜教授的文化史研究称颂不已，在《〈明清文化史散论〉序》中说：“新中国成立前，柳翼谋先生著有三卷本《中国文化史》，史料翔实，断制谨严，观点虽是旧的，但不失为一部有价值的著作。冯天瑜同志以马克思主义的立场、观点、方法治中国文化史，成就自当超过前人，即以书中引据浩博而论，已足以与柳先生方轨。”因此，吴光说：“有不少受到侯外庐学术思想影响的学者，如刘泽华、冯天瑜、萧萐父等，是广义的侯外庐学派。尤其是冯天瑜，他写的《明清文化史散论》，深刻论述了明清之际启蒙思想家的新民本思想，颇有外老遗风。”①

当然，犹如泽华教授“在长期教学、研究过程中，逐渐形成了政治思想是中国传统思想文化的主干，政治权力支配整个中国传统社会，在这个社会中人是等级的人，中国古典人文主义必然导向君主专制主义即王权主义，中国传统政治思维具有以‘阴阳组合结构’来支持君权的绝对性，又用仁政、德治、王道、民本、均平、尚贤、变革等理论来对君权作限制、调节、缓冲、缘饰的特点，这一系列重要的理论观点和研究结论，形成了一个新的中国政治思想史解释体系，也可以说形成了一种新的历史观和思想史观”②，以此为思想要旨而形成发展了着重研究中国政治思想史和政治文化的“刘泽华学派”；天瑜教授在继承发展侯外庐学派基本研究方法的同时又显示出自身的学术个性，在社会史、思想史、文化史研究上创新性发展外老学说思想，形成了他自己的学说思想体系。他所提出的“文化生态”说、“元典精神”说③等重要学术思想，形成了一个新的中国文化史解释系统，或者说形成了一种新的文化史观，为科学探讨中国文化提供了富有价值的范式。以他为核心，以他本人及他与合作者们的一系列著作为标志，形成发展起了着重研究中国文化史并体现出

① 吴光：《侯外庐学派的治学特色》，《北京日报·理论版》，2013年5月13日。

② 方克立：《为“刘泽华学派”赞一个》，《天津社会科学》2015年第2期。

③ 天瑜教授认为晚周为中华文化生成之“轴心时代”，此时形成了一系列深刻影响中华民族基本精神的文化经典，他称之为“元典”；在一定意义上说来，一部中国文化思想史，实际就是依随着社会的发展而出现的中华元典形成过程、内在结构及其常释常新的诠释历史。

21世纪时代精神的“冯天瑜学派”。在外老过世以后，“刘泽华学派”和“冯天瑜学派”的相继形成，同声相应、同气相求，显示出真正具有中国气派和民族精神的历史唯物主义思想流派的强大生命力。

说到天瑜教授与泽华教授的同声相应、同气相求，就不能不论及他们的历史观。泽华教授受马克思名言“行政权力支配社会”的启发而从“王权主义”视角重新审视、评估中国历史，“认为中国传统社会的最大特点是‘王权支配社会’。与‘王权’意义相同的还有‘君权’、‘皇权’、‘封建君主专制’等等”①，揭示“中国有文字记载开始，即有一个最显赫的利益集团，这就是以王—贵族为中心的利益集团，以后则发展为帝王—贵族、官僚集团。这个集团的成员在不断变动，而其结构却又十分稳定，正是这个集团控制着社会”②；“自殷周以来，中国就是君主专制政体。商周是以氏族为基础的以分封为形式的君主专制，春秋时期官僚行政君主专制开始萌芽，战国时期形成区域性官僚行政君主专制，到秦汉成为统一的中央集权的君主专制”③。天瑜教授并不认为中国有文字记载以来一直是王权专制的社会，而是认为跨入文明门槛以后的中国社会，曾经存在过“宗法封建”的分权政制，王与贵族共治天下，完备形态就是文、武、周公创定的保有若干原始民主遗意的“周制”。但周秦之际以降，发生了重大转变。他指出：“与欧洲、日本相比，中国历史的一大特色，是专制王权的早熟与长期延续。”④“中国的帝制与专制相共生”⑤，而“以公元前221年嬴政(前246—前211在位)称制‘始皇帝’为端绪，至1912年清朝末代皇帝溥仪(1907—1912在位，年号宣统)逊位止，专制帝制历时2132年，共有492个皇帝登极。此间政制起伏跌宕，而大势是中央集权于涨落间愈趋强化”⑥；“秦汉以下，中国的王朝频繁更迭，但专制君主制却传承不辍，所谓‘二千年来之政，秦政也’，又所谓‘百代都行秦政制’。这种‘秦政’式的专制君主政制，在君民关系上，务在‘弱民’，本在‘制民’；在君臣关系上，力行‘君尊臣卑’。此种绝对君权，两千年间愈演愈烈”⑦。在《中国文化生成史》中，他又申论道：

> 周秦之际以下，中国政制既与尧舜时代的“众治”揖别，也同三代宗法封建的“礼乐之治”渐行渐远，帝王日益专权，不仅未曾出现古希腊雅典式的城邦民主制，亦罕见西欧、日本式的中世纪贵族政制，统驭万民的是掌握生杀予夺之极的君王。这种

---

① 刘泽华：《中国的王权主义·引论》，上海人民出版社2000年版，第1页。
② 刘泽华：《中国的王权主义·引论》，上海人民出版社2000年版，第2页。
③ 刘泽华：《中国传统政治思想反思》，生活·读书·新知三联书店1987年版，第51页。
④ 冯天瑜：《“封建”论考》，武汉大学出版社2006年版，第403页。
⑤ 冯天瑜：《“封建”论考》，武汉大学出版社2006年版，第404页。
⑥ 冯天瑜：《“封建”论考》，武汉大学出版社2006年版，第403页。
⑦ 冯天瑜：《“封建”论考》，武汉大学出版社2006年版，第408页。

“王权决定社会”的体制规约下的政治观念，包括极端尊君论(为“秦制”作则)和民本—尊君论(为“周制”作则)，呈现以周制为表、秦制为里的基本格局，二者共同组成中国式皇权制度的一体两翼。这一延传两千余年的政治文化，战国初萌，秦汉定型，唐宋得以完备，明清强化到极致，近现代余韵犹存。①

他还揭示了周制与秦制对文化的不同影响，说：

殷至西周是宗法封建时代，文化权掌握在宫廷，所谓“学在王官”；至东周(春秋、战国)，与诸侯为政相适应，发生从“学在王官”到“学在私门”的转变，进入一个因学术下移而多元发展的阶段。此为周制对文化的影响。

秦并山东六国，建立一统帝国以后的两千余年间，除分裂时期相对松动外，学术文化受到强大的中央集权政治的控摄、支配，形成“大一统”的学术格局。此为秦制对文化的影响。②

他更依据详尽的历史资料，揭示中国皇权政治具有起点早、持续久，植根碎片化的小农社会，君主政治理论早成而完备，“君权神授”与“民为邦本”，与宗法制结合，君主集权趋于强化，“君本位”与“官本位”，“贵”—“富”互动等特点。应该说，天瑜教授和泽华教授所论，虽未必完全一致，但基本观念和思想精神是相通的。这种历史观绝非异想天开的虚构，反映出的乃是中国历史的事实，诚如萧公权所说：“中国之君主政体，秦汉发端，明清结束，故两千余年之政论，大体以君道为中心。专制政体理论之精确完备，也未有逾中国者。”③至于钱穆《国史大纲》所以为的中国帝王并不特别专制则只能是书生臆想之见。

泽华教授指出中国历史的基本特点在于“王权支配社会”，天瑜教授强调自秦至清末，皇权专制犹如一根红线贯串了两千余年中国历史的始终，但他们绝非历史虚无主义者，都没有对中国历史上的王权主义或皇权专制传统予以简单的全面否定，而是都充分注意到中国历史上的君主专制制度也有给社会带来好处、在某些方面对历史的进步起过有益作用的一面，如中华民族的形成，地域的扩大，某些有利于经济恢复(相对于它的破坏而言)和发展的措施等。并且，泽华教授注意到中国历史上处于社会底层的普通民众并不是纯任专制君主宰制的羔羊，而是天然的民主派，他们从维护自身生存利益出发孕生出民主意识，甚至在他们的现实社会中还将民主思想主张付诸实践，如民间结社即为显例。天瑜教授则注意到中国历史上的皇权专制并不是绝对的，而是存在着一定的制约皇权的因素，如“天—

① 冯天瑜：《中国文化生成史》下册，武汉大学出版社 2013 年版，第 509 页。
② 冯天瑜：《“封建”论考》，武汉大学出版社 2006 年版，第 521 页。
③ 萧公权：《中国政治思想史》(下)，辽宁教育出版社 1998 年版，第 947 页。

理”“礼—法”观念就在形上意义上制约着皇权，“受命于天”说固然为皇权政治赢得合法性，至高无上、大公无私的“天道”又对皇权起着制衡作用，礼俗、家法、祖制、律法亦约束帝王言行；而贵族阶层、官僚体制以及乡绅起中坚作用的民间自治则成为制约皇权的社会结构因素，如即使在皇权达于极致的朝代，帝王意志也难免遭遇朝臣的封还、清议的批评。当然，这些制约因素缺乏法制规范，对专制皇权的制衡力有限。

在行将结束本文时，我还想就天瑜教授有关“封建”概念的辨析及其取得的成果忆述两件事，从中或亦可见真正学者之间的同声相应、同气相求。一是先师黄公宣民先生在临终前亦注意到天瑜教授对“封建”说的质疑，他曾嘱我一定留意天瑜教授这方面的论著。他说外老根据“亚细亚生产方式理论”揭示中国古代文明社会的路径，并指出中国的“封建化”(实质是前近代性的转化)也有自身路径和特色。天瑜教授作“封建”辨析，不是要为专制主义维护，而是意在指明人类社会历史在不同民族或不同国家不同地区的多样性。史家之职就在于要担当起揭示出这多样性的责任和使命。惜乎黄公过世太早，他没能够撰文论析。二是泽华教授曾对我说，究竟用什么来概括秦以来的传统社会，这可以充分讨论，但(1)肯定不是西欧那样的封建制，天瑜教授的辨析是对的，很有必要；(2)肯定有个社会形态类型；(3)权力支配社会和王权主义是剖析中国传统社会和传统文化的锁钥，但这不是对传统社会形态的概括。他说自高度关注了天瑜教授《“封建”考论》后，因没考虑好用什么术语概括传统社会形态，行文中常沿用习惯了的“封建社会”“封建主义”，但一定括注“姑且使用这一术语”，以示自己并不赞同这概念。

另，泽华教授曾注意到2010年《文史哲》杂志举办的“秦至清末：中国社会形态问题”高端学术论坛上学者、专家对秦至清末社会形态形成的重要共识：“自秦商鞅变法之后，国家权力就成为中国古代的决定性因素；不是社会塑造国家权力，而是国家权力塑造了整个社会。从秦至清末中国古代社会这一真正的历史基因出发，学者们各抒己见，提出了用诸如‘皇权社会’、‘帝制时代’、‘帝国农民社会’、‘郡县制时代’、‘选举社会’等多个命名来取代‘封建社会’的主张。”他说：“从报道看，出席会议者都是当时史学界有影响的学者。‘共识’显然不是临时动议，而应是多年来学术界积累的升华。”①我想，在这样一个“多年来学术界积累”而终于升华形成“共识”的过程中，泽华教授从“王权主义”视角重新审视、评估中国历史，天瑜教授对“封建”的考论以及明确指出的既然贯穿秦至清的是“宗法制”、“民得买卖”的土地制度(地主制)以及“专制帝制”，那么，“秦至清主要时段宜命名‘宗法地主专制社会’”②这样一种历史观，无疑都是起了重大作用的。

最后需要指出的是，天瑜教授和泽华教授都是从外老学说中汲取思想滋养，承继外老精神遗产而发展出富有自身学术个性的理想主义型的史学家。泽华教授坚信中国思想文化

① 刘泽华：《八十自述——走在思考的路上》，生活·读书·新知三联书店2017年版，第278页。

② 详参冯天瑜：《“封建”论考》，武汉大学出版社2006年版，第390~411页。

的现代化并非单纯地引进西方文化就能成功，也不是不分青红皂白一股脑儿地弘扬传统文化就会实现，而是要否定和摆脱那些至今还阻碍我们现代化进程的思想重负。民主主义、公民意识和自由观念需要在传统政治文化的痼疾消肿之后，才会在当代中国先进政治文化的建构中生根发芽。天瑜教授则说："中华民族在以往数千年的历史中贡献过震惊全人类的文化，又没有在近代的挫折中甘于沉沦，而是顽强地摸索重新崛起的路径。可以确信，有着如此雄健的生命活力与悠久灿烂的文化传统的中华民族，在新的世界条件下，垦殖新生产力的丰厚土壤，汲取科学世界观的阳光雨露，一定可以重新赢得文化的原创性动力，创造出无愧于古人、无愧于现代世界的新文化。"①他们这种思想认识的理论和实践价值是不言自明的。

① 冯天瑜、何晓明、周积明：《中华文化史》，上海人民出版社 1990 年版，第 1180 页。

梁启超《欧游心影录》思想新解

欧阳哲生[*]

长期以来，中国与第一次世界大战的关系在中国近代史研究中，总是被轻描淡写地一笔带过，这种情形直到新世纪才有所改观。实际上，在短短的四年欧战期间，袁世凯、张勋两次复辟帝制遭遇顿挫，共和制作为中国政制基本定型；中国民族资本主义暂时得以摆脱西方列强的控制和压迫，获得前所未有的喘息和发展；新式教育依托共和体制迅速发展，清算儒学意识形态的新文化运动兴起。正是在这段充满动荡、混乱、无序的历史时期，中国政治、经济、文化向现代转型迈上了新的台阶。这一切不可仅仅视之为中国自身转型的结果，它们也是中国与世界关系互动的成果。“一战”后国内舆论要求提升中国国际地位的呼声大涨。

不像近代中国的前七十多年，中国与世界的关系总是处在非常被动的境地。欧战的爆发，拉近了中国与欧美的距离，中国朝野主动探寻战争的动态及其与自身的关系，从而开始形成新的国际观。梁启超是北洋政府内最具影响力的知识权力人物之一，他对欧战的观察不仅对政府决策具有智囊作用，而且可影响甚至左右国内舆论。因此，梁启超的国际观是一个值得检视的思想标本，对我们认识“一战”及其随后中国与世界的互动关系有其特殊的历史价值。

一、从梁启超对欧战的观察谈起

1914 年第一次世界大战在欧洲爆发。据维基百科解释，当时欧洲称之为“大战争”(The Great War)。1914 年 10 月加拿大《麦考林》杂志(*MaClean's*)刊文写道：“有些战争自称，这是一次大战争。”“第一次世界大战”称呼的首次使用是出自一位德国生物学家、哲学家恩斯特·海克尔(Ernst Haeckel)，1914 年 9 月 20 日他在引用《印第安纳波利斯明星

---

* 欧阳哲生(1962—　)，北京大学历史学系教授。

报》(*The Indianapolis Star*)通讯社的报道时称:"毫无疑问,这场可怕的'欧洲战争'的进程和特点在完整意义上将要变成第一次世界大战。"海克尔的名字对中国人来说应不陌生,他的名著《宇宙之谜》(*Die Weltr Thsel*)中译本于 1974 年由上海人民出版社出版,据说此书的翻译是由于毛泽东亲自授意,它是"文革"时期出版的少见的几本外国哲学译著之一。① 第二次世界大战爆发后,世界第一次大战(World War I)或第一次世界大战(First World War)即变成标准说法,英国和加拿大历史学家更喜欢用"第一次世界大战",而美国则偏好用"世界第一次大战"。

欧战爆发后,国人迅即投入关注的目光。1914 年 9 月杜亚泉在其主编的《东方杂志》第十一卷第三号发表《大战争与中国》一文,提醒人们:"故此次大战争之关系于吾中国者,一为戟刺吾国民之爱国心,二为唤起吾民族之自觉心。此虽为间接之影响,而关系于吾中国十年内之变局者,当以此为最巨。"杜氏此文所用"大战争"与欧人时称 The Great War 正好对应。至于其对大战争与中国关系之认识,显示了他作为新闻编辑专业人士捕捉世界信息的特殊敏感力,杜亚泉主编的《东方杂志》在当时的确成为国人了解欧战动态的主要信息渠道之一。梁启超在《欧游心影录》中谈到凡尔登战役时也使用了"世界大战"一词:"现在战史家有句流行俊语,说道:'世界大战者,凡尔登大战也。'这句话或未免稍为过当,要之,凡尔登一役的关系,好像嬴、项的巨鹿,曹、袁的官渡,两造命运,悬于一战,这是全世界人一齐公认的哩。"②其意大致与 World War 相配,说明"世界大战"已成为他研究欧战的关键词。

欧战爆发时,梁启超时任币制局总裁,本来他担任此职欲有所作为,"不料欧战以来,币制借款之事,暂时既无可谈判之余地,任公所研究之政策,及其设施之次第,又为时势所迫,不能实行,于是此局遂同虚设。任公不欲虚应故事,故数日以来数辞总裁之职"③。利用这一闲暇时机,梁启超花大力气研究刚刚爆发的欧战,1914 年 11—12 月撰写了长文《欧洲战役史论》,11 月 6 日在北京基督教青年会演讲《欧战后思想变迁之大势》(载《申报》1914 年 11 月 11 日),1915 年 1 月 20 日、2 月 20 日在新创刊的《大中华》第一期、二期发表《欧战蠡测》一文,足见梁任公对这一国际大事的重视。其中《欧洲战役史论》一文长达二十节,在当时如此全面分析欧战爆发的前因后果,这可能是最长的一篇文字,展现了梁启超广博的世界历史知识和惊人的国际洞察力。此文当时并未公开发表,显示梁启超的审慎,他交代此著写作原委时说:"甲寅冬,假馆著书于西郊之清华学校,成《欧洲战役史

---

① 参见袁志英:《毛泽东和〈宇宙之谜〉——三十年前翻译海克尔的〈宇宙之谜〉》,《德国研究》2002 年第 3 期。

② 梁启超:《欧游心影录·西欧战场形势及战局概观》,汤志钧、汤仁泽编:《梁启超全集》第十集,中国人民大学出版社 2018 年版,第 127 页。

③ 《梁任公近况》,《申报》,1914 年 10 月 30 日。

论赋》示校员及诸生。”①清华学校师生是此著最初的听众和读者。不过，梁启超虽为一代启蒙思想家，但缺乏欧洲经验，对国际形势和世界大战的分析有其局限，他为德军在战争初期所发动的凌厉攻势所震撼，看好德军在战场上的表现，在文末的结论中表示：“自开战之始，吾尝昌言德之必胜，且言其决胜甚速，比则频有难吾说者，吾亦几不能自坚持。虽然，吾终信德之决不能败也。”“吾观德人政治组织之美，其国民品格能力训练发育之得宜，其学术进步之速，其制作改良之勤，其军队之整肃而忠勇，其交通机关之敏捷，其全国人之共为国家一器械而各不失其本能。凡此诸点，举世界各国无一能逮德者，有国如此，其安能败？使德人而败者，则自今以往，凡有国者，其可以不必培植民德，不必奖励学术，不必搜讨军实，乃至一切庶政，其皆可以不讲矣。此非吾矫激之言，彼德国者，实今世国家之模范，国家主义如消灭斯已耳，此主义苟一日存在者，则此模范国断不容陷于劣败之地。”②这段话足证当时梁启超对德国的极端崇拜，此事在战后曾被人诟病。李大钊在《Bolshevism 的胜利》一文中讽刺梁说：“著《欧洲战役史论》主张德国必胜后来又主张对德宣战的政客，也来登报，替自己作政治活动的广告；一面归咎于人，一面自己掠功。”③矛头直指梁任公。如果将梁启超对欧战前期战况的观察与严复所撰《居仁日览》作一比较，我们可以发现，梁氏对欧战的分析确不及严复专业，严复为海军专业出身，又有留学英国、游历欧洲大陆的经历，具有较为广阔的国际视野，他观察分析欧战的材料能直接借助阅读英文报刊透露的信息，严复从一开始就不看好德国的实力。④ 严复因任总统袁世凯的外交顾问，他的分析在当时对最高决策自然具有一定指导作用。

作为思想家，梁启超敏锐地预感到欧战可能对世界思想演变大势的影响，“一曰政治思想必大变动，而国家主义或遂衰熄；二曰生计组织必大变动，而社会主义行将大昌也，当别为专篇论之”⑤。梁启超将欧战定义为“民族国家的战争”。他把欧洲的近代史看成一部国家主义的发达史，“自文艺复兴以后，极端言国家主义，绞百姓血汗之金钱，以供杀人之用，竭才士之聪明智力，日日研究杀人之术，各各发达其本能，膨胀其势力，而冲突生焉”⑥。对欧战暴露的西方弱肉强食的强权逻辑作了大胆批评。生在这样一个战乱的世界该如何处之？“故今日吾人承欧战之潮流，而欲新国家之运命，仍以改良社会为第一要

---

① 梁启超：《欧洲战役史论》，汤志钧、汤仁泽编：《梁启超全集》第九集，中国人民大学出版社2018年版，第41页。

② 梁启超：《欧洲战役史论》，汤志钧、汤仁泽编：《梁启超全集》第九集，中国人民大学出版社2018年版，第114页。

③ 李大钊：《Bolshevism 的胜利》，《新青年》第5卷第5号，1919年1月15日。

④ 相关分析参见欧阳哲生：《严复看第一次世界大战》，《中国高校社会科学》2014年第1期。

⑤ 梁启超：《欧洲战役史论》，汤志钧、汤仁泽编：《梁启超全集》第九集，中国人民大学出版社2018年版，第117页。

⑥ 梁启超：《欧战后思想变迁之大势》，汤志钧、汤仁泽编：《梁启超全集》第十五集，中国人民大学出版社2018年版，第91~92页。

义。结合小数健全之分子，以倡导多数健全之分子，与国家机关之人分担其任务，即为吾人所以自尽之道。”①目睹德国在战争中渐趋劣势的表现，他的立场也在调整。1917 年年初欧战双方进入决战阶段时，他多次上书段祺瑞(1917 年 3 月 2、7、8、9、10 日)，主张对德宣战；公开发表《中德国际前途观》(1917 年 2 月 13 日)、《余与此次对德外交之关系及其所主张》(1917 年 2 月)、《绝交后之紧急问题：主张立即对德奥宣战》(1917 年 3 月 26 日)等文，梁启超申诉中国参战之理由，从积极进取来说，“处今日国际关系复杂之世界，虽以至强之国，犹不能孤立以自存。……凡此皆足证明今日之时局，凡国于世界者，皆不能不求与国”，“吾之所谓积极进取的外交政策，以结纳友邦获得奥援增高国际地位为前提，而以孤立退婴为大戒”。从消极维持来说，“我国二十年来惟托命于均势，此事实之无可讳言者也”，“中国所托命之均势，则英、俄、法、美、日五国均之而已，而当欧战疲敝之余，能生死我者尤莫如美、日，我若能提挈美、日，而自伍于此五国者之林，虽进焉无所获，而退焉必足以自保。德而全胜，则中国必亡，无论吾参战与否，皆无可逃避也”。梁启超为打消人们对参战的种种顾虑，针对美不参战说、俄国革命由德人煽动成功说、德胜报复说、俄德单独媾和及德俄日同盟说、日本乘机侵略说、影响商务说、影响民食说、酿成内乱说等反对参战的各种说法，一一回复批驳，② 预判中国参战可获之利益，这与严复等人坚决要求对德宣战的主张不谋而合③。当时，反对中国参战之声浪颇盛，朝中有总统黎元洪之抗拒，酿发所谓“府院之争”，国会参众两院的国民党议员群起反对；外有国民党孙中山、唐绍仪，遗老派康有为反对宣言和通电，段祺瑞之部属徐树铮也“日日扬言，谓合肥为梁某所误”④。所以主张参战面临的阻力甚大。冯国璋上台后决定参战，梁启超又代拟《大总统布告(对德对奥宣战文)》，正式宣告：“爰自中华民国六年八月十四日上午十时起，对德国、奥国宣告立于战争地位。所有以前我国与德、奥两国订立之条约、合同、协约及其他国际条款、国际协议，属于中德、中奥之间关系者，悉依据国际公法及惯例，一律废止。我中华民国政府，仍遵守海牙和平会条约及其他国际协约关于战时文明行动之条款，罔敢逾越。宣战主旨在乎阻遏战祸，促进和局。凡我国民，宜喻此意。”⑤战后，1918 年 11 月 18 日梁启超发表《对德宣战回顾谈》详细回忆中国参战的来龙去脉，从

① 梁启超：《欧战后思想变迁之大势》，汤志钧、汤仁泽编：《梁启超全集》第十五集，中国人民大学出版社 2018 年版，第 92 页。

② 梁启超：《外交方针质言(参战问题)》，汤志钧、汤仁泽编：《梁启超全集》第九集，中国人民大学出版社 2018 年版，第 533~539 页。

③ 参见林启彦：《第一次世界大战期间严复的国际政治观：参战思想分析》，习近平主编：《科学与爱国——严复思想新探》，清华大学出版社 2001 年版，第 302~318 页。

④ 梁启超：《对德宣战回顾谈》，汤志钧、汤仁泽编：《梁启超全集》第九集，中国人民大学出版社 2018 年版，第 805~806 页。

⑤ 原载 1917 年 8 月 14 日《政府公报》。收入夏晓虹辑：《〈饮冰室合集〉集外文》中册，北京大学出版社 2005 年版，第 707 页。

这篇文章中人们可以获悉，梁启超在中国对德宣战后，还曾建议段祺瑞“更勿投身国内政争旋涡中，惟当亲身先赴法国战场，而大兵之运输徐随其后”，此议不见采纳。徐世昌上任总统后，他正患大病，“展转床蓐，以不肯舍忘此伟大妄想故，托人致词于彼，请速行切实计画，为赶明年春期战场之准备”①，亦未能成，梁启超将其咎推之于南方的国民党人，“推原此次参战目的后半段所以不能贯彻之原因，其最大罪恶，固在南方好乱之徒，兴无名之师，牵制政府，致不能有余裕以发展于外”②。当时中国南北对立的局面对中德关系影响殊深，北京政府对德宣战，南方军政府则暗中与德交好。③ 对此，梁启超无可奈何，只能扼腕长叹。

欧战结束后，梁启超前瞻战后之世界之大势，发表《欧战议和之感想》(1918 年 11 月 14 日)、《中国国际关系之改造》(1918 年 11 月 28 日)、《欧战结局之教训》(1918 年 12 月 1 日)、《世界和平与中国》(1919 年 1 月)等文或演讲，对中国与世界之关系作了新的论述，对世界和平抱以新的期望。梁启超充分肯定中国参战之价值。“我国民实亦以一种极大觉悟，破除其数千年闭关自守之故见，自进而参加于人类全体之正义平和活动，以尽其为国际团体一员之天职，使人类全体共同生活之基础更进一步，斯即我国参战最大之意义，最大之价值也。”④他希望借此新机，建立新的国际关系，“永绝战乱之源”。“吾敢信我国人对于世界为和平后之贡献，其所尽之义务，决不让他国。以我国原料之丰富，劳力之勤良，以之补偿战后疮痍，实负一莫大责任。”⑤对于中国参加巴黎和平会议，解决中国问题，梁启超提出了五点具体建议：“第一，可以开放外蒙、西藏，实行威尔逊所谓民族自治自决主义，多予各该地人民以自治之机会，但持宗主权，居指导之地位，且不妨许外人公同指导也。第二，青岛之当归还中国，本不待论。即外人租借地之威海、旅顺，从前本为对待德国青岛胶州湾而起，今目的已消失，则各该处或请即予归还，或请明白保证，租借期满即行见还，不再展延。第三，中东铁路本为中俄合办，今鉴于东北形势，宜声明以我之名义，而用各国之力，共同管理之。第四，领事裁判权固为中国之耻辱，即在各国侨民，受裁判于非法官之领事馆员，亦岂有利？宜请求撤回此权，或于租界地方，由中国政府任命外人为法官，以当审判之衔。……第五，关于关税，虽不能遽望互相平等，然一

---

① 梁启超：《对德宣战回顾谈》，汤志钧、汤仁泽编：《梁启超全集》第九集，中国人民大学出版社 2018 年版，第 811~812 页。

② 梁启超：《对德宣战回顾谈》，汤志钧、汤仁泽编：《梁启超全集》第九集，中国人民大学出版社 2018 年版，第 812 页。

③ 关于“一战”期间孙中山与德国的关系，参见杨天石：《孙中山与第一次世界大战》，《江苏师范大学学报》(哲学社会科学版)2018 年第 5 期。

④ 梁启超：《中国国际关系之改造》，汤志钧、汤仁泽编：《梁启超全集》第九集，中国人民大学出版社 2018 年版，第 816 页。

⑤ 梁启超：《中国国际关系之改造》，汤志钧、汤仁泽编：《梁启超全集》第九集，中国人民大学出版社 2018 年版，第 819 页。

部分之自由科税，务望得许，如消费税之类，为各国税收之中坚，亟当加以整革，以裕财源。”①梁启超的这些建议，对参加巴黎和会中国代表的决策有一定影响。② 考虑到舆论对外交的可能影响，梁启超在欧行前夕，特别提醒国人：“故我国民于此时宜发挥一种舆论，内以督促政府，而外以博世界之同情，实今日所最当有事也。然欲舆论发生效力，第一，当求有价值；第二，当求一致。”③并提出开展“国民外交”，“各国无不注重国民外交，其政府之外交政策，恒依以为转移。吾国夙无所谓国民外交者，一方固由当局者之不知注重，一方亦由我国民素未造成此等势力。此后应当切实研究，并造成此等势力，以与各国国民为国民的外交。是则吾人所应努力者也”。④ 注重公共舆论，推动国民外交，这是欧战后梁启超新的外交思想，对当时朝野都有相当影响力，五四运动的兴起与此有直接关系。

从看好德国的优势兵力，到主张对德宣战，最后展望欧战后世界和平，希望建立新国际秩序，这就是梁启超观察欧战走过的心路历程。探讨梁启超思想时，人们总是喜欢以善变、多变来形容他的演变，梁则用“以今日之我战昨日之我”自辩，我想“识时务者为俊杰”此语形容梁启超欧战观的调整倒是可能更为适合。梁启超欧战观的另一个特点，他对战后世界和平抱持积极的态度，对正在兴起的社会主义运动给予礼赞，他后来倡谈基尔特社会主义并非偶然。相对来说，严复对战后形势态度消极、悲观，对俄罗斯、东欧的变化更是不齿，严复的思想后来确实成为 20 年代初以《学衡》派为代表的新一代文化保守主义势力的养料。

二、梁启超介入东西文化论争：从缺位到补位

五四时期的东西文化论战曾是 20 世纪八九十年代学术界热议的问题。陈崧编选的《五四前后东西文化问题论战文选》(中国社会科学出版社 1989 年版)一书对五四时期东西文化

① 梁启超：《欧战议和之感想》，汤志钧、汤仁泽编：《梁启超全集》第十五集，中国人民大学出版社 2018 年版，第 187~188 页。梁启超后又将上所提五点简化为三点，即“一曰破除势力范围”，“二曰撤销领事裁判权”，“三曰改正关税”。参见《在战后外交研究会及国民外交后援会召开之外交讲演会之演说》，汤志钧、汤仁泽编：《梁启超全集》第十五集，中国人民大学出版社 2018 年版，第 193 页。

② 关于巴黎和会中国代表要求修约情形，参见唐启华：《被“废除不平等条约”遮蔽的北洋修约史(1912—1928)》第三章《1919 年修约方针的确立与推动》，社科文献出版社 2010 年版，第 67~81 页。梁启超与巴黎和会之交集，参见李喜所、元青：《梁启超传》，人民出版社 1993 年版，第 445~450 页。崔志海：《梁启超与五四运动》，《近代史研究》1997 年第 1 期。梁启超在《欧游心影录 · 巴黎和会鸟瞰》中对和会有介绍性的报道，但基本未涉及他本人的活动。

③ 梁启超：《关于欧洲和会问题我舆论之商榷》，汤志钧、汤仁泽编：《梁启超全集》第十五集，中国人民大学出版社 2018 年版，第 190 页。

④ 参见梁启超：《在战后外交研究会及国民外交后援会召开之外交讲演会之演说》，汤志钧、汤仁泽编：《梁启超全集》第十五集，中国人民大学出版社 2018 年版，第 193 页。

问题的文字作了比较系统的整理。在该书的《前言》，陈崧将五四时期的东西文化论战分为三个阶段，并对各个阶段的论战内容及代表人物作了分析，① 她的分析除了行文带有当时的时代风味外，其对五四时期东西文化论争的过程描述大体不错。唯用“论战”一词火药味较浓，五四时期的许多讨论和论争其实大多属于文化、思想的范围，这与后来那些党派之间的政治思想论战毕竟不同，应当区别对待。

阅读“五四”以前东西文化论争的文字，往往给人一种盲人摸象的感觉。论争双方的主要代表杜亚泉、陈独秀都没有去过欧洲，缺乏实际的“欧洲经验”。他们胪列、比较东西方的现象，大而化之，很多带有似是而非、以偏概全的误差。双方都认可的所谓西方主动，东方主静；西方重个性，东方重家庭等说法实难以成立。其实，中国自秦汉以降的两千多年又何尝静止，真正安定、平和的“盛世”并不多见，无序、动荡、混乱在历代王朝常常占有较长的时段，下层民众数以百计的大大小小造反起义且不说，统治阶级内部的宫廷内斗和皇权与藩镇之间的博弈从未停止，来自北方、西北少数民族的侵扰更是未曾中断。古代欧洲国家何尝不重视家庭，天主教对一夫一妻制有比东方国家更为严苛的规定和约束；反之，中国古代充满个性的诗人作家又何其多矣，不胜枚举。自戊戌维新以来，因战败而产生的危机意识和忧患意识，中国思想界在反思自身传统时，更多的是从负面来理解它，逐渐出现新的偏颇，对中西特性的认识即是最明显的例证。

梁启超与东西文化论争的关系经历了一个从缺位到补位的过程。1916 年以后，以杜亚泉为代表的东方文化派和以陈独秀为代表的新青年派，双方就东西文化的特性和优劣展开论辩。争论持续到 1919 年以后，东西文化能否调和成为双方争论的新的焦点，由比较东西文化的差异发展为如何处理东西文化之间的关系，新旧文化能否融合。梁启超前期因忙于国内政务，加上自己缺乏欧洲经验，无暇顾及这场论争，所以我们在论争的前两个阶段看不到他发表相关的任何文字。1920 年 3 月欧游归国后，梁启超因为新的欧洲经验而获得介入东西文化论争的底气，他在《时事新报》《晨报》连载《欧游心影录》，一石激起千重浪，引发新文化界和各界人士的广泛关注，成为“五四”以后东西文化论争的新议题。过去人们在谈及五四以后的东西文化论争时，喜欢将梁启超与梁漱溟并列，习称为“二梁”，这种把梁启超与梁漱溟相提并列的做法，我以为并不恰当。梁启超对中国文化抱有信心是一回事，是否应将他看作东方文化派的代表又是另一回事。阅读梁漱溟的《东西文化及其哲学》，人们会感到越是没有西洋经验的作者，胆子越大，纵言放论，无所拘宜，怪不得胡适私下批评梁氏，“梁漱溟既不曾到过西洋，又连电影戏都不屑看，他那配谈东西文化”②。梁启超提倡以中国文化补救西方时弊，同时又主张思想解放要从“研究西洋思想入

---

① 参见陈崧：《五四前后东西文化问题论战文选》（增订本），中国社会科学出版社 1989 年版，第 5~30 页。

② 参见耿云志编：《胡适语萃》，华夏出版社 1993 年版，第 275 页。

手”，他的眼光不同于杜亚泉，也明显与梁漱溟有别，他的思想孕育着某些新的元素，出现了新的转向。1918 年年底欧战结束之际，梁启超率团赴欧考察，这是他思想的一次再出发。丁文江曾提示，“先生这次与同行诸人的游欧，原在他们将来的整个事业上抱有极大的目的和计划”①。对此次出访之目的，梁启超有一个逐渐放大的过程。行前在各种公开场合，他数次说明，强调访欧之行的私人性质，其言词比较低调。之所以冠以“私人名义”出游，一则低调，二则便于对外发言，诉诸公开舆论。② 与亲朋好友言及此行时，梁启超则明白交代底细：“此行全以私人资格(经费殊不充，公家所给仅六万，朋旧馈赆约四万耳)，不负直接责任，然关系当不小。近数日来陆使在日本闹笑话，舆论哗然，复有将我资格化私为公之议，然吾殊不欲也。……然万一到必须化私为公时，仍当借重希哲，届时则惟设法先送汝归耳。”③从各方面的舆论呼声看，梁启超自感有“化私为公”之责。从其出游所获资助的经费(公费占去六成)，从法国等国给予梁启超一行的礼遇，④ 都可看出梁启超一行实难脱公务之干系。

到达欧洲后，梁启超对自己的访欧之行，又别有一番新的表示，显示他雄心勃勃的怀抱：“出游之主要目的，在考察战后世界文明变迁之迹，以归饷国民。”⑤在参观巴黎和会后，梁启超更是自感责无旁贷：“仆此行虽以私人考察，然苟可以为国家雪耻复权者，不敢辞匹夫之责。”⑥他的这一表态，甚至对当时出任参加巴黎和会的首席代表陆征祥构成压力。梁启超这些对访欧之行的不同说明，表明他的认识随着时空的转换，有一个逐步拓展的过程，这与国内张东荪等人的要求也有一定关系。⑦

《欧游心影录》写于巴黎西南的白鲁威(Bellevue)。1919 年 10 月 11 日以后，梁启超、蒋百里、张君劢、徐新六等人把白鲁威当作深山道院，闭户读书与写作。1919 年 11 月 5 日梁启超《与娴儿书》说及当时的生活：“吾自十月十一日迄今，未尝一度上巴黎，且决意

---

① 丁文江、赵丰田编，欧阳哲生整理：《梁任公先生年谱长编初稿》，中华书局 2010 年版，第 467 页。

② 参见梁启超：《与上海新闻记者之谈话》《关于欧洲和会问题我舆论之商榷》《在宪法研究会饯别会之演说》，三文收入汤志钧、汤仁泽编：《梁启超全集》第十五集，中国人民大学出版社 2018 年版，第 189、191、192 页。

③ 梁启超：《与思顺书(1918 年 12 月 10 日)》，丁文江、赵丰田编：《梁启超年谱长编》，上海人民出版社 1983 年版，第 873~874 页。

④ 有关梁启超在法受到法国政府接待的情形，参见[法]巴斯蒂：《梁启超 1919 年的旅居法国与晚年社会文化思想上对欧洲的贬低》，李喜所主编：《梁启超与近代中国社会文化》，天津古籍出版社 2005 年版，第 218~237 页。

⑤ 梁启超：《在巴黎万国报界联合会欢迎会演说词》，夏晓虹辑：《〈饮冰室合集〉集外文》(中册)，北京大学出版社 2005 年版，第 812 页。

⑥ 《梁任公最近来电》，《晨报》，1919 年 4 月 20 日，第 2 版。

⑦ 梁启超欧游途中，张东荪两次《与君劢、子楷、百里、振飞诸兄书》中都提到访欧之目的，显示梁启超一系此行计划周密，参见丁文江、赵丰田编，欧阳哲生整理：《梁任公先生年谱长编初稿》，中华书局 2010 年版，第 467~468 页。

三个月不往，将此地作一深山道院，吾现在惟有两种功课，日间学英文，夜间作游记……吾日记材料，由百里、君劢、振飞三人分任搜集，吾乃取裁之，现方着手耳。此亦非同居不可，在此多住数月，亦为此也。”①这里所说蒋百里、张君劢、徐新六“分任搜集”日记材料，表明这三人至少参与了《欧游心影录》的准备过程。该信还透露10月中、下旬他曾大病一场：“双十节之次日，吾从意大利返巴黎，新从热带入寒带，在车中已冻了一夜，归寓无煤无薪，大伤风，半月乃愈。”②这立即令人想起当时蔓延欧美的大流感，疫情定然对梁启超的身心也会产生某种冲击。《欧游心影录》对当时写作境况的描述也会勾起我们类似的联想：“巴黎是绝迹不去的，客人是一个不见的，镇日坐在一间开方丈把的屋子里头，傍着一个不生不灭的火炉，围着一张亦圆亦方的桌子，各人埋头埋脑做各自的功课。这便是我们这一冬的单调生活趣味，和上半年恰恰成个反比例了。我的功课中有一件，便是要做些文章，把这一年中所观察和所感想写出来。”③这样一种闭门的集体生活，对梁启超的写作自然会产生影响，《欧游心影录》的思想虽不能说是集体创作的成果，但包含同室他人的思想影响应该是确定的，书中对“科学”的议论，似有张君劢思想影响的因子；而对“德国失败之原因”的分析则直接附录蒋百里的《德国败战之诸因》一文，即可为佐证。与梁启超1903年所写《新大陆游记》的游记体裁不同，《欧游心影录》更像是一份考察报告。

1920年3月2日《欧游心影录》开始在上海《时事新报》第1张第1~2版“欧游通信”栏连载，至7月18日止。3月6日又在北京《晨报》第7版“欧游通信”栏连载，至8月17日止。之所以先在《时事新报》刊出，可能与梁启超寄发稿件先达上海有关。《时事新报》《晨报》为研究系主控两大报纸，如此连篇累牍地刊登，显然有舆论造势之用。1922年12月中华书局出版《梁任公先生近著第一辑》，上卷收入《欧游心影录节录》，所收均为辑录在《晨报》《时事新报》已发表文字。1936年中华书局出版林宰平等编辑的《饮冰室合集》第七册《专集》之二十三第1~162页又将《欧游心影录节录》原版收入。既然题名“欧游心影录节录”，就意味着该著并未写完，这可能是梁启超生前未出版该著单行本的原因。④ 丁文江

---

① 梁启超：《与娴儿书》(1919年11月5日)，丁文江、赵丰田编：《梁启超年谱长编》，上海人民出版社1983年版，第890~891页。此处所说“日记材料”并不见收入林宰平等所编的《饮冰室合集》或汤志钧、汤仁泽新编《梁启超全集》。

② 梁启超：《与娴儿书》(1919年11月5日)，丁文江、赵丰田编：《梁启超年谱长编》，上海人民出版社1983年版，第890~891页。不管是在来往家书中，还是在《欧游心影录》中，梁启超都未有只字提及当时席卷欧洲的大流感，这一点确实让人疑惑。但从他所展示的欧洲极其萧条的景象，人们可以看出战争和疫情对欧洲的重创。

③ 梁启超：《欧游心影录·欧游中之一般观察及一般感想(上篇)》，汤志钧、汤仁泽编：《梁启超全集》第十集，中国人民大学出版社2018年版，第56页。

④ 现刊《欧游心影录》只叙述了梁启超一行1919年6月4日以前在英、法游历的经验，在此之后游历英国、比利时、荷兰、瑞士、意大利、德国等国的经历则未道及，这显示其内容的不完整性，这可能是梁启超题写书名为“欧游心影录节录”的原因。

编著年谱时对此也有说明："先生在欧游期中，其随时随地所经历观察和感想都有记述，他住在巴黎的时候，曾经整理出一部分来，回国以后就因为百事待理，无暇及此了。所以结果全书迄未完成，行将出版的《饮冰室合集》里有《欧游心影录节录》数篇，便是全书的一部，也就是先生归国后在《近著第一辑》上卷中所发表的几篇。"①1937 年中华书局出版单行本《欧游心影录节录》，实为林宰平等编辑《饮冰室合集》的副产品。2018 年中国人民大学出版社新版《梁启超全集》删掉"节录"二字，而直用《欧游心影录》书名，易给人该著完结之错觉，这样处理并不恰当。

三、《欧游心影录》的思想取向与挑战

通览《欧游心影录》现刊八篇，该书为东西文化论争提供了新的成分：其一，为东西文化论争增加了新的"欧洲经验"。梁启超一行刚从欧洲考察归来，带回了从欧洲现场的最新信息，如《欧游中之一般观察及一般感想》之上篇"大战前后之欧洲"、《伦敦初旅》对战争现实影响的披露，《巴黎和会鸟瞰》报道巴黎和会的实际情形，《西欧战场形势及战局概观》《战地及亚洛二州纪行》两篇对欧战遗迹的观感，都为国人提供了第一手材料。其二，为东西文化论争补充了新的内容。如《国际联盟评论》《〈国际劳工规约〉评论》两篇，都是以往较少或根本没有涉及的话题。其三，为东西文化论争提供了新的宏阔视野。梁启超曾以如椽巨笔驰骋报界，是舆论界的大家。《欧游心影录》以新的气势、纵横捭阖、驰骋中西、对访欧之行作了深度报道，同时借题发挥，表达自己对中西关系和世界前途的感想。梁启超归国即发表此文，志在重振雄风，其意是争夺新文化运动的主导权。过去人们谈及五四时期的东西文化论争，常将梁启超与此前的杜亚泉、此后的梁漱溟俩人作品相提并论，这并不确当。

梁启超在《欧游心影录》首先透露了他对战后欧洲的观感。《欧战中之一般观察及一般感想》上篇从欧战前后的残破局面说起，视欧战为"人类历史的转捩点"，"觉得这回大战，还不是新世界历史的正文，不过一个承上起下的转捩段落罢了"。战后国际上的隐患依旧存在，"如今战事停了，兵是撤了，和约是签了，元气恢复，却是遥遥无期。永远的平和，更没有一个人能够保险。试就国际上情形而论，各民族情感上的仇恨，愈结愈深"②。德国改为共和，"全国结合益加巩固"；巴尔干各小国之间的矛盾"战后不惟没法矫正，反有些变本加厉"；"各国对于俄国过激派，一面憎之如蛇，一面畏之如虎"；威尔逊的根本精神"原欲废止秘密外交"，"不惟做不到，美国自身先已和别人合纵起来了"；法国对依赖

① 丁文江、赵丰田编，欧阳哲生整理：《梁任公先生年谱长编初稿》，中华书局 2010 年版，第 469 页。

② 梁启超：《欧游心影录·欧游中之一般观察及一般感想（上篇）》，汤志钧、汤仁泽编：《梁启超全集》第十集，中国人民大学出版社 2018 年版，第 57 页。

国际联盟保障和平的信心不足，还是与英、美结盟“来保自己的标”。国际上的这些危险情形，在梁启超看来“真乃令人惊心动魄”。① 各国生计及财政纷纷破产，“战前世界生计状况，最苦的是资本过剩、生产过剩”，战后“对于生存必需之品，已经处处觉得缺乏”。②社会革命暗潮汹涌，贫富矛盾所造成的阶级分化，“绝非前四年来国际战争可比”，工业化国家内部劳资矛盾，“早晚总有一回短兵相接拼个你死我活”。③ 自 19 世纪以来，生物进化论、个人主义(自由主义)盛行，影响所及，“就私人方面论，崇拜势力，崇拜黄金，成了天经地义；就国家方面论，军国主义、帝国主义变了最时髦的政治方针”④。19 世纪末的欧洲社会，“都是阴沉沉地一片秋气”⑤。梁启超造访欧洲，到处听到人们对前途“悲观的论调”，美国著名新闻记者赛蒙氏(Frank Simond)甚至对梁启超悲叹“西洋文明已经破产了”。⑥ 整个欧洲弥漫着一股悲观的气氛，西洋文明破产的“世纪末”情绪充斥着人们的心理。梁启超对欧洲的这些观察和印象，并不是渲染“西方的没落”，而是本诸自己的亲身体验，有其现实的客观依据。梁启超对战后欧洲残破景象的报道，在国内产生的反响和后果不一，那些曾视西欧为现代化之样板的人们可能因此会产生失落感，转而将希望的眼光或投向新大陆美国，或新兴的社会主义国家俄国。

通过自己的观察，梁启超重新估价科学在欧洲近代文明中的作用。既不承认科学破产，又批评“科学万能”的唯科学主义倾向，这是他饱受争议的一个观点。⑦ “当时讴歌科学万能的人，满望着科学成功，黄金世界便指日出现。如今功总算成了，一百年物质的进步，比从前三千年所得还加几倍，我们人类不惟没有得着幸福，倒反带来许多灾难，好像沙漠中失路的旅人，远远望见个大黑影，拼命往前赶，以为可以靠他向导，那知赶上几程，影子却不见了，因此无限凄惶失望。影子是谁？就是这位‘科学先生’。欧洲人做了一场科学万能的大梦，到如今却叫起科学破产来。这便是最近思潮变迁一个大关键了。”这是全书常被人物议、引征，也是胡适直截了当批评的一段话。尽管梁启超声明，“读者切勿

---

① 梁启超：《欧游心影录·欧游中之一般观察及一般感想(上篇)》，汤志钧、汤仁泽编：《梁启超全集》第十集，中国人民大学出版社 2018 年版，第 57~58 页。

② 梁启超：《欧游心影录·欧游中之一般观察及一般感想(上篇)》，汤志钧、汤仁泽编：《梁启超全集》第十集，中国人民大学出版社 2018 年版，第 58 页。

③ 梁启超：《欧游心影录·欧游中之一般观察及一般感想(上篇)》，汤志钧、汤仁泽编：《梁启超全集》第十集，中国人民大学出版社 2018 年版，第 59、61 页。

④ 梁启超：《欧游心影录·欧游中之一般观察及一般感想(上篇)》，汤志钧、汤仁泽编：《梁启超全集》第十集，中国人民大学出版社 2018 年版，第 61 页。

⑤ 梁启超：《欧游心影录·欧游中之一般观察及一般感想(上篇)》，汤志钧、汤仁泽编：《梁启超全集》第十集，中国人民大学出版社 2018 年版，第 66 页。

⑥ 梁启超：《欧游心影录·欧游中之一般观察及一般感想(上篇)》，汤志钧、汤仁泽编：《梁启超全集》第十集，中国人民大学出版社 2018 年版，第 66 页。

⑦ 郑师渠将梁启超对科学认可的态度与其对“科学万能”论的批评作了区别处理，参见郑师渠：《梁启超与新文化运动》，《近代史研究》2005 年第 2 期。

误会，因此菲薄科学，我绝不承认科学破产，不过也不承认科学万能罢了”①。1922 年 8 月 31 日梁启超在《什么是新文化》的演讲中谈及新文化“必有两个先决的要点”时还说：“一、在知识上要有科学的理解；一、在品格上要有自律的情操。”②仍将科学纳入新文化的范畴。但他对科学所产生偏失的议论毕竟已给人们留下难以消解的印象。他因触及新文化运动的核心价值之一——科学，与新文化运动提倡科学的主张不尽一致，从而引发了他与新文化阵营的冲突，遭到了新文化派炮火般的反击，胡适、周作人、郭沫若等人采取攻其一点不及其余的批评手法，以嘲笑的口吻调侃梁启超，对其大加挞伐，③ 在策略上的确取得了很大的成功。

《欧洲之一般观察及一般感想》下篇试图为中国应对世界的变局开出药方，梁启超首先做出一个判断，“须知世界大同为期尚早，国家一时断不能消灭”，“我们是要在这现状之下，建设一种‘世界主义的国家’”。他明白提出一个如何建设“世界主义的国家”的问题？“不能拿顽固褊狭的旧思想当是爱国，因为今世国家，不是这样能够发达出来。我们的爱国，一面不能知有国家不知有个人，一面不能知有国家不知有世界。我们是要托庇在这国家底下，将国内各个人的天赋能力尽量发挥，向世界人类全体文明大大的有所贡献。”④这实际上是倡导一种新的爱国观，一种具有世界主义情怀的、开放的国家观。由此梁启超鼓励国人，“不可有丝毫悲观，说中国要亡了”。他以古语“知病即药”提醒大家，“只要知道病就赶紧去医，不要因为病就垂头丧气，把自己营卫的本能减掉”。⑤ 这里所展现的爱国观与当时新文化运动主将陈独秀、胡适的观点大体相同。

梁启超与新文化运动另一个相同之处是他对个性解放和思想解放取向的强烈认同，“国民树立的根本义，在发展个性”；“要个性发展，必须从思想解放入手”。⑥ 他甚至以“彻底”作为思想解放的原则，“‘既解放便须彻底，不彻底依然不算解放。’就学问而论，总要拿‘不许一毫先入为主的意见束缚自己’这句话做个原则”。这里涉及对新传输的西方思想的态度，梁启超主张思想解放要从“研究西洋思想入手”，其因“一则因为他们的研究

① 梁启超：《欧游心影录·欧洲之一般观察及一般感想（上篇）》，汤志钧、汤仁泽编：《梁启超全集》第十集，中国人民大学出版社 2018 年版，第 64 页。

② 梁启超：《什么是新文化》，汤志钧、汤仁泽编：《梁启超全集》第十五集，中国人民大学出版社 2018 年版，第 419 页。

③ 参见胡适：《科学与人生观》序，《胡适文存》二集卷二；周作人：《雨天的书·妇女问题与东方文明》；《郭沫若全集》（文学编）第 15 卷，人民文学出版社 1990 年版，第 151～152 页。

④ 梁启超：《欧游心影录·欧洲之一般观察及一般感想（下篇）》，汤志钧、汤仁泽编：《梁启超全集》第十集，中国人民大学出版社 2018 年版，第 70、71 页。

⑤ 梁启超：《欧游心影录·欧洲之一般观察及一般感想（下篇）》，汤志钧、汤仁泽编：《梁启超全集》第十集，中国人民大学出版社 2018 年版，第 72 页。

⑥ 梁启超：《欧游心影录·欧洲之一般观察及一般感想（下篇）》，汤志钧、汤仁泽编：《梁启超全集》第十集，中国人民大学出版社 2018 年版，第 73、74 页。

方法确属精密，我们应该采用他；二则因为他们思想解放已经很久，思潮内容丰富，种种方面可供参考”。① 可见，梁启超对待思想解放和西方思想的态度与新文化运动主流并无二致。②

面对中国的现实政治，梁启超表达了自己独特的见解。他一方面反对激进的革命，坚持其一贯持行的循序渐进的温和改革；一方面认定社会主义是世界的大势所趋，同时又强调要根据中国的国情，选择社会主义的方法。梁启超检讨中国过去的政治改革，“从前的立宪党，是立他自己的宪，干国民什么事！革命党也是革他自己的命，又干国民什么事！”二十年来种种失败，都是因其“和民主主义运动的原则根本背驰”。他提倡一种与“阶级政治”不同的“国民政治”，即“从国民全体下工夫，不从一部分可以供我利用的下工夫，才是真爱国，才是救国的不二法门”。对于中国的改革事业，他表示“着急不得”，“天下事是急不来的，总要把求速效的心事去掉，然后效乃有可言”。③ 对现行的社会政治，他批评道：“我们中国人最大的缺点，在没有组织能力，在没有法治的精神。”④这似乎在重提当年《新民说》的老话。面对民国初年“民意机关终久不得实现，政治终久不得改良”的局面，梁启超提醒人们注意宪法上的两大要点，“职业选举和国民投票，是我们中华民国宪法的大关目，必要切实办到，政治的大本才能立哩！”⑤面对由西向东席卷而来的社会主义运动，梁启超谨慎地表达了自己的意见，一方面他将社会主义的精神和方法加以区别对待，“讲到国民生计上，社会主义自然是现代最有价值的学说，国内提倡新思潮的人渐渐的注意研究他，也是很好的现象。但我的意见，提倡这主义，精神和方法不可并为一谈。精神是绝对要采用的，这种精神不是外来，原是我国所固有”。一方面认为采用哪种方法要视国情而定，欧美学者的社会主义思想“已经有无数派别”，“应该采用那一种，采用的程度如何，总要顺应本国现时社会的情况”。⑥ 梁启超这些言论，很明显的是提倡一条有别于具有革命倾向的国民党和新兴马克思主义者的循序渐进的、温和的改革路线。

梁启超对欧洲的观察由表及里，有很多自己独到的心得，他对西方文明的精华有所析

① 梁启超：《欧游心影录·欧洲之一般观察及一般感想(下篇)》，汤志钧、汤仁泽编：《梁启超全集》第十集，中国人民大学出版社 2018 年版，第 76 页。

② 耿云志《五四以后梁启超关于中国文化建设的思考——以重新解读〈欧游心影录〉为中心》(《广东社会科学》2004 年第 1 期)一文亦表达了类似的看法。

③ 梁启超：《欧游心影录·欧洲之一般观察及一般感想(下篇)》，汤志钧、汤仁泽编：《梁启超全集》第十集，中国人民大学出版社 2018 年版，第 72、73 页。

④ 梁启超：《欧游心影录·欧洲之一般观察及一般感想(下篇)》，汤志钧、汤仁泽编：《梁启超全集》第十集，中国人民大学出版社 2018 年版，第 77 页。

⑤ 梁启超：《欧游心影录·欧洲之一般观察及一般感想(下篇)》，汤志钧、汤仁泽编：《梁启超全集》第十集，中国人民大学出版社 2018 年版，第 80 页。

⑥ 梁启超：《欧游心影录·欧洲之一般观察及一般感想(下篇)》，汤志钧、汤仁泽编：《梁启超全集》第十集，中国人民大学出版社 2018 年版，第 80~81 页。

取。他在介绍欧洲的所见所闻时，一方面指出欧战带来的巨大破坏，以及战后民生的凋敝，一方面也赞扬英国的宪政、法治精神，法国人民的爱国精神。梁启超一行欧洲之行的第一站就是英国伦敦，刚一登岸，“战后惨淡凄凉景况，已经触目皆是”，但梁启超能够感受到，英国之所以能经大战而不败，靠的是人民“养成一种沉郁严重的性格，坚忍奋斗的习惯”①，他由此反省，若是国民“未经养成这种精神，讲什么立宪共和，岂非南辕北辙?”②在参观英国下议院以后，最令梁启超感动的是英国人讲究法治、严守政治游戏规则的习惯。“英国人爱政治活动就像爱打球，同是一种团体竞技的顽意儿。须知他们打球也是最讲规则的，不尊重规则，就再没有人肯和你顽了。”“他们不制定一种法律便罢，一经制定，便神圣不可侵犯，非经一定程序改废之后，是有绝对效力，无论何人都要服从。所以他们对于立法事业，丝毫不肯放过，人民有了立法权，就算有了自由，都是为此。”返观中国，“我们办了几年共和政治，演的都是翻桌子把戏”，“方才觉得中国人法律神圣的观念，连根芽都还没有”。③ 英国给梁启超印象深刻的是其法治精神，法国让梁启超感动的是其爱国精神。在参观亚、洛二州时，给梁启超刺激最深的是，“就是法国人这点爱国热诚，他们全国人无论男女老幼，识字不识字，对于这件事都当作私仇、私恨一般，痛心刻骨，每饭不忘。法国能够轰轰烈烈站在世界上头，就是靠这点子精神贯注”④。他盛推法国人的这种精诚爱国精神，由此梁启超想起了沦落于日本之手的台湾，“我们失台湾，还是在法国失亚、洛二州后二十年哩，都是战败割地，情形全然一样。人家是深痛彻骨，五十年间没有一刻忘记。我们在当时，何尝不也是人人惊心动魄，不过三五年，早已撇在脑后，像是公认抢劫的人有正当权利了”⑤。对甲午战争后中国失去台湾的耻辱，梁启超一直耿耿于怀。

梁启超看到了欧洲资本主义社会存在尖锐的劳资矛盾，“自从机器发明工业革命以还，生计组织起一大变动，从新生出个富族阶级来。科学愈昌，工厂愈多，社会遍枯亦愈甚。富者益富，贫者益贫”。工人为了维持自己的基本生计，不得不“到处成立工团，决心要和那资本家挑战。他们的旗帜，是规定最低限的工钱和最高限的做工时刻”⑥。他分析了解

---

① 梁启超：《欧游心影录·伦敦初旅》，汤志钧、汤仁泽编：《梁启超全集》第十集，中国人民大学出版社 2018 年版，第 95 页。

② 梁启超：《欧游心影录·伦敦初旅》，汤志钧、汤仁泽编：《梁启超全集》第十集，中国人民大学出版社 2018 年版，第 103 页。

③ 梁启超：《欧游心影录·伦敦初旅》，汤志钧、汤仁泽编：《梁启超全集》第十集，中国人民大学出版社 2018 年版，第 106 页。

④ 梁启超：《欧游心影录·战地及亚洛二州纪行》，汤志钧、汤仁泽编：《梁启超全集》第十集，中国人民大学出版社 2018 年版，第 149 页。

⑤ 梁启超：《欧游心影录·战地及亚洛二州纪行》，汤志钧、汤仁泽编：《梁启超全集》第十集，中国人民大学出版社 2018 年版，第 149 页。

⑥ 梁启超：《欧游心影录·欧游中之一般观察及一般感想(上篇)》，汤志钧、汤仁泽编：《梁启超全集》第十集，中国人民大学出版社 2018 年版，第 60 页。

决这种矛盾的两种途径：即一派“还承认现存的政治组织，说要把生产机关收归国有”的各国社会党；一派主张推翻现存政府，实行耕者有其田、工人管理工厂的俄国“过激党”。他预估世界：“社会革命恐怕是二十世纪史唯一的特色，没有一国能免，不过争早晚罢了。”①但梁启超并没有因此立即倒向俄国式的革命，他对中西之间社会矛盾作了比较，认同在中国采取温和的改良社会的政策，不同意将马克思的社会革命学说，特别是其所提倡的“生产机关国有论”搬到中国来。“若要搬到中国，就要先问什么是生产机关？我们国内有了不曾？就算有了罢，说要归到国家，我头一个就反对。你不看见铁路么，铁路国有权，是欧美社会党最坚持的大问题，我们不是早办了吗？结果如何？在这种政治组织之下提倡集产，岂非杀羊豢虎？以上所举，拿来做个比方，并不是论他的方法良不良，只是论我们用得着用不着。”②显示对在中国运用社会革命方法的谨慎姿态，这就预示了他与国内新兴的马克思主义者的区隔。

梁启超比较欣赏《国际劳工规约》，为此他特辟一篇加以介绍。他首先区别了社会主义与社会政策这两个概念：“社会主义，是要将现在经济组织不公平之点，根本改造。改造方法，虽然种种不同，或主共产，或主集产，或主生产事业全部由能生产的人管理，或主参加一部分，或用极端急进手段，或用平和渐进手段。要之，对于现在的经济组织，认为不合人道，要重新组织一番，这就是社会主义。”“社会政策，是在现在的经济组织之下，将那不公平之处，力图救济。救济方法，或是从租税上求负担平均，或是保护劳工，不叫资本家虐待。虽然许多良法美意，却与根本改造问题无涉，这就是社会政策。”在他看来，《国际劳工规约》属于社会政策。③ 他并不怎么看好《国际劳工规约》的现实效用，“世界和平破裂，不外两途：　是纵裂，甲国和乙国的战争便是；一种横裂，各国国内的争乱便是。国际联盟是防止纵裂的，国际劳工同盟便是防止横裂的。但依我看来，《劳工规约》防止横裂的效力，恐怕比联盟规约防止纵裂的效力还要薄弱些哩”④。梁启超对中国的境遇表示严重关切，他把欧美的劳资矛盾化约成了中国的民族矛盾。“我国现在和将来的形势却不是这样，全国人都属于被压制的阶级，那压制的阶级是谁？却是外国资本家，我们全国人所处的境遇，正是外国劳工阶级所处的境遇。质而言之，我们四万万人，都是劳工阶级里头的可怜虫罢了。照这样看来，这劳工问题，在欧美各国，不过国内一部分人的苦乐

---

① 梁启超：《欧游心影录·欧游中之一般观察及一般感想(上篇)》，汤志钧、汤仁泽编：《梁启超全集》第十集，中国人民大学出版社 2018 年版，第 60 页。

② 梁启超：《欧游心影录·欧洲之一般观察及一般感想(下篇)》，汤志钧、汤仁泽编：《梁启超全集》第十集，中国人民大学出版社 2018 年版，第 81 页。

③ 梁启超：《欧游心影录·〈国际劳工规约〉评论》，汤志钧、汤仁泽编：《梁启超全集》第十集，中国人民大学出版社 2018 年版，第 176 页。

④ 梁启超：《欧游心影录·〈国际劳工规约〉评论》，汤志钧、汤仁泽编：《梁启超全集》第十集，中国人民大学出版社 2018 年版，第 182 页。

问题，在我们中国，却是全个民族的存亡问题了。”①至于世界未来的趋向，“现时最苦的是资本缺乏，然而美国正苦资本过剩，势不能不以欧洲为尾闾。欧人只要善于利用，还不是取诸外府吗？剩下最难解决的，就是劳工问题。我想不出数年，这问题定要告一段落。或是社会党柄政实行了社会主义几个根本大原则，气象自然一新；或是有些国家竟自继俄国之后，做一番社会革命，虽一时大伤元气，过后反赢得意外发达，也未可定。所以我对于欧洲，觉得他前途虽然是万难，却断不是堕落。至于分国观察，或者有一两国从此雄飞，有一两国渐行衰落，这又是别问题了”②。他并不是看衰欧洲的现状，而是在对欧洲的劳工问题、社会革命作了一番考察后，对社会主义在欧洲的前途表示了审慎的乐观。

梁启超评估战后欧洲出现的思想混乱局面，他列举了当时世界上流行的各种主义，如民族主义、世界主义、社会主义、社会民主主义、自由贸易主义，在他心中对这些主义并无成见。因此，世界的未来对他来说，充满了不确定性。访欧之前，梁启超曾表达了对现实的困惑：“惟今日世界潮流急转之时，从前旧思想旧主义，概已不能适用，不许存在，吾国即亦不能不应此潮流，以力求进步。”“鄙人此行考察，如有所得，将愿研究一新主义，标示一新旗帜，图政治上根本之更新，为吾党增一番新气象也。”③从他归国后的表现看，欧洲之行似乎并没达到这一目的。

梁启超对国际联盟的态度相对比较理性。1919 年 2 月 12 日国际联盟同志会在北京大学成立，公推梁启超为理事长(因梁不在国内，由汪大燮代理)，蔡元培等为理事。④ 欧战结束后，国人对国际联盟抱有极大的期望，但中国外交在巴黎和会遭受的挫折，国内舆论哗然，反应激烈。梁启超力排众议，对此自有见解：

> 我们中国人一年以前，期望国际联盟，未免太奢了；到了如今对于他的失望，又未免太甚了。……我们对于他的希望，并不在解决目前局部问题，——譬如我们的山东问题，他能够给我们一个圆满的解决，固然最好；就令不能，我们也断不厌弃他。因为他是全世界人类共同缔造的东西，我们既已是世界上一个人，总要尽我们的能力参加着缔造他，扶持他，发育他。我们做中国国民，同时做世界公民，所以一面爱国，一面还有超国家的高尚理想。凡属人类有价值的共同事业，我们总要参预，而且

---

① 梁启超：《欧游心影录·〈国际劳工规约〉评论》，汤志钧、汤仁泽编：《梁启超全集》第十集，中国人民大学出版社 2018 年版，第 185 页。

② 梁启超：《欧游心影录·欧游中之一般观察及一般感想(上篇)》，汤志钧、汤仁泽编：《梁启超全集》第十集，中国人民大学出版社 2018 年版，第 69 页。

③ 梁启超：《在宪法研究会饯别之演说》，汤志钧、汤仁泽编：《梁启超全集》第十五集，中国人民大学出版社 2018 年版，第 192 页。

④ 参见《国际联盟同志会之进行》，《晨报》，1919 年 2 月 11 日，第 2 版。

确信我们参预之后，一定能够增长他的价值。①

这种主张积极参与国际联盟的态度，应该说不失为提升中国国际地位的一种比较可行的途径。相反，拒斥国际联盟，自立于国际联盟大家庭之外，对改善中国的国际地位可能有多大帮助是值得怀疑的事。访欧归来后，梁启超一行“行箧得论国际同盟之书可数十种，率皆各明一义”，将其集于一册，梁启超特作序申明其义，② 表现了他朝这个方向的持续努力。

梁启超展望世界前途是调和中西矛盾，认为未来世界文化的趋向是中西结合，建设一种综合型的新文明。其办法“是拿西洋的文明，来扩充我的文明，又拿我的文明去补助西洋的文明，叫他化合起来成一种新文明”③。这与杜亚泉看好战后东方文化的前途，梁漱溟所谓“世界未来的文化就是中国文化的复兴”④的论调显有区别。梁启超明确批评了国内两种倾向：顽固的老派与崇洋的新派。他说：“国中那些老辈，故步自封，说什么西学都是中国所固有，诚然可笑；那沉醉西风的，把中国什么东西，都说得一钱不值，好像我们几千年来，就像土蛮部落，一无所有。”这就预设了他进步的限度实际存在于这二者之间。面对西方纷至沓来、五光十色的各种理论，梁启超限于自己固有的知识结构，尚来不及消化，并无精心研究，他概以唯心与唯物、宗教与科学，“最近提倡的实用哲学、创化哲学，都是要把理想纳到实际里头，图个心物调和”，他自己的倾向性可由此语窥见。在他看来，“心物调和”不仅是西方现代哲学的理想，而且也是中国古典思想的精髓，中国先秦诸贤“正是从这条路上发展出来”。这大概是他主张中西调和的哲学基础。梁启超对先秦诸家思想现代价值的发挥倒是得心应手：“孔、老、墨三位大圣，虽然学派各殊，‘求理想与实用一致’，却是他们共同的归着点。如孔子的‘尽性赞化’、‘自强不息’，老子的‘各归其根’，墨子的‘上同于天’，都是看出有个‘大的自我’、‘灵的自我’，和这‘小的自我’、‘肉的自我’同体，想要因小通大，推肉合灵。我们若是跟着三圣所走的路，求‘现代的理想与实用一致’，我想不知有多少境界可以辟得出来哩”⑤，对中国古典儒、道、墨思想蕴含的现代意义做了新的开掘。梁启超对西方思想理解的粗糙和对中国古典发挥的纯熟恰然形成对比，这也许是人们指摘他与杜亚泉、梁漱溟同调的缘故。

---

① 梁启超：《欧游心影录·欧游中之一般观察及一般感想(下篇)》，汤志钧、汤仁泽编：《梁启超全集》第十集，中国人民大学出版社 2018 年版，第 174～175 页。

② 参见梁启超：《〈国际联盟论〉序》，汤志钧、汤仁泽编：《梁启超全集》第十集，中国人民大学出版社 2018 年版，第 192～193 页。

③ 梁启超：《欧游心影录·欧游中之一般观察及一般感想(下篇)》，汤志钧、汤仁泽编：《梁启超全集》第十集，中国人民大学出版社 2018 年版，第 83 页。

④ 梁漱溟：《东西文化及其哲学》，《梁漱溟全集》第 1 卷，山东人民出版社 1989 年版，第 493 页。

⑤ 梁启超：《欧游心影录·欧游中之一般观察及一般感想(下篇)》，汤志钧、汤仁泽编：《梁启超全集》第十集，中国人民大学出版社 2018 年版，第 84 页。

梁启超是一个极富时间感的思想家，20 世纪来临前夕，他即首用“世纪”一词，创作《二十世纪太平洋歌》，讴歌新世纪的到来。① 访欧前夕，他又发表《将来观念与现在主义》一文，特别强调中华民族之所以具有强大的生命力与其强烈的“将来观念”分不开：“我国是个狠有文明历史的国家，这种文明历史，都是从我们祖宗狠深强的将来观念构造出来。我们受了这种好遗传，就令不肖，何至便像阿非利加洲黑人今日想不到明日的事?”②访欧归来，他强化了重振中国文化的信心，要求重新认识中国文化对世界的责任，这似与他内心顽强的“将来观念”发酵有关。为此，他希望青年一代，“第一步，要人人存一个尊重爱护本国文化的诚意；第二步，要用那西洋人研究学问的方法去研究他，得他的真相；第三步，把自己的文化综合起来，还拿别人的补助他，叫他起一种化合作用，成了一个新文化系统；第四步，把这新系统往外扩充，叫人类全体都得着他好处。我们人数居全世界人口四分之一，我们对于人类全体的幸福，该负四分之一的责任。不尽这责任，就是对不起祖宗，对不起同时的人类，其实是对不起自己”③。这种对中国文化四步走的规划，构成其与《新青年》派不同的思想理路。可以这么说，在五四时期的思想谱系中，与杜亚泉、梁漱溟相比，梁启超多了一些西方文化的新元素；与《新青年》派比较，他又多了一些中国文化的分量。梁启超的这种思想定位在 1920 年 9 月创刊《改造》时得到了比较充分的展现。④ 在新文化运动狂飙突进、凯歌行进之时，梁启超并不愿失去新文化的旗帜，被时代讥讽为过时的保守者；⑤ 在欧战后西方资本主义文明弊端百出、矛盾激化之时，他倍感珍惜中国传统文明的现代价值，寻求“中国之文艺复兴”⑥。这是一条富有建议性意义的

① 此诗全篇收入《饮冰室合集》第 5 册《饮冰室文集之四十五(下)》，中华书局 1989 年版，第 17~19 页。

② 梁启超：《将来观念与现在主义》，原载《国民公报》1918 年 11 月 17 日。收入夏晓虹辑：《〈饮冰室合集〉集外文》中册，北京大学出版社 2005 年版，第 751~752 页。

③ 梁启超：《欧游心影录・欧游中之一般观察及一般感想(下篇)》，汤志钧、汤仁泽编：《梁启超全集》第十集，中国人民大学出版社 2018 年版，第 85 页。

④ 参见梁启超：《〈改造〉发刊词(1920 年 9 月 1 日)》，汤志钧、汤仁泽编：《梁启超全集》第十集，中国人民大学出版社 2018 年版，第 195~198 页。现留有两份《改造》发刊词，一份是公开见诸《改造》创刊号，一份是后来收入《饮冰室合集・文集》，后一份可能是梁启超本人的手稿，保留有更多梁氏本人的思想痕迹，其中(十一)至(十四)这四条涉及处理中西文化关系的内容，在《改造》发刊词公开发表时没有出现，这可能是同人对梁启超意见有所保留时加以修改后的结果。

⑤ 访欧之前，梁启超即存探求“新文化”的自觉意识，他明确表示：“此次鄙人游欧，非仅欲一饱眼界，实欲亲历战事最烈之地，亲见于斯役任绝大牺牲之各民族，借以吸取此互助之新精神，领略此世界之新文化也。”“余此行颇愿发抒我华人民之心理，使他民族之领会；并愿挹取欧美、日本互助之新空气，携归我国，借于世界之新文化，有所尽力也。”参见梁启超：《在协约国民协会之演说词(1918 年 12 月 24 日)》，汤志钧、汤仁泽编：《梁启超全集》第十五集，中国人民大学出版社 2018 年版，第 194 页。

⑥ 1919 年 6 月 23 日梁启超赴英国文学会欢迎会，发表以“中国之文艺复兴”为题的演讲。惜内容不详，但从标题可窥见他的意愿。参见丁文江、赵丰田编：《梁启超年谱长编》，上海人民出版社 1983 年版，第 885 页。

新思路，《欧游心影录》的指向和意义即在于此。

四、结　　语

欧战后中国知识分子赴欧美考察并留下游记或报告并非只有《欧游心影录》个案。1918年范源廉赴美国专门考察教育半年，留有《赴美调查教育情形》(1919年1月《法政学报》第8期)、《美国教育行政谭》(1919年2月《中华教育界》第8卷第2期)。1919年陶孟和赴欧洲考察，撰有《游欧之感想》(1919年12月《新青年》第7卷第1号)。1920年年底蔡元培赴法国考察教育，归来后在北大师生会上发表感言(《北京大学日刊》，1920年10月23日，第724号)，但这些文字都没有造成应有的影响。相对来说，梁启超一行首尾一贯，团中成员除这部《欧游心影录》以外，蒋百里撰《欧洲文艺复兴史》，丁文江与张君劢在科学与人生观中有旗鼓相当的对仗，可以说，欧洲之行为梁启超一派人马注射了新的兴奋剂。回国后，他们力图重新振作，争夺新文化运动的话语权，形成新文化运动主流之外的另一选择。

梁启超并不是一个文化保守主义者。他要求文化开放，思想解放，主张学习欧洲文化的长处；他对中国文化保持信心，但主张利用西洋文化对之加以改造。他是一个渐进主义者，告诫人们不要着急，不鼓励采取激进的社会革命手段，认为立即实行国有化于中国并不利。他接触了个性主义、自由主义、国家主义、社会主义、世界主义，是多种主义的混合体。他主张未来中国文化要走中西结合之途，中国要对世界负责任，要积极参加和支持国际联盟，这些观点都是新鲜而具有建设性意义。过去论者给《欧游心影录》简单地贴上一个标签，或视之为东方文化派的代表作，或以为充满了文化保守主义情调，而对该书所包含的新的思想元素缺乏分析，显然是一种比较片面的处理。

“五四”以后，新思想界朝着建构“主义”的方向迅速发展，走向主义的时代。梁启超一派对此反应相对迟缓，尽管他们开始探讨基尔特社会主义，以与新兴的比较激进的马克思主义思潮相抗衡，但这样一种温和的社会主义路线与时代急速行进的步伐明显脱节，正如在辛亥革命中，保皇派的改良策略不敌革命路线一样，基尔特社会主义也在经受几个回合的论战以后，很快泡沫化。梁启超本人选择脱离政坛，逃避政治，专注学术文化事业，在革命运动风起云涌的激荡岁月，这是一种自我边缘化的策略选择，它也许可洁身自好、明哲保身，但只能经营自己的那块自留地了，梁启超因此也就从历史舞台的主角渐渐退居为二线的配角。

冯氏对梁启超“新史学”的践行

彭　池*

梁启超是清末民初思想界的“飓风”，既是清末新学的代表，亦为民国近代学术转型中的巨擘。梁启超首次提出“新史学”概念，在思想上探讨史学与政治、社会、民族的相关性，在学术上展现了新面貌，开启一代风气。黄安冯氏二代学人，对梁启超“新史学”的研究方向继有拓进，在他们各自的领域中将这一学术脉络引向深入。

一、梁启超开“新史学”学术之源

梁启超从19世纪末至20世纪初期，一直对“新史学”这一论题笔耕不辍，其中尤以1901年发表于《清议报》上的《中国史叙论》和1902年发表于《新民丛报》上的《新史学》二文最为著名。《中国史叙论》是作者计划撰写一部中国通史的理论构想，《新史学》则在《中国史叙论》基础上，进一步阐发史学理论问题。梁氏以“新史氏”自称，全面而猛烈地批判旧史学，倡导“新史学”，呼吁“史界革命”，试图建立新的史学体系，这标志着中国史学理论向近代转型。他认为旧史学有“四弊二病三恶果”。四弊是指：“一曰知有朝廷而不知有国家，二曰知有个人而不知有群体，三曰知有陈迹而不知有今务，四曰知有事实而不知有理想。”所谓二病：“其一能铺叙而不能别裁，其二能因袭而不能创作。”所谓三恶果：“一曰难读，二曰难别择，三曰无感触。”①梁启超认为古代史书绝大多数把历史视若朝廷专有，甚至说“二十四史非史也，二十四姓之家谱而已”②。这种旧史书“外貌虽极发达，而不能如欧美各国民之实受其益也”③。“新史学”要将“君史”转变为“民史”，记述全体国

---

* 彭池（1963—　），中国通商集团联席主席。

① 梁启超：《新史学》，《饮冰室合集》第1册《饮冰室文集之九》，中华书局2003年版，第3~6页。

② 梁启超：《新史学》，《饮冰室合集》第1册《饮冰室文集之九》，中华书局2003年版，第3页。

③ 梁启超：《新史学》，《饮冰室合集》第1册《饮冰室文集之九》，中华书局2003年版，第7页。

民的活动事迹。目标是在新史学中树立国家观念，成为“国民之明镜”“爱国心之源泉”，①以博大而切要之内容“提倡民族主义，使我四万万同胞强立于此优胜劣败之世界”②。他主张以历史进化论的史观取代古人“一治一乱”的循环史观，因为历史总方向是前进和“如一螺线”上升的。“新史学”本质应是表现这种进化的轨迹和规律：“历史者，叙述人群进化之现象，而求得其公理公例者也。”③从而担负起宏大的学术使命和社会责任。他尖锐指出过去“正统”评判标准不一致的根本目的在于维护君主统治与为本朝政权的合法性服务，“新史学”撰史方法在叙史上要“以悲壮淋漓之笔，写古人之性行事业”，评论上则要“以伟大高尚之理想，褒贬一民族全体之性质”。④《新史学》在最后疾呼：“史界革命不起，则吾国遂不可救，悠悠万事，惟此为大。”⑤这种大破大立，破除旧史学，倡导新史学理念，感染力非凡，在史学界引起了巨大反响，在梁氏的影响下，许多学者汲取西方史学理论思想，提升自身史学理论与认识，以文章、论著方式回应梁氏的“革命”呼吁。

梁启超“新史学”中蕴含了深切的现实关注视角，还体现在“新民说”等有关观点上。1901年梁氏提出“史界革命”，“惟此为大”，1902年则以“中国之新民”的署名发表长篇文论《新民说》，强调“新民为第一要务”，倡导全面革新民众的“新民说”。“新民”并不是近代创造的新名词，而是一个中国旧有的正宗的传统，正如“十三经”的重要文献《大学》所言：“大学之道，在明明德，在新民，在止于至善。”梁的“新民”蕴含至少三个观点：一曰国民“尚武”之精神；二曰提倡新道德，即“固其群，善其群，进其群”的“公德”；三曰独立之精神，从“个人之独立”进化为“全体之独立”。1902年至1906年，梁启超以“中国之新民”笔名先后在《新民丛报》中发表了二十篇政论文章(后结集为单行本的《新民说》)，首次提出了“新民”思想，旨在“探求我国民腐败堕落之根原，而以他国所以发达进步者比较之，使国民知受病所在，以自警自厉自策进”⑥，即通过中外比较得出国民病根以警醒鞭策进步，唤起国民从帝国时代的臣民，转化为现代国家的国民的自觉。总结戊戌变法失败教训，他认为人的革新是制度变革关键，“民德、民智、民力实为政治、学术、技艺之大原”⑦，欲国家独立富强，不能寄希望于“一时之贤君相”或“草野一二英雄崛起”，必须先自改造国民性、提高整体国民素质和文明程度始，有“新公民”方有新国家。他指出中国国民性的弱点主要表现在爱国心薄弱、公共心缺乏和自制力欠缺这三个方面。针对爱国心薄弱，他提出要增强国民民族主义精神，发扬民族文化优秀传统，革除其中“愚陋怯弱”的东

---

① 梁启超：《新史学》，《饮冰室合集》第1册《饮冰室文集之九》，中华书局2003年版，第1页。
② 梁启超：《新史学》，《饮冰室合集》第1册《饮冰室文集之九》，中华书局2003年版，第7页。
③ 梁启超：《新史学》，《饮冰室合集》第1册《饮冰室专集之九》，中华书局2003年版，第10页。
④ 梁启超：《新史学》，《饮冰室合集》第1册《饮冰室专集之九》，中华书局2003年版，第29页。
⑤ 梁启超：《新史学》，《饮冰室合集》第1册《饮冰室文集之九》，中华书局2003年版，第7页。
⑥ 梁启超：《新民议》，《饮冰室合集》第1册《饮冰室专集之七》，中华书局2003年版，第105页。
⑦ 梁启超：《新民说》，《饮冰室合集》第6册《饮冰室专集之四》，中华书局2003年版，第6页。

西；同时对欧西各民族要取长补短，“汇择其长者而取之，以补我所未及”①。针对中国过去君臣父子夫妻的旧家族伦理中只强调“一私人对一私人之事”之“私德”，讲求“存心养性”“束身寡过”的修养方法，最终养成“独善其身”的习性，他提倡讲“公德”的“社会国家”的新伦理。这种伦理既讲家族伦理，也讲“一私人对于一团体之事”的社会伦理和国家伦理。② 基本准则在于讲求公德和“利群”，“利群”具体化为“爱群、爱国、爱真理”；同时不排斥“利己”的个人利益，妥善处理好“利己”与“利他”关系。

简而言之，梁启超的“新史学”及“史界革命”核心的学术观点为：一是新史学非“君史”，而是全民之史；二是历史发展的逻辑不是“一治一乱”而是螺线上升的规律发展；三是“史界革命”的目的是建立新的国家观和新的国民观；四是新国民观和新国家观成为中华民族的基石所在。他的理论著作为国家和民族的理论体系奠定了非常厚实的思想基础，并成为中国近现代主流学术思想的源泉。

二、冯永轩的“新史学”践行

1925 年，胡适向清华大学校长曹云祥提出建立“国学研究院”，学贯中西的梁启超、王国维、陈寅恪、赵元任成为国学院四大导师，把中国传统的书院制和西式的导师制相结合，培养了四届毕业生共七十人。1925 年 7 月 27 日，研究院录取首届考生 32 名(正取 30 名，备取 2 名)，冯天瑜先生的父亲冯德清(永轩)荣列其中，与刘盼遂、徐中舒、方壮猷(欣安)、杨洪烈(宪武)、周传儒、高亨(晋生)等成为同学。国学院虽只办了四届，但颇有张载的“为天地立心，为生民立命，为往圣继绝学，为万世开太平”之气象，此为百年学脉中的重要一环。

冯永轩(1897—1979)先生作为清华国学研究院一期生，师承梁启超(1873—1929)、王国维(1877—1927)等学术名家，其在“新史学”等学术概念上承继了梁启超、王国维的思想成就，并有所发扬和拓展。在国学院学习期间，冯永轩先生在治学和做人上深得梁、王二位的影响。冯永轩毕业论文《匈奴史》为王国维直接指导，而梁先生在冯永轩毕业临别时题赠六言联：“遥山向晚更碧，秋云不雨常阴”，勉励冯永轩治学、做人之意甚浓。冯永轩先生此后的研究之路基本是沿清华国学院学术思想体系展开来。

在“新史学”上，冯永轩先生坚持文献与实勘同重、考古与文献相结合的治史方法，开拓古民族史研究专业化；着眼于民族危难而“为现实而学术”在多方面均有相当丰富的学术成果。冯永轩先生的《商周史》虽然吸收了王国维名著《殷商制度论》的基本成果，但从新

① 梁启超：《新民说》，《饮冰室合集》第 6 册《饮冰室专集之四》，中华书局 2003 年版，第 9 页。

② 梁启超：《新民说》，《饮冰室合集》第 6 册《饮冰室专集之四》，中华书局 2003 年版，第 12~13 页。

出土或辨识的甲骨文、金文等资料入手，同时运用西式历史研究方法，大大丰富了中国上古朝代的研究内容和方法。其提出的三方法论，总结出新史学的基本原则。《商周史》中“吾之治古史所取之法则：一曰态度谨严，即不夸大，不附会，不荒唐，不武断之谓也。二曰方法周密：所谓方法者，即科学方法也。以观察、实验、归纳、演绎、比较等法为治古史之术。三曰取材正确，吾之取材，不限于书本，兼采发掘之古物。因古物古迹在历史上有重大价值故也”①。这一新史学方法论既贯穿了冯永轩先生的学术生涯，又是中国近现代史学的主流学术理路。

冯永轩先生“新史学”的开拓还着重体现在古民族史和边疆史的探究上。在王国维名作《鬼方昆夷玁狁考》的基础上对已经消失但却与中华民族历史息息相关的匈奴这个游牧民族整体的历史做了全面的探索和研究，写成《匈奴史》作为他清华国学研究院的毕业论文，为古代民族史研究专业化作出了重要贡献。冯永轩先生对西北边疆史的研究着力甚多，他的西北史地的探索在多层面上展开：一是历史文化学术研究；二是西北各族与中华民族和国家命运紧密相关的论证；三是开发西北的若干谋划。如冯永轩先生曾在前往新疆途中的日记记下：“日人对我国边疆早就注意研究，而我国人士还蒙然不知。我辈身为学子，对此应负责研究，以期国人知如何开发西北，此次赴新即以此为鹄的。”②晚清以降，西北边疆危机的冲击日益强烈，当时的新疆很可能会成为类似现在中亚的一个国家。所以，在研究西北边疆史地的时候，他注重从中华民族史的角度展开研究，其甘肃研究、新疆史地和民族史研究成果整体展现在《西北史地论丛》③中，冯永轩先生在实地调查后完成《维吾尔族史略》《“特勒”非误辨》《回教传入新疆考》诸篇，与过去从文献到文献的研究相比，这种田野调查加上文献及考古资料多重结合，显然是新史学的践行者，而冯永轩先生在传统考据基础上结合西方史学和人类学方法研究诸如《斡耳朵之沿革》《准噶尔辨证》等历史民族问题，则既是对史料学派的进一步推扬，同时也展现了未来史学发展的方向。

在近代国家与民族面临危难的时刻，为了整合和建设民族和国家而研究民族问题，冯永轩先生的大民族观与梁启超强调汉族为主体融合多民族而成的“中华民族”整体民族观基本一致，并有所发展。冯永轩先生的民族研究包括对已经消失了的与农耕的汉民族为敌的游牧民族匈奴的历史做出整体的梳理，以及对鄂东的蛮族“五水蛮”（后融入汉族）的历史做出了考据，④ 更重要的是其对西北的维吾尔族、达斡尔族、锡伯族、哈萨克族、俄罗斯族等边疆民族的历史都做了逐一梳理⑤。首先，冯永轩先生从“新史学”的基本原理出发，

---

① 冯永轩著，冯天瑜整理：《冯永轩集·商周史》，武汉大学出版社 2019 年版，第 107~108 页。

② 冯永轩著，冯天瑜整理：《冯永轩集·商周史》，武汉大学出版社 2019 年版，第 81 页。

③ 冯永轩著，冯天瑜整理：《冯永轩集·西北史地论丛》，武汉大学出版社 2019 年版。

④ 余婉卉选编：《冯永轩文存·五水与五水蛮——两晋南北朝史札记一则》，江苏人民出版社 2013 年版。

⑤ 余婉卉选编：《冯永轩文存·新疆各民族简史》，江苏人民出版社 2013 年版。

走古民族研究的专业化道路，他强调民族研究中对主体民族汉族的敌人匈奴族的客观书写，便是大民族观的内涵表现。其次，冯永轩先生对融入汉族而消失的“野蛮”民族的理性书写，也是大民族观价值理性的内涵表现，即历史中的大汉族实际上是在众多“蛮族”基础上融合而成的。最后，冯永轩先生对构成整个国族中的诸多西北小民族的竭力书写，更是大民族观价值平等的体现。冯永轩先生的大民族观立足于其所书写的民族史作品中，以此为基础构建的是历史上繁衍生息于中国故土、与主体民族交流融合，无论大小皆进入该民族的历史研究视野中，即都为国族变化中的大民族一员。这种观念的价值内涵与发展的民族观对推动中国各民族的历史研究朝专业化方向发展非常有利。

学术研究与民族国家命运是紧密相连的，这不仅在冯永轩的西北史地中有深刻的展现，也在《商周史》这一古史研究中得以体现。商周史研究，是在王国维名著《殷商制度论》基础上继续深挖甲骨文、金文而形成的著作，践行了史料学派的“动手动脚找东西”的基本治学原则，开创性地写出了两朝断代史《商周史》。该著受抗战大环境影响颇深，他的研究与当时国家和民族的命运相关连。冯永轩先生的殷周史和日本人做的殷周史，在意识形态上有一个重要的差别，即日本人的殷周史，是把殷周当成许多个国家来研究的。冯永轩先生则是从整个民族的大全史角度做的研究，他以丰富的材料论证了商周的连续性以及隶属关系，并非诸国并立关系。

在边疆史地和民族史研究的同时，冯永轩先生也继承了中国史学家的优良传统——关注自身故土的研究。成长于鄂东山区的他对鄂东古民族古地理有深入考察，在大量积累楚地历史资料的同时还长期指导考古队勘察并阐释考古成果，在楚史、楚都、楚世家、鄂东古民族五水蛮等重大问题考释上皆有作品问世，不愧为现代意义上的楚国历史文化研究的开拓者之一。其著《史记楚世家会注考证校补》，对日本《史记》专家泷川资言辑《史记会注考证》的“楚世家”部分作了补充和订正若干错误，旁征博引，补充了大量史料，① 这种结合考古发现研治地方史的方法后来成为历史研究的一个重要发展方向。

冯永轩先生一生致力于收藏珍贵的文化遗产，在善待师友酬酢的手札信函、墨宝的同时，通过节衣缩食的方式千方百计购得许多绘画、图书、条幅、钱币。他的藏书在“文革”前达万册以上，绘画与条幅大多是晚清至民国的著名艺术家与文化名人，钱币则自周至近代的各类钱币。面对丰富的收藏，冯天瑜先生只谨慎地揭橥为：“史学家或许可以从中获得史料(如曾、左、李、胡、彭、翁、洪等人的字幅均未收入其文集)，并体悟某种历史现场感；美术家或许能从观摩这些书画作品中得到构图、运笔的启示。”②冯永轩做收藏非立基于雄厚资财，而是省吃俭用，倾其所有以供。先生在抗战时，一家在鄂东山区避难，冯家极力缩减随身生活物品，却悉数带走、存留冯永轩藏书、字画及其他文物，且稍觉安定

① 冯永轩著，冯天瑜整理：《冯永轩集·史记楚世家会注考证校补》，武汉大学出版社 2019 年版。
② 夏晓虹：《旧年人物》，文汇出版社 2008 年版，第 199 页。

即开箱柜晾晒书籍。抗战中，冯永轩多次挈妇幼于山间辗转避难。幸亏乡亲们、李显军部队肩挑背扛，冯氏收藏才保存无虞。冯永轩先生的四子冯天瑾曾回忆：“为躲避日本鬼子杀害，人们翻越山岭，艰难‘逃反’。父亲挑着担子，担子的一头是三哥，一头是我。”①在这种逃难的危急关头，冯永轩先生将家庭的命运与收藏文物的命运紧紧联系在一起，这种以生活条件换取的收藏，以生命为条件守护，充分表现了他的文化意识和信念。

冯永轩先生在晚年把毕生收藏的古钱币悉数捐赠给湖北大学，后来湖北大学博物馆的钱币馆成为大学博物馆中钱币收藏的佼佼者。2018 年年底，冯天瑜先生又将父子两辈近百年历尽辛劳收藏的大量书画、信札及其他文物悉数捐赠予武汉大学，建立“冯氏捐藏馆”，藏展于武汉大学图书馆总馆。黄安冯氏两代人惠及后昆的无私大爱和家国情怀，以文物为文化“公器”，亦堪称“新史学”之“新”义的无形蕴藉。

20 世纪上半叶的中国人文学者在民族救亡、救国、建设新中华诸层面而努力为学，因此民族史、以西北和东北史地为核心的边疆史、史学史、新考古学等成为显学。冯永轩先生显然沉浸于这一学术大潮之中，并作出重要贡献。

三、冯天瑜的“文化史”论域及其方法论

进入 20 世纪 80 年代初，改革开放的中国迎来新的学术发展高潮期，这一时期，包括史学在内的各人文学科均产生了颇具影响的学术巨子，而师承梁启超、王国维、冯永轩的冯天瑜先生的学术思想尤为引人入胜。冯天瑜在其父冯永轩先生的庭训中，已深受梁启超、王国维等学术前辈思想的影响。冯天瑜先生认为“父亲学术思想和交游对我日后从事中国文化史、历史文化语义学、湖北区域史志及元典研究、封建社会研究，多有浸润、启迪”②。在以上广泛学术范畴上，冯天瑜先生在前辈学者的基础上均开拓了新的境界和新的领域，在文化史及方法论上形成了其自身独特的体系。

梁启超倡导“史界革命”的新史学，成就晚清民初史学由“君史”转向“民史”，实质上是由王朝政治史向社会文化史的推进。改革开放后，冯天瑜先生等大批学人重新从“新史学”出发，返本开新，使新时期的文化史研究建立在坚实的历史唯物主义和文化生态理论基础之上，成为与政治史、经济史并列的一门专史。改革开放后学术环境的逐步宽松，中国在反思文化之根时开始涌现一波文化学术热潮。历史学界开始从单一的政治史维度回到梁启超对旧史“详于政治而略于文化”的批判上，在新的历史环境中实现“新史学”的再度复兴。在学术转型回归正轨的情况下，冯天瑜先生在文化史的探索上作出了杰出贡献，他

① 冯天瑾：《父母丰富的遗产》，转引自余婉卉选编：《冯永轩文存》，江苏人民出版社 2013 年版，第 10 页。

② 冯天瑜：《编修〈冯永轩集〉感言》，《地域文化研究》2018 年第 2 期。

把前贤“新史学”与“新文化”结合为“新文化史”学的框架，成为改革开放后“新文化史”最早的开拓者之一。

从1983年始，冯先生出版了《上古神话纵横谈》①、《明清文化史散论》②、《中国古文化的奥秘》③、《中华文化史》④、《中国文化生成史》⑤等一系列文化史专著，这些著作奠定了其中国文化史大家的地位。在《上古神话纵横谈》中，“他处处从社会发展史的角度来研究中国神话”⑥（著名神话学家袁珂先生在该书序中的评价）；《明清文化史散论》，开启了中国文化的定义和本体论的理论建构；1990年，冯天瑜先生与何晓明、周积明二位先生撰著了新中国成立后第一部文化史《中华文化史》，是冯先生对文化史的第一次系统理论总结。该著“把对中华文化生态研究和对中华文化自身研究相结合”⑦，从“文化生态”的地理背景、经济土壤、社会结构等方面分析了中华民族的文化生成机制，以及自远古至中华人民共和国成立这一时段内中华文化自发生到一统、多元、隆盛、内省、融合、陈暮开新、烂熟式微、蜕变新生的发展历程。⑧

在“新文化史学”的探讨过程中，冯先生在《中国文化生成史》中对中国文化生成做了更加深入的研究，将《中华文化史》中的文化生成三层次说（自然环境、社会经济环境、社会制度环境）修订为文化生态四因素，这一修订一方面“明确提出并强调，以宗法制、地主制、专制帝制相交织为特征的皇权政治，是构成中国文化生态的重要一维”⑨；另一方面则对文化生成的动力机制展开深度探讨：着眼于考察地理环境、经济土壤、社会组织、政治制度合成的“结构”对文化的推动及制约作用，揭示造就如此人生、如此人物、如此事件、如此思想的深层动力机制⑩。该著作对以动力机制造就的中国文化史中的重大问题皆以专题形式呈现，叙论结合，以史出论，比《中华文化史》叙与论分上下两篇在切关文化史宏旨的重大问题上的探讨要深入得多。除了对文化生态和文化生成机制的丰富和发展外，该著还为“文化生成史”这一门新兴学科的开拓作出了贡献。这一学科的研究理路是“追究人与生存环境的互动关系，通过对物化的精神和精神的物化的双向探求，把握文化生成机

---

① 冯天瑜：《上古神话纵横谈》，上海文艺出版社1983年版。

② 冯天瑜：《明清文化史散论》，华中工学院出版社1984年版。

③ 冯天瑜、周积明：《中国古文化的奥秘》，湖北人民出版社1986年版。

④ 冯天瑜、何晓明、周积明：《中华文化史》，上海人民出版社1990年版。

⑤ 冯天瑜：《中国文化生成史》，武汉大学出版社2013年版。

⑥ 袁珂：《〈上古神话纵横谈〉序》，冯天瑜：《上古神话纵横谈》，上海文艺出版社1983年版，第7页。

⑦ 周萌、董亚薇：《文化生态学：冯天瑜〈中华文化史〉的学术创新》，《黑龙江史志》2014年第15期。

⑧ 冯天瑜、何晓明、周积明：《中华文化史》，上海人民出版社1990年版。

⑨ 何晓明：《寻根索源，鉴往知来——冯天瑜新著〈中国文化生成史〉的学理价值》，《史学月刊》2016年第10期。

⑩ 冯天瑜：《中国文化生成史》，武汉大学出版社2013年版。

制及其发展走势，是文化生成史的研究理路”①。该著的学术实践纠正了文化史研究中的缺陷：在以总体史回应历史学界学术碎片化问题，以立体史回应学术研究的平面化问题，以多元交汇史回应哲学界价值立场的两极化问题，在这一过程中该著作产生重大的跨学科意义。②

冯先生的文化史研究不仅开拓了新的论域，在方法论的锻造上也有深厚的造诣，其探讨“中华元典精神”时所阐“文化重演律”之义堪称典范。

冯先生最早对“元典”进行界说。元典是指创制于雅斯贝尔斯(1883—1969)所称之“轴心时代”(大致为公元前800年到公元前200年)的人类经典著作。这些著作因其首创性和超越性而赢得不朽价值，成为各相关民族以至全人类取之不尽的启示源泉，是一个民族原创性精神首次系统整理的结果，因此被称为“元典”，产生了人类今天还需要借助于这些著作中的概念和思想来思考问题的基本范畴。由于元典集中反映了一个民族集体经验和文化心态，是民族垂范永远的精神象征。因此，对元典本身的研究是“了解一个民族、认识一种文明，理解一个社会的关键和纲领”。冯先生把那些凝聚着中国人灵魂、深刻影响着我们民族基本精神、堪称中华文化标志的典籍定义为“中华元典”。其中反映的是中华民族文化的精神根基和塑造整个民族的文化类型，这种精神称为“中华元典精神”③。冯先生以《春秋》《易》《尚书》《春秋》深度发掘元典蕴含的“注重宗法伦理道德和以史垂训”“自然生机主义因素和神秘主义因素”“尊民与尊君倾向”“重道德的合理和宗法道德的虚伪”的元典精义。在对中华元典阐释史的流变的观察中，冯先生提出了“文化重演律”的文化发展规律。近代有志于改变中国落后于世界状况的仁人志士从元典精神中汲取近代化的进步的思想动力，加以适应时代潮流的发挥和阐释，从而形成了与西方近代“文艺复兴”相似的明清之际早期启蒙思潮，这一思潮在晚清思想变革中甚是有力，成了现代中国与传统相接轨和与世界相接轨的中间环节。在这一过程中，中华文化并非元典精神和历史的重复，而是实现了在历史发展中的自我扬弃、自我更新，体现着发展的间断性与连续性之统一的历程，是一个遵循着“否定之否定规律”而螺旋式上升的过程，是在更高的基础上向着民族原创性的文化精神复归的过程。④ 这便是“文化重演律”的要义。

以元典精神的阐释为基础，以“否定之否定规律”在文化领域的特殊表现“文化重演律”为规律，中华文化以现实社会需要为前提，在对本民族元典精神的文化根基返本开新中实现着辩证前进。

在历史研究中，冯先生更善于运用西方先进的历史学理论，揭示事件的内涵和意义价

---

① 冯天瑜：《中国文化生成史》上册，武汉大学出版社2013年版，第136页。

② 何卓恩：《为学应关大哉问——冯天瑜先生新著〈中国文化生成史〉的跨学科意义》，《暨南学报》(哲学社会科学版)2015年第7期。

③ 参见冯天瑜：《中华元典精神》，上海人民出版社2004年版。

④ 许苏民：《读〈中华元典精神〉》，《中国文化》1995年第2期。

值或支撑自身理论的建构，拓展其研究课题的广度和深度。其引用时段理论便是成功的尝试。时段理论最早由法国年鉴学派第二代代表人物费尔南·布罗代尔(Fernand Braudel, 1902—1985)提出。他认为历史可区分为短时段、中时段和长时段，与三个时段相对应的概念为事件、局势和结构，所谓“结构”，是指长时间不变或者变化极慢的，但在历史上起经常性、深刻性作用的一些因素；所谓“局势”，是指在较短时期内起伏兴衰，形成周期性和节奏性的一些对历史起重要作用的现象；所谓“事件”，是指一些突发的事变。在这三种时段中，长期起决定性作用的是自然、经济、社会的“结构”，“局势”的变化(周期性的社会经济消长)对历史进程起直接的重要作用，而“事件”只不过是深层振荡中翻起的浪花，对历史不起重大作用。①

冯先生对这一理论亦有自身的体悟，并将之运用在《辛亥首义史》中：“传统史学较多注目于‘个体时间’，主要用力于重大政治事件、外交活动、军事征战等‘短时段’事变的研究，这显然是有欠缺的。今日我们作辛亥首义史考辨，必须超越狭隘的政治史观，将视野投射到近代社会转型全貌，从结构、局势、事件的辩证关系探索这一历史事变的生成机制。”“考察辛亥革命，当然需要细致入微地梳理1911—1912年间发生的‘短时段’剧变，但还须追究其背后的‘中时段’社会结构造成的久远影响，考察19世纪60年代汉口‘开埠’以来，尤其是考察1889年张之洞(1837—1909)总督两湖、主持‘湖北新政’以来二十年间的社会变动，考察兴实业、办文教、练新军等诸多近代化事业造成的经济、社会及观念形态的深刻演化，还要考察辛亥首义之后错综复杂的政情演绎与社会变迁，从而在既宏阔又精微的历史视野下，辨析辛亥首义史的起承转合。”②其运用时段理论和恩格斯的历史合力论发掘了辛亥首义的内涵，认为其是植根于近代文明的城市起义，而且是中国第一次发生在城市的成功的现代革命。

此外，冯先生在《中国文化生成史》中对时段理论中长时段的“结构”力量又有了更深入的理解，并将之与人的意志力的作用进行辩证探讨，成为建构文化生成史这一门学科的最大特色③：“如果说，一般意义的文化史书多从‘事件’展开，以‘横分竖写’方式描述文化诸样态及其进程，那么，文化生成史重在结构分析，揭示隐蔽在深层的、决定集体生存的结构性力量。”“拥有自由意志的人是文化主体，其演出的‘事件’固然受‘结构’与‘局势’的规范，但人的创造力和随机性不可低估，人所制造的‘事件’对‘结构’与‘局势’会造成影响，并终究融入‘结构’与‘局势’之中。人作为文化生成的积极参与者和有限度的主

① 张芝联：《费尔南·布罗代尔的史学方法》，[法]费尔南·布罗代尔：《15至18世纪的物质文明、经济和资本主义》，顾良、施康强译，生活·读书·新知三联书店1992年版，中译本代序第7页。

② 冯天瑜、张笃勤：《辛亥首义史·序言》，湖北人民出版社2011年版。

③ 书中概括为三点，其实前两点在《中华文化史》中已经有，故这里只提出第三点内容，而且这第三点也是在2011年版以长时段架构的《辛亥首义史》中有所反映，相对于前两点，算是比较新的文化史思考内容。

导者，并未因结构性的历史必然性而消极无为。”“文化是群体创作物，但作为知识精英的‘士’，于‘道’、‘器’两方面富于个性的发现、发明，是文化生成中的灿烂亮色，其对文化进程往往产生关键性影响，不因‘结构’的先定性而消弭，又与‘庶众’的基础性创造彼此应和、相互推助。”①

冯先生善于师法古人学术研究的方法论精髓，特别是对清代桐城派姚鼐(1732—1815)提出的义理、考证(考据)、文章(词章)“三位一体”的论学论文主张有深刻的体悟。冯先生在引用了姚鼐名言后认为，研治历史必须做到三者相济方能产出有益于世的“良史”：“‘余尝谓学问之事，有三端焉。曰：义理也，考证也，文章也。是三者，苟善用之，则足以相济；苟不善用之，则或至于相害。’姚氏所说‘义理、考证、文章’，或称‘义理、考据、词章’”，这是告诉治史者，“必先精思义理，苦心考据，擅长词章，并致力于三者间的‘相济’，于弘大处着眼，从精微处着力，方有可能成就‘表征盛衰，殷鉴兴废’的良史”。② 这三者成了冯先生提倡的人文学科治学三门径，三者内涵及其与学术实践关系是：“‘义理’告诉我们要以实践的态度运用理论思维；‘考据’首先要善于发现新材料、占有材料、辨析材料，然后才谈得上有理论分析；重视‘辞章’，就是要通过‘妙手著文章’，将好的文章传播开，这样才能成为学术精品。”③

冯天瑜先生对考据、义理、词章三者辨析，除了其自身有访谈整理成文章外，还有其他研究者对此的一些论述。但是，更重要的还是冯先生将这种三个方法相济之道付诸实践，在言与行相互印证下，使其阐述的治学三门径更具说服力和信服力。他一方面从古人中汲取丰富的方法论养分，并融入自身的理解；另一方面他将经过自身淬炼的工具运用于思想文化史的实践中，产出了一部部“表征盛衰，殷鉴兴废”的良史。实现了理论与实践的统一。

---

① 冯天瑜：《中国文化生成史》上册，武汉大学出版社 2013 年版，第 8 页。

② 冯天瑜：《回眸学术理论》，《文化守望》，武汉大学出版社 2006 年版，第 497、500 页。

③ 冯天瑜：《治学三门径：义理、考据、辞章》，《人文杂志》2018 年第 4 期。

从“梁王”到“二冯”

傅才武　严星柔*

中国历史上，烂若星河的学派促成了中国思想文化的繁荣兴盛。广义的学派分为门派（靠师承关系或行政力量强制圈定的学术团队）、学派（能够吸引一批优秀同业者自愿加入的学术共同体）和流派（获得跨时空传承生命力的学派）。① 狭义的学派又分为传统的“师承性学派”（一门学问中由于学说师承不同而形成的派别）、“地域性学派”（因以某一地域而形成具有特色的学术传统的学术群体）和“问题性学派”（因以某一问题为研究对象而形成具有特色的学术传统的学术群体）三种。② 学派构成至少具备三个条件和特征：人物的代表性和研究的群体性、立场的一致性和发展的脉络性、常说的独立性和发展中的对话性。③ 学派的三要素包括：核心领袖人物、本派学术经典、代际学术共同体。而学派建设亦需要有三要素：“一是具有可持续发展前景的科学研究纲领，二是擅长学术经营的学派领袖，三是学派成员自觉的共同体意识。”④

近十年来，对学派的研究主要集中在经济和管理学（特别是热门的供给侧学派）⑤、法

---

* 傅才武（1966—　），武汉大学中国传统文化研究中心教授，国家文化发展研究院院长。严星柔（1988—　），广东技术师范大学马克思主义学院讲师。

① 施爱东：《中国民俗学的学派、流派与门派》，《清华大学学报》（哲学社会科学版）2020 年第 6 期。

② 吴世勇：《王承绪学术思想研究》，广东高等教育出版社 2018 年版，第 252 页。

③ 李政涛：《论中国教育学学派创生的意义及其基本路径》，《教育研究》2004 年第 1 期。

④ 施爱东：《中国民俗学的学派、流派与门派》，《清华大学学报》（哲学社会科学版）2020 年第 6 期。

⑤ 罗小芳、卢现祥：《环境治理中的三大制度经济学学派：理论与实践》，《国外社会科学》2011 年第 6 期；李俊生：《盎格鲁—撒克逊学派财政理论的破产与科学财政理论的重建——反思当代“主流”财政理论》，《经济学动态》2014 年第 4 期；强志源：《当代西方战略管理学派评价与发展趋势》，《天津师范大学学报》（社会科学版）2014 年第 3 期；吴永林、万春阳：《企业战略管理理论形成和发展的实践性——基于环境学派的视角》，《经营与管理》2015 年第 2 期；钟祥财：《供给学派的思想价值和现实意义》，《上海经济研究》2011 年第 1 期；贾康、苏京春：《探析“供给侧”经济学派所经历的两轮“否定之否定”——对“供给侧”学派的评价、学理启示及立足于中国的研讨展望》，《财政研究》2014 年第 8 期；刘蓉、祖进元、王雯：《供给学派理论对当前我国减税政策的启迪》，《税务研究》2016 年第 2 期；贾康、苏京春：《“供给侧”学派溯源与规律初识》，《全球化》2016 年第 2 期。

兰克福学派和伯明翰学派的文化研究①、倡导城市场景理论的芝加哥社会学学派②、传播学学派③、翻译学学派④、政治学学派⑤等方面。对于中国学术自身学派的建构，从1981年延续至今40年，虽然在学派生成(教育学派⑥)、比较(社会学学派⑦)和动议(电影理论批评学派⑧)等方面取得了一定的进展，但真正宣称建成了“中国学派”的学派却仍然是踪迹难寻⑨。在思想文化史研究领域，真正具有本土范例意义并得到公认的，是侯外庐学派。⑩ 有学者认为，在侯外庐先生过世后，思想文化研究领域逐渐形成南北两派。南方形成发展起“冯天瑜学派”⑪，北方形成发展起“刘泽华学派”⑫，两派代表人物虽未亲炙但深

---

① 陈玉霞：《“机械复制艺术”与“文化工业”——本雅明与法兰克福学派大众文化之比较研究》，《理论探讨》2010年第3期；贺翠香：《法兰克福学派在中国的影响及其意义》，《马克思主义与现实》2012年第1期；曾一果：《批判理论、文化工业与媒体发展——从法兰克福学派到今日批判理论》，《新闻与传播研究》2016年第1期。李庆本：《伯明翰学派文化研究的发展历程》，《东岳论丛》2010年第1期；张秀琴：《马克思意识形态概念的“文化大众主义”解释——以伯明翰文化学派斯图亚特·霍尔为例》，《南京社会科学》2012年第2期；韩红艳：《批判与革命：马克思主义文化理论的内涵——从经典马克思主义到法兰克福学派的文化理论研究》，复旦大学博士学位论文，2012年；卢鹏：《亚文化与权力的交锋：伯明翰学派青年亚文化研究的逻辑与立场》，《青年研究》2014年第3期。

② 殷晓蓉：《芝加哥学派的城市交往思想——现代城市人际传播研究的开端》，《杭州师范大学学报》(社会科学版)2012年第4期；吴军、夏建中、特里·N. 克拉克：《场景理论与城市发展——芝加哥学派城市研究新理论范式》，《中国名城》2013年第12期；吴军、特里·N. 克拉克：《场景理论与城市公共政策——芝加哥学派城市研究最新动态》，《社会科学战线》2014年第1期。

③ 商娜红、刘婷：《北美媒介环境学派：范式、理论及反思》，《新闻大学》2013年第1期；胡翼青、陈如歌：《建构与消解：“批判学派”概念的变迁》，《新闻与传播研究》2014年第8期；胡翼青、杨馨：《媒介化社会理论的缘起：传播学视野中的“第二个芝加哥学派”》，《新闻大学》2017年第6期。

④ 张吉良：《经典的缺憾——释意学派口译理论批评》，《深圳大学学报》(人文社会科学版)2010年第4期；张文英、贾先慧：《德国功能学派翻译行为理论探析》，《牡丹江大学学报》2010年第5期；张吉良：《巴黎释意学派口译过程三角模型研究》，《外语教学理论与实践》2011年第2期；许渊冲：《再谈中国学派的文学翻译理论》，《中国翻译》2012年第4期。

⑤ 曹海军：《“国家学派”评析：基于国家自主与国家能力维度的分析》，《政治学研究》2013第1期；李振宏：《中国政治思想史研究中的王权主义学派》，《文史哲》2013年第4期。

⑥ 叶澜：《“生命·实践”教育学派——在回归与突破中生成》，《教育学报》2013年第5期。

⑦ 杨清媚：《“燕京学派”的知识社会学思想及其应用——围绕吴文藻、费孝通、李安宅展开的比较研究》，《社会》2015年第4期。

⑧ 饶曙光：《建构电影理论批评的中国学派》，《电影新作》2015年第5期。

⑨ 施爱东：《中国民俗学的学派、流派与门派》，《清华大学学报》(哲学社会科学版)2020年第6期。

⑩ 陈寒鸣：《侯外庐与侯外庐学派》，《历史教学》2004年第4期；吴光：《侯外庐学派的治学特色》，《北京日报》，2013年5月13日，第19版。

⑪ 陈寒鸣：《冯天瑜与侯外庐学派——试从我与天瑜教授的交往说起》，未刊稿。

⑫ 陈寒鸣：《刘泽华与“刘泽华学派”》，《衡水学院学报》2018年第5期。

受侯外庐学术思想影响，继承发展侯外庐学派基本思想的同时又显示出自身的学术个性。①

冯氏父子的文化史学研究，在史学观念和方法论上与梁王学问有着直接继承关系，大体可以归入师承性的学派。

作为法国年鉴学派创始人之一的马克·布洛赫，对学者个人在学派或学术研究中起到的作用有着深刻论析。他提倡“史学家发挥主观能动性，从现实问题出发研究历史，通过创造自己的研究对象来认识真正的过去，以便使历史有助于当今的人们”。“对历史学家个人来说，他的研究反映出某个社会单位蕴含的意识形态，也反映出他的自我意识，历史学家通过史学研究投入社会实践，并凭借这种实践表现自己的存在和价值，即反映其社会单位的生存与个人生存的统一，这就是历史学家主体意识的能动体现。”②在发挥个人能动性上，布洛赫首先提出了“问题史学”的主张，这可以使历史学家认识到自己的历史研究的目的。他认为，历史学家的工作最主要的是提出问题，然后对历史分析和解释，没有问题就没有史学。其次，他认为要在与生活和现实的接触中理解历史：“史学家必须与全部生活之源泉——现在保持不断的接触。”“只有置身于现实，我们才能马上感受到生活的旋律，而古代文献所记载的情景，要依靠想象力才能拼接成形。”③再次，要重视历史研究中的“诗意”，即重视史学家的情感，这一主体意识结构中非理性的潜在的认识因素，与理性认识因素交织，并影响认识的形成。在惊天动地的历史事变面前尽量发挥情感在人事中的潜在作用，同时主观上努力将之放在理智的基础上。④ 冯天瑜父子在近百年来文化史研究中的独特作用，大体可以从布洛赫这一论述中得到比较准确的理解。

一、文化领域知识考古学的传承与转型：从二重证据法到历史语义学

近代学术转型中，具有深厚国学根基的王国维先生结合乾嘉考据学和外来实证科学方法，创造出“二重证据法”这一具有知识考古意蕴的方法论。冯永轩先生以人类学田野调查方法、民俗和考古学材料，继承并拓展了这一方法论。冯天瑜则将这一方法论转型为考论结合的历史文化语义学，使“二重证据法”在文化史的知识考据中焕发光彩。

---

① 虽然两派代表人物皆不愿以名字命名一个学派，而都承认深受侯派的影响。广义的侯外庐学派是吴光对侯外庐亲自培养和深受侯外庐学术思想影响的知识分子的概称，后者吴光提到刘泽华、冯天瑜和萧萐父等三人，特别是冯天瑜，吴光认为：“他写的《明清文化史散论》，深刻论述了明清之际启蒙思想家的新民本思想，颇有外老遗风”。详见吴光：《侯外庐学派的治学特色》，《北京日报》，2013 年 5 月 13 日，第 19 版。

② 朱定秀：《为史学而辩护——马克·布洛赫的治史情怀》，《巢湖学院学报》2003 年第 2 期。

③ [法]马克·布洛赫：《历史学家的技艺》，张和声、程郁译，上海社会科学院出版社 1992 年版，第 36 页。

④ 朱定秀：《为史学而辩护——马克·布洛赫的治史情怀》，《巢湖学院学报》2003 年第 2 期。

(一)王国维：二重证据法促进历史文化考据的创生

王国维先生倡导“二重证据法”，使其成为近代史学转型的开拓者。二重证据法是中西方法的化合，即“文献与地下发掘互证”，以考证古史，进而使传统研究方法推陈出新，形成了具有中国本土特色的近代史学方法论。这种方法论的融合创设，一方面源自王国维本身深厚的中学(旧学)功底，尤其是清代强调纸上材料和精微细密的乾嘉考据学；另一方面源于王国维与日本京都学派学者的交流和切磋西学，这使王国维能深入欧美等西方科学实证的方法论核心论域，西学实证方法论对王氏旧学起到了“外铄”和“引产”作用。中西史学交流下，旧学嫁接西方实证研究方法，转型为新学。① 1917 年，在这一新学方法论正式提出前，王氏已经运用于实践，以甲骨文新材料与古籍的对比互证，考订商代先公先王名字和先后次序，证明历史记载商朝君主世系的可靠性，并进一步对殷商的政治制度进行探索，得出崭新结论。直至 1925 年，王国维在为清华国学院学生上课，其讲稿《古史新证》正式提出“纸上之材料”与“地下之新材料”相互补正，从而证明或证伪古史的“二重证据法”。② 陈寅恪概括“二重证据法”为三层意思：“一曰取地下之实物与纸上之遗文互相释证”；“二曰取异族之故书与吾国之旧籍互相补正”；“三曰取外来之观念与固有之材料互相参证”。且认为“文史考据之学”范围纵广，亦在此三类之内，是王国维留给中国近代学术界最重要的遗产。③

这一方法论在提出后，以此法指导古代历史文化研究渐成学术之一脉。这一中西汇融催生新学的方法论路径，成为 20 世纪中国史学理论的重要革新，为古史及文献学研究开辟了新纪元。④

---

① 杨鹏：《王国维实证考据学风形成源流新解》，《湖北大学学报》(哲学社会科学版)2010 年第 6 期。

② 王国维：《古史新证》，清华大学出版社 1994 年版，第 2 页。

③ 陈寅恪：《王静安先生遗书序》，《金明馆丛稿二编》，上海古籍出版社 1980 年版，第 219 页。

④ 李锐：《“二重证据法”的界定及规则探析》，《历史研究》2012 年第 4 期；张鸿恺：《“二重证据法”的具体实践——王国维古文字考释在文史研究之运用》，《元培学报》2006 年第 13 期。乔治忠先生认为王国维“建立在信古、佞古逻辑上的‘二重证据法’并无实际价值，将之摒弃也不影响对于甲骨文、金文材料的运用”，而且这一方法概念模糊，状态朦胧，“极易被人任意发挥，引入歧途，变为荒唐的穿凿附会”。对于王国维“信古、佞古”的指责来源于对其“虽古书之未得证明者，不能加以否定”一句的理解，然而这一正是以证据为中心，由证据说明问题，只有在有证据证明结论时才能否定已存在的结论，这种态度是客观和中立的，并不存在不允许质疑的问题，因为质疑也必须建立在证据的基础上，这刚好是对顾颉刚疑古学派疑古太过的一个纠偏和纠正，这是其实际价值，所以这一层指责是不成立的。对于这一方法的模糊性问题，王国维认为“地下之新材料”与“纸上之材料”可以互相释证，这在当时不重视出土文献的时期，既有提倡重视出土文献的一面，亦有对古文献重视的一面，而且在当时出土文献特指甲骨文和金文，这是非常清晰的观念。而在方法的来源上，王国维也非常清楚地讲出了是当时的新材料发现直接催生了这一方法：“吾辈生于今日，幸于纸上之材料外，更得地下之新材料……此二重证据法惟在今日始得为之。”在方法层次上，陈寅恪概括出“二重证据法”的三重意思则更加清楚了。所以，乔治忠的第二个指责是不能成立的，因为其不能回到当时的语境和背景中去做“同情之理解”，生硬地以今人的眼光对古人的思想“过电影”，这一做法违背了回到历史本身探讨历史问题的原则。参见乔治忠：《中国近代史学研究值得反思的一个问题》，《河北学刊》2019 年第 5 期。

(二)冯永轩：对二重证据法的深化和拓展

冯永轩先生接续王国维考证历史文化的理路，并在此基础上进一步深化和拓展。冯永轩最初的小学(文字、音韵、训诂)功底来自章黄学派中“为学务精”“宏通严谨”的黄侃一派的小学训练。在武昌师范大学(武汉大学前身)求学期间，冯永轩在黄侃指导下接受系统的小学训练：“从形、音、义三者的关系中研究中国语言文字学，以音韵贯穿文字和训诂”，打下了古文字学和训诂学的根基，其日后治学路数注重家法、讲究根底、尊崇考据便深受黄侃的影响。① 在考取清华国学研究院一期生后，冯永轩聚焦“诸史中外国传之研究”，专攻历史考据学。在王国维“古史新证”课上，冯永轩接受了“古史二重证据法”的理念和方法，成为这一方法论的传承者。除了这一主体的方法论外，其“五种用功方法”(钩沉法、正误法、新注法、搜集排比法、联络法)则传承自梁启超。冯永轩学术训练的完成，以王国维指导下完成的《匈奴史》为标志。②《匈奴史》的考证路数，得益于王氏的“二重证据法”，既成为20世纪较早的匈奴史研究专论，同时亦开启了冯永轩边疆史和地方史研究之路。

毕业后，冯永轩结合民风民俗史料、地理形势、甲骨文和金文等新材料，以人类学的视角和田野调查深化了王国维“二重证据法”，这一成果分布在西北史地、楚史、古文字学、先秦史等领域。如其《西北史地论丛》利用典籍、考古发现、口述材料等证据，结合西方史学、人类学的眼光，探讨了新疆历史、地理、民族诸题，纠正某些名篇错讹；其《五水与五水蛮》通过地理形势的实地考察，纠正了前人关于五水流域的诸多谬见，同时是湖北古民族史的较早专论；其《商周史》采用甲骨文、金文文献提升考证的深度与广度，与其师《殷商制度论》相得益彰；其《古文字学》跳出章黄学派囿于《说文解字》的局限，发扬罗王风范，大量采用甲骨文、金文，揭示文字本义，辨证指误，适当修订《说文》引申义不足，将考释汉字源起及演变历程的视野推至殷商，常有纠谬归正的发现。③

(三)冯天瑜：《“封建”考论》及其历史语义学

冯天瑜继承了其父冯永轩考证古史的方法和功力，并结合自身的史学实践，推出了历史文化语义学这一知识考据学范式。冯天瑜幼承庭训，承继其父的历史考据学方法：“父亲潜移默化中还教给了我考据功力。”特别是对考据辨析犹如“判官断狱”的比喻，以及“材料里，父子证或者母子证不如兄弟证”的观点，对冯天瑜的学术之路影响巨大：“先父的治学精神及方法对我日后从事中国文化史、历史文化语义学、湖北区域史志及元典研究、封

---

① 余婉卉选编：《冯永轩文存》，江苏人民出版社2013年版，第2页。

② 余婉卉选编：《冯永轩文存》，江苏人民出版社2013年版，第15~16页。

③ 冯天瑜：《编修〈冯永轩集〉感言》，《地域文化研究》2018年第2期。

建社会研究，多有浸润、启迪。”①

在“二重证据法”基础上，冯天瑜集成创新为历史文化语义学。鉴于语义学研究和历史学、文化学研究的深度结合不足，冯天瑜立足于知识考据学的实践，结合“中西日旅行”的新语材料的搜集，2004年推出了历史文化语义学的专著《新语探源——中西日文化互动与近代汉字术语生成》(简称《新语探源》)。该著体现了历史文化语义学博大而精深的方法论特色，同时推进了近代汉字概念史研究：“在博稽史料、微观考据基础上，由文字而文化，使新语研究见其博大；由术语而概念，使新语研究就其精深；由史而学，使新语史生出新语学的胚芽，近代汉字概念史的研究因之得以提升。至于在宏大与精微之间腾挪自若，上下求索，使宏大自精微出，精微因宏大显，则更为是著之特色。”②这种语义学、历史学、社会学、文化学等融合无间的研究范式显示了其“有容乃大”的学术气象，在考论一群关键性术语的古今转换和中西对接中显示了“一词一世界”的学术张力。

冯天瑜提出的历史文化语义学之主旨既是考辨汉字新语古今中外演变的轨迹，亦是通过轨迹展呈其背后历史文化意涵，“解释一字即是作一部文化史”：“在古今转换、东西交会的时空坐标上展开研究，不仅对诸多汉字新语的生成、演变寻流讨源，而且透过语义的窗口，观照语义变迁中所蕴藏的历史文化意涵，展现中国近代异彩纷呈、后浪逐前浪的历史文化状貌。”③历史文化语义学的提出，表面上是在历史语义学加上“文化”一词，实则有其学理考量：德国的“历史语义学”研究是在西方语境进行，基本只有古今问题；而东方人做概念史则不仅考虑古今问题，还要考虑东西问题，是跨文化的。加入“文化”，这一细密的考量甚是精妙。④ 正如冯天瑜在《历史文化语义学刍议》中所说：“我们今天研习的‘语义学’，承袭训诂学‘辨章学术，考镜源流’的传统，又赋予现代语用性的思辨性，较之偏重古典语义的训诂学，其探讨领域更为深广，包括字音、字形与意义的关系、语言与思维的关系、语义构成的要素、语义演变的法则等都在其研讨范围。而这种研究既然与‘意义’发生关系，也就必然与历史及文化相交织。因为‘意义’深藏在历史与文化之中。”⑤历史文化语义学强调对概念的语义及文化进行历时性辨析，进而透视出中西日历史文化意蕴及交流的面相。这一范式有理论与实践两个层面的内涵，既是冯天瑜“对自己数十年历史研究的一次理论总结”，同时也“为新时期的历史研究提供了一个可资借鉴的范式”。⑥ 历史文

---

① 冯天瑜：《编修〈冯永轩集〉感言》，《地域文化研究》2018年第2期。

② 聂长顺：《汉字新语研究的提升》，《武汉大学学报》(人文科学版)2005年第6期。

③ 冯天瑜：《“历史文化语义学”弁言》，《武汉大学学报》(人文科学版)2011年第6期。

④ 郭伦：《访谈｜聂长顺：“封建”“革命”等译名演变是文化变局的产物》，2018年1月30日，https：//www. thepaper. cn/newsDetail_ forward_ 1922445，2019年1月7日。

⑤ 冯天瑜：《历史文化语义学刍议》，《人文论丛》2007年卷，中国社会科学出版社2008年版。

⑥ 余来明：《“历史文化语义学”：理论与实践》，《光明日报》，2007年3月30日。

化语义学包含词语、观念和思想史三重意蕴及三种相应可供借鉴的学理资源，这决定了其可以“通过对若干关键词语的考析，厘清人们特定观念形成的来龙去脉，并确定其在民族思想流变的时、空坐标系中的地位、意义和作用，从而将思想史的研究提升到更加缜密、精细和圆融的水准”①，这是其不同于一般社会语言学和思想文化史的辨异性所在。在具体的研究中，历史文化语义学分为两种路径，同是这一范式经典之作的《新语探源》与《“封建”考论》分别代表了这两种路径：前者注重一群术语在某一特定历史阶段的“面”的展开，通过对近代社会与文化各领域新生术语群的考察，来建构对于近代中国历史文化的认识；后者则强调同一概念在整个历史发展过程中的“点”的深入，通过对“封建”概念作历时性考析，从总体结构上把握中国历史发展的进程。②

随着历史文化语义学由广博的语义群考索进入专深的单词考索阶段，2006 年考据精深、论述详备的历史文化语义学的代表作《“封建”考论》问世。《“封建”考论》“意在从‘封建’词义的历史考察入手，进而在概念史的论析上展开，故联名‘考论’，亦意由词义史之‘考’导入思想文化史之‘论’”③。该著针对“封建”一词的“名实错置，形义脱节”④，运用历史文化语义学方法，依本溯源，从语源与史学两个方面，对历代特别是近代以来中西日的历史文化背景下关于“封建”指称意义的诠释运用进行了详细的考析，清晰地展示了“封建”所指词义的历史演变。正本清源“封建”的中国古义、西义、马克思主义原义，进而对“封建”制度、“封建”社会、“封建”伦理、“封建”文化等过去名实不符的“误植”情况作出判断，厘清这个词的语义与概念，纠正名实错位，最后达于制名以指实的目的。日本著名汉学家谷川道雄(1925—2013)先生认为该著“既精微，又宏阔，堪称典范!”⑤该著的“考据”“义理”“词章”结合得非常好，将历史、哲学、文学完美地融汇到历史文化语义学范式中：“作者义理、考据相结合的学术理路，不仅将史学当作一门‘考据’之学，同时还将它作为一门‘义理’之学”⑥；作为冯天瑜“20 年磨一剑”的成果，真正做到了“出文入史”，“考中有据，论中有证”的考论结合⑦。该书在现象上“知其然”，“指出误植”；在原因上“知其所以然”，“弄清误植的缘由”，这种追根溯源“往往需要长篇大论甚至一本著作论述一个概念，《考论》给我们提供了一个范式”。“中国学界明确地在‘历史语义学’层面上，

---

① 何晓明：《词语观念思想史——历史文化语义学的三重意蕴》，《社会科学动态》2017 年第 6 期。

② 余来明：《“历史文化语义学”：理论与实践》，《光明日报》，2007 年 3 月 30 日。

③ 冯天瑜：《“封建”考论》，武汉大学出版社 2006 年版，第 8 页。

④ 冯天瑜：《“封建”考论》，武汉大学出版社 2006 年版，第 374 页。

⑤ 谷川道雄、冯天瑜：《关于中国前近代社会“非封建”的对话》，《学习与实践》2011 年第 1 期。

⑥ 余来明：《〈“封建”考论〉：廓清史学核心概念的坚实努力——“封建社会”再认识学术研讨会综述》，《武汉大学学报》(人文科学版)2007 年第 2 期。

⑦ 郑大华：《史学研究的重大成果——读冯天瑜先生新著〈“封建”考论〉》，《社会科学论坛》2007 年第 4 期。

一本书论一个概念，此著当为开山之作。”①故《“封建”考论》深刻地阐释了陈寅恪所言的“凡解释一字，即是作一部文化史”②的精义。

冯天瑜在运用历史文化语义学考释“封建”一词的过程中，以“制名以指实”“循旧以造新”“中外义通约”“形与义切合”等四大语义评判标准审定“封建社会”及泛化“封建”义的名实不符，鞭辟入里。③ “20 世纪 30 年代以后逐渐被中国的泛化封建观将秦至清的中国社会称为封建社会，这既脱离了‘封建’的本义与西义，也有悖于马克思的封建社会原论。冯天瑜新著《‘封建’考论》辨析泛化封建观，在综观东西洋封建观念基础上以中国学者的学问视角，对中国传统‘封建’概念近百年演化历程的清理和总结，拨开了近百年‘封建’概念的迷雾。”④所以有论者认为：该著“从表面上看好像是在为‘封建’一词的意义正名，而实际上更深刻的是为了揭示长期以来在历史社会形态研究中运用‘封建’一词内涵意义上的偏误，为中国古代社会形态的性质正名”。“所以我们解读到的不仅仅是一部以‘封建’为题的语源、语义演变史，而且还是一部以研究中国古代社会形态为中心内容的史学史。”⑤《“封建”考论》“选择一个核心术语作为重新认识中国历史发展的切入点，将术语考辨之于历史文化研究的相关性发挥到了极致”⑥，成了历史文化语义学的里程碑。

在运用历史文化语义学考论“封建”一词后，冯天瑜认识到新中国成立后的主流史学界把秦至清这一段称为“封建社会”是明显的僵化的“社会形态五阶段论”束缚，“封建”的概念不仅与中国古义的封建制度名实不符，与西义封建制度不相通约，与日本的封建制度亦相差甚远，导致从名实错位的误植始，直至泛封建说“语乱天下”。为了纠正这一乱象，冯天瑜在反思梁启超提出的社会形态进化史观中吸收养分，并对当代学人批评泛化封建观作出评议后，提出了自己酝酿已久的“宗法地主专制社会”和皇权时代理论，“试图从各主要方面——社会组织形态、经济特点、政治制度特征来概括这个历史阶段”⑦，以替代社会形态学说下的“封建社会”与“封建时代”理论，这显示了其周密的历史思考。据此，他还拟出了中国历史分期：“原始时代(原始群与氏族制)；封建时代(宗法封建制，商周)；皇权时代(宗法专制帝制，秦至清)；共和时代(民主共和制，民国和人民共和国)”。这是冯天瑜对马克思主义社会形态学说的救正，使中国的社会历史做到循名责实，制名指实和名

---

① 方维规：《一个概念一本书——读冯天瑜先生新作〈“封建”考论〉》，《中国图书评论》2006 年第 9 期。

② 沈兼士：《沈兼士学术论集》，中华书局 1986 年版，第 202 页。

③ 详见冯天瑜：《“封建”考论》，武汉大学出版社 2006 年版，第 374~375 页。

④ 张绪山：《拨开近百年“封建”概念的迷雾——读冯天瑜〈“封建”考论〉》，《湖北社会科学》2007 年第 1 期。

⑤ 胡漪：《〈“封建”考论〉读后》，《江汉论坛》2009 年第 6 期。

⑥ 余来明：《“历史文化语义学”：理论与实践》，《光明日报》，2007 年 3 月 30 日。

⑦ 张绪山：《拨开近百年“封建”概念的迷雾——读冯天瑜〈“封建”考论〉》，《湖北社会科学》2007 年第 1 期。

实相符，冯天瑜以“封建”一词的考论为突破口，引发关于僵化的教条的社会形态史观的大讨论，在学术界引起巨大轰动与影响。历史文化语义学在以一个核心术语重新认识中国的历史进程时发挥了关键性作用。

历史文化语义学以学术实践成果的方式明晰了这种新的文化研究范式：它在“以基本文化概念形式表现出来的意向世界及其历史”的研究中，借助“历史线索、个案范例和核心人物”等悠长而丰厚的思想资源，探究“历史的文化意蕴和文化的历史源头”，从而完成“对话语正本清源和话语权的拨乱反正，逐步确立起其传统文化方法论原则同时，为传统文化研究确立起社会历史本体论”的目的，实现历史与逻辑的有机统一。① 历史文化语义学这一研究范式已经深深地镶嵌在中国文化的研究历程中，并将与中国文化的研究与发展相始终。

二、中华传统文化的学术承继：当代文化史研究方法的建构

明末清初，利玛窦等西方传教士东来，中西文化开始交汇，中华传统文化便开始了其现代转型的历程。清末民初梁启超等学者从文明进步史观出发，将中国文化史纳入全球民族历史的观察视野，形成其传承张大与转型进步的史学分期。冯永轩先生则在继承梁启超这一史观的基础上，以其边疆史与地方史研究，努力建构中华民族全史。冯天瑜则将世界文明史观下的分期与历史转型时期的重大人物和事件相结合，在宏大的历史分期结构中探索转型的关节点，在精微处洞见文化转型的时代特征，将梁启超先生与冯永轩先生的史观和方法熔于一炉，冶炼出中华文化史传承与现代转型的脉络。

（一）梁启超：新文化史观及其史学分期

梁启超是中国新史学的开创者，其倡设的世界文明史观为中国史及中国文化研究建构了一个基础框架，使中国传统文化得以在这个框架中实现传承和现代转型。清末民初，梁启超“新史学”对传统的史学理论进行了“扬弃”，倡导向西方史学借鉴社会史、民族（群）史和进化史的史学方法，以此打破中国古代皇帝家谱史和历史循环论，这成为中国史学理论转型的明显标志。他认为，“历史者，叙述进化之现象也”，“进化者，往而不反者也，进而无极者也；凡学问之属于此类者，谓之历史学”。又指出：“历史者，叙述人群进化之现象而求得其公理公例者也。”新史学对当时的中国史学界产生了重大影响，掀起了一场史学革命的浪潮。② 梁氏在新史学中阐明的这种世界文明史观，直接来自严复翻译的《天演论》中的社会达尔文主义，认为世界文明进步无疆。这种新史观下，他将中国历史分三阶

---

① 宫敬才：《构建历史文化语义学何以可能》，《学术月刊》2007 年第 4 期。

② 谢贵安：《明清史学与中国史学近代转型研究刍议》，《人文杂志》2017 年第 6 期。

段，“上世史中国之中国，中世史亚洲之中国，近世史世界之中国”①。这一分期以民族文化竞争交流与民族国家竞争为着眼点，从理论层面探讨了上世史封建制、中世史帝制与近世史立宪制的三个时代中的主要政治形态演变轨迹。② 开创了中国史研究第一次系统明晰的历史分期法。③

这种线性进化论史观以进化主义突破了过去的王朝循环史观，导引中国走向世界文明进步的行列，与全球史观的“从分散走向一体”相合辙，是传统文化现代转型的精到论述，然而其倡导的线性进化史观也为日后社会形态五阶段论的传播埋下了伏笔。

(二)冯永轩：以边疆史地和楚史建构中华民族历史概貌

冯永轩先生是梁启超世界文明史观的继承者，他以西北史地与地方史为突破口，以期构建整个中华民族演化的历史链条。其在《中国史学史》讲稿中阐发了与导师梁启超相似的意旨：“中国史学史者，乃阐述吾国史学演变之学也。学者欲悉其原委，首须于汗牛塞屋之群书中，知何为史籍。是者若明，进而探究其种类，逐类研讨，而史学史之真谛即得矣。”④在这种历史观的影响下，冯永轩从其熟悉的西北史地和楚史出发，建构中华民族史和国史的全貌。

冯永轩除了《匈奴史》外，《新疆史地论丛》是其西北史地研究的精华。他运用西方史学和人类学的视角，运用考据方法探讨了新疆一地主体民族和主要宗教的历史情况和传播过程，其“维族是回鹘的后裔，回鹘是突厥族的一支”⑤“回教徒用布缠头，多用黑白两色，绝无派别的意思”“颜色不同，是其教中等级之分”“花帽则是一种仪观”⑥等结论，修正了前人在这些重要细节上的结论。《新疆各民族简史》通过爬梳新疆各民族逐步融合历史，对新疆境内昔日所住的人种和民族皆有所论及，阐述了中华民族“多元一体”格局的历史来源。

在楚史方面，冯永轩不仅撰写了《五水与五水蛮》，其《说楚都》论述了楚国都城迁徙的线索及迁都的原因；《史记楚世家会注考证校补》则补充和订正了《史记》“三家注”以及日本学者泷川资言所辑《史记会注考证》之“楚世家”部分。这些成果一方面推进了楚史在民族、都城和材料研究方面的进展，另一方面则努力为建构中华民族全史提供了地方史志

① 详见梁启超：《中国史叙论》，《饮冰室合集》第1册《饮冰室专集之六》，中华书局2003年版，第11~12页。

② 许倬云：《许倬云自选集》，山东教育出版社2009年版，第69页。

③ 郑刚：《史学转型视野中“中国教育史”史科研究(1901—1937年)》，华中科技大学出版社2013年版，第205页。

④ 冯永轩著，冯天瑜整理：《冯永轩集》，武汉大学出版社2019年版，第386页。

⑤ 余婉卉选编：《冯永轩文存》，江苏人民出版社2013年版，第40页。

⑥ 冯永轩著，冯天瑜整理：《冯永轩集》，武汉大学出版社2019年版，第31页。

的基础。

(三)冯天瑜：在宏大与精微间透视中华文化及其转型

冯天瑜通过融合运用世界文化史观与精细考据方法，由文化与文化史的概念始，深入探索文化生态机制本身的演绎过程。

1. 建立中华文化传承与流变的解释框架：《明清文化史散论》《中国文化生成史》

冯天瑜首先由断代文化史入手，在重要的史事和人物中窥探文化史的奥秘。其中，《明清文化史散论》以马克思主义立场、观点、方法探索中国文化史的生成与发展轨迹，就其引据浩博而论，足以与柳诒徵先生《中国文化史》方轨。①《明清文化史散论》具有“宏观与微观研究结合，而微观考察十分坚实”“用大气力研究明清时代的知识分子”“文笔潇洒，文风清新、明畅、哲理性强”等三大特色。② 整书十七章可归为总论、理学论、启蒙思想论、文化总结论和文化交流论等五编，各个章节有内在关联，浑然一体。③ 故邱汉生先生认为该书虽“名曰‘散论’，实际是有脉络可按，有统系可寻的”④。该著的系统性不仅反映在谋篇布局上，还体现在运用和建构理论与方法的内在逻辑上：“中国文化作为一个整体，从它固有的系统大笔勾勒，反映其中精核，又把明清文化史作为中国文化史系统的一个有时代特色的分系统，详加研究，细以剖析，深究其中规律，并与世界其他文化系统横向比较，探寻本质特征，以期通过各种方法，多种渠道，反映明清文化史的全貌及其内在结构与原动力，试图为今天精神文明的建立与发展，提出史的借鉴与作为规律的张力。”“其运用马克思主义哲学与语义学，高屋建瓴地观照文化与文化史，显示出理论色彩。开篇《文化·文化史·明清文化史》，提出文化的定义，为全书体系的构成，奠定了本体论基础；确立了划分和研究文化史的宏观尺度；这个尺度是根据中国文化的特色与文化史研究方法论熔铸而成，具有时间和空间的认识论基础，包括中国文化的延续力和对外接受的复合体两个方面。”将社会的意识形态(如思想、道德、风尚、宗教、文学艺术、科学技术、学术，等等)以及与之相适应的制度和组织等作为研究对象，从而建造了文化史体系的基石。⑤ 与此同时，在梁启超世界文明史观的影响下，以文化交流作为中轴对中国文化史进行了“三部分七时期”的划分：“前三段可并称‘中国本土文化起源与发展期’，第四段可称

---

① 邱汉生：《〈明清文化史散论〉序》，冯天瑜：《明清文化史散论》，华中工学院出版社 1984 年版。

② 桑士显：《如嚼冰梨 如沐晨风——读冯天瑜〈明清文化史散论〉》，《江汉大学学报》(社会科学版)1989 年第 2 期。

③ 张首映：《评冯天瑜〈明清文化史散论〉》，《湖北大学学报》(哲学社会科学版)1985 年第 4 期。

④ 邱汉生：《〈明清文化史散论〉序》，冯天瑜：《明清文化史散论》，华中工学院出版社 1984 年版。

⑤ 张首映：《评冯天瑜〈明清文化史散论〉》，《湖北大学学报》(哲学社会科学版)1985 年第 4 期。

'中国与印度文化接触、融变期'，第四、五、六、七段可称为'中国文化与西洋文化接触、融汇'期。"①继而引入文化生态学的理论，撰成《中华文化史》，重构中华文化传承与流变的整个框架。该著"把对中华文化生态研究和对中华文化自身研究相结合"②，把中华文化生成特殊背景的文化生态外结构研究与业已建立的文化内结构的传承流变框架有机结合，大大拓展和加深了中华文化史演化的解释力。其除了坚持历史唯物主义决定论，进行"自然—社会"环境的"文化生态"系统探讨外，更以科学的历史唯物主义的文化观为指导，在广泛的文化史具体考察基础之上，建立起了中国第一个系统科学的具有广涵性和深刻性的文化史学科认知体系，实现了文化的历史进程和逻辑进程以及文化结构和功能的统一。而且在将精神内核的剖析与外在形式的阐论有机结合中，凸显中华传统文化的精神历程和全方位展示中华传统文化精神的生命历程。③ 冯天瑜深刻地指出了文化史研究的对象和任务，他认为，文化史把人类文化的发生发展作为一个总体对象加以研究，尤其注意人类创造文化时的主体意识(这种主体意识受制于种种客观条件)的演变历史，是史学向一个宽阔的领域拓展的产物，所以其既不同于文学史、史学史、科学技术史、哲学史等作为社会知识系统发展史的学科，又不同于研究客观的社会经济形态的经济史，研究社会状貌的社会史。文化史不仅要研究文化的"外在过程"，而且要研究文化的"内在过程"，同时还要研究外化过程与内化过程如何交相渗透，彼此推引，共同促进文化有机整体进步。④ 这从"一种开拓性的角度，提出了文化史研究的新思路，扩大了人们研究中华文化史的视角"⑤，对文化史研究的理论和方法作出了重要贡献。在《中国文化生成史》中，冯天瑜进一步完善文化生态理论，将《中华文化史》中申发的文化生态三层次说(即自然环境、社会经济环境、社会制度环境)修订为文化生态四因素说(即地理环境、经济基础、社会结构、政治制度)，将之作为文化生成的基础，其意义在于"明确提出并强调，以宗法制、地主制、专制帝制相交织为特征的皇权政治，是构成中国文化生态的重要一维"⑥。因而构成文化生成脉络的中国文化历史分期："史前文化—宗法封建文化—皇权文化—现代文化"⑦。除了文化生态理论的丰富发展外，该著对文化史的研究的理路和范式更新，为"文

---

① 冯天瑜：《明清文化史散论》，华中工学院出版社 1984 年版，第 12 页。

② 周萌、董亚薇：《文化生态学：冯天瑜〈中华文化史〉的学术创新》，《黑龙江史志》2014 年第 15 期。

③ 秦力：《宏大·圆通·洒脱——读冯天瑜、何晓明、周积明著〈中华文化史〉》，《湖北社会科学》1991 年第 5 期。

④ 冯天瑜、何晓明、周积明：《中华文化史》，上海人民出版社 1990 年版，第 9~10 页。

⑤ 徐刚：《中华文化史：一部悠远浩博的壮丽史诗——读冯天瑜等著〈中华文化史〉》，《上饶师专学报》1993 年第 1 期。

⑥ 何晓明：《寻根索源，鉴往知来——冯天瑜新著〈中国文化生成史〉的学理价值》，《史学月刊》2016 年第 10 期。

⑦ 冯天瑜：《中国文化生成史》下册，武汉大学出版社 2013 年版，第 738 页。

化生成史”这一门新兴学科的开拓作出了贡献。这一学科的研究理路是：“追究人与生存环境的互动关系，通过对物化的精神和精神的物化的双向探求，把握文化生成机制及其发展走势，是文化生成史的研究理路。”①这一学科研究的最大特色是在以长时段理论去深化“结构”力量的同时，重视人的主观能动性：“如果说，一般意义的文化史书多从‘事件’展开，以‘横分竖写’方式描述文化诸样态及其进程，那么，文化生成史重在结构分析，揭示隐蔽在深层的、决定集体生存的结构性力量。”“拥有自由意志的人是文化主题，其演出的‘事件’固然受‘结构’与‘局势’的规范，但人的创造力和随机性不可低估，人所制造的‘事件’对‘结构’与‘局势’会造成影响，并终究融入‘结构’与‘局势’之中。人作为文化生成的积极参与者和有限度的主导者，并未因结构性的历史必然性而消极无为。”“文化史群体创作物，但作为知识精英的‘士’，于‘道’、‘器’两方面富于个性的发现、发明，是文化生成中的灿烂亮色，其对文化进程往往产生关键性影响，不因‘结构’的先定性而消弭，又与‘庶众’的基础性创造彼此应和、相互推助。”②这一学科研究的任务和目标是：“从过去时的‘守护’，导引出未来时的‘瞻望’，而在守望之际，正可增进文化自觉”，“理性地认识自国文化的优劣长短，动态地摆正自身的世界位置，明辨人类文明大道，把握中华复兴的航行方向，坚定前行”。③ 这反映了该学科既有理论自觉的一面，也具有现实自觉的一面，理性辨别中国文化在世界中的地位，承担起文化复兴的重任。

冯天瑜的“文化生成史”被有识者视为“播惠学林、泽被后昆”的“第三大学术发明”(另外“两大学术发明”为“文化元典说”“文化重演率”)④。而且，何卓恩教授认为，该著以总体史回应历史学界学术碎片化问题，以立体史回应史学研究中研究平面化问题，以多元交汇史回应哲学界价值立场的两极化问题，在这一过程中该著产生了跨学科意义。⑤

冯天瑜即将付梓的《中国文化生态论》，直接以文化生态两大系统交汇成“文化生态”的历史演化过程作为中华文化探究的范围：“‘生态’不仅指涉人与赖以生存的自然环境的关系问题，同时也切入经济活动和社会结构，包含‘天人’和‘人文’两大系统。这两大系统综汇而成的‘文化生态’的历史演绎，正是定稿中的拙著所要探究的范域。”⑥从《明清文化史散论》的传统文化结构研究到《中国文化生成史》中的文化生态理论研究，冯天瑜在继承前人成果的基础上又重建了关于中华文化演进发展的解释框架，形成了文化史研究领域

---

① 冯天瑜：《中国文化生成史》上册，武汉大学出版社 2013 年版，第 136 页。

② 冯天瑜：《中国文化生成史》上册，武汉大学出版社 2013 年版，第 8 页。

③ 冯天瑜：《中国文化生成史》上册，武汉大学出版社 2013 年版，第 9 页。

④ 钟书林：《仁者的胸襟 文化的开拓——冯天瑜先生〈中国文化生成史〉学术贡献》，《三峡大学学报》(人文社会科学版)2017 年第 4 期。

⑤ 何卓恩：《为学应关大哉问——冯天瑜先生新著〈中国文化生成史〉的跨学科意义》，《暨南学报》(哲学社会科学版)2015 年第 7 期。

⑥ 冯天瑜：《中华先贤早就认识到人与环境密不可分，并有保护生态的践行——重览先哲“生态前见”》，《北京日报》，2020 年 3 月 23 日，第 12 版。

中的一家之言。

2. 以“微观”见“宏观”：《辛亥首义史》《张之洞评传》

在研究近代中国的社会转型中，冯天瑜聚集某个历史关键人物或某一中心事件，以“微观”的考察和辨析窥探“宏观”社会的思潮与结构的律动，这就使冯氏中华文化史的宏大叙事得以在近代历史拐角处充实微观细节，两者融合而相得益彰。从方法论上言之，则是引王氏考据法入梁氏世界文明史观之框架，冯天瑜在这方面的代表性成果尤以《辛亥首义史》和《张之洞评传》最为卓著。《辛亥首义史》积十数年之功，多方收集历史见证者的“口述”史料、历史老照片等，二度修订再版，皆有所创获。① 该著多处灵活运用“知识考古”法，以实物之材料验证纸上之材料，如书中利用多种材料深入研究各个事件的来龙去脉，正本清源，令人信服，受到普遍的肯定。第一版考定“湖北第一个革命团体”“汉口宝善里机关失事时间”“打响辛亥首义第一枪的人”“率先起事的部队”等问题，推翻已有定论，赢得学界赞誉。第二版因“搜材之博、考证之详、文笔之细”被台湾东吴大学缪寄虎教授激赏为“可以刺激一下中国人恢复其大脑的使用功能”②。第三版则因其宏阔的理论视野及微观的历史叙事的完美耦合而成为“辛亥首义史书的扛鼎之作”③。从这些微观处，该书得出宏观结论：武昌辛亥首义迥异于过去农民阶级改朝换代的农民革命，而是“共和旗帜下第一次成功的城市起义”。这成了学界关于辛亥革命史研究的重要进展。

冯天瑜在近四十年内，三次为晚清名臣张之洞写传，以近代过渡人物张之洞的为政经历及思想折射整个时代的近代转型。④ 张之洞与其所处的时代存在耦合关系，这是张之洞立功立言可作为反映和认识时代镜鉴的原因：“中国历史有两次最重要的突破性进展，一个是在周秦之际，从战国到秦汉帝国的建立这个阶段，是一次大的转折，从制度文化而言，就是从周制转为秦制。第二次是晚清时期，即从 1840 年鸦片战争以后，中国社会发生了又一次十分深刻的变革，从农耕文明向工业文明的转化，从君主专制制度向民主制度转化。张之洞生于 1837 年，死于 1909 年，完整地经历了中国的第二次转型过程，所以如果说要通过一个人来反映、来认识一个时代，张之洞比较典型，他的经历、变化比较完整

---

① 三个版本分别为：贺觉非、冯天瑜：《辛亥武昌首义史》，湖北人民出版社 1985 年版；贺觉非、冯天瑜：《辛亥武昌首义史》，武汉大学出版社 2006 年版；冯天瑜、张笃勤：《辛亥首义史》，湖北人民出版社 2011 年版。

② 吴成国：《“表征盛衰，殷鉴兴废”的文化史家——冯天瑜先生访谈录》，《中国文化研究》2010 年第 5 期。

③ 胡俊修：《辛亥首义史书的扛鼎之作——评〈辛亥首义史〉》，《武汉大学学报》(人文科学版) 2011 年第 4 期。

④ 三个版本分别是：冯天瑜：《张之洞评传》，河南教育出版社 1985 年版；冯天瑜、何晓明：《张之洞评传》，南京大学出版社 1991 年版；冯天瑜：《张之洞评传》，湖北人民出版社 2020 年版。

地反映了清末一直到辛亥革命前夜这一个阶段的社会变化。”①《张之洞评传》以张之洞办洋务、兴学堂、倡“中体西用说”为重点，将这位身处古今中西大交汇时期的“过渡型”历史人物思想变化和人物事迹放到晚清时代和社会背景下予以叙述，将张之洞个人人生经历与近代社会转型的宏大叙事联系在一起，在对张之洞个人思想和经历进行阐述的同时，也深刻洞见近代中国社会的大转型。1984 年首版被章开沅先生誉为“第一本以历史唯物主义观点写成的张之洞评传”②，而且“就学术价值而言，在前人同类著作中尚无出其右者”，“全面而不失深刻”③。张之洞所处的时代属于新旧交替的过渡时代，张之洞则是“由中世纪向近代过渡的角色”④。章开沅先生对这个过渡的时代做了深刻的描绘：“张之洞先生最为飞黄腾达的岁月，就世界范围而言，外国资本主义正在向帝国主义阶段过渡；就国内情况而言，则是从封建社会向半殖民地半封建社会过渡，而按照列宁的说法，半殖民地本身就是一种过渡型的社会形态。在这样的时代和社会里，许许多多历史人物都属于过渡型，或在某种程度上带有过渡的特点。一生多变的梁启超曾经自我剖析：‘保守性与进取性常交战于胸中，随感情而发，所以往往自相矛盾。’其实这种状况并非梁启超所独有，甚至在张之洞这样的高级官员身上也可以看到某些‘交战’的映象。据我的理解，所谓‘保守性与进取性交战’，乃是半殖民地半封建社会中旧质因素与新质因素的对立冲突在人们思想上的曲折反映。当然，‘交战’的状况和结局都是千差万别的。有些人的进取性战胜了保守性，因而成为先进阶级的代表；有些人的保守性战胜了进取性，因而站在落后势力一边；有些人则老是摇摆于两者之间，‘交战’双方各自时有胜负，则更加表现出政治性格的复杂性。”⑤冯天瑜描述这种时代特点给张之洞留下的影响及张之洞活动给历史留下的印记道：“这本‘评传’试图论述：汹涌奔腾的历史潮流怎样把一个封建士子推上近代舞台，中世纪的固有传统和迎面袭来的‘欧风美雨’怎样促成了他‘新旧杂糅’的思想行径，他的这种充满矛盾的活动又给中国近代历史诸侧面打上了怎样的烙印。”⑥1991 年，冯天瑜与何晓明合著《张之洞评传》第二版，提出“张之洞是一个特定时代的产儿，是由中世纪向近代过渡的角色，是过渡型的时代和过渡型的社会铸造了这一个复杂的过渡型人物，是一个新质因素与杂质因素相杂糅，开明、进步与顽固、反动相契合的矛盾综合体”⑦。这个评价既深刻揭示了造成张之洞思想、个性、行为的种种矛盾，集儒臣与能吏于一身，兼开新与卫道于

---

① 周甲禄：《冯天瑜推出新版〈张之洞评传〉》，新华网，2020 年 9 月 3 日。

② 章开沅：《〈张之洞评传〉序言》，冯天瑜：《张之洞评传》，河南教育出版社 1985 年版，第 3 页。

③ 陈钧、任放：《向历史的纵深处深挖——评冯天瑜的〈张之洞评传〉》，《湖北大学学报》（哲学社会科学版）1986 年第 4 期。

④ 冯天瑜：《张之洞评传》，河南教育出版社 1985 年版，第 3 页。

⑤ 章开沅：《〈张之洞评传〉序言》，冯天瑜：《张之洞评传》，河南教育出版社 1985 年版，第 3 页。

⑥ 冯天瑜：《张之洞评传》，河南教育出版社 1985 年版，第 9 页。

⑦ 冯天瑜、何晓明：《张之洞评传》，南京大学出版社 1991 年版。

一体的个人特征的时代和社会的转型特性外，同时也给在"中体西用"思想指导下，本意为维护清朝统治而实施的办洋务兴学堂举措最终成了推翻清王朝经济和文化基础，"种豆得瓜"的张之洞，予以了历史定位性评介，如借孙中山对于张之洞的评价"不言革命的大革命家"，为张之洞一类文化保守主义者在推动中国近代社会转型中的进步意义予以肯定。

相对于第一版而言，引入了"文化保守主义"概念，这一概念使张之洞在社会转型中的思想更加立体和细致，而且具有普遍意义。张之洞的"文化保守主义"不同于顽固派的文化主张，而是富于务实开明性格，并不单纯地排拒进步和变革，而是还曾有力地推动国家某些社会领域进步和文化变革，这与激进主义大相径庭："第一，文化保守主义反对激变，主张缓进；文化保守主义反对全变，坚持《易传》的变易与不易的统一，认定文化的某些层面(如器用层面及制度层面的某些外延部分)是可以变、必须变的，某些层面(如伦常层面及制度层面的核心部分)则不可以变、不应当变；第三，文化保守主义不一般地肯定文化的世界性、人类性，而认同文化的民族性、国度性。"①这一概念的加入增添了一个新的文化视角，② 进一步拓宽了张之洞研究的深广度。

以上《辛亥首义史》和《张之洞评传》皆是以考为经，充分还原转型社会中历史事件和人物的真相；以论为纬，事件与人物又进一步突出和深化了转型时代的社会特性。

三、时代入笔端："学"与"术"的体用互济

在迎受西方科学文化洗礼过程中，梁启超等学者对近代学术研究的本义作了仔细的讨论，将过去作为一个整体的学术分成"学"与"术"，且被赋予体用之别。它为近代学术研究的"经世致用"，提供了理论支撑。这一学术传统到二冯发展成为对现实社会问题的关注，即以史学关注现实并提供大策论支持(如冯永轩的边疆史地研究、冯天瑜的封建考论等)。其后学大体沿着这一研究路数分为注重研究基础理论和学理问题的"学派"(中华文化史研究)及注重文化发展实际问题的应用派"术派"(文化产业研究)，"学派"是"术派"的基础，新的社会条件下"术派"的研究进程又有助于"学派"的深入研究，两派形成一个文化史学派的统一体。

(一)梁启超关于"学"与"术"的区分

在中西学术沟通的晚清时期，熟悉中西方学术的梁启超，为缓解中西学术之间的紧

① 冯天瑜：《冯天瑜给蒋广学、傅江的信》(1991 年 11 月)，转引自雕胡：《认识"中体西用"论的新思路——评冯天瑜、何晓明著〈张之洞评传〉》，《社会科学辑刊》1993 年第 1 期。

② 范正宇：《从"文化保守主义"切入——略论〈张之洞评传〉的文化史透视方法》，《清史研究》1993 年第 2 期。

张，策略性地对“学”与“术”加以区分，从而为中国接纳西学留下位置。① 梁启超不仅有将“学与术相离”归结为影响晚清接纳近代知识之关键的见道之论，而且在“学”与“术”分离后的各自概念以及二者的体用关系上亦有经典之论：

> 近世泰西，学问大盛，学者始将学与术之分野，厘然画出。各勤厥职以前民用，试语其概要。则学也者，观察事物而发明其真理者也；术也者，取所发明之真理而致诸用者也。例如以石投水则沉，投以木则浮，观察此事实，以证明水之有浮力，此物理学也。应用此真理以驾驶船舶，则航海术也。研究人体之组织，辨别各器官之机能，此生理学也。应用此真理以疗治疾病，则医术也。由此言之，学者术之体，术者学之用，二者如辅车相依而不可离。学而不足以应用于术者，无益之学也；术而不以科学上之真理为基础者，欺世误人之术也。②

梁启超认为，学术分途为“学”与“术”，源于西方近代工业化背景下各专业学科的突飞猛进。分出来的学致力于探求事物原理的基础理论研究，分出来的术则致力于将原理转化为生产力的应用技术研究。所以，学是基础和本体，术是学的应用，学不足应用是无益之学，术没有学的根底则是骗术。梁启超先生认为，“学”与“术”之间的关系没有处理好，才导致了我国现今的发展过程中的阻碍：“我国之敝，其一则学与术相混，其二则学与术相离。学混于术，则往往为一时私见所蔽，不能忠实以考求原理原则；术混于学，则往往因一事偶然之成败，而胶柱以用诸他事。离术言学，故有如考据帖括之学，白首矻矻，而丝毫不能为世用也。离学言术，故有如今之言新政者，徒袭取他人之名称，朝颁一章程，暮设一局所，曾不知其所应用者为何原则，徒治丝而棼之也，知我国之受敝在是，则所以救敝者其必有道矣。”

梁启超关于“学术”的经典论说，一方面厘清了“学”与“术”概念和两者之间的关系，一方面却也在两者之间架设了一道以“致用”来评断整个学术的价值伦理，这与当时国家急需学术应用于国家富强和民族振兴以图存的大背景密切相关。

（二）时代入学术

冯天瑜的学术迸发期，正是中国社会发展的大转型时期。中国社会的多重转型中所面临的理论困境和现实需求，对包括中华文化史在内的学术建构提出了多层面的理论创新和应用创新需求。社会大转型中的文化现代化问题，与历史学和文化史研究命题息息相关，在这一过程中，冯天瑜体现出作为一个学者的理论自觉，既援引时代入学术，又以学术呼

---

① 章清：《学、政、教：晚清中国知识转型的基调及其变奏》，《近代史研究》2017 年第 5 期。

② 梁启超：《学与术》，《国风报》，1911 年 6 月 26 日。

应时代急需。早在提出中华元典精神时，冯天瑜便针对城市化和工业化高歌猛进阶段出现的一系列民族精神文化问题，提出求教于中华元典精神，在“退却与重回”中获得民族原创性动力，赢得解救“现代文明病”的“精神处方”。① 自20世纪80年代以来，文化生态一直是冯天瑜关注的重大命题。其“《中华文化史》(1990)上篇专论此题，《文明的可持续发展之道》(1999)、《中国文化生成史》(2013)再作探讨，却皆言未尽意，遂有近两年病中续撰《中华文化生态论》”。面对庚子年初发生的新冠疫情，他以文化生态的视角认为：“生态危机是人类面临的紧迫问题，切关全人类的生存与发展；公共卫生防疫系统的建立和完善，必须上升到国家乃至全球战略层面，涉及社会、政治、经济、文化、舆情信息诸多层面。”提倡人类的生路在于“遵从自然法则，在社会活动中限抑物本倾向，复归人本精神和道法自然”②。

在事关中国当下的定位上，冯天瑜也有精妙阐释。自1973年汤因比提出未来文明的希望在中国以来，特别是2010年中国GDP超越日本稳居世界第二后，“21世纪是中国世纪”的说法风行一时，受到全社会瞩目。2012年前后，在与笔者交流过程中，冯天瑜就指出“中国世纪说”的偏颇，冷静客观地指出中国与世界强国目标的差距以及国家战略定位：“世界强国必须科学技术领先，占据国际产业链上游；世界强国必须有成熟的民主与法治体系，政制严明高效；国民素质较高，文化具有全球感召力。中国与这些目标皆有较大距离。”而且，从国际战略言之，执着于“中国世纪说”易于陷入“修昔底德陷阱”而使中国失去和平的发展机遇。因此，明确提出“中国世纪说”应当缓议。③后续所发生的一系列事件，证明了冯天瑜的判断是合理、正确的。

再如冯天瑜对于中日关系的研究。冯天瑜与任放合著《日本对外侵略的文化渊源》④，从日本文化根源上探讨日本的现代化以及侵略等深层问题，在加深学界对日本的了解外，更重要的是为中国现代化关键期如何正确处理中日关系(钓鱼岛事件后不断走向对抗的中日关系)提供了文化学理上的支持。在经过2012年因日本政府购买钓鱼岛的行为导致中国各地爆发反日游行示威后，面对如何处理中日关系这一现实问题，对日本的侵略根性有必要做一研究。《日本对外侵略的文化渊源考》总结出了日本对外侵略的文化渊源：“其一，‘神国意识’笼罩的岛国情结；其二，缺乏善恶对立的价值观。”面对日本这两个民族性的偏执点及由此引发的对中国人民的伤害，冯天瑜理性呼吁：“我们既要铭记‘一百载干戈’血的教训，也不能忘却‘两千年玉帛’造就的文明光华，要勇于和善于‘化干戈为玉

---

① 冯天瑜：《中华元典精神与“现代病”的疗治》，《中国文化研究》1993年第2期。

② 冯天瑜：《中华先贤早就认识到人与环境密不可分，并有保护生态的践行——重览先哲“生态前见”》，《北京日报》，2020年3月23日，第12版。

③ 冯天瑜：《中国文化生成史》下册，武汉大学出版社2013年版，第830页。

④ 冯天瑜、任放：《日本对外侵略的文化渊源》，高等教育出版社2017年版。

帛’。”①这一呼吁建立在中日“两千年友谊”主要方面和“百载干戈”次要方面的历史分析上，为民众理性看待日本问题，也为面向未来使中日友好交往行稳致远打下了坚实理性基础。

2001 年，冯天瑜出版《“千岁丸”上海行——日本人一八六二年的中国观察》②，对幕末使团在上海的活动、所见所闻、思想动态做了多方面的梳理，旨在为 1840 年以来的中国的现代化进程提供一种第三者的观察视角。该著认为，使团访沪是 1854 年日美《神奈川条约》签订后，日本“锁国体制”崩溃，被迫开放，精英阶层追求日本社会现代发展之主动行为。③ 该著归纳出日本人眼中的现代化道路问题：一是太平天国农民战争与日本“开国”奉行的路线问题，另一个是关于被迫开埠以后上海地区的道德沉沦问题。④ 这两个问题都颇有奥义，值得深思。日本精英阶层通过观察中国太平天国农民战争的教训，反观自身而由此指导选择其国家的现代化道路：全面否定太平天国模式后选择了自上而下的“改良路线”，由此发日本明治维新之先声。第二个问题是后发文明古国在现代化之路上如何避免经济与道德发展的不平衡甚至严重倒挂问题：如何预防或治理这个现象，成了后发现代化国家走向社会健康发展之路的必然选择。⑤ 该著于小事件考证处见大历史，考证严密而思想精深，足见“二重证据法”精髓；其大历史视野被学者誉为可与黄仁宇《万历十五年》一样为“大历史”写法典范⑥。这一大历史的书写及“颇有奥义”的思考对当下中国改革开放和现代化进程中后发现代化国家治理经济与道德发展不平衡具有启示性意义，也给当代中国的现代化之路提供了思路。

(三)冯氏后学中的“学”与“术”的分途与统一

冯氏后学，影响范围颇为广泛，主要集中在湖北大学中国思想文化史研究所和武汉大学中国传统文化研究中心、武汉大学国家文化发展研究院与武汉大学台湾研究所等华中学术重镇，辐射全国范围，基本形成了注重文化史学理研究与注重文化产业和文化管理实践研究的分途。

湖北大学中国思想文化史研究所，囊括了明清、近现代和当代三个研究时段，其中，周积明教授以文化史观的整体性思维关注文化的“显性”或“隐性”形态，并以之治《四库全

---

① 冯天瑜、任放：《日本对外侵略的文化渊源考》，《书屋》2015 年第 12 期。

② 冯天瑜：《“千岁丸”上海行——日本人一八六二年的中国观察》，商务印书馆 2001 年版。

③ 冯天瑜：《“千岁丸”上海行——日本人一八六二年的中国观察》，商务印书馆 2001 年版，第 49~51 页。

④ 茅家琦：《颇有奥义——评冯天瑜著〈“千岁丸”上海行〉》，《武汉大学学报》(人文科学版) 2002 年第 4 期。

⑤ 茅家琦：《颇有奥义——评冯天瑜著〈“千岁丸”上海行〉》，《武汉大学学报》(人文科学版) 2002 年第 4 期。

⑥ 陈希亮：《〈“千岁丸”上海行〉中的日期讹误及其他》，《中国图书评论》2004 年第 10 期。

书总目》以及清代学术史，使两者的研究别开生面，新见迭出。其《文化视野下的四库全书总目》被誉为破译了《四库全书总目》的文化密码，把《四库全书》研究推进到一个全新的高度，是直接探讨《总目》和《全书》内在价值较有成绩者，其概括和深化了“乾嘉新义理学”的内涵，在更广阔的领域内推展了“乾嘉新义理学”的观察视角和研究范围；① 何晓明教授以近代洋务殿军张之洞研究为切口，聚焦于近代知识分子人格及与中国现代化进程相互关系问题，深入研究张之洞等人表现出来的近代文化保守主义问题，得出这一流派的三大派别、四组特征及其对现代化的认识价值、理论意义和认识局限，成为文化现代化研究方面的重要成果；② 郭莹教授除了在秘密社会和中国人为人处世性格方面的开拓研究外，更是较早发扬经世实学的一面，长期关注基督教信仰、民间秘密教会、农村劳动力现状、农村宗族、社会阶层等当代前沿社会问题，2004 年开始带领团队深入湖北各地农村及城镇调研，其主持和完成的多项信仰、宗族、人文等领域研究形成了一系列调研报告，受到政府工作部门及学界的关注③。而最近几年湖北大学中国思想文化史研究所把精力集中于汉冶萍档案的收集、整理和研究这一国家社会科学重大招标项目，并出版了初期成果《晚清民国报刊汉冶萍公司文献辑》④，深入近代中国社会转型的微观层面。

冯天瑜在武汉大学中国传统文化研究中心的后学，在“传统文化”“教育”“文学”等术语语义的“古今转换和中外对接”上继续深入拓展，⑤ 在日本文化研究方面的内容也得以继续深化⑥。

文化产业管理和文化管理应用研究以武汉大学国家文化发展研究院为基地，继承冯天瑜关注社会现实问题，强调学以致用、为国家和地方服务的理路，沿用冯天瑜提出的当代智库建设“不唯上、不唯书、只唯实”的信条，进一步突出和阐发“二重证据法”在实证科学中的方法论引领，建设武汉大学国家文化研究院这一高端文化智库。冯天瑜在 2018 年 10 月 21 日武汉大学珞珈智库论坛的主旨演讲中，将陈云同志 1990 年致浙江省领导的“不

① 雷平：《学术之树常青——记周积明教授的学术文化史研究》，台湾《国文天地》2010 年第 26 卷第 1 期；杨晋龙：《四库学研究的反思》，台湾《中国文哲研究学刊》1994 年第 4 期；张传峰：《〈四库全书总目〉学术思想研究》，学林出版社 2007 年版。

② 《何晓明教授》，《湖北大学学报》（哲学社会科学版）1999 年第 3 期；林被甸、董正华：《现代化研究在中国的兴起与发展》，《历史研究》1998 年第 5 期。

③ 明海英：《到田野中寻找解决方案——访湖北大学中国思想文化史研究所所长郭莹》，《中国社会科学报》，2012 年 4 月 19 日。

④ 郭莹、周积明主编：《晚清民国报刊汉冶萍公司文献辑》（全 12 册），武汉出版社 2020 年版。

⑤ 聂长顺：《Education 汉译名厘定与中、西、日文化互动》，《中国地质大学学报》（社会科学版）2008 年第 4 期；王齐洲：《中国古代文学观念发生史》，人民文学出版社 2014 年版；余来明：《“文学”如何“革命”——近代“文学革命”话语的生成》，《中国地质大学学报》（社会科学版）2008 年第 4 期；余来明：《“文学”概念史》，人民文学出版社 2016 年版。

⑥ 李少军：《甲午战争前中日西学比较研究》，湖北人民出版社 2007 年版；冯天瑜、任放：《日本对外侵略的文化渊源》，高等教育出版社 2017 年版。

唯上、不唯书、只唯实”问题研究法进一步发扬，与当代智库建设和社会调查相结合，进一步以“三唯论”突出和阐发“二重证据法”的科学内涵。

冯天瑜一直奉行“学术要为国家人民负责，调查研究必须务实求真”的信条，在《东亚同文书院中国调查的历史警示与当下启迪》的演讲中，结合自己十余次赴日研究访问的经历，以日本跟踪调研中国社会的真实案例，从中总结出方法启迪与历史警示。

冯天瑜在演讲中提出：“日本长期注意于中国文化、中国国情，对中国展开长期和深入的社会调查。”“日本对于中国的调查约分两个阶段，自平安时代始主要为学习中国，而明治以后逐渐为侵略中国做准备。”“彼时，中国人对日本和自己的了解则大而化之、粗疏零乱，中日之间存在着严重的‘信息不对称’，这是一个极大的历史教训。”面对民族复兴的重任，中国智库在新时代如何为政府、社会、公众提供有价值的真言、良策，发挥咨政作用，冯天瑜提出了“基础在于做好系统深入客观的社会调查”：“一是要做长时段的、系统性的研究调查；二是要做到精细与专业的结合，积累大量丰富的材料，对这些材料做系统、深入的研究。”

他认为调查研究有两大“敌人”：“一是过于强烈的主观诉求，往往淹没社会调查的客观性；二是‘唯上’、‘唯书’而不‘唯实’，从揣摩领导心意出发或从现成结论出发去收集材料，导致调查走入歧途。”他认为，以这种调查研究方法为基础的智库，只能是“建立在沙滩上的‘智库’，谓之误国害民的‘愚库’”。当代智库建设，必须正本清源：“只有务实求真才是调查研究的生路，也方为智库前行的正道。”①

简言之，冯天瑜通过其一生的学术研究体会，提出了智库“不唯上、不唯书、只唯实”的智库研究方法，以社会调查“三唯”方法论对接王氏“二重证据法”，将“二重证据法”的实证求真精神运用于社会科学研究领地，是当代智库建设特别是文化智库建设的基础性方法论。

在冯天瑜指导下的国家文化发展研究院团队，在文化管理和文化政策的研究过程中，业已形成一种集文献考证和实地调查相结合的方法论，即以文化领域现实中的材料、数据和案例，与国家文化政策、法律和规章的文本相印证，从而突入文化政策研究中一些前提条件不明、问题边界不清的“灰色命题带”。进入大数据时代，“二重证据法”和大数据方法相融合，更是推进了社会科学特别是智库研究的发展。②

武汉大学国家文化发展研究院在面对2020年的新冠疫情时，积极关注社会重大现实问题并以对策建言践行“文化抗疫”之旨。庚子疫情期间，冯天瑜带头发表了《人类应当对

---

① 王斯敏、王倩：《冯天瑜：做调查研究的智库，不做唯上唯书的“愚库”》，http：//share.cloud. gmw. cn/yunmei-share/？shareTitle，2018年10月25日。

② 傅才武、黄剑波：《王氏“二重证据法”的承袭、拓展与实践应用》，《人文论丛》2020年第2辑，武汉大学出版社2020年版。

自然深怀敬畏》一文，阐发了他对人类与自然关系的哲思及对生态文明的关注。① 研究院同仁也以对策建言为报国之道，短期内向国家相关部门、地方政府提交了大量的咨询报告，展现出智库"国家队"在危难之际的学术担当。②

正如马克·布洛赫对于学术研究的社会效用的评述："如果一门科学最终不能以某种方式改善我们的生活，就会在人们眼中显得不那么完美。而且，就历史学而言，不正是这种情绪使我们感到更特殊的压力吗？因为，史学的主题就是人类本身及其行为，历史研究的最终目的显然在于增进人类的利益。事实上，一种根深蒂固的秉性使人们几乎本能地要求历史指导我们的行动，因此，一旦历史在这方面显得无能为力之时，我们就会感到愤慨。"③始终关心社会现实问题，并从一个长时段提供理论研究的独特价值，是冯氏学术研究的基调。

四、旧统新知·守正创新

冯天瑜对历史学家如何发挥主观能动性服务于国家与社会，有着深刻的理解，他将其概括为"学术服务人类"与"为学问而学问"二种路径："学术服务人类"讲的是学术的社会目的，"后者虽然也涉及社会目的，但重点讲的是学者治学时应持的心态：当学问作为一种研究对象(客体)时，作为主体的学者应当充分尊重研究对象自身的规律，因为作为客体的研究对象并不会因为学者的主观好恶和需求，忠实地还原研究对象的本来面目"，"只有以这种不受主观需求干扰的客观态度研究学问，方有可能登堂入室，求得真知，此种真学问才真正'有益于天下''服务于人类'"。只有当"学术服务人类"这一学术目的论与"为学问而学问"的治学心态达成良性互动，我们治学方能得以成就。④ 冯氏之论与布洛赫之论相互呼应，都强调了研究历史既需要在技艺上持有客观态度，以学问本身的发展规律为依据，推进"天下之公理"的发展；也要在社会目的和价值方面存有人文关怀，在推进其社会效用上使"天下之公理"真正转化为"服务人类"的"天下人之公器"。

学派作为某一领域学术发展到较高阶段的产物，文化史学派的现代转型既要坚守学术正流的传承和发展，还需要结合社会的现实需要和学术演进的规律，使学术在范式、内容、形式等方面都得到创新，服务于国家和社会，使学术真正成为"天下之公器"，这即是

---

① 冯天瑜：《人类应当对自然深怀敬畏》，《光明日报》，2020 年 2 月 21 日，第 2 版。

② 纪曼、胡小米、代晴、邱晶钰：《以"文化抗疫"守珞珈花开——记武汉大学国家文化发展研究院》，《中国社会科学报》，2020 年 4 月 13 日。

③ [法]马克·布洛赫：《历史学家的技艺》，张和声、程郁译，上海社会科学院出版社 1992 年版，第 12 页。

④ 冯天瑜：《"学术服务人类"与"为学问而学问"》，《月华集》，中国社会科学出版社 2000 年版，第 149 页。

学者的时代性表征。梁启超、王国维—冯永轩—冯天瑜—冯氏后学的传承与开新，一方面在世界文明史观和知识考据学上一脉相承且坚持和阐扬了学术正流，这包含了正确的史观、研究方法论的传承，又有共同的学术话语体系的建构与弘扬，彰显了百年中国文化史学派的深厚的历史源流和传承有序，即使经历近现代社会的转型和断裂，其学派的思想脉络也并没有断裂。反而结合中国文化现代化的需求，开启了文化产业管理和文化管理的应用型方向，建立了解决这些现实问题的国家级特色文化智库，从而使文化史学派具有了经世致用的时代气息；既承传和发展了旧有学术传统，又因应时代和社会变迁加入了新知，在守正与开新之间定位了文化史学派的新的发展方向。

学脉传承

柳素平*

冯门一学，最早源自章黄一脉，又承梁王余绪，风雨沧桑历经百年之久，留下了汗牛充栋的文化史篇和皇皇巨著。冯氏几代学人，个个投身史籍，心无旁骛，薪火相传，学术不辍，既传递着一种严谨、宏阔的治学精神，又在各自领域内多有创拓。笔者不揣浅陋，尝试简要梳理其传承精神，大概有三：

一、父子承继，庭训严格

在学问的教育传递中，家庭教育十分重要，尤其是父亲在教育中的作用。在家庭中，父亲是责任、安全的化身，“由于父亲在身体、气质和思维上的特点，他总是能积极地解决各种问题，总是勇敢地承担家庭的责任，总是以建设者、改变者的形象出现，因此很容易被当作孩子心中的偶像”①。在传统社会更是如此，子女对父亲有着仰慕、信赖、敬畏的心理，从父亲身上能够获得面对外部世界的信心，父亲的话一诺千金，父亲的教诲掷地有声，子女直接接受吸收。所以大多耕读相传人家，十分重视庭训，那些家学源远流长的书香门第，亦均是父子迭代传演，父亲身上家学的潜移默化作用，对后辈学术的承继起着决定性的影响。

中国学术文化传统精神的核心之意，就是“书香门第”，民国时清华有名导师、冯氏学脉的渊源人物——梁启超、王国维，无不具有深厚的家学渊源。章太炎是经学家，是史学家，是文字音韵家，是思想家，是医学家，投身学术，著作等身。但他同时既具有深厚的家国情怀革命之志，又兼有民国大师们身上的“臭”脾气，狂傲、峻急、疯癫、戏谑，为人耿直不媚俗。这与他父亲的言传身教、督学庭训关系密切。章太炎祖父章鉴，为光绪朝国

---

* 柳素平(1974—　)，中原工学院教授、学报主编。

① ［英］斯宾塞：《斯宾塞的快乐教育》，吕可丁编译，北京联合出版社 2013 年版，第 69 页。

子监生，酷嗜古书，所搜宋元明版本古籍达五千卷。至其父章濬时，家道中衰，但仍恪守家学世业，苦志向学，并极其重视庭训，对年幼的章太炎常进行学问指导，亲自课业，教授他吟咏《说文解字》及段玉裁注，阅读《明季稗史》17 种和王夫之的《黄书》。左宗棠在江浙战场督战时，章濬曾亲献地图，陈述善后之策，可见其家国情怀,① 受庭训影响，章太炎十六岁便文声显露，而他后期浓厚的悲天悯人情怀恐怕也与父亲的言传身教不无关系。

章太炎的得意弟子黄侃②，精通音韵训诂，兼工诗词散文，“为学务精习，诵四史及群经义疏……得书，必字字读之，未尝跳脱”③，是训诂学家、音韵学家，是语言学家、文学家，历任北京大学、东南大学、武汉大学、金陵大学教授。和其师风格一样，黄侃也是狂傲、自负，为人率真而自在。其父黄云鹄乃清末进士，曾任盐道、茶道、按察使、书院山长等，官至二品大员，为官清廉，以学行著称，是晚清著名的经学家、书法家、理学家，博学多才，诗书画琴兼擅。黄侃自小随父赴任，父亲言传身教，对他影响深刻。在成都武侯祠，祠壁悬挂楹联甚多，归家后，父亲随意抽问，他当即背诵，不差分毫。黄侃之父教子甚严，规定《史记》《汉书》必须从头背到尾。九岁的黄侃已经能读《经》，日逾千言，人呼“神童”，其父亲怕他骄傲，以书谕之曰“尔负神童之誉，须时时策励自己，古人爱惜光阴，勿谓年少，转瞬即壮矣”④。

大凡能够成就大家者，多得益于或严谨不苟、或儒雅宽厚但均学识渊博的父亲课教。先生之父冯永轩，先拜黄侃门下学习，后又师从王国维、梁启超，为清华研究院国学门“七十子”之一。他专于楚史、西北史地和古文字学研究，精于收藏考证古文物，先后在新疆省立师范学校、安徽学院、西北大学、湖南大学、武汉师院任教。同时，冯永轩先生亦是性格刚直、宁折勿弯之人，他师承章、黄，也将这种严谨治学、课读庭训精神向下一代传递。冯先生在自己的文集中，称少年时代攻读经典、博览群籍，都是在父亲言传身教的严格庭训下进行的。先生年幼时，父亲于幽深雅静的小院中，为之“讲授《论语》《孟子》的全文和《史记》选篇”，“不仅逐句吟哦经典原文，而且背诵程注、朱注等各类注疏，并联系古今，议论纵横”，先生“则记录不辍，偶尔插问，父亲又申述铺陈”。⑤ 览读书中这种庭训形象，如影视慢镜头滤过一般让人刻骨难忘。

此乃冯学传承精神之一，父辈言传身教，既是亲切的现身说法的榜样，又是保证学问扎实传承的基本根柢。

---

① 转引自杨念群：《儒学地域化的近代形态——三大知识群体互动的比较研究》，生活·读书·新知三联书店 1997 年版，第 287 页。

② 章太炎曾在《自定年谱》中说：“弟子成就者，蕲黄侃季刚……”

③ 章太炎：《黄季刚墓志铭》，《章太炎自述 1869—1936》，人民日报出版社 2012 年版，第 128 页。

④ 陆昕：《率性而行——黄侃的为人与为学》，孙郁主编：《苦境：中华近代文华怪杰心录》，团结出版社 2008 年版，第 311 页。

⑤ 冯天瑜：《月华集》，中国社会科学出版社 2000 年版，第 7 页。

二、家国情怀，悲悯苍生

“身无半亩，心忧天下；读破万卷，神交古人”①，中国的士人阶层从诞生那天起，就拥有了一边读书著文一边心存天下、怀念苍生的胸怀。真正成大道者，无不都是对国家、对民族、对天下，充满着一种忧患意识、悲悯情怀。这种情怀鞭策着历代明君贤臣不断进行以民为本的革故鼎新、兴利除弊，推动历史向前。冯氏学脉作为近现代中国社会的一支显学主流派，保持着这种悲悯苍生的家国情怀传承不辍，尤其在当今，功利化日重的国情民风下，更显可贵。

1885 年，章太炎参加科举考试，考试题目是“论灿烂之大清国”，他顿时火冒三丈，这与他脑海中腐败无能的清政府、横行霸道的洋人、生活艰辛的国人等社会现实相差悬殊，他奋笔疾书，第一个交卷。监考官本十分高兴，以为第一份试卷一定是满篇的歌功颂德，但章太炎写的都是对清政府的抨击和鞭挞。黄侃许身革命，义无反顾，连故土母亲的坟茔都不能瞻谒，只得让苏曼殊绘《梦谒母坟图》来表达深切的思母眷恋之情。却在 1911 年夏，辛亥革命爆发前夕，撰写时评《大乱者救中国之妙药也》，刊于汉口《大江报》，酿成“大江报案”，其三大疯子之一的声誉名副其实。袁世凯筹谋帝制时，托人带 3000 大洋授意黄侃写《劝进书》，他不仅不写，还拿钱去旅游，把袁赏给他的金质嘉禾勋章挂到自家猫的脖子上，这和梁启超严辞袁世凯 20 万大洋换取《异哉所谓国体之论者》一文一样，充满着为四万万人争国格的凛然正气。

冯先生父亲在西北，当他意识到当政者真实的丑恶嘴脸时，决心辞官归乡，学习被困京师设法突围寻其师梁公的蔡锷，假意借大吵赶走夫人，然后辞官新疆；抗战胜利后，他不畏生死，抨击国民党政府腐败，被“职业学生”尾随盯梢；“文革”时期又于深夜抢救藏书至省图书馆。冯先生少时，就力拒权贵，从未进过自家正对门住着的国民党元老邻居家，后又一再拒绝“进京任职”，两度辞做校长任命。两代人累世的丰富藏书，先生从不问收藏经济效益所值几何，却全部捐献给武大图书馆，建成冯氏捐藏馆，惠及师生。冯氏父子不畏权贵、不谋私心、胸怀天下的浩然正义荡气回肠，让人感佩万千。

冯门一派的这些做法，充盈着满满的悲悯苍生、家国天下的伟大情怀。正是立志于这样的情怀和心胸，才使得冯氏学脉扎根民众，汲养深厚，传承不辍，代有大家出现。

三、治学勤奋，自成一家

在 2019 年冯氏捐藏馆开馆仪式的学术座谈会上，冯先生曾慨叹，他做学术研究，只

---

① 左宗棠：《左宗棠全集 家书 诗文》，刘泱泱校点，岳麓书社 2014 年版，第 419 页。

有两个优点，一为热爱，一为勤奋！的确，自章黄、梁王以下，到先生之父冯永轩，再到冯先生本人，学脉传延的重要精神，就是深深爱之，勤奋研之，手不释卷，笔耕不辍，然后才有了丰富的著述，才成就了既有师承又有创获、最后自成一家的境界。

章太炎在学问方面，集思想家、朴学大师于一身，研究范围涉及小学、历史、哲学、政治，学富五车。终生所著《章氏丛书》、续编、三编、《太炎最近文录》等，共计约400万字。章大师爱读书，卧室中除了床就是书，每次半夜醒来就想到某书某事，立即起床到书架上翻阅，兴之所至，从不加衣，即使寒冬亦如此。由此想到先生女儿冯可耘在网络上交流的一段话，她说先生因为忙碌了一天，晚上觉得身体不适，很早就和衣躺下休息了，可是夜半3：00刘老师醒来，发现冯先生居然在案牍翻阅书籍！用可耘的话说，父亲对书的痴儿近恐怖状态。先生真不愧为冯氏学脉之传人。章太炎不仅在幼时，全文背诵《史记》《汉书》《四书》，还通读过“顾氏《音学五书》、王氏《经义述闻》、郝氏《尔雅义疏》”，通读后，便达到“自是一意治经，文必法古”①的境界。而且成年后，为了全面了解清代汉学成就，他用了整整两年时间，通读了道光年间刊刻的《学海堂经解》，后又通读了光绪年间刊刻的《南菁书院经解》。这两部书，前者凡74家、188种，共1408卷，后者110家、209种，共1430卷！如此勤奋治学精神，即使不成大家，也成疯魔了。

黄侃治学，上绍汉唐，下承乾嘉，多有创见，虽已名声赫赫，且身体虚弱，但仍致力学术而不倦。他有感于其师“老乃益劬，笃旧不迁，真望尘莫及也”②，从老师那里承继了勤奋治学的精神，声称“治学第一当恪守师承，第二当博总广揽”，“惟以观天下书未遍，不得妄下雌黄”。他治学广而精严，以“勤”字当头，所读的经、史、音韵、文字等书，都反复读数十遍，其熟悉程度达到随意指出某条内容就能说出在某书的篇、页，乃至行数。厚厚的一部《周礼正义》，他限定自己180天读完，100册之多的《清史稿》，他每一卷都要详加圈点，对自己谨严自守达到了苛刻的地步。他坚持谨慎著书，虽自五十岁才开始，但一发不可收拾，仅一年时间，先后有《携秋华室词》《音略》《日知录校记》《黄侃论学杂著》及《文心雕龙札记》《说文略说》《尔雅略说》《尔雅郝疏补丁》《集韵声类表》《声韵略说》《声韵通例》《云悲海思庐诗钞》等十多种作品问世。遗憾的是，天不假年，知命之年过早谢世，徒留下大量的未经整理的点校笺识古籍遗稿。

冯永轩先生从商周史到西北史，再到楚史，从史通史论到音韵小学、文字学、金文，所著之书纵横磅礴，洋洋大观。在著述《中国史学史》时，于“辨章学术，考镜源流”方面独具特色，每论一部史籍，必旁征博引，采掇已有的研究成果，对学术源流与演变进行详尽梳理；在西北边疆地史和华中楚地史两个学术重心之间，他既有皇皇巨著，又有札记论

---

① 章太炎：《太炎先生自定年谱》，光绪二年。

② 《黄侃日记》，转引自姚永辉等编著：《太炎文化读本 章太炎与民国人物》，浙江大学出版社2015年版，第9页。

文和史料整理考证，还重视考据和实地考察，收藏珍贵的文物资料，最后集腋成裘形成了今天的冯氏收藏。他的《五水与五水蛮》《说楚都》等文论，在今天看来仍然具有不可磨灭价值。冯先生之手不释卷、嗜书如命、几十年如一日笔耕不辍，也承继着章黄、梁王大家勤奋治学精神之遗风。正是得益于“热爱”和“勤奋”，先生成为当代当之无愧的文化大家，他的学术建树，既有通过“即器求道”“观象索义”，建立中国文化史架构，又有注重“生成”“转型”的晚周和晚清史研究，既探究“整体”，彰显“地域”，精研文化的“一”与“多”，又“贯穿古今”“打通中外”，为往圣继绝学，为世人留下了汗牛充栋的文化篇章。

冯学一脉，治学勤奋、严谨，博大宏阔，著述丰富，注重师承，但绝不沿袭，都在各自领域内多有创见。正如章太炎评价黄侃那样，“既学习勤奋谨严，又无呆气，有自己独立的思考，最终自成家法”①，严谨治学，传承理念精神，又自成一家，乃冯氏学脉传承精神的精华所在。惟其传承，才成学脉，惟其创获，才有发展，正是如此精神，才使得百年冯学传承不辍，发扬光大如此。

四、结　语

冯学一脉的传承精神，在父子承继，严格庭训，在悲悯苍生，家国情怀，在治学勤奋，自成一家，无不映照着“为天地立心，为往圣继绝学”的浩然正气和“天行健，君子以自强不息”的责任担当，这不仅是吾辈作为冯门弟子要学习和传承的丰富财富，更是中国学术、中国文化研究所要承继传递的一种可贵精神！

---

① 转引自姚永辉等编著：《太炎文化读本 章太炎与民国人物》，浙江大学出版社 2015 年版，第 9 页。

太炎风骨，梁王学说

姚彬彬*

古今士林，举凡安身立命、成己达人之途，无非为人、为学之二端。为人者，贵在独立不羁、拒斥俗流，有民胞物与之境界，与天地精神相往来；为学者，贵在通博守正、开启风气，为真理上下而求索，虽千万人吾往矣。百年以降，吾华适逢贞元之际，数代贤哲，思以术业开启新运。盖所谓王纲解纽者，亦文士性情发舒之时，故似晋人之风骨、似诸子之华章，复见于斯世矣。

为人者，若“清学之殿军”余杭章太炎先生，高蹈逸群，布衣麻鞋，径行独往，“以大勋章作扇坠，临总统府之门，大诟袁世凯的包藏祸心者”，“七被追捕，三入牢狱，而革命之志，终不屈挠者”，堪称“先哲的精神，后生的楷范”。为学者，若新会梁任公先生、海宁王静安先生，旧学工夫邃密，又能接引远西之“预流”，概若义宁陈先生所论：“一时代之学术，必有其新材料与新问题。取用此材料，以研求问题，则为此时代学术之新潮流。治学之士得预于此流者，谓之预流。其未得预者，谓之未入流，此古今学术史之通义。”左右采获，为后学开启无数法门，无愧宗师之誉。

黄安冯永轩先生，出于耕读之家，幼颖悟而勉学，得族中学田收入资助，负笈四方。岁在癸亥(1923)，入武昌高师，从蕲春黄季刚先生游，黄氏为太炎先生高足，精经学、小学。后北上清华大学国学研究院，入梁任公、王静安二先生之门，由是贯通经史，学遂大成，以《匈奴史》之著成卒业，学林多所称美。永轩公平生著述甚丰，有《史记楚世家会注考证校补》《西北史地论丛》《商周史》等，多发前人未发之覆。公哲嗣五子，天瑜先生早承父业，少博学而能文，尽得家学，长而更臻精微之境。小子何幸，师从先生有年，蒙言传身教，得早晚请益，仰观冯氏二代先生为人、为学之气象，故有“太炎风骨，梁王学说”之论。

天瑜师尝言永轩公之“未成文的家训”乃“远权贵、拒妄财”，此由冯氏昆仲“无言地传

---

* 姚彬彬(1981—)，武汉大学中国传统文化研究中心副教授。

承”。永轩公于20世纪30年代曾赴新疆任职，渐察军阀盛世才心术诡谲，不为其百般利益诱惑所动，自始至终人格巍巍挺立，终凭巧智，脱其掌控。抗战军兴，公于鄂东山区就任省立第二高中校长，“不惧当局高压，抵制CC系对学校的控制，终于辞职以抗，一段时间家庭生活极度艰困”。乃至后在反右运动中，仍“不畏权势威压，坚守正直人格”。盖“远权贵”之“远”者，自非拒人于千里，洵为恪守人格之独立，摒绝攀龙附凤之琐行者是也。天瑜师平生襟怀洒落，视“人爵”如浮云，“改开”以前，先生坚拒“进京任职”；“改开”以后，先生又两拒校长任命。此种精神境界，凡久历世事者，皆当察其知易行难，然先生恬然自适而知行合一，非家学传统之濡染而心性淳至者，曷克臻此！

先哲所谓“狂狷”者，“狂者进取，狷者有所不为”。太炎先生之精神气象自近“狂”者，冯氏“远权贵、拒妄财”之身体力行，则更近“狷”者。盖“狂”与“狷”，非一非异，一体两面，皆吾华数千年来“士”之传统中一脉不绝之风骨传承也。

天瑜师之学术生涯已垂半世纪，此一期间，文化环境跌宕更革，师之述作，亦不断拓进新域。然道术之大端，前后则一以贯之。先生承梁任公、王静安及永轩公之流风余韵，因其超拔六合，故能不主一家一派之陈言旧章；因其涵化中西，故能研判众术得失而更有发明。博古而不泥于古，词章、义理、考据，会三归一，造于精微。师门先进，昔年有“冯学四端”之论，谓“文化生态论”“元典精神论”“互动转型论”及湖北地方史志之发覆。此“四端”者，盖为天瑜师中岁之成就。进入新世纪后，师又开启“历史文化语义学”之新领域，《“封建”考论》之作，抽丝剥茧，拨云见日，百年纷争，由此渐趋一是。癸巳(2013)之岁，师之《中国文化生成史》著成，平生创获，略具于此皇皇两卷中。近年来，师董理平生著述，勒为《冯天瑜文存》二十卷，陆续梓行。

黄冈熊十力先生曾有“分析与综会，踏实与凌空”之“读书四要”说，就此言梁、王之学：梁之所长者，盖在“综会”与“凌空”，故任公言史论事，神飞天外，如长江大河，浩浩荡荡，沛然而莫之能御；洞彻古今中西之变，若佛氏观掌中庵摩罗果，源流毕现。王之所长者，则在“分析”与“踏实”，静安深察名理，精研艺文，灵心善感，曲折幽微，于“新材料”与“新问题”，独具慧眼，见人所难见，言人所难言，故能取今复古，别立新宗，蔚为大观。黄安冯氏之学，兼具二家之长，永轩公《商周史》《楚史》等史著，考三代及晚周之因革损益，盖梁学之接续也；其金石学、文字学之考证，兼重“地上”“地下”之二重证据，又为王学之接续也。天瑜师之种种文化史著，察微知几，提纲挈领，抉百代源流而观其会通，自亦梁学之接续、继有发明也；而师之考掘“概念史”，每发一义，穷究中、西、日之原委，更筚路蓝缕，寻踪东瀛，引介掘发“东亚同文书院”等史料宝库，若《“千岁丸”上海行》等著，举域外史料，以证近史，此非王氏“二重证据”之新路也欤！

戊戌(2018)之岁，余蒙天瑜师提挈，得以略尽绵薄，协助吾师成《中国文化元典十讲》之作，其间体察“元典”旨趣，以管窥豹，亦略有所得。“元典精神”常以“文化重演律”为表达方式，“文化重演”者，盖谓某一文明体系面临困境之际，后人往往求解于元典，回归精神母体，文化始终在螺旋状之往复中演进前行。斯论显有梁任公《清代学术概论》中“以复古为解放”说之一定启发，而更见系统透辟。天瑜师之论“元典”，以之非特为五经及儒门著述，以先秦道、墨、法诸家之杰作，皆有元典性。盖儒术虽为两千年来之定于一尊之“官学”，然道家“无为自然”、墨家“兼爱非攻”、法家“法不阿贵”，乃至佛家“同体大悲”，皆中华元典精神之重要端绪，尤于代表“农与工肆之人”之墨家宗旨再三致意焉。先生平生于儒门“贱视生产劳动”“‘劳力’与‘劳心’对立”“重拟人化自然而轻客观对象自然”等历史积弊向有深刻反省，此种不拘泥于“一尊”之学，平视诸子，不囿成说，不主故常之进路，上溯晚近学林，似亦于章太炎《论诸子学》诸文之说遥相符契，复又结合当世文化背景，更赋新义。

半世纪以降，天瑜师反思二千年宗法专制制度之积弊，以之为“阳儒阴法”，“有治民术而无民治论”，盖如浏阳谭复生所谓：“两千年之政，秦政也。”故先生以周、秦二制，各有得失，而秦政之弊，亟待深切反省。十载以来，先生屡战重疾，然居恒笔耕不辍。庚子大疫后，先生抚今追昔，是为《周制与秦制》撰述之始，先生尝谓：“此书若成，吾无憾矣！”戏称之“关门书”。此题先生深思多年，蕴藉深矣，吾人引首以盼，更祈师道体康泰，更呈妙义，得以长蒙教泽也。

文化史

文化史研究之旅

周积明[*]

中国文化史研究是一条蜿蜒的长流。它发端于 20 世纪初年，蓬勃于其后 30 年，1949 年后沉寂一时，20 世纪 80 年代重又复兴，至今绵延不绝。在改革开放以来文化史研究的历程中，冯天瑜是前列人物之一，他不断开拓新领域，提出创见，锐意精进，学术影响力弥深弥远。

一、文化史理论与研究方法的开拓创新

20 世纪 70 年代末，中国历史发生重大转折。继中共十一大宣布“文化大革命”结束，党的十一届三中全会开启改革开放的新时代。这是一场前所未有的改革，它广泛涉及传统经济体制、政治体制，涉及人类思想和活动中的所有领域。在此过程中，中国传统文化显示出双重价值。一方面，由于传统价值体系在本质上或系统意义上是一种反映、说明和维系传统经济格局和政治格局的思想体系，因此，它势必抗拒改革开放的深入和全面推进；而经济体制的改革也必然对原有的文化价值观念和文化心理产生强大的冲击，并提出建立一种积极的、有利于中国现代化进程的新价值体系的历史要求。另一方面，任何民族的现代化，归根结底只能建立在本民族的文化基点上，以本民族的历史文化为源头活水。所谓中国特色的社会主义，其全部意义正在于此。因此，从中国传统文化中发掘精华、汲取智慧，是中国现代化进程的必然选择。正是在这样一种大背景下，关于文化问题的大讨论蓬勃兴起。而每一次讨论都必然伴随改革进程的深入，展示出不断更新的思路，得出新鲜的结论。由于所有有关文化问题的讨论，都离不开历史的回溯，都必须从中国传统文化的形

---

* 周积明（1949—　），原湖北大学副校长，湖北大学历史文化学院教授、博士生导师。本文原题为“智者光芒　通博气象——冯天瑜的文化史研究之旅”，发表于《武汉大学学报》（哲学社会科学版）2021 年第 2 期。此次收入本书，经冯先生审阅后订正记事出入多处，特此致谢。

态、流变中寻求根源，因此，这样一种文化大讨论必然推动沉寂已久的文化史研究的兴起。

文化史研究的振兴不仅是因应时代对理论的需要，也是史学回归人文科学的必然趋势。中国旧史学“详于政治而略于文化”，这一传统于 20 世纪上半叶在梁启超“新史学”的号召下得到反拨。但 1949 年后 30 年间，由于把几千年的文明史归结为阶级斗争史，将此外的所有研究统统归结为历史唯心主义加以鞭挞，历史被简单化、教条化，文化史研究沉寂。值得注意的是，此种情形同样出现在苏联。1980 年，苏联学者鲍戈留博娃在《文化与文明》一文中指出：“‘文化’和‘文明’这两个概念的情况是：它们都是马克思列宁主义经典作家使用过的概念，但后来在历史唯物主义的发展过程中好像被推到了次要地位。这仅就下述事实即可为证：在很久时间内，历史唯物主义教科书中根本没有研究文化和文明的问题。”①中国与苏联在文化研究问题上的失误，道出了传统社会主义共通的思维方式和理论特色。改革开放后，随着人文视野的不断扩展和澄清，缺少文化史研究的历史学日益显示出“跛足”的缺陷，这种状况既不符合人类文明史的真实历史进程，又与各门学科综合化、一体化的世界性大趋势相悖。一旦学术研究重获尊严，文化环境走向宽松，文化史研究的崛起势所必然。

正是在此学术大转关的时刻，冯天瑜和时代同步，开启了他的文化史研究之旅。1983—1990 年，冯天瑜相继出版《上古神话纵横谈》《明清文化史散论》《中国古文化的奥秘》《中国文化史断想》《中华文化史》，成果不可谓不丰厚。

《上古神话纵横谈》篇幅虽不大，但有特殊魅力。该书的最大特色是以文化史视角从纵横两个方面对中国上古神话加以诠释。中国神话学源远流长，其开创者是茅盾、闻一多诸先生，在其后的发展中，形成不同研究纵队，“有的研究上古神话，有的研究少数民族神话，有的研究神话学史，有的着重于文学的研究，有的着重于民俗学和民族学的研究，有的着重于比较神话学的研究”②。冯天瑜另辟蹊径，从历史入手对上古神话进行剖析，发掘出上古神话的社会内涵。著名神话学家袁珂先生指出该书的文化史意义时说：“天瑜同志是学历史的，从这本书可以见到作为一个史学者的他在书中所下的工夫。他处处从社会发展史的角度来研究中国神话，正如我上次读了他《古代神话断想》论文复信所说，‘神话基于现实，从神话可以看到古代的史影，大作用充分的材料和事实，将这两点阐述尽致’，本书也有这样一个特色。尤其是下篇中‘器用文物创造的神话’一段，可以说就是一部古代文化史的缩影在神话上的反映，写得最为精彩有力，将本书这样一个特色发

① 中共中央党校科学社会主义教研室编译：《文明和文化(国外百科辞书条目选译)》，求实出版社 1982 年版，第 131~132 页。

② 刘守华：《一本有鲜明特色的神话学论著——读冯天瑜的上古神话纵横谈》，《湖北大学学报》(哲学社会科学版)1985 年第 1 期，第 100~102 页。

挥得最是充足。”①

《明清文化史散论》与《中国文化史断想》是两本论文集，收入1979年到1988年间的论文。“其中既有宏观鸟瞰，也有个案考究”，但无论哪种视角，“多围绕中国文化的特质这一中心展开”。② 两集呈现了冯天瑜关于文化史基本问题的思考，如“文化的概念及其演变”“文化史的研究对象及其在历史科学中的地位”“汉族文化的类型及其分期”，等等。在后来的研究中，这些问题的讨论进一步展开，其视野则越来越扩展，思考更益深化。

《中国古文化的奥秘》出版于1986年，全书分为“溯源篇”(冯天瑜撰)和“鸟瞰篇”(周积明撰)。“溯源篇”着意于对中国古代文化的理论思考，它试图说明古文化和现代人是什么关系，古文化这条壮阔的大江是如何“接纳细川、汇聚众流”的，古文明这株参天大树是植根在怎样的土壤之中的，中国古文化之独特风格及其属性和格局又是怎样的等问题。“鸟瞰篇”偏重于对中国古文化的历史评述，它依与社会经济基础联系的密切程度，把语言文字、科学技术、艺术和文学、史学、哲学等领域视为一个递进的阶梯，并根据这一考虑“对中国古代文化的主要子系统作鸟瞰式的检阅，并从它们的相互渗透、相互联系中，去窥探中华民族精神文化发展的轨迹”。该书出版后，著名史学家瞿林东在《中国文化报》上发表书评《中国古代文化的世界意义——读〈中国古文化的奥秘〉》。文章开篇指出：“关于文化的讨论和研究已经‘热’了好几年了，报刊上发表了不少文章，但比较系统的著作尚不多见。概念上的歧异、研究范围的广泛和研究基础的薄弱等原因所致，大概在短时期还难得有较多的专门著作问世。冯天瑜和周积明合著的《中国古文化的奥秘》一书，或许可以视为中国古代文化史研究领域的一枝迎春花吧。”③值得注意的是，在《中国古文化的奥秘》中，冯天瑜将他对文化史基本问题的关注，延展到文化生成机制。正如瞿林东和责编王建辉所指出的：“从文化学的观点来看，《奥秘》在‘溯源篇’里论述的几个问题，即中国文化的生成机制、中国文化的‘土壤分析’、农业—宗法社会养育出来的中国文化(一个以伦理意识为中心的系统)等，在理论的探索上有格外值得重视的地方。”④“作者将民族文化的社会地理环境、物质生产方式和社会组织形态三个层次统统纳入自己的研究视野，这较之近代以来对中国民族文化土壤的分析无疑推进了一大步。”⑤在冯天瑜文化史研究的学术脉络中，《中国古文化的奥秘》是从《明清文化史散论》到《中华文化史》的过渡形态。由此以后

---

① 袁珂：《〈上古神话纵横谈〉序》，冯天瑜：《上古神话纵横谈》，上海文艺出版社1983年版，第8页。

② 冯天瑜：《中国文化史断想》，华中理工大学出版社1989年版，第II页。

③ 瞿林东：《中国古代文化的世界意义——读〈中国古文化的奥秘〉》，《中国文化报》，1987年5月17日。

④ 瞿林东：《中国古代文化的世界意义——读〈中国古文化的奥秘〉》，《中国文化报》，1987年5月17日。

⑤ 王建辉：《中国古文化系统的溯源与鸟瞰——〈中国古文化的奥秘〉读与评》，《中国图书评论》1987年第2期。

更深入的研究成果，就是《中华文化史》。

1990年，冯天瑜撰导论、上编(中华文化生态)、结语，何晓明、周积明撰下编(中华文化历程)的《中华文化史》在上海人民出版社出版。在20世纪三四十年代的文化史研究热潮中，曾经出现过通史型文化史著作的出版高峰，① 其中以柳诒徵的《中国文化史》(1932)、陈登原的《中国文化史》(1935)较有影响。然而，1949年后，随着文化史研究的沉寂，文化通史再无踪影。《中华文化史》上承柳诒徵、陈登原等前辈学者文化通史的学脉，成为中华人民共和国成立后的第一部文化通史。全书扣住各个时段文化历史的个性，展示了中华文化从"人猿相揖别"的原始社会到蜕变新生的新民主主义时期波澜壮阔的文化历程。其写作风格既富于理论色彩又不艰涩；文笔清新明快又不乏精辟议论，出版后大受欢迎，一印再印，迄今为止，该书已出版了五个版本②，获得中国图书奖一等奖，成为许多高校文化史研究与教学的必读教材。

《中华文化史》不仅为改革开放时期复兴的文化史学界提供了一部具有标杆意义的中型文化通史，贡献了较为系统的文化史研究理论和方法。其导论将多年来关于文化史基本问题的思考加以深化和全面展开，阐述了文化史研究的任务：将人类文化的发生发展作为一个总体对象加以研究，从而与作为社会知识系统某一分支发展史的学科如哲学史、文学史相区别；文化史研究尤其注意人类创造文化时主体意识的演变，从而与研究客观社会形态的经济史、社会史相区别；文化史不仅要研究文化的"外化过程"，即创造物化产品，改造外部世界的历史，而且要研究文化的"内化过程"，即人在以上实践中不断改造自身的历史，同时还要研究"外化"与"内化"过程如何相互渗透，彼此推引，共同促进文化的进步；文化史研究格外留意于主体色彩鲜明的领域，如人的认知系统、语言文字系统、宗教伦理系统、习俗生活方式系统，同时，对那些主体性较隐蔽的科技器物系统、社会制度系统，也着力剖视潜伏其间的主体因素的创造作用。这些论述，对文化史理论与研究方法作出了重要贡献。上篇引入美国文化人类学家J. H. 斯图尔德的"文化生态学"理论，提炼出"中华文化生态"这一概念，围绕地理环境、经济土壤、社会结构三层次讨论中华文化生成机制，剖析出独特个性，即：区别于开放性的海洋环境的半封闭的大陆—海岸型地理环境；区别于工商业经济的家庭手工业与小农业相结合的自然经济，并辅之以周边的游牧经济；区别于古代希腊罗马城邦民主制、元首共和制、军事独裁制，中世纪欧洲和日本领主封建

① 如林传甲的《中国文化史》(1914)、顾康伯的《中国文化史》二册(1924)、常乃德的《中国文化小史》(1928)、陈国强的《物观中国文化史》二册(1931)、柳诒徵的《中国文化史》二册(1932)、杨东莼的《本国文化史大纲》(1932)、陈登原的《中国文化史》(1935)、文公直的《中国文化史》(1936)、王德华的《中国文化史略》(1936)、缪凤林的《中国民族之文化》(1940)、陈安仁的《中国文化演进史观》(1942)与《中国文化史》二册(1947)、王治心的《中国文化史类编》(1943)、陈竺同的《中国文化史略》(1944)。

② 上海人民出版社于1990年、2005年、2010年、2015年出了四个版本，台湾桂冠图书股份有限公司1993年出版一个版本。

制以及印度种姓制的家国同构的宗法—专制社会。这些关于中华文化生态的阐述，为研究文化史开辟了理论视野。

《中华文化史》出版后，冯天瑜对文化史基本理论的思考继续深入，其目光进一步投射到中华文化的生成机制上。2013 年，武汉大学出版社出版了《中国文化生成史》。该书揭示"文化生成史"的渊源："有了人类方有文化的生成，文化生成史也就是一门洋溢着主体性的人文学。"它"把人类文化的发生发展作为一个总体对象加以研究"，"从而与作为社会知识系统某一分支发展史(如文学史、史学史、科学技术史、哲学史)相区别"。它在研究路线上"追究人与生存环境的互动关系，通过对物化的精神和精神的物化的双向探求，把握文化生成机制及其发展走势"①。具体言之，其研究有三个特点：其一，在研究人类文化发生发展的总体过程时，尤其注意于推进文化的动力机制的考察。其二，不仅研究文化的"外化过程"，即人类"开物成务"，创造各种物化产品，从而改造外部世界，使其不断"人化"的过程，而且研究文化的"内化过程"，即文化的"主体"——人自身——在创造文化的实践中不断被塑造的"化人"过程，同时还要研究外化过程与内化过程的交相渗透，彼此推引。② 其三，重在结构分析，揭示隐蔽在深层的、决定集体生存的结构性力量。但是，这样一种关注"结构"的研究，不意味着忽视人的历史主动性。一方面，人作为文化生成的积极参与者和有限度的主导者，并未因结构性的历史必然性而消极无为；另一方面，"文化是群体创作物，但作为知识精英的'士'，于'道'、'器'两方面富于个性的发现、发明，是文化生成中的灿烂亮色，其对文化进程往往产生关键性影响，不因'结构'的先定性而消弭，又与'庶众'的基础性创造彼此应和、相互推助"③。唐翼明以为《中国文化生成史》是近几十年最好的一部文化史。

从《中国古文化的奥秘》经《中华文化史》再到《中国文化生成史》，冯天瑜在不断的研究和探索中，对文化史理论与研究方法作出了重大贡献。在改革开放以来的文化史学界，这样的贡献是不多见的。

二、聚焦中华文化的"轴心时代"与"近代转型期"

与整体文化史研究同时，冯天瑜还聚焦于中国文化史历程中的两个重要时段，一是先秦——中国文化的轴心时代，一是明清——中国文化的近代转型期。抓住"轴心时代"也就抓住了贯穿中国文化的精神脉络；抓住了"文化转型期"也就抓住了中国传统社会"新变"的关键节点。

① 冯天瑜：《中国文化生成史》，武汉大学出版社 2013 年版，第 136 页。

② 冯天瑜：《中国文化生成史》，武汉大学出版社 2013 年版，第 135~136 页。

③ 冯天瑜：《中国文化生成史》，武汉大学出版社 2013 年版，第 8 页。

1992年，台湾文津出版社出版了冯天瑜的《元典：文本与阐释》；两年后，上海人民出版社出版了规模较大的《中华元典精神》。“元典”一词，系冯天瑜创发，其渊源则来自雅斯贝尔斯的“轴心时代”之说。在《人的历史》中，雅斯贝尔斯说：“以公元前500年为中心——从公元前800年到公元前200年——人类的物质、精神基础同时地或独立地在中国、印度、波斯、巴勒斯坦和希腊开始奠基，而且直到今天人类仍然附着在这种基础之上。”这个时代被称为“轴心时代”。“这个时代产生了我们今天依然要借助于此来思考问题的基本范畴，创立了人们至今仍然生活在其中的世界宗教。”①正是在轴心时代，一个民族的原创性精神首次得以系统的整理，由此形成的典籍即所谓“元典”。在“元典”中，蕴含着该民族整个文化系统以后发展过程的密码，集中反映了民族的集体经验和文化心态，并成为一个民族垂范永远的精神象征和取之不尽的精神源泉。因此，对元典符号编码的破译，是了解一个民族、认识一种文明、理解一个社会的关键和纲领。张岱年认为“元典”概念的提出，是文化史研究的“重大贡献”。

中华元典指具有原创性、影响深远的典籍《诗经》《易经》《尚书》《春秋》，三《礼》以及《论语》《墨子》《孟子》《老子》《庄子》《荀子》等。探讨这些典籍在中国古代都有专门之学。冯天瑜把这些典籍作为中华文化“轴心时代”的思想凝结加以考察，致力于揭示它们是如何成为中华文化的精神基础，其包藏的基本精神如何在历史长河中被反复阐扬，这种转换着的元典精神在中国近代化运动中如何发挥功能。正是在文化关怀之下，掘发出“循天道、尚人文”“通变易、守圜道”“重伦常、崇教化”等“元典精神”，提出“文化重演律”。“‘文化重演律’是‘否定之否定律’在文化发展过程中的一种表现，指文化的演进不是直线式的，而呈螺旋上升状的‘回复’与‘重演’，达成螺旋式上升。”

“中华文化元典”的解读是冯氏文化史研究的一大创新，它直指民族精神文化之根，并破译了中华文化的生成密码，描摹出其精神历程的运动过程。关于“中华文化元典”的研究，是在与《吠陀》《荷马史诗》《圣经》等世界其他民族“文化元典”的贯通比较中进行的，由此呈现出宏大的视野与令人信服的逻辑力量。

继《中华元典精神》出版后，冯天瑜关于“中华元典”的研究一直在深入。2020年，商务印书馆出版了冯天瑜与姚彬彬合著的《中国元典文化十讲》，该书特别补充或强化的内容，要之有三：第一，自汉代形成的经学传统，只将儒家书籍视作经典，有五经、七经、九经、十三经之传习。这是不错的，然儒家典籍之外的诸子书也颇具元典性，如《墨子》的兼爱和科学精神，《老子》的道法自然和无为无不为，《庄子》的超然逍遥和相对思维，《韩非子》的法不阿贵及变革精神，皆传世不遗，理当纳入元典系列。成书肇始于轴心时代的佛典哲思博大，两汉以降译传中国，影响深远，中国僧人又有自创（如《六祖坛经》），广播朝野，亦当纳入元典行列。第二，今传元典，多为两汉以下传世文献，经历代儒者修订

---

① 田汝康、金重远：《现代西方史学流派文选》，上海人民出版社1982年版，第38~40页。

甚至改窜，不一定是先秦旧貌。而出土文献乃入土时原书，晚近方得见天日，其原初性值得重视。“十讲”于数十年来元典出土文本略加评介，期以世君子重视此一情节。第三，元典精义的近代转换、对现代文明的启示，切关宏旨，“十讲”尽量在有限篇幅内突显此一要点。① 经此修订，冯天瑜的“元典”说更为精密完善。

元典研究还指向中华民族近代转型的精神动力问题。“近代转型”的问题意识贯穿于冯天瑜20世纪80年代的文化史研究中。20世纪70—80年代的中国处于时代巨变的潮流中。这一时代的知识分子深感明清以来的中国文化转型远没结束，中国仍然处在文化转型时代。“文化转型”问题因此成为知识界关注的焦点。冯天瑜敏感于这一时代潮流，对这一问题展开了日渐深入的研究。

1987年9月，华中师范大学、武汉大学、湖北大学和湖北省社科联联合举办了“中国走向近代的文化历程学术讨论会”，来自全国和海外的70多名学者出席了这次讨论会，会议论文由冯天瑜主持结集出版，是为《东方的黎明——中国文化走向近代的历程》(巴蜀书社1988年版)。在该书的序言中，冯天瑜指出：“中国文化的近代化是一个与中国社会的近代化互为表里的问题。”这个问题极具实践意义和理论意义。针对围绕中国文化近代化形成的“冲击—反应论”与“中国文化本位论”两极彼此对立的意见，冯天瑜强调：“中国文化的近代化既不是全盘西化，也不是中国传统文化的整体沿袭，而是传统文化的改造和飞跃，是西学与中国传统文化既相冲突又相融汇的复杂历程。这一历程伴随着自然经济解体，大生产兴起，封闭状态逐渐打破，社会革命和变革此起彼伏这样一种时代的风云际会而渐次展开。在这一过程中，中国传统文化表现出它的双重性格，既有阻挠近代化进程的消极面，又有顺应近代化进程的积极面；既有对外来文化顽固拒绝的一面，又有博采异域英华的一面。”这是关于中国文化近代化发生的真知灼见。

1996年，冯天瑜主编的《中国文化的现代转型》在湖北教育出版社出版。在该书“序”中，冯天瑜阐述“文化转型”的概念说：“所谓‘文化转型’，是指社会生活的各个领域、各个层面的整体性变革。如果说，历史的多数时期都发生着文化的局部性量变，那么，‘文化转型期’则指文化发生全局性质变的阶段。今天我们所讨论的‘现代转型’，是指从自然经济占主导的农业社会向商品经济占主导的工业社会演化的过程，其显著标志是，有生命动力系统(人力、畜力)为无生命动力系统(矿物燃料、水力、核能)所接替，机器生产取代手工劳作，人类获得财富的手段由驯化利用天然原料为主，变为加工改造天然原料为主，‘征服自然’所需要的‘高效率’和‘标准化’成为经济生活的准则，与物质文化层面的变迁相表里，在制度文化层面，彼此隔绝的‘鸡犬之声相闻，老死不相往来’的静态乡村式社会，转化为开放的被种种资讯手段紧密联系起来的动态城市式社会，同质的单一性社会变为异质的多样性社会，礼俗社会变为法理社会，人际关系由身份演为契约，宗法—专制

① 冯天瑜、姚彬彬：《中国文化元典十讲》，商务印书馆2020年版，第2页。

政体为民主—法制政体所取代。作为物质文化、制度文化转型的精神先导和思想反映的观念文化，也在这一过程发生深刻的变异，诸如神本转向人本，信仰转向理性，宗教转向科学，教育从少数特权阶层的专利变为大众所享有。传统的农业文明向现代的工业文明转型过程所必须完成的社会重建和文化重建任务，则分别由中产阶级的形成与壮大，知识分子的形成与壮大而逐步得以实现。”①中国近代文化转型的诸多思考，都可以在这篇序言中发现端倪。

中国文化近代化进程，冯天瑜特别关注两个节点，一是明清之际的启蒙文化，一是晚清经世实学。

冯天瑜对明清文化关注甚早。20 世纪 80 年代中期，冯天瑜在湖北大学历史系成立了明清文化史研究室，出版了《明清文化史散论》，以此作为中国文化史研究的起点，其着重点又在明末清初。他认为，中国文化在明清之际出现了由“古学”走向“新学”的最初征兆，活跃在这一时期的黄宗羲、顾炎武、王夫之、唐甄等人的思想，便是“中国十七世纪前后最先进的社会学说”，或“早期启蒙思潮”。② 围绕明清之际的早期启蒙思潮，《明清文化史散论》展开了多方面讨论，如《〈三言〉、〈二拍〉表现的明代历史变迁》《王夫之理性主义历史观探微》《王夫之创见三题》《从晚周民本思潮到黄宗羲的〈明夷待访录〉》，等等。邱汉生在评论《明清文化史散论》时说，该书“名曰‘散论’，实际是有脉络可按，有统系可寻的”③。这个脉络、这个统系其实就是中国文化的“近代转型”。1984 年，冯天瑜和周积明合著的《试论中国和欧洲早期启蒙文化的异同》在《中国史研究》第 2 期上发表。1989 年出版的《中国文化史断想》，收入冯天瑜撰写的《从明清之际的早期启蒙文化到近代新学》。这两篇文章从纵横两个方面将中国早期启蒙文化置于中国文化流变的脉络与世界文化思潮的大格局中审视，揭示明清之际思潮与西欧文艺复兴的异同，又尚未达到 18 世纪启蒙运动的水平。由于冯天瑜关于明清之际思潮的研究承传并修订侯外庐“坚持民主启蒙，批判专制独裁”的学术路线，吴光将其列入广义的侯外庐学派，称《明清文化史散论》颇有外老遗风。

2003 年，湖北人民出版社出版冯天瑜、谢贵安合著的《解构专制——明末清初“新民本”思想研究》。以“新民本思想”修正“早期启蒙思潮”概念，显示了冯天瑜对明清之际思想的认识和把握。名之曰“早期启蒙思潮”是将西方的历史概念嫁接于中国历史文化上；名之曰“新民本”则是真正从中国历史、中国传统中发掘出明末清初思潮的生长点和中国特色的历史文化内涵。对于“新民本”这一概念，冯天瑜展开了一系列论述：新民本思想在思想来源上直接承袭了传统民本思想的基本因子，继承了原始民本思想的精华，借取了佛教

---

① 冯天瑜：《中国文化的现代转型》，湖北教育出版社 1996 年版，第 2 页。

② 冯天瑜：《明清文化史散论》，华中工学院出版社 1984 年版，第 24 页。

③ 邱汉生：《〈明清文化史散论〉序》，冯天瑜：《明清文化史散论》，华中工学院出版社 1984 年版，第 1 页。

“众生平等”的思想以及古代异端思想成分；在性质上，新民本思想是传统民本思想的革新形态，是明末清初黄宗羲、唐甄等思想家在传统民本“重民—尊君”的模式上创建的以“重民—限君”的政治理念。因此，“新民本”之“新”就在于与传统民本思想相比，其思想主张有所更新，其社会基础有新的内涵。虽然“新民本”思想尚不能与欧洲同期启蒙思想家提出的“君主立宪”“民主共和”等学说等同，但它在近代中国文化转型的过程中仍然作为西方近代民主思想接入的砧木，受到普遍重视。①

冯天瑜对于晚清经世实学的关注也在 20 世纪 80 年代发端。在《中国文化史断想》中对儒学的经世传统进行考察，指出，儒学具有入世精神和执着的经世致用的价值取向，“经世”成为中国传统文化的主旋律。尽管这一传统在儒学漫长的矛盾运动的历程中，有淡化之时、变形之象，但却贯穿中国文化始终。道咸年间，中国文化处于“新变”的历史关口，这一时期的经世学者讥切时政、诋排专制、倡言变法；研讨漕政、海运、盐法、河工诸“大政”；探究边疆史地以筹海防；谈瀛海故实以谋域外；变一味考辨古史为“写当前活的历史”。道咸经世实学是儒学面对“过渡时代”作出的积极反应，是近代新学赖以产生的最直接的民族土壤，是中国的“古学”通往“新学”的中介与桥梁。② 1994 年，葛荣晋主编的《中国实学思想史》三卷本出版。冯天瑜与周积明合作为该书撰写了第三编“晚清时期的实学思想”。该编分为九章，较为系统地清理了晚清经世实学的脉络。2002 年，上海社会科学院出版社出版了冯天瑜与黄长义合著的《晚清经世实学》，对晚清经世实学展开了更为详尽和深入的讨论。

冯天瑜对明清之际早期启蒙文化—新民本主义与晚清经世实学的关注自有其关怀所在。在《历史研究》与唐文权、罗福惠合作的《评〈剑桥中国晚清史〉的文化观》一文中，他曾批评“冲击—反应”模式的局限性，指出《晚清史》“似有忽视中国文化自身存在着走向近代的潜在因子的偏颇”，“新学的近代性质虽然在很大程度上是由西学赋予的，但它的某些基因还深藏在近代民族文化的母胎之中”。也就是说，新学的近代性既来自西学东渐的横向历史运动，也来自民族文化继承发展的纵向历史运动。③ 而明清之际新民本主义与晚清经世实学两大论题之所以重要，就在于“它们虽然尚未正式成为近代新文化，却已经构成中国传统文化通往近代新学的桥梁，并提供了西学与中国传统文化彼此融合的结合点”④。

在中国文化近代转型的研究中，冯天瑜不仅着眼于其运动形态、运动节点，而且还由宏观到微观，关注区域性的近代文化转型，将目光投射到张之洞和辛亥武昌首义研究中。

1984 年，河南教育出版社出版冯天瑜撰写的《张之洞评传》。张之洞历史活动的时代，中国正处于新旧交替的过渡时期。章开沅在该书“序言”中指出：“张之洞一生最为飞黄腾

---

① 冯天瑜、谢贵安：《解构专制——明末清初“新民本”思想研究》，湖北人民出版社 2003 年版。

② 冯天瑜：《中国文化史断想》，华中理工大学出版社 1989 年版，第 133 页。

③ 冯天瑜：《中国文化史断想》，华中理工大学出版社 1989 年版，第 320 页。

④ 冯天瑜：《东方的黎明——中国文化走向近代的历程》，巴蜀书社 1988 年版，第 11 页。

达的岁月，就世界范围而言，外国资本主义正在向帝国主义阶段过渡；就国内情况而言，则是从封建社会向半殖民地半封建社会过渡，而按照列宁的说法，半殖民地本身就是一种过渡型的社会形态。在这样的时代和社会里，许许多多历史人物都属于过渡型，或在某种程度上带有过渡的特点。”①正是立足于对这个过渡时代的观察和把握，把张之洞定位为“由中世纪向近代过渡的角色”②。该书“导论”阐述其写作宗旨说：“这本‘评传’试图论述：汹涌奔腾的历史潮流怎样把一个封建士子推上近代舞台，中世纪的固有传统和迎面袭来的‘欧风美雨’怎样促成了他‘新旧杂糅’的思想行径，他的这种充满矛盾的活动又给中国近代历史诸侧面打上了怎样的烙印。”③这就是《张之洞评传》的问题意识，凝聚了冯天瑜关于中国社会和文化近代转型的思考。

南京大学出版社出版冯天瑜、何晓明合著的《张之洞评传》，对张之洞的思想历程进行了更为深广的研究。2020年，冯天瑜再次推出新版《张之洞评传》，将他三年来关于张之洞研究的一些新的拓展补充到《评传》之中。其“积40年研究之功，三次为晚清名臣张之洞写传”的旨趣在于：“中国历史有两次最重要的突破性进展，一个是在周秦之际，从战国到秦汉帝国的建立这个阶段，是一次大的转折，从制度文化而言，就是从周制转为秦制。第二次是晚清时期，即从1840年鸦片战争以后，中国社会发生了又一次十分深刻的变革，从农耕文明向工业文明的转化，从君主专制制度向民主制度转化。张之洞生于1837年，死于1909年，完整地经历了中国的第二次转型过程，所以如果说要通过一个人来反映、来认识一个时代，张之洞比较典型，他的经历、变化比较完整地反映了清末一直到辛亥革命前夜这一个阶段的社会变化。”④因此，张之洞研究一直是冯天瑜关于中国社会和文化近代转型研究的有机部分。

辛亥武昌首义是发生于湖北武昌的重大历史事件，与张之洞的湖北新政有密切关联。冯天瑜生活于武汉，对武昌起义怀有拳拳情怀。1985年，他和贺觉非合著的《辛亥武昌首义史》由湖北人民出版社出版。该书系冯天瑜在贺觉非长期调查资料的基础上撰写。贺老去世后，两年完成全书，增补近年发现的新史料。⑤ 在此后岁月，冯天瑜从未停止关于武昌首义史的研究和思考。2011年，湖北人民出版社出版了冯天瑜、张笃勤合著的《武昌首义史》，该书之撰述虽以前书为底本，但格局之张大、考证之细密、描述之周详，皆有超越。尤其是在历史哲学的把握上，《辛亥首义史》呈现出新的视野。该书导言借用法国年鉴学派代表学者布罗代尔的历史研究“时段”——即区分地理时间（长时段）、社会时间（中时段）、个体时间（短时段）——理论，指出：“传统史学较多注目于‘个体时间’，主要用力

① 章开沅：《〈张之洞评传〉序言》，冯天瑜：《张之洞评传》，河南教育出版社1985年版，第3页。
② 章开沅：《〈张之洞评传〉序言》，冯天瑜：《张之洞评传》，河南教育出版社1985年版，第3页。
③ 冯天瑜：《张之洞评传》，河南教育出版社1985年版，第9页。
④ 周甲禄：《冯天瑜推出新版〈张之洞评传〉》，新华网，2020年9月3日。
⑤ 冯天瑜：《辛亥武昌首义史》，湖北人民出版社1985年版，第2页。

于重大政治事件、外交活动、军事征战等‘短时段’事变的研究，这显然是有缺欠的。今日我们作辛亥首义史考辨，必须超越狭隘的政治史观，将视野投射到近代社会转型全貌，从结构、局势、事件的辩证关系探索这一历史事变的生成机制。”“考察辛亥革命，当然需要细致入微地梳理 1911—1912 年间发生的‘短时段’剧变，但还须追究其背后的‘中时段’社会结构造成的久远影响，考察 19 世纪 60 年代汉口‘开埠’以来，尤其是考察 1889 年张之洞(1837—1909)总督两湖、主持‘湖北新政’以来二十年间的社会变动，考察兴实业、办文教、练新军等诸多近代化事业造成的经济、社会及观念形态的深刻演化，还要考察辛亥首义之后错综复杂的政情演绎与社会变迁，从而在既宏阔又精微的历史视野下，辨析辛亥首义史的起承转合。”在这样的思路下提出“辛亥武昌首义”是中国成功了的第一次近代性城市革命的判断。

中国文化的近代转型，是一个有着深度学术价值和现实意义的课题。为此，冯天瑜殚精竭虑。2010 年，商务印书馆出版冯天瑜的《中国文化近代转型管窥》；2017 年，中国社会科学出版社出版冯天瑜、黄长义主编的《中国文化近代转型的内因与外力》，此书距离 1988 年巴蜀书社出版的《东方的黎明——中国文化走向近代的历程》有 30 年。与此种情形类似，冯天瑜的元典研究、张之洞研究、辛亥武昌首义研究跨度也都长达 30~40 年。谢贵安评论说，冯天瑜的学术研究具有极强的持续性和韧性。是为的论。

三、日本角度：研究中国文化的新视域

自 20 世纪 90 年代中期始，冯天瑜受日本的大学与研究机构邀请，多次造访日本，相继在爱知大学和京都的国际日本研究中心担任专任教授和特聘研究员。

位于日本名古屋市的爱知大学，前身是 1901 年创建于上海的东亚同文书院，书院以“中国学”研究为专务，每年派学生到中国各地进行调查，调查报告书分别向日本外务省和通产省呈送，前后持续四十余年，总计派出四千余名日本学生，旅行线路七百余条，遍及除西藏以外的中国所有省区，形成调查报告千余份。冯天瑜于 1998—2001 年在爱知大学讲学期间，敏锐地发现这批资料具有不可替代的历史价值。回国后，他与李少军、刘柏林合作编译《东亚同文书院中国调查资料选译》(上、中、下)，并推动国家图书馆出版了《东亚同文书院中国调查手稿丛刊》200 册及《东亚同文书院中国调查手稿丛刊续编》250 册，冯天瑜担任主编。冯天瑜指出出版这批资料的意义有二：

其一，近代日本进行的中国调查，系“大陆政策”的产物，是为日本侵略中国的战略服务的。这一历史真实，国人不可忘却。日本对华商战和军事侵略屡屡得手，与其由“满铁”、东亚同文书院等机构提供系统的、巨细无遗的中国调查颇有关系。反之，中国对日本和中国自己的了解则大而化之、粗疏零乱。中日之间存在着严重的对于对方国情的“信息不对称”状况，这是一个极大的历史教训。

其二，日本的官方与民间在一个长时段运用近代实证科学方法开展周详细密的中国社会调查，有些是对当时中国官方及民间零散资料的集中与整理，有些是运用社会学的实证调查方法采集第一手材料。经数十年积累，日本人掌握了关于中国经济、政治、社会、文化方面的翔实信息，留下卷帙浩繁的见闻录、考察报告，以及在此基础上编纂的志书、类书等文献，为从事晚清民国政治史、经济史、文化史、社会史研究提供了直接或间接的资料，其调查方法的精密、系统，也足堪借鉴。①

利用这批资料，近年武汉大学、北京大学、中国人民大学、复旦大学的一批学者已开始系统开展关于晚清民国史的分学科研究。冯天瑜与聂运伟、刘柏林合作的专著《东亚同文书院中国调查之研究》即将出版。北京大学周建波谓，没有冯天瑜的推动，这项研究绝对是藏在深闺无人知。

1862年，日本幕府官船“千岁丸”来到上海，这是一件不起眼也几无人注意的历史事件。但是，冯天瑜敏锐地发现在这一历史事件中包含极为丰富的信息。2001年，商务印书馆出版冯天瑜的《“千岁丸”上海行——日本人一八六二年的中国观察》。该书的问题意识是：“在疑云密布的东亚海陆交界处，日本幕府官船‘千岁丸’带着怎样的使命，于1862年这个‘中国政治史上十分重要的一年’，来到中国军事、政治、外交、经济、文化的‘焦点’上海，使团的幕府官员(幕吏)及随行的诸藩武士(藩士)，在上海获得了哪些见闻，引发了怎样的思考？这些见闻与思考对日本的幕末维新乃至以后的明治维新起到怎样的作用？在中日两国社会近代转型的关键时刻，‘千岁丸’上海行透露出怎样的信息？”南京大学茅家琦称该书“颇有奥义”，并说：“学者们不能不产生如下思考：从中国太平天国农民战争中吸取什么样的经验教训，中日双方各不相同，中国方面，志士仁人热衷于做‘洪秀全第二’，日本方面却从‘太平天国否定论’中得到启示形成另一条‘开国路线’。这条路线，虽存在弊端，日本国的现代化走过的道路也曲折坎坷，但取得的成就则是显著的：如何历史地、全面地认识、评价这一条路线，从而吸取有益的东西，仍然值得学者研究。学者们也不能不产生如下思考：文明古国，礼义之邦，打开国门，一下子就变成如此贪利、庸俗、无耻，从100年的历史看，‘经济发展、道德落后’，似乎是落后地区推动现代化必然要出现的一种现象。应如何认识并预防或治理这种现象？人们阅读冯著，对上述两个问题会得到若干启示。”②

从《东亚同文书院中国调查资料选译》到《“千岁丸”上海行——日本人一八六二年的中国观察》，共同特点是发掘来自日本的第一手资料观看中国历史的另一面相，同时发现日本人对中国的观察是如何影响了日本的近代历史，更进一步揭示在历史转折关头，日本和

---

① 冯天瑜：《〈东亚同文书院中国调查手稿丛刊〉序》，国家图书馆出版社2016年版。冯天瑜：《东亚同文书院中国调查的历史警示与当下启迪》，《文化软实力研究》2018年第6期。

② 茅家琦：《颇有奥义——评冯天瑜著〈“千岁丸”上海行〉》，《武汉大学学报》(人文科学版)2002年第4期。

中国为什么走上不同的道路。这样的研究，不再是就中国论中国，而是将近代中国置于中日交往与东亚近代变迁的大环境下，由此获得更广阔的视野，得出更有深度的结论。

四、历史文化语义学

19 世纪中叶以降，大量的外来词汇、术语、概念被翻译到汉语世界。在往昔的历史研究中，这一文化现象虽然引起学者们注意，但其分析往往局限于外来文化影响层面。

20 世纪后半期始，语言在历史进程中的重要作用越来越得到认可，历史学研究赢得一个新的领域，这便是概念史(history of concepts)的兴起和盛行。概念史大家科塞雷克把概念本身的演化视为历史发展的一个指标器、推动历史变化的一个因素，“概念史研究的雄心是，借助被考察的概念，重构社会史的色彩缤纷的截面并以此呈现(整个)社会历史，为史学研究提供一种范式”①。

21 世纪以来，在西方概念史思潮的影响下，中国学术界越来越深刻地认识到，如果离开近代传入与生成的新词汇、术语、概念，就无法理解中国乃至东亚的近代史。一部分学者开始将概念史方法引入中国近代史研究，其方法一是译介概念史的相关理论和研究方法，进而尝试构建与近代中国历史情境相契合的概念史研究路径；二是对近代中国的若干基本概念进行“知识考古”，试图厘清其演变过程及其社会政治语境，进而对近代知识体系之建构有所发明。② 为此，冯天瑜和金观涛、刘青峰、黄兴涛、方维规、孙江、李宏图、陈建华、桑兵、章清等学者从思想史、观念史、文化史、学术史、社会史等不同路径出发，结合西方概念史研究的基本理念，对中国“近代新名词”进行研究，形成了既密切关联、又各具特色的不同研究风格和路数。

冯天瑜较早就重视“概念”问题。20 世纪 80 年代后期撰写《中华文化史》上篇，关于“文化”一词有长篇考释，并兼及“文明”；又在该篇第四章第三节“中国‘封建制度’辨析”中指出：“时下通用的‘封建制度’是一个需要特别加以辨析的概念，因为它的含义既大异于古来惯称的‘封建’，也颇不同于西方史学界常用的‘封建制度’。”③这是改革开放以来国内探讨封建概念古今演绎、中外对接间得失的较早文字。继之，冯天瑜又发表了《厘清概念——以“封建”“形而上学”为例》《“革命”“共和”：近代政治中坚概念的形成》等探讨术语生成、演化问题的专文。后文以及日本狭间直树教授论“民主、共和”的文章、陈建华的《中国革命话语考论》，开辟了从关键词角度研究辛亥革命史乃至中国近代史的路径。

2004 年，中华书局出版了冯著《新语探源——中西日文化互动与近代汉字术语形成》，

---

① 方维规：《概念史研究方法要旨》，《新史学》第 3 卷，中华书局 2009 年版，第 8 页。
② 李里峰：《概念史研究在中国：回顾与展望》，《福建论坛》2012 年第 5 期。
③ 冯天瑜：《中华文化史》，上海人民出版社 1990 年版，第 226 页。

该书从做资料长编到撰写完毕，前后长达五年。在导论中，他开篇即引用德国哲学家杜勒鲁奇之语："从起源中理解事物，就是从本质上理解事物。"接着，他引述赛义德的"跨文化旅行"理论，"这种'旅行'分为四阶段：一、出发点，在那里思想得以降生或进入话语；二、通过各种语境压力，思想进入另一种时间和空间，从而获得新的重要性；三、在那里遇到接受条件或抵抗条件，使思想的引进成为可能；四、被接纳(或吸收)的思想，由新的用法及其在新的时空位置所改变"；并指出，考察的近代术语，在从原产地(欧美)、中介地(中国或日本)到受容地(日本或中国)的漫长周游中，也经历着类似赛义德所说的"思想及语言旅行"的几个阶段，在中介地和受容地遭遇接受条件或抵抗条件，获得"新的重要性"和"新的用法"，成为汉字文化圈词汇的新成员，故被近代中国人称之"新学语"(简称"新语")。"这些充当诸学科关键词的汉字新语，词形和词意大都受到中国因素和西方因素的双重影响，日本因素也曾参与其间。故追溯汉字新语的源流，将展开中—西—日文化互动的壮阔图景。而通过这种寻流讨源，汉字新语的文化内蕴将徐徐呈现，中国近代文化的某些本质内蕴将得以彰显。"该书"较完整地概述了自古以来中外文化互动间的语汇变迁，重点又放在 16 世纪以降，更详细展开于十九二十世纪之交"，尤其对产生于清季民初的新生术语在近代语境中的生成、发展、变迁加以厘清考辨，着力开掘语义变化后所蕴藏的历史文化信息。

2004—2005 年，冯天瑜受国际日本文化研究中心邀请，主持"关于近代东亚熟语概念生成的综合研究"研讨班。冯天瑜强调要"从历史、文化的视角，对近代诸概念的生成、演变展开卓有成效的讨论"①。经反复酝酿，提出"历史文化语义学"论题。通常而言，概念史研究在研究方法上以"历史语义学"标示，关注概念的延续、变化和革新之间的关系，同时也强调概念史与社会史的结合，着重考察词语、概念、文本与社会政治情景之间的关系。② 冯天瑜将"历史语义学"改造为"历史文化语义学"，强调语义的文化分析。"历史文化语义学的要义，不止局限于对语义作历时性研究，它要求论者在对语义进行考察时，着力于开掘语义变化背后所蕴藏的历史文化意蕴。只有当某一术语或概念具有深广的历史文化内涵时，才有可能被纳入历史文化语义学的研究范围，它所关注的是一些关键的、具有重要历史文化意义的术语和概念，通过考察关键术语和概念在不同用例中反映的语义变化，探悉由此传递的政治、经济、文化、风俗等多方面的涵义。"③察其本意，是欲将"概念史"纳入文化史研究范畴，为"概念"研究带来新的视角、新的方法、新的哲思。

2006 年，武汉大学出版社出版了冯天瑜的《"封建"考论》，2010 年中国社会科学出版社出版该书修订版。该书是冯天瑜在"历史文化语义学"领域的一部堪称为经典的重磅之

---

① 冯天瑜：《语义的文化变迁》，武汉大学出版社 2007 年版，第 1 页。

② 李里峰：《概念史研究在中国：回顾与展望》，《福建论坛》2012 年第 5 期。

③ 冯天瑜、余来明：《历史文化语义学的现状与未来》，《上海社会科学报》，2007 年 8 月 16 日。

作。“封建”一词，国人耳熟能详。惟人们习焉未察，今日的“封建”概念自 20 世纪 20 年代以来内涵发生异化，而其含义之变迁包含了极为复杂的历史文化长卷。冯天瑜“由词义史之‘考’导入思想文化史之‘论’”，对“封建”概念之演变进行了详尽周密的考辨，指出：“‘封建’本义为‘封土建国’、‘封爵建藩’。封建制的基本内涵是世袭、分权的领土经济、贵族政治，古来汉字文化圈诸国大体在此义上使用‘封建’一名，并展开‘封建论’。”由于欧洲中世纪制度 feudal(封土封臣、采邑制)与中国殷周的封建制相近，与日本中世及近世的公—武二重制“酷似”，中国晚清、日本明治间遂以“封建”对译 feudal。五四时期陈独秀忽略中日、中欧历史差异，引入西欧及日本近代化进程中的“反封建”命题，形成“‘封建’=前近代=落后”的语用范式。20 世纪 20 年代开始，来自苏俄的“泛化封建”观强势降临，把“以农业为基础的”从秦汉至明清的中国社会视为“封建社会”。郭沫若是此说的力推者，他在 1930 年出版的《中国古代社会研究》中称，“中国的社会固定在封建制度之下已经二千多年”，还将“废封建、立郡县”的秦始皇称为“中国社会史上完成了封建制的元勋”。这种说法，是在斯大林及共产国际影响下应运而生的，但 30 年代还仅是一家之言，学界很少回应。至延安整风时期，《联共(布)党史简明教程》立为干部必读书和述史经典，中国的历史进程纳入该简明教程规定的模式——原始社会—奴隶社会—封建社会—资本主义社会—共产主义社会(其初级阶段为社会主义社会)，且在时段划分上也必须与西欧史对应。自 1949 年以降，正式颁发的历史学教科书和大多数社会科学论著及整个文宣系统皆沿袭此说。“五种社会形态”说框架内的泛化封建概念普被中国。① 这是一部极为复杂曲折的“封建”概念演变史。在厘清“泛化封建”概念的来龙去脉后，冯天瑜明晰指出：“经过多年的考析，我确信，‘泛化封建’观是不能成立的。单从概念演绎史的角度说，它至少有‘三不合’：(一)不合本义(‘封土建国’‘封爵建藩’)；(二)不合西义(Feudalism 意为采邑，又译封地，意谓采取其地赋税)；(三)不合马克思的本义。”②“‘泛化封建’的确立，实际上是教条主义的结果。”③基于对“封建”概念的名实考论，冯天瑜指出：周制与秦制，实际上是传统中国的两种政制类型。中国古代社会的历史分期如果以“制名以指实”作为命名标准，则秦至清主要时段社会形态的名目，宜以“宗法地主专制社会”更替“封建社会”；秦至清两千余年可简称为“皇权时代”。④

关于“封建”概念的名实讨论，并非从冯天瑜始。早在 20 世纪三四十年代，周谷城、王亚南、胡适、瞿同祖、钱穆、张荫麟、雷海宗、李剑农、费孝通、梁漱溟等学者就曾对

---

① 冯天瑜：《“封建”考论》，武汉大学出版社 2006 年版。冯天瑜：《与三先生议“封建”》，《人文论丛》2020 年第 1 辑，武汉大学出版社 2020 年版。

② 傅才武等统稿：《中国文化史探究集》，中国社会科学出版社 2011 年版，第 35 页。

③ 傅才武等统稿：《中国文化史探究集》，中国社会科学出版社 2011 年版，第 37 页。

④ 冯天瑜：《“封建”考论》，武汉大学出版社 2006 年版。

泛化封建观提出质疑，贡献了重要意见。侯外庐甚至称，封建误读，导致“语乱天下”①。但是，只是到冯天瑜的《“封建”考论》，“封建”一词异化的过程才得到全面的清理，其变迁过程的内在的历史文化内涵也才第一次得到充分的发掘。李根蟠虽然不同意冯天瑜关于“封建”概念的意见，但却也称：“批评秦以后属封建社会说的文章多矣，而此书堪称集大成之作。”②方维规则评论说：“拨乱者，非自冯氏起；而冯氏拨乱，气势过人。”③

方维规所称“冯氏拨乱，气势过人”绝非虚言。《“封建”考论》视野极其恢弘，全书在中西日互动的架构上旁征博引、纵横古今。方维规指出，“此书日本‘封建’概念史部分，汇总东西洋考，兼及中西交汇；分则可视为一部精巧的日本‘封建’概念史，将其镶嵌于古今中国‘封建论’，合为一部充满动感的概念发展生成史”，“书中除专章阐述欧洲‘封建’术语外，不管是在日本部分还是中国部分(不包括中国传统的封建论)，对欧洲‘封建’概念的观照总是或明或暗地体现于全篇论述之中，因此，《考论》也是对西方各种封建论的一次大的检阅。这样，我们又看到了概念史跨文化研究的成功尝试”。④

冯天瑜的《“封建”考论》不仅学术精湛，视野宏阔，而且充满强烈的现实意义。五四以降，“封建”概念的异化不是一个单纯的学术问题，而涉及对中国社会性质的认识以及对中国革命的任务和革命对象的判断。从这一意义而言，《“封建”考论》“已经超出了对一个概念演变的考察，超出了中西日互动的讨论框架”⑤，“原来在泛化封建观的‘范式’下所得出的一些结论可能被推翻，一部中国历史的宏大叙事或将重新书写”⑥。由此注定完成这部著作不仅需要敏锐的学术眼光，而且需要巨大的理论勇气。早在1993年李慎之初读《中华文化史》中关于“封建制度”考辩的论述后，就曾致信冯天瑜，指出“滥用‘封建’这个词原来正是政治势力压倒‘知识分子的人文精神’的结果。因为时下所说的‘封建’以及由此而派生的‘封建迷信’、‘封建落后’、‘封建反动’、‘封建顽固’……并不合乎中国历史上‘封建’的本义，不合乎从Feudal、Feudalism这样的西文字翻译过来的‘封建主义’的本义，也不合乎马克思、恩格斯所说的‘封建主义’的本义，它完全是中国近代政治中为宣传方便而无限扩大使用的一个政治术语”⑦。正因为如此，《“封建”考论》出版引起了强烈的社会回响。2006年10月，武汉大学召开“封建社会再认识”的讨论会；2007年10月，北京史学界召开“封建名实问题与马列主义封建观”论坛；2008年12月，苏州科技学院人文

① 张岂之：《侯外庐著作与思想研究》第11卷，长春出版社2016年版，第3页。

② 李根蟠：《“封建”名实析义——评冯天瑜〈“封建”考论〉》，《史学理论研究》2007年第2期。

③ 傅才武等统稿：《中国文化史探究集》，中国社会科学出版社2011年版，第147页。

④ 傅才武等统稿：《中国文化史探究集》，中国社会科学出版社2011年版，第146页。

⑤ 傅才武等统稿：《中国文化史探究集》，中国社会科学出版社2011年版，第147页。

⑥ 郑大华：《史学研究的重大成果——读冯天瑜教授新著〈“封建”考论〉》，《社会科学论坛》2007年第4期。

⑦ 李慎之、何家栋：《中国的道路》，南方日报出版社2000年版，第208~209页。

学院召开"封建与封建社会问题讨论"。刘志琴评论说："一本著作连续三年分别在中国的南部、北部和中部地区的文化中心地带进行讨论，在史学界是少有的现象，这事实本身就说明其影响力非同一般。"①在这场意义深远的大讨论中，虽然有学者试图把关于"封建"名实问题的探究政治化，称该书有三大罪：一是"反马克思主义"，二是"否定中国民主革命"，三是"否定了中国现代史学成就"。② 谓"马克思主义史学恐怕要地震了。这对马克思主义史学工作者来说，当然是严重的指责和挑战"③。但更多的学者高度评价这部著作的学术价值与意义。张绪山评价说："冯氏此著是我国学术界'封建'概念研究的界碑。"④方维规赞誉说："此书当为史学不同凡响之作"，"在汉语历史语义学领域，《考论》的重要性及其典范意义是毫无疑问的"。⑤

五、义理、考据、词章、经济的互济

1988 年，冯天瑜在《中国文化史断想》的序言中曾自叙："笔者自七十年代末便决心竭尽绵薄于中国文化史。"⑥40 年过去了，冯天瑜践行初衷。侯外庐曾寄望于冯天瑜能走出"文革"噩梦，"成就一个真正学者的事业，为这个民族做出自己的贡献"(陈寒鸣转述黄宣明回忆)。冯天瑜不负侯老所望，在中国文化史研究领域创造了显赫的业绩。从《上古神话纵横谈》到《中华文化史》《中国文化生成史》以及《"封建"考论》，每部著作都映现出智者光芒与通博气象，成为学术界公认的文化史大家。

有容乃大、渊源有自。冯天瑜的父亲冯永轩(1897—1979)1923 年入读国立武昌师范大学(武汉大学前身)，师从文字学家黄侃(1886—1935)。1925 年，清华国学研究院(全称"清华研究院国学门")创办，永轩先生考取为一期生，受业国学家梁启超(1873—1929)、王国维(1877—1927)，其毕业论文《匈奴史》指导教师是王国维。在武汉大学和清华国学研究院的培育下，永轩先生专于古文字学、西北史地与楚史，学养深厚，博闻强记，于经传及其诸家注释背诵无遗。冯天瑜少时便得永轩先生开庭训讲，耳提面命，精读先秦诸典与太史公书。复因母亲在湖北省图书馆工作，得以长期流连于馆藏，浸润于中外文化名著中，由此打下深厚的学术根柢。冯天瑜承传了从黄侃、梁启超、王国维到冯永轩的内在学脉。这种承传不是简单的复制，而是代有突破：永轩先生突破了章黄学派词章之学的传统，把王国维和梁启超的学问结合起来。冯天瑜则近承永轩先生学术，远迹梁启超、王国

---

① 傅才武等统稿：《中国文化史探究集》，中国社会科学出版社 2011 年版，第 45 页。
② 冯天瑜：《"封建"考论》，武汉大学出版社 2006 年版，第 3 页。
③ 李根蟠：《"封建"名实析义——评冯天瑜〈"封建"考论〉》，《史学理论研究》2007 年第 2 期。
④ 傅才武等统稿：《中国文化史探究集》，中国社会科学出版社 2011 年版，第 159 页。
⑤ 傅才武等统稿：《中国文化史探究集》，中国社会科学出版社 2011 年版，第 148 页。
⑥ 冯天瑜：《中国文化史断想》，华中理工大学出版社 1989 年版，第 II 页。

维，由此铸就了大视野以及悠游于义理、考据、词章、经济互济空间的学术气象。

“义理”一词，最初指合于一定伦理道德的行事准则。其后衍绎为儒家经义。宋明理学兴起后，“义理”一词被广泛使用，多用来指思想或意旨。台湾中兴大学胡楚生教授在《方东树〈汉学商兑〉书后》中概言说：“义理之名，为思想、义趣、理念、意旨之总称。”①冯天瑜初入学术门墙，即深感理论思维紧要。为此广读思想史名著，“学习以往的哲学”，其中对冯天瑜影响最大、被他视为“看家书”的有三本，一是黑格尔的《历史哲学》，二是王夫之的《读通鉴论》，三是黄宗羲的《明夷待访录》。黑格尔《历史哲学》“把历史视作世界性辩证过程的思想”；王夫之的《读通鉴论》洞察在历史发展中有一种不以人的意志为转移的力量，这便是“一动而不可止”的“势”；黄宗羲的《明夷待访录》以仅十万言的篇幅把中国古典的政治学说推向高峰，在若干方面可以与孟德斯鸠、卢梭的思想相比肩。这些先哲的睿智给冯天瑜启迪和思维营养。除三本看家书外，冯天瑜对于 18 世纪的启蒙思想家，如伏尔泰、孟德斯鸠、卢梭都比较熟悉，对中国古代经典、马克思主义著作，更是熟稔于心。中外古今的理论沉淀在冯天瑜的思想和学问之中，使他对问题的看法、对问题的分析，往往高人一筹，凡读他的文章和著作，一定会被渗透于文字中的理论色彩所吸引。

“考据者，考历代之名物、象数、典章、制度，实而有据者也。”②中国古代考证之学自东汉郑玄始绳绳不绝，至清代乾嘉时期臻于高潮，成为中国学术重要的传统。冯天瑜对考据殊为重视，认为：“对一切以学术为鹄的人来说，都有占领材料，进而对材料去伪存真、去粗取精的必要。”因此，“辨析材料决非考据家的专利，而是全体学者的必修功课，对于史学工作者而言，既以‘实录’为治史目标，也就格外需要相当的考据功力。”③他的《辛亥首义史》对关键史事的考证之细，为人称道。《“封建”考论》更深得宏大而不离考证的要旨，全书从“微小”的“封建”切入，在材料的搜集上上下求索，“竭泽而渔”，关键资料几无遗漏，“将近百年中国政治和学术密切关联的问题，有条不紊地完整地勾画出来”④。

“词章”指文章的修辞与写作技巧。所谓讲究词章，就是追求能更好传递文章内容的完美的表述形式。冯天瑜十分注重词章。他说，“我甚钦仰前辈史家的文质彬彬，不满新旧八股的呆板乏味，虽自叹才情欠缺，却心慕手追，力图文章有所长进，述事纪实，务求清顺流畅，娓娓道来；辩驳说理，则讲究逻辑层次，条分缕析”，“除史论以外的历史著作，哲理最好深蕴于述事背后，主题更应贮藏于事实展现和形象描绘之中”。⑤ 由于冯天瑜广

---

① 胡楚生：《清代学术史研究》，台湾学生书局 1988 年版，第 255 页。

② 江藩：《有考据之学第三十五》，《经解入门》卷 6，天津古籍书店 1990 年版，第 152 页。

③ 冯天瑜：《地老天荒识是非》，张艳国：《史学家自述——我的史学观》，武汉出版社 1994 年版，第 33 页。

④ 傅才武等统稿：《中国文化史探究集》，中国社会科学出版社 2011 年版，第 158 页。

⑤ 冯天瑜：《地老天荒识是非》，张艳国：《史学家自述——我的史学观》，武汉出版社 1994 年版，第 34 页。

为涉猎文史哲，又曾研习生物学，“多识乎草木神兽之名”，在写作时博采古今中西，俯拾各类知识，因此，他的论著往往在一个阔大的场域中纵横驰骋、酣畅淋漓、清通流畅，“常行于所当行，常止于不可不止”(苏轼语)，故有一种博通的大气。

“经济”，非今日常说的“经济”概念，而意指“经世济民”。乾嘉时期既有姚鼐的“义理、考据、词章”说辞，又有王鸣盛“义理、考据、经济、词章”之说，由此，学界形成又一条新的学术路线。其后，姚莹、夏炯、曾国藩都有“义理、考据、经济、文章”之倡。①

“经世”或“经济”是儒学文化传统，历代儒者无不反复强调“经世”，声言“儒者之学，以经世为用”；“儒者之学，务为经世”，古代士人也往往自况“少习经世之学”“少负经世之略”“素抱经世之志”。在中国文化的历史进程中，这一传统深入骨髓，并经由梁启超、冯永轩传递到冯天瑜身上。“传统知识分子忧国忧民、为现实而学术的文化基因深植于他的灵魂。”②他撰《中国文化史断想》是因为“从建国初到七十年代初末，冠以‘文化’的著作出版不过两三本，这与‘泱泱大国’兼‘文明古国’的‘我中华’是何等不相称！与世界各国在同一时期文化学和文化史研究云兴霞蔚的盛况相去何止千里”③。他写作《中华文化史》，是因为“一个民族的文化，始终闪现着该民族灵魂的搏动”。“我们探索中华文化的过去，正是为着真切的把握中华民族赖以生存的传统，考察中华文化现状的历史渊源，从而较有依据地观照中华文化未来的走向。”④他撰写《中华元典精神》，是为了探寻中华元典所蕴含的民族原创精神的现代转换，以及对世界文化健康发展所能提供的精神营养。他著《中国文化生成史》，是要从过去时的“守护”，导引出未来时的“瞻望”，“理性地认识自国文化的优劣长短，动态地摆正自身的世界位置，明辨人类文明大道，把握中华复兴的航行方向，坚定前进”⑤。“封建”概念的考论更是具有重大的现实针对性，与历史学乃至整个人文社会科学的发展相关联，故对其考索探究、阐微决疑，既非细事，也非易事。⑥ 遍观冯天瑜的所有论著，从来不是与当代隔绝的发思古之幽情，也不是孤芳自赏、自说自话，而是皆基于历史和现实的问题意识，渗透了炽热的经世情怀。

冯天瑜曾言：“天将降大任于治史者，必先精思义理，苦心考据，擅长词章，并致力于三者间的‘相济’，于弘大处着眼，从精微处着力，方有可能成就‘表征盛衰，殷鉴兴废’的良史。”⑦此说固然是论学问要则，但更是夫子自道。其间“表征盛衰，殷鉴兴废”八

---

① 如姚莹曰：学术要端有四：“曰义理也，经济也，文章也，多闻也”(《东溟外集》卷二《与吴岳卿书》)；夏炯曰：“性理、经济、文章、训诂，本是一贯，在好学深思者处处不肯放过耳”(《夏仲子集》卷五《书〈魏叔子集〉后》)；曾国藩曰：“有义理之学，有词章之学，有经济之学，有考据之学”(《曾国藩全集》卷 16)。

② 傅才武等统稿：《中国文化史探究集》，中国社会科学出版社 2011 年版，第 189 页。

③ 冯天瑜：《中国文化史断想》，华中理工大学出版社 1989 年版，第 2 页。

④ 冯天瑜：《中华文化史》，上海人民出版社 1990 年版，第 6 页。

⑤ 冯天瑜：《中国文化生成史》，武汉大学出版社 2013 年版，第 9 页。

⑥ 冯天瑜：《“封建”考论》，武汉大学出版社 2006 年版，第 2 页。

⑦ 冯天瑜：《地老天荒识是非》，张艳国：《史学家自述——我的史学观》，武汉出版社 1994 年版，第 34 页。

字，正是经济之学之意蕴。以义理、考据、词章、经济相济而用，是中国传统学术的智慧。如此，方可求为“有体有用之儒”，“斯可以名一家之学”。① 正是在充分熔铸义理、考据、词章、经济的基础上，冯天瑜为中国当代文化史贡献了一流的文化史论著②。

美国五星上将麦克阿瑟有一句名言：“老兵不死，只是逐渐凋零。”冯天瑜是一位文化史学界的老兵，是一位从不向生活和病痛屈服的战士。在他的论著中，生命之树常青，永不凋零。

---

① 夏炯：《乾隆以后诸君学术论》，《夏仲子集》卷一，台湾“中央研究院”傅斯年图书馆藏，1925年铅印本，第9页。

② 冯天瑜研究范围广泛，本文仅以文化史研究为中心内容，以学术史为脉络，管中窥豹，切不可以为是对冯天瑜学术的全面总结。

顾炎武时代之问的历史启示

陈祖武*

17世纪中叶的明清更迭，是中国古代社会所经历的又一个大动荡时代。晚明经济崩溃、政治黑暗、社会失序，明王朝被农民大起义埋葬；旋即清人入主中原，军事、政治、经济、文化高压的一度肆虐，以及西方宗教神学和天文历法传入的冲击，诸多历史因素的交会，酿成中华文化传承断裂的深刻危机。杰出的思想家顾炎武生当其间，“感四国之多虞，耻经生之寡术”，秉持“拯斯人于涂炭，为万世开太平”的强烈社会责任意识，发出“亡国与亡天下奚辨”的时代之问，大声疾呼“天下兴亡，匹夫有责”，既为清初社会的由乱而治发培元固本之先声，也为迄于今日的中华学人留下了久远而深刻的历史启示。

一、“天下”是一个历史范畴

在中华文明五千多年的历史发展进程中，“天下”这一词语从先秦一直沿用至今。作为一个历史范畴，它既具有一脉相承的一贯性，又根据不同历史时期的具体环境，显示出不尽一致的人文内涵。

先秦时期，“天下”一词以地域概念而出现在历史舞台上，每每与“国家”并称。这就是孟子所说的：“人有恒言，皆曰天下国家。天下之本在国，国之本在家，家之本在身。”①从这一段话可见，在孟子生活的战国时代，“天下国家”是一种社会的流行话语。至于其具体所指，自东汉经师赵岐为《孟子》一书作注以来，早已形成历代学者的共识，那就是：“天下谓天子之所主，国谓诸侯之国，家谓卿大夫之家。”②这就是说，所谓天下，讲的乃是周天子之治下。秦始皇统一六国以后，由汉唐一直到明清的两千多年间，所谓天子

---

* 陈祖武（1943— ），中国社会科学院学部委员、研究员，中央文史研究馆员。曾任中国社会科学院历史研究所所长、博士生导师。本文原发表于《贵州文史丛刊》2020年第2期。

① 赵岐注，孙奭疏：《孟子注疏》，上海古籍出版社1990年版，第128页。

② 赵岐注，孙奭疏：《孟子注疏》，上海古籍出版社1990年版，第128页。

已经不复存在，而“天下”之所指，也就不再是周天子之治下，而成为封建帝王专制的一家一姓的“家天下”。“朕即国家”的专制帝王话语，充分反映在此漫长的历史时期，“天下”与“国家”趋于合一的历史实际。

回顾从先秦到明清中华文明的发展历程，我们会看到一个不可忽视的文化现象。那就是“天下”这样一个行之久远的词语，从它以地域概念登上历史舞台的先秦时期开始，就已经蕴含了丰富的人文内涵。同样是先前说到的《孟子》一书，其中还记录有孟子对齐宣王讲过的一句话，叫做“乐以天下，忧以天下”①。这句话的意思是说，执政当国者应当与民众同忧乐。显然，此处的“天下”一语，就已经不是单纯的地域概念，它还包含着关怀民生疾苦的人文意识和社会责任。换句话说，这里的“天下”一语，其后实际上省略了“民众”或者“民生”二字。尔后，伴随历史的演进，这样的人文关怀和社会责任意识不断充实、深化，到魏晋隋唐间，便成了“以天下为己任”的精神追求而被载入官修史书之中。北宋中叶，范仲淹发展了“天下”一语的社会责任意识，在《岳阳楼记》一文中，更写下了“先天下之忧而忧，后天下之乐而乐”的千古名言。

二、“亡国与亡天下奚辨”的时代之问

“保国”“保四海”“保天下”，这是我国先秦哲人所往复讨论的古老命题。秦汉以降，历代学者和思想家继承前人的思想遗产，返本开新，精进不已。南宋初，朱熹著《四书章句集注》，继汉唐诸儒之后，取得了集大成式的创获。明清之际，顾炎武面对中华文化遭遇的传承断裂危机，冲破“家天下”的固有格局，立足维护数千年礼乐文明的优良传统，发出了“亡国与亡天下奚辨”的时代之问。

在所著《日知录》卷十三《正始》条中，顾炎武写道：“有亡国，有亡天下。亡国与亡天下奚辨？曰：易姓改号，谓之亡国；仁义充塞，而至于率兽食人，人将相食，谓之亡天下。”②顾炎武讲的这段话，开宗明义，揭示出他所讨论的不仅是古老的“保国”和“保天下”，而且是现实的“亡国”和“亡天下”。那么究竟应当怎样去把握“亡国”和“亡天下”的不同含义呢？对于“亡国”，顾炎武的回答是：“易姓改号，谓之亡国。”③这样的答案明白晓畅，只要稍有朝代更迭常识都知道是怎么一回事情。而何谓“亡天下”？顾炎武的回答，形式上几乎是在转述《孟子·滕文公下》的话语，实则立足新的时代环境，从文化传承的宽阔视野，赋予儒家经典以崭新的历史意蕴。孟子当年，在回答他人“好辩”的质疑时有云：“杨、墨之道不息，孔子之道不著，是邪说诬民，充塞仁义也。仁义充塞，则率兽食人，

---

① 赵岐注，孙奭疏：《孟子注疏》，上海古籍出版社 1990 年版，第 34 页。
② 顾炎武著，陈垣校注：《日知录校注》，安徽大学出版社 2007 年版，第 722 页。
③ 顾炎武著，陈垣校注：《日知录校注》，安徽大学出版社 2007 年版，第 722 页。

人将相食。”①同孟子当年的这一回答相比，在顾炎武的笔下，我们可以看到两个显著的不同之处。孟子指斥杨朱、墨翟“邪说诬民”一类的话语，已经被略去，此其一；其二，孟子当年虽然道出了对“杨、墨之道不息，孔子之道不著”的深深忧虑，但是并没有对这样一种历史现象做出明确的定义。顾炎武的超迈前贤之处则在于，他从明清之际的历史实际出发，不仅以“仁义”二字来概括数千年的中华礼乐文明，而且破天荒地指出：“仁义充塞，而至于率兽食人，人将相食，谓之亡天下。”②

正是由上述讨论合乎逻辑的发展，顾炎武得出他的时代之问的结论：“是故知保天下，然后知保其国。保国者，其君其臣，肉食者谋之。保天下者，匹夫之贱，与有责焉耳矣。”③这就是说，同维护一家一姓的封建帝王专制政权相比，“保天下”关乎一个国家，一个民族的精神和思想，是文化根脉之所在。因此，它是根本的、深层次的、头等重要的问题。也惟其如此，维护一家一姓的封建帝王专制政权，说到底无非是当权的帝王和大臣们的事情，而维护一个国家、一个民族的悠久历史文明和优良文化传统，则是全体民众责无旁贷的共同责任。

三、可贵的历史启示

顾炎武“亡国与亡天下奚辨”的时代之问，以文化传承的宽阔历史视野，弘扬中华数千年学人“以天下为己任”的优良传统，使“天下”一语的人文内涵在明清之际实现划时代的升华，最终发出“保天下者，匹夫之贱，与有责焉”的时代最强音。在清初社会由乱而治的历史进程中，顾炎武的卓然睿识和振聋发聩的呐喊，不胫而走，浸润朝野，与一时众多有识之士的努力不谋而合，共同促成清廷文化政策的逐步调整，成功地完成了社会凝聚力的汇集。

顾炎武及其同时代众多思想家的努力告诉我们，任何一个社会要寻求自身的发展，都必须具有凝聚全体社会成员的力量。不同的历史时期，不同的国家和民族，这一力量的选择会因时因地而各异。然而树立共同的社会理想，明确应当遵循的公共道德规范，则是一个具有共性的基本方面。具体就清朝初叶而言，无论是世祖也好，还是圣祖也好，最初都选择了尊崇孔子的方式，谋求以孔子为代表的儒家思想去统一社会的认识，确立维系封建统治的基本准则。尔后，随着封建统治者儒学素养的提高，清廷选择了将尊孔具体化而趋向朱子学独尊的历史道路。确认朱熹学说为官方意识形态，使清初统治者为一代封建王朝找到了维系人心的有效工具。当然也应该看到，由于历史和认识的局限，清廷抹杀了理学

① 赵岐注，孙奭疏：《孟子注疏》，上海古籍出版社 1990 年版，第 119 页。
② 顾炎武著，陈垣校注：《日知录校注》，安徽大学出版社 2007 年版，第 722 页。
③ 顾炎武著，陈垣校注：《日知录校注》，安徽大学出版社 2007 年版，第 723 页。

的哲学思辨，把经朱熹阐发的博大思想仅仅视为约束人们言行的封建道德教条。正是这种文化上的短视，导致清初统治者否定了王阳明思想中的理性思维光辉。其恶劣后果，经雍正、乾隆两朝的封建文化专制引向极端，最终造成思想界万马齐喑的历史悲剧。其间的历史教训，又是值得我们去认真记取的。

晚清七十年，西方殖民主义列强的侵略，使中华民族饱受欺凌和屈辱。为了救亡图存，从龚自珍、魏源到康有为、梁启超，一代又一代的学者和思想家接过顾炎武留下的思想遗产，使之与同时代的使命相结合，将顾炎武“保天下者，匹夫之贱，与有责焉”的呐喊提炼为八个字的历史箴言，就叫做“天下兴亡，匹夫有责”。这八个字的历史箴言，既准确地把握住顾炎武思想的文化精髓，又从历史和现实的结合上，昭示了中华文化维护国家、民族根本利益，讲责任、重担当，以天下为己任的基本品格。从此，“天下兴亡，匹夫有责”的价值追求便融入中华民族的爱国主义传统，成为中华优秀传统文化的一个精神标识。

1931年9月18日，日本军国主义在东北制造“九一八事变”，强占我国东三省。翌年1月28日，日本侵略军又进攻上海闸北，挑起淞沪战火。面对侵略战火、国土沦丧，章太炎不顾年高，以炽烈的爱国热忱愤然北上，取道青岛、济南、天津，直抵北京，一路唤起民众，抗敌御侮。所到之处，太炎先生秉持“天下兴亡，匹夫有责”的强烈社会责任意识，倡导读史，崇尚顾炎武“行己有耻，博学于文”的为人为学之道。他号召广大青年：“应当明了自己是什么时代的人，现在的中国是处在什么时期，自己对国家应负有什么责任。”①南归之后，太炎先生移居苏州，抱病向民众宣讲中国历史、中国学术和中国文化，勉励青年学子以一方先贤范仲淹、顾炎武为楷模，沐浴膏泽，振奋民志。他指出：“不读史书，则无从爱其国家。”特别强调：“昔人读史，注意一代之兴亡，今日情势有异，目光亦须变换，当注意全国之兴亡，此读史之要义也。”②

从顾炎武“亡国与亡天下奚辨”的时代之问，到章太炎以“注意全国之兴亡”为“读史之要义”，时间虽然已经相去二百多年，但是其间却有一任何力量都无法割断的根脉。这条无形的根脉就是对中华文化的关怀、珍爱和维护，是传承中华优秀传统文化的可贵历史自觉。因此，我们完全有理由这么说，明清之际的杰出思想家顾炎武，不仅是中华优秀传统文化的传承者、捍卫者，而且还是晚近中华学人文化自觉的卓越先驱，是一位值得永远纪念的开风气者。

---

① 章太炎：《论今日切要之学》，上海人民出版社编，章念驰编订：《章太炎全集·演讲集》，上海人民出版社2015年版，第420页。

② 章太炎：《历史之重要》，上海人民出版社编，章念驰编订：《章太炎全集·演讲集》，上海人民出版社2015年版，第490页。

尊崇·社稷·苍生：泰山文化的形成与精髓

陈　锋*

“中国人的民族精神植根于中华民族数千年绵延不绝的优秀文化传统之中。”①作为“五岳独尊”的泰山，是中华民族的文化名山、神圣之山，经过悠久的历史积淀形成的泰山文化，寄托了“国泰民安”的民族意愿，承载了昂扬向上、刚健自强、贵和尚中的民族精神，泰山文化是中华文化的缩影和重要组成部分，不但具有与黄河、长江相似的象征意义，而且具有更为丰富的文化内涵，值得认真总结和探讨。

一、泰山文化形成的三大要素

泰山文化的形成，无疑有许多要素，其中的三大要素最为突出，一是山川崇拜，二是巡守封禅祭祀活动，三是民间信仰。

自然是宗教最初的原始对象，古人对山岳的神秘感是山川崇拜的起始，其“能大布云雨焉，能大敛云雨焉，云触石而出，肤寸而合，不崇朝而雨天下，施德博大”的自然神力，赋予了山岳的“神格”。② 尤其是对高峻挺拔、捧日擎天的泰山更是崇拜，《诗经·鲁颂》所谓“泰山岩岩，鲁邦所詹”，《诗经·崧高》所谓“崧高维岳，峻极于天。维岳降神，生甫及申”；以及南朝刘宋谢灵运《泰山吟》：“岱宗秀维岳，崔崒刺云天。岞崿既崄巇，触石辄芊绵”；唐李白《游泰山》：“平明登日观，举手开云关。精神四飞扬，如出天地间。黄河从西来，窈窕入远山。凭崖览八极，目尽长空闲”，唐杜甫《望岳》：“岱宗夫如何，齐鲁青未了。造化钟神秀，阴阳割昏晓。……会当凌绝顶，一览众山小”，明廖道南《望

---

* 陈锋(1955—　)，武汉大学历史学院暨中国传统文化研究中心教授，兼任中国经济史学会理事、中国社会史学会理事、湖北省中国经济史学会会长等。本文原发表于《光明日报》(2019 年 2 月 18 日)，发表时有删减。

①　参见陈锋、任放：《弘扬民族精神，发展先进文化》，《光明日报》，2002 年 8 月 27 日。

②　《文献通考》卷 83《郊社考十六·祀山川》。

岳》:"岱宗高巃嵸,群峰凌紫穹。日观影扶桑,月嶂烟朦胧",明王廷相《登岳》:"五岳俱神峻,岧峣泰岱偏。半岩回骏马,绝顶俯云烟。一览小天下,三更见日躔。蓬莱疑只尺,直恐碍飞仙",明边贡《登岳》:"岱宗山秀百灵屯,壁立烟霄万古存。幽府化机盘地轴,上清真气接天门",① 即是历代诗人对以泰山为代表的名山顶礼膜拜和反复吟诵。

历史上带有神秘色彩的名山以"四岳""五岳"为代表。在先秦文献中,"四岳""五岳"都曾反复出现,但"五岳"没有确指,"四岳"则有明确的记载,如《礼记·王制》:"天子祭名山大川,五岳视三公,四渎视诸侯",又如《虞书·舜典》:"二月,东巡守,至于岱宗,柴。……五岳牲礼视三公,四渎视诸侯。……东巡岱宗泰山,为四岳所宗,燔柴祭天。……五月,南巡守,至于南岳,如岱礼。《传》南岳衡山,自东岳南巡。五月至八月,西巡守,至于西岳,如初。《传》西岳华山,初谓岱宗。十有一月,朔,巡守至于北岳,如西礼"②。在这里,"五岳"仅仅是泛指,"四岳"已经很明了:"四岳也,东岳岱,南岳衡,西岳华,北岳恒"③。或称:"泰山为东岳,华山为西岳,霍山为南岳,恒山为北岳"④。"五岳"大致在汉代也有了确指,东汉郑玄为《周礼》作注时已称:"五岳,东曰岱宗,南曰衡山,西曰华山,中曰嵩山。"《毛诗集解》称:"崧高所以美之也,崧高维岳,毛氏以崧为高貌,山大而高,曰崧岳。四岳也,东曰岱山,南曰衡山,西曰华山,北曰恒山。毛氏以为高貌,山大而高,曰崧者,盖据《尔雅》之说也。郭璞注《尔雅》曰:今中岳崧高山,盖依此名是也。释者又曰,泰山为东岳,华山为西岳,衡山为南岳,恒山为北岳,崧高为中岳,则是又以崧高为中岳之山。许慎说文,又以为崧与从山从高之字通用,岂诗所谓崧高者但指中岳乎?曰非也。其文曰,山大而高,曰崧,则知是凡大而高者皆可名之曰崧,非专指中岳也。后世以崧高为中岳者,但见诗中有此文,遂指以为中岳。"⑤这里也明确辨析,最初的"崧高""崧岳",仅指"山大而高"者,并不是指中岳,西晋的郭璞注《尔雅》,沿袭郑玄注《周礼》,再次指明崧高山(嵩山)为中岳。⑥

值得注意的是,不管是"四岳"还是"五岳",最初有两点要义:第一,以东、南、西、北或东、南、西、北、中,代表华夏大地的整体统治;以春、夏、秋、冬,代表四时阴阳之气的天人合一。即所谓"天子巡守,必顺阴阳之气以出入,春则之乎东,夏则之乎南,秋则之乎西,冬则之乎北。而又以地言之,自东徂南,自南徂西,自西徂北,然后自北而

① 《御定佩文斋咏物诗选》卷50《泰山类》。

② (汉)孔安国传,(唐)孔颖达疏:《尚书注疏》卷2《虞书·舜典》。按:也有学者认为,在先秦文献中,"四岳"的最初意义,应该与"四海""四国"类似,均为泛称。参见周书灿:《中国早期四岳、五岳地理观念析疑》,《浙江学刊》2012年第4期。

③ (汉)郑玄笺,(唐)孔颖达疏:《毛诗注疏》卷25《大雅》。

④ (宋)魏了翁:《尚书要义》卷2《舜典》。

⑤ (宋)李樗、黄櫄:《毛诗集解》卷35。

⑥ 明太祖"正神名号",专门下诏:"五岳称东岳泰山之神,南岳衡山之神,中岳嵩山之神,西岳华山之神,北岳恒山之神。"更加明确了五岳。参见乾隆《盛京通志》卷109《历朝艺文》。

归京师，亦其理也”①；即所谓：“天子乃以四时而巡省于四方，四时谓春东夏南之类。然天下万国，人君岂能遍至，故特四方方岳之下，考其国之制度”②；即所谓：“舜巡狩四岳之事，二月、五月、八月、十一月，皆取四时之中正。二月而东，五月而南，八月而西，十一月而北，以其四方顺其四时，以见圣人举动，无一而不则天与”③。第二，古人所选择的“四岳”或“五岳”名山，有象征意义，并有美好的希冀和寄托。《六家诗名物疏》在释《大雅》时引《风俗通》之言最为典型：“东方泰山，尊曰岱宗，岱，始也，宗，长也，万物之始，阴阳交代，故为五岳长。南方衡山，一名霍，霍者，万物盛长，垂枝布叶，霍然而大。西方华者，万物变华于西方也。北方恒者，常也(故又曰“常山”)。中央嵩者，高也。”④《诗传旁通》也对东岱、南霍、西华、北恒、中嵩有大致类似、间出新意的解释，认为泰、岱与衡、霍，“皆一山二名”，深有寓意。而华山，“山顶有池，生千叶莲花，因曰华山”，可得释迦佑护。恒山，“阴终阳始，其道恒久，故曰恒山”，可保江山永固。⑤

更加需要指出，不论“四岳”“五岳”，泰山都为“宗”“长”。⑥《尚书全解》称：“岱者，东岳泰山之别名也，以其为四岳之长，故谓之曰岱宗。”⑦《风俗通》：“东方泰山，尊曰岱宗，岱，始也，宗，长也，万物之始，阴阳交代，故为五岳长。”⑧《文献通考》：“岱宗，东岳也，特谓泰山为岱宗者，以其处东北，居寅丑之间，万物始终之地，阴阳交泰之所，为众山之所宗主，此其所以谓之岱宗是也”⑨云云，其意甚明。

连绵不绝的巡守、封禅、祭祀活动，大多与山岳崇拜、“四岳”或“五岳”的确定以及泰山独尊相关联。文献记载的虞舜巡守四岳，实行的是“柴、望”礼仪，王者“柴”，燔柴以祭天，诸侯“望”，望祭大岳。如前引文献所揭示，这种“燔柴祭天”，在东巡岱宗泰山时成为定制，其他诸岳，均“如岱礼”，“如初”，成为惯例。“燔柴祭天”的定制和惯例，应该是沿袭自远古时代的太阳崇拜和天地崇拜，与在高山之上“敬天”的原始宗教观念和宗教活动有关。在泰山周边地区的大汶口文化遗址中曾发现刻在陶器上的象形符号或文字，见图1：

---

① (宋)林之奇：《尚书全解》卷2《舜典·虞书》。

② (宋)夏僎：《尚书详解》卷22《立政》。

③ (宋)陈经：《尚书详解》卷2《舜典·虞书》。

④ (明)冯复京：《六家诗名物疏》卷50《大雅》。

⑤ (元)梁益：《诗传旁通》卷12《大雅》。

⑥ 检索历史文献，除东岳泰山外，只有西岳华山曾被称为“岱宗”。《尚书注疏》卷2《虞书·舜典》汉孔安国“传”云：“西岳华山，初谓岱宗。”

⑦ (宋)林之奇：《尚书全解》卷2《舜典·虞书》。

⑧ (明)冯复京：《六家诗名物疏》卷50《大雅》。

⑨ 《文献通考》卷109《王礼考四·巡狩》。

图 1　大汶口文化(距今约 6500—4500 年)的原始陶尊和陶尊上的符号(文字)

图 1 陶尊符号上边为圆圈，似太阳，中间似火、似云，下边似山峰，尽管对这个符号(文字)的解释存在分歧,① 但古人选择高山祭祀，表达对高山、太阳、上天的膜拜和祈求，应该是没有疑义的，这或许是舜帝“燔柴祭天”的雏形。

巡守柴望制度与礼仪，是伴随着“四岳”或“五岳”的祭祀而实行的，封禅则是泰山独尊的体现。泰山在“四岳”或“五岳”中为“宗”为“长”，可以看作选择泰山进行封禅的基础，但秦始皇对泰山的首次封禅以及延续自宋代的泰山封禅,② 在更大的程度上，当与战国时期齐国稷下学宫的邹衍倡导阴阳五行说密切相关。“五行生克，始于邹衍。”③邹衍认为，金、木、水、火、土五行，循环运转，相克相生，朝代更替是“顺天而行、受命于天”的结果。按五行，东方属木，是太阳升起的地方，是阴阳交代、万物发生之地。按五常，东方为仁，仁是天地大德。按四时，东方为春，春天万物更生。八卦属震，二十八宿为苍

---

① 于省吾先生释此符号(文字)为“旦”，上为太阳，中为云，下为山(于省吾:《关于古文字研究的若干问题》,《文物》1973 年第 2 期)；唐兰先生释此为“炅”，上为太阳，中为火，下为山(唐兰:《关于江西吴城文化遗址与文字的初步探索》,《文物》1975 年第 5 期)。

② 《史记》卷 28《封禅书》开篇云:“自古受命帝王，曷尝不封禅”，并引用管仲《封禅篇》言“古者封泰山禅梁父者(《括地志》云，梁父山在兖州泗水县北八十里也)七十二家(《韩诗外传》云，孔子升泰山，观易姓而王可得而数者七十余人，不得而数者万数也)”。按管仲所记，自无怀氏以下十二家，其六十家无纪录也。有明确记载的对泰山的正式封禅始自秦始皇。宋人黄伦《尚书精义》卷 3 考辨称:“封禅实自秦始，古无有也。”宋人李樗、黄櫄《毛诗集解》卷 37《三颂》亦称:“古者天子巡守，至于方岳，以柴望告祭，所以尊天而怀柔百神也。后世议礼者失之，诸儒阿谀者以希世主，谓之封禅，盖始于秦，古无有也。”

③ (清)李塨:《周易传注》卷 5《系辞上·传》。

龙，既是帝王飞腾之地，又是“万物始终之地，阴阳交泰之所”①。泰山是“四岳”“五岳”之长，泰山神灵地位是其他山岳之神无法比拟的。所以，泰山为“王者易姓告代之处”②，所谓“王者功成封禅，必于泰山者何？万物之始，交代之处也”③。所谓“王者受命，恒封禅之”④，意味着泰山是帝王封禅的不二之选，意味着泰山“国山”地位的形成。

秦汉以来的封禅，以“功成受命”“易姓告代”为特征，进一步确立了泰山的尊崇地位。

宋真宗后，皇帝到泰山封禅，已经废止。废止封禅的原因，既与宋代国势衰微有关，也是由于宋儒对封禅的非议抨击。黄伦认为：“三代不封禅而王，秦封禅而亡，人主不法三代而法秦，以为太平盛事，亦已谬矣。”⑤李樗、黄櫄认为：“自秦汉以来，时君世主贪心侈意，必为封禅，以告大平，欲显已大平之功，遂行封禅之礼。而臣之谄谀者，亦曰封禅古所有也，必以六经之言，似于封禅者遂从而惑于人主。”⑥宋儒对封禅的非议抨击，应该对明清两代——即使在“太平盛世”也不再进行封禅大典产生了重要影响。明清两代虽不再泰山封禅，但仍然不断在京师及泰山举行祭祀活动，依旧标示着对泰山的尊崇和“国山”地位的认同。⑦

随着封禅、祭祀等“国家正祀”活动，泰山的民间信仰也十分突出，赵世瑜《国家正祀与民间信仰的互动————以明清京师的“顶”与东岳庙为个案》一文，是一个很好的视角。赵世瑜认为，“自上古帝王的泰山封禅以来，东岳崇拜就更多地体现了国家信仰，而碧霞信仰则具有更多的民间性”⑧。此说有启发意义。笔者认为，围绕着泰山封禅、祭祀等“国家正祀”活动，民间信仰展现出两个方面的特征：

第一个方面，泰山的民间信仰伴随着封禅、祭祀等“国家正祀”活动而产生，起源甚早，并日益昌盛。泰山的民间信仰起源，与东汉时期具象化的泰山神——泰山府君(泰山君)的明确有关，也就是顾炎武说的“仙论起于周末，鬼论起于汉末”⑨。在这一时期，泰山被称为“天孙”，“主召人魂魄”，“知人生命之长短”。⑩ 更有记载称：“东岳泰山君领群

---

① 《文献通考》卷109《王礼考四·巡狩》。

② 《文献通考》卷312《物异考十八》。(宋)沈该：《易小传》卷6。

③ (宋)李昉：《太平御览》卷39《地部四·泰山》。

④ (清)朱鹤龄：《禹贡长笺》卷3《海岱惟青州》。也有“虽受命而功不至，至矣而德不洽，洽矣而日有不暇给”等情况不封禅的说法。见《史记》卷28《封禅书》。

⑤ (宋)黄伦：《尚书精义》卷3。

⑥ (宋)李樗、黄櫄：《毛诗集解》卷37《三颂》。

⑦ 参见《钦定大清一统志》卷142《泰安府》。

⑧ 赵世瑜：《国家正祀与民间信仰的互动——以明清京师的“顶”与东岳庙为个案》，《北京师范大学学报》1998年第6期。氏著《狂欢与日常——明清以来的庙会与民间社会》(生活·读书·新知三联书店2002年版)收录。

⑨ (清)顾炎武：《日知录》卷30“泰山治鬼”条。

⑩ (宋)李昉：《太平御览》卷39《地部四·泰山》。

神五千九百人，主治死生，百鬼之主帅也。血食庙祀所宗者也。世俗所奉鬼祠邪精之神而死者，皆归泰山。”①泰山之神除了佑护社稷帝王之外，有了主苍生之生死的功能，与芸芸众生密切关联，民间信仰也由此而生。同时，泰山女性之神(天仙玉女)——碧霞元君也应时而生。《钦定大清一统志》记载，“碧霞元君庙，在泰山绝顶，宋真宗东封，构昭应祠，祀天仙玉女碧霞元君。金改称为昭应观。明洪武中重修。成化间改祠为宫。宏(弘)治中名灵应。嘉靖中名碧霞”②。顾炎武认为，碧霞元君“世人多以为泰山之女”，又有“黄帝遣玉女”之说，虽为宋真宗所封，“而泰山女之说，则晋时已有之”。③ 碧霞元君“声灵赫濯，护国庇民”，据说在各方面都非常灵验，据山东巡抚黄炳在雍正元年六月初一日奏报：“臣于五月二十六日亲赴泰顶，熏沐斋修，祈祷雨泽，仰荷皇上圣德感孚，休征立应，即于二十七日大降甘霖，彻夜滂沛，附近泰安各州县雨泽沾足。”④这条材料说明，虽然碧霞元君的信仰主要在民间，官方也有祈求祭祀活动。

第二个方面，泰山的民间信仰由泰山周边地区扩展至全国，信仰圈逐步扩大。检索历史文献，在泰山地区之外最早建立东岳庙者，是陕西的咸宁县，时在汉代，“东岳庙，在城东南四十里，汉时建”⑤。安徽太湖县的东岳庙则建于南朝刘宋时期。⑥ 其后各府县陆续建有东岳庙，甚至在一个县建有两座东岳庙，浙江钱塘县“一在吴山馨如坊，宋大观中建。……一在中台八蟠岭，宋咸淳中建”⑦。从而形成“天下郡国，皆有东岳庙”⑧，“泰山之祠遍宇内”“泰山之祠遍天下”的格局⑨。之所以如此，一在于“五气流行，木位东方，四时顺布，春居岁首，仁者木之德，生者春之用……天地发育，万物之功，皆本于东方。故群岳祀止方域，而岱宗祠遍海宇。……人心向往之深”⑩。二在于“奉祀东岳山之神，历代相传，灵显昭著，佑庇万民……远近人民，感荷默佑之恩，焚香顶礼，罔不虔肃”⑪。而岱岳碧霞元君祠“祠宇瑰伟壮丽，天下之祝厘祈福者趋焉，岁所入香缗以万计”，除岱岳

---

① (宋)张君房：《云笈七籤》卷79《符图》。

② 《钦定大清一统志》卷142《泰安府》。

③ (清)顾炎武：《日知录》卷25“湘君”条。

④ 《朱批谕旨》卷23《朱批黄炳奏折》。

⑤ 雍正《陕西通志》卷28《祠祀》。

⑥ 乾隆《江南通志》卷34《舆地志》。

⑦ 乾隆《浙江通志》卷217《祠祀》。

⑧ (明)张居正：《敕修东岳庙碑文》，《日下旧闻考》卷88《郊坰》。

⑨ 清圣祖御制《东岳庙碑文》，乾隆《畿辅通志》卷8《宸章》。乾隆《御制东岳庙重修落成碑记》，《日下旧闻考》卷88《郊坰》。

⑩ (元)赵世延：《昭德殿碑文》，《日下旧闻考》卷88《郊坰》。

⑪ 《雍正六年九月上谕内阁》，《清世宗圣训》卷32《崇祀典》。

碧霞元君祠外，“天下之为离宫行祠者，小若大又不下万计”①。又有记载称：“今天下所最崇重者，太岳太和山真武及岱岳碧霞元君。……二庙岁入香银，亦以万计。每至春时，中国焚香者倾动郡邑”②。“泰山有祠，其来远矣，独其巅祠所谓碧霞元君者，不见策籍，然楮泉之盛，人心归依，竦悳之诚，天下之祠莫加焉。”③“泰山绝顶，旧有碧霞灵应宫，祀天仙玉女之神，封为碧霞元君者……神以灵故，四方走士女操金帛为祈祷者，岁所积甚伙。”④这些正反映了“香客众多”“香火甚盛”的实情。⑤

山川崇拜、巡守封禅祭祀、民间信仰，有其内在的联系，由此反映出的泰山文化体现着自然、社稷与苍生之间的多重关系。

二、“国泰民安”“和合共生”是泰山文化的精髓

泰山文化的形成，有一个历史的过程。在这个过程中，无论是帝王巡守，还是封禅、祭祀，都把泰山与社稷苍生联系在一起，希冀和祈求的都是以江山永固、国泰民安为旨规。即使是民间信仰的泰山府君和碧霞元君，也是由于其能“护国庇民”。国与民，或者说社稷与苍生，在“国泰民安”的表达中，是一个统一体。不能简单地认为“功成受命”“易姓告代”，是帝王一家一姓之私，也意味着国家的统一与强盛、安定。“泰”字之本义，即有大、强、强大、安定之意。只有国家强大安定，才有人民的安康乐业。同时，“和合共生”既有其特定的文化融合、国家治理等内涵，也与“国泰民安”有关联。“国泰民安”“和合共生”为泰山文化的精髓是没有疑义的，共同构成泰山文化的主体。

在《诗经·鲁颂·閟宫》中，既有众所周知的“泰山岩岩，鲁邦所詹”，也有“保彼东方，鲁邦是常。不亏不崩，不震不腾。三寿作朋，如冈如陵”的诗句。在《诗经·小雅·天

---

① (明)王嘉言：《重修圣母元君祠记》，见黄宗羲：《明文海》卷371《祠庙》。按：所谓“香缗”，即泰山香税，据《明史》卷82《食货志六》记载：“泰山香税二万余两。”又据乾隆《大清会典则例》卷50《户部·杂赋下》记载：“东省泰山有碧霞灵应宫，凡民人进香者，皆在泰安州衙门输纳香税，每名输银一钱四分，通年约计万金”，由于“无力输纳者，即不许登山入庙”，雍正十二年上谕：“朕思小民进香祷神，应听其意，不得收取税银。嗣后将香税一项，永行蠲除。如进香人民有愿输香钱者，各随所愿，不必计较多寡，亦只许本山道人收存，以资修葺祠庙、山路等费，不许官吏经手，丝毫染指。”泰山香税的实际蠲免时间为雍正十三年，见乾隆《山东通志》卷12《田赋·杂税》。雍正虽称“永行蠲除”香税，但到晚清，由于筹措经费的需要，又有重征香税的吁请和实践。光绪二十二年，翰林院庶吉士汤寿潜上《理财百策》，呼吁重征香税，称“大可复其制而推广之”，泰山、武当等名山，香客众多，“今拟人税百钱，数十万人可得数万缗之税，数万人亦可得数千缗之税”。见浙江萧山政协文史委员会编：《萧山文史资料选辑》第4辑《汤寿潜史料专辑》，1993年刊印本。

② (明)王世贞：《弇州四部稿》卷174《说部》。

③ 佚名《新建碧霞元君行祠记》，(明)孙绪：《沙溪集》卷4《碑记》。

④ 佚名《重修碧霞灵应宫记》，(明)徐溥：《谦斋文录》卷2《记》。

⑤ (清)高士奇：《松亭行纪》卷上，康熙二十二年三月二十日。

保》中，也有“天保定尔，以莫不兴。如山如阜，如冈如陵。如川之方至，以莫不增。如月之恒，如日之升。如南山之寿，不骞不崩”之句。后人在解释“如冈如陵”时称：“如冈如陵，即国家安于磐石泰山而四维之意。”①也就是说，早在《诗经》形成的年代，已经把国运长久、国家强盛、国泰民安，比喻为“安于磐石泰山而四维”。历代文人的诗歌吟诵，在“泰山安则天下安”这一点上，可以视为对《诗经》的承继。如郝经云：“天下本一气，南北只一理。处置一何难，鸿毛扇糠秕。中原帝高光，遽可辽金比。君家祖宗法，亲仁载良史。可令富郑公，树立太平址。一若泰山安，一若九卵累。事几或一失，千载贻诟訾。”②张宏范云：“世事翻腾尽万般，一心长拟泰山安。”③李梦阳云：“金舆还内放人看，万户千门震地欢。绣扇徐开龙虎气，君身不动泰山安。”④邵宝云：“郁葱佳气接邱坛，真向乾坤得大观。……瞻仰不胜心颂在，无疆休与泰山安。”⑤施闰章云：“千骑重临仙峤好，孤城百战泰山安。”⑥刘温云：“泰山安四维，河水润千里。”⑦虽是诗人情怀，从中足可见“泰山安则天下安”已经渗透进文化的肌理。

屡见于历代史籍的“居累卵之危，而图泰山之安”⑧。“天下之安，犹若泰山而四维”⑨；“泰山之安，为万世无穷之基”，“天下之势，盖若泰山而四维之安”⑩；“天下巩固，屹若泰山之四维”⑪；“封泰山，告太平，升中和之气于天”⑫；“定天下规模如泰山之巩固，磐石之四维”⑬，等等，不绝于史。一直到民国年间，依然有“各省有泰山之安，斯全国有磐石之固”的说道。⑭ 凡此，均是言简意赅的点明了泰山与“国泰民安”的象征意义、内在联系和文化内涵。

如何才能达到“国泰民安”？王符所说的“居累卵之危，而图泰山之安”，有居安思危之意。其他人所说的泰山之安大多与“四维”相联系。“四维”在汉语语义中，主要有四层意思：一是四面相联系，二是东、西、南、北四方，三是东南、东北、西南和西北四角，

---

① （明）姚舜牧：《重订诗经疑问》卷12《鲁颂》。
② （元）郝经：《陵川集》卷4《古诗·冬至后在仪真馆赋诗以赠三伴使》。
③ （元）张宏范：《淮阳集·七言绝句·守一卷头》。
④ （明）李梦阳：《空同集》卷35《七言绝句·正德元年郊祀歌》。
⑤ （明）邵宝：《容春堂前集》卷7《七言律诗·凤阳谒陵》。
⑥ （清）施闰章：《学余堂诗集》卷39《七言律·高尚孚副使夜宴瓯城留别》。
⑦ 乾隆《钦定千叟宴诗》卷18《预宴九十六人诗》。
⑧ （汉）王符：《潜夫论》卷3《忠贵第十一》。
⑨ （汉）荀悦：《前汉纪》卷10《孝武一》。
⑩ （宋）林之奇：《尚书全解》卷27《大诰》；卷31《洛诰·周书》。
⑪ （宋）黄履翁：《古今源流至论别集》卷7《变更持守》。
⑫ （元）和惠栋：《易例》卷上《礼乐尚中和》。
⑬ （清）张英：《书经衷论》卷3《周书》。
⑭ 《国是会议两委员会开会纪》，《申报》，1922年6月29日，第13版。

四是礼、义、廉、耻。前三者都与方位有关，而且与八卦相表里。① 后者则是一种道德行为规范。管子所说的“四维者，礼义廉耻也”，“四维不张，国乃灭亡”，② 可能仅仅是一种伦理上的文化表达，与方位以及八卦的“四维”没有直接的联系。但在文化传承中，“国泰民安”与道德行为规范上的“四维”越来越密切。宋人林之奇《尚书全解》称：“社稷无疆之休者，惟在慎之而已。董仲舒曰，尧舜以天下为忧，而不以位为乐，盖为人君者，苟以位为乐，则将穷天下之欲以供耳目之娱，故不能保厥位，至于颠覆丧亡而不悟。苟其居是位也，兢兢业业，如临深渊，如履薄冰，以致其畏慎之意，则其位之安，如泰山而四维。”又说：“凡朝廷之制度纪纲，莫不得其条理，而四海九州岛之民，莫不安居乐业，天下之势，盖若泰山而四维之安。”③这里强调了君主的行为和制度纪纲对维护国泰民安的作用。宋人黄履翁《古今源流至论别集》称：“台谏持天下之平，士夫守天下之论，国家尊严凛然太阿之出匣，天下巩固，屹若泰山之四维。”④这里强调的是臣僚与士大夫的作用，如果臣僚，特别是台谏之臣与士大夫各遵其操守，那么国家尊严必然凛然不可侵犯，如太阿之出匣，气冲斗牛，光耀宇宙。清人张英《书经衷论》称：“敦信明义，崇德报功，定天下规模如泰山之巩固，磐石之四维。子孙有所凭藉，以为不拔之业。臣民有所信守，以为久安之计。”⑤这里强调的是君主与臣民对道德行为规范的共同遵守，以达到国家的长治久安。康熙御定《日讲四书解义》称：“士大夫寡廉鲜耻，凡可以得富贵者，靡所不为，而患得患失之祸，遂延于世运。管子曰，礼义廉耻，国之四维。从来未有人心不端，风俗不正，而可以致治者，其系岂一人一事已哉。”⑥这里强调的是世风与群体行为对国泰民安的影响，如果士大夫寡廉鲜耻，人心不端，风俗不正，根本不可能达到“致治”的境界。

由上可以明确地看出泰山安如磐石的象征意义，以及泰山——四维所展现的局部与整体，表象与义理等自然、文化内涵对“国泰民安”文化的解读。

泰山文化在形成的过程中，国泰民安的文化特征已经呈现出多元色彩，构成中华传统文化的一个重要方面。在国泰民安之外，中国传统文化中的“和合共生”也具有泰山文化的特质，与国泰民安一起，成为泰山文化的一体二翼。

中国传统文化中“和合共生”的基本精神，强调“贵和尚中”，即《礼记·中庸》所言：“中也者，天下之大本也；和也者，天下之达道也。致中和，天地位焉，万物育焉。”即

---

① （宋）林栗《周易经传集解》卷1《周易上经》：“一尊一卑，是为两仪，东震西兑，南离北坎，是谓四象，乾坤艮巽，补其四维，是谓八卦。”（宋）程大昌《易原》卷5《四象生八卦论》：“乾坤艮巽为四维，言居四正隅角而摅达四气也。四正也者，即夫子之谓东方也，南方也，西、北方也。四方，正方故也。四维也者，则夫子之谓东南也，西北也，东北也，西南也，以其居于隅角故也。”

② 《史记》卷62《管晏列传》。参见《管子·牧民》。

③ （宋）林之奇：《尚书全解》卷6《益稷·虞书》；卷31《洛诰·周书》。

④ （宋）黄履翁：《古今源流至论别集》卷7《变更持守》。

⑤ （清）张英：《书经衷论》卷3《周书》。

⑥ 康熙御定《日讲四书解义》卷21《孟子下之三》。

《周易集解》所言："天地和合，万物萌动也。"①当然也提倡"和而不同"，博大兼容。

泰山文化中的"和合共生"，大致包含两个方面的内容：一是天人合一，二是和谐包容。

以"功成受命""易姓告代"为标识的泰山封禅已经是天人合一的体现。按董仲舒《春秋繁露·立元神》所说的"天、地、人，万物之本也。天生之，地养之，人成之。……三者相为手足，合以成体，不可一无也"，天人合一不仅仅是帝王受命于天。泰山文化表现出的天人合一还在于泰山神的"灵显昭著，佑庇万民"②。其中一个显著的特点是"肤寸成云，霖雨天下"③。即所谓"触石而出，肤寸而合，不崇朝而雨，遍乎天下者，唯泰山云尔"④。因此，在泰山频繁举行的"按时致祭""应时祈雨"活动中，⑤ 统治者已经将其意念与百姓的希望最大限度地融为一体。前文已经举出雍正年间的事例，另据现存档案记载，嘉庆十六年，由于春旱，"遵旨虔祈雨泽"，理藩院右侍郎吉纶于四月二十五日"启程驰诣泰安，二十七日恭捧钦颁藏香登山叩祷神祠，并设坛于岱庙，率同泰安府知府百岁暨文武各官每日三次步诣坛"，"宣圣主爱民望泽之至诚。数日以来，阴云时布，间有细雨，霏微辄为风所吹散。俗有'久旱逢庚则雨'之占，兹值初三日庚辰，正切仰望间，适于申刻云气乍兴，雨即随至，淋漓滂沛"。据称，此次祈雨，"虽本天心感召，诚由圣主，一时城郭农民欢声雷动，无不仰颂皇仁"⑥。光绪十四年，由于"四、五两月雨水缺少，二麦收成减色，秋禾盼雨尤殷"，"泰安知府全志，泰安知县杨倬云率同士民于五月二十八日登山虔诚祈祷，即于是日巳刻，阴云四布，渥沛甘霖，接连二十九至六月初三、初六等日，大雨滂沱。旋据各州县陆续禀报，一律霑足，农田可望有秋，人心为之安定。山顶庙宇悬有康熙、雍正、乾隆年间御笔书匾额、碑记，灵迹昭然。此次日久抗旱望雨至殷，经地方官民虔诚祈祷，随时渥沛甘霖，实属异常灵应"⑦。这种泰山祈雨活动，在天人合一方面是"天心感召"，在官员方面是"遵旨虔祈"，由于与百姓的愿望契合，所以出现"农民欢声雷动，无不仰颂皇仁"，"人心为之安定"。以祈雨为具象的天人合一文化，在泰山表现得尤为近民愿、贴地气。

泰山文化中的和谐包容，本源于中国传统文化中的"和合"："凡天下至于一国一家，至于万事，所以不和合者，皆由有间也。无间，则合矣。以至天地之生，万物之成，皆合

① (唐)李鼎祚：《周易集解》卷17。

② 《清世宗圣训》卷32《崇祀典》。

③ 清圣祖御制《东岳庙碑文》，乾隆《畿辅通志》卷8《宸章》。

④ (宋)李昉：《太平御览》卷39《地部四·泰山》。

⑤ 泰山的"按时致祭"在每年的四月十八日，"应时祈雨"一般在"春旱""伏旱"之时。

⑥ 档案，朱批奏折。嘉庆十六年五月初四日理藩院右侍郎吉纶奏：《为遵旨虔祈雨泽应期渥被甘霖事》，档案号：04-01-25-0433-015。

⑦ 档案，朱批奏折。光绪十四年七月初三日山东巡抚张曜奏：《为泰山灵应，恭请御书匾额以答神庥事》，档案号：04-01-15-0080-001。

而后能遂。"①这种"和合"，既包括了"君臣父子亲戚朋友之合"，也包括了齐、鲁文化之合以及泰山儒释道文化之合。泰山本来就是儒家思想的渊源之区，儒学一向兴盛，同时，泰山很早就有鬼神崇拜，是道教的孕育之地，泰山的宗教信仰也是以道教为主。而泰山的佛教虽然处于从属地位，但普照寺、竹林寺、灵岩寺等佛教寺庙同样得到发展，香火亦盛。

泰山文化中和谐包容的起源，也与李斯《谏逐客书》中的名句"泰山不让土壤，故能成其大"有关②。"不让土壤，故能成其大"，本意在于虚怀若谷，广纳天下之才，容事容人。这种包容精神，后来在不同的场合有不同的延伸。康熙御定《日讲书经解义》就称："古人云，泰山不择土壤，故能成其高，沧海不择细流，故能成其大，人主不遗葑菲刍荛之言，故能成其圣。天下不患无敢言之臣，而人主要当有受言之实。廓度量以尽其才，明劝赏以作其气，则听纳日广，资益弘多，而作圣之基在是矣。"③在这里，知人善任，听得进不同意见，成为对有道明君的一般性要求，成为"作圣之基"的基本条件。光绪年间，有文章认为，"泰山不争土壤，故能成其高，河海不择细流，故能成其大，此言治国之道"。这里把此作为"治国之道"提出，是由于"朝廷深宫高拱，民间之事不能一一周知，而入告者又复文饰多方，是非颠倒，苟或不慎，姑妄听之，贻害有无穷者"。在世风日下或面临天下"变局"之时，一方面，有"文饰多方"者，有"是非颠倒"者，君主不可不明察；另一方面，"中国近来言官之论列，日见其多，且无非有裨民生，深关国计之大者"。"近来言官论列，多有关于国计民生之大其气象，有远迈乎前朝者。"面对"咸同变局"之后的国计民生，士大夫多有"侃侃直陈，不辞嫌怨"者，且"见诸报者，屡书不一"，有些言论，"皆人臣所不敢言"。在这种情况下，只有"圣主明目达聪"，将有关意见建议"俯赐采纳，拾其遗而补其阙，弥其隙而正其疵"，才能"酝为致治"，"此正下情之所由达，而国运之所由隆也"。④ 泰山文化中的包容精神上升到了治国理政的高度。

三、结　语

山川崇拜、巡守封禅祭祀、民间信仰是泰山文化形成的三大要素，是"历时性"和"共时性"的有机统一，既体现着自然、社稷与苍生之间的多重关系，也是孕育泰山文化的本源。文化是人类社会历史发展的产物，既有精华，也有糟粕，既有中华民族的共有文化，也有一个民族、一个区域的文化。泰山文化丰富多彩，从不同的角度会有不同的总结，但

---

① （宋）程子：《伊川易传》卷2《周易上经》。

② 在不同史籍中，文字略有不同，如明人蔡清《易经蒙引》卷9《系辞上》载："李斯曰：泰山不弃尺壤，故能成其大，河海不择细流，故能就其深，王者不隙众庶，故能成其业。"

③ 康熙御定《日讲书经解义》卷5《说命上》。

④ 《言官有关于国运说》，《申报》，光绪五年六月十八日，第1版。

从根本上说，由于泰山在历史上的“五岳独尊”地位和“国山”性质，泰山文化不是一种山岳文化和区域文化，而是具有泰山特质的中华民族共有文化。在这个基点上，作为泰山文化精髓和主体的“国泰民安”“和合共生”，体现了中国优秀文化传统的人文理念和价值取向。

这种人文理念和价值取向，贯穿于中国人的历史创造之中，赋予中国人与时俱进、海纳百川、有容乃大的气魄，为实现祖国富强、百姓安康和民族复兴而不断创造历史伟业。特别是“登泰山而小天下”，“会当凌绝顶，一览众山小”的豪情，以及“尧舜一日万几，文王日昃不暇食，仲尼终夜不寝，颜子欲罢不能”的“自强不息”的精神，① 不断增强民族的自尊心、自信心、自豪感，促使国人锲而不舍的攀登，以达到至高至上的境界。

① (唐)李鼎祚：《周易集解》卷1。

博览会与近代中国物质文化变迁
——以南洋劝业会、西湖博览会为中心

马　敏*

近年来，西方新文化史研究出现了一个重要的转向，即从抽象的、文本化的文化史研究转向对物质载体及物质世界的研究，物质文化史作为一个新兴研究领域日渐受到学界的重视。① 其实，就物质文化史研究而言，近代中国博览会史是一个绝佳的切入点。② 物质文化史所涉及的诸多历史面相，如日常生活物品、工艺品与工业产品、自然景观与历史遗迹、城市建筑与城市环境史、物质发展的时空变化、物质文化与人的关系，等等，在博览会中都有呈现，都有可能结合博览会的特定时空对之进行深入的探讨。本文即是从“物”(things)或“物质文化”(material culture)视角出发，结合近代中国博览会会场、展馆与展品，对何以为物、物之分类、物之内涵、物之升华等问题，略作探讨。重点在近代中国自办的历次博览会，尤其是1910年举办的南洋劝业会和1929年举办的西湖博览会，但也兼及某些出国参与的国际博览会。

一、聚物之所：会场、展馆与新型城市空间

博览会作为一种近代兴起的大型或超大型展览会，具有集中性、集聚性等特征，与近

---

* 马敏(1955—　)，华中师范大学中国近代史研究所教授，华中师范大学原党委书记。本文系国家哲学社会科学基金重大攻关项目“中国近现代博览会通史”(项目号：13&ZD096)中期成果。本文原发表于《中国近代史》2020年第5期。

① 有关西方物质文化史研究概况，参见肖文超：《西方物质文化史研究的兴起及其影响》，《史学理论研究》2017年第3期。

② 有关近代中国博览会史研究概况，参见马敏：《中国近代博览会史研究的回顾与思考》，《历史研究》2010年第2期。有关博览会与物质文化史研究，参见[日]吉田光邦：《万国博覧会——技術文明史的に》，日本放送出版協会1970年版；[美]葛凯(Karl Gerth)：《制造中国：消费文化与民族国家的创建》，黄振萍译，北京大学出版社2007年版。

代新型城市公共空间的兴起密切关联。博览会将大量的观众、物品、知识在同一时间和空间上进行聚集，形成源源不断的物流、人流、信息流的交汇和流通，势必需要有宽敞的空间来容纳和展示。“(博览)会者何？择一地以会众物之名也。……物多人众，大有会归有极之象焉。”①在物质文化意义上，会场、展馆及周边配套设施，其实是以各种大型建筑形式所体现的特殊的“物质”，是博览会的外在之“形”，聚物之“所”，及纳物之“器”，集建筑空间、展示空间和生活空间三位一体。因此，博览会会场与展馆等建筑物均可纳入物质文化史范畴来进行研究。

如果稍加追溯，便可发现，博览会会场与展馆通常既为近代新生之物，属过去未曾有之新型城市空间，但同时往往又有历史踪迹可寻，与传统城市空间有着千丝万缕的联系，常常是对旧有城市空间的利用或拓展。典型者如通常被视作近代博览会起源的法国工艺展览会，即于1797年首次在卢浮宫前院举办，为期四天的展览会取得很大成功，一大批滞销的挂毯、地毯和陶瓷产品被推销了出去。次年，法国又利用练兵广场搭建专门的建筑来举办第二届工艺展览会，并规定展品只展不卖，使之初步具备了近代博览会的雏形。②

中国近代举办的最初几次地方性博览会，因规模较小，大多系利用传统的庙会、花会等场所来举办，以符合民间日常生活中的祭祀、贸易和娱乐习惯。例如，中国最早的商品博览会之一，1906年在成都举办的“商业劝工会”，便是从一年一度的青羊宫“花会”(四川民间传统庙会之一种)演变而来。该年的花会，经四川商务劝工局总办沈秉堃提议，获四川总督锡良批准，拟“就地易作商业劝工场，略仿日本共进会之制”③。于是，首次成都商业劝工会于1906年3月10日至4月3日在青羊宫、二仙庵举办，该会“农商并重”，融春游、花会、商贸于一体，“合全省之工商，谋最优之进步”④。不经意间便创设了中国最早的商品博览会。这种新旧交融的“商业劝工会”“劝业会”，从1906年至1911年，在成都先后共举办了6次，可谓开风气之先。⑤ 1907年4月至5月在天津举办的“商业劝工会”，也是借用天后宫庙宇举办，“佥以天后宫地势宏敞，又为津市适中之地，应即筹款改修，以便联络工商，仿照博览会成章，举办天津商业劝工会，自系商市之一大观”⑥。

---

① 《论创会》，《申报》，1881年3月9日，第1版。

② 参见周秀琴、李近明编著：《文明的辉煌：走进世界博览会历史》，学林出版社2007年版，第9页。

③ 《图说》，《四川成都第一次商业劝工会调查表》，光绪丙午年(1906)刊本，四川大学图书馆藏，第16页。

④ 《发给头等商标凭照》，《四川成都第一次商业劝工会调查表》，光绪丙午年(1906)刊本，四川大学图书馆藏，第8页。

⑤ 参见王笛：《跨出封闭的世界——长江上游区域社会研究(1644—1911)》，中华书局1993年版，第266~267页。

⑥ 《津商会拟改建天后宫举办商业劝工会文及工艺局复文》，天津市档案馆等编：《天津商会档案汇编(1903—1911)》上，天津人民出版社1989年版，第807页。

1909年武汉举办有“我华万国博览会之起点”①之称的“武汉劝业奖进会”，在选址时考虑到办会成本，只好借用先前所修建的武昌平湖门乙、丙两栈(实为西式大型商铺建筑)，稍加改造而成，占地约1000平方丈(约1.1万平方米)。两栈之间以廊桥相连，南北长160丈，南起皇化馆，北至菜场，南北两端各建有一个牌楼，作为会场大门，门外修建有马路，可直达黄鹄矶。② 如此利用旧有之地和旧有建筑来开博览会，不失为一个取巧的办法，但却难免空间狭隘、“贻讥简陋”，无法尽展新式博览会的风采。

如果说早期规模不大的“劝工会”“劝业会”，尚可“借地办展”，借用庙会、花会、道观、商栈等旧有建筑物将就举办，那么，一旦举办全国性质的博览会，则因兹事体大，用地面积广，便不得不通过重新选址来整体规划、设计展会会场了。晚清和民国时期举办的两次全国性博览会——1910年“南洋劝业会”和1929年“西湖博览会”，均具有这一会场规划、建设的特点。

有鉴于南洋劝业会实为首次全国性博览会，“体制宜崇”，作为劝业会主要发起人之一的陈琪等建议，该会应另辟开阔新地，完全重新规划设计，“就江南公园界内附近一带，购地六百亩，建筑会场……先开内国博览会，合农工商品蔚成巨观”③。经端方上奏朝廷之后，最后确定会场规模为700余亩。根据设计方案，整个会场呈椭圆形，宽约二里，长约九里，“东抵易家巷，南抵丁家桥，西抵将军庙口，北抵公园”，周围建轻便铁路相连，所占面积实达千余亩，系“我中国五千年未有之盛举，亦为近世祺来东亚赛会之特色焉”。④

在会场规划和建筑物分布上，南洋劝业会明显参考了日本1903年大阪内国劝业博览会的布局，都是以中轴线为主线来安排建筑物，两边分布场馆。⑤ 主会场设在位于玄武湖附近的紫竹林，以丁家桥到青石村的连线为主轴，入口处设松枝门、牌楼，其后是正门、喷水池、纪念塔、奏乐亭、公议厅、审查室、美术馆；沿中轴线左侧分列有工艺馆、通运馆、机械馆、参考馆、农业馆、植物园等，右侧分列有教育馆、卫生馆(又名医药馆)、武备馆、水族馆、暨南馆、劝工场等。

南洋劝业会展馆建筑群，除由劝业会事务所建造的13个主馆而外，另有各省自行建造的14个地方馆(又称各省别馆)，以及广东教育馆、醴陵瓷业馆、金陵缎业馆、博山玻

---

① 《开会纪事》，张廷海编纂：《奏办武汉劝业奖进会一览》，上海经武公司1910年版，第238页。

② 《会场之布置》，张廷海编纂：《奏办武汉劝业奖进会一览》，上海经武公司1910年版，第171~175页。

③ 《候补道陈琪为创办博览会事上江督书》，《申报》，1908年4月21日，第2张第2版。

④ 《会场之大观》，南洋劝业会事务所编纂科编：《观会指南》，南洋印刷官厂1910年版，第47~48页。

⑤ 自1900年巴黎世博会始，大部分世博会展区都是按照轴线对称的方式集中布局，即展区内有明显的中央轴线大道，各场馆围绕中央大道对称布局(参见郑时龄、陈易主编：《世博会规划设计研究》，同济大学出版社2006年版，第5~7页)。

璃馆、兰锜馆、海军陈列亭等6个专门馆，分布于会场各处。

从表1看，南洋劝业会有9个展馆与1903年大阪博览会相关展馆名称基本相同，另有10个展馆及各省别馆则不相同。在特色展馆中，南洋劝业会强调了能体现中国特色的缎业、瓷业、玻璃业馆，以及较为重视的卫生馆、武备馆、地方馆、暨南馆（南洋华侨馆）、兰锜馆（江南制造局馆）；日本则较为强调体现其殖民色彩的台湾馆，以及能体现全球意识的商标馆、世界馆、学术人类馆。

表1　**1910年南洋劝业会与1903年大阪博览会场馆对照表**

相同		不同	
南洋劝业会	大阪博览会	南洋劝业会	大阪博览会
场馆名称		场馆名称	
工艺馆	工业馆	卫生馆	动物馆
农业馆	农业馆	武备馆	植物温室
	林业馆	京畿馆	冷藏库
水族馆	水族馆	暨南馆	台湾馆
	水产馆	各省别馆	商标馆
机械馆	机械馆	广东教育馆	不可思议馆
通运馆	通运馆	醴陵瓷业馆	学术人类馆
教育馆	教育馆	金陵缎业馆	世界一周馆
美术馆	美术馆	博山玻璃馆	
第一参考馆	参考馆	兰锜馆	
第二参考馆		海军陈列亭	

资料来源：南洋劝业会各馆参见《南洋大臣会同苏抚奏陈南洋劝业会开幕情形折（续）》，《申报》，1910年7月31日，第2张第2版；南洋劝业会事务所编纂科编：《观会指南》，南洋印刷官厂1910年版，第51~53、61~63页。

大阪博览会场馆参见《風俗画報・臨時增刊（第5回内國勸業博覽會圖會上編）》，日本東陽堂1903年版，https：//ndlonline. ndl. go. jp/#！/detail/R300000003-11579697-00，2020年1月30日。

南洋劝业会举办19年之后，由浙江省主办的西湖博览会，是中国首个以“博览会”之名举办的全国性博览会，其主要策划者为时任浙江省主席的国民党元老张静江和时任建设厅厅长程振钧。是会虽然在一定程度上模仿了南洋劝业会，但无论就展品数量和观众人数而言，都超过了南洋劝业会。为节省办会经费，同时宣传杭州和浙江，西湖博览会的会场选址和设计颇有创意，选址在风光绮丽的西子湖畔，依山傍水，因地制宜，将西湖名胜古刹与展馆巧妙地融为一体。西湖博览会主会场范围遍及里西湖四周，散布甚广，包括白堤、孤山、北山、宝石山麓与葛岭沿湖地区。其具体方位，“起自湖东北断桥与石塔儿头之交界处，至西泠桥凤林寺前而止；左以宝石山、葛岭为屏障，右以白堤断桥、锦带桥、西泠桥为羽卫。周围八华里弱，面积五华方里强”①。

与南洋劝业会几乎全部新建公共设施及展馆不同，西湖博览会会场建筑大多借用景区旧有建筑，仅门面重新设计装饰，完全新建的并不多。主要建筑群大体可分为三类：公务类、公共建筑类和陈列馆所类。公务类建筑系各办事机构的办公处所，基本借用原有房屋。公共建筑包括大门、大礼堂、纪念塔、商店、游戏场等，这些建筑则大多为新建。陈列馆包括八馆二所，八馆分别为革命纪念馆、博物馆、艺术馆、教育馆、农业馆、卫生馆、丝绸馆、工业馆；二所为特种陈列所、参考陈列所。②

从清末民初中国早期博览会会场规划和展馆设计来看，在西方和日本博览会热潮影响下，中国自办博览会用比较短的时间实现了自身的“近代化”过程，开始融入以世博会为标志的早期国际化展览历史进程。这也是中国日益走向世界的标志之一。大体观之，这一时期中国博览会的会场规划和展馆建造具有如下特点和意义。

第一，意味着以博览会形式体现的近代超大型城市公共空间的产生。

中国古代城市历来有自身的传统公共空间，包括街道、庙会、集市、佛寺、道观、祠堂、会馆、公所、戏院、酒楼、茶馆等，近代以来，受西方影响，又有新型的公共空间产生，如图书馆、博物馆(院)、电影院、动物园(万牲园)、公园等。但这些新型城市空间的功能往往是单一的，要么注重于知识传播，要么注重于休闲娱乐，而博览会会场则是集物品展示、商品贸易、知识传播、娱乐活动于一体的超大型复合性城市公共空间，属前所未有之新事物。但凡举办博览会，“必先筑绝后空前之会所，四通八达之市场，荡心骇目，巍然焕然，乃足以受容中外与会之人与物，及中外观会应用之物”③。这在相对封闭、孤立的传统农业社会，是难以想象的。如南洋劝业会会场给人的观感是“区域甚广，各馆甚多，一入其中，恒苦茫无适从”④。

有研究者认为，某种意义上，南洋劝业会可被视为“官方有意识地创造的一个公共空间，这个空间试图容纳存在着灭种危机的所有中国人，包括汉人，也包括东三省的满人，

① 《西湖博览会总报告书》第5章《会场设计》，《中国早期博览会资料汇编》(五)，全国图书馆文献缩微复制中心2003年版，第420页。如加上位于岳王庙的参考陈列所、位于道村的宴会厅及设于城内的招待所、旅馆等，西湖博览会的实际面积应更大，“故会场范围虽占里西湖全部，而实际上则已遍满杭城”(《中国早期博览会资料汇编》(五)，全国图书馆文献缩微复制中心2003年版，第420页)。

② 《西湖博览会总报告书》第1章《八馆二所》，《中国早期博览会资料汇编》(五)，全国图书馆文献缩微复制中心2003年版，第289~291页。除八馆二所外，西湖博览会还设有三个专门陈列处：沪杭甬路局陈列处、交通部电信所陈列处、航空陈列处。

③ 《论今日宜急开内国赛会以兴工商》，《东方杂志》第5卷第5期，1908年，第25页。

④ “《南洋劝业会场图》广告”，《中国早期博览会资料汇编》(二)，全国图书馆文献缩微复制中心2003年版，第172页。

这是已经超越了‘同乡’‘宗教’所形成的新的共同体，这是国民(nation)的概念初始形态”。博览会正好扮演了这种“想象的共同体”成长的“有形空间”。① 劝业会相关文献中有关“国民”的概念和提法随处可见，该会实际上已被视作针对所有中国国民的全国性博览会，是为全体国民提供的公共空间，“为工商之广告场，国民之大学校”②。博览会无形中变成了吸引并凝聚“国民”的平台与纽带，促进了近代国家意识的成长。

作为近代城市中超大型复合性公共空间，劝业会、博览会最大的特征之一，便是其人流(观众)的容纳量远超过去所有形式的传统公共空间，绝非旧式庙会、花会、集市所能及。如武汉劝业奖进会举办的45天中，参观人数达二十余万人，平均每天约5000人③；南洋劝业会在所举办的半年期间，参观人数达到三十余万人，每天参观人数平均为1700人左右④；西湖博览会举办的128天中，参观总人数累计有“二千万人之多”⑤，排除重复统计人数，实际参观人数估计为200万~300万人。博览会参观人数之众，所涉及的各阶层人群之广，所产生的社会集聚效应之大，以往均无法企及。

第二，在建筑形式上，博览会会场和展馆具有“似曾相识”“中西合璧”的特点，体现了从传统到现代的转型、过渡。

近代中国社会是一个过渡型社会，在西方文化影响下，传统社会正在发生急剧的分化与转型，中与西、新与旧相互纠缠，“道出于二”的现象十分普遍。⑥ 作为新生事物，各种劝业会、博览会也正好具有这种新旧杂陈的特征，虽目之为“新”，但仍又带有几分“旧”；虽视之为“洋”，但骨子里又透着“中”，总使人感觉“似曾相识”。

最早期的博览会如成都商业劝工会、天津劝工会等因系直接借用旧式花会、庙会的场地举办，往往给人以不伦不类、不中不西的奇特观感，自然不足为奇，即便如最接近西方博览会模式的南洋劝业会和西湖博览会，其中西合璧的特征也非常突出。

南洋劝业会公共建筑和展馆设计风格多样，既有中式，也有西式，还有中西合璧式，但总体而言，仿西式更多。⑦ 如会场大门系中式红木牌楼，高三丈余，上书“南洋劝业会”

---

① 徐苏斌、[日]青木信夫：《南洋劝业会与近代城市空间的创出》，张复合主编：《中国近代建筑研究与保护》(六)，清华大学出版社2008年版，第650页。

② 《南洋劝业会观会指南弁言》，南洋劝业会事务所编纂科编：《观会指南》，南洋印刷官厂1910年版，第1页。

③ 张廷海编纂：《奏办武汉劝业奖进会一览》，上海经武公司1910年版，第249页。

④ 王树槐：《中国现代化的区域研究——江苏省(1860—1916)》，台湾“中研院”近代史研究所1984年版，第430页。此参观总人数尚需作进一步的考证。

⑤ 《西湖博览会总报告书》第2章《参观团体及人数》，《中国早期博览会资料汇编》(五)，全国图书馆文献缩微复制中心2003年版，第365~367页。

⑥ 关于“道出于二”与近代中国新旧中西的纠缠，参见罗志田：《道出于二：过渡时代的新旧之争·自序》，北京师范大学出版社2014年版。

⑦ 这与1905年以前由海关办理的历次国际博览会中国场馆设计，为吸引外国参观者，一般都采用道地的中国式建筑风格截然不同。

五个金黄大字，两旁“龙旗招展”。大门前按中国旧习扎有松柏牌楼，称“松枝门”，但形状上则仿法国凯旋门式，以壮观瞻。公议厅为会议场所，仿美式，能容纳两千余人，厅内外置电灯八百余盏。纪念塔系中西合璧式，高 91 英尺，有 104 级台阶，内置电梯，可直达最顶层。教育馆、工艺馆、武备馆、机械馆均为仿德国式，美术馆为仿罗马式，卫生馆为仿意大利式，水族馆为仿荷兰式，通运馆为仿美国式，第一参考馆为仿英国式，第二参考馆为仿法国式，农业馆外部为洋式、内部为中式。地方馆中京畿馆、江西馆、浙江馆为洋式，暨南馆为仿南洋群岛式，其余则多为中式，颇类似于一座“万国建筑”博物馆。①

同南洋劝业会中心场馆主要由西人在上海开设的建筑事务所设计不同,② 西湖博览会场馆建筑的设计者主要是刘既漂(1901—1992)等由欧洲归国的杭州国立艺术院的教师。作为留欧派艺术家，他们所追求的艺术目标是“调和中西艺术”“创造时代艺术”，因此，在西湖博览会的场馆设计中，兼容中西的“中西调和”成为主流设计思路，中西合璧的“美术建筑”风格则成为西湖博览会建筑的主要风格。例如，西湖博览会大门设计便是“中西调和”的典型。该大门设计者为刘既漂与李宗侃(1901—1972)，大门内立面以传统的中华牌坊作为入口装饰，借以体现中国传统文化，大门正立面则完全采用法国“装饰艺术”的风格，讲究体块的组合与主题的呈现，类似于巴黎凯旋门。这种内面中式，外面西式的奇特组合多少显得有些生硬，但却凸现了“中西调和”的艺术主张，也体现了当时的时代精神。此外，各场馆入口处也多由刘既漂设计，同样体现了法国“装饰艺术”的主导风格，但又并非机械照搬，而是作了较多本土化尝试，基本上仍是“中体西用”“中西合璧”。③

第三，作为新型城市空间，博览会会场带动了周边城市公共设施的发展，扩大了近代城市公共空间范围，起到了“建造市面”的作用。

曾担任南洋劝业会帮办的向瑞琨对博览会带动城市经济和市政发展的功效作过较为全面的概括，指出：“凡经博览会闭会以后，该地方每因之发达。美国芝加哥博览会以后，而该市之高架铁路、电车因之而设，荒芜一变而为通衢，人口遽增至六十万。美术协会、博物馆等，建筑一新，工场之烟囱增二倍，商业之资本增数倍。美国圣路易博览会以后，该市之道路、自来水、消防术等均大有进步。其铁路直增数线，而银行、旅馆增设尤

① 《各馆暨各重要之建设》，南洋劝业会事务所编纂科编：《观会指南》，南洋印刷官厂 1910 年版，第 51~55 页。关于南洋劝业会建馆思路大多仿效日本，在《南洋劝业会说略》中，已有清晰的说明：“最近所开之东京劝业会，其正门采巴黎之凯旋门式，各馆则采德意英法式，其可法者。”(南洋劝业会事务所编纂科编：《观会指南》，南洋印刷官厂 1910 年版，第 107 页)

② 据上引徐苏斌和青木武夫的研究，南洋劝业会场馆建筑主要是由 B. Atkinson 和工部局技师 A. Dallas 在上海设立的通和建筑事务所(Civil Engineer & Architect)所设计。

③ 参见费文明：《1929 年西湖博览会设计研究》，南京艺术学院硕士学位论文，2007 年，第 18 页；青木信夫：《建築家劉既漂と中国における“新建築”の誕生—パリ万博から西湖博覧会へ》，佐野真由子编：《万国博覧会と人間の歴史》，日本思文閣 2015 年版，第 199~200 页。

多。”①由此可见，博览会作为新型城市空间，其功效不仅在于会场本身的巨大容纳性，而且还带动了其他城市空间的扩张，塑造了城市新面貌。譬如，南洋劝业会的宗旨之一，便是“建造南京市面”，这一目的，经过努力在很大程度上得到了实现。除公共建筑和展馆而外，许多服务于劝业会的市政设施和娱乐场所也同时建立起来，如商店、邮政局、电报局、电话厅、医院、消防局、巡警局、劝业银行、保险公司、公共厕所、劝业场、自来水站、电影院、游戏场、动物园等。为了方便交通，还专门修建了宽敞的劝业路，增开了专门的公共汽车，铺设了直达会场的轻便铁路，使南京城北一带，“另辟新市，俨然有欧洲特立之市场风焉”②。有人将南洋劝业会同国外博览会相比较后，认为，“论其阔大，虽日本之第三次博览会尚不能及，论其繁盛，亦可与欧洲之地方博览会相颉颃”③。

西湖博览会因利用西湖布局，对杭州城市建设整体带动效应有限，但对西湖风景区和周边地区的设施建设仍具有极大促进作用，推动了民国时期杭州旅游和文化事业的发展。博览会召开期间，不仅建造了西湖博览会纪念塔、西湖博览会桥、大礼堂等标志性建筑，还配合博览会宣扬的国民革命精神，修建了陈英士纪念塔、北伐将士纪念塔等建筑物，成为民国时期杭州滨湖一带颇具特色的新景观，使“西湖面目，焕然一新”。孤山轻便铁路、葛岭公路、博览会桥和各种商场、旅馆、游乐场的修建，不仅极大方便了观众参观，而且改善了西湖周边的旅游设施。④ 会后利用西湖博览会留下的建筑和展品所建立的西湖博物馆、浙江经济图书馆、杭州电厂用户娱乐电影院等，则成为新的文化和娱乐设施，长期留存，拓展了新的城市公共空间。⑤

由此可见，博览会的展示空间与城市公共空间及市政建设是联为一体的，是近现代城市公共空间得以拓展的重要渠道，也是各种新式建筑设计、建造的试验场，极大地促进了城市自身的现代化进程。

二、物以类聚：展品征集、分类与陈列

对举办博览会而言，修建会场与展馆，只能算是前期和基础性的工作，只是为“聚物”——安置众多的展品(出品)提供了必不可少的空间和场所。⑥ 如果说会场、展馆乃是

---

① 向瑞琨：《论南洋劝业会之影响》，《中国实业杂志》第5卷第1期，1914年，第48页。

② 《调查第一：中国调查录：调查劝业会会务纪略》，《东方杂志》第7卷第2期，1910年，第11页。

③ 《会场之大观》，南洋劝业会事务所编纂科编：《观会指南》，南洋印刷官厂1910年版，第48页。

④ 参见徐旭东：《西湖博览会筹备之经过》，《东方杂志》第26卷第10期，1929年，第27~62页。

⑤ 《西湖博览会总报告书》第8章《留遗之贡献》，《中国早期博览会资料汇编》(五)，全国图书馆文献缩微复制中心2003年版，第861~862页。

⑥ 近代中国博览会中一般称展品为出品、赛品、陈列品，后期也有称展品，但更多是称为出品(尤其在展品的征集阶段)。根据现有习惯，本文除引用史料外，一般称展品，但与出品含义基本相同，可互换。

"聚物之所"与"纳物之器"，那么，展品则是博览会的实质之"物"，"赛会之建筑，特别之建筑也，集天下之财力、物品于一场"①。展品始终是博览会聚焦的中心，是展会的灵魂。能否收集、展陈大量好的展品，则是一届博览会能否成功举办的关键所在。

而要搜集到大量好的展品供展出，首先是要制订科学、完备的展品征集目录，正确分类，按图索骥。众多杂乱无章的物品，只有通过适当分类才能谈得上收集和展览，也才能赋予自然存在的物品以展品的典型性、代表性意涵。物品分类的意义由此而凸显。"博览会开设的目的，就是在征集各种物品，分类陈列，供人纵览参考。"②中国近代博览会的展品分类，固然主要是受西方和日本博览会展品分类法的影响(详后)，但因展出的主要是中国物品，故也多少继承了古代中国物品分类传统。如陈琪所指出，"夫赛会之设，萃本邦之物品，列异域之珍奇，精校其良楛巧拙，以劝商励工，兴教进化，与周官司市所谓平市征续，诵训所谓观事知俗者，义实符合。又举凡百新发明之学艺，以示国子弟，上稽邃古文明之迹，下逮红棕黑诸族蒙犷之俗，生畜之繁，咸陈之一隅，以资其考察，激动其国人竞胜之思想"③。

对"本邦之物品""邃古文明之迹"，中华文化传统中历来有其条分归类之旧法。作为有几千年历史的农业文明国家，中国历史上有关农作物分类和农业生产的"农书"数量最多，其中，南北朝时贾思勰的《齐民要术》(约538)是现存最早且最完备的综合性农书，共十卷九十二篇，涉及农林牧副渔各个方面。其次是记载中草药分类及药性的医药书，尤以明代李时珍的《本草纲目》(1596)最为著名，该书事实上是中国古代植物学与动物学分类集大成之作。④ 较之农书和医书，中国历史上关于传统工艺之书，相对较少，但也并非完全乏善可陈，其中最具代表性的综合工艺之书，一是成书于春秋战国时期的《考工记》，一是明代宋应星所著《天工开物》(1637)。在中国产品与工艺技术分类史上，《天工开物》更具有特殊的意义，可视之为中国历史上产品与工艺综合分类的"开山"之作。该书将中国古代工农业产品及工艺分列为 18 个部门，分门别类详述各种产品的性质、用途及工艺技术。⑤

---

① 《附刊劝业会说略》，南洋劝业会事务所编纂科编：《观会指南》，南洋印刷官厂 1910 年版，第 106 页。

② 《西湖博览会总报告书》第 6 章《西湖博览会之概况及其作用》，《中国早期博览会资料汇编》(五)，全国图书馆文献缩微复制中心 2003 年版，第 597 页。

③ 《江宁公园办事处为创办博览会上南洋大臣端方禀》，章开沅等编：《苏州商会档案丛编》第一辑(1905 年—1911 年)，华中师范大学出版社 1991 年版，第 385 页。

④ 《本草纲目》在分类上遵循"以部为纲，以类为目"的原则，将 1892 种药物分为水、火、土、金石、草、谷、菜、果、木、服器、虫、鳞、介、禽、兽、人 16 部，共 60 类。参见唐明邦：《本草纲目导读》，中国国际广播出版社 2011 年版，第 12~16 页。

⑤ 参见(明)宋应星：《天工开物》，钟广言注释，中华书局 1978 年版。另见[日]薮内清等：《天工开物研究论文集》，章熊、吴杰译，商务印书馆 1961 年版，第 15 页。

不难想见，当近代博览会组织者们对神州大地上“天覆地载，物数号万”①的物品进行分类征集和展陈时，古人所遗《本草纲目》《天工开物》等著作中“凡有相关，靡不备采”的博物思想，“物以类从，目随纲举”“以部为纲，以类为目”的分类思想，② 势必会对之产生影响。如成都第一次商业劝工会展品就被粗略分成两大类：“首天产，次制造”。“天产门”包括农业类、植物类、动物类、天然类（矿物等）四类；“制造门”则分为教育类、手工类、纺织类、美术类、杂货类、饮食类、游戏类共七类。除教育类外，大多沿用传统的分类办法再行细分。③

另以武汉劝业奖进会展品征集为例，其改订章程中规定，“凡在本省出产及在本省地方贩卖之天产、制作、采取各品，无论卖品与非卖品，均得为出品。惟不得以外国物产为出品”④。而后制定的《武汉劝业奖进会出品规则》，则明确规定将展品划分为天产品、工艺品、美术品、教育品、古物品五大部类进行征集。其中所谓“天产品”，即“凡可以供本国及外国之饮食或制造之原料者”，包括农产类、树艺类、蚕桑类、水产类、药材类、矿产类、狩猎类。工艺品则为“凡由人工或机器制成，足供人生之用者”，包括染织类、服装类、陶瓷类、髹漆类、琉璃珐琅类、五金类、玉石类、牙角类、鞣革类、竹木类、笺扇类、化学制造类。美术品为“凡基于美学以自我发挥其意匠技能者”，包括绣织类、绘画类、雕塑类、锻冶类（镶镀器等）、陶烧类（紫砂壶等工艺品）、手工编织类。教育品为“凡以教育为目的而与实业相关系者”，包括教育用品类、理化器械类、图书类、成绩类、标本模型类。古物品为“凡足以供历史及美术之研究者”，包括金类（钟鼎、刀剑、古币、古镜、印章等）、石类（古玉、石碑、古砖瓦、古砚等）、陶瓷类、书画类、杂物类。⑤ 其中，美术品和古物品的分类主要仰仗中国古时传统的分类方法，教育品则更多采用了西式的分类方法。

到举办全国性博览会（如南洋劝业会、1928 年上海国货展览会和西湖博览会）时，展品分类则一改过去相对粗疏的传统分类方法，更多参照了西方和日本博览会的分类方法，⑥ 更趋正规化和国际化，分类本身也变得更为系统、细致。这从南洋劝业会和西湖博览会的展品分类目录可以看得十分清楚。

根据南洋劝业会事务所开列的《出品分类细目》，全部展品共分为 24 部，90 门，444 类（见表 2）。

---

① （明）宋应星：《天工开物》，钟广言注释，中华书局 1978 年版，第 1 页。

② 唐明邦：《本草纲目导读》，中国国际广播出版社 2011 年版，第 3、12 页。

③ 《商场贸易表例》，《四川成都第一次商业劝工会调查表》，光绪丙午年（1906）刊本，四川大学图书馆藏，第 26~27 页。

④ 张廷海编纂：《奏办武汉劝业奖进会一览》，上海经武公司 1910 年版，第 7 页。

⑤ 张廷海编纂：《奏办武汉劝业奖进会一览》，上海经武公司 1910 年版，第 19~24 页。

⑥ 西方博览会的展品分类方法有其自身的发展过程，大体上是从按物件性质分类，过渡到更为系统的按物品的生产领域和来源划分为不同的部类，并逐渐同国别和地域区分相结合。

表 2　　南洋劝业会出品分类细目表

部	门		类
教育部	最初教育、学校教育、社会教育	3 门	16 类
图书部	图书、报帖、装订	3 门	6 类
科学学艺器械部	科学用器、测定器	2 门	16 类
经济部	普通事业、交通事业、金融事业、保险事业、商业公共机关、劳动政策	6 门	26 类
交通部	轮舶模型、车辆及其模型、交通器具	3 门	14 类
采矿冶金部	采矿机械及方法、矿物种类、冶金机械及方法、冶金制品	4 门	27 类
化学工业部	化学制品、烧窑品	2 门	19 类
土木及建筑工业部	水利工事、交通工事、卫生工事、教育工事、公众工事、杂工事、作业机具	7 门	32 类
染织工业部	染法及其用具、织物	2 门	10 类
制作工业部	家具、服装、头饰、文具、杂用品	5 门	25 类
机械部	原动力、传动及附属品、补助机械	3 门	30 类
电气部	电灯、电车、电报德律风、各种应用电气	4 门	14 类
农桑部	农事改良、植物类、动物、肥料、农产制品之器械器具	5 门	37 类
丝业及蚕桑部	丝业、制丝、出口丝检查、(原缺)、树桑	5 门	15 类
茶业部	茶商、制茶、出口茶检查	3 门	8 类
园艺部	庭院点缀、栽植品、栽植装置器具及方法	3 门	9 类
林业部	林业之经营、林产品、林业器具	3 门	13 类
狩猎部	狩猎制品、狩获品、狩猎器械、猎装	4 门	13 类
水产部	渔业、水产制品、养殖	3 门	17 类
饮食品部	茶食、面粉、酒(附调味品)、蜜渍(附酱醉品)	4 门	15 类
美术部	绘画、雕刻嵌镶、铸塑、美术工艺品、美术手工品	5 门	23 类
卫生及医药(附救济)部	卫生研究、体育、医学、慈善组织	4 门	16 类
陆海军及其用具与战品部	陆军、海军、经理、战品、军事卫生	5 门	33 类
统计部	各种统计、各种表式	2 门	10 类

资料来源:《南洋劝业会出品分类细目》,《东方杂志》第 6 卷第 12 期,1909 年。

如果将南洋劝业会的出品分类目录与同时期的日本1903年大阪博览会和美国1904年圣路易斯博览会出品目录作一比较，可发现其展品大类划分十分接近，不同者主要是南洋劝业会针对中国情况所制定的丝业、茶业、饮食、军事、统计等项目的分类(表3中用黑体字标示)。

表3 **南洋劝业会与日本大阪博览会、美国圣路易斯博览会出品目录大类比较表**

名　　称	出品类别
1910年南洋劝业会	1教育，2卫生及医药(附救济)，3美术，4经济，5林业，6园艺，7水产，8机械，9电气，10采矿冶金，11制作工业，12化学工业，13染织工业，14图书，15交通，16科学学艺器械，17土木及建筑工业，18农桑，19丝业及蚕桑，20茶业，21狩猎，22饮食品，23陆海军及其用具与战品，24统计
1903年日本大阪劝业博览会	1教育、学术、卫生及经济，2美术及美术工艺，3林业，4农业及园艺，5水产，6机器，7采矿及冶金，8制作工业，9化学工业，10染织工业
1904年美国圣路易斯博览会	1教育，2社会经济学，3美术，4农业，5鱼类之狩猎，6林业，7园艺，8心艺，9机械，10电气，11矿冶及冶金学，12制造品，13图书，14运搬法，15体育

资料来源：《南洋劝业会出品分类细目》，《东方杂志》第6卷第12期，1909年。第5回内國勸業博覽會協賛会：《出賽錄》“大阪博覧会便覧”，日本裕隣館1903年版，第3~25頁；《美国圣路易省博览会出品部类目录》，《艺书通辑》卷一，光绪癸卯第一号(1903年2月12日)，第35~37页。

1929年西湖博览会的展品分类更是体现了新的时代特征和更为明显的中国特色。根据西湖博览会筹委会最初制定的《征集出品细则》，规定出品范围“以国货为限，出品人以有中华民国国籍者为限”，出品须具有如下条件之一：“现为国际贸易品及将来可为国际贸易品者”；“在国内推销甚广者”；“有足供参考及改良者”；“对历史上学说上有足贡献者”。① 出品征集共分十二大类，其后为扩大博览会范围，又制定了外国参考品的征集范围，分为两大类：机器类与原料类。(参见表4)

综合南洋劝业会和西湖博览会的展品分类目录，可以看出，同西方普通国际博览会的分类方法已大体趋于一致，“天产品”“古物品”等名称在正规展品分类目录中一般已不再使用，普通农作物、植物、古玩、字画等已不再是展品征集重点，而工艺品、机器制品、化学品、农产加工品等能体现实业发展和国货现状的展品则成了征集和陈列的重点。西湖博览会还顺应当时政治时势，专门强调了“革命纪念品”的收集和展出。博览会展品征集、

① 《西湖博览会征集出品细则》，《中国早期博览会资料汇编》(七)，全国图书馆文献缩微复制中心2003年版，第530~531页。

陈列分类目录的变化，亦从一个侧面折射出时代及社会观念的变迁。

表 4　**西湖博览会征集出品分类表**

<table>
<tr><th>类　　别</th><th colspan="2">细　　目</th></tr>
<tr><td>染织工业类</td><td colspan="2">棉、丝、麻、毛、草等原料与织就之布、绸、缎、纱、绉、绢、绡、葛、呢、绒、毯、草席等织物编物及染色印花物品等</td></tr>
<tr><td>工艺品类</td><td colspan="2">工艺制造品如竹、木、藤、漆、陶瓷、绣料等器物及衣服、权度、钟表等</td></tr>
<tr><td>机电工业类</td><td colspan="2">各种机器工具电气电料等</td></tr>
<tr><td>化学工业类</td><td colspan="2">天产物经化学作用而制成之品，如化妆品、肥皂、火柴、油漆、颜料、烛、纸、碱、毛革、橡皮制品</td></tr>
<tr><td>矿产品</td><td colspan="2">各种矿产原料等</td></tr>
<tr><td>医药用品类</td><td colspan="2">医用标本、器械、药物、药材等</td></tr>
<tr><td>教育用品类</td><td colspan="2">文具、标本、仪器、印刷机件、打字机、油墨及运动用品等</td></tr>
<tr><td>文艺品类</td><td colspan="2">文艺著作、书籍、字画、雕刻、泥塑、碑帖、刺绣、照相、影片、铜板、玻璃板、古玩、玩具、音乐用具等</td></tr>
<tr><td>农产类</td><td colspan="2">谷类、蔬类、果类、花草、茧、棉、麻、毛、木材、藤、竹、烟类、蜜蜡等</td></tr>
<tr><td>饮食制品类</td><td colspan="2">经加工制成之饮食品，如茶、果露、汽水、果脯、油、盐、酱、醋、酒、糖、味精、腊味、海味及罐头食品等</td></tr>
<tr><td>动物类</td><td colspan="2">鸟兽、水产、昆虫等</td></tr>
<tr><td>革命纪念品类</td><td colspan="2">革命纪念品、革命宣传品、摄影、烈士遗物及其他足供景仰者等</td></tr>
<tr><td rowspan="2">外国参考品</td><td>机器类</td><td>毛纺、毛织、丝织、棉织、染色、电力、电信、原动力、汽车、电车、火车、制碱、印刷、炼钢、制纸、制革等 35 类机器</td></tr>
<tr><td>原料类</td><td>染料、建筑材料、电料、化学肥料、医药原料及其他原料</td></tr>
</table>

资料来源：《西湖博览会总报告书》第 3 章《征品规程》，《中国早期博览会资料汇编》(五)，全国图书馆文献缩微复制中心 2003 年版，第 385~386 页。

值得注意的是，清末民初，国内所举办的博览会与赴海外参加国际博览会在展品征集内容上也有很大不同，前者往往重在展示中国的“变化”和“新奇”，后者则往往重在展示中国的“古老”“独特”与“国粹”。有学者曾对晚清中国参与的多次国际博览会的展品作过初步统计，发现从 1851 年到 1910 年近六十年时间里，中国展品几乎没有什么变化，基本上是以反映“农业中国”和“传统中国”的物品为主。大致可分为农牧渔及其副产品、矿产品及其初级制品、手工艺制品、文物和体现中国风俗的物品(如服饰、祭器、刑具、烟具、婚嫁丧葬用品、各类建筑模型等)五大类。参展频率较高的展品主要是丝绸、绣货、茶、瓷器、景泰蓝、象牙器、玉器、竹器、古董，得奖的也大多是这类展品，近代机器及其制品则几乎没有。①

追溯造成这种展出格局的原因，一是近代中国因本身落后，根本就没有多少可以拿得出手的先进机器制品到国际博览会上展览，通常“物件悉遵华式，专为手工制作，无一借力机器”②。而更主要的原因，则是晚清中国参与国际博览会事务权长期为洋人主导的海关所把持，以赫德为首的海关洋员太过注重展示中国的“国粹”，有时甚至是不分良莠，只要“新奇”就好。对此，1873 年由海关第一次正式办理出洋赛会即维也纳博览会时，便有人尖锐地批评道，派赫德等洋员办赛“似徒供西人之玩视，而无济中国之利益”③。

在拟定出分类合理、切合适用的展品征集目录后，如何按图索骥，真正搜集到好的展品，更是一项耗时费力的大工程，需要依靠庞大的组织机构与广泛的社会动员。展品征集流程涉及出品分类(目录)、挑选、审验、包装、运输、登记、(按类)陈列等环节，极其纷繁复杂。

南洋劝业会的展品征集主要依托物产会、出品协会、协赞会、商品陈列所、商会等官民合办的庞大组织系统来进行，涉及的社会面十分广泛。物产会主要在两江地区(江苏、江西、安徽)所属各府州设立，共有镇江、通海、苏州、江宁、徐州、徽州等 39 个物产会，其任务是先在本地征集土特产品举办展览，然后再择优作为出品运往南洋劝业会赴赛。④ 两江以外其他各省及南洋群岛诸埠则分别设立出品协会协助征集出品，这样的出品协会共有 18 个，其功能与物产会相似。⑤ 为了协助征集、运输出品，又成立了包括官员和地方绅商在内的协赞会，设于江宁(即南京)的协赞总会下辖 18 个地方协赞会。⑥ 正是在这些社会组织的协助下，南洋劝业会征集到约十万件展品(一说为一百万余件)，⑦ 保证了此次博览会能如期举办。

---

① 参见洪振强：《民族主义与近代中国博览会事业(1851—1937)》，社会科学文献出版社 2017 年版，第 79~80 页；赵祐志：《跃上国际舞台：清季中国参加万国博览会之研究(1866—1911)》，马敏主编：《博览会与近代中国》，华中师范大学出版社 2010 年版，第 56~57 页。

② 李圭：《环游地球新录》，湖南人民出版社 1980 年版，第 9 页。

③ 《记奥国格物会院事》，《申报》，1873 年 7 月 30 日，第 1 版。

④ 《南洋劝业会事务所详订各属物产会简章》，《中国早期博览会资料汇编》(一)，全国图书馆文献缩微复制中心 2003 年版，第 277~279 页。

⑤ 南洋勧業会日本出品協会编：《南京博覧会各省出品調査書》，日本東亜同文会調査編纂部，1912 年，第 27 頁。

⑥ 《南洋劝业会记事第二》，《东方杂志》第 6 卷第 4 号，1909 年，第 9 页。

⑦ 《奏开会礼成办理情形折》，《商务官报》庚戌第 12 期，1910 年，第 10~14 页；《奏南洋劝业会审查事竣分列给奖并办理情形折》，《商务官报》庚戌第 24 期，1910 年，第 12 页。一百万余件应系对物产会出品征集数的估计，十万余件则系劝业会结束时对各馆展品的综合统计，“综计各馆物品不下十万余件”。因此，共有十余万件展品应较为可信。

西湖博览会同样依托一个庞大的组织网络进行展品征集与运输，“对于征集出品，视为先急之务”。主要有四个途径：一是“函电征求”，由浙江省政府函电中央党部、政府各院部、各地方党部和政府，请求协助征集出品，同时函电各学校、社会团体、各厂商，如有特殊物品均可作为展品提供。二是“分会征求”，浙江省的75个县均成立了筹备分会，负责征集出品。其他省份的一些城市和南洋等地的华侨也纷纷成立了筹备分会和出品委员会，负责当地出品征集。三是“派员征求”，委派专人共分八路前往各地征集出品。四是由各陈列馆所视所需情况自行征集。① 最终西湖博览会总共征集到了147604件出品，为历届国内所举办博览会之最。②

如果将南洋劝业会与西湖博览会展品征集组织系统作一比较，可看出，南洋劝业会主要是地方绅商在其中起主导作用，“官商合办”的色彩较浓；西湖博览会则主要是浙江省地方政府官员在其中起主导作用，“官办民助”的色彩更浓。

在征集到大量展品之后，如何根据展品性质再度分类归属、有序布展，既是博物学的主题之一，也是办好博览会的重要环节。近代博览会区别于以往庙会、集市的重要特征之一，便是既有物流和人流的大规模集中，又有依办会者的思路和物品特性进行的分类分区陈列，供众人观览。“近代博览会的意义，是在搜集各种物产而陈列于一定的会所，彼此对照，由当事者审查其优劣，优者则加以奖励提倡。”③

博览会展馆布置和展品陈列如何才能获得最佳效果，内中大有讲究。好的布展，“必使陈列品一望即明，又必使陈列者有尽其心思、材力之余地”④。因此，除展览场馆的建筑样式、装修和采光等均需极为讲究外，陈列品如何分类摆放得当，能够吸引观众，也得事先仔细研究，“世界愈进步，则出品之分类及陈列益趋于专门”⑤。中国早期出洋参加世博会或自行举办博览会，时常为人所诟病的，便是布展极不得法，陈列水平太低。

中国早期博览会的展馆布置和展品陈列，到1910年举办南洋劝业会时已有所改进。作为首次全国性博览会，南洋劝业会展馆既有按展品类别划分的专业性展馆（如教育馆等），又有按省属划分的地方性展馆，还有专门展出外国出品的参考馆，类别划分上清晰完善，有利于最大限度地分类展出全部出品。展品陈列上，各馆水平参差不齐，如浙江馆

---

① 《西湖博览会总报告书》第3章《征求方法》，《中国早期博览会资料汇编》（五），全国图书馆文献缩微复制中心2003年版，第383~384页。

② 《西湖博览会总报告书》第3章《出品统计》，《中国早期博览会资料汇编》（五），全国图书馆文献缩微复制中心2003年版，第389页。

③ 武育干：《近代博览会事业与中国》，《东方杂志》第26卷第10号，1929年，第12页。

④ 《附刊劝业会说略》，南洋劝业会事务所编纂科编：《观会指南》，南洋印刷官厂1910年版，第106页。

⑤ 《附刊劝业会说略》，南洋劝业会事务所编纂科编：《观会指南》，南洋印刷官厂1910年版，第105页。

“占地虽小，出品甚富，惟陈列不甚得法耳”①。河南馆“馆屋不甚宽宏……而各部地位互有错杂，征集亦未见丰富，玻璃厨[橱]太低，俯而观之，殊觉困乏”②。山陕馆(山西和陕西合用之馆)，“建筑为中式楼屋五间，惟楼上为办事处”，地方既狭促，展品陈列“不分部，亦不分类”，颇不得法。③ 京畿馆陈列“莫不得优美二字之旨，亦莫不得奢侈二字之旨”，展品中“装饰品居大部，而寻常日用之普通品，殊不多见。此非所以提倡工艺之道也”。④ 湖北和直隶的展品陈列则获得一致好评，“陈列布置各省不同，而真能得法者尚少。湖北馆布置最称得法，而直隶馆则分部清晰”⑤。这两省在展品陈列上所取得的进步，显然同先前举办武汉劝业奖进会和天津劝工会的经历不无关系。

在展品陈列上，西湖博览会并没有像南洋劝业会那样设专门的地方馆，而是将全部出品按照性质的不同，分别陈列于八馆、二所及三处之中，展馆布局相对简明、集中。虽然展馆大多借用旧有建筑，但在出品陈列上却很下功夫，十分注重细节。如特种陈列所，系借用坚匏别墅、大佛寺、留余草堂三大建筑而成，“规模雄伟，亭阁结构，颇为精巧而曲折”。其中浙江省建设厅陈列室，“所陈列之物品井井有条……分门别类，无美不备，观众必能满意也”⑥。丝绸馆馆址系借用地藏殿建筑，再加建花园、跳舞厅等，“均经匠心建筑，故堂皇富丽”。陈列室分为丝茧、绸缎、服饰、统计四个部门，另设各丝绸公所及丝绸厂商特别陈列室13间，“陈列出品，搜罗宏富，以省区分”；“搜罗各省丝茧之精华，萃于一室，分类签注，阅者了然”；“室内陈列布置，务求整齐美观”。⑦ 工业馆“负山面湖，地位极佳”，展品陈列分置四大分馆，每一分馆又划分为若干区，“各依出品性质而类聚”，“均系精美”。全馆布置，则“无不合于艺术化。各陈列室均不雷同，更足见本馆之独具匠心也”⑧。

---

① 冥飞：《南洋劝业会游记·浙江馆》，《中国早期博览会资料汇编》(二)，全国图书馆文献缩微复制中心2003年版，第59页。

② 我一：《南洋劝业会游记·河南馆》，《中国早期博览会资料汇编》(二)，全国图书馆文献缩微复制中心2003年版，第57页。

③ 我一：《南洋劝业会游记·山陕馆》，《中国早期博览会资料汇编》(二)，全国图书馆文献缩微复制中心2003年版，第56页。

④ 冥飞：《南洋劝业会游记·京畿馆》，《中国早期博览会资料汇编》(二)，全国图书馆文献缩微复制中心2003年版，第52页。

⑤ 《宋寿恒报告书》，《南洋劝业会研究会报告书》部乙(内编)，上海中国图书公司1913年版，第129页。

⑥ 《西湖博览会总报告书》第5章《特种陈列所》，《中国早期博览会资料汇编》(五)，全国图书馆文献缩微复制中心2003年版，第576~577页。

⑦ 《西湖博览会总报告书》第5章《丝绸馆》，《中国早期博览会资料汇编》(五)，全国图书馆文献缩微复制中心2003年版，第543~545页。

⑧ 《西湖博览会总报告书》第5章《工业馆》，《中国早期博览会资料汇编》(五)，全国图书馆文献缩微复制中心2003年版，第567~568页。

"万物皆知识。"①知识则来源于对物质的抽象和分类。科学分类是近代博物学的基础，只有通过系统的归纳与分类，我们对万物的认识才能由繁而简、由粗而细，逐渐变得清晰化和条理化，从而把握万物的特质。分类在人类认识物质世界中所起的关键作用，不言而喻。博览会上，从自然"物品"到"展品"的演化，正是通过人为的分类、组合与评鉴来实现的。

如果说，展品征集目录的意义在于使人们能按图索骥，收集到所需的展品，那么，近代博览会上分门别类的展品陈列，则使人们对中国当时的物产情况有了一个整体性的认识，建立起了有关"物质"中国的知识图景和认知框架。过去，老说中国地大物博，天朝出产丰盈，无所不有，但到底有些什么，却从来没有弄清，或仅处于一知半解状态。通过博览会上展出的物品，人们方有机会直观了解中国物产的构成，填补了这方面的知识空缺。正因为如此，南洋劝业会闭幕后，设于上海英租界的日本展品协会立即着手编辑出版了一部《南京博览会各省展品调查书》，长达1425页，被誉为"出有凭据的清国物产志"②。由张謇、黄守孚等人牵头汇编的一厚册《南洋劝业会研究会报告书》，③ 也不啻是一本集中反映晚清物品状况的物产志和工艺报告书(详后)。显然，博览会的展品分类收集和展出，无意中起到了调查和摸清中国物产家底的作用。

沿时间轴线，博览会上的展品分类已隐含有新旧之分。所谓"新"，往往是指那些能够体现工业时代进步的新式机器制品，如电器、机械、化工产品等；所谓"旧"，即在古代农业中国习为常见的稻、黍、麦、茶等农产品，以及丝绸、瓷器、银器、木器、漆器、象牙器、景泰器等传统工艺品。博览会展品的新与旧，又不仅仅限于物质实体的新与旧，它所反映的，实质上是不同历史时代和空间对物质世界认知方式和知识体系的不同。新器往往与"新知"相联系，"新知"中包含了人类自地理大发现和工业革命以来突飞猛进的知识体系的增长，以及对物质世界日新月异的新认识、新发明，这些，在由《天工开物》《本草纲目》等所代表的中国传统物品分类体系中已不能容纳，需要新的分类系统和认知体系来重新整合、归类与解释。伴随新的物品分类系统产生的，恰好是近现代科学知识体系的转型和初步形成。

近代博览会中展品的分省搜集与展出，还加深了人们对中国物产分布的"地方性""区域性"认知。"赛会之为物，即合一地方或一国之技艺及农工商品，次第陈列，以供公众之

---

① 引自袁剑：《分类、博物学与中国空间》，《读书》2018年第5期。

② 南洋勧業会日本出品協会编：《南京博覧会各省出品調査書》，東亜同文会調査編纂部，1912年。同时参见野泽丰：《辛亥革命与产业问题——1910年的南洋劝业会与日、美实业团的访华》，马敏主编：《博览会与近代中国》，华中师范大学出版社2010年版，第324页。

③ 《南洋劝业会研究会报告书》未具名，但张謇时任该研究会发起人、总干事，黄守孚被推举为"本会报告书总编辑员"，因此，由二人牵头汇编报告书当属无疑。

观览。藉以表示一国或一地方之生产力与技能。”①从各地展出的不同展品，人们看到的是地方差异性往往大于同质性，在物质的世界中，并没有一个单一的“中国”，来自不同省份的展品，在展出过程中，既凸显了各省的省际地域差异，促进了各省之间的竞争意识，但与此同时，也为如何建设一个物质上更加“统一”的中国，指明了目标，这就是孙中山曾经讲过的，要做到“人能尽其才，地能尽其利，物能尽其用，货能畅其流”②。通过展品陈列、比赛与竞争，不断提升人们对物质世界的认识与利用，促进物质资源和社会财富的极大丰富。

三、格物致知：展品研究与物品的改良、进化

在博览事业中，展陈、观摩、研究、审查和评奖，构成一个完整博览会不可或缺的重要环节和要素。其中，展陈和观摩属于博览会最基本的传播功能，其对象是广大的参观者，体现了博览会的大众性；对展品所进行的研究和评审，则往往是小众的精英行为，能够将博览会中的知识交流和传播活动提升到更高的水平，体现了博览会在促进工艺改良和科技进步上的实效性，属于更高层次的博览活动。

严格来讲，展品的研究和评审属于不同的范畴，“审查者，就陈列品之优劣而区别之，予以鼓励耳。研究则应发挥其固有之长，而谋异日改良进步之方法”③。审查的目的是评出等次，对展品予以奖励，扩大参展者和获奖品的社会声誉及品牌效益；研究则重在以“格物致知”④的精神，通过对展品进行细致的比较和分析，使出品人知其出品之长处与短处，共谋改进之策，同时使参观者明了展品的特质与功用，激发其进一步了解的兴趣。时人在论述南洋劝业会的劝业功能时指出，“南洋劝业会糜数十百万之金钱，沥数千万人之血汗，搜集十数行省天产、人造之方物于七百亩之广场，将仅以供百八十日之游观已乎？夫劝业云者，将以劝百业之进步也”。而要使百业进步，便需组织大规模的研究，弄清“工质优劣之何在？改良方法之何如？”⑤

---

① 《附刊劝业会说略》，南洋劝业会事务所编纂科：《观会指南》，南洋印刷官厂 1910 年版，第 86 页。

② 孙中山：《上李鸿章书》，《孙中山选集》上卷，人民出版社 1956 年版，第 7 页。

③ 《庄俞、蒋维高报告书(教育馆研究意见书)》，《南洋劝业会研究会报告书》部乙(内编)，上海中国图书公司 1913 年版，第 81 页。

④ 对“格物致知”，历来有不同的诠释，这里取较为流行的南宋朱熹的释义：“格，至也。物，犹事也。穷至事物之理，欲其极处无不到也”(朱熹：《四书集注》，陈成国标点，岳麓书社 1988 年版，第 6 页)，即“透彻研究事物而获致知识、道理”。

⑤ 《通告各团体书》，《南洋劝业会研究会报告书》部甲(首编)，上海中国图书公司 1913 年版，第 5~6 页。

南洋劝业会的展品研究主要由以张謇为首的东南绅商组成的南洋劝业会研究会进行，“集合同志，就南洋劝业会出品，研究其工质之优劣与改良之方法，导其进步。冀合劝业之真旨，收赛会之实效”①。西湖博览会则设立了专门陈列品研究会，分设革命纪念品、博物品、艺术品、农业品、教育品、卫生品、丝绸品、工业品、特种陈列品、参考陈列品十个部，各部又分成若干研究小组，对展品“或推究其学理，或化验其品质”；“别类分门，无不详尽”，然后形成研究报告，公开发布。②

综合南洋劝业会和西湖博览会展品研究成果，我们可对晚清和民国早期中国的物产情况和工艺发展状况获致较为全面的认识，了解当时种种改良产品的建议和动向，从而形成一幅立体、动态的近代物质文化变迁图景。

(一)“天产品”与“人造物”：物品总体印象

博览会系万物的大聚会，“劝业幕开，森罗万物，实吾人物品视察之一大宝窟”③。根据上述不完全统计，南洋劝业会展品实际可能有十余万件，西湖博览会展品大致为近十五万件，这已经能够反映出中国近代物产和工艺的基本面貌。尽管南洋劝业会和西湖博览会在其正式出品分类目录中已不再使用“天产品”“人造物”的旧式分类，但在实际操作中(包括出品征集及研究过程中的分类)，“天产”与“人造”二词的使用仍然十分普遍，当可视作时人对中国物品最为习惯和最为基本的定性与区分。如陈琪认为，“谋国者先求经济之发达。于何求之？求之于天产，求之于人工！天产与人工合，则实业昌而经济裕；天产与人工离，则实业窳而经济涸”④。

所谓“天产品”，主要是天然生成之品，或仅经过初级加工的农产品、矿产品等，是作为农业国的中国物产的主流。两大博览会上所展出的农产品有豆、麦、米、粟、稷、盐、菜油、药材、棉花、烟叶、蚕茧、茶叶、瓜果、种子、木材、鱼类标本、海产标本、各类白酒、葡萄酒、土酒、狸皮、鹿茸、野鸭绒等。这些农产品均为人们日常生活所需之物，展示了各地的土特产。“农业为民食所攸关，吾国之特产出品繁多，为他馆冠。”⑤另一种主要的“天产品”是矿产品，除常见的煤、铜、铁、铅、锑、锌、金、银、锡、锰、石棉等矿物标本外，博览会上展出的还有水晶、紫晶、大理石、石乳、翡翠等罕见之物。西湖博

① 《简章》，《南洋劝业会研究会报告书》部甲(首编)，上海中国图书公司1913年版，第9页。

② 《西湖博览会总报告书》第3章《研究及审查》，《中国早期博览会资料汇编》(五)，全国图书馆文献缩微复制中心2003年版，第403~405页。

③ 《孙观澜报告书(稻、棉之研究)》，《南洋劝业会研究会报告书》部乙(内编)，上海中国图书公司1913年版，第243页。

④ 《南洋劝业会新事务所开所陈观察兰薰演说辞》，陈渔光等编：《陈琪文集》，江苏文艺出版社2012年版，第407页。

⑤ 《孙观澜报告书(稻、棉之研究)》，《南洋劝业会研究会报告书》部乙(内编)，上海中国图书公司1913年版，第243页。

览会还详细列出了全国矿产的分布情况、产量以及进出口贸易状况，使人们对中国矿业现状一目了然。

所谓“人造物”，则是经过人为加工制造的产品，包括各种手工艺品、机械品、染织品、交通运输工具、建筑技术等。这类展品体现了中国民间能工巧匠们巧夺天工的精湛技艺和创造智慧，“参观(南洋劝业会)各馆，见各省出品无美不收，且各有特别之点”，“有长于天产者，有长于制造者，而制造之中又有长于人工者，长于机器者”。① 表5是南洋劝业会下属“物产会”征集展品时“天产品”与“工艺品”(即“人造物”)所涉及内容。

表5　物产会中“天产品”与“工艺品”内容

	分类	具体内容
天产品	农业部	五谷、园蔬、树艺、储藏、器具、肥料、水利、益虫害虫标本
	蚕桑部	茧丝、桑种标本、蚕种标本、器具、场室模型
	水产部	鳞鬐、介甲、两栖、腔囊、植物、储藏、器具、舟船模型
	药材部	植物、动物、金石、制合器具、储藏器具
	矿采部	五金、石炭、杂矿、采矿器具、炼冶器具、山场模型
	狩猎部	皮革、牙角、毛羽、器械、各种标本
工艺品	染织部	漂染、机织、机器、场舍模型
	服装部	衣服、冠履、带配、陈设、装饰、各种制造之器具
	陶瓷部	陶器、瓷器、土器、制造器具、窑厂模型
	髹漆部	雕填、磨甸、彩绘、八宝、器具、工场模型
	琉璃、珐琅部	琉璃、珐琅、景泰蓝、荡瓷
	竹木、笺扇部	竹器、木器、藤器、柳条器、竹簧器、笺纸、扇、画纸
	玉石部	玉器、石器、器具、工场模型
	牙角、鞣革部	牙器、角器、骨器、马尾器、牛革器、马革器、羊革器、鹿革器

资料来源：《南洋劝业会事务所详订各属物产会简章》，《中国早期博览会资料汇编》(一)，全国图书馆文献缩微复制中心2003年版，第277~278页。

总体而言，无论是在南洋劝业会还是西湖博览会上，对中国展品最突出的印象，便是“天产品”远多于“人造物”，陈列“大抵以天产品胜”。② 有人在参观南洋劝业会后，对陈

① 《宋寿恒报告书》，《南洋劝业会研究会报告书》部乙(内编)，上海中国图书公司1913年版，第128页。

② 《南洋劝业会游记》，《中国早期博览会资料汇编》(二)，全国图书馆文献缩微复制中心2003年版，第62页。

列物品的总体情况评价不高，认为“此次南洋劝业会陈列之物，虽形形色色，无虑数千万种，然多系我国固有之物，绝少发明仿造之品，且华丽装饰之品多，朴素应用之物少”。作者还进一步议论道，此次劝业会的陈列物品可概括为：“一、我国物品土产多而人造少；二、人造之物又以徒供装饰无关使用者为多。有此二弊，土货所以日敝，洋货所以日盛，而我国实业界遂成江河日下之势。”①一些地方馆所陈列的物品，“非特人造之物不多见，即天产者亦寥寥无几”②。

到西湖博览会召开之时，“人造物”虽仍以手工制品为主，但机器制造品已有很大进步，“虽陈列品物，不能与外货同其精美，然与二十余年前之南洋劝业会比，则确已有惊人之进步矣”③。由此折射出中国早期工业化的艰难历程。

(二)传统物品之工艺改良

丝绸、茶叶、瓷器、景泰器以及各种精巧的手工艺品，历来是中国物品中历史最为悠久、制作最为精良的国粹，在历次中外博览会上也获奖最多，广受赞誉。但随着时光推移，中国老是以这类物品在博览会上制胜，也开始引起有识之士的担心。他们的担心主要有二：一是除这些传统的优势物品外，中国还有什么新物或新器能够展示于世人？二是西方和日本的类似产品进步迅速，中国的优势正在丧失。典型如瓷器制造，“法国细瓷异常精美，丹马着色，莹润罕俦。日本所制为值最廉……销场能过我者，或绘事见长，或着色干净，或式样崇新，均能趋人之好尚也”④。

南洋劝业会上，通过劝业会研究会的研究，对改良我国传统优势物品及其工艺提出了许多切合实际的建议：一是要比较借鉴，互取所长。如有人从染色、织工、货身、花样、用途等多方面比较南京生产的宁缎和杭州生产的杭缎后，认为两种产品各有所长，建议“互相观摩，益求精善。宁人于朴实之中修饰其外观，杭人于华美之外坚韧其体质”⑤。也有人通过“中国绣品与他国绣品之比较”，指出，“吾国之绣品在地球上虽向占优胜之地位，而一经比较，逊色实多。倘长此不变，人进我退，而不消灭者未有之也”⑥。二是要

---

① 《对于南洋劝业会之评论》，《申报》，1910年11月7日，第1张第2版。

② 《对于南洋劝业会之评论(续)》，《申报》，1910年11月8日，第1张第2版。

③ 《西湖博览会总报告书》第6章《工业馆特刊发刊词》，《中国早期博览会资料汇编》(五)，全国图书馆文献缩微复制中心2003年版，第623页。

④ 《清驻意大利大臣黄诰为抄送随员李鸿宾报米兰赛会各节致外务部咨呈》(光绪三十二年十月二十九日)，《光绪三十二年中国参加意大利米兰赛会史料》(下)，《历史档案》2006年第4期，第16页。

⑤ 江瘦生：《宁缎与杭缎之比较》，《南洋劝业会研究会报告书》部丁(外编)，上海中国图书公司1913年版，第8页。

⑥ 《杨夏报告书(刺绣论)》，《南洋劝业会研究会报告书》部乙(内编)，上海中国图书公司1913年版，第334~344页。

从技术和制度方面综合施策。如有关丝织品的改良，有人提出，对内之策，“莫如设丝织物竞技会，以较其技术；立丝业研究所，以齐其原料；设染色竞进会，以新其色彩；采用各国良机，以省人工；设织工教练所，以推广新机；设染织学校，以冀发明；设丝织物标本所，集各国之丝织标本，以广师资；设共同贩卖所，以利推行”。而对外之策，“则以派遣留学生为第一义”，“次之则派商务调查于各国”，“次之则设贩卖所于各国”。① 有关棉织品的改良，有人指出，“夫吾中国纺织一道，由来久矣，数千年拘守陈法，毫无新奇，所出之布恶劣异常；棉纱之粗，门面之仄，极不适于服御，亦不适于缝纫”，改良之法，应采用机器织布，“机器之纺织固手工所万不能及，而既适于缝纫，又足以美观”。② 有关河南钧瓷改良，有人指陈，“且今之钧瓷，不特不及古之钧瓷，制坯、制釉而形式，亦且过于粗笨，其不能适用于今日可知也”，改良办法建议为“复古之制法，翻新之式样”，即在制法上要采用古法，但在样式和形制设计上则要出新、出奇。③ 而茶叶销路出现锐减，其原因则在于“采摘时不能一律”“碾揉不能洁净”“装潢不能美观”“销路不能直接”等，需要逐一研究解决。④

到西湖博览会召开时，中国传统产业所存在的问题似并未解决，有的甚至更趋严重。如丝绸业，“近年来，丝业固有一蹶不振之势，而绸业亦一落千丈，大有不能维持之概”，究其原因，主要在于“出品不良”，而出品不良的主要原因，又在于“墨守陈法，机械不精”。为此，西湖博览会丝绸馆的丝茧陈列，“除样茧、样丝外，几全部为机械之陈列”，“藉以纠正目下丝茧业器械不精，出品不良之缺点”，“知所改良，知所增进者”。⑤ 有人在研究工业馆纤维部出品后指出，我国染织品缺点颇多，“（一）对于所染物之用途，无适当之调整；（二）对于染料之选择，无精密之审查；（三）染时手续太不完备”。因此，必须加强对染色工艺的科学管理，“即勿只顾一时之利益，须日日从事深密之研究，以促进中国染色工业”⑥。

---

① 《黄守孚报告书》，《南洋劝业会研究会报告书》部乙（内编），上海中国图书公司1913年版，第121页。

② 《汪肇祥报告书（研究工艺意见）》，《南洋劝业会研究会报告书》部乙（内编），上海中国图书公司1913年版，第140页。

③ 《吴维炎报告书（研究各别馆意见）》，《南洋劝业会研究会报告书》部乙（内编），上海中国图书公司1913年版，第137页。

④ 《陆溁茶业讲演》，《南洋劝业会研究会报告书》部乙（内编），上海中国图书公司1913年版，第2~3页。

⑤ 杨荫溥：《西湖博览会与吾国之丝绸业》，《东方杂志》第26卷第10期，1929年，第72、75~76页。

⑥ 陈承弼：《西湖博览会总报告书·工业品研究报告·中国今日之染色工业》，《中国早期博览会资料汇编》（七），全国图书馆文献缩微复制中心2003年版，第335~336页。

(三)西艺、西技的参考与引进

在工业化、现代化潮流的冲击下，物质世界与商品贸易的中西之隔早已被打破，中西器物的杂处、交流成为常态。博览会恰好为中西器物的交流与互鉴提供了绝好的场所。无论是南洋劝业会还是西湖博览会，均设有外国参考馆以观摩、借鉴西方的工艺与技术。

南洋劝业会设有两个外国参考馆。第一参考馆分德国、美国两部；第二参考馆分英国、日本两部。这四国出品大多为旅沪外商所提供，其中又数德国展品最优，其“陈列之动目，说明之切要，出品之精美适用，不惟吾国梦想所不及，抑亦驾英美日三国而上之，贸易日盛，国力日隆，有以哉!”①

西湖博览会专设参考陈列所展出外国出品，分原料与机器两大部类。尽管各国出品数量不多，但能够反映工业化最新成果的展品却为数不少，如展厅进口处陈列的飞机模型，展示了航空业的最新发展，“举凡机械制构造，轮轴之转动，原理无不显露无遗”。引擎的展出也十分引人瞩目，由德国西门子公司特建的引擎间，“陈列最新式七十五马力之引擎，附以孟阿斯洋行之马达，日常开动，用油极省，而拖带灯头可二千余只”。其余展品包括各式电器机械，如电炉、电扇、电话、接线机、印字机、起重机等，也有自行车、收音机等各种日用生活品，“最新收音机能听沪宁音乐及新闻行市，按时发音，极能博得参观人之赞美”。尤其令人惊叹的是，天井正中还陈列了一台新式的风力发电机，“高入云霄，不需人工燃料，藉风力而发电，可供灯头二百余盏，构造新颖，极合乡镇之用”②。

从外国展品看，20世纪初物质世界最大的变化，便是工业化已开始进入电气化时代，“二十世纪之世界，一电气世界也。故发明日新，而用途亦广，其效能之伟大，实有至足惊人者”③。电气化已深刻影响到普通人的日常生活，成为日渐普及的生活手段，“欧西初利用煤气燃力时代，见者已骇为新奇。自安迪生研究电力，发明各种机械后，举凡日用品物，几无不可利用电汽，若电话、电灯、电报、无线电等，更为交通要具，为人生切要之需”④。

---

① 冥飞：《南洋劝业会游记·参考馆》，《中国早期博览会资料汇编》(二)，全国图书馆文献缩微复制中心2003年版，第80页。

② 《西湖博览会总报告书》第5章《参考陈列所》，《中国早期博览会资料汇编》(五)，全国图书馆文献缩微复制中心2003年版，第588~589页。

③ 《西湖博览会总报告书》第5章《电务》，《中国早期博览会资料汇编》(五)，全国图书馆文献缩微复制中心2003年版，第435页。

④ 《西湖博览会参考陈列所参观指南》，《中国早期博览会资料汇编》(四)，全国图书馆文献缩微复制中心2003年版，第556页。

同西方展出品相比较，中国工业品尤其是机器制品就逊色多了，参观者常常自愧不如，不得不承认中国“机械制造尚在萌芽时代耳”①。即使到西湖博览会举办时期，同西方工业国相比，中国工业的差距仍然是巨大的，“吾国科学及工业之幼稚，在今日已成为不可讳之事实。……溯自五口通商以来，外人均以工业品竞相输入，而吾国人民既不能自造，且竞相购买。以至民间日用之需，几以外货为主，而号称地大物博之中华，竟为外货销售之场所”②。西湖博览会上展出的我国日用工业品，也是“手工制占十之八九，间有机器，多模仿西式，能创造式样者少”，从而缺乏竞争力，“国外销数甚微，不能与外货竞争”③。

尽管差距巨大，但通过自晚清以来不断引进西方的工艺和技术，中国工业还是获得不小的进步，尚有可圈可点之处。南洋劝业会机械馆陈列的一些机器物品，便反映了中国在机械工业上的进步：如天津劝业铁工厂所造水龙、印刷机器、火柴机器、汽机；上海求新铁厂所造榨油机等，“虽系仿造，实属精良”；汉阳铁厂陈列的该厂所造钢铁、铁道、铁版、铁条、生铁等，都是“自行锻炼”，“成绩颇为可观”。④ 又如汉冶萍公司萍乡煤矿从国外引进的新式电机，“备电车头多部，拖运煤车，双轨交驰，络绎不绝。虽日出生煤至五六千吨之多，其发电力尽可尽数畅通”。该矿所采用的西式炼焦炉，系自行建造，“一切仿造西法，有过之无不及也”。⑤ 上海江南制造局所生产用于轧钢的大型汽机，“占地甚大”，“用途较广”，既供该局各厂使用，同时还“行销于华洋官商各厂坞”⑥。西湖博览会上展出的工业制品就更多了，工业馆机械部陈列的展品有纺织机械、电器机械、印刷机械、发动机等，“与十年前中国之制造业相较，则进步之速，可堪自慰”⑦。

如上述博览会展品所展示，通过参考、模仿西方工艺和技术，中国稚嫩的现代工业已开始逐步从仿造走上自造之路，“设厂造物，理应从由仿造入手，久而久之，心性灵活，

---

① 《李训恩报告书》，《南洋劝业研究会报告书》部乙(内编)，上海中国图书公司1913年版，第139页。

② 《西湖博览会总报告书》第5章《参考陈列所》，《中国早期博览会资料汇编》(五)，全国图书馆文献缩微复制中心2003年版，第587页。

③ 周梅阁：《西湖博览会总报告书·工业品研究报告·振兴小工业之伟大希望》，《中国早期博览会资料汇编》(七)，全国图书馆文献缩微复制中心2003年版，第366页。

④ 《天津铁工研究会会长刘辅臣报告书(铁工)》，《南洋劝业会研究会报告书》部乙(内编)，上海中国图书公司1913年版，第165~166页。

⑤ 《汉冶萍有限公司江西萍乡煤矿说明书》(节录)，《南洋劝业会研究会报告书》部丙(外编)，上海中国图书公司1913年版，第11、15页。

⑥ 《江南制造局汽机说明书》，《南洋劝业会研究会报告书》部丙(外编)，上海中国图书公司1913年版，第25页。

⑦ 顾毓秀：《西湖博览会总报告书·工业品研究报告·机器组普通研究报告》，《中国早期博览会资料汇编》(七)，全国图书馆文献缩微复制中心2003年版，第248页。

创造自出，将来质料亦不购买于外洋，尤为至要”①。中国近代纺织业所使用机械的变化，足可证明此点。20世纪初，中国的纺织机械大多“纺绩部分采用英产，织造部分采用日产”，此后，随着机械工业日渐发展，所造纺织机械，“虽仍不脱模仿窠臼，但亦有足观者。如三星棉铁厂之毛巾机，中国铁工厂之横式摇纡机，都已到恰好地步。大隆铁工厂之布机，寰球铁工厂之中口提花机，亦为织造界所乐用者”②。

(四)国货、科普与观众：物之升华

展品研究其实是一个十分广泛的概念，不仅仅是对物品和工艺本身的描述、分析，还涉及物品背后的政治符号、知识抽象、观众体验等一系列复杂因素。博览会上的现代“格物致知”，在更深层次上，恰恰是要揭示“物品”自身的进化史，可视为“物之升华”：从“自然之物”到“展品”“国货”“品牌”，形成一条知识抽象、转型之链。

譬如“国货”概念本身，便是一系列知识抽象、转型的结果，博览会则在其中起到了推动该概念形成的作用。南洋劝业会时期，因受“商战”思想的影响，已开始强调劝业会、博览会在国与国商业竞争中的作用，但尚未使用“国货”一词，更多使用的是“土货”一词，认为劝业会可起到抵制外货(洋货)，发展本国土货的作用。到民国建立后，民族国家意识空前增强，博览会事业中“国”的观念也更加明晰，“国货”的概念开始流行，各种“国货展览会”也随之不断举办。③

但到底什么是“国货”？很长时间内国货概念并不清晰，有各种各样的定义。直到1928年9月，国民政府工商部方正式公布了《中国国货暂定标准》，明确定义了国货的四项原则：一是资本，股本必须全属国人；二是经营，经济权、营业权、管理权应属国人；三是原料，应充分采用国产原料；四是工作，应充分雇用本国工人。根据这四项原则，又将国货分为六等，分别制定了具体标准。④ 但真正执行起来，可以说是困难重重，极不易把握，作为折衷，把外国在华经营的工厂，雇用中国工人、采用中国原料所制造的产品称为“参国货”。于是有了洋货(外货)、国货、参国货三类物品的划分。

尽管国货的概念并不清晰，但并不妨碍1929年西湖博览会实质上开成了一次国货大会，成为当时国货运动的重头戏。西湖博览会明确规定，所征集的出品，除外国参考馆外，必须一律是“国货”。国货的定义也变得相对简单，规定，“出品以国货为限，出品人

---

① 《天津铁工研究会会长刘辅臣报告书(铁工)》，《南洋劝业会研究会报告书》部乙(内编)，上海中国图书公司1913年版，第166页。

② 刘戛鸣：《西湖博览会总报告书·工业品研究报告·西湖博览会工业馆纤维工业部之鸟瞰》，《中国早期博览会资料汇编》(七)，全国图书馆文献缩微复制中心2003年版，第330页。

③ 参见马敏、洪振强：《民国时期国货展览会述论》，《华中师范大学学报》2009年第4期。

④ 《工商部为中国国货暂定标准致国民政府呈》，中国第二历史档案馆编：《中华民国史档案资料汇编》第五辑第一编“财政经济”(八)，江苏古籍出版社1994年版，第742~744页。

以有中华民国国籍者为限”，突出了国货的关键在于“国人经营”，即经营主权在我。但同时又规定，作为展品的国货应有“很广的销路”，“有供参考和改良的价值”。① 在经济及政治内涵基础上，又为国货添加了“品牌”的内涵。一些本属各省穷乡僻壤的地方物品，也因被标上“国货”而一跃成为国家品牌。②

其次，博览会上，物品自身的内涵往往又经过科学的抽象而更趋丰富，科普教育成为“格物”的利器。

南洋劝业会和西湖博览会将展品范围从实物性展品扩充到范围更广的文化、教育展品，是有其考量的，这就是要向大众进行科学普及工作，将科技知识变为更为广博的大众知识，“人民常识之深浅，关于一国盛衰甚大”③。对科技知识在近代工业发展中的重要作用，人们已有清晰的认识：“中国的出产物，向来很多……可是永远的故步自封，纯靠着传统的人力方法来制造，而不向科学方面研究，所以逐渐的淘汰……至于他们(外国)能够后来居上、喧宾夺主的原因，也就是科学的力量，能利用基本工业的所赐。”④

在南洋劝业会上，人们已经意识到，科技与实业教育的缺乏正是中国实业落后的深层次原因。有人论述教育与工艺的关系，指出，“教育者何？造人而已，造之使有人格而已，故教育家与工艺家一也。工艺家造物，而教育家造人。工艺家日取新法新理以造物，则物质日进于文明；教育家日取新法新理以造人，则精神日进于文明”⑤。南洋劝业会教育馆陈列的各种科学教学仪器颇多，如物理器械即有五十余种，涉及力学、声学、热学、电磁等各领域。⑥ 此外还有“苏州农业中学堂动植物标本，及各种机械图。又江南高等学堂之双摆电动器滑车及各种制作；又某君发明不用镜之照相。或仿造发明，皆有可观”⑦。这些所陈列的物品标本和仪器，在普及科学知识上起到了直观的媒介作用。南洋劝业会还设有工业演说大会，发表了有关工业发达历史与前途、工业与农业的关系、各种科学发明等主题演讲，直接对观众进行实业和科学普及教育。

西湖博览会的实业和科普教育形式则更为多种多样，也更加注意吸引一般民众参与。

---

① 《西湖博览会征集出品细则》，《中国早期博览会资料汇编》(七)，全国图书馆文献缩微复制中心2003年版，第530~531页。

② 参见[美]葛凯(Karl Gerth)：《制造中国：消费文化与民族国家的创建》，黄振萍译，北京大学出版社2007年版，第219页。

③ 《吾人对于博览会应有之认识》，《西湖博览会日刊》，1929年6月11日，第1版。

④ 《西湖博览会参考陈列所参观指南》，《中国早期博览会资料汇编》(四)，全国图书馆文献缩微复制中心2003年版，第549页。

⑤ 《柳翼谋演稿(社会的人类教育)》，《南洋劝业会研究会报告书》部乙(内编)，上海中国图书公司1913年版，第16~18页。

⑥ 我一：《教育馆》，《中国早期博览会资料汇编》(二)，全国图书馆文献缩微复制中心2003年版，第26页。

⑦ 李文权：《南京博览会各馆游记》，《中国实业杂志》第5卷第1期，1914年，第126~127页。

如工业馆，征集了各国货工厂所生产的精美出品，分门别类，详加说明，“使观众得以增加重视工业之心理、工业之常识”。为培养观众对机械的兴趣，还专门于第二分馆平台上设立自动售货机械，“应用科学，运转自如”，“来宾领略无线电放音，而极目四望，天然图画，尤使观众流连不忍去”。① 如农业馆，“征求农业优美之出品，罗列农业改良之方法”②。为普及农业机械知识，还特地安装了抽水机进行现场演示，对于农作物的种植、各种病虫害的防治、新式农具的使用，都有详细介绍，“农民来会参观，颇可增进农业智识。种植方法，亦可藉以改进”③。如卫生馆，“以宣传卫生为唯一宗旨”，征集各种有关卫生出品，“矫正不合卫生习惯，则有各项实质模型，以供展览；人生日常之行动，则有各种图表，以资比较”，此外，“如育儿之常识、生产之指南、食物之化验、药物之应用，莫不详细陈列，以为生命之保障”。④ 在会场演讲方面，邀请诸多名人来宣讲科学和其他各方面的新知，如邀请戴季陶、王正廷、蔡元培、蒋梦麟、马叙伦等先后来会场作了有关政治、经济、文化、科学等项专题报告，每次听众都在数千人以上。为此，有人称西湖博览会为“社会一般人的大学”⑤，做到了“实寓教育于无形，其功效之巨，亦倍于学校”⑥。

对物品特性的认知和科普工作，是在讲解者、观众和物品三方的互动中完成的。陈琪曾言：“筹备开会，责在职员；开会以后，效在观众。”⑦观展中参观者的主动性参与尤为重要，再好的物品和工艺，如缺乏观众的体验和感悟，便无法转化为普通民众的知识，亦达不到举办博览会的目的。为此，西湖博览会上有人倡导“科学化”参观法：“凡到一馆一部，先作大体之观察，然后逐一审视，稔知某省某业某种之主要出品，与其特殊之点，提出研讨之。”⑧也有人提出，看博览会，不能光看热闹，“要活看，不要死看，要纵看横看，不要仅是一隅之看。不仅要看陈列处，还要看他售品所和商场。不仅看着实物的展览，还要看他活动的写真和工作的实验”⑨。为了便于观众反馈意见和建议，西湖博览会各馆还

---

① 《西湖博览会总报告书》第5章《工业馆》，《中国早期博览会资料汇编》(五)，全国图书馆文献缩微复制中心2003年版，第566、568页。

② 《西湖博览会总报告书》第5章《农业馆》，《中国早期博览会资料汇编》(五)，全国图书馆文献缩微复制中心2003年版，第513页。

③ 《农业馆将试演抽水机》，《西湖博览会日刊》，1929年6月20日，第1版。

④ 《西湖博览会总报告书》第5章《卫生馆》，《中国早期博览会资料汇编》(五)，全国图书馆文献缩微复制中心2003年版，第531页。

⑤ 《西湖博览会总报告书》第6章《商务印书馆宣传日》，《中国早期博览会资料汇编》(五)，全国图书馆文献缩微复制中心2003年版，第708页。

⑥ 《吾人对于博览会应有之认识》，《西湖博览会日刊》，1929年6月11日，第1版。

⑦ 《读〈东方杂志〉本会号》，《西湖博览会日刊》，1929年8月24日，第1版。

⑧ 《科学化的参观谈》，《西湖博览会日刊》，1929年6月17日，第2版。

⑨ 天然：《看博览会以后》，《申报》，1929年6月26日，第19版。

均设置有意见箱，或备有意见簿，“俾可随时容纳中外人士批评”①。

以上种种，均反映出博览会举办者欲通过观展培养国人科学观念的苦心。对物品的观察仅仅是第一步，更重要的，是要在观展中提升民众的整体科学素养，使物质层面的知识，上升为科学层面的知识，达致更高层次的“格物致知”：“古人言治国平天下，先致其知。凡兹图表、模型、册籍，俾一般社会群众一目了然，实为求知之利器。今而后，以比较而有竞争，由竞争而得进步。所谓振兴国产，发扬文化，得于最短期间，各竭其心思才力，而呈厥效焉。西湖博览会光明伟大之目的，于以达到。”②

四、结　　语

综上，形形色色的博览会与近代中国物质文化变迁之间有着极为密切的关联，它们构成人们近距离观察百年间中国人衣、食、住、行日常生活发展演变的最佳窗口，同时，又是汇聚、传播物质进步相关知识的巨大平台，以实物和工艺的尺子丈量出中国早期现代化的艰难步履。

博览会的诸要素：展馆、展品、分类、陈列、研究、评奖和推广，在物质世界的自然状态与有用状态之间架设了一座桥梁，使“自然之物”成为“有用之物”、使“身外之物”成为“为我所用之物”、使“小众之物”成为“大众之物”、使“私人之物”成为“社会之物”，最终促成了“物”之转化与“物”之升华，也促进了近代中国知识体系的整体转型。

“格物致知”的过程，既是新知的逐渐累积，也是思维方式的不断更新。就博览会而言，知识体系的形成更多源于对物品(展品)日趋精细的分类和观察；认知体系的转型则往往产生于对物品(展品)的研究、比较与科学的抽象，带有更多理性认知的色彩。前者多是知识的量的累积，后者则牵涉到国人思维方式的改变。即如何从擅长东方式的整体性、模糊性思维向西方式的解构性、精确性思维转型；如何从对万物的习惯性“笼统归类”向现代科学的“精确归类”转型。较之于知识体系，认知方式的近代转型似更为缓慢。简言之，从近代博览会上展品及展陈方式的变化，我们可以清晰地观察到中国传统知识体系如何与西方传入的近代知识体系相接触、融合与转化；带有很大局限性的“地方知识”如何融入“全国知识”甚至“世界知识”；中国近代科学知识和认知体系的基本框架到底如何整合并最终形成。

“道寓于器。”物质文化与制度文化、思想文化的变迁虽不完全同步，但又相互勾连，相辅相成。从博览会上的器物演化史，大致可观察到近代中国制度演化和思想变迁的蛛丝

---

① 《本会将设置批评信柜》，《西湖博览会日刊》，1929年6月19日，第1版。

② 魏颂唐：《西湖博览会总报告书》第6章《特种陈列所特刊发刊词》，《中国早期博览会资料汇编》(五)，全国图书馆文献缩微复制中心2003年版，第626页。

马迹：从西器到西艺、西制的探索，因落后而产生的普遍焦虑，模仿与学习西方的强烈愿望，国家意识和主权意识的上升，民族主义的强化，近代民族国家特征的形成，从全盘西化向中国文化本位的回归，如此等等，在在皆是物质之“器”所载之“道”的演化，是物质背后隐藏的思想乃至于政治。从南洋劝业会到西湖博览会，其间虽然只有短短近二十年时间，但可以明显看到经过辛亥革命这场大的社会震荡之后，民初的中国社会从物质生活到政治文化和社会风尚都发生了很大的转移：尚新、趋新、革新已成为不可逆转的社会潮流；新的社会秩序正在重新构建；以民族建国为中心的“工业化”和“革命化”日益成为20世纪中国的主流叙事。素来重视经济发展的各式博览会也概莫能外地打上了鲜明的时代印记，对“国货”和“国货运动”的热情持续不断升温，便是其显著标志。

正是在这一意义上，我们完全可从博览会这一崭新的视角，另辟蹊径，“问道于器”，更加深入地探讨近代中国物质文化变迁和知识转型的具体形式、路径及其广泛的社会影响。

文化史叙事中的周制秦制之辨

何卓恩*

作为一位著名的历史学家，冯天瑜先生的学术生命呈现的是充满勇气的良知、不断求真的智慧和永不懈怠的勤奋。冯先生著作等身，研究的领域非常广泛，既有微观的思想史，又有宏观的文化史；既有周秦之际、明清之际、清民之际思想文化史的焦点深描，又有贯通古今的对文化生成、学术流变的考析；既探究思想文化的历史演变，又考证概念语汇的形塑运用，还注目于典型的政治和社会事件如武昌辛亥首义、“千岁丸”上海行的考辨。而最为感召读者的，是冯先生执着于“中华文明现代转型”的拳拳之心。近读冯先生论周制、秦制的一些文字，尤有所感。

一、从周文到周制

冯先生的中国文化史撰述从20世纪80年代开始，短短十年间相继出版了《上古神话纵横谈》《中国古文化的奥秘》《明清文化史散论》《中国文化史断想》等书，1990年更有与周积明、何晓明老师合著的《中华文化史》巨制问世，所讨论的重心，一是文化的内涵和形成机制，二是中国文化的奥秘和特色。

关于文化的内涵，冯先生《中国文化史断想》第一篇基本认同学界关于“广义文化”“狭义文化”的区分，和“广义文化”即“人类化”，“狭义文化”即“观念形态的文化”的认识。但对于广义文化的分类，则不限于时人的“物质文化”“制度文化”“精神文化”三分法，而提出了“物态文化”“制度文化”“行为文化”“心态文化”四分法。其中大体相当于“精神文化”的是“心态文化”。① 冯先生将自己的文化史研究的对象限定在“狭义文化”，即“心态

---

* 何卓恩(1963—)，华中师范大学中国近代史研究所教授。

① 冯天瑜：《关于文化概念和文化史研究的历史考察》，《中国文化史断想》，华中理工大学出版社1989年版，第17、19、21~22页。

文化”或“精神文化”上。

冯先生的文化史研究从一开始就表现出与众不同之处。最突出者，莫过于文化形成机制的考察，明确提出“文化植根的土壤”问题。在《中国古文化的奥秘》中，作者将中国文化的土壤描述为“半封闭的温带大陆大河环境”“农业型的自然经济”和“家国一体的宗法社会”，意即文化形成机制包含自然环境、生产方式、社会结构三方面。这三个方面，在一定程度上可以反映广义文化中“物态文化”“制度文化”“行为文化”的基本倾向，也就是说，“物态文化”“制度文化”“行为文化”影响着“心态文化”格局的形成。“半封闭的温带大陆大河环境”“农业型的自然经济”和“家国一体的宗法社会”是中国古文化的奥秘，共同形成了“入世思想”为主导，“道德学说”为支柱，“重政务、轻自然、斥技艺”，既“多元”又“一统”，“再生力”顽强，思维“注重直觉体悟”的文化特色。①

到撰述《中华文化史》的时候，冯先生对心态文化及其形成机制有了更精微的说法。“心态文化”进而细化为“社会心理”和“社会意识形态”。冯先生说：“社会心理是指人们日常的精神状态和道德面貌，是尚未经过理论加工和艺术升华的流行的大众心态，诸如人们的要求、愿望、情绪、风尚等。”“社会意识形态则指经过系统加工的社会意识”，“依与社会存在关系的疏密程度，又可将社会意识形态区分为基层意识形态(如政治理论、法权观念)和高层意识形态(如科学、哲学、艺术、宗教)”。② 也就是说，心态文化包含社会心理、基层意识形态、高层意识形态三个由低到高的层次，这就使文化史的研究内容更加系统和具体。心态文化的形成机制，冯先生借鉴 J. H. 斯图尔德的文化生态学术语，用“文化生态”来概括，并将其描述为“自然场”与“社会场”的结合，其中“社会场”又由“社会经济环境”和“社会制度环境”构成。以此为框架，冯先生对中华民族的传统心态文化所赖以生成的文化生态，有了比《中国古文化的奥秘》更具拓展性的表达，即：半封闭的大陆—海岸型地理环境；家庭手工业与小农业相结合为主、辅之以周边的游牧业的自然经济；家国同构的宗法—专制社会。③

这些论著在中国文化内容的讨论中，显然都会聚焦于文化原创时期——殷周之际和周秦之际的文化——即“周文”的创发问题，不过当时冯先生未及做专门的分梳。冯先生对此问题的系统阐发是在 20 世纪 90 年代，1994 年出版的《中华元典精神》堪称杰作。在这部宏著中，冯先生提出发源于夏商而成书于周代的《诗》《书》《礼》《易》《乐》《春秋》“六经”应视为中华文化元典，对应于同处于轴心时代古印度的《吠陀》和《佛经》，古希腊的《荷马史诗》、柏拉图《理想国》、亚里士多德《形而上学》《工具论》《物理学》《伦理学》《政治学》《诗学》，和希伯来的《圣经》。冯先生特别之处，是指出“六经”作为中华文化元典，虽被

① 冯天瑜、周积明：《中国古文化的奥秘》第二、三部分，湖北人民出版社 1986 年版。
② 冯天瑜、何晓明、周积明：《中华文化史》，上海人民出版社 1990 年版，导论第 31~32 页。
③ 冯天瑜、何晓明、周积明：《中华文化史》，上海人民出版社 1990 年版，第 18 页。

儒家尊圣，却并非专属儒家。认为"《庄子·天下》以'古之道术'称呼这几部典籍，是颇有见地的，因为它们是诸子百家'方术'的共同渊薮，而不是儒家独占的源头。先秦时，这几部书被视作社会的通用教科书，不仅儒家以《诗》《书》《礼》《乐》为教，墨子以《诗》《书》教诲弟子，阴阳家研习《易》理，也是耳熟能详的事实"①。以此一论述为基点，冯先生对"五经"为代表的"周文"元典(也包括从中演化出的先秦诸子著作)如何创制、如何传承和发皇于中华历史长河中，分专题按时代进行了详加查考和精辟论析。

《中华元典精神》与《中华文化史》的结合，已经构成冯先生中国文化史研究的双璧，有点有面，亦史亦论，为新时代文化史学科树立了楷模，二十年间未见有人推出可比肩的新专著，直到冯先生本人2013年再次自我超越，出版皇皇两大册新著《中国文化生成史》。《中国文化生成史》将《中华文化史》中已经做过系统论证的中华文化生态问题，重新提出来，并向建构独立的"文化生成史"学科纵深迈进。这部新著除了对既有的地理环境说、自然经济说、宗法社会说进行更加细密而磅礴的分解外，提出了许多崭新的范畴和见解，如文化生成动力上的"内源"与"外力"论说，"文化力"的论说，"生态智慧"的论说，"人文地理"论说，"政治制度"论说，"第五大发明"论说等，其中最令人耳目一新的是关于"周制"和"秦制"的政治制度环境论说。这一论说将读者的视线从"周文"(或文化)领域顿时延伸到"周制"(或制度)领域，形成了强大的新聚光点。

二、"周制"与"封建"

从"周文"到"周制"的延伸不仅引起了读者的聚光点的变化，也修正了冯先生自己早期关于制度生态的描述。例如，在《中国古文化的奥秘》里所论述的"家国一体的宗法社会"，主旨在于说明中国古代不同于西方和印度的宗法文化纽带和社会心理，强调"中国的奴隶社会是宗法奴隶制，中国的封建社会是宗法封建制……中国的奴隶制国家和封建制国家……宗法关系渗透到社会关系的最深层"。② 当时，对于制度的观察主要集中在社会结构层面，政治制度形态整体上还未进入文化形成机制的考察范围，另一方面社会制度的定性也是沿用的学界"奴隶社会"(夏商周)、"封建社会"(秦至清)的惯用说法。但到了《中国文化生成史》，政治制度成为宗法社会结构(强调共同性)之外另一种显著的文化生态，并以"周制"和"秦制"这一对立性范畴(强调差异性)加以描述。这里的"周制"不再是学界所说的"奴隶制"，"秦制"不再是学界所说的"封建制"，相反"封建制"是"周制"，而"秦制"代表"君主集权制"。

这一认识的拓展，在2006年冯先生出版《"封建"考论》中已开始推进，虽然这部同样

---

① 冯天瑜：《中华元典精神》，武汉大学出版社2006年版，第71~72页。

② 冯天瑜、周积明：《中华古文化的奥秘》，香港南粤出版社1989年版，第43页。

具有冯先生代表作地位的论著，写作的起因不是直接延续体系性的文化史书写，而是对近代“新语”这一特定文化史现象所做的“探源”的延续。

冯先生在撰述《中国古文化的奥秘》《中华文化史》《中华元典精神》等论著时，非常注重对“文化”“文明”“中华”“元典”“民族”“革命”“共和”等词语的词义古今转换加以考释，1998—2001 年赴日讲学期间，“感受到中西日文化互动的脉搏，体味到在此三边关系中得以传输、演化、定格的汉字新语的妙趣，并意识到新语生成，不仅是一个语言学论题，也是历史学、文化学的题中应有之义，是考察文化转型、窥探近代文化内蕴的一个富于特色的切入口，可以带动明清文化史、民国文化史、中外文化交流史向纵深拓展”。故进入 21 世纪后，冯先生学术的兴奋点发生了某种“转向”，即“将近代汉字术语生成正式作为一个文化史研究课题”①。其系统成果，是 2004 年出版的《新语探源——中西日文化互动与近代汉字术语生成》(简称《新语探源》)；《“封建”考论》则是典型个案的深度研究，但这一巨著并没有将旨趣停留于考释词语源流，而进一步将书写的目标转移到追求“制名指实”。

20 世纪 30 年代以来流行的《联共(布)党史简明教程》中“封建社会”的“封建”，与作为“周制”核心内容之“封建”名同实异的关系，在《中华文化史》的写作中已经引起冯先生考释的兴趣。该书上编第四章第二节列有《中国“封建制度”辨析》一小节，指出：“时下通用的‘封建制度’是一个需要特别加以辨析的概念，因为它的含义既大异于古来惯称的‘封建’，也颇不同于西方史学界常用得‘封建制度’(Feudalism)。”②但该书鉴于“约定俗成”的原因，仍然维持以“封建”指称秦以下两千余年“专制主义的君主集权政体阶段”。③ 到了《新语探源》，冯先生再次指出中国仍在使用的“封建社会”这个概念“既放弃古典义，又不合西义”，但不再屈从“约定俗成”的用法，认为这种两不搭界的旧词“新义”属于“无源之水、无本之木”的“意义迷失”。④ 为彻底解决这一学术公案，冯先生特以多年心力专门著述《“封建”考论》，分别考述“封建”一词在古代中国的演绎，“封建”在欧洲、日本的使用和清末民初中国知识界结合古义通约的努力，五四运动后“封建”用语发生名实错位的过程，马克思“封建社会”理论的本源意义和近代学界对“封建社会”泛化的质疑。这就在“既放弃古典义，又不合西义”之外，又显示出惯用的“封建”之说“不合马克思主义本义”。在论著的最后部分，冯先生正面表达了他关于中国古代历史分期及其表述的见解，提出历史分期命名应遵“制名以指实、循旧以造新、中外义通约、形与义切合”四标准，⑤ 按照这四条标准，主张以周秦之际为转折点，之前称封建社会，之后称“宗法地主专制社会”，2010

① 冯天瑜：《新语探源——中西日文化互动与近代汉字术语生成》，中华书局 2004 年版，第 631 页。

② 冯天瑜、何晓明、周积明：《中华文化史》，上海人民出版社 1990 年版，第 226 页。

③ 冯天瑜、何晓明、周积明：《中华文化史》，上海人民出版社 1990 年版，第 229 页。

④ 冯天瑜：《新语探源——中西日文化互动与近代汉字术语生成》，中华书局 2004 年版，第 579、584～586 页。

⑤ 冯天瑜：《“封建”考论》(修订版)，中国社会科学出版社 2010 年版，第 362 页。

年出版《“封建”考论》修订版时，进一步将“宗法地主专制社会”简约为“皇权社会”。

《“封建”考论》对中国古代历史分期的辨析和对传统社会形态两阶段特征的衡定，虽然尚未使用“周制”“秦制”这样的语汇，却已经呼之欲出，因为在社会形态的分析中，冯先生将“封建”称谓所做的移动，正是以周秦之际为界标的：否定秦至清为封建社会，肯定夏至周为封建制度。很显然，封建制以西周最为成熟，封建制即周制。冯先生在撰述《中国文化生成史》的时候，终于正式以“周制”来指称中国封建制度，以“秦制”指称中国皇权专制制度。

三、周制、秦制与西制

“周制”的说法当然不是冯先生的发明，可以说是古已有之。《左传》有“叔孙曰，列国之卿，当小国之君，固周制也”①。《国语》有“周制有之曰，列树以表道，立鄙食以守路”②。晋代陆机曾说，“借使秦人因循周制，虽则无道，有与共弊，覆灭之祸，岂在曩日？”③但这些多是实指周代之制，而不是作为一种制度类型来看的。冯先生将其作为一个与“秦制”(“秦制”的说法亦古已有之，也实指秦代之制，如“汉家承秦之制，并立郡县，主有专己之威，臣无百年之柄”④。近代思想家开始用“秦制”“秦政”来指代秦至清的皇权专制政治制度，如谭嗣同所说：“二千年来之政，秦政也，皆大盗也。”⑤毛泽东说：“祖龙魂死秦犹在，百代皆行秦政制。”⑥但他们没有将“秦政”和“周制”作为对位范畴)相对的“类型”范畴来严肃认知中国传统社会政治制度，应该说是开创者之一。

冯先生的“周制”“秦制”说，主要的内涵包括三个方面。

其一，“周制”和“秦制”是传统中国的两种政制类型。冯先生指出，中华先民从“天下为公”的“尧舜之治”过渡到“天下为家”的“宗法社会”后，经历了两种政制类型——周制与秦制。其中夏商周三代实行“宗法封建”的分权政制，“封建性的贵族政治与封建性的领主经济是其基本特征”。⑦ 前者指王与贵族共治天下，实行辅贰、朝议、国人参政制度；后者即指帝王以爵土分封诸侯，使之在其封定区域建立邦国，按照宗法原则层层分封，小宗服从大宗，定期朝贡、提供军赋力役，形成天子—公—卿—大夫—士等各级世袭领主的宗法社会体系。其完备形态是文武周公创定的“周制”。秦代以降，宗法皇权制兴起，郡县取

① 《左传》昭公二十三年。
② 《国语·周语·中》。
③ 陆机：《五等论》。
④ 《汉书》卷一〇〇《叙传上》。
⑤ 谭嗣同：《仁学》“二十九”。
⑥ 毛泽东：《读呈郭老评价》。
⑦ 冯天瑜：《中国文化生成史》，武汉大学出版社 2013 年版，第 533 页。

代封建，官僚取代贵族，国家“剩下的只是君主与被统治者两橛，没有许多中间阶层的逐级分权”①，君主“独治于天下而无所制”，形成大一统的中央集权体制。这种制度最先实行于秦代，而在以后历代都被继承，故称“秦制”。其“要义有三：一者君主独制，二者地方集权中央，三者任用不世袭的流官”②。

其二，“周制”与“秦制”在历史演变中具有相对性。冯先生指出，“周制”和“秦制”虽是两种不同类型、性质迥异的政治制度，但它们之间也并非绝对互斥、毫无兼容的关系。首先，秦制酝酿于周制尚未完全解纽的时代。“这种信奉丛林法则的政制并非在周王室诞育，而是在一些诸侯国纷然形成的。在你死我活的争霸、兼并战争威迫下，列国竞相‘变法’(如魏国的李悝变法、齐国的邹忌变法、韩国的申不害变法、秦国的商鞅变法、楚国的吴起变法、燕国的乐毅变法等)，谋求富国强兵，走出宗法封建故辙，迈向君主集权。变法较彻底的秦国赢得兼并战争的胜利，分权的封建性周制正式让主位于君主集权的秦制。”③其次，秦后虽然“历代皆行秦政制”，但“封国”制度却未完全断绝，西汉、西晋、唐代、明代、清代等在“力行郡县制的同时，帝王仍对皇亲国戚和功臣宿将封侯赐土，以期拱卫皇室”，只是明令王侯们“食土而不临民”。当这些封国出现叛乱之后，才予以“削藩”。“从‘封土建国’一意论之，‘封建制度’在秦汉以降即退居次要，郡县制则成为君主集权政治的基本构成部分。”④

冯先生还从意识形态领域来观察周秦二制的相对性，认为就思想领域的制度认同来说，“如果说宗法封建的周制，其理论形态是儒学；那么君主集权的秦制，其理论形态便是法家学说”⑤。儒法两学派均产生于周秦之际，儒家以恢复周制为理想，法家以建立秦制为目标。但“秦制的集大成者韩非以及秦制重要的实行者李斯，皆为儒家一派荀子的学生”⑥，显示了儒学内圣与外王相会通的一面；秦代以韩李学说而“天下一统”、亦以韩李学说“二世而亡”，使汉以后诸朝借重儒术特别是韩李之师荀子的“隆礼重法”学说为治国之旨，在“以法为教”“以吏为师”之外，亦以“崇周”“尊儒”布达天下；而后世儒者则在坚守仁政、王道理想的前提下，多肯定秦制以郡县取代封建的长处。⑦

其三，“周制”和“秦制”与近代宪政都有距离，也都有接通点。“周制、秦制是中国传统政制的两种形态。置诸世界政治制度古今演变的大格局审视，此二制当作怎样的评判呢?”⑧冯先生认为，周、秦二制与近代宪政都有距离，也都有可接通之处。一方面，“从

① 许倬云：《历史分光镜》，上海文艺出版社1998年版，第46页。
② 冯天瑜：《中国文化生成史》，武汉大学出版社2013年版，第544页。
③ 冯天瑜：《中国文化生成史》，武汉大学出版社2013年版，第538~539页。
④ 冯天瑜：《中国文化生成史》，武汉大学出版社2013年版，第540页。
⑤ 冯天瑜：《中国文化生成史》，武汉大学出版社2013年版，第542页。
⑥ 冯天瑜：《中国文化生成史》，武汉大学出版社2013年版，第542页。
⑦ 冯天瑜：《中国文化生成史》，武汉大学出版社2013年版，第542~547页。
⑧ 冯天瑜：《中国文化生成史》，武汉大学出版社2013年版，第547页。

分权制约角度看，周制离现代宪政民主较近，因为周制下的庶民与贵族拥有传统的权利，帝王不能过多干预”。而且“从世界史观之，能顺利进入现代宪制国家的，几乎都是封建传统(相当于周制)深厚的国家”。反之，“大一统帝国(相当于秦制)要转进现代宪制社会，其过程更为曲折艰难”。因为“秦制固守君主专制，力阻跨向现代宪政国家”。① 但另一方面，“从现代国家需要统一的法律，需要个人直接面对国家法律而言，秦制更接近现代国家。秦制强调统一的‘王法’，‘王法’直接面对‘民’，取消中间环节的贵族。由于社会的各种中间结构被打碎，直面‘王法’的‘民’已经相当原子化，其过程与资本主义社会在西欧的发展历史有类似处”。而“周制深植宗法土壤，与君权及等级制存在盘根错节关系”，迈向民主反而大不易。② 所以“现代政治文明建设，只能是对周制与秦制的双重选择性吸纳，其间还必须包括对民主的借鉴，方能实现周制与秦制的新生转进”③。也就是说，要将对近代西方政治文明的成果(“西制”)的借鉴与对中国传统周制、秦制历史资源的发挥有机地结合起来。

四、周制—秦制之辨的意义

冯先生的周制—秦制论，虽然是作为文化生成机制提出来的，其意义却超出了文化史的范围，而留给人们一些令人深思的问题。

首先，提示近代制度转型未必是西化。这不是一味辩护，而是从历史趋势中可以看到的真实。我们看到温情脉脉的宗法封建制度(周制)，由于不可避免地滑向礼崩乐坏的争霸时代，最后被大一统皇权郡县制度(秦制)所取代，这是中华民族自身历史演进的结果；我们也将看到中华民族依靠自己的智慧来解决大一统皇权郡县制度在克服诸侯割据天下纷扰之后所产生的治乱兴衰循环往复的新困境。秦制替代周制有其历史演进的自然逻辑，也有其优越性。正如冯先生所指出的，“郡县制同选举—科举制度一起，削弱了世袭性、割据性的贵族政治，维护了帝国的一统性，并使中国在两千年间发育出具有真实意义的、世所罕见的统一文化(书同文、车同轨、行同伦等)。这是诸侯割据、封臣林立的中世纪欧洲、日本，土王如云的印度所不可比拟的”④。在这一点上，冯先生的看法比秦晖教授要正面很多。⑤ 但同时，冯先生也尖锐指出，“秦制的皇权拥有高度的威势和执行力，

---

① 冯天瑜：《中国文化生成史》，武汉大学出版社 2013 年版，第 548 页。
② 冯天瑜：《中国文化生成史》，武汉大学出版社 2013 年版，第 548 页。
③ 冯天瑜：《中国文化生成史》，武汉大学出版社 2013 年版，第 549 页。
④ 冯天瑜：《中国文化生成史》，武汉大学出版社 2013 年版，第 541 页。
⑤ 秦晖：《中国思想史》公开课音频合集，第 8～18 小节，https：//mp. weixin. qq. com/s? src = 11&timestamp = 1609924498&ver = 2812&signature = VxdOlfaYqXWakmCGllFX5tjeD3qMCmBCYzJuTW8-OzP-7L9HSLc2Bg-43x1M5xAbuTInWCjPu2ItSJCbTZo8ZDhdSBSfxthgENzwCu19jfwUPS5q6Bv8rZrlQibO1UP&new = 1。

可以‘办大事’（如筑长城、修驰道、掘运河以及统一度量衡、编纂《永乐大典》《四库全书》等令古今人叹为观止的大制作），同时，又竞相运用其强势权力驱使、敲剥臣民，造成一个接一个的‘暴政’”①。对于秦制所造成的“暴政”，从西汉的贾谊到晚清的谭嗣同，声讨不绝于耳。不同的是，传统时代的声讨常用“上古之法”，近代社会的批判常借“西人之制”。当历史迈入秦制时代后，上古之法当然解决不了秦制暴政及其所造成的兴亡周期律；西人之制却能为打开死结提供启智之思。但西人之制是西方民族对自身封建制度(类乎周制)进行革命的成绩，有其特定性，与中国社会面对二千年秦制所要解决的问题并不完全相同，所以“西化”既不可能，也不必要。作为“他山之石”，中国近代历史转型需要对西制有所借鉴，更主要是结合到中国特有的“秦制”运行环境和内在机制里求得有针对性的解决。

其次，提示有对制度转型机制进行再研究、再认识的必要。制度转型是当权者意志造成的还是社会结构和国际环境变化造成的？同样告别封建制度，为什么中国走上了秦制而欧西走进了民主宪政？冯先生的研究已经揭示出，从部落制到封建制是人类文明的普遍现象，中国如此，欧洲、日本亦如此。“西欧各国及日本的中世纪社会，实行贵族政治和领主经济，其文化的若干特点，如王权旁落、政权分裂、等级制度、武士传统、农奴制度、人身依附、复仇观念等，皆为封建制度的派生物。”②其实两河流域、印度河流域，甚至美洲印第安文明也程度不同都有这一趋向。马克思将奴隶社会插入部落制与封建制之间，与其说是指称欧洲文明的特殊现象，不如说是将古希腊罗马文明嫁接到日耳曼文明所造成的假象中。实际上，就日耳曼民族自身而言，并不存在所谓“黑暗的中世纪”，它也是遵循部落制—封建制的“进化律”的。迄今为止的世界，除了仍处在部落制下的一些地域，多数民族都实现了从部落制到封建制的演化，但具体形态各有特色(如中国重宗法、欧洲重契约)；在实现封建制后，多数民族都有再进一步的权力整合，但结果各有不同(中国形成内部兴替的秦制帝国，中东南亚出现彼此侵吞的多个跨界大帝国，西欧走向民主宪政，日本师法西欧实现君主立宪)，时间先后有异(中国相比欧洲、日本为“早熟”)。“跨入文明门槛的中国社会，出现先后递嬗又彼此交织的‘封建’与‘郡县’两种国家制度系统，其演进大势是由封建之‘分’走向郡县之‘合’，至秦汉已建立中央集权的帝制郡县国家，此后两千年虽有起伏跌宕，趋势是集权强化、多元一体的民族国家日益成熟。”③历代士大夫都曾有变革秦制建构新制的梦想，却每每梦付南柯；虽然帝王出于自身需要在秦制中也多少吸收了一些周制的因素，④ 秦制本色终无稍褪。为什么中国走出周制那么早？为什么中国走

---

① 冯天瑜：《中国文化生成史》，武汉大学出版社 2013 年版，第 541 页。

② 冯天瑜：《中国文化生成史》，武汉大学出版社 2013 年版，第 535 页。

③ 冯天瑜：《“周制”与“秦制”：中国前近代国家制度两大互渗实体》，《人文论衡》，湖北人民出版社 2019 年版，第 329~349 页。

④ 冯天瑜：《“周制”与“秦制”：中国前近代国家制度两大互渗实体》，《人文论衡》，湖北人民出版社 2019 年版，第 328 页。

出周制会进入秦制？为什么走出秦制那么艰难？① 我们做文化史研究、做制度史研究、做制度史基础上的文化史研究，似乎都应该回答这样的问题。秦制向民主宪政转型的关键何在？周制—秦制转型对秦制—宪制转型有何启示？也应该是我们今天致力于现代化思考的学友有兴趣的领域。

再次，提示需要对制度与文化的关系进行再思考。例如信仰问题。任何文明的形成离不开“天人之际”的考问，西欧封建社会接引的是罗马帝国所传递的基督宗教，且实行政教合一体制；日本封建社会有本土精灵崇拜与中国道教结合形成的神道教；南亚有印度教—佛教体系；阿拉伯世界有改造犹太教而形成的伊斯兰教；美洲印第安人也有自己的信仰体系。这些宗教大多数偏向“天”。中国周制时期，虽然有大量文献和文物证据显示也有天帝、上帝信仰，却始终没有形成强大而成体系的宗教，“人”的地位上升很快。周公制礼不无从“天”而来的根据，其代表的意义却是“人文”的。到了周秦之际，儒道两家虽都保留有“天”的位置(转化为天理、天道)，却都表现出敬而远之的态度。老子称“人法地，地法天，天法道，道法自然”，庄子讲“与天为一”；孔子感叹“天何言哉”，孟子倡言“天命之谓性”，荀子干脆说“人定胜天”。“天”在他们那里都已经丧失了神明的地位和权威。法家则根本无视“天”的存在，不承认“人”上有“天”。墨家保留了较多的天神信仰成分，却很快失传。这就促成一种“重人生、讲入世的人文传统”，“将人与天地等量齐观”(人与天地参)。② 这种文化传统固然避免了欧洲中世纪的宗教迷狂，但同时也淡化了人们的敬畏意识，帝王的负罪感和谦卑感就显得可有可无。秦制的时代儒家独尊其名，法家独盛其实，偶尔也有推崇道家的时候。大致来说，法家愈盛则暴政愈凶，儒道有显则暴政略缓，让暴政略微舒缓的也许正好是儒道所残存的“天理”“天道”意识(也不排除儒道人文思想的影响)。可是这种警示作用毕竟是有限的，整体上秦制君王都是“唯我独尊”“无法无天”的。秦制下历代都有法典，但都只是为百姓立的规矩，执行起来也有任意性，统治者自身则既无“天”又无“法”。正如秦晖教授所说，法家“王子犯法与庶民同罪”的“法治”实质为“在帝王意志面前人人平等”的“舞文弄法”，与“法律面前人人平等”无关。③ 西方民主政治之所以能够解决权力滥用的问题，除了制度上的分权和票选外，基督教(经过宗教改革)的普遍化和所形成的“知敬畏”“守约法”的文化，不能不说是一个很重要的因素，即使政教已

---

① 古代儒者已发现秦制长期持续的秘密在于皇权“专己之威”的魔力。如“有罪得以黜，有能得以赏。朝拜而不道，夕斥之矣；夕受而不法，朝斥之矣。……其为制，公之大者也；其情，私也，私其一己之威也，私其尽臣畜于我也”(柳宗元：《封建论》)。“秦之法，尽是尊君卑臣之事，所以后世不肯变。且如三皇称‘皇’，五帝称‘帝’，三王称‘王’，秦则兼‘皇帝’之号。只此一事，后世如何肯变！”(《朱子语类》卷一三四)

② 冯天瑜：《文化守望》，武汉大学出版社 2006 年版，第 47 页。

③ 秦晖：《中国思想史》公开课音频全集，第 8 小节，https：//mp. weixin. qq. com/s？ src = 11&timestamp = 1609924498&ver = 2812&signature = VxdOlfaYqXWakmCGllFX5tjeD3qMCmBCYzJuTW8-OzP-7L9HSLc2Bg-43x1M5xAbuTInWCjPu2ItSJCbTZo8ZDhdSBSfxthgENzwCu19jfwUPS5q6Bv8rZrlQibO1UP&new = 1。

分离，仍在发生作用。中国在周制转向秦制的时候没有解决好信仰问题，在从秦制转向民治的过程中，如何面对这个问题，使公权力行使者“知敬畏”“守约法”“有法有天”呢？这恐怕也是一个待解的难题。

总之，冯先生所论述的“周制”“秦制”范畴，给我们提示了众多值得思考的问题。这些问题当然不是短时间能完全回答的，但问题出现在我们面前，就是我们前进的动力。只要有冯先生那样充满勇气的良知、不断求真的智慧和永不懈怠的勤奋，在上几代人的曲折所获得的经验基础上，这一个世纪的新生代学人一定能够交出可喜的答卷。

2021 年 1 月 6 日，于桂子山

文化史视野下的“中华文明史观”

吴根友*

冯天瑜先生是国内学界公认的中国文化史专家、大家，其学术影响力在日本历史学界亦有广泛的影响力。欧美的汉语学术圈内，冯先生的学术影响亦十分巨大。冯先生的学术成就不仅体现在中国文化通史方面，还在一些非常专门的学术史领域里成就巨大，中年对“中华元典精神”的阐发，深刻地揭示了中华文化的精神内核；迈入新世纪后，也是其人生进入晚年的早期，对于现代中国历史领域里“封建”一词及其所涉及的语义变迁进行系统的考论，将乾嘉学术的考据精神与现代人文学的人文实证方法与人文学术理想，高度地结合起来，写出了《“封建”考论》皇皇大著。该书一经出版，享誉学林，但也引来了一些不很学术但很政治的批评声音。该书初版为武汉大学出版社出版，很快再版，第三版则由中国社会科学出版社出版。如今又出版了现代的线装书版，可见学界对此书的学术价值与政治正确性的肯定。另外，冯先生还专门对近现代中国的新语汇做了系统的探索，于 2004 年出版了《新语探源——中西日文化互动与近代汉字术语生成》一书，并带领武汉大学的学术团队，较为系统地研究了近现代以来现代汉语的生成、发展历史，开辟了由语汇学研究近现代文化史的新领域。由上述两本书而开创的武汉大学当代历史学领域里的“历史文化语义学”,① 将是一个综合文学、历史、哲学三个大学科而具有巨大发展潜力的学科领域。当然，冯先生还是明清文化史的大家，对于古代的民本思想与近现代的民主思想之间的细腻而曲折的关系，做了非常深入的研究，提出了“新民本说”，在肯定明末清初的新思想之性质的同时，又将这一新思想质的规定性限定在早期现代性的萌芽阶段，以别于学界的“早期启蒙说”。而通过对王夫之文化观的研究阐发了王夫之的文明演变史观，初步展示了

---

* 吴根友(1963—)，武汉大学哲学学院教授，武汉大学文明对话高等研究院院长。

① 参见冯天瑜:《历史文化语义学刍议》,《天光云影——文化史漫记》，北京师范大学出版社 2011 年版。

其从文化史视角阐发“文明史观”的学术路径。① 冯先生对湖北文化史、文化人物，武汉市的历史，更是如数家珍，往往在一些散文中娓娓道来。② 他对湖北文化名人，晚清政治家张之洞有非常深入的研究，对辛亥革命史也有专门而精粹的论述。除开学术性的巨大成就之外，冯先生还非常擅长人物画像的速写，这是当代学界的一绝。③ 而且，冯先生还有非常高超的口技——吹口哨的绝活。2020 年新冠疫情期间，冯先生因旧病而住院，通过微信而传出他的口哨声——口技，足见冯先生的达观与乐观。以上对冯先生的学术与为人的片断所做的粗线条勾勒，足以看出冯先生的学养与性情。

对于冯先生的学术，因为耳濡目染之故，略知一二，但如果说要有多深的研究，还真是付之阙如。近两年来，因为本人的学术兴趣转向对“文明”问题的关注，权且对于冯先生的“文明史观”做一简要的梳理。

简洁地说，冯先生的“中华文明史观”是在其宏大的文化生成史的视野里展开的，其文明史观不仅有广阔的中华文化发展史的背景，而且是处在一种动态的生成、发展、变化的过程之中。因此，其“中华文明史观”里，既有对 15 世纪之前中华文明史的高度礼赞，也有对 16 世纪以降中华文明何以落后原因的深刻反思，还有通过对近现代西方文明的审慎比较，而对 21 世纪中华文明走向、前途与命运进行严肃而深沉的思索。除开纵贯的、整体的文明史观之外，冯先生对于大河流域文明，如中国的长江、黄河流域文明的关注，对于地方文明的重视，以及文明与文化之间的辩证关系等问题，均有比较具体的论述。可以这样说，冯先生有关中华文明发展史的哲学思考，体现了深沉的历史意识与强烈的现实关怀的高度结合，将巨大的历史感与饱含热情的现实感结合起来，体现了一个现代中国人文知识分子对于民族、国家的深切关爱之情。他将文明的宏观层面与具体形态的文明结合起来思考，展现了文明问题的整体性与具体性内在辩证关系。由于时间以及阅读范围所限，本文暂时无法全面、深入地考察冯先生的中华文明史观，下面，从三个方面简要勾勒冯先生“中国文明史观”的基本轮廓与主要内容。

一、“文明”释义与“文明思维”概念之提出

冯先生对于“文明”一词的解释主要是分析性的，而非是哲学家型的，即并非使用概念以对“文明”赋予本质性的定义。其对“文明”一词释义的主要特点是，将“文明”与“文化”一词进行对比来解释“文明”一词的含义。如他说：“与‘文化’含义相近的古典词是文

---

① 参见冯天瑜：《萧萐父先生明清之际启蒙思想研究的启示——试论王夫之几个创造性命题》，吴根友主编：《多元范式下的明清思想研究》，生活·读书·新知 三联书店 2011 年版。

② 参见冯天瑜：《月华集》“江城武汉”编，湖北人民出版社 2018 年版。

③ 参见《天光云影——文化史漫记》一书中的“学人剪影”部分速写选刊。

明。”①其次是析词释义，如冯先生说：“‘文明’之‘文’，指文采、文藻、文华。‘文明’之‘明’，指开明、明智、昌明的、光明。”②其三，冯先生以描述性的方式揭示了“文明”的基本内含：“‘文明’指文化发展到较高阶段，或泛指对不开化的克服；历史分期的‘文明’则指超越蒙昧期(旧石器时代)和野蛮期(新石器时代)的历史阶段，进入‘文明’阶段的标志有三：文字发明与使用、金属工具发明与使用、城市出现(意味城乡差别及国家出现)。”③就中国的文化史而言，长达百万年之久，“而进入创制并使用文字和金属工具的文明时代约四千年”④。由此可知，文化史更为久远而深厚，而文明史则相对短暂而浅白。

在研究中国文化生成史的过程中，冯先生创造性地提出了“文明思维”的概念。就笔者的阅读所见，还未见过有人提出“文明思维”的概念。在《中华元典精神》一书中，冯先生在揭示元典创制者的属性时，将“文明思维”看作元典创制者三种属性之一。他认为，轴心时代从各文明民族中涌现出来的诸哲人，虽然各具特色，若从“思维能力”的角度考察，则“超越了此前人类以‘集体表象’为基础的‘原始思维’，开始进行自主性、独立性的‘文明思维’”⑤。这种“文明思维”的特征共有五点：

> 第一，情感退居次位，理性上升到主位；
>
> 第二，抽象概念渐趋明确、固定，分类也愈益清晰；
>
> 第三，原始思维中那种不受任何规则制约的想象力，逐渐受到一定的科学及哲学法则的规范；
>
> 第四，具有从前人积淀的思想资料出发，自觉地进行知识重组的能力；
>
> 第五，具有从纷繁错综的、偶然的外在因素中抽象出一连串基本问题，并对这些问题作出系统解答的能力。⑥

对于“文明思维”的问题，冯先生不仅有整体属性之描述与规定，对于“文明思维”的历史发展进程，以及中国“文明思维”的特点，均给予了较为原则性的分析。他认为，跨入文明门槛之后的“文明思维”发展史，大体上经历了“古典的整体思维”“近代的分析—实证思维”，以及对前二者进行综合的“实现分析与综合相统一的新的整体思维”，“从而完成一个否定之否定的‘正—反—合’螺旋全过程”。⑦

---

① 冯天瑜：《中国文化生成史》上册，武汉大学出版社2013年版，第71页。
② 冯天瑜：《中国文化生成史》上册，武汉大学出版社2013年版，第71页。
③ 冯天瑜：《中国文化生成史》上册，武汉大学出版社2013年版，第74页。
④ 冯天瑜：《中国文化生成史》上册，武汉大学出版社2013年版，第74页。
⑤ 冯天瑜：《中华元典精神》，湖北人民出版社2017年版，第35页。
⑥ 冯天瑜：《中华元典精神》，湖北人民出版社2017年版，第35页。
⑦ 冯天瑜：《中华元典精神》，湖北人民出版社2017年版，第524页。

此处，冯先生借用黑格尔正—反—合的辩证思维逻辑，对“文明思维”的发展历史进行带有规律性的文明史的总结，有助于我们反省当代文明社会里的思维方式。如，冯先生在分析“文明思维”的“古典整体思维”形态与“现代整体思维”的异同时说道：“古典的整体思维，其特征是概览森林，却并未详考树木，着眼于事物的统一性，从整体上进行直观考察，并且常用类推逻辑。”①而现代的整体思维则是：“既详考树木，又概览森林，而且不是把森林看成树木的拼合，却认作是众树木的生态系统整合，整体大于部分相加。这是一种整体有序、动态相关地研究对象的思维方式，是定性分析与定量分析相结合的系统思维方式。”②

不过，在“文明进步”，以及“文明思维”的诸问题上，冯先生并没有简单地肯定现代文明思维的绝对进步意义，而是通过对文明历史悖论的思考，将中国古典形态的文明思维对于现代人的启示意义做了深度的阐述。他认为，“洞悉文明悖论，超克文明悖论”，是中华元典对文明进展的辩证思考，“老子是通过对文明进展导致的二律背反的披露，向陶醉于文明进步的人们提出警告”。③ 即使是盛赞历史进步的韩非，“也清醒地看到文明发达以后出现的新问题”④，如人类从上古到中古，到“当今之世”，由于人口的增长而资源的不足，进而导致人类之间的残酷竞争。但是，“元典作者不仅提出了文明进步导致的双重后果问题，而且力图设计克服文明导论的方案”，如老庄的“回归自然论”和《易传》的“人与天地合德论”，⑤ 而我们现代人求教于元典精神，绝对不是“要放弃文明，回归远古”，而是在“退却与重回”中获得民族原创性动力，赢得解救“现代文明病”的“精神处方”⑥。这就表明，冯先生的“中华文明史观”包含着文明发展的辩证思维的要素，“文明”虽然是人类文化的高级发展阶段，但“文明”绝对不能简单地等同于价值上之好，“文明”的本身蕴含着野蛮的、不文明的要素，人类文明化的过程，也将在人与自然的关系方面造成新的紧张，而人类自身所创造的一些文明化的规则，也将会成为约束人的创造力、生命活力的负面资产。

二、“李约瑟难题”与中华文明先进、落后原因之求解

冯先生的中华文明史观，也包含着对中国古代文明长期保持领先，在近代为什么突然落后的原因探索。而他对中华文明发展史上某种带有规律性原因的探讨，是从“李约瑟难

① 冯天瑜：《中华元典精神》，湖北人民出版社 2017 年版，第 524 页。
② 冯天瑜：《中华元典精神》，湖北人民出版社 2017 年版，第 524~525 页。
③ 冯天瑜：《中华元典精神》，湖北人民出版社 2017 年版，第 529 页。
④ 冯天瑜：《中华元典精神》，湖北人民出版社 2017 年版，第 529 页。
⑤ 冯天瑜：《中华元典精神》，湖北人民出版社 2017 年版，第 530 页。
⑥ 冯天瑜：《中华元典精神》，湖北人民出版社 2017 年版，第 531~532 页。

题”开始的。李约瑟博士长期研究中国科学技术发展史，提出了一个令所有中国人值得重视的问题：“为什么近代科学在欧洲文明发展，而未在中国（或印度）文明中成长？”①此一宏大问题，在李氏的原著中实际上由一组三个具体问题构成：

（1）为什么在公元前3世纪到公元15世纪之间，中国文明在把人类自然知识运用于人的实际需要方面比西方文明有效得多？

（2）为什么现代科学，是在地中海和大西洋沿岸发展起来的，而不是在中国或亚洲其他任何地方得到发展的呢？

（3）中国科学为什么会长期大致停留在经验阶段，并且只有原始型和中古型的理论？但是，为什么中国在科学理论方面虽然比较落后，却能产生出有机的自然观？

冯先生将上述李约瑟的问题归纳为两个问题：“其一，中国何以能创造出超过西方的中古文明？其二，拥有如此丰厚的中古文明积淀的中国何以未能实现科学革命和工业革命，让西方在创建现代文明上着了先鞭？”②

对于第一个问题，冯先生的求解结论共有五点，实际上可以归纳为三个层面的结论，第一个层面是经济与政治制度提供的优势，共有三点：其一是经济制度的优势，秦汉以下，尤其是中唐废除均田制、宋代实行“不抑兼并”的土地开放政策，中古及近古中国确立地主—自耕农土地所有制，地主与独立的农户有较大的经营自主权，可以自由地支配自己的劳动时间，生产的积极性比较高。其二是中国较早地确立了文官制度，特别是中唐以后，中国确立了中央集权的官僚政治，实行文官考试制度，朝廷与庶民对接，扩大了统治基础。此一点优胜于欧洲、日本中古时代的世袭贵族政治。其三，皇权体制下的政治大一统，文化大一统，较之于欧洲日本中古时代的诸侯林立、领主纷争，更有利于经济、文化的发展。

第二个层面，也即第四点，中国人的文化包容力：“中古时代的中国没有陷入宗教迷狂，儒释道等多元信仰并行不悖、相得益彰，也是中国人赢得经济文化创造力的缘故。”③

第三个层面，也即第五点，是中国人的思维方式：“中国人的经验理性，如空间上整体观、时间上的发展观、由表入里的本质观，皆维系着文明的延传；勤勉的个体劳作习惯，亦有益于农耕经济的发展和技艺的应用及承袭。”④

对于以上三层五个方面的求解结论，冯先生有一个带有总结性的简洁说法，即“相对自主的农户与农民、集权而开放的官僚政治、经验理性支撑的技术、较为宽容的儒释道三教共弘的精神世界，构成中古及近古时代中华文化元素的结构性优长，中国创造领先中古

① 冯天瑜：《中国文化生成史》下册，武汉大学出版社2013年版，第721页。
② 冯天瑜：《中国文化生成史》下册，武汉大学出版社2013年版，第722页。
③ 冯天瑜：《中国文化生成史》下册，武汉大学出版社2013年版，第726页。
④ 冯天瑜：《中国文化生成史》下册，武汉大学出版社2013年版，第726页。

世界的经济及技术成就，基本原因正深蕴其中”①。

冯先生对中国近代文明何以落后的原因探索，实际上也是分三层共四点展开的。第一层仍然是经济制度与政治制度的分析，分两点展开的，其一，小农业与家庭手工业相结合的自然经济自足性，形成了封闭性和惰性。这种“经济形态拥有较紧韧的抵御商品经济的能力”。其二，“在此经济结构之上的宗法皇权政治强固有力，典章制度完备严密，成为压制资本主义萌芽的巨石”②。

第二个层面即第三个方面的原因，是文教制度与精神取向：“轻忽科技的儒学占据精神世界的统治地位，‘德成而上，艺成而下’的观念因袭已久，教育与生产技艺相脱节，科举制度笼罩下的教育内容和考试内容都排斥科技知识。”③

第三层面即第四个方面的原因是思维方式的限制：“传统中国擅长经验理性和辩证方法，有助于经验技术，却不利于近代科学的创生。”“居于主流的儒学不讲形式逻辑”，“与定量分析相结合的系统实验方法未能获得广泛运用”。而近代科学恰恰是借助形式逻辑体系与系统的实验方法。由此，中国难以产生近代科学。④

在思维方式方面，冯先生对于儒家，特别是孔子无限制的运用“无类比附”，如“闻一知十”“闻一知百”的批评是极其尖锐的，认为这种无条件的类比，其结论往往失之虚妄。“孔儒惯用的这种逻辑方法是诗化的而非科学的、感悟的而非实证，不能把人们引导到自然和社会内部进行深入的剖析。”⑤

对于李约瑟难题的求解，冯先生不仅给出了求解的结论，而且也给出了具有综合性的方法论启示，他说：“解求‘李约瑟难题’，不仅需要探究经济、社会、政治层面的因素，应当考析古典学术主潮的利弊，洞悉文化生成的机制性优长和缺失，这正是我们在开辟现代文明进路时必须展开的文化反思。”⑥

冯先生对“李约瑟难题”的求解结论，对于我如何进一步认识我们自己的古代文明的优势与缺失，具有极强的启发意义。但相对于冯先生对“李约瑟难题”的求解结论而言，我个人认为，冯先生提供的方法更具有普遍的意义。顺着冯先生所提供的这种综合性的方法，我们可能会找到更多的，且富有价值的求解答案。比如说，中国传统农业文明自上而下追求稳定、安宁的生活目标，而缺乏追求巨额财富的内在文明动力，以及王朝政治追求政治稳定、大一统的社会与思想局面，坚决执行重农抑商政策等，无一不是扼制资本的逐利力量、扼杀社会创新动力的文明与文化因素。再加上儒家重视家庭人口生产，分家制度等，

---

① 冯天瑜：《中国文化生成史》下册，武汉大学出版社2013年版，第726页。
② 冯天瑜：《中国文化生成史》下册，武汉大学出版社2013年版，第726页。
③ 冯天瑜：《中国文化生成史》下册，武汉大学出版社2013年版，第727页。
④ 冯天瑜：《中国文化生成史》下册，武汉大学出版社2013年版，第727页。
⑤ 冯天瑜：《中国文化生成史》下册，武汉大学出版社2013年版，第727~728页。
⑥ 冯天瑜：《中国文化生成史》下册，武汉大学出版社2013年版，第728页。

导致农业生产过程中全社会都要解决大量剩余劳动力的问题，因而使得农业生产过程中缺乏对于技术改良的内在要求，这也从农业生产内部阻止了近代科技文明的产生。

三、对“文明冲突”论的批评与对中华新文明之展望

从文化生成、发展的全幅历史视角，冯先生对于各种类型的文化中心论进行了批判。古代的中国有华夏中心论，以为只能“以夏变夷”，不可以“以夷变夏”，现代就有西方文化中心论，像美籍日裔学者福山的“历史终结论”就是当今美国的西方自由民主文化中心论。在冯先生看来，“现代文明向深度与广度拓展，愈益昭显历史终结论的与实不符、于理欠通”的性质，福山本人于2009年又将中国的发展放在与西欧政治思想不同的脉络中来展望，“显然是在修正前说，承认文明发展的多元取向”。① 而冯先生反对亨廷顿的“文明冲突论”，也正是基于人类文明多元发展取向的文明史观。在冯先生看来，“文明冲突论”实际上是西方人自己出来修正“西方中心主义”的新一轮努力，因为，“文明冲突论”的前提是：“承认西方中心地位的失落，诸非西方文明再度崛起，与西方文明分庭抗礼，一个多元化的世界正应运而生。”②

冯先生对于亨氏“文明冲突论”的批评，主要从三个方面展开，一是将“文明冲突论”还原到经济、政治层面，并称其说法是“变相冷战”，并提醒中国人不要上“文明冲突论”的当，“不要重新坠入全球两极对抗的故辙”。③ 冯先生这样说，“平心而论，当今世界以及未来世界的矛盾冲突，其决定性要素，仍然是经济利益。与此相关联的政治及意识形态冲突虽然因冷战结束而有所变化，也并未烟消云散，在某些时地，还表现强烈”④。发展中国家与西方的矛盾，虽然有文明之间的矛盾，“但更基本的因素仍然是经济利益”，“普通美国人家养的狗平均每星期获得的动物蛋白量超过普通印度人每月所获得动物蛋白量”。因此，全然用“文明冲突”来解释南北之间的矛盾是“隔靴搔痒，不得要领的”。⑤ 而近三十年来发生的局部战争，“除宗教冲突外，大约多与经济、政治因素相关，不能以‘文明冲突’一言以蔽之”⑥。

二是揭示了“文明冲突论”的理论悖论与为“西方中心主义招魂”的精神实质。冯先生这样说：“综观亨廷顿的‘文明冲突论’，可以发现一个悖论：一方面承认文明的多元性，

① 冯天瑜：《中国文化生成史》下册，武汉大学出版社2013年版，第882页。
② 冯天瑜：《中国文化生成史》下册，武汉大学出版社2013年版，第883页。
③ 冯天瑜：《中国文化生成史》下册，武汉大学出版社2013年版，第885页。
④ 冯天瑜：《中国文化生成史》下册，武汉大学出版社2013年版，第884页。
⑤ 冯天瑜：《中国文化生成史》下册，武汉大学出版社2013年版，第884页。
⑥ 冯天瑜：《中国文化生成史》下册，武汉大学出版社2013年版，第884页。

另一方面又竭力为西方中心主义招魂。”①他将今后世界的冲突放在西方文明与非西方文明之间，特别是西方与伊斯兰文明、儒教文明之间，为此要巩固西欧与北美的内部团结，然后联盟日本、澳洲、东欧、拉美，同时又防止伊斯兰文明与儒教文明的结合，以敌、我、友三系划分人类的文明。对于亨廷顿的文明冲突论，冯先生戏称之为“今日西洋‘隆中对’”，并提醒中国人道：“从世界全局着眼，此论似有逆潮流而动之嫌，理应引起渴求进步与和平的各国人民的警惕。”②

三是辩证地看待诸文明之间的冲突现象，认为“冲突”之中有“融会”，不只是单向度的冲突。他说：“诸文明间互动关系的加深加宽，是诸文明‘冲突’与‘融会’的双向进程，而并非‘冲突’的一味突进。而且，‘冲突’往往是‘融会’的一种形态和过程；‘融会’也不是由丰富走向单调，而是多元整合，走向更高层次的丰富。”③由此辩证的文明发展观，冯先生进一步断言：“未来世界必将是多元文明既相冲突又相融会的矛盾统一体。”中国人自身也将会既是“中国人”，也是“世界人”，而中国的文化与文明也将是在坚持“自我文化认同”与“接纳外文明，走向外部世界”的统一体。④

在批驳了西方文化中心论、“文明冲突论”之后，冯先生介绍并接受了杜维明的“文明对话论”的基本思想，并从文明的时空对话，以及“文明对话”的前提性条件两个方面，将杜维明先生基于儒家文化立场的“文明对话论”泛化为一般性的“文明对话论”。

冯先生从时、空两个角度对文明对话问题做了一般性论述：“‘文明对话’从时间向度而论，是古今文明‘对话’；从空间向度而论，是诸文明(尤其是东西文明)‘对话’。”⑤而就这两个向度的文明对话而言，在《中国文化生成史》一书的结尾处，冯先生更多着墨的是空间意义上的文明对话。他认为，这一意义上的“文明对话”，“略指多极世界各具特色的文明彼此交流沟通，其间既有冲突激荡，又有吸纳融合，达成你中有我，我中有你的‘涵化’结果”⑥。而从文明发展的历史结果来看，今日的“西方文明便是多种文明‘对话’的产物”，比如说，作为西方文明核心内容之一的基督教，就是“亚、非、欧三大洲几种文明会、整合的结果”。“东亚文明的持续发展也是诸文明‘对话’的产物。”⑦

冯先生还探讨了“文明对话”的前提条件问题。他说：“文明对话的深度展开，必须具备两个条件：一是开放的心态，容纳异文化的雅量；二是自备厚实，有较丰富的文化资源

---

① 冯天瑜：《中国文化生成史》下册，武汉大学出版社 2013 年版，第 885 页。
② 冯天瑜：《中国文化生成史》下册，武汉大学出版社 2013 年版，第 885 页。
③ 冯天瑜：《中国文化生成史》下册，武汉大学出版社 2013 年版，第 883 页。
④ 冯天瑜：《中国文化生成史》下册，武汉大学出版社 2013 年版，第 883 页。
⑤ 冯天瑜：《中国文化生成史》下册，武汉大学出版社 2013 年版，第 886 页。
⑥ 冯天瑜：《中国文化生成史》下册，武汉大学出版社 2013 年版，第 886 页。
⑦ 冯天瑜：《中国文化生成史》下册，武汉大学出版社 2013 年版，第 886 页。

与外人交流。”①这一“前提条件”对于当前的中华文明与世界其他文明对话的现实与未来而言，就需要整理自己民族深广的文化资源，以使我们具有与其他民族进行对话的资格。冯先生初步列出了三个层面的传统文化资源，一是道、儒、墨、法四家的优秀精神传统：“道法自然，尊道、贵德，淳厚质朴，柔弱胜刚强、无为而无不为的道家”；“力倡孝、悌、忠、信、礼、义、廉、耻，民贵君轻，践履修—齐—治—平的儒家”；“尚贤、尚同、节葬、保卫和平，手脑并用、精研科技，兼相爱、交相利的墨家”；“明法审令，去私怨、行公义、守公法，执政严峻、勇于革新、力求富强的法家”。②

二是作为整体的农耕文明与游牧文明相结合的精神：“农耕文明丰赡的典章制度与游牧文明的雄健外拓精神”。

三是“自成半壁江山、美富洋溢的民间文化”。③

当然，在《中国文化生成史》一书的结尾处，冯先生用省略号处理了“前提条件”的丰富内容，但在原则上揭示了三个层面的优秀文化资源。对于文明对话“前提条件”的思考，恰恰提醒我们，处在“文明对话”的现实与未来之中，我们仍然要丰富本民族的文化内涵，进而增强“对话”的资源。而作为当代中国文化史大家的冯先生，特别珍视中国传统文化中那些“既具备现代转化的潜质，又与人类共奉的普世价值声息相通”的遗产，认为正是这些“遗产”，才是“中国文化以自尊而尊人、自强而谦逊的姿态与异文化‘对话’的基本，也是外人乐于与我‘对话’的原因”④。因此，当前中国人提倡的“文化自信”，如果放在“文明对话”的“前提条件”之下来加以理解，则将不会由“自信”而演化为“自傲”，以至于在未来的某个历史时期再次演化为新的“中华文化中心论”，给自己民族带来灾难，同时也会给世界文明的发展进程带来不必要的干扰。由此，我们将可以看到，冯先生基于宏阔的中国文化生成史的视角，考察中华文明史，以及中华文明与其他民族文明“对话”动态过程，既能增强我们对自己民族的文化自信，也可以让我们避免某种文化中心义的陷阱。这或许可以看作冯先生对中华新文明之展望与期望。

2021年元月三日稿成，四日晨校读润色一遍

---

① 冯天瑜：《中国文化生成史》下册，武汉大学出版社2013年版，第887页。
② 冯天瑜：《中国文化生成史》下册，武汉大学出版社2013年版，第887页。
③ 冯天瑜：《中国文化生成史》下册，武汉大学出版社2013年版，第887~888页。
④ 冯天瑜：《中国文化生成史》下册，武汉大学出版社2013年版，第887~888页。

民本论研究与学术旨向

储昭华 *

一、“思来者”：历史学的更高旨向

历史研究的根本旨向和意义究竟何在？对于这一问题，论者大多以司马迁的那一名言——“通古今之变，究天人之际，成一家之言”作答。在《报任安书》中，司马迁对其著史之志向的自白和定位，一直被人们理解为史学的旨向和意义所在，也被释为史家的使命和目标所在。

其实，这所回答的乃是历史研究的对象和内容问题，而并非史学的宗旨和使命问题。在这背后，还隐含着一个更深的问题：为什么要通古今之变？如何通古今之变，究天人之际？成什么样的一家之言？说得更明确而具体些，从什么立场上来通古今之变、以成怎样的一家之言？本着这一追问，再来看太史公何以历尽艰辛，且不惜忍受奇耻大辱而奋力著史，则会发现，就在《报任安书》的后面，点出了其更深层的动力和祈求，那就是——“此人皆意有所郁结，不得通其道，故述往事，思来者”。

司马迁之所以被尊为史圣，搜罗、尽览各种文献，遍访各处史迹，忠实记载、再现三代以来以至其时的历史演变过程，给后人认识中国古史提供了最真实可信的依据，固然是其伟大的贡献。然真正使其卓然超越于同道之上，成为一流的伟大史学家，更多的应在于其对“来者”的呼唤和引导。也正是这一点，凸显出历史学的更大意义所在，即不只是面向过去，更是面向未来，通过臧否、褒贬评判，为后世提供警示，指明其应有的前行方向，表达对未来的期望。这才是史学的真正宗旨和使命所在。

这当然不是司马迁所独有的志趣，而是中国史学自始至终一以贯之的根本宗旨。自司马迁之前的孔子的春秋笔法，到后世的历代史家、史著，几乎无一不以之为旨向，以此为

* 储昭华(1963—)，武汉大学哲学学院教授，武汉大学中国传统文化研究中心副主任。

使命。李世民所谓“以史为鉴，可以知兴替”；司马光“鉴于往事，有资于治道”而著《资治通鉴》；曾巩所谓“史者，所以明夫治天下之道也”，等等，皆是这一宗旨的明确表达。从这个角度说，司马迁的所言、所为，乃是这一传统的突出代表，集中体现出这一取向而已。

所谓对“来者”之“思”，应该包含两大层面的意涵：其一，是认识论、知识论层面上对历史教训的总结、反思。其二，则是价值论层面的期望或祈求。这是“思”的更深层面的意涵。与政治思想和哲学(政治哲学)不同，史学往往是通过对主题的选择和史实的发掘、澄清，而对历史面貌和演变规律做出不同的刻画和阐释。所谓价值观层面的祈求，甚至包括对历史教训的反思、总结，在史学那里，往往并不明确直接地表达出来，而是隐而不显地蕴含于对史实的取舍、侧重之中。

然实质上，不仅史实的描述背后必有价值的评判和诉求，而且后者才是谜底所在——正是特定的价值诉求作为其基本立场，构成了史学研究的深层的内在动力、逻辑基点和评判尺度。正是这种祈求或期盼，决定了其对历史事实的观察，对其中利害得失的总结、评判。所思来者为何，不仅直接决定着其所思的方向，也决定着其如何思。两者乃是一体之内外两面，或曰一个问题的两面。蒙文通在分析秦汉史时尝言：“秦、汉间学者言三代事，多美备，不为信据。不信，则摈疑之诚是也，然学人必为说若是者，何耶？斯殆陈古刺今，以召来世。”①此言可谓中肯。也正是价值诉求的有无和差异，使史学家相互区别开来，形成不同的境界和影响。而关于如何通达各自目标的思考和探索，乃是由上述两方面尤其后一层面所决定，并与之相对应。

正因为史家所思的“来者”实质上乃是后一层面，因此，不同的时代、不同的史学家，其所向往、呼唤的“来者”必然迥然相异。纵观近代之前的中国传统史学，其根本使命，正如《资治通鉴》所宣示的那样，在于总结前朝兴衰存亡的教训，为后世君王治世安邦、以求社稷安宁、国运久远提供应有的借鉴。他们所思的“来者”，其具体所指，几乎少有例外地，都是各自心目中的“圣明”之君与圣明之治。而对作为儒家文化弘扬者的司马迁和司马光等人来说，其终极理想应是《礼记·礼运》篇所描述的、尧舜之道主导下的理想之世。

然而，纵观整个古代历史，尽管史学家殚思竭虑，或以褒贬辨是非，或借史讽今，以警君王，然事实上始终未“思”来他们所呼唤、所期盼的“来者”，绝大多数史学家们虽望眼欲穿，却只能抱恨而终。

这是偶然的，还是必然的？这恰恰是值得史学家和政治哲学研究者深思之处。

二、中国语境中史学启蒙的任务与宗旨

近代以来，随着中华民族开始被融入世界历史，面临“三千年未有之变局”，一个全新

① 蒙文通：《经学抉原》，巴蜀书社2019年版，第152页。

的“来者”也随之浮现于思想先驱们的脑海之中，生成于其心田深处。面对这一挑战，如何反思中国历史文化之得失，总结其教训，推动古老的华夏文明向现代转型，不断融入世界潮流？新的使命驱使一代代进步知识分子认真思考新的“来者”，这就是被称为“宁馨儿”的现代性。而开启这一征程，为之引导并奠基的思想文化解放运动即是启蒙事业。

无视时代潮流的变迁，依然在传统的藩篱里寻求保全之道，拒不认同甚至抗拒时代潮流者当然一直存在，且代不乏人。随着时势的发展，这种顽固守旧的立场倾向为越来越多的人所摒弃，其阵营也不断衰微。与之构成鲜明对照的是，顺应潮流，呼唤新的“来者”的倾向和阵营则不断兴盛，启蒙成为近代以来的主流，应是不争的事实。

众所周知，虽然启蒙运动的基本精神和宗旨是相通一致的，即在于以理性为尺度，审察和重新评判一切传统因素，以求每个人的幸福、自由和解放，然在其发源地，也有着不同的进路和形态，在欧洲不同的文化和民族中，其体现形式也迥然不同——英国选择的是由传统渐进转化的改良之路，法国崇尚彻底激进的理想模式，德国狂飙运动则融思辨性、民族性与灵性于一体……

对悠久、深厚的中国历史和文化来说，其启蒙的进程和形态更是复杂而多变。

对致力于启蒙事业的近代中国思想先驱们来说，一方面，在总的价值取向上都程度不同地向往、呼唤新的现代性的“来者”，在这一点上，人们方向一致，有着几乎普遍的共识；另一方面，置身悠久、深厚、充满各种矛盾趋向的历史传统，面对现代性的严峻挑战和强烈引导，究竟如何对待既往的历史传统、何者才是真正应有的“来者”？又应当如何作为才能有效迎入应有“来者”？……在总体目标和旨向基本一致的背后，对这一系列具体问题，思想家们的理解和定义又迥然有异，由此形成不同的理路，呈现出复杂的格局。

在这一进程中，中国历史和文化自古以来所具有的重史的特殊传统，决定了无论是与其他文明形态相比，还是与哲学、文学等思想形态相比，历史研究都以其特有的角色，而占有着更重要的地位，首当其冲地面临着是否转变、如何转变的选择。

最早出现、并一直以各种不同形式再现的启蒙理路或形态是，以西方现代价值为参照，从中国历史和文化传统中发掘现成的资源，将二者直接互释，认为这一切中国文化传统中其实早已有之，只是不为我们所重视而已。具体而言，这一理路亦至少有两种不同境界或曰不同层次的体现。其一，是从中国历史和文化传统中寻找现成的与现代价值相似之物，直接加以比附、互释。如关于中国传统民本思想与现代民主政道相附会的理路，堪称这一形式的典型。尽管备受批评，但这种比附理路至今仍不断再现，不乏其人。

其二是以更深的用意，通过“求同”策略，发掘应有之物的启蒙之道。严复对老庄的解释可谓这一理路的典型。当严复以西方文化的视野来重新认识和评析其“平生最挚爱的”庄子思想时，也曾明确提出，在庄子那里，同样蕴含着进化论思想、实证和科学精神，特别是自由平等主张："挽近欧西平等自由之旨，庄生往往发之，详玩其说，皆可见也。"①

乍看起来，这似乎与第一种境界并无二致，也难免比附之嫌。然实质上作为"清季输入欧化之第一人"，以《群己权界论》翻译密尔《论自由》的严复未必不懂得庄子的自由、无为与西方的以确定"群己"之"权界"的人权之间的深刻差异。他并非真地以为他所向往的这一切为中国古代先哲所实然已有。其实，他所领悟、发掘出来的乃是他心目中的"应有"之物。其深层用意在于，以现代价值为光源或参照，从传统思想文化中去寻找积极的资源或取向，从中发掘其所蕴含的可能与现代价值相融通的潜在趋向，着力加以阐发和弘扬，从而将这一思想朝着现代价值取向引导，以求实现二者的最终会通融合。

然而，无论是直接比附，还是意在积极引导，如果忽视对中西文化之间本质差异的洞察和对自身根本缺陷的反省、批判，或认为"一切吾皆已有"，甚至"古已有之"，或将"应有"之"同"误认为"已有"之"同"，由此将中国古代的思想与近代西方文化的概念直接互释，不仅在理论上难以回应何以始终未能产生出应有的现代文明成果这样的质疑，且使得"古人之非，既不能明，即古人之是，亦不知其所以是"②，从而可能造成双重曲解。这种外在比附式的"求同"理路，即便属于有着更深用意的"理性的狡计"，最终也可能不知不觉地陷入自我迷惑的陷阱，即落入自己掘下的"坑"里，陷入"一人传虚，万人传实"（王符《潜夫论·贤难》）的窘境，③ 最终非但不能发掘出应有的启示意义，促进传统本身的转化，相反，还可能形成误导，既导致对现代价值的曲解，又可能沦为一种自欺欺人式的自我陶醉。所以，梁启超曾针对近代以来国人争先恐后地将中国古代思想与西方概念相比附的弊端，明确告诫过人们："吾侪如忠于史者，则断不容以己意丝毫增减古人之妍丑，尤不容以名实不相副之解释，致读者起幻蔽。此在百学皆然，而在政治思想一科，更直接有'生于其心害于其政'之弊，吾侪所最宜深戒也。"④

在实践上，更可能产生一系列负面效应：其一，减损乃至泯灭改造、更新传统文化的内在动力。既然一切皆有，又何必远道外求？改造之说自然失去动力。其二，缺乏内在反省的"求同"事业所求得的只能是外在之"同"。落实到实践中，势必发生扭曲变形，出现"橘生淮南则为枳"效应。其三，助长幻想"抄近路"直达目标的急于求成心理——以为由此可以事半功倍地实现对历史必经历程的超越，跳过艰难曲折的历史积累和转变过程，直接实现最理想的目标。而历史的教训证明，其结果却往往适得其反，最终不得不重新回到历史的起点，被动地补课。一部中国近现代史，在某种程度上就正是这样一个以为不断在跨越，其后不得不补课的历史过程。

与之相对的，则是另一种与法国的启蒙运动相类似的激进的启蒙理路或形态，即对历

① 严复：《〈庄子〉评语》，《严复集》第4册，中华书局1986年版，第1146页。

② 严复：《原强修订稿》，《严复集》第1册，中华书局1986年版，第29页。

③ 其后，宋代道原的《景德传灯录》，亦有同样的告诫。

④ 梁启超：《先秦政治思想史》，东方出版社1996年版，第15页。

史传统持彻底的批判、否定态度，认为只有推倒传统的一切，才能为新的、应有的“来者”腾出生存和发展的空间。最突出的代表便是新青年们发起的五四新文化运动。“欧洲输入之文化，与吾华固有之文化，其根本性质极端相反。”①“要拥护那德先生，便不得不反对孔教、礼法、贞节、旧伦理、旧政治；要拥护那赛先生，便不得不反对旧艺术、旧宗教；要拥护德先生又要拥护赛先生，便不得不反对国粹和旧文学。”②这一理路对既有的文化传统与现代性之间的深刻差异和矛盾张力的洞察，无疑具有积极的警示意义；其以此为基础所展开的批判本身，也无可非议。其根本缺陷在于，对自身的历史、文化传统缺乏具体的分疏、辨析和同情的理解，浑然不分地将其视为铁板一块的整体，进而与现代性完全对立起来，为此拒斥既有传统，甚至主张彻底弃绝传统的一切。这种将历史传统与现代性完全对立，彻底否定前者的激进理路不仅在认识上有悖历史和文化的实际，在实践上也势必遭遇强烈的阻力，而且也注定找不到内在的转变动力，因而注定事与愿违，以失败而告终。

无论是对复杂博大的中国历史与文化传统来说，还是揆之西方现代性本身的艰难诞生和最终确立历程；无论是正面的启示还是反面的教训，都充分证明，必须在正视并全面深入地认识中国历史文化自身的实质和是非得失的基础上，主动发掘其中内在的积极因素和演变趋向，牵引和后推相辅，内在与外在结合，才能有效引入应有的现代价值，并使其在华夏大地扎根落实，实现中国传统文化的根本转变和中国社会的真正变革。

只有如此去“思”，才能使真正所期望的“来者”成功地降临并扎根于这片土地。对有志于此的史学家来说，这才是最合理也最有效的启蒙之道。

三、民本论研究：冯先生启蒙旨向与意义缩影

从这一视角来梳理、总结冯天瑜先生半个多世纪的历史和文化研究事业，可以清楚地辨识出其基于对文化和民族的强烈的责任感而形成的鲜明的启蒙旨向：它不仅贯穿于冯先生历史和文化研究的始终，更构成其根本立场和价值取向。这是冯先生历史和文化研究的最深层的动力源泉，也是解开其奥秘、领悟其意义的钥匙。

冯先生的启蒙理路，既不是单纯从历史和文化传统中寻找现成的资源，直接加以比附，更不是对文化传统持彻底的颠覆、否定态度，而是在深入辨析基础上的理性评判和引导。具体而言，冯先生的启蒙工作，更多的是针对前两种倾向而展开的。其中针对近代以来将中国古代民本观念与现代民主政道简单直接比附的错误倾向和做法，通过自己的研究以矫正后者之失，尤为冯先生这一研究的重心所在。这是冯先生启蒙旨向的真正特征，是其更核心的意涵。

---

① 陈独秀：《吾人最后之觉悟》，《独秀文存》，安徽人民出版社 1987 年版，第 37 页。

② 陈独秀：《〈新青年〉罪案之答辩书》，《独秀文存》，安徽人民出版社 1987 年版，第 242~243 页。

当我们说，冯先生的历史研究既是对传统的弘扬，更是基于对中国传统历史和文化的深刻反省而实现的对传统史学的革新和超越，代表着当今思想家们所达到的最深刻的认识时，其真正的含义乃在于此。以此为导引，才能很好地理解冯先生几十年历史研究的发展脉络、演进历程和真正意义。也只有从这个高度，才能真正理解冯先生问题意识形成的内在源泉、实质及其理论意义。

冯先生的历史和文化研究视野宏阔，博大而精深。在这当中，其对中国古代历史文化中丰富复杂的“民本(民主)论”思想传统及其效应的探究无疑占有特殊的重要地位。所谓特殊，不仅是指对这一问题的思考和探索一直贯穿于冯先生的研究历程之中，构成其关注的核心主题之一，且这一问题也是近代以来思想家们最为关注却始终争论不休、最集中体现出启蒙理路歧异的主题。更重要的是，在笔者看来，冯先生对“民本(民主)论”思想传统及其效应的认真梳理、辨析和透彻评判，也最突出体现出冯先生研究中所特有的启蒙旨向、致思理路、方法论特征。从这个角度或窗口，可以最深切地体悟到冯先生的最深的关切，更好地认识冯先生的历史和文化研究在总结近代以来思想家们探索的经验和教训基础上，实现了哪些重要的突破及其意义所在。

正如传统的史学家思“来者”的两层意蕴一样，冯先生通过对民本论的探究而展现的启蒙旨向、致思理路也从两大层面体现出来。不同的是，无论是认识还是价值选择，冯先生对此都有着充分的自觉，是基于理性的洞察和强烈的使命感；而就其价值诉求本身看，则是对民众呼声的反映和表达，是对时代潮流的积极顺应。与之相应地，也应从这两大层面领悟其研究的意义。

首先，正本清源，通过深入细致的考证、辨析，祛除假象、幻象和种种曲解，解析其内在结构，揭示其本质，是冯先生民本论研究的主要内容和意义所在。

纵览中国历史和文化，从西周的敬德保民、明德慎罚、天民一体理念，到孟子的“民贵君轻”主张，民本的传统可谓悠久而深厚，不仅历代思想家不断加以弘扬，有为之君也以此训导后代和群臣。所以，近代以来，面对西方民主政道的挑战，人们对这一传统的重视和发掘最盛。然而，这一传统观念本身便复杂多义，不仅有着多层面的不同意涵，不同的人、在不同的语境下有着迥然不同的旨向，且不断嬗变。近代以来的发掘者的立场、目的和方法更是殊异，如此叠加互促，使得对这一问题的认识随着时代的发展虽不无深化，但混乱始终存在，甚至呈加剧之势。

华夏历史和文化传统中的民本思想，究竟有哪些层面的具体意涵？其实质和实际的政治效应如何？与近代西方民主政道对照，有哪些内在相通之处，可以成为向现代转化的宝贵思想资源？又有什么样的深刻差异值得深入总结分析，与之相应地，有何种教训值得认真汲取？……可以说，近代以来关于启蒙的不同理路和争论，在关于如何认识和评判“民本”思想传统问题上，体现得最为集中，甚至可谓极致。所有这一切，无疑需要有责任感的史学家通过深入的研究，理清内在脉络，澄清是非得失，给出令人信服的回答。

1. “民本主义”与“尊君主义”共生而相依，乃一体之两翼

冯先生的研究，首先集中在通过对民本思潮的追根溯源和对其演变过程的梳理，揭示其内在结构和发展趋势。早在1984年之前撰写的《从晚周民本思潮到黄宗羲的〈明夷待访录〉》一文中，冯先生便开始了这一溯源和梳理工作。其后的《解构专制——明末清初“新民本”思想研究》一书，应是其进一步的拓展和深化。

与通常的研究不同，冯先生不是孤立地、就事论事梳理民本论的形成和含义演变，而是将其置于中国历史与文化特别是传统政治文化的整体背景之中加以考察，深入解析中国文化传统中民本思想的内在结构、作用机制，进而揭示出其实质和实际效应，由此提出民本论与尊君论一体两翼的著名论断。

冯先生从华夏文明诞生的自然地理和社会历史背景中，开始追溯这种矛盾统一体形成的根源。“农业社会的政治观念有自己的特点。一方面，由千百个彼此雷同、极端分散而又少有商品交换关系的村落和城镇组成的社会，需要产生高高在上、君临一切的集权政体和统治思想，这便是所谓的‘东方专制主义’。……另一方面，农业社会存在和发展的前提，是农业劳动力——农民的‘安居乐业’……这使得封建统治者很早便领悟到民为水，君为舟，而‘水能载舟亦能覆舟’的道理，因此，‘民为邦本’、‘使民以时’、‘民贵君轻’等民本思想成为中国这个农业社会的一种传统观念。”两者结合起来，“‘爱民’、‘恤民’的思想与‘残民’、‘虐民’的绝对君权主义相互对立，又相互补充，共同组成中国式农业社会政治思想的主体”①。沿着这一思路，《中华元典精神》一书从政治文化角度明确提出了一体两翼的论断。“在民本主义发育的元典时代，尊君主义也一并生长，甚至在同一部典籍、同一个思想家那里，这两大主义取‘共生状态’。究其原因，这两种思想体系其实是从一个母体生发出来的——它们都是农业宗法专制社会的派生物。这种社会既需要民众（以农民为主体）安居乐业，从事生产和再生产，又需要在高度分散的小生产组成的村落、城镇之上，有一个威权无限的专制帝王去统合政治、教化、军事、财政等事务。于是伸展出民本论和尊君论这左右两翼，两翼齐飞。”②“中华元典的‘君民之辨’是以君主为本位的，其向左翼伸展而为民本主义，向右翼伸展则为尊君主义，二者共同构成君主政治的一体两翼。”“‘民本’和‘尊君’这样两种相反而又相成的观念，它们共同奠定了中国古典政治学说的基石。”③

2. 在两翼之中，尊君主义乃是主导，二者又相互对立

冯先生深刻地洞察到并一再告诫人们，虽然从理论或逻辑上说，民本主义与尊君主义

---

① 冯天瑜、周积明：《中国古文化的奥秘》，湖北人民出版社1986年版，第64页。

② 冯天瑜：《中华元典精神》，湖北人民出版社2017年版，第316页。

③ 冯天瑜：《中华元典精神》，湖北人民出版社2017年版，第312、292页。

作为中国传统政治的一体之两翼，似无高下、轻重之分，应相互统一。但在传统中国的现实政治中，二者并不具有同等地位，发挥同样的作用。事实上，尊君主义始终占据主导地位，因为“君权一直是中国政治论的中心问题”，“中国古代政治论以‘君权’为本位，而君权又是在对民众实行统治的过程中体现出来的”。① 在现实的中国古代政治中，实质上君权“剥夺了人们群众的一切权利，而将国家的军、政、财、文大权全部集中到朝廷以至皇帝个人手中”，使得专制主义的中央集权的君主政体历史悠久，且不断强化，“这是东方式农业社会的中国的一个显著特点”。② 因此，讨论统治者与被统治者的区别、联系和分工问题，进行“君民之辨”“君臣之辨”时，必须由这个中心问题展开，不能孤立而论。

这决定了中国古代政治中君与民乃是一种复杂多变的对立统一的关系，二者既互为依存，更相与抗衡、对立。“民本主义同尊君主义共存一体，当然有其同一性。但它们毕竟又是一体之左右两翼，其差别性和对立性也是显而易见的。”二者抗衡的结果，只能是尊君论占据主宰地位，而民本论往往沦为一种文饰、自我美化，“在中国历史上出现的主要问题，往往是尊君沦压倒民本论，尊君论‘在朝’，民本论‘在野’”③。也正是这一差异或特质决定了君主专制集权构成了中国古代政治的主流趋势。

3. 从民本主义发展不出现代民主政治

在如何认识、评判和发掘中国传统的民本论问题上，上已述及，相当普遍且始终存在的一个极大误区在于，将其与现代民主政道直接比附，或混为一谈，或误以为可以从那里直接演化、引申出民主政治。很多政治上的动荡甚至劫难，都与此不无联系。冯先生民本论研究更重要的内容和贡献，是对这种误解或曲解的澄清和反正。通过系统的历史追溯、严谨的概念辨析和深入的对比分析，冯先生明确警示世人：“虽然中国古代富有与君主专制相辅相成，并发挥重大社会制衡作用的民本思想”，但从传统的民本主义绝然发展不出现代民主政治：“兴起于晚周而贯穿于整个中国古代的民本思想并不是一种论证主权在民和民众自我治理的学说，它与民主主义之间颇有扞格，从内容到形式都难以自然发展为民主主义。”

其一，在政治制度的建构上，双方的主体完全不同。

冯先生明确告诫人们，民本论立论的理论与现实基础在于治民之君与被治之民的严格区分与对峙，前者才是政治的真正主体，后者则永远是客体或对象。“民本学说严格划分‘治人者’与‘治于人者’的此疆彼界。……究其根本，在民本论那里，民众不过是被养、被教、被保的客体，是被怜悯和被利用的对象；君主才是养民、教民、保民的主体，是

① 冯天瑜：《中华元典精神》，湖北人民出版社2017年版，第292~293页。
② 冯天瑜、周积明：《中国古文化的奥秘》，湖北人民出版社1986年版，第64页。
③ 冯天瑜：《中华元典精神》，湖北人民出版社2017年版，第320、316页。

‘仁政’、‘王道’的实施者和利益的最终获得者。”①

这意味着，所谓以民为本，本质上乃是治人者的一种统治方略，其目的是为了求得其统治的稳固持久，是“治人者的长治久安设想，注重民众的力量和民心的向背，主张通过维持民众的基本生存条件来确保统治者地位的稳固”。“民本论的逻辑是‘百姓足，君孰与不足？百姓不足，君孰与足？’(《论语·颜渊》)可见，‘君足’才是其出发点和归宿。总之，民本学说在本质上不是民本位理论，而是君本位理论——一种明智的、目光远大的君本位理论。”

而西方民主政治，早在古希腊雅典时代，就是以全体公民为主体。城邦政治乃全体公民的共同事业。沿着这一方向，现在民主政治进一步加以贯彻落实，使之不断完善。这与民本论之间，在理论基础和宗旨上都有着根本的差异，甚至根本对立。

其二，在政治的运作模式上，方式和内涵各不相同。

沿着这一思路，冯先生借鉴林肯关于民主政治特质的界定，更具体地阐明其与民本论的内涵之别或曰民本论的重要缺陷。“如果说‘民有、民治、民享’是民主政治不可或缺的成分，那么便不能把中国传统的民本学说看作民主理论，因为此种学说虽然可以宣称‘天下。非一人之天下也，天下之天下也’(《吕氏春秋·贵公》)，似乎包含着‘民有’、‘民享’意味，但却缺乏‘民治’精神。”“可见，‘民治’缺如是民本主义的基本特性之一。而一个没有‘民治’精神的政治学说，其‘民有’、‘民享’的许诺终究难以落实。”②

基于这一系列总结分析，冯先生的结论非常明确：从后者那里不可能演变或引申出前者。“民本学说与‘主权在民’理论差距甚大，二者是不同质的政治范畴。……自秦汉以至于明清，中国社会内部始终未能生长出民主政治。”这既是历史事实的真实反映，更是一种深刻的反思和警示——从中国传统的民本论那里，没有也决不可能演变或引申出现代民主政治。这不是偶然的。不同的出发点和目的，决定了二者必然呈现截然不同的发展趋向：“民本学说在中国古代和近代分别发挥着不同的社会作用。在古代，民本学说具有双重功能，一方面，作为一种比较富于人民性的思想，成为具有社会批判意识的士人的精神支柱……另一方面，民本学说作为一种替君王长治久安设计的政治方案，又为历代统治者所用，构成君主专制政治的补充物和装饰品。总之，民本学说在中国古代只能是一种绝对君权的抑制剂、制动剂，而没有可能导向主权在民、人民参政的民主政治轨道。”③

对包括民本论及历史上不时出现的重民、安民之举的真正目的及其实质的辨析和澄清，不仅是启蒙的重要内容之一，而且是启蒙的基础工作。正如建造大厦，必先清理地

① 冯天瑜：《中华元典精神》，湖北人民出版社 2017 年版，第 500 页。

② 冯天瑜：《中华元典精神》，湖北人民出版社 2017 年版，第 500、501、502 页。

③ 冯天瑜：《中华元典精神》，湖北人民出版社 2017 年版，第 502、510 页。

基，奠定基石一样，只有首先破除历史上人为的美化和虚饰，通过辨析，去伪存真，认清历史和文化传统的真正特质，才能弄清问题的症结和要害，明确中国传统向现代转化的难题所在，使启蒙事业“有的放矢”，具有针对性和有效性；才能保证启蒙朝着正确的方向发展，起到应有的导向作用；也才能更准确地发掘真正有助于传统文化向现代转化的思想资源，加以激活和弘扬……否则，就可能南辕北辙，反而形成实践上的误导。近代以来，中华民族政治转型历程之所以如此坎坷反复，重要原因之一就在于认识上一直存在严重的误区：“正因为中国传统文化与民主主义的结合点是民本学说这种与民主主义有着质的差异的思想，这就决定了中国近代民主政治格局的特殊形态和发展进程的曲折坎坷。”①这应是冯先生民本论研究的第一层意义所在。

虽然是基础所在，但这还只是其中一层。冯先生民本论研究的进一层意涵和使命则在于，对君权至上的危害加以揭露和批判，发掘文化传统中真正积极的趋向，呼唤、深思应有的“来者”，为之进行价值论层面的建构和积极引导。这无疑是冯先生民本论研究的最终意义所在。

作为历史学家，冯先生在价值论层面的评判和导向，主要是通过着力发掘中国历史文化传统中那些曾被遮蔽和压抑的反绝对君权的思想资源，并对其加以深入阐扬而展开的。诸如嵇康、阮籍、鲍敬言、罗隐、李贽等追求个性解放与自由的思想家，在历史上曾不断涌现。他们从不同角度对绝对君权的实质和危害，有过尖锐的揭露和批判。但这些都无一例外地被斥为异端，备遭打压，被刻意遮蔽起来、淹没下去。认真研读冯先生的作品，不难发现，他对这些异端及其思想非常珍重，或以专题论文、或以专章专节，充分加以发掘，对其意义大加褒扬。其用心和意义，当然不止于填补某个空白，弥补某种缺陷，而更在于以此矫正历史的偏失，进行正确的价值引导。

在这一层面，尤其值得关注的是冯先生对明清启蒙思潮中新民本论的发掘和阐扬。

认真梳理民本论的演变历程，冯先生发现，两汉以后，尤其是宋元以降的民本论有所发展，明末清初更超越传统民本论。他将其称为“新民本论”。对其代表人物顾炎武、黄宗羲、王夫之、唐甄等人的思想，冯先生尤为重视，有多篇专题论文和专著分别加以探究：对这些思想家们关于绝对君权的更深入批判予以充分肯定，对他们的反思认真加以评析，力图从中发掘有助于中国历史文化传统向现代转化的更切实的思想资源和可能路径。

针对近代以来时有出现的将明清启蒙思潮过分拔高的倾向，冯先生也同时提醒人们，虽然与之前的民本论相比，以顾炎武、黄宗羲、王夫之为代表的新民本论有很多深化和发展，但其本质上依然属于传统文化的范畴，其根本立场和宗旨并未发生质的飞跃，“顾氏著《日知录》同黄氏著《明夷待访录》一样，都不是‘为今人道也’，而是期待于未来的‘王者

① 冯天瑜：《中华元典精神》，湖北人民出版社 2017 年版，第 511 页。

起'，'待一治于后王'。"①

这种新民本论"直逼'民主'而终究未能达到近代民主"。即使对思想家来说，即便是意在积极引导，也不能出于自身的期望，将自己心目中的"应有"误认为"实有"："中国近代民主主义者多有民本思想基础，后在西学东渐之际接受民主观念，又带着新的近代民主意识反顾传统的民本学说，有意将其升华，使之焕发出民主主义光辉，而这种光辉与其说是民本学说本身所固有，毋宁说是近代新学家借古人之酒杯，浇胸中块垒时激发出的新思想火花。用阐释学的术语来说，作为阐释者的新学家将'民本'解为'民主'，并非元典所载民本之'本义'，而是'引申义'，是一种在阐释过程中再创造的产物。"②如果一厢情愿地将二者混为一谈，则势必使启蒙失去真正的目标和动力，反而会妨碍启蒙事业的深化发展，或造成严重的误导。

由此可见，冯先生对这一问题的研究决不止于全面而细致，而是借鉴了哲学解释学的方法，阐明了思想家和政治家们的主观意愿、期望与实际的理论、实践效应之间的差异与联系，因而在一定程度上超越了单纯历史研究的局限性，而达到了政治哲学的高度。

4. 激活优秀传统资源，促进其转化，实现与现代价值融合的企盼

启蒙的价值诉求，其最终的目标在于促进历史文化传统的现代转化，实现与现代价值的融合，汇入人类文明发展的整体洪流之中。要实现这一目标，既要有正确的价值引导，也要善于发现自身历史文化传统中积极的思想资源和潜在趋势，如此才有融合、汇入的可能。冯先生对此有着深刻的自觉，并始终抱有坚定的信心。从其关于民本论特别是新民本论的研究中，可以充分体悟到这一点。他指出，进入近代以来，"在这种全新的格局下，一些以实行民主政治为己任的先进中国人站在近代民主主义的高度，重新审度传统的民本学说，将其批判专制君王的言论阐扬为反君权思想；将其重视民力、民心，同情民众疾苦的言论阐扬为民权思想。这种将古代学说作现代化阐释的做法，既反映了一种现实需要，也表明元典精神确乎蕴藏着可资发挥的因子。在这一意义上，民本学说可以看作中国传统文化与民主主义的结合点"③。在这一问题上，冯先生既警示人们不能将民本论传统与现代民主主义简单等同、比附，更反对对历史、文化传统的虚无主义态度，明确肯定中国历史和文化中深厚的民本思想资源，能够也应该为现代提供借鉴。这是冯先生的目标和期望，也是其民本论研究的最终结论和启示所在。

---

① 冯天瑜：《〈明夷待访录〉题义诠释》，《明清文化史散论》，华中工学院出版社 1984 年版，第 273 页。

② 冯天瑜：《中华元典精神》，湖北人民出版社 2017 年版，第 502、503 页。

③ 冯天瑜：《中华元典精神》，湖北人民出版社 2017 年版，第 510~511 页。

如何通过艰辛的努力和创造性的方法，既祛除包括民本论在内的传统文化的固有弊端，又有效地加以发掘和激活，使之焕发出新的生机，成为促进人的自由解放和社会健全发展的积极资源和动力，则有待于我们沿着冯先生所指出的方向展开进一步的探索。

文化史视域下的中国新闻史研究

周光明　文　爽*

20 世纪 80 年代的改革开放初期，中国社会思潮激荡，生机勃勃，学术界迎来了期待已久的春天，中国文化史也随之“学科复兴”①。1986 年元月，在上海复旦大学召开了一场超高规格的学术会议——首届国际中国文化学术讨论会，来自海内外的学者济济一堂，② 气氛热烈。冯天瑜先生作为当时的中青年学者的代表人物，也应邀参加了这次学术盛会。此前，冯先生已发表多种中国文化史的论文论著，如《利玛窦等耶稣会士的在华学术活动》(1979)、《“国民性”的一面秋毫毕现的镜子——读鲁迅书随笔》(1979)、《明清文网述略》(1981)、《关于古代神话的断想》(1981)、《王夫之创见三题》(1982)以及《明清文化史散论》(1984)等，足见冯先生于 70 年代末即有志于中国文化史的研究，③ 真可谓得风气之先。此后，冯先生又连续发表和出版多种中国文化史的论文论著，新论迭出，创发甚多，从而确立了先生在这一学科发展史上的重要学术地位。本文作者之一有幸于 2006 年拜入冯先生门下，攻读中国传统文化研究中心的专门史博士学位，其间获益颇丰，不胜感激之至。现将作者对文化史与新闻史的关系的若干思考稍加整理，简单汇报如下。

一

一般认为，作为学科的中国文化史研究源于清末的“史界革命”④，梁任公先生既是首

---

* 周光明(1963—　)，武汉大学新闻与传播学院教授。文爽(1998—　)，武汉大学新闻与传播学院硕士研究生。

① 邹振环：《朱维铮先生与 20 世纪 80 年代的“文化热”》，《安徽史学》2013 年第 1 期。

② 在我们看到的一份不完整的与会者名单中，新闻史学界的两位前辈胡道静先生、李龙牧先生赫然在列。

③ 冯天瑜：《中国文化史断想·自序》，华中理工大学出版社 1989 年版。

④ 梁启超：《新史学》，《新民丛报》创刊号，1902 年 2 月 8 日。世界范围内的文化史研究始于 18 世纪中叶的法国伏尔泰。伏尔泰的《风俗论》(1751)和《路易十四时代》(1756)“宣告了一种新型历史学的诞生。这种新型的历史学给予战争和政治的篇幅比较少，却更多地叙述‘人类思想的进步’”。[英]彼得·伯克：《文化史的风景》，丰华琴、刘艳译，北京大学出版社 2013 年版，第 18 页。

倡者，也是重要的实践者。20世纪20年代初中期，梁任公发表多篇相关论文论著，如《中国历史研究法》(1921)、《研究文化史的几个重要问题》(1922)、《中国文化史·社会组织篇》(1925)等，他分文化史为广义与狭义(即“文化专史”)两种，广义的文化史几乎等于全部历史。① 胡适之先生也持有相近的看法，他说：“过去种种，上自思想学术之大，下至一个字、一只山歌之细，都是历史”②，都可以作为文化史的研究对象。流风所及，连新兴的新闻学也大受影响。

作为中国第一批近代新闻学家的代表人物戈公振先生(1890—1935)在其《中国报学史》(1927)中，这样写道：“所谓报学史者，乃用历史的眼光，研究关于报纸自身发达之经过，及其对于社会文化之影响之学问也。”③有学者注意到戈著所受进化论的影响，④ 实际上，其文化史的学术脉络也很重要。他对中国古代官报评价偏低，就是因为“从文化上言之，可谓毫无影响，其最佳结果，亦不过视若掌故”⑤；而对外报(19世纪外籍人士所办之报刊)评价较高，认为外报对中国文化产生了广泛的影响，包括政治、教育、科学、外交、商业以及宗教等方面的影响⑥。这是一种广义的文化观，与前述梁、胡两位类似。同样，他也使用狭义的文化概念。在新闻分类中，他将政治新闻、经济新闻、文化新闻、社会新闻并列，并解释此处的文化新闻特指教育新闻、学界新闻与影视新闻。⑦《中国报学史》是中国新闻史研究的经典著作，也是唯一一部被译为外文的民国新闻学著作⑧。值得一提的是，梁任公先生曾给戈氏稍早出版的一部译著作序，强调新闻事业“感化人民思想及道德之力至大无匹”⑨。与《时务报》时代的“报馆有益于国事”相比，五四之后，梁先生的视角明显从政治史转向了文化史。

另一位新闻史研究的重要人物是胡道静先生(1913—2003)，胡氏家学渊源，虽以治科技史著称于世，但他早年曾治新闻史十数载，卓有成就。除研究地方新闻史外，他较早注意到了新媒体：“广播新闻”与“电视新闻”，也尝试对新闻史学进行过一些学理性探讨。在《新闻史的先遣工作》一文中，他写道：“就人类的基本文明而论，除了教育事业而外，

---

① 参见《梁启超论中国文化史》，商务印书馆2017年版。

② 胡适：《〈国学季刊〉发刊宣言》(1923)。参见张昭军：《文化史研究的三种取向》，《史学月刊》2020年第8期。

③ 戈公振：《中国报学史》，中国和平出版社2014年版，第2页。

④ 如，胡正强的《论新闻史观与新闻理论体系的建构》(2006)、姜红的《进化论与现代中国新闻史书写》(2008)、刘晓伟的《戈公振与中国古代报纸起源研究路径的形成考辨》(2016)。

⑤ 戈公振：《中国报学史》，中国和平出版社2014年版，第65页。

⑥ 戈公振：《中国报学史》，中国和平出版社2014年版，第109~113页。

⑦ 戈公振将文化新闻又细分为三小类：(1)教育指学校风潮、学界新闻；(2)演讲指学术演讲、名人演讲；(3)戏剧指新剧、旧剧、电影。《中国报学史》，中国和平出版社2014年版，第208~209页。

⑧ 小林保译：《支那新闻学史》，东京人文阁1943年版。

⑨ 参见戈公振编译：《新闻学撮要》，商务印书馆1925年版。

没有再比新闻事业更伟大的了。因此，我们要了解文化，尤其是近代文化，非阅读新闻事业的历史不可。在新闻从业员方面，也应该随时保留有关本身事业的史料，藉使一本完善的新闻史能够据以写成，一方面可以列为分类的文化史之一种，一方面也可以有所贡献于整个人类的生活史。"①胡先生将新闻史编入了文化史系列。

新中国成立之后，方汉奇先生(1926—)成为大陆新闻史学界的领军人物。改革开放之初，他就明确提出，新闻史"属于文化史的范畴，是文化史的重要组成部分"。作为文化的一个部门，新闻史与文化史的其他部门有着密切的联系。并认为，"加强新闻史的研究，以促进文化史各部门研究工作的开展，已经成为文化史研究工作者的共同愿望"②。方先生强调新闻史是一门科学，旨在说明新闻史刚从政治运动的桎梏中解放出来的学术性质。此前的很长一段时间里，新闻史的书写是以党报(中共党报)为中心的，③ 使得新闻史与政治史、革命史、党史等，常常混为一谈④。几年后，方先生于首届中国新闻史学研讨会上，在肯定了新闻事业的阶级属性之后，再次重申："中国的新闻史也属于中国文化史的范畴，是后者的重要组成部分。"⑤

现在我们尚不清楚，方先生的文化史转向在多大程度上受到了20世纪80年代初兴起的"文化热"的影响，但我们不能低估这一转向所具有的"返本开新"的重要意义。不过，需要指出的是，方先生的文化观与他的两位前辈是有所区别的。他认为，新闻机关作为文化机关之一种，属于上层建筑范畴，"是一定的经济基础通过新闻手段的反映，在任何时候，它们都总是要为一定的经济基础服务的"⑥。因此，如果说，戈先生的新闻文化与进化论相联系，胡先生的新闻文化与"媒介技术主义"相联系，那么，方先生的新闻文化则是与阶级分析方法相联系的。

二

从20世纪90年代初开始，由于受到西方传播学的强大冲击，中国大陆产生了所谓的新闻传播学⑦。传统的新闻史研究也开始挣脱报刊史或新闻事业史的樊笼，逐渐过渡到了

---

① 胡道静：《新闻史上的新时代》，世界书局1946年版。转见中国传媒大学出版社2018年影印版，第11页。

② 方汉奇：《新闻史是历史的科学》，《新闻纵横》1985年第3期。

③ 方汉奇：《加快新闻史研究的步伐》，《新闻战线》1981年第6期。

④ 方汉奇：《关于新闻史研究的体会和建议》，《新闻研究资料》1982年第1期。

⑤ 方汉奇：《中国新闻史研究的历史与现状》，《新闻研究资料》1992年第4期。

⑥ 方汉奇：《新闻史是历史的科学》，《新闻纵横》1985年第3期。

⑦ "新闻传播学"的学科名称在80年代中后期就已经出现了，比如芮必峰的《传播学·新闻学·新闻传播学》，《安徽大学学报》(哲学社会科学版)1988年第1期。

新闻传播史研究。传播学的本土化也包括用西方的传播学理论来研究中国传统文化,① 下面以李彬教授的博士学位论文《唐代文明与新闻传播》(1999)为例，稍加解说。

李彬(李彬是方先生的博士生)将唐代的新闻传播活动划分为三个系统：官方传播、民间传播与士人传播，分别对应着三种不同的文化形态：官方的主导文化(政统层面)、大众的民间文化(传统层面)与士人的经典文化(道统层面)。②他将人类文明从历时性角度划分为古典文明、近世文明与现代文明，三者又分别对应着传播史、新闻史与大众传播史。他认为，有唐一代正处于古典文明与近世文明的交叉点上，而新闻则纯属近世文明的产物。③ 因此，这样的新闻史可以看作既是一种文化史，又是一种文明史。

对近代新闻史的研究也出现了类似的变化。有学者从文化传播的视角分析了晚清新闻业的发展态势，认为，“报刊的出版与发行，是一种文化传播活动”④。承认了新闻文化的存在，并从跨文化传播的角度考察了传教士宣传策略的改变，同时借鉴了文化人类学中的涵化理论，分析了中国本土对近代新闻媒介的接受过程(即从中文化到中国化的过程)，以及在文化变迁中产生的那个新的社会角色——报人，是如何从体制边缘递进到中心的。

从20世纪末开始，新闻传播史的研究广泛地吸收各种理论资源，除文化学、社会学、政治学外，还包括大量的新史学理论，比如西方社会史的、法国年鉴学派的以及总体史(或称为全球史)的。当然，在新闻史研究中，可以运用文化学的理论，也可以运用其他理论来研究其中的文化现象，但这不等于说，这种新闻史研究就一定要归属于文化史的范畴。下面以唐海江教授的博士学位论文《清末政论报刊与民众动员：一种政治文化的视角》(2007)为例，稍加解说。

关于清末政论报刊的前期研究应该说是相当多的，唐海江(他也是方先生的博士生)在此前的阶级分析视角和现代化视角之外，另辟蹊径，借用了西方政治学中的政治文化理论。⑤ 这也是他对当代史学研究日渐社会科学化的一个回应。他认为，政治文化是资源动员理论中的理性因子与政治文化动员理论中的政治心理因素的综合体。⑥ 具体而言，他把政治文化分为政治思想(或政治理论)、意识形态和政治心理三个层面，由此探讨了报刊政治动员的复杂机制。不过，虽然这项研究借用了很多新理论与新方法，但他的文化观却不

---

① 参见余也鲁、郑学檬主编：《从零开始——首届海峡两岸中国传统文化中“传”的探索座谈会论文集》，厦门大学出版社1994年版。

② 李彬：《唐代文明与新闻传播》，新华出版社1999年版，第14~15页。

③ 李彬：《唐代文明与新闻传播》，新华出版社1999年版，第367~372页。

④ 周光明：《中国近代报业的文化传播背景分析》，《新闻与传播研究》1998年第4期。

⑤ 政治文化的研究路径也可以看作文化史与政治史的联姻。参见杨念群：《重建另一种叙事》，北京师范大学出版社2019年版，第69页。

⑥ 唐海江：《清末政论报刊与民众动员：一种政治文化的视角》，清华大学出版社2007年版，第10页。

是全新的。

唐海江认为："政治文化是社会经济关系在政治领域的一种主观反映，承认其对经济基础和上层建筑的反作用力，是对辩证唯物主义和历史唯物主义基本原理的具体运用。作为上层建筑的政治文化的作用在于从政治的主观维度寻找一条认识清末政论报刊传播活动的路径，是对以往研究的一种丰富和深入。在研究中如果故意夸大政治文化的历史作用，甚至主张政治文化对新闻史的'决定论'，势必落入唯心主义的圈套。"①应该说，他的这种担心不是多余的。对中国学者来说，这种担心甚至是由来已久的。被认为是20世纪80年代文化研究热的有力推动者的庞朴先生(1928—2015)就曾指出了这个问题，庞先生说："我们的注意力，往往局限于经济和政治两个领域，而对于鼎足而立的文化领域，则缺少应有的重视。常见的情况是，我们在分析一项政策、一次战争、一场政治运动乃至一个学派兴起和衰亡时，常常只提经济背景和政治背景，绝少谈到文化背景，大有一谈文化便落入唯心陷阱的隐忧。"②所幸的是，随着新文化史理论的传入，这个问题事实上已经得到化解，因为新文化史几乎不再关注传统史学的那种宏大叙事。

三

一般认为，新文化史是以研究"小历史"而著称的。"二战"之后，西方史学界发生了两次重大变化，一是自20世纪50年代中期以来的"新史学"(又称"社会史")挑战了兰克(Leopolde von Ranke，1795—1886)为代表的传统史学(当然，这不是兰克史学第一次遭到的挑战)，社会史逐渐取代了政治史，从而成为史学研究的主流，其中以年鉴学派影响最大。到了70年代后期，肇始于法国的"新文化史"(又称"社会文化史")取代"新史学"成为西方史学界的新宠。新文化史的学者并不追求"大历史"，而注重于"小历史"(即自下而上看历史)，历史研究从社会角度的文化史学终于转向了文化角度的社会史学。

新文化史领域范围广泛，涵盖多个分支的专门史。从研究对象上可主要划分为：①物质文化史；②身体史(包括性史、儿童史、青年史、老年史等)；③表象史(即对自我、民族及他者等的形象、想象与感知的历史，如爱德华·萨义德的《东方主义》、本尼迪克特·安德森的《想象的共同体》)；④政治文化史；⑤语言社会史(包括礼让史、侮辱史、谈话

---

① 唐海江：《清末政论报刊与民众动员：一种政治文化的视角》，清华大学出版社2007年版，第17页。

② 庞朴：《需要注意文化史的研究》，《文史哲》1984年第1期。吉尔兹(Clifford Geertz)曾说，主观主义、唯心主义和相对主义是学究们杜撰出来的一些怪物，以恐吓人们"不去用文化描写的方式探讨它们"。[美]克利福德·吉尔兹：《地方性知识：阐释人类学论文集》，王海龙、张家瑄译，中央编译出版社2000年版，第17页。

史、行话史等)；⑥行为社会史(如旅行史)。①总之，新文化史相当鼓励跨学科的研究，它以“小写历史”(histories)取代了“大写历史”(History)，而文化多元与地方性则成为新文化史的大势所趋。②

21 世纪以来，尤其是最近十年来，中国新闻史的研究从包括新文化史在内的各种新理论、新方法中吸收营养，激发了内在活力，既打开了学术视野，又拓宽了研究空间。以下择其大要，略加申述。

1. 关键词研究，也可称为概念史或观念史研究③

此前对新闻传播词汇的研究多基于学科术语建设的角度，或注意翻译准确与否，或注意用语规范与否。自 2006 年起，采用这一新的研究路径的论文明显增多了，其中的代表人物有邓绍根、周光明、李开军、孔正毅等。④ 比如，邓绍根对“记者”“舆论监督”“电视”“党八股”“新闻自由”等重要词汇的研究，周光明对“新闻”“杂志”“新闻学”“新闻界”“新闻自由”等重要词汇的研究。在最新的研究成果中，值得一提的是，青年学者操瑞青对“有闻必录”的研究，作者以“新文化史”为宏观取向，解读了这一在百年新闻史上不断“形塑中国新闻活动边界的本土话语”所具有的独特历史价值。⑤

2. 阅读史研究

大约在 20 世纪 80 年代前后，西方出现了基于“读者反应理论”的阅读史研究，新闻传播学界也随即做出了回应。美国学者凯瑞教授(1934—2006)在其《新闻史的问题》一文中，提到了要加强对黑人新闻史、女性新闻史以及阅读史等边缘地带的研究，他非常重视新闻文本的解读。⑥ 凯瑞的新闻文化史之后，有大卫·诺德的新闻阅读史。国内的报刊阅读史研究似乎是从潘光哲教授开始的，他充分利用了《汪康年师友札记》这一基本史料，以戊戌变法时期的著名报刊《时务报》为个案，揭示了新式报刊如何在读书人的阅读世界中占有越来越重要的地位，同时展示了渐行渐深的西学的“新闻化”之面相。⑦ 随后有众多学者加盟

---

① 参见陈恒、耿相新主编：《新史学》(第四辑)，大象出版社 2005 年版，第 1~3 页。

② 汪荣祖：《读史三编》，上海人民出版社 2019 年版，第 22~23 页。

③ 此处只是笼统言之，细分还有德国概念史、英美观念史与法国话语分析之别，它们均可以“历史语义学”来概括。广义的历史语义学还包括或兼及：词语史、意义史、文化史、传媒史、话语史、心态史等。参见方维规：《什么是概念史·导论》，生活·读书·新知三联书店 2020 年版。

④ 参见周光明、丁倩：《近代新闻传播关键词研究综述》，《中国媒体发展研究报告》2013 年卷，武汉大学出版社 2005 年版。

⑤ 操瑞青：《有闻必录：一个中国新闻口号的兴衰》，中国社会科学出版社 2019 年版，第 1~2 页。

⑥ 方晨：《詹姆斯·W. 凯瑞的新闻历史观研究》，华中科技大学博士学位论文，2017 年。

⑦ 潘光哲：《〈时务报〉与它的读者》，《历史研究》2005 年第 5 期。西学的“新闻化”，借鉴了许高勇的观点。许高勇：《中国报刊阅读史研究述评及若干探索》，《新闻春秋》2018 年第 1 期。

报刊阅读史研究，以蒋建国、卞冬磊这两位学者较为活跃。①

3. 其他研究路径

除以上两种研究路径外，还有心态史的研究，比如，王润泽对当代记者职业心态的研究，通过对二十余位记者的深度访谈，探讨了他们在新闻实践中如何跨越宣传与新闻之间的“鸿沟”。②还有记忆史研究，记忆史与心态史一样，都关注“集体表象”，从这个意义上讲，记忆史也可以称为集体心态史。③ 比如，李红涛、黄顺铭对南京大屠杀的媒介记忆研究，④ 王润泽、谭泽明对戊戌政变的集体记忆研究，⑤ 郭恩强对民国记者节的创伤记忆研究⑥。还有身体政治研究、⑦ 视觉修辞研究、⑧ 新闻实践史研究⑨，等等。

四

史无定法。正如传统史学在面对新史学或新新史学(又称为新文化史)挑战后仍具有较强的生命力一样，传统的新闻史研究也自有其一定的发展空间，比如青年学者俞凡对新记《大公报》(1926—1949)的研究。俞凡围绕着媒体与政府的关系，大量使用档案史料，⑩ 前

---

① 蒋建国：《〈时务报〉的发行与“阅读共同体”的建构》，《东岳论丛》2019 年第 1 期。蒋建国：《甲午之前传教士中文报刊的传播、阅读及其影响》，《新闻与传播研究》2019 年第 8 期。蒋建国、朱慧：《〈万国公报〉的发行、阅读与社会影响》，《出版发行研究》2020 年第 6 期。卞冬磊：《“可见的”共同体：报纸与民族国家的另一种叙述》，《国际新闻界》2017 年第 12 期。卞冬磊：《中西映照的开始：晚清新闻纸阅读中的“社会比较”》，《编辑之友》2019 年第 4 期。卞冬磊：《为致用而读：新闻纸在晚清官场的兴起(1861—1890)》，《新闻大学》2019 年第 5 期。

② 王润泽：《在服从宣传需要与尊重新闻规律之间——中国当代记者心态史研究》，《国际新闻界》2017 年第 4 期。

③ 陈建：《记忆史与心态史》，《史学理论研究》2012 年第 3 期。

④ 李红涛、黄顺铭：《“耻化”叙事与文化创伤的建构：〈人民日报〉南京大屠杀纪念文章(1949—2012)的内容分析》，《新闻与传播研究》2014 年第 1 期。

⑤ 王润泽、谭泽明：《〈戊戌政变记〉与政变图像建构：从个体想象到集体记忆》，《新闻与传播研究》2018 年第 8 期。

⑥ 郭恩强：《“以新闻而生，以新闻而死，为新闻殉节”——刘煜生案与“九一”记者节的创伤记忆叙事》，《国际新闻界》2019 年第 9 期。

⑦ 吴果中：《民国〈良友〉画报封面与女性身体空间的现代性建构》，《湖南师范大学社会科学学报》2009 年第 9 期。

⑧ 刘涛：《图绘“西医的观念”：晚清西医东渐的视觉修辞实践——兼论观念史研究的视觉修辞方法》，《新闻与传播研究》2018 年第 11 期。

⑨ 王润泽：《新闻实践史》，《新闻春秋》2020 年第 3 期。

⑩ 其中，大陆档案主要是南京第二历史博物馆收藏的国民党中央宣传部档案，台湾档案主要是“蒋介石档案”，日本档案主要是外务省的“战前档案”和防卫省的“军部档案”。参见俞凡：《新记〈大公报〉再研究》，中国社会科学出版社 2016 年版，第 87~89 页。

后历时十三年，成功解决了关于新记《大公报》的一些疑难问题。一些学者较擅长于传统新闻史研究，一些学者较擅长于新新闻史研究，难分上下，各有千秋。实际上，有些学者可以同时从事传统新闻史与新新闻史的研究。理论可以多元，方法可以创新，但谁也不能否认，史料功夫是所有新闻史研究的基础。而且，和其他专门史一样，新闻史也有着自身独特的发展逻辑。

从20世纪90年代初开始，经过西方传播学改造过的大陆新闻学焕发了生机，某种意义上讲，也可以说是"迷途知返"。90年代末著名学者宁树藩先生（1920—2016）再次呼吁加强新闻史学的本体意识，凸显学科特性，揭示新闻事业的特殊规律。① 我们注意到，宁先生此前提到"主体"一词，这次却改用了"本体"，可以说是进一步强调了新闻学的学科独立性，这是一个很有意义的变化。

回到《中国报学史》，宁先生将戈公振先生所提示的两个研究领域：报刊自身发达之经过与报刊对社会文化之影响，形象地称为"两条腿走路"，并称如此才是完整的新闻史研究。黄旦教授承其余绪，又推陈出新，他认为："以报刊为合法性主体的历史，才是真正称得上报刊史。"②黄旦教授还比较了周佳荣的《苏报及苏报案》与蒋含平的《苏报案的辨正与思考》，指出前者为政治史或政治思想史的报刊研究，后者才是报刊史研究。黄旦教授自己对《时务报》《苏报》《申报》的近代报刊系列研究就体现了这种主体意识。③

随着这种主体意识的强化，以及对西方传播理论的不断吸收与消化，黄旦教授的新报刊史已经成了媒介史的别称。建构主义取代了功能主义，而《中国报学史》被认为是中国新闻史学界功能主义的源头，于是有所谓的"范式革命"。或者可以说，报刊的地位由此发生了革命性的变化。从媒介史的角度看，那两条腿走的都不是正路。无论是现代化模式还是革命史模式，报刊都只是个工具，用来满足某种社会需要的，而报刊其实是自主的，它不仅可以作为主体，也可以被视为本体。④

自从报刊史（新闻史）的媒介转向之后，我们看到的各种传播理论，无疑都非常强调媒介的自主性，⑤ 也几乎都确信传播（媒介）在人类社会的不可或缺的重要作用，称其为政

---

① 宁树藩：《强化本体意识，探索自身规律——新闻史研究的反思与前瞻》，《新闻记者》1998年第9期。此前，宁先生曾发表过《中国新闻事业史研究方法的若干问题》（1982年《中国新闻年鉴》），就已指出新闻史的研究工作要揭示"这门学科的特殊规律"。

② 黄旦：《报刊的历史与历史的报刊》，《新闻大学》2007年第1期。

③ 黄旦、詹佳如：《同人、帮派与中国同人报——〈时务报〉纷争的报刊史意义》，《学术月刊》2009年第9期。黄旦：《报纸革命：1903年的〈苏报〉——媒介化政治的视角》，《新闻与传播研究》2016年第6期。黄旦：《"奇闻异事，罔不毕录"：上海"城"的移动——初期〈申报〉研究之二》，《学术月刊》2017年第10期。

④ 参见黄旦：《新报刊（媒介）史书写：范式的变更》，《新闻与传播研究》2015年第12期。

⑤ 比如媒介考古学，它"反对将媒介作工具性理解，强调媒介的本体意义，以此揭示媒介在建构人及人与世界关系中的地位"。参见唐海江：《媒介考古学与中国传播研究的变革》，《中国社会科学报》，2019年7月23日。

治、经济之外的另一个重要支柱,① 俨然三足鼎立。庞先生的三足鼎立说(政治、经济与文化)被各种五花八门的传播理论中的三足鼎立说(政治、经济与传播)所取代。② 传播(媒介)似乎具有一种奇特的魔性,它能生成万物,又能毁灭万物。③ 总之,在某些传播学者眼里,一切皆媒,(传播)媒介一元主义的时代似乎即将来临。

五

从笔者对中国新闻史的研习经历来看,新闻史、报刊史、媒介史相互界限并不特别分明,三者之间侧重点不同而已。就实际成绩而言,报刊史的可能稍多一点。④ 而对各种理论资源基本上采取拿来主义,并不打算画地为牢。无论什么理论与方法,只看它是否具有解释力,是否使用有效,总之,以问题为导向,相信对研究者的基本学术要求不会有大的改变。以史学理论而言,传统史学、新史学或新新史学各有其合理性,比较起来,笔者受文化史的影响可能要稍大一些,这要归功于冯先生的赐教。

2006 年入门时,冯先生已出版《新语探源——中西日文化互动与近代汉字术语生成》一书,名著《"封建"考论》即将杀青。冯先生的文化史研究,既承继了传统文化史的学脉(梁启超、王国维、陈寅恪等诸位先生),又吸收了福柯、萨义德等海外学者的理论资源,可谓古今会通,中西合璧。据先生说,将近代汉字术语生成正式作为文化史的研究课题,是 1998—2001 年讲学日本期间逐渐明朗起来的。⑤ 吾辈学生"躬逢其盛",受教良多。

就笔者所受影响而言,概括起来,大致有以下三点:其一是文化观。冯先生的文化观是一种大文化观,这种文化是与自然相对的。⑥ 这样一来,文化与人类社会或人类生活可以画等号了,不会出现政治、经济、文化三足鼎立的情况。其二,对转型期的重视。历史

---

① 参见熊澄宇:《数字化时代的广电媒体与法律规则》,《中国广播电视学刊》2012 年第 7 期。

② 参见黄旦:《媒介变革视野中的近代中国知识转型》,《中国社会科学》2019 年第 1 期。不过,威廉斯(Raymond Henry Williams, 1921—1988)早就有将文化与传播视为一体的思想。乔瑞金、许继红:《威廉斯传播技术的哲学解释范式研究》,《马克思主义与现实》2009 年第 6 期。

③ 媒介"是活生生的力量漩涡。它们生成的环境,粗暴地磨灭了老的文化形态"。参见[加]哈罗德·伊尼斯:《帝国与传播》(中文修订版),何道宽译,中国传媒大学出版社 2015 年版,第 19 页。

④ "串味"的情况在所难免。有学者认为,"新闻史"的报刊史应有"新闻史"的品味,"文化史"的报刊史应有"文化史"的韵味,而"媒介史"的报刊史则应有"媒介史"的风味。参见朱从兵:《作为"新闻史""文化史"和"媒介史"的报刊史研究》,《安徽大学学报》(哲学社会科学版)2012 年第 6 期。

⑤ 参见冯天瑜:《新语探源——中西日文化互动与近代汉字术语生成》,中华书局 2004 年版,第 630~632 页。

⑥ 先生释"文化"为自然的人化,认为文化的实质性含义是"人类化"。参见冯天瑜:《关于"文化"与"文化史"的思考》,《湖北大学学报》(哲学社会科学版)1988 年第 5 期。冯先生对"文化"的解释,似与梁任公先生之"自然系"与"文化系"相近。笔者倾向于认为,文化研究属于人类学的范畴,文化史研究则相当于历史人类学。

有常有变，学者以察变为主，所以太史公欲“通古今之变”。变有暴风骤雨般的变化，有和风细雨式的变化。冯先生尤注意周秦之际与清民之际，认为学者可以由此观澜，故不可轻忽。[①] 一直关注清末民初的新闻业，盖出于此。其三，关键词研究。笔者从梁任公先生的新闻传播词汇入手，考察了中国近代新闻传播的几十个重要词汇，其间虽不乏少许个人心得，但主要成绩的取得则多系冯先生的指引之功。

2020 年 11 月 20 日于珞珈山

① 冯先生曾引“观水有术，必观其澜”(《孟子·尽心》)和“振叶以寻根，观澜而索源”(《文心雕龙·序志》)，以强调学者研究历史转型期的重要性。

文化史百年来之佳篇

——评《中国文化生成史》

唐翼明*

中国传统文化既博大精深，也精芜杂陈，但数千年从未中绝，且大多数时间皆辉煌灿烂，居于优势地位，则可谓举世无匹。唯晚近数百年，由于错过了以欧洲文艺复兴为起点的世界现代化运动的潮头，而渐显落伍。自鸦片战争、甲午战争以后，仁人志士奋起效法欧西，百年来西潮汹涌澎湃，几欲席卷一切以俱去。其积极面是为我们洗去了传统文化中的许多糟粕，其消极面则是连我们传统文化中许多可贵的价值也被贬损得一钱不值。以至于今天的中国人物质虽然较前丰裕，精神却濒于沦落。现在是时候了，摆在中国知识人面前的一个严重任务，是应该理性地对中国传统文化作一个全面的梳理，找回其中根本性的使我们这个民族得以持续发展数千年的精魄灵魂，找回我们民族的自信。换言之，只有返本开新，才能实现复兴中国的理想。

现在展开在我们面前的这部皇皇七百页的大作——冯天瑜先生的《中国文化生成史》，正是应运而生地承担了这样一个重任。读完全书，我觉得该书是六十年来甚至百年来中国最好的一本文化史，凡研究中国传统文化，关心中国文化的发展，想弄清楚中国文化的过去、借过去以观现状、以测未来的中国人，尤其是知识人与从政者，都应该仔细研读这本书，相信都会从中得到许多教益。

冯天瑜先生在该书中所展现出来的广博的知识、深厚的学力、犀利的眼光、独到的见解、中肯而深刻的分析与评论，在同辈学人中可谓矫矫不群，鲜有能出其右者。该书的写法也一扫前人窠臼，虽名曰史，却摆脱分期分段陈述史实的通常作法，而从各个方面分块分题地来论述中国传统文化，论述它们产生的基础、过程及其优缺点，使人读来一点都不枯燥，而时时有“原来如此”的感悟，也时时启发我们去思考“应当如何”。在几十年来充斥固定意识形态、千篇一律论调的史学界，此书实可谓凤毛麟角。

* 唐翼明(1942—)，华中师范大学教授，国学院院长。

该书另外一个显著的优点，是它的比较分析。作者一方面打通古今，一方面又打通中西。打通古今的结果是使我们了解到中国的文化曾经是如何，现状为什么会是这样，以后可以是怎样。打通中西的结果是让我们知己知彼，了解别人比自己优长的地方，也了解自己比别人高明的地方，既不轻视别人，也有充分的自信。这种打通古今中西加以比较去取的作法，固然是继承了前辈学者，诸如梁启超、胡适、梁漱溟等人的研究成果，同时又有冯氏自己的许多独到见解，在诸多方面已经远远超越了前辈。

总之，在我看来，冯天瑜先生的《中国文化生成史》是一本集大成而又富有新创获的学术著作，是几十年来中国文史学界最值得重视的成果之一。

读《中国文化生成史》

任　放*

大凡学术之精进，通常系由少数富于原创性能力的学者在历史的某一时点，对某类问题阐发不囿旧说之新见而引发。用科学哲学家托马斯·库恩的话讲，学术共同体的范式转换是科学革命的标识，它将导致人类认识的进步。所谓范式，某种意义上就是研究者凝视研究对象时，所采取的立场、观点和方法。它首先是个体性的心智锻造过程，然后渐成为学术同仁自觉遵循的治学规程。学术范式能否实现从个人体验到众人践行，取决于该范式的解释框架在多大程度上超越了旧有的知识体系，取决于创制新范式的学者在何种意义上超越了自己。这种新旧范式之间的嬗替，伴随着历史变迁的节律，使人类的智识不断升华。著名史家冯天瑜教授新近完成的80万言巨著——《中国文化生成史》(武汉大学出版社2013年版)，甫经写就，即成经典，开创了文化史研究的新范式。从人文经典产生的周期看，传统时代约以世纪计，现代约以十年计，周期缩短皆因知识生产之技术、信息流通之网络、学术研究之机制发生了实质性的多重变化。这意味着，少则十年，多则二三十年，人文领域的现代学人在学术理念、诠释框架、材料运用诸方面必有开创性的拓展。就此观之，冯氏此著构思于2010年，此时改革开放已届30个春秋，学术资源的积累堪称厚实，中西交通的深度前所未见，人文经典的诞生可谓恰逢其时。

《中国文化生成史》的铺陈舒展，大体可分为三大板块：

一是概念梳理，包括“中国”“中华民族”“文化”“文明”“文化生成”“文化生态”，等等，重点放在核心概念“文化生成”的考辨上。作者从文化认同、民族认同、古今之辨、中外之辨等要旨入手，详加剖析其内在肌理，为全书的立论确立了基本的学术立场。尤其是，作者提出了“文化生成史”是一门渊源有自的新兴学科的见解。这一充满理性自觉的主张，在价值判断层面提升了文化史的学术境界，将“中国文化生成史”与“中国文化史”作

---

* 任放(1964—2019)，武汉大学历史学院暨中国传统文化研究中心教授。本文原题为“开创文化史研究的新范式”，载于《北京日报》(2014年10月27日)，但删节太甚。此乃全文首次刊发。

了谨慎的界分，即两者不是简单的上下统属关系，而是两大互相涵摄但又相对独立的动态的知识体系。惯常的“中国文化史”的写作，多按时间序列（主要依王朝更迭体系）布列史实，明断是非；亦有按门类编排者，凸显专题性，而将时间变迁隐含其间。此类文化史，实为通史之简编，或专门事项之编年史。其优长在于线索清晰，文化流变之轨迹了然于心；其弊端在于，因体例所限，理性思辨之纵横捭阖几无可能，从而止步于史实之坚固，无暇顾及史论之宏阔。相较之下，冯氏创发之“中国文化生成史”既可承续前者重时间、重专题、脉络明晰之风骨，又可避开前者受时间、史实、体例诸般之掣肘，摆脱教材式的虽平实而欠深度的写法，发扬刘知幾《史通》、章学诚《文史通义》之史学评论传统，对文化史之若干关节点进行通贯性的阐释，详其实质之义理、略其兴衰之表象，矻矻于历史思辨之张扬。在某种意义上，“文化生成史”的提法本身已打开文化史研究的一片新天地。不惟如此，作者还从文化生态的角度，谈论文化生成的基础。冯氏指出文化生态包含四大因素，即地理环境、经济基础、社会结构、政治制度，强调文化并非某一生态因素单独决定，生态综合体提供文化生成的基础，诚为公允之论。

二是文化生态诸因素之专题性论述，以勾勒中国文化生成及衍变的恢弘历史图景，力求呈现中国文化多元杂糅、自成一体、生生不息的结构性特征。其间，作者对立足于中国文化本位主义的保守立场及虚骄之气时刻保持惕戒，在弘扬传统文化之固有精神之际，并未减损以科学理性为旗帜的批判性锋芒，体现出以追求知识本真为职志的史家本色。在“地理”单元，作者将地理环境置于文化生态视野之下，逐一检视“心智决定论”“地理唯物论”“地理环境决定论”的逻辑失误，对中国文化生成的具体地理因素予以客观评述，强调环境的丰富性是中国文化多样性发展的前提之一，深入探讨了地理隔绝与中国文化特性、中国人特有的世界主义与海洋意识、郑和之后何以没有出现“第二郑和”诸问题，不同于某些论者将地理与文化之关系进行简单比附的肤浅之见。在“经济”单元，作者将农耕与游牧定位为两种前现代文明类型，论证了两者之间冲突与交融的复杂共生关系。与之同时，作者将封建“领主制”与非封建“地主制”界说为农业时代的两种土地所有制，在吸纳前贤论说的基础上，对中国土地制度史的历史分期作出了全新判断：殷商、西周时期，是土地王有及公社所有、集体劳作的领主经济阶段；周秦之际，是土地制度变革阶段；两汉至明清，是土地私有、个体劳作的地主经济阶段。近年来，作者致力于历史文化语义学的研究，其最有学术冲击力的成果不是外来之词汇如何楔入中土，而是对“封建”一词的深入考析，几臻于陈寅恪“凡解释一字即是作一部文化史”之境界。由此引发的学界论争，俨然已是现代中国文化演进的重要事件。在围绕文化生成的经济分析中，作者反思地主经济下的历史宿命，从尚农重本、重实黜玄、中庸调和等八个层面提炼乡村式的中国文化旨趣，以16世纪为分水岭探究了中国农耕文明的发展水平，颇具比较史学之识力。在“社会”单元，作者聚焦于宗法传统，从宗族制与考选官僚制相契合、父系原则与家国同构等议题入手，论析宗法制之根深蒂固，并对中国伦理型文化的特质进行了条分缕析，包括法祖尊统、教民追教、德治主义诸要目，均切中肯綮。在“政治”单元，作者把注意力放在皇权文化上，认为这是“尊君”与“重民”相互角力的一种政治文化，将“周制”与“秦制”视为传统中国的两种政制类型，其中“周制”属于宗法封建的儒家轨范，“秦制”属于君主集权的法家轨范。关于中国皇权政治的特点，作者从“君权神授”与“民为邦本”、“君本位”与“官本位”、君权与宗法制、君权与相权等八个方面予以透视，尤其对皇权的“专制性”进行了入木三分的解析，重点放在辨识制约皇权的形上因素(“天—理”“法—礼”)及社会结构因素(贵族、官僚体制与民间自治)，兼及近古士人企图解构专制的思想突进。应该说，皇权文化之论，既是作者“封建”考论之延展，两者在致思路径上一脉相承；亦是全书颇具学术价值之华章，大有历史哲学之意蕴。

三是宏观层面的思想阐发，旨在从史论的基础上，对横亘古今之相关问题作出延展性的思考。其荦荦大端，计有三个议题：其一，中国文化特质及其世界影响，重点在于中国文化的结构性特色，涉及“内圣”与“外王”的伦理政治、“阳儒”与“阴法”的权谋、“民本”与“君本”的纠葛、“政学”与“技艺”的分合、民族性格、近代性挑战等，深刻而不失偏颇。文化史研究乃至整体的中国史研究，都无法回避“李约瑟悖论”。于此，学界尚无一定之论。作者从悖论前因、悖论后因两个维度，给出了完整的解答：拥有创建发达的农耕文明的制度前提，此为悖论前因；形成稳定板块、难以实现近代转型，此为悖论后因。其二，中国文化史分期。近百年来，历史分期是争讼不息的重大学术问题。某种程度上，仅从历史分期之论争即可明了学术格局之成因，学派、体系、观点之经纬于斯毕现；某种程度上，学者本人对历史分期所持之立场，亦可显见其学术旨趣及学养。在梳理各派之说的基础上，作者对中国文化史分期提出了明确主张：从采集到农耕、从原始人群到氏族共同体，是史前文化；夏商周“三代之治”，是宗法封建文化；秦至清，是皇权文化(中唐至清中叶出现文化转折)；晚清讫今，是现代文化，涉及“中体西用”论、“冲击—反应”论等多种有影响力的文化模式。这一文化史的分期说，奠基于作者数十年文化史研究之功力，自成一家之言，其意义当不限于文化史之隅，而必将扩展到中国史诸领域。其三，对中国文化的前瞻性思考。眼下诸般文化研究之言说，或缺乏历史根基而流于浮泛，或囿于史学之门槛而失却现实关怀，兼有历史之胸襟与开放之视野者可谓少矣。冯氏潜心学术而不迂阔，关切时势而不媚俗，游刃于学术与现实之间，秉持社会之良心、史家之才学，对中国复兴、文化创新、文明对话、基尼系数、中等收入陷阱、贪腐与法治等“热点”问题多所评议，皆为高屋建瓴之策论。

综上所述，《中国文化生成史》运思宏伟，体大精深，在诸多方面提升了中国文化史的研究水平。没有数十年持之以恒的研究累积和贯通性的理性思辨，绝不可能创作这样一部兼顾中西、新论迭出的扛鼎之作。该书的问世，堪称中国文化史研究之幸事、之盛事，必将推动相关研究在众多问题上承旧开新，达致认识之升华、学术之进步。

2018 年隆冬于武汉大学珞珈山

《中国文化生成史》书后

谢远笋*

冯天瑜先生是现代学术意义上的文化学与中国文化史学科的创建者之一。20世纪70年代后期以来，他就中国文化生态、中国文化特质、中外文化互动等论题进行考究，致力于发掘中国文化近代转换的本有资源和内在动力，注重探讨中西文化互动在中国文化近代转型中的关键作用，并注目于从概念的古今转换、中外对接角度考察文化近代转型，著有《明清文化史散论》、《中国文化史断想》、《中华文化史》(合著)、《中华元典精神》、《新语探源——中西日文化互动与近代汉字术语形成》、《"封建"考论》等书。冯先生提出的"文化生态"说、"文化元典"说，早已成为中国文化史研究的理论范式。其间冯先生又兼治湖北地方史志，倾力于辛亥武昌首义史及张之洞研究，《辛亥武昌首义史》《张之洞评传》是这方面的代表作。文化史与地方史构成冯先生治史之一体两翼。

近年来，冯天瑜先生集合、凝练、提升三十多年来关于文化史的思考，以中国当下的生存实态为窥探口，直面文化生成的前沿议题，考析中国文化的生成机制、发展脉络及走势、中外文化交互关系，写成大著《中国文化生成史》。该书既是中国文化史的回溯性研究，也对中国文化的未来发展作了前瞻性探讨，可说是冯先生文化史研究的集大成之作。全书分上下两册，八十余万字，从自然环境，政治、经济制度，文化等多个方面探讨中国文化的发生、发展历程及特点，深层次地展示了中国传统文化的特质，并对中华传统文化作出新时代的解读，显示出中国传统文化的独特魅力和鲜活生命力。笔者学养不够，没有能力评论这部书，只能借助该书各章的要点与结论，从史学方法、动态生成、问题意识、前景遥瞻等四个方面，谈谈自己阅读心得。

---

* 谢远笋(1976—)，武汉大学哲学学院讲师。本文原题为"观澜索源，鉴往知来——冯天瑜先生《中国文化生成史》读后"，载于《人文论丛》2015年第1辑(武汉大学出版社2015年版)。

一、史学方法

在方法论上，冯天瑜先生一贯奉行义理、考据、词章三者相济的理路，力求宏观把握与微观考察的交融互摄。他曾在《“史学五种”前记》《回眸学术理路》《“表征盛衰，殷鉴兴废”的文化史家——冯天瑜先生访谈录》①等文中，对自己治史的理论与方法做了简短介绍。冯先生说：“精思义理，苦心考据，擅长词章，并致力于三者间的‘相济’，于弘大处着眼，从精微处着力，方有可能成就‘表征盛衰，殷鉴兴废’的良史。”②任何历史研究都以收罗、占有、辨析史料为基础，并在某种程度上达到对历史本来面目的“恢复”。但这只是史学研究的起点，透过纷繁错综的历史现象，探求历史发展的规律则是更为根本的任务。

《中国文化生成史》不满足于对个别“文化英雄”天纵哲思的追慕，也未止步于对某些引发剧变的短暂历史事变的关心，而是以宏观的历史眼光，对中国文化的生成作“长时段”辨析，着眼考察地理环境—经济土壤—社会组织—政治制度合成的“结构”对文化的推动及制约作用，揭示造就如此人生、如此人物、如此事件、如此思想的深层动力机制，以达到对中国文化的全景式把握。冯先生在谈到该书的方法论时说：“探究史之大体，既不能只是随机列举史实细节、个别案例，作‘碎片化’的历史书写，也不可笼而统之，浮泛漫议。可行之方，只能先分析而后综合：从‘宏观’总题剖分出若干‘中观’子题，再选择具有典型意义的‘微观’课目，作宏观—中观—微观的下行考析，通过若干‘大题小作’的努力，建立较为坐实的史考基础，再行归纳，经由‘微观—中观—宏观’路径，渐次综合上升，窥探史之大体，作气吞全牛式的把握。”（冯天瑜：《中国文化生成史》，武汉大学出版社 2013 年版，第 898 页。本文以下只注页码）

历史研究不只是历史事实的堆积，它应该达到一种哲学的理解高度。“史之大体”所对应的正是对历史现象做哲学思考之类的“元议题”。该书的宏旨要义正在于，从整体上理解历史，探寻支配历史的原则及其可能隐含的意义。在方法论上，该书做到了概念史梳理、微观问题考证与历史哲学思考三者的紧密结合，并以“人类的物质文明及精神文明进程为展开，通过对器物、制度、行为等文化具象的把握，透见民族性格及文明走势，洞悉隐藏在物象背后的民族心灵史”（第 135 页），充分体现了“究天人之际，通古今之变，成一家之言”的理论旨趣。

除了古今贯通，中西对比也是冯先生倚重的方法。对历史的理解与文化的自觉密切相

① “史学五种”依次为《文化守望》《中华元典精神》《辛亥武昌首义史》《“千岁丸”上海行——日本人 1862 年的中国考察》《“封建”考论》，2006 年由武汉大学出版社出版。《回眸学术理路》一文即载于《文化守望》书后。《“表征盛衰，殷鉴兴废”的文化史家——冯天瑜先生访谈录》刊于《中国文化研究》2010 年第 2 期。

② 冯天瑜：《回眸学术理路》，《文化守望》，武汉大学出版社 2006 年版，第 500 页。

关。“文化生成是不断运行的过程，留下种种或显或隐的踪迹，指示着未来的走向。人们对这一实存性过往的认知，经历着从‘自在’到‘自觉’的迁衍，其关键环节是文化主体——人的‘自省’能力的提升。”（第12页）中国文化历来有注重自省的传统，从个人道德修养上的“自省”，到对社会、文化的反思，乃至对关乎国家大政的求索，不可谓不多。这种自省到了近代愈发深刻。近代以前，东方和西方在各自的历史坐标中相对独立的发展。到了近代，中国与现代性不期而遇，中国文化固有运行轨迹被打断。伴随着西方现代性的全球性扩张，人类历史也从“国别史”进入“世界史”阶段。在一个强势的他者面前，我们更能清醒地认识自己，也更能激发文化自觉意识。

二、动态生成

文化是一动态生成过程。文化生成是人类按照一定价值尺度顺应、改变环境并塑造自身的过程，以趋时更新为其特征。自古以来，中国文化就具有“革故鼎新”“生生不已”的健动精神，中国文化并不是博物馆中的一堆死物，它是不断生成的活的文化。故而“只有通过动态的‘史’的研究，方能把握文化的生成机制”（第124页）。该书在研究人类文化发生发展的总体过程时，尤其注重对推进文化的动力机制的考察，从而超越以帝王将相为主角，以王朝兴衰为线索的传统史学。

文化的本质内涵是自然的人化，文化的生成机制当然离不开自然环境。文化又是一种社会的产物，其生成机制植根于社会环境。同时，具有民族性、国度性的文化还要受到外域因素的影响。因此，“追究人与生存环境的互动关系，通过对物化的精神和精神的物化的双向探求，把握文化生成机制及其发展走势，是文化生成史的研究理路”（第136页）。着眼于文化的动态生成及其机制是该书的一大特色。

考察中国文化的生成机制，须从自然环境、经济环境、社会环境、政治环境诸方面展开，注意于对四者整合而成的“文化生态”做出概述与辨析。“文化生态学是以人类在创造文化的过程中与天然环境及人造环境的相互关系为对象的一门学科，主张把文化置于环境系统中考察其生成、发展与变异，其使命是把握文化生成与文化环境的调适及内在联系。作为文化生态学的一个基本概念，‘文化生态’（或称‘文化背景’），主要指相互交往的文化群体凭以从事文化创造、文化传播及其他文化活动的背景和条件，文化生态本身又构成一种文化成分。人类与其文化生态是双向同构关系，人创造环境，环境也创造人。这便是我们从事文化研究要从生态研究入手的缘故。”（第144、145页）

文化生成是在人与环境（包括自然环境与社会环境）的双向互动关系中进行的。文化生态制约文化生成。然而，文化与其生态诸因子之间又不是呈简单对立关系。自然的、经济的、社会的、政治的诸生态层面主要不是各自单线影响文化生成，而是通过组成生态综合体，共同提供文化发展的基础，决定文化生成的走向。

三、问题意识

《中国文化生成史》的另一个特色是问题意识贯穿始终。该书摒弃以往学界以朝代为序，断代史式的研究范式，以问题为中心，借专题之形式，点、面结合，古今贯通，中西对比，试图解答中国历史发展的症结所在。如将地理因素纳入文化形成因素之内，谈论中国人的海洋观，结合西方人的海洋观，探讨郑和之后再无“第二郑和”的问题；将中国政治文化解读为“尊君”与“重民”的相互角力，将“周制”与“秦制”视为传统中国的两种政制类型；以及解析“李约瑟悖论”等。

在考析“李约瑟悖论”时，冯先生指出，中古时期的中国实行地主经济、官僚政治，优于同时期欧洲日本的领主经济、贵族政治，这构成中国中古文明领先于欧洲中古文明的制度前提。“相对自主的农户与农民、集权而开放的官僚政治、经验理性支撑的技术、较为宽容的儒释道三教共弘的精神世界，构成中古及近古时代中华文化元素的结构性优长，中国创造领先中古世界的经济及技术成就，基本原因正深蕴其间。”(第727页)

中华文化的古典形态，其里结构(相对封闭的大陆—海洋型地理环境、长期延续的宗法社会)，与其表结构(牢固的小农业与家庭手工业相结合的自然经济、大一统的皇权社会)是彼此般配、相互适应的。这种表里协调，以及由此产生的结构与功能的整体性，造就了中国古代文明的辉煌成就，中华文化也因此成为世界文化史上罕见的未曾中断过的延续性文化类型。

可是，上述制度性优势，又演化成阻碍近代转型的劣势。农业与家庭手工业相结合的自然经济的自足性，形成封闭性和惰性，不利于商品经济的发展。建立在这种经济结构之上的宗法皇权政治，压制资本主义的萌芽。传统中国主流的文化与教育轻视科技，疏远社会经济。传统中国擅长经验理性和辩证方法，有助于经验技术，却不利于近代科学的创生。(详见第726、727页)这四个方面便是中国文化难以实现近代转型的主要原因。

曾经与小农经济及宗法皇权社会相适应的传统文化，与源自西方的近代工业文明发生“错位”，传统的精神文明与日新月异的物质文明不再契合无间，而抵牾频生；传统的思维框架被亿万人的社会实践所突破。而在精神文明内部，传统与现代之间的遗传与变异，衍生出千变万化、林林总总的过渡类型。这一切使中华文化进入一个转型过程。中国近代文化史上一再发生的“古今之争”“中西之辨”，以及近百年来一再出现的深刻而广泛的社会冲突、变革和革命，都是这种文化转型的复杂表现。(第672页)

四、遥瞻前景

冯先生说：“遥瞻前景是研讨文化生成史的题中之意。”(第815页)《中国文化生成史》

并未停留在对既成中国文化的历史解释，而是以当下为分界点，着眼于中国文化发展的现实问题，对中国文化的未来走向作理论前瞻。克罗齐认为“一切历史都是当代史”。过去发生的事，只有在人们的现时思想活动中才能复苏，才能获得其历史性。社会现实构成了历史反思的起点。该书在详尽论述中国传统文化生成机制的基础上，不忘观照当下，对中国复兴、文化创新、文明对话、基尼系数、中等收入陷阱、贪腐与法治等社会“热点”问题多有评议。中国当下的文化反思是在“现代性”的坐标下展开的。

冯先生在论述未来文化走向时，特别强调“涵化”的观点。所谓“涵化”(acculturation)的概念是指不同文化群体因持久地相互接触，彼此间相互适应、借用，其结果是使一方或者双方原有的文化模式发生变迁或部分渗透。涵化是异文化间横向影响的过程。不难看出，冯先生秉持开放的文化观。他说：“从空间向度言之，中国文化根植于中国历史，外因决定论不足取，必须在中国发现中国文化的动力之源；中国文化又是世界的中国文化，检讨其生成机制，不可作井蛙之观，须中外会通，从全球视角探讨中国文化生成。”“从时间向度言之，文化生成史应从过去时的‘守护’，导引出未来时的‘瞻望’，而在守望之际，正可增进文化自觉，既不陶醉于中华优胜的旧梦，也切勿自溺于百不如人的自贱自戕。时人的职责是：理性地认识自国文化的优劣长短，动态地摆正自身的世界位置，明辨人类文明大道，把握中华复兴的航行方向，坚定前行。”(第9页)冯先生认为，晚清以降中国文化的现代转型正是中西文化涵化互动的产物，未来中国文化的发展也必然要走“涵化”之路。

曾经颇有影响的“冲击—反应”模式，强调西方现代文化的输入对于中国现代转型的作用，以及中国固有传统对现代转型的被动反应。但这种解释显然有失偏颇。在民族危亡和西方现代文化的冲击面前，中国文化自元典时代就深蕴其中的忧患意识、变易意识、华夷之辨、民本思想，转换为近代救亡意识、“变法—图强”思潮、革命观念以及近代民族主义、民主主义，等等，推动着中国文化的现代化进程。至于宋明以来隐而未彰的原发性近代文化因子，更被纳入中国文化现代转型的动因系统之中。可见，中国近代文化并非西方文化的移植，而是内力与外力共同作用的结果，是西方影响与中国文化固有因素彼此激荡、相互作用的产物。冯先生将这种现象称为“文化重演律”，即文化的演进并非直线进化，而是通过对元典的“回复”与“重演”来实现的，是一“否定之否定”的螺旋上升过程。

在冯先生看来，现代性是多元与一体的对立统一。20世纪70年代末期以来，在世界信息化、经济全球化的时代氛围中，中国抓住了发展机遇，在前所未有的规模和深度上经历着变革，从而把清中叶以来百余年间起伏跌宕的文化转型推向高潮，初步形成了现代转型的“中国模式”，建立了具有自身特色的现代性文化。但现代性并不等同于一致化、单一化。文化的技术、制度、风俗、观念四层面，其同一性与差异性的程度并非整齐划一。它们“走向世界一体化的步伐有异，保持民族特性的程度不一，分别遵循自身的规律，在世界化与民族化纵横两坐标间划出各自的运行轨迹，而作为一个有机整体的中华文化，将在世界性与民族性的对立统一中阔步前进”(第814页)。技术已少有民族性可言，更多显示出同一性，标准化是现代工业文明的基本特征。制度文化中的经济领域，全球同一性成分颇重，但也渗透入若干民族文化特色。制度文化中的政治层面，在民主与法制的确立及人权诉求上，存在普世性、全球趋同性，而国度性、民族性也不可抹杀，即便同为西方发达资本主义国家，其政治制度也不尽相同。至于风俗习惯和思想观念，诸文明互动、全球化走势虽在日益加深，却又更多地保有多元性、趋异性。

冯先生对现代性的弊端也有着深入的思考。20 世纪以来，随着工业文明弊端的呈现，环境危机、信仰危机等世界性“后现代”问题纷至沓来，用传统智慧疗治现代病一类议论，在海内外不胫而走，构成关于中国文化的一个新的探索热点。冯先生以太极图为例，对传统文化的后现代启示作了生动说明。太极图中的阴阳双方，互补共生，相反相成，象征着宇宙万象遵循对立统一法则实现的和谐。太极图将易道的“流行”与“对待”两大精义生动揭示出来，体现了从社会人生到宇宙万象的多元综合性、和谐互补性与动态演化性。这些特性体现在天人之际，便是人类与自然和谐共生，彼此发明，相互推进。

可是，“近两三个世纪以来，在笛卡儿、牛顿代表的机械论指引下高歌猛进的工业文明，取得巨大成就，同时也引发文明的失衡，主要表现为阳盛阴衰，阳的方面——理性知识、分析、扩张被发挥到极致；而阴的方面——直觉知识、综合、生态意识却被轻视乃至忽略。这种‘阳性文化’、‘崇阳文化’的无节制发展，已经造成‘现代病’的蔓延：其一，导致人与自然关系的紧张，生态危机已愈益迫近；其二，引发人际关系的紧张，且不论国际战祸频仍，即以一个社会内部，官—民、劳—资、医—患及民族之间等矛盾也有加剧的可能。其健康发展前途便是：适度提升阴性因素，以达成动态的阴阳平衡。而太极图正昭显了宇宙关系、人伦关系阴阳互补、动态平衡的境界，为我们创建和谐社会提供宝贵的哲理资源”(第 695 页)。冯先生提出对古典文明原始综合的思维成就(如和谐观、中道观、阴阳平衡观及道法自然等思想)做创造性诠释，用以疗治主客二分、一味强调征服自然、宰制人生所导致的“现代病”。

中华民族拥有生生不已、刚健自强的生命机制，催动着它勇敢地迎接挑战，选择有利于发展生产力、实现社会公正和提高全民族精神面貌的路径。承袭着悠久而辉煌的文化传统的中华民族，又吸纳外来文化营养，在新的经济—社会条件下，通过对中外古今文化素材的融会、吞吐，实现可持续发展。在冯先生看来，未来的中国文化既不是全盘西化，也不是固有传统的整体沿袭，而是以传统格义现代、以现代格义传统，达成传统文化的现代再造。

概念史

解释一字即是作一部文化史

——与冯天瑜教授对话录

祖　慰*

祖：感谢您把新作《三十个关键词的文化史》的电子版传来，让我捷足先登您的又一学术峰峦，享受脑洞骤开之乐。

我是弄文学的，属非史学的门外读者，拜阅之后为求甚解，想东施效颦一位 BBC 的主持人——布莱恩·麦基。20 世纪 70 年代中期，英国广播公司（BBC）播放了电视系列节目《思想家》。主持人麦基请来了 15 位当代西方著名哲学家（如以赛亚·伯林、马尔库塞、奎因、乔姆斯基、德沃金等）到节目中来对谈，直接面对哲学圈外的观众。麦基提的问题均是哲学门外汉的疑惑和诘问，哲学家们作答，观众由此却获得了关于哲学的意外收获。您是否愿意接受我用麦基的方式与您对谈？

冯：这正是陶渊明所谓的“疑义相与析”。请祖慰兄赐题。

一、“概念史”由现代西方学者滥觞，您是何时进入这个新学术领域的？

祖：您的这部《三十个关键词的文化史》当属概念史著作吧？

冯：大约如此。

祖：我检索相关资料，20 世纪的西方哲学发生了所谓的“语言学转向”，即语言不再是传统哲学讨论中涉及的一个工具性问题，而是成为哲学反思自身传统的一个起点和基础。接着，德、英、法的史学界开始跟进，他们受到“语言学转向”的启迪，认为语言不仅是思维和交流的工具，语言中的“概念”还像出土文物和史上文字典籍一样，同样是历史积

---

* 祖慰（1937—　），著名作家，曾任中央美术学院城市设计学院客座教授，同济大学教授，中国上海世博会世博局主题部顾问，上海世博会城市足迹馆总设计师等。

淀的载体。于是，史学家开始通过对语言中那些政治和社会的“主导概念”或“基本概念”的形成、演变、运用及社会文化影响的分析，来揭示历史变迁的特征。由于他们认为历史沉淀于语言的概念中，于是就诞生了从概念史入手的新史学。我想询问，这些来自西学的理论与方法，与中国传统学术（如训诂学）是否有相通性？您是何时发现并运用这种新史学方法论的？又是如何与训诂学一类中国传统学术相贯通的？

冯：我较晚方阅读西欧学者“语言学转向”的前卫论著（如福柯的《词与物》之类），而先期受到传统的训诂学启迪，随即不自觉地进入概念史领域。1980年代初，在研习文化史时（那时尚不知“概念史”一词，没有接触域外相关论说），但少时即从先父庭训中略知许慎《说文解字》的诠释方法，之后尤其服膺清人戴震“由字通词，由词通道”之说，更从近人王国维“新语”之论、陈寅恪“解释一字即是作一部文化史”诸教言中获得启示，故从治文化史之始，每涉论题，必先考析关键概念的来龙去脉，以使运思网络获得较为坚实可靠的纽结（这又受亚里士多德《范畴篇》影响）。1984年出版《明清文化史散论》、1990年出版《中华文化史》、1994年出版《中华元典精神》，已对“中华”“文化”“文明”“封建”“民主”“自由”“共和”“经籍”“元典”等概念的古今演绎、中外对接加以探究，每有收获。世纪之交的十年间（1996—2006），多次应邀赴日本讲学、访学，结识谷川道雄、沟口雄三、梅原猛、中岛敏夫、柳父章、加加美光行等日本史学家、哲学家、语言学家，又与史有为、方维规、陈立卫、孙江等从事概念史推介的旅外华人学者交游，同时还浏览日本出版的几十种“一个词一本书”的“口袋书”，领悟概念史研究在汉字文化圈的具体操作方法，将其运用于汉字文化诸术语的实际考析，遂有《新语探源》（2004）、《“封建”考论》（2006）的撰写，注意于核心概念在中—西—日之间的迁徙与互动，后书还致力于概念的纠谬反正。

祖：《三十个关键词的文化史》区分“普通词”与“关键词”，界定曰：“基本词汇数少而质高，在语言的意义链中位居枢纽，表达文本要旨，可称之‘关键词’（Keywords）。”请问，您是如何选出“中国、文化、社会、民主、革命、物理”等30个词，并确定其为位居意义链枢纽、能表达文本要旨的呢？

冯：这又回到刚才说的文化史研究了。做文化史有一入口，那就是把握在文化史演进中所形成的一些基本概念。这些基本概念物化为关键词。

祖：这就是说，“关键词”是历史选择出来的。我从您的著作中读到，在文化史演进中，尤其在变法、革命期间，必然会催生出一批新的概念词来表述历史内容的更化。还有一种情况是，当外来文化进入，如中古时印度佛教传入，又如近古及近代西方宗教、科技、人文传入，还有留日学生带回日本在消化西方文化时参照汉语古典义对译出的新概念词等，也在催生汉语相对应的新概念。这些新概念词成为语言的枢纽，能够表达变革时期的文化要旨。正因为这个历史选择机制，才能在关键词中揭示历史的变迁。我这么理解对吗？

冯：可以这么说。

祖：东汉的《说文解字》、清代的“训诂学”是否属于概念史范畴？

冯：“说文学”“训诂学”已孕育概念史研究的因子。

对思想中最基本的元素“实”与“名”和各命题关系的诠释，先秦诸子多作考究，有“名不正则言不顺，言不顺则事不成”的名论，而“名家”更以此为专务。成书战国（或汉代）的《尔雅》，就是以雅正之言解释和规范古汉语词、方言词的语义学著作。东汉许慎的《说文解字》是中国最早的系统分析汉字字形字义和考究字源的语文辞书，也是世界上很早的字典之一，收入并诠释达一万多个字（词）。《尔雅》则是最早的训诂学论著。训诂学研究古书中的词义，在译解古代词义的同时，也分析古籍中的语法、修辞现象，帮助人们阅读古典文献。先父的老师黄侃先生创发了近代性的训诂学。可以把“章黄学派”看作中国概念史研究的前导。

这里得说明一点，西汉以降独尊儒术，注重概念辨析的墨家被视为“小人之学”，墨学式微，寓含逻辑学萌芽的“墨辩”湮灭；与此同时，注重辨名实的名家被鄙夷为操弄虚幻无用的“屠龙之术”，视为旁门左道。墨辩和名学的衰亡，导致汉唐以降传统学术忽略概念辨析之弊。不过，清代复起的训诂学有纠偏之功，乾嘉考据学重视古音、古义的发掘与考辨，其代表人物戴震提出：

> 以字通词，以词通道。

这就由语义研究提升到洞明世事之道了，逼近概念史基旨。兼领中西文化的近代硕学也深谙此道，清民之际，王国维多次强调中—西—日会通的“新语”的重要性与引入的必要性，他指出：

> 言语者，思想之代表也。故新思想之输入，即新言语输入之意味。

1936年，陈寅恪在评点一篇文章时强调：

> 依照今日训诂学之标准，凡解释一字即是作一部文化史。

明确地将训诂学提升到概念史研究高度。

受戴震与王国维、陈寅恪的启迪，我在研习中国文化史的过程中，隐约步入概念史的实体研究，通过辨析若干关键词，进入这一新的史学领域。应当说，我做概念史研究的理论准备并不充分，尤其对西欧新创的概念史理论未作深入研习，只是观其大要，主要用力于做一些关键词的个案研究，试图以斑窥豹，但远未达成对概念史的系统把握。

二、《“封建”考论》在为中国概念史研究开辟路径吗？

祖：我在南京大学教授李里峰的《概念史研究在中国：回顾与展望》一文中读到下面一段文字：

> 冯天瑜是较早实践概念史研究的大陆学者，其代表作《“封建”考论》《新语探源：中西日文化互动与近代汉字术语生成》也是国内较早的略具概念史色彩的著作。《“封建”考论》以中国历史为线索，对“封建”一词作概念史的考索与探究，分析这一词语的本义（古义）、西义（世界通用义）以及马克思的封建原论、现代中国的“泛化封建观”，试图为聚讼未决的中国历史分期提出新的观察视角和较精确的概念坐标。由于“封建”概念对于近代以来的中国史学研究具有重要影响，此书出版后受到学界的广泛关注，并一再重版。冯天瑜的其他研究还涉及“革命”、“共和”、“经济”、“科学”、“人民”、“社会”、“自由”等概念在近代的流变过程。

我还在胡漪的《〈“封建”考论〉读后》论文中读道：

> 冯天瑜先生《“封建”考论》（以下简称《考论》）一书是一部不囿旧说，充满创意，内容贯通古今中外的史学专著，充分体现了冯先生在文化史、政治史、思想史、学术史等众多领域的深厚功力。《考论》在语源语义学方面有重大突破和创新。《考论》运用历史语义学的方法依本溯源，从语源与史学两个方面，对历代特别是近代以来中外历史学者对“封建”指称意义的诠释运用进行了详细的考析，清晰地展示了“封建”所指词义的历史演变。

这些评论文认为您的概念史研究走了一条自己的路，您认为应当如何开辟中国的概念史发展路径？

冯：四十年间研习文化史，我一直用力于汉字文化系统中核心概念的实体考察，虽关注概念史理论，但处于浅尝阶段。吾兄看到的《三十个关键词的文化史》书稿，仍未在概念史理论研究方面升堂入室，只是试图推开关键词这扇窗户，纵览历史与文化，使术语研究延展到文化史、思想史层面；又使文化史（包括文化交流史）坐实到词语演绎。这种双向努力，不知是否算一种概念史研究的经验性理路，理论研究是谈不上的。

先说点题外话。您引述的李里峰文章称：“中国的概念史研究，正是从译介西方尤其是德国的概念史开始起步的。在此方面，方维规、李宏图、孙江等教授作出了积极贡献。”

值得注意，这些做概念史理论译介的学者，近期主张应该在概念史的本体研究上多下功夫。方维规还写长文《一个概念一本书——读〈“封建”考论〉》，清华张绪山教授撰《拨开近百年“封建”概念的迷雾——读冯天瑜〈“封建”考论〉》，都是从个案研究出发，探讨概念史理论问题。方、张、孙等都用心于西方概念史埋论介绍，但又意识到必须进入汉语系统内，作概念的实体研究。王国维、陈寅恪、余英时等都通西学，不着痕迹地运用其理论与方法，以中学问题为研究对象，在理论与方法上均兼收中西之长，其研究决非西学的位移中国。这方是概念史研究的正途。

祖：您的《中华文化史》《“封建”考论》等著作对“封建”一词的循名责实、正本清源，是需要勇气的。把秦至清划定为“封建社会”，是近八十年的主流史观，其来源是《联共（布）党史简明教程》的“五种社会形态单线直进论”，把“以农业为基础的”从秦汉至明清的中国社会视为“封建社会”。大学者郭沫若力推此论，在1930年出版的《中国古代社会研究》中称：“中国的社会固定在封建制度之下已经二千多年”，还将“废封建、立郡县”，完成非封建变革的秦始皇称为“中国社会史上完成了封建制的元勋”。这种观点又被冠以马克思主义圣环，一度成了不可争辩的定论，可您却去怀疑、纠错，这不仅需要学术功夫，更需要勇气。您是怎样走过来的？

冯：80年代末以来的二三十年，我一直在做“封建”辨析工作，其间并没有为在“封建”问题上纠谬可能带来“风险”担心，脑子里只有“学理之辨”和“史实复原”两项使命，其他“非所计也”。幸运的是，时代毕竟进步了，颇带锋芒的议论虽遭遇批评，被戴上好几顶大帽子，但《“封建”考论》这本书及其作者，总体状况尚安然无恙，其说还在逐渐深化。在相当程度上，这得益于师友们的助力、切磋与教化。

祖：愿闻其详。

冯：《“封建”考论》是2004—2005年在京都的“国际日本文化研究中心”工作时成稿的，当时认为此书不可能出版，准备压在箱底，以待未来。但回国后，此稿被武大出版社看中，2006年出版面世，引起热烈讨论，中国社会科学出版社又于2010年出《“封建”考论》修订版。这都出乎预想之外。对于武大社、社科社，我十分感激。

祖：社会环境确乎宽容许多，“封建”可以作为学术问题展开讨论了。请谈谈同道间切磋互励的情况。

冯：关于“封建”的研讨，多得师友指教。难以忘怀的是与李慎之、唐德刚、谷川道雄三先生议“封建”。近有专文谈此。

祖：您考析术语古今演绎、中外互动的论著，包括刚刚杀青的《三十个关键词的文化史》，都是用概念史的理论与方法，研究中国文化史及中外文化关系的成果，是概念史这一新学科的拓展。

三、如果看待自然语言中概念演绎的多维性失误，已经习用，是否需要纠谬反正？

祖：我在巴黎当过12年记者，发现在采访人文学科讨论会时无法进行合乎逻辑的讨论，居然在同一概念下违反同一律而炒得不可开交。我很困惑。后来读19世纪研究人类自由史的英国艾克顿(Lord Acton)勋爵的论著，他收集到两百多个关于“自由”的定义，我忽然开悟：人类的语言为记忆节能，不愿造太多新词，就在旧瓶里不断装新酒，即不断地对老概念进行新的界定，千年万年积累下来，几乎日常语言(自然语言)中每个概念都有几百个定义，充满歧义。人文学者们企图对自己使用的概念进行严格界定，但是根本做不到。因为，定义一个概念要使用两个概念——一个属概念、一个类概念，而这两个概念又充满歧义，需要先对所用属概念、类概念进行定义……如此无穷定义下去，永远不能得到一个无歧义的概念。当一个概念的外延和内涵都不确定，就满足不了逻辑学三段论的要求，因此，所有人文学科的推理成了伪推理。这就导致了把自然语言作为符号体系的人文学科不能得到无歧义的结论。我想问：概念史用的恰恰是自然语言的概念，充满歧义，那么由概念史开掘出来的文化史，会不会是不能合乎逻辑的一团乱码？

冯：概念史研究的是概念在历史演进中的不断变化，也就是您说的旧瓶装新酒的各种新义。换言之，概念史研究的对象就是概念的歧义。通过概念在历史演进中的歧义，寻找所对应的历史。因此它不是逻辑学的三段论推理，也就不会产生人文学科推理的不确定性。按照概念史开创者的说法，概念史询问的是：什么时候、什么地点、由谁、为了谁、出于何种目的或者哪种形势、如何进行定义。故词义的演化既是在自然语言环境中进行的，又不可避免地受到政治的、社会的因素影响，而且这种非自然的影响力在愈益强化。

就拿您刚才谈到的阿克顿搜集到的有两百多个定义的“自由”概念作例，讨论上述问题。

“自由”在古汉语中是“自”与“由”两语素组成的主谓结构名词。“自”与“由”组合成“自由”一词，兼纳“自”的自我义，“由”的不受限制义，合为“由于自己、不由外力”之义。在汉字文化圈，“自由”的古典义为“任意、随意、自恣、自专”，与“限制、制约、约束”相对应。古汉语中的“自由”，使人联想到的是嵇康(224—263)“越名教而任自然”式的旷达与洒脱，孟子称之“自得”，庄子称之“自是”“自善”，佛家谓之“得大自在”。在重礼教规范的史典中，“自由”多作为一个消极的贬义词使用，而在文学作品中则往往表述“放达”“逍遥”境界。

祖：“自由”含义的这种状态，大体是在自然语言中演进的。那么，“自由”含义如何在非自然的情形下发生改变呢？

冯：十六十七世纪之交的入华耶稣会士与中国士人合作，推动东西方自由观交会和反映自由观的语词的译制。19世纪入华的新教传教士与中国合作者发展此一译事，把西方积累的多义的“自由”用“自主”“自由”等多种译词翻译过来。

近代日本，将“自由”逐渐从含有“放任、自恣、自专”义的生活用语，通过对译西洋概念，演为近代政治术语及哲学术语。留日人士将译有西义的“自由”带回中国。十九、二十世纪之交，梁启超等在一些具有启蒙思想倾向的书刊上竞相从积极、进步义上使用“自由”一词，以与专制主义相抗拮。这期间，严复创“自繇”一词来代替“自由”，以防范“自由”根据古义而走向放任，可谓用心良苦，既表明严复对西方自由主义真谛的把握，也显示出他对中国容易从专制主义极端走向放任主义极端的担心。但他所制作的“自繇”一词并未得到社会认可，因其笔画繁复，含义隐晦，又有生造之嫌，无法推广，故后来流行的仍然是“自由”一词。到新文化运动，李大钊宣示“自由为人类生存必须之要求，无自由则无生存之价值。(宪法是)现代国民自由之证券”。胡适将“自由”诠释为“不受外力拘束压迫的权利，是在某一方面的生活不受外力限制束缚的权力”。

被称为“五四之子”的殷海光(1919—1969)，是自由主义的发挥者，他将“自由的神髓”概括为：“个人必须依其良心底指导而自由行动，这种自由行动以不侵犯别人底相等权利为界限。”殷海光还特别强调自由经济，认为“一旦经济自由不存在，便不能有任何自由”。

总之，“自由”在中国，由于概念义的不断嬗变，导引着与此相关的文化史的变迁。古典汉字词“自由”意谓放任、自恣、自纵，此义至今仍在使用。而近代义的“自由”，是有约束的、理性的自由，在政治上是指受法治制约的公民自由权，观念上是指基于自身主动意志的思想自由，法律上是指在不违法前提下的行为自由，伦理上是指在道德自律前提下的操守自由。这种自由观日益深入人心，逐渐被大众所认可和实行。这是中西语汇涵化的结果，而“自由”一词正通过这种涵化获得共认的现代性，并成为思想和行为的准绳。

四、如果概念演绎发生重大失误，是否需要纠谬反正？

祖：概念演绎还有可能发生内涵错谬现象，从概念史角度，当如何应对，是否必须纠谬反正呢？

冯：吾兄提出一个不可回避的问题。我以为，如有重大偏误，必须纠谬反正。

祖：谢谢冯兄给我上了对概念史求甚解的一堂课，解我的概念史之忧。

2020年11月于武汉

为“封建社会理论研究”松绑

刘志琴*

关于“封建社会理论研究”并非是我的专业，可作为史学工作者又不能不关注，因为这是有关学术与政治关系的问题，而这种关系长期以来曾经是横置在学者头上的一把利剑，多少人为此遭受批判，打入另册，甚或令人钳口结舌，放弃学术追求，至今仍然使人叹息。正因为震慑于过去的悲剧，感动于今人对学业的追求，不得不写下我的认识和感受。

封建社会理论研究，是改革开放以来史学理论中最带有全局性的问题，众所周知，在当代中国的史学研究中有五大理论热点，即中国古代史分期、土地制度、农民战争、资本主义萌芽和汉民族的形成问题。这号称为史学界的“五朵金花”，每个问题都有学术见解的不同，又无一例外地将不同意见归结为唯物和唯心两家，几乎都笼罩着马克思主义与反马克思主义两条路线斗争的阴影，很难展开自由讨论。自改革开放以来，对此类问题的既定结论就不断引起反思。早在20世纪70年代末拨乱反正初期，农民战争研讨会首先在上海华东师范大学召开，对农民战争是推动历史唯一动力的结论已有松动。80年代初在广州中山大学召开“中国封建社会经济结构”讨论会，对资本主义萌芽问题有新的思考；天津南开大学的学术讨论会提出对亚细亚生产方式的质疑；有关土地制度等问题，在史学界也多有新的论证。1986年《读书》杂志第11期发表何新《中国古代社会史的重新认识》一文直接叫板“封建”基本概念问题，认为以分封诸侯建立王国为特征的封建制度早在秦汉时代就已废除，从实行郡县制后，继续沿用“封建”概念认识秦汉以降的社会性质，积非成是，是“荒唐”现象。90年代又有李慎之等学者再次提出用欧洲中世纪的封建经济制度套用于中国古代，并不合乎中国历史上“封建”的本义。“五朵金花”面临新的检验，这是思想解放运动深入学术界的重要成果之一。

这些问题的提出或重新思考，对读者是耳目一新，甚或有振聋发聩的作用，但由于缺

---

* 刘志琴（1935—2020），中国社会科学院近代史所研究员，中国近代文化史家。本文原题为“请为‘封建社会理论研究’松绑！”，载于《读书》2009年第6期。

少重量级的著作，并不足以发生全局性的影响，因为要改变一个习已成规的思维定式，不可能一蹴而就，需要深入的研究和翔实的论证，这就需要时间来积累成果，难得的是2006年冯天瑜先生出版40万字的《“封建”考论》，对中外古今“封建”概念的由来和发展进行了系统的考察，认为汉语的“封土建国”与西方的“封土封臣”虽有通约性，但将秦汉以后的两千年，称为封建时代，违背了汉词的本义。由于史学研究关键语的失准，使数千年中国历史的宏大叙事失却构制的纽结，有必要正本清源，建立新的范式，主张以“宗法地主专制社会”代替“封建社会”一说，2007年又扩充到52万字再版。这一重头著作一问世，立即引起强烈的反响，2006年10月武汉大学召开“封建社会再认识”的讨论会，2007年10月北京史学界召开“封建名实问题与马列主义封建观”论坛，2008年12月苏州科技学院人文学院召开“封建与封建社会问题”讨论，人们对这一个问题的关注和兴趣正是方兴未艾。

一本著作连续三年分别在中国的南部、北部和中部地区的文化中心地带进行讨论，在史学界是少有的现象，这事实本身就说明其影响力非同一般。这可能还是开端，由此可能引发一系列的反思，所以封建社会理论问题的重新讨论，其影响力甚于各路金花，必将推动金花的灿烂开放。

对“封建”概念的发难，不可避免地要触动长期以来困扰中国学者的问题，即学术与政治关系问题，因为这一理论本身就有浓厚的政治色彩，早在百年前20世纪初叶的中国文化论战，就已摆开两军对垒的阵势，西学的传人，在思想界引起轩然大波。新学与旧学，中学与西学之争，层峰叠起，仅五四前后《新青年》和《东方杂志》两种期刊发表的文章就近千篇，作者多达数百人。从五四到抗日战争前夕的近二十年间，有关文化论战的主题不断变换，如中西文化之争、社会主义与资本主义之争、古史辨论争、科学与人生观论争、唯物辩证法的论辩、社会史论战、文艺自由的辩论、现代化问题的讨论、全盘西化与中国本位的论争、国防文学与民族革命大众文学的争论，等等，内容广及社会性质、人生观、东西文化关系、文化遗产，以及历史、文学、经济、道德风尚等一系列问题，像这样的论战二十多年达十次以上，而且周期越来越短，以1932年为例，唯物辩证法的论辩兴犹未尽，社会史论战趋向高潮，文艺自由的论争又相继而起，这是中国学术界从未有过的纷繁错综的现象。

社会史论战从1927年启动至1937年抗日战争全面爆发，持续十年之久，在各种思想交锋中，这是历时最长、调子最高、影响最大的一次论战，当今关于“封建社会理论问题”的复出，是这一论战在沉默80年以后的异军突起，令人倾耳注目。

80年前老一代史学家从苏联引进马克思列宁主义社会发展观，认为人类社会按照原始社会、奴隶社会、封建社会、资本主义社会、共产主义社会(社会主义为初级阶段)的五种社会形态发展，从而建立五种社会形态的历史观。马列主义的信奉者认为，中国毋庸置疑地遵循这一普遍规律，按五个阶段循序推进；而论战的另一方则强调中国社会发展的特殊性，认为中国不存在奴隶社会的独立阶段，封建社会也早已瓦解，中国的商业资本主义已有几千年的历史，五种社会形态不适合中国国情。这本是对中国古代社会性质的见解，但论题一出立即上升到对现代中国革命的认识问题，根据有两点：其一，如果不承认古代中国是封建社会，那就否定了近代中国半封建半殖民地的社会性质，因为近代中国本是古代中国的发展，有封建社会才有半封建半殖民一说，这是新民主主义革命学说的前提，否定古代封建，就是否定新民主主义革命的必然性；其二，如果中国不存在五种社会发展形态，那就否认人类社会发展的普遍规律，无疑是否认马列主义对中国革命的指导作用。按照这三段论式，学术问题就成为中国革命的出路与中国命运的大问题。因此，学术争论一变而为政治态度问题。

在这场论战中，新思潮派、新生命派、读书杂志派、食货派等各种学派纷纷登场，国共两党的文化精英、学术名流全部上阵，论战多集中在中国古代社会是什么性质的问题，有主张春秋战国封建论、有认为古代中国属前期资本社会、有说是自然经济、商品经济和金融资本杂糅并存，等等，尽管讨论的双方或持以普遍规律论或强调特殊论，都宣称以唯物辩证法作指导，都运用历史唯物论的成果参与论战，然而相互指责，势同水火，差异又在哪里？托派代表人物李季自认为是纯正的马克思主义者，信仰马克思主义的胡秋原自述，他的马克思主义来自普列汉诺夫而不是列宁，他主张的是“自由主义的马克思主义”。在共产国际主导下的中共，以苏为师，宗法列宁主义，视马克思列宁主义为正统，自与托派的纯正马克思主义、普列汉诺夫的自由马克思主义有区别，按理说，即使有这种区别，也是国际共产主义运动内部的不同派别，何至于势不两立？所以决定问题性质的不是问题本身，而是政治态度，是在 1927 年国共分裂后，一部分人转向国民党引起共产党人的极大反感，是国际背景和个人立场决定了问题的性质而非学术本身。

大革命失败后，共产党亟须在理论上重塑信心。1931 年中共领导张闻天化名刘梦云发表《中国经济之性质问题的研究：评任曙君的〈中国经济研究〉》指责对方“充当了帝国主义的辩护士”，正当帝国主义对中国虎视眈眈之时，这一上纲使问题的性质一变而为大是大非问题。沿着这一思路凡有不同意见者，几乎都成为反马克思主义的敌我问题。论战的双方原本具有浓厚的政治意识，讨论的一方如郭沫若、吕振羽既是学问家，又是共产党的革命家，其政治情结，自不待言，即使梁漱溟这样著名的党外人士也曾在《中国文化要义》中自述：“感受中国问题之刺激，切志中国问题之解放，从而追根到其历史，其文化。”怀抱救国救民的愿望从历史中找寻借鉴，是一代知识分子的政治理想，同为救国救民，道不同不相为谋，相互为敌是这一论战的重要特征。

作为马列主义的一方，郭沫若的《中国古代社会研究》一书对这场争论有过举足轻重的影响，但他们都是革命运动的活动家或领导者，繁忙的工作使他们来不及对其中的一系列问题做出周详的学术考察，留下许多疑难未决的问题。新中国成立后的路线斗争，使特殊论者从此一蹶不振，再无还手之力，普遍规律论者终于以压倒性的优势平息了这一论战。有意思的是，素来被批判的哲学家冯友兰表示：“中国革命成功，我认识到我过去著作都是没有价值的。”(《晚年冯友兰，懦弱的哲学大师》，《文摘周报》，2009 年 12 月 13 日)同样的是，批判别人的，社会史论战中的领军人物郭沫若，在“文化大革命”初期也有相似的表态，说要一把火烧掉自己过去的著作。这哪是学术问题？明明是政治绑架了学术！在这一情势下，根本没有封建社会理论讨论的余地。

随着改革开放的到来，文化研究的深入，有的在当初激辩的主题，如国防文学和民族革命大众文学之争已成为历史的陈迹，有些如科学人生观、现代化等课题在当今的复出，业已消散了当初的火药味，成为相互切磋的学术讨论。但是，有关中国古代社会性质问题，却一如既往，从 20 世纪 20 年代末到 21 世纪初叶，历经 80 年，岁月的磨砺没有降低它的锋芒，如今又重现 20 世纪 30 年代论战中的那种情绪和冲动，甚至认为这是否定马克思主义、否定中国革命的一种表现。80 年的风雨苍黄，依然不改初衷，不得不令人思索社会史论战中贻祸后人的流弊。

80 年前被认为反马克思主义一方的共同点是，强调中国古代社会不同于欧洲模式的特殊国情，如中国封建社会早已瓦解，商业资本已有几千年的历史，中国文化早熟，社会发展停滞，社会结构具有弹性机制，以及家族伦理，等等。应该说，这些方面都为认识中国国情做了有益的探索，但某些见解也有失妥当，其中也不乏某些错误的论调，如认为中国人“阶级意识不强，种族意识不强，国家意识不强”，“中国不是一国家，而实为一大文化社会”。这些虽然经不起史实的检验，在论战中已败下阵来，或已得到修正，但对这类问题的否定，并不等于否认中国社会有别于欧洲的特殊性。马列主义史学家恰恰在这一点上由于过分强调普遍性而无视中国历史发展的特殊性，留下许多矛盾和薄弱环节。郭沫若在 1930 年出版的《中国古代社会研究》一书的自序中说：“外国学者已经替我们把路径开辟了，我们接手过来，正好是事半功倍。本书的性质可以说就是恩格斯的《家庭、私有制和国家的起源》的续编。研究的方法便是以他为向导，而于他所知道了的美洲的印第安人，欧洲的古代希腊、罗马之外，提供出他未曾提及一字的中国古代。”这本书以汇通文献典籍、甲骨文、金文和考古资料见长，在学术上有重要价值。然而这最具有中国特征的研究却是为了证实恩格斯的某一结论，而恩格斯对中国古代却一字未提。这是以论代史，不是论从史出，违背了史学研究最基本的要求。社会发展不是没有普遍规律，但凡是规律性的通则，都是经过高度抽象化，舍弃了丰富复杂的内容而抽出来的框架，这才有理论是灰色的，生活是常青树一说。中国与西方无论是自然生态、社会制度，还是文化传统、生活方式和民族心理，都是千差万别的，岂能是一个简约的条条所能约束？假如恩格斯在世，会不会承认郭沫若的成果可能还是问题！既然恩格斯对中国只字未提，说明他并没有把中国作为研究对象，对中国更没有轻易下断语，这是严谨而科学的态度，也为后人留下研究的余地。而标榜自己的著作是恩格斯《家庭、私有制和国家的起源》续编的郭沫若，在学术上表现出的轻狂和浮躁，溢于言表。更重要的是，以笼统的、不分国别的通则，认识历史悠久、传统深厚的中国古代社会，难道不会发生误导？

应该承认的是，强调中国社会特殊性的，对中国文化传统的研究确实下了功夫，对国情的认识抓到一些实质性的问题，虽然作者长期处于被批判的地位，但是并不等于他们揭示的某些特点就不存在。马列主义学者因为强调普遍性反对特殊性，以至于对他们提出的某些特质性问题视而不见，学术与政治不分的倾向，几乎使某些问题成为人们不敢涉足的禁地。

改革开放以来，局面有所改观。当初在社会史论战中，被认为是反马克思主义的论点，在当代史学著作中已有广泛的吸收和发展，如梁漱溟论证的以伦理为本位的中国文化特质，如今几乎成为文化史研究的共识；有关封建社会具有弹性机制问题，在如今已少有异议，而最早提出“弹性”概念的是食货派的傅衣凌；当下对中国古代商业资本的估计虽与陶希圣有所区别，但却吸收了他们的观点。傅筑夫在 1982 年出版的《中国封建社会经济史》中认为，中国的资本主义不仅在宋明时代萌芽，从秦汉以来就已屡屡发生而不能成长，你不能说主张明末有资本主义萌芽的是马克思主义，而主张秦汉隋唐有萌芽的就是反马克思主义！何况什么是资本主义萌芽也有争议。不论哪种见解，重要的是为什么在中国社会土壤中新的生产关系不能成长？这是至今也没有解决的难题。其他如中国文化的早熟性、理性早启、社会构成、宗族性、协调机制等，当初被反方提出的问题，很多都得到当代学者的认同。功在后世本身就说明学术价值的存在。如今，研究者们在广泛吸收他们研究成果之时，又挥舞出往日置他们于死地的大棒，这是最大的不公，而导致这一不公的依然是政治断语而不是学术研究。

“封建”在不同的国情和语境中含义不同，中国史学对“封建”概念存在误读，是毋庸置疑的，在明知误读以后，执意不改，并不足取。按西方“封建”概念的使用实际上是将中国历史纳入西方的发展模式，按欧洲逻辑进行演绎，这对历史悠久、文化积累深厚的中国，实际上是浅近、懒惰的行为。既然在当代中国话语中，大家都认为此“封建”并非彼“封建”，这模棱两可的状态能永远不变吗？要知道概念含混，是科学研究的大忌，因而不断有人提出有必要对“封建”概念进行正本清源，这是合理的要求，也是科学发展的趋势。

反对者有两种情况，一是认为这是社会史论战中反马克思主义观点的复辟，这是一顶吓人的大帽子。殊不知改革开放以来建设现代化，强调的就是中国特色的社会主义与传统社会主义相区别，其要旨在中国特色，为什么在现实中强调中国的特色，而在古代史研究中却讳言中国特色，再次以普遍性打压特殊性，沿用 80 年前的思路，看待当今之讨论，岂不是老调重弹，重蹈学术与政治不分的窠臼？再一种意见认为，“封建”概念在运用中已发生变化，沿用已久，约定俗成。确实，要改变业已习惯的用语，不是易事，这是不得已而为之的意见，具有合理性。但学术研究不同于群众话语，首先要有概念的科学性，这是准确判断问题性质的前提，既然西方的“封建”不同于中国古代的“封建”，又何必继续沿用这似中似西、非中非西的概念来解释秦汉以来的古代社会。人们要求对古代社会性质重新加以概括，提出新概念，本是科学研究应有之义，这对深入研究中国国情有莫大的好处，改变沿用已久的误读，可能要经过几代人的努力。万事开头难，不从我们这一代起步，将错就错，贻误后人，岂不是我辈之失职？关键的是要以科学通俗的新概念，来取代人们耳熟能详的旧概念，不能操之过急，这需要学术界的共同携手，通力合作，逐步推行，先从专业研究者做起，并不为过。对不同意见的宽容和理解是最起码的要求。

学术研究本应是集思广益的探索活动，论战的双方只要平等相待，结果必然是你中有我，我中有你，互有补益和纠误，是双赢而不该是双输。80 年前社会史论战中的风风雨雨早该烟消云散，一度奉行的阶级斗争为纲，使学术讨论异化为打棍子的政治运动，给学术研究留下累累伤痕，记忆尚未远去，不应该再有新创。学术研究必须跨越政治，突破已经凝固的框架，才能获得长足的发展。

破解一则现代寓言

张广智*

不知为什么，在读到冯天瑜教授的新著《“封建”考论》(武汉大学出版社2006年版)时，第一感觉便联想到了古希腊神话中的英雄海格立斯的故事：海格立斯来到世上，命运注定要让他经历人间种种磨难。他长大后，练就十八般武艺，负剑下山，闯荡江湖，路过德尔斐的阿波罗神庙时，神谕要他为迈锡尼国王服役12年，以完成12件苦差事(亦称大功)，然后才能修成正果。最后，海格立斯成功了，从此就住在奥林匹斯山上，成为神。

在这里，笔者无意把作者比做海格立斯，但是，当我读罢全书，掩卷而思，不由感叹：二十多年来，作者沉潜于浩瀚的学海中，既要推翻旧说，又要创制新名，在文献中查找证据，在诸论中考辨，可以这样说，对“封建”的考论，其“劳动强度”一点也不亚于海格立斯业已完成的任何一件“苦差事”。

《“封建”考论》一书不只是感动了我，对我国学术界也将产生重要的影响。这是因为：《“封建”考论》的贡献在于破解了一则现代寓言。在现代中国，上自政界要员，下至平民百姓，有谁不知封建就是反动落后的代名词？在学界，称秦至清两千余年为封建社会的“泛化封建观”，在20世纪30年代定型以来，已经发展为一种“主流话语”，以致人们沿用而不辨。在它面前，天瑜以他的胆识与才气，力排异议。不过，在我看来，是否把两千余年的中国社会(秦至清)以天瑜创制的新名“宗法地主专制社会”(简称“地主社会”)取代习称的“封建社会”，还需汇聚各方贤达之见，从长计议。然新名创制定型有日，在这之前，至少应当听到这样的声音：流行与沿用已久的“封建论”应当受到质疑，由此而生成的这则“现代寓言”必须破解，还其本义，这就是《“封建”考论》一书所要告诉我们的。

《“封建”考论》的贡献还在于对历史学研究，尤其是对中西古代历史比较研究的推动。从史学史的观点看，作为一名历史学家，天瑜以一种高度的自觉性，对“封建”诸论进行了

* 张广智(1939—)，复旦大学历史系教授，世界史家。本文原题为“《‘封建’考论》：破解一则现代寓言”，载于《中国青年报》(2006年6月5日)。

回顾反思，不管是中国古代先贤的“封建论”、近代以降政学两界的“封建论”，在这种考论的背后体现出来的分明是作者的批判精神，显现的则是一本关于“封建论”的史学史，独到而又别开生面，后继者是不可能绕开它的。因为回顾是为了一次全新的开始；反思，是为了更好的创新。

一个概念一本书

——读《“封建”考论》

方维规*

我在西洋从事中国文学与思想史的教学和研究多年；如何将有些重要的汉语概念迻译成西洋语言，常常是一个令人困惑的问题，“封建”便是一例。这里说的并不是翻译用词问题，而是“概念”与“指称”的问题，“名”与“实”的问题，也就是接受者是否能够理解的问题。在现当代汉语语境里，诸如“封建意识”“封建迷信”“老封建”之类的表达是不难理解的；而将其直译成西洋语言，一向以“封土封臣”“采邑领主”诠释 feudalism（封建）的西方人，一定会感到摸不着头脑，不明白这些以“封建”为基轴的短语所言“封建”为何义。

“封建”（即“封土建国”“封爵建藩”）这个汉语古词在 20 世纪发生了指称的变化，获得了“新”的含义和标记，其词义特征与古义“封建”几乎无缘。笔者以为，所谓“封建”新义，或曰此概念蜕变后的内涵和外延，至少可以归结为三点：首先，“封建”指称 1911 年之前中国历史上的皇朝时代；而 1949 年前的一百年时间，也常被称为“半封建”时代。其次，“封建”用以状写与所谓封建传统和封建社会相关的意识形态。最后，在人们谈论所谓“封建”残余的时候，或论说保守的、愚昧的、落后的、迷信的行为方式和思维的时候，亦常出现“封建”一词。以上三点，大概可以包括绝大部分中国人的语言实践。即便在学界，似乎大部分人至今还在用“封建制度”描写秦汉以降的各代皇朝。甚至连不少史学家也已经不再考虑“封建”概念的词源和语义，或不再想到，今天的“封建”概念，至多只是“约定俗成”而已，并不能说明“约定”的准确与否。在这种情况下，冯天瑜先生的大作《“封建”考论》（武汉大学出版社 2006 年版，本文以下简称《考论》）的发表，无疑具有不同一般的意义。

---

* 方维规（1957—　），哲学博士，德国埃尔兰根大学教授，北京师范大学特聘教授。本文原题为“一个概念一本书——读冯天瑜先生新作《‘封建’考论》”，发表于《中国图书评论》2006 年第 9 期。

本文开头所说之翻译的困惑，主要是说，一个误用的概念无法得到正确的翻译。这种概念的误用，正是冯论所说的概念误植所致，或曰“名实错置”。早在《新语探源——中西日文化互动与近代汉字术语生成》（中华书局2004年版，本文以下简称《新语探源》）一书及其他一些单篇论文中，冯天瑜已对不少误植概念作了可贵的厘定工作。在研究概念史的时候，指出误植固然重要，更重要的是弄清误植的缘由，这就往往需要长篇大论甚至一本著作论述一个概念，《考论》给我们提供了一个范式。它不但指出今天的“封建”概念既与汉语本义脱钩，又与英语 feudal system 或 feudalism 相左，而且还明晰地展示了整个概念的发展和演变过程，及这个多少已经变得不伦不类的泛化概念的来由。使《考论》这部难得之作与其他类研究区分开来的，首先就是它的篇幅。换言之，中国学界明确地在“历史语义学”的层面上，一本书论一个概念，此著当为开山之作。当然，《考论》巨制，非言纸张之重，而是内容丰厚。

与《新语探源》相仿，此作依然围绕中西日互动展开讨论，探索一个概念的古今沿革。中西日交叉关系是目前谈论西学东渐话题的一个常见框架，冯氏研究则在结构上更加突出这一交叉关系。所谓中西日互动，或许最能体现于“封建”一词与 feudalism 交接之初。当美国传教士平文（J. C. Hepburn）编撰的《和英语林集成》（1867）和柴田昌吉、子安峻编撰的《附音插图英和字汇》（1873）起用汉语古词“封建”与英语 feudalism 对应，用“封建的”翻译 feudal，应该说是极为精准的，原因是日本与欧洲封建制的酷似，以及日本自古袭用的汉语“封建”之名与西洋概念的匹配。对此，冯文作了极为精当的论述。其实，用“封建”写照欧洲中世纪的一种社会和政治形态，已经见之于魏源的《海国图志》（1843）和徐继畬的《瀛环志略》（1848）。在这两部介绍外国史地、政治习俗等概况的名著中，“封建”一词虽不常见，但却用得恰到好处，例如魏源说欧洲诸国近代“变封建官家之局，而自成世界者”。鉴于魏源等人之著多以一些洋人汉语著述为蓝本，我们多少可以窥见当时中西“封建”概念的对接，窥见 feudalism 概念在中土的“迻译”，尽管论者常常是引用他论，而不是从翻译的角度介绍欧洲的 feudal system。

19世纪下半叶，“封建”概念还未异化。郑观应在《易言·论公法》（1880）中指出：“考诸上古，历数千年以降，积群圣人之经营缔造，而文明以启，封建以成。自唐、虞迄夏、商、周，阅二千年莫之或易。”谭嗣同则在《仁学》（1896、1897）中说“自秦以来，封建久湮”。时至十九二十世纪之交，也就是“封建”概念从日本返回中国的时候，梁启超将“封建”与 feudal 相对应，将中国周代国体与古希腊国体相比（《论中国与欧洲国体异同》，1899），或论述春秋战国至秦代由地方分权趋于中央集权，“及秦始皇夷六国，置郡县，而封建之迹一扫”（《中国专制政治进化史论》，1902）。此时，梁氏所运用的“封建”一词，既是正宗中国概念，又是接受了西方学术、经日本与西方 feudalism 相通约的概念；也就是说，在真正的中西日互动之时，“封建”还是一个纯正的概念，而且成功地实现了与 feudal 的对接。清末民初，基本上还未出现“封建”术语紊乱的现象，误植或对一个纯正概念的歪曲是以后的事。

冯天瑜的《考论》，对这个重要概念进行了全方位的梳理。没有对大量资料的把握及深厚的功底，此工程是无法完成的。尤其令人钦佩的是冯氏对日本材料如数家珍似的陈述与分析。此书日本“封建”概念史部分，汇总东西洋考，兼及中西交汇；分则可视为一部精巧的日本“封建”概念史，将其镶嵌于古今中国“封建”论，合为一部充满动感的概念发展互动史。从方法上看，此作是平行研究与影响研究的成功结合；加之一些范例比较，更有助于辨析。另外，书中除专章阐述欧洲“封建”术语外，不管是在日本部分还是中国部分(不包括中国传统的封建论)，对欧洲“封建”概念的观照总是或明或暗地体现在全篇论述之中，因此，《考论》也是对西方各种封建论的一次大的检阅。这样，我们又看到了概念史跨文化研究的成功尝试。

《考论》一方面系统地再现了中西日众多的“封建”论，另一方面对中国“封建”概念在20世纪的异化作了详尽的论述(这也是认识误植的关键)：从陈独秀的“泛封建”观到苏俄及共产国际的封建中国说，从中国社会史论战时诸说并存到郭沫若封建说的确立，以及此后成为流行说。这一切给我们展示了一个曲折的历史长卷，让我们看到“封建”概念在20世纪之演变的来龙去脉、前因后果。同时，我们又不得不提出一个问题，即诸多名家对泛化封建观的质疑或者坚持精当的“封建”用词，为何无力修正脱钩和误植。在此，我们看到了一个概念的不平常的命运，看到了非学术对学术干扰；或如著者所指出的那样：“‘封建’泛化，绝非由于论者不通古义、西义，而是另有原由的。因此，‘封建’概念被泛化，不单是一个语义学问题，更是历史学、文化学问题，可以总结为‘历史文化语义学’问题。”

陈寅恪有“凡解释一字即是作一部文化史”之名论，此说似乎略嫌夸张。不过，不少文史哲核心概念的解释，其非同一般的意义是毋庸置疑的。《考论》的问世，似乎可以让人比较直观地领会陈寅恪解字作史的见解。《考论》无疑是一部精湛的“封建”概念学术史。言其精湛，很大程度在于这部力作的拨乱反正和继往开来。拨乱者，非自冯氏起；而冯氏拨乱，气势过人。《考论》是作者长期关注名辨、对一个概念反复思考的结果，冯氏对泛化“封建”概念的怀疑及其纠正的努力，已见于15年前的《中华文化史》中对中国“封建制度”的专门辨析，冯氏无疑属于当代最早关注“封建”概念之误用的学者之一。另一方面，《考论》精选各种名家论说，从不同的侧面反映“封建”名辨；只有在这时，我们才会赞叹《考论》为探讨“封建”概念的集大成之作。

当一个学科连最基本的概念还没有弄清的时候，很多学理讨论只能是盲人摸象，或曰公说公有理，婆说婆有理。可悲的也许并不是众说纷纭，而是人云亦云。一种仿佛天经地义的东西，其实是以讹传讹的天长日久，“封建”便是一个极其典型的例子。冯天瑜展示的由陈独秀开创的诸多“泛封建短语”，在现代汉语(政治)语汇中多么“理所当然”！然而，当我们看到冯氏揭示的诸如“封建地主阶级”“封建专制帝王”“封建专制皇权”“封建官僚”

等套话的自相矛盾之处，我们自会感到误用概念之滑稽。确实，泛化“封建”概念是历史对现代汉语开的一个不小的玩笑。只有在正本清源之后，《考论》作者才可能提出用“宗法地主专制社会”取代“封建社会”指称秦至清之帝国时代。这时，我们便能清晰地看到“正名”的重要意义，看到一个中心概念对一个学科的意义。由“封建”概念引发的论题，不但涉及中国历史的总体框架，亦关乎“封建”自身的定性和定位，是一个无论如何都应厘清的大概念。同样在这时，《考论》已经超出了对一个概念的论述，超出了中西日互动的讨论框架，成了对中国几千年历史的一个总体反思和考察，并给历史重新定性。

应该说，该书作者提出用“宗法地主专制社会”总括秦至清之主要时段的见解是很自信的，而且作了必要的论证。但是，作者似乎还是看到了语言实践自有的规律，看到了一个概念约定俗成、难以更改的事实，因此，冯天瑜说其正本清源，也在于让人们在“将错就错”之际，知道“错”在哪里，正解何方。笔者也曾对几个重要术语作过些微梳理，与冯先生的上述看法大约相同，为的是让人知道“原来如此”。不过我现在想，中国“封建”论者逾越千年，“将错就错”不过才大半个世纪而已，人们不见得会一错到底。既然这没有封建的“封建”属于子虚乌有，执迷不悟总有到头的时候。其实，笔者所见的西洋升堂入室之中国史论，秦汉至明清，一般不会以“封建”论之，而是“官僚中央集权制”之类，或者是早已见之于梁启超的“专制政治社会”等。中国当代对以“封建”论秦之后两千余年的考问，也是在对外开放以后的中西交流，促进了对西方 feudalism 以及对本土原本封建词义的再思考以后的事。我相信，通过学人的论说，教材的更正，汉语“封建”概念的普遍正确使用只是时间问题而已。到那时，人们依然会想起 2006 年的一本书所作出的非同一般的贡献。

笔者不是历史学家，不敢冒昧评说《考论》对中国史学研究的意义；但是凭直觉，此书当为史学不同凡响之作。无论如何，有一点是可以肯定的：在汉语历史语义学领域，《考论》的重要性及其典范意义是毫无疑问的。冯天瑜在其《考论》释题时指出，此书“由词义史之‘考’导入思想文化史之‘论’”。我以为，这是一部有分量的历史语义学著作或论文的关键所在。论词溯源只是为了铺陈，释义才是宗旨；而人文社会学科的一些关键词，本身就直逼思想史要害，也只有在思想史的高度才得以廓清。对做概念史的人来说，尤其可以从冯天瑜在此著中对“名辨之学”的阐发得到颇多启示，冯氏力倡名辨之学亦言之有理，而《考论》本身，便是对名辨之学的意义的一个最有说服力的注解。

另外，笔者想就《考论》中提出的“历史文化语义学”概念发表一点看法。此说当为“历史语义学”的延伸或扩展。加入“文化”，自然是为了强调文化在词语和概念发展中的重要作用，或视其为不可或缺的因素。或者，这里只是一种限定，研究一些与文化有关的概念之历史。本人所理解的“历史语义学”，是研究某一个词语或概念的生成、发展和变化，及其与一些相关概念的关系，注重一个概念的发展和定型“过程”，或不同时代对一个概念的不同认识。人文社会学科中不少概念的发展，往往与不同的历史、政治、社会、文化、地域有不可分割的关系。假如说“历史文化语义学”中的“文化”是一个广义概念，那么，加入“文化”似嫌累赘，因为“文化”是“历史语义学”研究的应有之义，这或许也是陈寅恪所说“凡解释一字即是作一部文化史”之原由。如果“历史文化语义学”取狭义之“文化”，又会给人拘囿之感，因为很多概念本身超出了狭义文化范畴。且以“封建”为例，它与历史和文化有关，同时也是社会学和政治学的议题。同样，“封建”概念的“名实错置”亦即旧名向新名的转换，固然由于“一些史学家那里发生了文化错位”(冯天瑜语)所致，但还有不少学术与非学术的原因。另外，在狭义文化范畴内探讨“科学”“革命”“商品”“市场”“细胞”等概念的语义发展，也有不够贴切之处。因此，本人还是觉得简用“历史语义学”为妥。

义理、考据、辞章互济之法的践履与阐扬

——读《“封建”考论》

王雪华*

中国古代学人对治学门径颇多论述。宋人论学问和文章即有文章之学、训诂之学与义理之学的分野，清人又有义理、考据、辞章互济之说，指此三者相互补充而不相害，各有价值而归于至善。清代桐城派学者姚鼐有言：“余尝论学问之事，有三端焉，曰：义理也，考据也，文章也。”此言既指治学之道，也是一种学术命题。对此，业师冯天瑜先生颇能窥其门径，会其精神，将其贯穿于中国历史和文化史的研究中，有所阐扬，其大作《“封建”考论》即娴熟地运用这一治史方法，融义理、考据和辞章于一炉，使该书受到学术界高度赞扬和推重。

一

所谓考据，是史学研究的基本方法之一。在义理、考据、辞章三者中，冯先生认为考据是基础，应该先占有资料，进行辨析，才能达到对义理的阐发，才能使文章立于不败之地：“其实义理、考据、辞章，应该首先讲考据。我们做学问，首先应该占有材料、辨析材料，然后才谈得上有理论分析。没有材料的话，理论和文章都是空的。”①而且，史家应该拓宽视野，尽可能占有广泛的材料，“这个材料可以广义地理解为我们的外部世界提供的一些信息。具体来说就是我们的专业所涉及的一些最基本的材料，包括文献。文献就是材料形成了文字，但是对于材料的理解不能仅仅只限于文字和文献，还要注意无字之书，那也是我们的材料。我们对那些材料也要占有、辨析”②。可知他对史学研究的材料的范

---

* 王雪华（1962—　），武汉大学历史学院教授。

① 冯天瑜：《治学三门径：义理、考据、辞章》，《人文杂志》2018年第4期。

② 冯天瑜：《治学三门径：义理、考据、辞章》，《人文杂志》2018年第4期。

围，其认识视野很是开阔。

先生于2006年初版、2010年修订再版的《"封建"考论》一书，就极重考据，通篇采用有力的证据来辨明事实，评判是非。该书开篇从文字入手，对"封建"加以考释，指出该词始见于《诗经》，而作"封土建国"解释出自《左传》，即"封建亲戚，以蕃屏周"，因此，"封建"的本义可简要表述为"按宗法—等级原则封土建国、封爵建藩"①。进而对这一概念自西周至秦汉以下的历史演变作出制度史的追溯，又逐一梳理和考辨中外著名学者对"封建""封建制度"和"封建时代"的认识。在后续章节中，对20世纪初期开始的有关"封建"概念的混乱和泛化的轨迹加以考究，寻找其"祖义"之缘起、泛化封建观的定型过程，强调"名辨"的重要性，拟定"制名以指实"等历史分期命名的标准。先生笔墨所到之处，都显示出考订概念、辨明制度的扎实功力。

先生秉承家学，其父永轩公是国立清华研究院第一期学生，历史学教授，曾师承王国维、梁启超诸大师。先生自幼随父亲学《论语》《孟子》及《史记》选篇，还常听父亲议及清人考据繁密，言必求据，如法官审案，孤证不决，务求旁证、反证；母子证不及兄弟证有价值，等等。受此庭训，先生较早就掌握考据之法，在20世纪80年代撰写《辛亥武昌首义史》一书时，"便着意于考据功夫，对武昌首义前后一系列似乎已有定论的微观问题，逐一爬梳、参校材料，重新考证，方提出有别习惯说法的新结论"②。

在史学研究中，先生重视不同来源的证据，认为不同情形的证据其价值有高下之别。比如兄弟证强于母子证。体现在《"封建"考论》中，在述及马克思主义经典作家对"封建"问题的认识时，他认为马克思和恩格斯常将近代中国称为"亚洲式专制""东方专制制度""中华帝国""宗法制度"等，而并未将中国的前近代视为封建社会。此后不久，在中国这边生活的思想家严复、梁启超、孙中山等人，同样将前近代中国归入不同于"封建社会"的"专制一统"社会，二者在各自独立的情形下得出相似结论。此种情形，先生认为：若借用考据学术语，这正是由东西方人士提供了"兄弟证"，而并非是"西学东渐"造成的"母子证"，这一证据更昭显了该论说的客观性和可信度。③ 又如，20世纪末史学界在讨论李自成死于何地的问题上，有湖南夹山说、湖北通山说，而通山说的证据，其三方面的材料互不相干，分别来自英王阿济格、南明唐王政权的何腾蛟、通山《程氏宗谱》，故而先生认为，李自成死于通山说更有说服力。重视证据，无征不信，是冯先生著述的一贯风格，正如他所强调的："考据需要有尽可能的多重证据，'孤证不立'，这是我们中国，特别是乾

① 冯天瑜：《"封建"考论》(修订版)，中国社会科学出版社2010年版，第18页。

② 冯天瑜：《地老天荒识是非》，张艳国主编：《史学家自述——我的史学观》，武汉出版社1994年版，第33页。

③ 冯天瑜：《"封建"考论》(修订版)，中国社会科学出版社2010年版，第293页。

嘉考据学派经常用的一句话。‘孤证不立’，要有旁证，而且要讲究所谓的‘内证’‘外证’。”①

先生认为通过考据可以求真。他曾利用日本1862年一艘到上海的“千岁丸”船上的武士对同治年间的中国进行调查的日记、杂记，撰写了《“千岁丸”上海行——日本人一八六二年的中国观察》一书，通过研究这些日记、杂记，发现它们较为真实地反映了明治时期中国的情况、英法联军在上海的情况，以及太平天国跟淮军作战的情况。他还有一个重要的想法，即日本人的中国观的转变就是肇端于此。此前日本人内心崇拜中国，1862年到中国以后，看到中国的破败情景，以及英法联军驻扎中国后，中国人非常惧怕洋人，由此日本人变得看不起中国人。《“千岁丸”上海行——日本人一八六二年的中国观察》一书，学术界认为，对研究晚清史、太平天国史、英法联军侵华史有很重要的意义。这是作者基于对相关资料的精准判断和考证所获得的研究成果。

先生还极为重视各种新资料的发现与运用。他利用在日本讲学之便，勤搜尚未被重视的一些日本资料，主编了《东亚同文书院中国调查资料选译》。此后又主编《东亚同文书院中国调查手稿丛刊》及《续编》，对日本东亚同文书院自20世纪初以来几十年间对中国调查资料进行影印，为今人了解近代中国的国情，提供了重要的资料依据。关于新史料的发掘，冯先生承袭王国维和清末民初很多学者的精神，认为学者要有创造和创新，就必须拥有新材料和新方法，比如20世纪初学界对新发现的甲骨文、敦煌文书、明清内阁大库档案资料文献的运用，能推动学术的创新。这些日本早期调查文献的出版及利用，是对王国维“取异族之故书与吾国之旧籍互相补正”之治学方法的极好践行。

先生承认新材料通常是难以得到的，但是，“以我自己的体会，只要你有那个眼光，有那个心去求取它，还是有可能的。比如我在日本讲学的几年就发现了一些日本人知道但不重视，而中国完全不知道的材料”②。于是先生就利用这些文献展开研究，撰成《“千岁丸”上海行——日本人一八六二年的中国观察》一书。

在先生看来，考据有“考据家之考据”和“一般学者之考据”的区别。纯粹的考据家固然重视考据，而对于“学者之考据”来说，考据是所有学者的必修功课。进一步言之，在重视“考据”功夫的前提下，先生认为，考据也是要考其义理的，“占有丰富的材料，加以认真辨析，既是‘考证’，同时思辨即在其间，而且是扎实、有的放矢的思辨”③。也就是由考据出发，最终达到对义理的阐发。

---

① 冯天瑜：《治学三门径：义理、考据、辞章》，《人文杂志》2018年第4期。

② 冯天瑜：《治学三门径：义理、考据、辞章》，《人文杂志》2018年第4期。

③ 冯天瑜：《地老天荒识是非》，张艳国主编：《史学家自述——我的史学观》，武汉出版社1994年版，第34页。

二

中国史家历来有“良史必工于文”的认识，清代史评家章学诚即言：“史所载者事也，事必借文而传，故良史莫不工于文。”①冯先生亦认为：“就义理、考据和辞章而言，你的义理、考据还是要通过‘妙手著文章’，也就是有好的文章才能传播开来，才能成为一种学术的精品。”“文章要有文采，才能够传达得广远。”②义理、考据与辞章三者兼善，正是无数学者的追求。先生青少年时代大量阅读中外文学名著，曾自述：“忆昔少年时，湖北省图书馆群籍中，首先令我形诸舞咏、心驰神往的，是中、外文学名著”，正是“早年广览文学名著为史哲研习奠定了基础”，③ 也构筑了极好的文学基础。先生的史学作品在表达精准的同时，往往行文十分优美。如《“封建”考论》的“题记”：

> 笔者访学德国，曾泛舟莱茵河中游。得见山川如画，苍翠峰峦间，每距数十公里即有灰色城堡耸立，它们或已成断壁残垣，或巍峨壮丽依旧。此乃诸侯林立的西欧中世纪封建社会的物质遗存。身临其境，近二十年来一直思考着的“封建”概念辨析问题，骤然齐聚心头。④

他形容围绕“封建”之名的研究，如同进行一次“历史文化语义学”的遨游：

> 不尽如春游踏青，可以纵情领略“千里莺啼绿映红”，有时还需攀缘山岩，潜入溪涧，可能遭遇险阻，但此番辛苦跋涉若能使诸君获得某种野趣，产生探求“深山更深处”的向往，则不胜欣幸。⑤

又如“跋”中所言：

> 此间笔者作为“研究代表”，与来自中、日、韩诸国学者组成研讨班，优游于百鸟汇集的茂林修竹之间，共同考察东亚诸概念的生成史……一年间，又与国内学者在网上就概念史诸题相与切磋，正所谓“嘤其鸣矣，求其友声”。这“友声”比古人所能

① （清）章学诚著，仓修良编注：《文史通义新编新注》内篇五《史德》，浙江古籍出版社 2005 年版，第 266 页。

② 冯天瑜：《治学三门径：义理、考据、辞章》，《人文杂志》2018 年第 4 期。

③ 冯天瑜：《十八岁前后小记》，《书屋》2018 年第 8 期。

④ 冯天瑜：《“封建”考论》（修订版），中国社会科学出版社 2010 年版，第 1 页。

⑤ 冯天瑜：《“封建”考论》（修订版），中国社会科学出版社 2010 年版，第 7 页。

“求”得的，可能更为广泛。汲纳友道，如饮甘泉，如沐春风，笔者得以将思索多年的课题“‘封建’辨析”徐徐展开。①

“矜考据者，每窒于文词。美才藻者，或疏于稽古”②，此约略为学人中习见的现象，而先生的每一部论著，在文辞表达清顺的前提下，其用词不落俗套，独具清新之风，体现了极好的遣辞技巧和文风追求。先生曾言：“平情而论，作为表达思想的手段，词章重要，自不待言。中国又有‘文史不分家’的传统，故追求词章之美，非唯文学家，史学家孜孜于此者也不在少数……我甚钦仰前辈史家的文质彬彬，不满新旧八股的呆板乏味，虽自叹才情欠缺，却心慕手追，力图文章有所长进，述事纪实，务求清顺流畅，娓娓道来；辩驳说理，则讲究逻辑层次，条分缕析。无论哪类文字，都切忌板起脸孔，而应以理服人，以情动人，寓庄于谐。”③

当然，冯先生也反对史学家远离历史的真实性，而过于追求文辞的华美。他反对史家“以文害义”，认为史家首先还是应追求史实的准确无误。他说：

> 中国古人的史学家和史学工作者历来对文章有保留……中国史学家非常害怕文学家、文人著史和修志，怕他们“以文害义”，怕他们写得不准确……文章重要，文采也非常重要，但是不能“以文害义”……在纪实、纪史的时候，第一还是要准确。大翻译家严复说“信达雅”，他说的是翻译文章，第一位还是“信”，第二位要“达”，“雅”就是文采很好。所以我在写文章，包括写史学论著的时候，尽可能地遵循严复先生的“信达雅”，不能把“雅”放在第一位。首先要“信”，你讲的事情是真实的、准确的。当然“雅”也很重要，文章太粗俗的话，尽管它谈的是很重要的事情也很难看、很难吸引人。所谓“言而无文，行之不远”，这是讲文采的重要性。④

从今天的视角出发，要写好文章，所谓“辞章”还可扩大外延，比如研究对象的设定、写作手法的恰当等。对此，《“封建”考论》一书在研究对象设定上，从语义学着手，对“封建”这一词汇在中国传统语境中驳杂的名目、古今义的转换、中西义的对接，进行了概念演绎史的考析，用一本书的厚重分量来呈现一个概念近百年误置的历程，将它清晰地呈现于学人面前，引发学界重视和讨论，可知这一研究对象的选定是独具眼光的，其学术价值毋庸置疑。同时，《“封建”考论》用一本书来讲述一个概念，由一个词义史之“考”，导入

---

① 冯天瑜：《“封建”考论》(修订版)，中国社会科学出版社 2010 年版，第 439~440 页。

② (清)姚鼐：《惜抱轩诗文集》卷四《谢蕴山诗集序》，清嘉庆十二年刻本。

③ 冯天瑜：《地老天荒识是非》，张艳国主编：《史学家自述——我的史学观》，武汉出版社 1994 年版，第 34 页。

④ 冯天瑜：《治学三门径：义理、考据、辞章》，《人文杂志》2018 年第 4 期。

思想文化史之“论”，将繁杂的中外史料整理清晰，论证严密，力透纸背，成就 50 万字之宏论，其精当的叙事能力令人敬佩。

三

关于治学门径之义理、考据、辞章三者的关系，清人戴震有言：“义理者，文章考核之源也。熟乎义理，而后能考核，能文章”①，此处义理可泛指思想。此后桐城派学人姚鼐归纳为：“鼐尝论学问之事，有三端焉，曰：义理也，考证也，文章也”②，并指出三者不可偏废，足以互济，同时三者处于不同层次，以义理更为重要。对此三者，冯先生既重考据、重知识、重辞章，更重义理、重知“道”。冯先生指出：

> （义理）本来是指儒家的“修齐治平”，即修身、齐家、治国、平天下的那种理论。我们可以借用《易传》里大家都很熟悉的一句名言，叫“形而上者谓之道，形而下者谓之器”。我觉得研究具体的器物就要运用考据的功夫，而这个“道”就是义理，指谈规律、谈法则，但是这个义理、规律或法则是不能脱离“器”……义理的本来的含义就是指“形而上者谓之道”的“道”。如果用现代的思路来谈的话，义理就是理论。理论思维是一个做学问的人、一个以人文科学为自己研究对象的学人所必须要下功夫的方面。③

先生一贯重视理论思维，他曾告知门下诸弟子自己的几本“看家书”，如黑格尔的《历史哲学》、哲学家王夫之的《读通鉴论》、思想家黄宗羲的《明夷待访录》等。他一再精读这些著作，甚至在病中仍坚持翻阅《历史哲学》，他说：“我从年轻的时候一直到现在还经常读这三本书。一本是黑格尔的《历史哲学》，我的几本书包括《中华文化史》《中华元典精神》，讲到中国文化在世界文化中的地位和特点时，很多地方我都提到了黑格尔的《历史哲学》。我家的《历史哲学》已经完全翻烂了，书的角都已经变成了圆形。这本书我从二十几岁看，后来我做文化史研究也经常看。这本书对于提高我的理论思维很有帮助。”④他是将这些古今中外的先贤视作自己的精神家园，从他们身上汲取了精神养分，进而认同其做学问的方法、做人之道以及蕴含其间的“道”和“义理”。

《“封建”考论》一书，堪称绝好的由考据入手、寻找义理的例证，诠释了冯先生对“道”、对“义理”的执着而显明的追求。何为“封建”，秦汉至明清是否为“封建社会”，虽

---

① （清）段玉裁：《戴东原集序》，王昶：《湖海文传》卷三十，清道光十七年经训堂刻本。

② （清）姚鼐：《惜抱轩诗文集》卷四《述庵文钞序》，清嘉庆十二年刻本。

③ 冯天瑜：《治学三门径：义理、考据、辞章》，《人文杂志》2018 年第 4 期。

④ 冯天瑜：《治学三门径：义理、考据、辞章》，《人文杂志》2018 年第 4 期。

有不少学者加以辨析，而先生以鸿篇巨制，系统梳理封建概念的演绎轨迹，以及在该概念变更关键时期社会—文化心态下的语义变迁。先生认为，20 世纪初期的中国发生了“封建”概念的混乱和错置，以致出现“泛封建”说，泛化“封建”短语流传后世，影响巨大，如“封建地主阶级”“封建帝王”“封建皇权”“封建官僚”“封建意识”“封建包办婚姻”等。为了正本清源，先生探究了将现实中国命名为“封建社会”的早期原因，又从马克思主义经典作家的封建社会论，以及现代一些重要学者对泛封建观的质疑这两个纬度进行考察，认为马克思和恩格斯坚持了较准确的“封建”界说，正是他们批评了滥用“封建”概念的现象，反对将东西方中古社会等量齐观。先生指出：“有人将泛化封建观说成是‘马克思主义史学成果’，将批评泛化封建观的意见戴上‘反马克思主义’的帽子，显然是牵强而且徒劳的。”①为了回应中国历史的分期问题，先生强调周秦之际是古代社会的转折点，其标志一是封建世袭、权力分割的贵族政治转化为君主集权的官僚政治，二是土地不可让渡的封建领主经济转化为土地可以买卖的、以小农生产为基础的、直接向朝廷纳税的地主经济。正是这两大转变决定了周秦之际以下的中国社会，其主流已是“非封建”的。与此相关联，先生对中国历史的分期有所探究，认为可划分为原始时代、封建时代、皇权时代、共和时代等几个阶段。

该书着眼于中国古代社会的“封建”问题，同时以宏大的视角与西欧及日本的封建制进行了比照，令人叹服的是，该书对日本能较顺利实现“废封建”、进行近代化变革的原因进行了可信的辨析。日本的封建主义与欧洲封建主义具有相似性，这是日本较顺利实现现代化的历史条件。除学术界公认的这一原因之外，先生认为，其反封建固然受到西方影响，但因植根于本国历史，从而具备一定的内发形态，使得改革的阻力大为减轻，由此，“实现了一种相对稳健的政治变更，降低了‘改革代价’”②。此为贴切且抱持“同情之理解”之论，反映了先生作为史家殊为难得的识见。

该书提出了大量有价值的观点，作出了可信的辨析。比如：泛化“封建”说模糊了中国民主革命的真实内容。又如，皇帝梦是皇权时代的一种社会心理，古代文学形式中的“明君—清官梦”是一种依恋皇权的、间接的“皇帝梦”，他们期盼明君能给社会带来统一、繁荣和光明前景；而揭竿而起，取皇位而代之，自作皇帝的梦，则是直接的“皇帝梦”，二者都逃不出皇权主义的轨迹。

再如，对古代学者关于“封建”与“郡县”利弊的分析，体现了作者极强的历史思维能力。先生赞赏“三大家”对“封建”与“郡县”的分析，指出王夫之对“封建制”和“郡县制”利弊的分析较为客观，“把秦汉唐宋以来的‘封建论’推上了历史哲学的高峰”。因为“王氏指出，郡县制取代封建制的趋势，任何人也改变不了，即使执掌权柄的专制帝王也不能与

① 冯天瑜：《“封建”考论》（修订版），中国社会科学出版社 2010 年版，第 311 页。
② 冯天瑜：《“封建”考论》（修订版），中国社会科学出版社 2010 年版，第 134 页。

‘势’争锋……王氏的主张废封建，其意不限于加强中央集权以确保国家一统，还着眼于‘民力’的承受度，其论较富人民性”①，也就是说，秦始皇为了家天下的私心而废封建、行郡县，但在客观上使国家安定统一，这就有利于天下。王夫之所谓“秦以私天下之心而罢侯置守，而天假其私以行其大公”，先生认为，船山此说颇类似德国哲学家黑格尔“最大的‘罪孽’反而最有益于人类”的警句，即人类的主观动机有可能与客观效果相矛盾，其背后有一种不以人的意志为转移的支配力量在起作用。

关于古代以及近代学人的“封建论”，先生认为，清初顾炎武著名的“寓封建之意于郡县之中”的主张，其要旨是以古“封建”的“分权”之义救正君主专制集权政治的偏弊，达到厚民生、强国势的目的。并认为，从清初顾炎武到雍正朝吕留良、曾静案，顾亭林和曾静师徒谴责君主专制所借用的武器便是“封建”，因此，这些清代学人论封建自有其意图：“在中国传统政论中，‘封建’不仅与‘郡县’相对应，更与‘郡县’背后的‘君主专制’相抗衡。”②先生指出，黄宗羲、顾炎武、冯桂芬、俞樾等人鉴于明清专制君主集权的病端，试图以“封建”的“分权”精义，以及一些具体措施如“寓兵于农”“乡亭教化”作为救治时弊的古时丹方，其目的皆在于“分权”。其后，章太炎也是从“分治”的意义上探究“封建”的价值，从而肯定“封建”，甚至以“封建”比附“代议政体”。③ 先生在《“封建”考论》一书中，对相关的一些重要问题和学术命题有深层的探究，这是其重视理论思维所结出的丰硕学术成果。

思想的能力是一个人文科学工作者的基本能力。宋代著名理学家程颐云：“欲趋道，舍儒者之学不可。”④儒者之学即义理之学，无义理之学则考据、辞章失其归依和重心。要达成“道”，非有义理之学不可，义理之学正体现了学者之能事。对“义理”“大道”的重视，正是冯先生的一贯追求和主张。他在多种论著中，极言黄宗羲所论“原君”“原臣”“置相”“奄宦”“学校”等方面的思想精髓，又在一些讲座中，一再推介顾亭林将国家与天下加以区分的思想观点，还对周制与秦制的互动与博弈、周秦二制与近代制度的差距、其中哪一个政制较易走向现代宪制国家等问题多有笃论高言，令受众感受到主讲人思想上的洞彻和观念上的引领。先生认为，“要提高我们的义理水平、理论水平，要认真地去阅读、钻研这些经典，不是随便看一下”⑤。通义理是做学问的基本能力，也是学问之本源，如同学问之树的主干和深根，而先生的《“封建”考论》正是对这一理念的践履。

---

① 冯天瑜：《“封建”考论》（修订版），中国社会科学出版社 2010 年版，第 65 页。
② 冯天瑜：《“封建”考论》（修订版），中国社会科学出版社 2010 年版，第 69 页。
③ 冯天瑜：《“封建”考论》（修订版），中国社会科学出版社 2010 年版，第 183～184 页。
④ （宋）程颢、程颐：《二程遗书》卷十八《刘元承手编》，清《文渊阁四库全书》本。
⑤ 冯天瑜：《治学三门径：义理、考据、辞章》，《人文杂志》2018 年第 4 期。

“士当以器识为先”①，清初大儒顾亭林倡导读书人要识经术，通古今，仅以“文人”名世，不足为重。以此衡之，冯天瑜先生正是有识见、有现实关怀的学者，是一位出色的史家。身为史学工作者，他注重探求人文大道和真理，力图鉴古知今，于现实有所裨益。先生对义理、考据、辞章三者的重视，是对清代先贤治学之道和学术主张的汲取、遵循，先生朝夕读书，勤于实践，终能出乎其中，超乎其上，成就了其史学大厦的建构，是我们弟子学习的楷模。

① 顾炎武著，陈垣校注：《日知录校注》卷十九《文人之多》，安徽大学出版社2007年版，第1053页。

锲而不舍　先行集成

聂长顺*

"概念史"，作为一个概念，并不是新近之物。1926年商务印书馆出版的樊炳清编《哲学辞典》即有"概念史"一条。依其释义所述："就特殊之事实的认识，而叙述其变迁发达之迹者，谓之概念史"；此为德国哲学家特伦德伦伯格(1802—1872)"所始命名"，后为米勒、倭铿、文德尔班等人所沿袭。当然，此时的概念史，还只是"所以补哲学史及特殊科学史之不足"的作为一种方法的概念史。而就21世纪以来的国内外学术实践来看，概念史研究则确乎已经演为一门相对独立的学问，并成为现代学术前沿了。在此历程上，冯天瑜先生无疑是先行者和集成者。

1984年出版的《明清文化史散论》是先生开启新时期中国思想文化史研究新生面的名作。在其《广义的"文化"与狭义的"文化"》开篇名目之下，先生起笔指出"'文化'，既是中国古已有之的概念，又是一个在近代赋予了新涵义的词汇"；并着墨勾勒出了"文化"概念古今演绎、中西对接的历史轨迹。在1991年初版的《中华文化史·导论》中，先生又设《文化：一个向广延和深刻拓展的概念》和《文化结构》两专题，对"文化"概念展开历史考索和理论阐释。1994年，先生发表《为"封建"和"形而上学"正名》，就题中"两个切关宏旨的概念被滥用的情形加以解剖"，使概念史开始达成"考古之史"与"致用之史"的有机融合；亦即说，概念史研究者不应满足于庸常匠气的"知识考古"，还要具有相应的学术文化自觉——即对中国学术"由于传统的模糊思维的惯性作用，又加之翻译外来术语与本土词汇接轨欠准，导致滥用概念现象的新发展……专门提出，力加救正"。

此后，先生心耕笔织，乐此不疲；时值21世纪之初，更是成果迭出，一发不可收。如2002年发表《"革命"、"共和"：清民之际政治中坚概念的形成》《中、西、日语汇互动与近代新术语形成》《张之洞"游学"、"广译"之倡对近代术语的促成》等文；2003年发表《经济·社会·自由：近代汉字术语考释》《澳门：耶稣会士与西学的入华之门》《明清之际

* 聂长顺(1966—)，武汉大学中国传统文化研究中心教授。

西学与中国学术近代转型》《近代学人对新词语输入的反应》《中日汉字文化的互动历程》《利玛窦翻译西洋术语的首创之功》《略论中国文化史的几个基本概念》等文；2004 年发表《〈瀛环志略〉创制新语的贡献》《晚清入华新教传教士译业述评》《侨词来归与近代中日文化互动》等文，出版专著《新语探源——中西日文化互动与近代汉字术语生成》。是著融会语言学、历史学、文化学诸大视域，在近代中西日文化互动大背景下，考察汉字新语生成机制、互相采借受容的历史文化实态，彰显汉字文化应对西方话语霸权的勃勃生机，诚如尚永亮教授所评“识见敏锐，大气包举”，不惟先生个人概念史研究之阶段性集成，亦可谓国内概念史研究之第一大制作。

莫幸如我。我恰于 2004 年投先生门下做博后，开始跟随先生做概念史研究的。我刚一进站，先生即应聘到国际日本文化研究中心（简称“日文研”）主持“东亚二字概念形成”研究的“代表者”，许多概念史的重要研究者参加了这个研究团队（日本称“冯班”）。“冯班”聚集的是这一领域的代表性学者。学术前辈有飞田良文、柳父章等；中坚力量有铃木贞美、沈国威、陈力卫、孙江、黄兴涛等。以“冯班”为起点，日文研连续数年，召集各国代表学者，举办概念史国际学术研讨会。用铃木先生的话说，形成了“概念史研究的运动”。会议论文集陆续在日文研出版，如：《东亚知识体系的近代再编》（2008）、《东亚近代概念与知识的再编成》（2010）、《东亚近代诸概念的成立》（2012）、《为了东亚学艺史综合研究的持续发展》（2013）。蒙先生提携，我也参与了这场“运动”。这对我的成长帮助很大，使我一下子接触到了核心研究群体。

2007 年开始，冯先生主持教育部社科重大课题攻关项目“近代术语的生成、演变与中西日文化互动研究”——这是迄今为止国内唯一的概念史大项目。以先生的学望，当时国内外诸多颇有建树的代表性学者，凡可抽身者，纷纷加盟，课题组的阵容诚可谓豪华：有日文研的刘建辉、铃木贞美二位老师，在德国工作的方维规、梁镛二位老师，北外大的朱京伟老师，华中师大的刘伟、周广庆老师等。我便是跟随冯先生做这个课题成长起来的——不仅我一个，包括参与项目执行的当时的许多年轻人。该课题 2014 年结项，发表论文成果近百篇，限于篇幅，最后纳入结题报告的仅是其中一部分。结项报告《近代汉字术语的生成演变与中西日文化互动研究》于 2016 年出版。2014 年至 2015 年，我去日本创价大学做高访学者时，和同行多有交流。陈力卫老师诚恳地说：“冯先生主持的这个项目的研究，我们一直在关注，成果确实了不起！”

关于概念史，先生首倡“历史文化语义学”范式。我第一次听到这个提法，是在 2006 年 12 月。当时，在冯先生和铃木先生商定下，武汉大学中国传统文化研究中心与日文研合办学术会议，冯先生拟定“历史文化语义学”作为会议主题。在会议基调演讲中，先生首次对该范式进行阐发；后又发表专文，予以申述。总括起来，其宗旨是：使近代术语的研究提升、延展至文化史、思想史层面；使文化史（包括文化交流史）精确到词，迎接“文化史研究的读词时代”。其理路是：在古今转换、东西交会的时空坐标上，对近代汉字术语的生成、演变寻流讨源，且透过语义的窗口，探寻语义变迁中的历史文化蕴意，展现中国近代异彩纷呈、后浪逐前浪的历史文化状貌。先生的“历史文化语义学”，表面上看，是在德国的“历史语义学”里加入“文化”一词，实则有其学理考虑：德国的“历史语义学”研究是在西方语境下进行的，基本只有古今问题；而东方人尤其是中国人做概念史，则不仅考虑古今问题，还要考虑东西问题尤其是中西问题，是跨文化的。所以加入“文化”二字，可谓“微言大义”。

先生大书《“封建”考论》即“历史文化语义学”的代表作。该书于2006年2月由武汉大学出版社初版，赢得很高的学术声望，甚至人称“冯封建”。诚如刘志琴先生《请为“封建社会理论研究”松绑!》一文所言：“这一重头著作一问世，立即引起强烈的反响，2006年10月武汉大学召开‘封建社会再认识’的讨论会，2007年10月北京史学界召开‘封建名实问题与马列主义封建观’论坛，2008年12月苏州科技学院人文学院召开‘封建与封建社会问题’讨论，人们对这问题的关注和兴趣正是方兴未艾。”“一本著作连续三年分别在中国的南部、北部和中部地区的文化中心地带进行讨论，在史学界是少有的现象，这事实本身就说明其影响力非同一般。”

日本京都学派代表学者谷川道雄教授认为，该书对“封建”问题作了空前深入细致的清理，极具学术价值。时任德国埃尔兰根大学教授、长期致力于概念史研究的方维规教授《一个概念一本书——读冯天瑜先生新作〈“封建”考论〉》称：“《考论》无疑是一部精湛的‘封建’概念学术史。言其精湛，很大程度在于这部力作的拨乱反正和继往开来。拨乱者，非自冯氏起；而冯氏拨乱，气势过人。”法国布洛赫名著《封建社会》中译者张绪山先生《拨开近百年“封建”概念的迷雾——读冯天瑜〈“封建”考论〉》称该书“整个论证过程显示出冯氏扎实的考证、论辩功力和沟通中外学术的宽阔视野，令人佩服”。“冯氏追求学问的态度自由而严谨，展现了一个以学问为职志的学者所应有的胸怀。”旅美学者陈启云先生《封建与大一统之间》称该著“在理论和史实上取精用弘，应该是这问题盖棺定论之作了”。即便是反对者，也不能否认该书的学术地位，如李根蟠《“封建”名实析义——评冯天瑜〈“封建”考论〉》一文即不得不说：“批评秦以后属封建社会说的文章多矣，而此书堪称集大成之作。”

面对学术赞誉和学术争论，冯先生说：“我将继续汲纳众位师友的意见，包括批评意见，把问题的探究进一步深入下去。其余非所计也。”他进而以冷静、深远的学术眼光，对近百年关于“封建”名实问题的隐性分歧和显性论争作了如下估量：(1)这是近代新文化的组成部分——新史学内部的歧见，昭显了新史学诸派对于中西历史统一性与多样性辩证关系的不同认识。(2)这是新史学对于唯物史观理解与运用上的差异引发的分歧。(3)这是忽视概念辨析的积习在中国历史阶段命名上的反映。对于泛化“封建”得到救正、历史发展普遍性与多样性相统一的认识更充分普及的前景，先生表示，持谨慎乐观态度。

《“封建”考论》初版，一年之内，连印三次，皆售罄。先生遂汲纳各方见解，结合自已进一步的史料考析和义理思辨，对初版修订补充，于2007年9月出第二版，篇幅由原来的40万字增至50余万言。不久，是著被选入中国社会科学出版社《当代中国学者代表作文库》第一辑。先生又在第二版基础上，作了结构上的归纳调整，内容上亦有所补正充实，遂成《“封建”考论》修订版，2009年12月完稿，2010年10月面世。该文库出版说明云：“《当代中国学者代表作文库》收录新中国建立以来我国哲学社会科学各学科的优秀代表作，即在当代中国哲学社会科学学科体系中具有开创性、奠基性和代表性意义的著作。入选这一文库的著作应当是当代中国哲学社会科学的精品和珍品。因此，这一文库也应当代表当代中国哲学社会科学的最高学术水平。”毫无疑问，其中也包含着对先生《“封建”考论》的评价。

先生的概念史研究已为学界所仰望，但先生仍不止歇。先生大作《概念的文化史》已被纳入外研社和英国施普林格出版社合作项目“中国思想文化术语丛书”，预定在英国出英文版，在国内出版中英文对照版。应南京大学长江学者孙江教授之邀请，先生的《“封建”考论》简本纳入“学衡尔雅文库”(全30种)，将由江苏人民出版社出版。这还不够，先生又应中国社会科学出版社赵剑英社长之约稿，复作《三十个关键词的文化史》，已杀青付梓，即将面世。先生《跋》云：

> 先秦诸子(道、儒、墨、法、名等)多注重辨析概念、探讨名实关系，其中专此为业的名家(又称“辩者”“察士”)列为“六家”之一。“谨守名约”“名定而实辨，道行而志通”乃名学传统。自汉代儒学定于一尊以后，名学边缘化，乃至被指为“屠龙之术”——名相如入云之龙，乃虚幻物，与“屠龙”类似的名相之术没有实用价值，当排除于学门之外。于是，对名相(概念)“不求甚解”之风，弥漫雅俗两界，人们辩议间或指鹿为马，或各说各话(上世纪二三十年代开展社会性质大论战，便出现此种情形)，这当然妨碍思维健全发展和学术精进。有识者指出，概念模糊，是中国学术文化近代转型困难的原由之一。
>
> 因“西学东渐”的刺激，近代国人于此逐渐觉醒，名相之学经严复、章士钊等人倡导，再度兴起，成为新文化的一支偏师。追随前哲，笔者自上世纪八十年代初期开始，即关注思维体系中最基本的构成单位——概念的生成与演变，而概念是以词来标示和记载的，因此，对概念物质外壳——词语(尤其是关键词)的考析，便成为笔者从事的思想文化史研习的一个有机组成部分。
>
> 明清之际和清民之际中西文化交汇，若干汉字新名形成，又传往日本；幕末明治日本依托汉字文化底蕴，译介西学，制作“新汉语”，并进入中国语文系统。故近代汉字文化圈成“中—西—日”多边互动局面，而此际定格的由古典词演绎而来的新名(“中国、文化、文明、文学、科学、经济、伦理、范畴、革命、共和、权利、民族、自由、政治、法学、社会、物理、卫生、小说”等)，是笔者三十多年来持续的探讨对

象；那些近人译创的新名（“民主、地球、几何、脑筋、元素、机器、哲学、美学”等），以及在古今转换中发生畸变的新名（“封建、经济、形而上学”等），亦被反复考究，以“求公是而祛门户”。研讨中发现，诸名的内涵不断迁衍、外延也伸缩变幻，而这种“名”的意义迁衍变幻，正反映着（包括扭曲地反映着）“实”（社会及思维实态）的演进。故打开关键词这扇窗口，历史的苍茫云海、文化的游龙飞凤，渐次展开眼前，令人心旷神怡，浮想联翩，不免挥动拙笔，勉力记述。

笔者于世纪之交讲学日本几年间及其前后，用心于新名探究，陆续草成五十多个词条，并撰写辨析概念的两种专书。不意间，此项研习竟一发而不可收，以至今日仍为“关键词的文化史”一题劳碌。2004 年始，聂长顺博士在吾处作博士后又留武汉大学任教，渐入堂奥，加盟本书修纂。长顺君熟谂中、日遗献，于中—西—日概念互动不乏心得，于本书成型颇有贡献。

为学不可明于责人而昧于约己，求教多士以指谬误，至关紧要。今夏，书稿略具规模，呈祖慰、卢烈红、倪胜、聂运伟、向吉贤诸君浏览，他们分别从文化学、语言学、翻译学角度提出修改意见，特深致谢忱；还要致敬多年来相与切磋本题的友人——（中国）史有为、刘柏林、唐翼明、周光庆、方维规、刘建辉、荣剑、邓新华、李少军、吴根友、李建中、杨天钧、李宝襄、余抱青、康和平、张智勇，（日本）谷川道雄、伊原泽周、中岛敏夫、加加美光行、柳父章、铃木贞美、荒川清秀、绪形康，（韩国）李汉燮，等等难以尽列。“友直，友谅，友多闻”，诚哉斯言！

承蒙赵剑英社长垂顾，本书得以在中国社会科学出版社出版，剑英君还亲炙责任编辑，这对我们是一种策励。孙砚文编辑勤勉、敏捷，多予协助。

2015 年以来，笔者困于贱恙，四年间约一半时日在武汉大学人民医院度过。家人照料、医护人员疗治，几度挽生命于垂危，以至有幸握管成篇。大恩不言谢，惟有兢兢于业，以报善人于万一。

昔贤云：“为学之道，得有二端，一曰勤，二曰细心”，笔者每以自励。本书从筹划、做资料长编，到着笔撰写、增删定稿，前后历时十余载，然“随词入史、由词通道”，涉学广远、论旨匪浅，未敢玩忽，每与严又陵“一名之立，旬月踌躇”同慨，然学力不逮，又不够细心，故错讹难免、浅识必多，亟盼方家纠谬补正。

己亥年冬日　笔者记于武昌珞珈山麓

先生概念史研究之锲而不舍、先行集成，由此可见一斑。弟子不才，累赘师后，无以为报，唯内中感念耳。

新语创制与中国现代学术话语体系的形成

余来明*

在现代学术转型过程中，学术分科观念的确立具有标志意义。从中国传统的“四部之学”(经、史、子、集)演变为现代的“七科之学”(文、法、理、工、农、医、商)，不仅思想、观念、方法等层面发生了很大改变，学术表达也常借助于新的话语系统而得以展开。① 1838 年，英国传教士修德在关于中国语言性质和结构的一篇演讲中指出：“所有的语言都需要新的术语或新的词语组合来表达新的思想。”②为了编织新的思想网络，人们不得不使用新的词语结构或者赋予旧词以新的含义，而这些新语又反过来成为连接新思想网络的重要纽结。以学科论，如“文学”“经济”“政治”“历史”“社会”“物理”等学名，虽然在词语形态上均为中国所固有，然而其取义则均为近代以降涵化西义而形成的新名；“美学”“哲学”“逻辑”“化学”“法学”等名则属近代日本创制的汉字新语，最终成为现代学科的分支。各科之中，传统与现代所使用的术语存在根本不同。美国学者费正清指出：“每一领域内的现代化进程都是用各该学科的术语加以界说的。”③以数学为例，构成中国传统数学话语系统的是“象数”“勾股”“割圆”“开方”“算术”等术语，而现代数学则以“点”“线”“面”“几何”“函数”“直径”“半径”“平行”“相交”等为基本概念系统。

然而回到晚清以降的历史现场，现代新语的创制、使用与定型却经历颇多挫折。从晚清早期来华传教士马礼逊、麦都思、裨治文、伟烈亚力等人创译的新名词，到清末傅兰雅、林乐知、丁韪良、艾约瑟等人对新语的厘定，其后又有严复对西方社会科学术语的翻

---

* 余来明(1978—)，武汉大学中国传统文化研究中心教授，副主任。

① 关于学术分科观念的演变与近代中国知识系统创建之间的关系，参见左玉河：《从四部之学到七科之学——学术分科与近代中国知识系统之创建》，上海书店出版社 2004 年版。

② Samuel Kidd, *Lecture on The Nature and Structure of the Chinese Language*, London: Taylor and Walton, 1838, p. 10.

③ 费正清、刘广京编：《剑桥中国晚清史》下卷《前言》，中国社会科学院历史研究所编译室译，中国社会科学出版社 1985 年版，第 6 页。

译，日译汉字术语的大量输入等情形，术语转换层出不穷的背后，反映的正是近代中国学术文化发生的巨大转折。① 其间情势，正如梁启超所说的："社会之变迁日繁，其新现象、新名词必日出……一新名物、新意境出，而即有一新文字以应之。新新相引，而日进焉。"②各不同时期输入的西学知识，几乎都为中国自古从无，即便中国传统知识谱系中有相关思想、观念的表述，中西之间也存在巨大差异。因而也就会有士人将创制新语视为理所当然之事："我中国即无固有之名词以冠之，亦不妨创一新名词。如泰西近今有新发明之事理，即创一新字以名之也。若必欲以我国古名词名泰西今事理，恐亦不能确切无遗憾。"③鼓吹、欢迎之意昭然若揭，并将其视为时代发展的必然趋势。

构成现代学术话语体系的近代新语，其思想来源是近代以来输入的西方知识，其中许多又是经过日本翻译成汉语而进入中国。而近代日本用以翻译西学的汉字术语，有大量为中国古典词汇，又曾经借鉴明末清初来华传教士和晚清早期传教士的翻译成果。在如此错综的中西日知识环流场景中，现代学术话语的生成及其演变展现极为复杂的面相，并非只是一个简单由西方(经由日本)输入中国的过程。不同时期产生的新语在最后达成"survival-of-the-fittest"(适者生存)的状况时，大多经历了一个"struggle-for-life"(生存竞争)的过程。④ 在新语创制的初期，一个西学概念常有多个不同的汉字术语与之对应，然后在不断的讨论和使用中逐渐固定为一个术语。在此情形之下，概念论争过程中发挥重要影响的，已经不仅仅是两种语言之间的传译问题，而是有着更为复杂的面相，反映的是中国文化现代转型的多重进路与选择。

从晚清以至20世纪二三十年代，中国的学术话语系统进行了彻底更新，从日常生活到学术都经历了一场语言的革命。而清末民初创制的大量汉字新语，也成了构成现代学术话语体系的核心要素。王力20世纪50年代论及汉语发展历史，将近代以降汉语的变化历程分为三个：前两个阶段以戊戌政变为界，新词也从产生有限到增加较快，第三个阶段是五四运动以后，通行的新词逐渐定型，又不断有新词被创造出来。在此基础上他指出："现在在一篇政治论文里，新词往往达到百分之七十以上。从词汇的角度来看，最近五十年来汉语发展的速度超过以前的几千年。"⑤言语系统急剧变化的背后，反映的正是古今学术体系和话语体系的转变。本文的讨论基于清末民国时期新语的大量涌现而展开，借由考察该时期新语创制现象入手，对现代学术转型、学术话语体系构建等问题进行辨析，以说

① 相关论述，参见冯天瑜：《新语探源——中西日文化互动与近代汉字术语生成》，中华书局2004年版。

② 中国之新民(梁启超)：《新民说十》第十一节《论进步》，《新民丛报》第10号，1902年6月20日，第4页。

③ 《新民丛报》第11号《问答》孙开圻语，1902年7月5日，第89页。

④ 此一说法，见A. H. Mateer, *New Terms for New Ideas: A Study of the Chinese Newspaper*, Shanghai: The Presbyterian Mission Press, 1917, p. 1.

⑤ 王力：《汉语史稿》，中华书局2004年版，第598页。

明中国学人在现代学术话语体系形成过程中所做的理论探索和实践，及西方学术话语在“汉字化”过程中发生的变异与误读，无不体现出知识、思想在全球传播过程中的复杂面相。更进一步，希望通过探究现代学术话语形成的历史轨迹，为建构具有中国特色的学术话语体系提供借鉴和参考。

一、现代性的诱惑：输入西学与创制新语

近代中国由战争开启的探索西学之路，在经历多次失败(两次鸦片战争、中日甲午战争)以后，便逐渐由重视对外部世界的了解(“开眼看世界”)、“器”与“技”的输入(“师夷长技以制夷”)，推及于政制、思想、文化的全方位学习。在对现代性(诸如富强、民主、文明、自由等)不断的追求过程中，始于19世纪三四十年代由来华传教士所主导的西方科学书籍翻译，在甲午战争以后开始逐渐衰退，转而以日本中介输入西方知识、思想成为主流趋势。从1895年康有为、文廷式等创办“强学会”，以“译东西文书籍”为首事，编《日本书目志》分类介绍日本新学著作，到1896年梁启超拟撰《变法通议》，在《论译书》一节文末对日译西学著作赞赏有加，认为“日本自维新以后，锐意西学，所翻彼中之书，要者略备，其本国新著之书，亦多可观，今诚能习日文以译日书，用力甚鲜，而获益甚巨”①，又在1897年与人共创“大同译书局”，提出“以东文为主，而辅以西文”的译书策略，1899年撰《论学日本文之益》等文力倡翻译日译西书之便利，等等一系列的言论与举措，在在显示该时期西学传入途径的变化。随之而来的，则是大量日人翻译的西学汉字术语涌入中国，这一情形一直延续到“五四”之前。②

清末民初徐珂(1869—1928)编《清稗类钞》，收录时人有关“新名词入诗”的记载，言及清末新名词流行的状况说：“自日本迻译之新名词流入中土，年少自喜者辄以之相夸，开口便是，下笔即来，实文章之革命军也。”并以嘲弄口吻用时兴的新名词作诗四首。诗云：

处处皆团体，人人有脑筋。保全真目的，思想好精神。势力圈诚大，中心点最深。出门呼以太，何处定方针。

短衣随彼得，扁帽学卢梭。想设欢迎会，先开预备科。舞台新政府，学界老虔婆。乱拍维新掌，齐听进步歌。

欧风兼美雨，过渡到东方。脑蒂渐开化，眼帘初改良。个人宁腐败，全体要横强。料理支那事，酣眠大剧场。

---

① 王力：《汉语史稿》，中华书局2004年版，第50页。

② 相关论述，可参见沈国威：《近代中日词汇交流研究》，中华书局2010年版，第231~283页。

阳历初三日，同胞上酒楼。一张民主脸，几颗野蛮头。细崽皆膨胀，姑娘尽自由。未须言直接，间接也风流。①

对处于十九二十世纪之交的士人来说，不论是意含嘲讽，肆力抵制，还是欢欣鼓舞，热切拥抱，新语的大量涌现已成为无法回避的时代景象。上述各诗中使用的"团体、脑筋、思想、精神、势力圈、中心点、以太、方针、欢迎会、预备科、政府、学界、维新、进步、过渡、脑蒂、开化、眼帘、改良、个人、腐败、团体、料理、支那、剧场、阳历、同胞、民主、野蛮、膨胀、自由、直接、间接"等语汇，词形虽有不少见于中国古典语系，但词义和用法却颇显陌生，而几乎全为日本创制的所谓"新汉语"。其中除"以太、脑蒂、料理、支那"等词后被废弃不用，多数仍为今天常用语汇。而这种新名词丛出的情形，不仅是清末民初汉语词汇系统发生的变化，也是该时期学术话语体系正在经历的转变。以当时一位士人的话说就是："学者非用新词，几不能开口动笔，不待妄人主张白话，而中国语文已大变矣。"②在清末输入西学的大背景下，使用新语进行学术表达，不仅是出于必然为之的现实需要，同样也被视为顺应潮流的表现。

对 19 世纪中叶以降的中国来说，以汉语译介西书一方面承担着输入新知的现实任务，同时也担负着延续文化命脉的沉重责任。王国维甚而发出危言："若禁中国译西书，则生命已绝，将万世为奴矣。"③迫切之情溢于言表。而为了应对日逐而新的西学思潮，创制/借用新语成为必然选择："事物之无名者，实不便于吾人之思索。故我国学术而欲进步乎，则虽在闭关独立之时代，犹不得不造新名。况西洋之学术骎骎而入中国，则言语之不足用，固自然之势也。"④既有的语言体系无法满足对新事物、新思想、新观念的指称，新名的创制与引入也就成为必然趋势。诚如梁启超 1896 年拟撰《变法通议》所说："新出之事物日多，岂能悉假古字？故为今之计，必以造新字为第一义。"⑤因为新出事物而造译新名，不必一味追求从传统语汇中寻找对应译词，而他所寻求取为己用的是日本明治以来译出的汉字新语。

然而同样面对输入西学时的术语厘定问题，明末清初的来华耶稣会士却有着截然不同的看法。一方面，明末清初的耶稣会士认识道："东西文理，又自绝殊，字义相求，仍多

---

① 徐珂：《清稗类钞 · 讥讽类》（第 4 册），中华书局 1983 年版，第 1724 页。《南亭四话》（江苏古籍出版社 2005 年版）卷四中所载《新名词诗》一条内容与此不同。

② 柴萼：《梵天庐丛录》卷二十七《新名词》，民国十五年（1926）石印本。

③ 王国维 1898 年 3 月 1 日致许同蔺信，刘寅生、袁英光编：《王国维全集 · 书信》，中华书局 1984 年版，第 3 页。

④ 王国维：《静安文集 · 论新学语之输入》，《王国维全集》第 1 卷，浙江教育出版社 2009 年版，第 127 页。

⑤ 梁启超：《变法通议 · 论译书》，《梁启超全集》第 1 卷，北京出版社 1999 年版，第 49 页。

缺略，了然于口，尚可勉图，肆笔成文，便成艰涩。”①东西文化之间的巨大差异，使得两种文化之间的沟通变得颇为不易。然而同时他们又普遍认为：“中文当中并不缺乏成语和词汇来恰当地表述我们所有的科学术语。”②反映在新语创制方面，明清之际汉译西书中所造译的大量新语，有不少都使用音译的方式；即便采用意译方式，也多使用中国古典词，虽然各词的含义较其原始形态已发生变化，如“上帝”“几何”“物理”“理学”，等等。之所以前后两个时期在术语创制方面表现出如此大的差异，与各时期文化优越感的不同有很大关系，明末清初西学知识是以一种“弱者”的身份进入中国，因而在译语上常存在牵合中国固有语汇的情况；而晚清以来西学的输入则呈现“强者”姿态，造译新语以表达新事物、新思想成为必然选择。即使在文化选择上偏于保守的文人如章太炎，也认同一位日本学人的看法：

> 新造语者，盖言语发达之端，新陈代谢之用也；今世纪为进步发见之时，代有新事物，诚非新造语不明。③

推动语言演变的触媒多种多样，而新知识、新思想的出现，往往会带来言语系统的更新。面对西学输入的大势，清末中国原有的思想和话语体系已无法进行对接，由此引发一场话语革命，通过创制/借用新的概念和术语来传递新的思想和观念。王国维曾立足中国语言历史发展的一般趋势，论述新语的生成与思想演变之间的关系说：“夫言语者，代表国民之思想者也。……周秦之言语，至翻译佛典之时代而苦其不足；近世之言语，至翻译西籍时而又苦其不足。”④由美国来华传教士林乐知著、国人范祎所述的《译谭随笔·新名词之辨惑》一文，也曾指出翻译西书时语汇系统不足的情况：“翻译一事，其难不一。或有学业未精，不能通西国深奥之文义者。然即能译之，而此等深奥之文义，恒藉数名词以显，苟无相配之名词为表宣，则亦必至穷于措辞。故在未教化之国，欲译有文明教化国人所著之书，万万不能。以其自有之言语与其思想，皆太简单也。至中国之文化，开辟最早，至今日而译书仍不免有窒碍者……译书者适遇中国繁富之一部分，或能敷用；偶有中国人素所未有之思想，其部分内之字必大缺乏，无从迻译。”并由此提出几种解决的办法：其一，“以相近之声，模写其音”；其二，“以相近之意，仿造其字”；其三，“以相近之

① 利玛窦：《译几何原本引》，利玛窦口译、徐光启笔受：《几何原本》，日本早稻田大学图书馆藏万历三十九年(1611)再校刊本。

② 利玛窦、金尼阁：《利玛窦中国札记》，何高济等译，中华书局1983年版，第517页。

③ 章炳麟：《訄书(重订本)·订文第二十五》附《正名杂义》，三联书店1998年版，第234页。

④ 王国维：《静安文集·论新学语之输入》，《王国维全集》第1卷，浙江教育出版社2009年版，第126页。

义，撰合其文”。① 其对新语创制的重视程度由此可见一斑。

晚清中国传统知识话语体系在表达西学思想、观念的局限，在一定程度上影响了西学知识的准确传递。为了突破这一困境，严复翻译赫胥黎《天演论》，对创制新名的必要性特加申述：“新理踵出，名目纷繁，索之中文，渺不可得，即有牵合，终嫌参差。译者遇此，独有自具衡量，即义定名。”②又在翻译《穆勒名学》(J. S. Mill，1806—1873，*A System of Logic，Ratiocinative and Inductive*)时感叹说：“穆勒氏所举可名之物，理解精深，而译事苦于不悉者，则中文之名义限之耳。”③在“新理踵出，名目纷繁”的时代背景下，汉语既有的语汇系统已不能满足表达需要，进而限制思想的精准传递，造译新语也就成为必然选择。正如时人所说的：“以华文译洋文，必须精研两国文字，并有专门术语，而又深知大意，融会贯通，所用名词，一一吻合，方始极翻译之能事也。”④西书汉译的要点，不仅在于华文、洋文两种语言的精通，关键之处还在于要创造“专门术语”，并对其内涵进行准确厘定，以做到名实相符。

清末民初日译汉字新语的大量输入，渐次改变着中国传统学术体系和话语系统，拒斥者虽大有人在，迎受者也不乏其人。1899 年 12 月 25 日，梁启超在游美途中作《汗漫录》，认为彼时的诗坛若不来一场“诗界革命”，则必然会走向“诗运将绝”的境地，因此他疾声呼唤“诗界之哥仑布、玛赛郎(麦哲伦)”的出世。在他看来，要做“诗界之哥仑布、玛赛郎”，必须具备“三长”，其中之一即是“要新语句”。他极力称道郑西乡(即郑藻常，广州新安县西乡人)所作的一首诗：“太息神州不陆浮，浪从星海狎盟鸥。共和风月推君主，代表琴樽唱自由。物我平权皆偶国，天人团体一孤舟。此身归纳知何处，出世无机与化游。”在梁启超看来，这首诗中所用的共和、代表、自由、平权、团体、归纳、无机等词，都是“日本译西书之语句”，也就是所谓的“新语句”或者“欧洲意境语句”，郑氏能够将这些词入诗，且能做到“天衣无缝”，因而才会有“读之不觉拍案叫绝”的评价。⑤ 由此不难看出，在 1900 年前后，新语的大量涌现已成为影响中国知识界、思想界的一股洪流，即便是体式谨严的传统诗歌也不例外。

辛亥革命以后，社会普遍好用新语，反对者的声音虽然并不彰显，却也从未间断。1915 年，日本东京秀光舍印行《盲人瞎马之新名词》，署名“将来小律师彭文祖”的编者对国人使用新名词的现象进行严厉抨击，认为新名词的泛滥是一件关乎“亡国灭族”的大事：

---

① 《万国公报》第 184 册，光绪三十年(1904)，第 23b 页。

② 严复：《〈天演论〉译例言》，王栻主编：《严复集》第 5 册，中华书局 1986 年版，第 1322 页。

③ 严复：《〈穆勒名学〉按语》第十五条，王栻主编：《严复集》第 4 册，中华书局 1986 年版，第 1038 页。

④ 徐珂：《清稗类钞·讥讽类·书堆跑马》(第 4 册)，中华书局 1983 年版，第 1723 页。

⑤ 梁启超：《梁启超全集》第 4 卷，北京出版社 1999 年版，第 1219 页。

我国新名词之起源，于甲午大创以后，方渐涌于耳鼓。此留学生与所谓新人物(如现之大文豪梁启超等)者，共建之一大纪念物也。旧人物见之退避三舍，欣欣向新者，望洋而叹，不知其奥蕴如何深邃，于是乎新名词日进无疆……交谈者句句带以新名词(如"手续""取缔"等名词)，来往信札，十句有六句为新名词(如"目的""宗旨""绝对"等名词)，所谓流行时髦之语也。人人争谈之如蚁趋膻，不知其味之如何佳美，恬然自若，不惟不知可耻，尚惟恐不能表彰其能以曝于人之前也。吁，嗟乎！殊不知新名词之为鬼为祟(祟?)，害国殃民，以启亡国亡种之兆，至于不可纪极也。①

其态度之所以如此激烈，原因之一就是近代输入的"新名词"已经逐渐取代传统汉语语汇，对中国语文形成强烈冲击。美国长老会传教士狄考文继室艾达 1912 年编撰《新词语新概念》，分政治、军务、法律、教育等不同领域记录了民国以前常见于中国报纸的新名词，数量十分丰富。② 而这些新名词，主要经由一批留学归国的学人介绍、翻译而输入中国，又通过报纸、杂志等新媒介而进入国人的知识流通系统。

清末民初大量新语的出现，在改变中国语文状况同时，也给时人的理解造成很大障碍。在此背景下，各种收录、解释新名词的辞典应运而生，其中汪荣宝、叶澜二人合编的《新尔雅》颇具代表性。该书由文明书局于光绪二十九年(1903)出版发行，至光绪三十二年(1906)刊行第 3 版。全书分政、法、计、教育、群、名、几何、天、地、格致、化、生理、动物、植物等十四类对近代新名词进行集中解释，其中出现的术语如国家、政体、机关、政府、议会、司法、立法、行政、国籍、权限、人民、参政权、选举权、组织、主权、代表、参议院、众议院、宪法、民主、共和、殖民地、议案、职权、银行、选举法、条约、自由、权利、义务、公法、私法、法规、标准、范围、内容、直接、间接、人身权、国际法、治外法权、动产、不动产、民法、主体、法人、代理人、所有权、刑法、商法、民事诉讼法、刑事诉讼法、鉴定、保释、计学(经济学、理财学)、私有、富国策(经济政策)、要素、劳力、资本、版权、商标、固定资本、流动资本、创业、责任、公司、财产、债务、财政、保险、赔偿、合资公司、工资、货币、交换、贸易、物价、购物、信用、证券、业务、纸币、经济制度、生命保险、养老保险、国税、地方税、公债、内国债、外国债、地方债、公共团体、教育学、教材、普通教育、专门教育、特殊教育、德育、体育、智育、伦理学、社会学、心理学、论理学(名学、逻辑学)、哲学、意志、意识、感情、现象、观念、主观、客观、精神现象、爱情、激情、机体、气质、愿望、想象、美感、个性、实质、形式、暗示、监护、假说、证明、内容、实践、实验、同化、公

---

① 彭文祖：《盲人瞎马之新名词》第一《新名词》，东京秀光舍 1915 年版，第 4~5 页。

② Ada Haven Mateer, *New Terms for New Ideas*: *A Study of the Chinese Newspaper*, Shanghai: Presbyterian Mission Press, 1917.

理、主义、自然主义、人道主义、形式主义、个人主义、利己主义、理论、唯心论、唯物论、唯理论、二元论、一元论、认识论、怀疑论、实验论、宇宙论、进化论、科学、自然科学、理论科学、本体、对象、社会、群学(社会学)、演绎法、归纳法、推理法、设想、定性法、定量法、统计法、共产主义、社会主义、家族、法制、成文法、阶级、国际、同盟、贵族、奴隶、属性、人生观、自由主义、帝国主义、人道主义、淘汰、人格、社会行为、动机、国民性、概念、判定、推理、三段论、原则、名词、命题、直线、曲线、平面、曲面、平角、锐角、垂线、多边形、四边形、三角形、对角线、平行线、腰线，等等，除少数由明末清初耶稣会士与中国士人合作拟译，大多数产生于19世纪40年代以后的数十年间。而到了1911年以后，除出版的各种大型一般性辞书如《辞源》《辞海》《新字典》《中华大字典》《英华大字典》等之外，更有各种关于新主义、新术语、新知识以及各学科的专门辞书问世，收录的新语占很大比重。

1917年10月，蔡元培为商务印书馆编印的《植物学大辞典》作序指出："一社会学术之消长，观其各种辞典之有无、多寡而知之。各国专门学术，无不各有其辞典，或繁或简，不一而足。盖当学术发展之期，专门学术之名词与术语，孳乳浸多，学者不胜其记忆，势不得不有资于检阅之书。"①又殷殷期待说："所望植物学以外，各种学术辞典，继此而起，使无论研究何种学术者，皆得有类此之大辞典，以供其检阅，而不必专乞灵于外籍，则于事诚便，而吾国学术进步之速率，亦缘是而增进矣。"②辞书作为各种新名词集中展示的窗口，在新语创制、定型、传播等方面都具有标志意义。纵览清末民初学术、思想转变的历史大潮，类似像《新尔雅》《普通百科新大词典》《法律经济辞典》等以现代学术分科为基础，以收录、解释新术语为主旨的辞书的出现，都在在说明新语的出现已在不觉间改变了中国旧有的知识系统和话语体系，中国学术、思想的发展也随之开始步入"现代"的轨道。

二、竞争的话语：概念的意义再生与文化转向

从明末清初来华耶稣会士关于"上帝"概念的争论，到清末民初知识界有关"经济"/"计学"、"逻辑"、"社会学"等诸多概念的种种论说，无论哪一阶段西学传入中国，术语论争问题始终处于聚焦的光点。法国年鉴学派代表人物马克·布洛克(Marc Bloch，1886—1944)从历史发展的角度指出："我们要想准确地理解历史对象，就必须用专业术语来取代它们自己的称呼，这种术语如果不是新创的，至少也是经过改进和变动的。"③如果将他所

---

① 蔡元培：《〈植物学大辞典〉序》，《蔡元培全集》第3卷，中华书局1984年版，第113页。

② 蔡元培：《〈植物学大辞典〉序》，《蔡元培全集》第3卷，中华书局1984年版，第114页。

③ 马克·布洛克：《历史学家的技艺》(第二版)，黄艳红译，中国人民大学出版社2011年版，第141页。

说的“历史对象”看作清末民初处于激变中的中国学术和思想，那么也就很容易理解他关于“专业术语”演变的论断。无论是新创还是改进或者变动，在清民之际新语生成、演变、定型的过程中都有表现。

尽管戊戌变法以前已出现大量由中外人士合作翻译的西学新语，美国来华传教士林乐知在一篇文章中曾说，他与英国传教士傅兰雅(1839—1928)受聘于上海江南制造局翻译馆期间，共同创译的新名词在一万以上；① 然而从清末民初不同来源新语并立的情形来看，当时最受人关注的是严译词和日本名词，二者之间又常表现为一种简单的对立关系。当时的论者或以严译词否定日本名词，或以日本名词否定严译词，或对二者均表示不满而另造新名。严复在翻译《群学肄言》时就曾对日译名词提出批评：“东学以一民而对于社会者称个人，社会有社会之天职，个人有个人之天职。或谓个人名义不经见，可知中国言治之偏于国家，而不恤人人之私利，此其言似矣。然仆观太史公言《小雅》讥小己之得失，其流及上。所谓小己，即个人也。”②言外之意，以日译名词“个人”与“社会”概念相对应，不如中国传统的“小己”一词来得贴切，即其所说的，“社会之变相无穷，而——基于小己之品质”。他在写给“《外交报》主人”、曹典球等人的信中，均极力反对从东文以求西学，排斥使用日译名词表达西学概念。③ 从实际译例来说，日译名词将许多中国古典词翻以新义，如“自由”“自然”，等等，都极易造成概念词义的含混，古义和新义相互交错，往往会使概念内涵的理解产生诸多歧义，从而出现类似以己度人、以人律己的情形。④

严复翻译西学著作而向传统寻求译名，以中国旧有或自创术语(力求符合传统造词特征)对译西学概念，一方面是希望借以抗衡时兴的日译新名词，保持汉语雅驯、精审的特征(其时颇多批评日译名词不够雅驯的言论)，力图避免“名义一经俗用，久辄失真”⑤的状况；另一方面也是出于中学与西学可以相互沟通的认识，即所谓“尝考六书文义，而知古人之说与西学合……观此可知中西字义之冥合矣”⑥。如他曾作《宪法大义》，对日译名词“宪法”进行辨析：

> “宪法”二字连用，古所无有。以吾国训诂言，仲尼宪章文武。注家云：“宪章者，近守具法。”可知“宪”即是“法”，二字连用，于辞为赘。今日新名词，由日本稗

---

① 见林乐知著，范祎述：《译谭随笔·新名词之辨惑》，《万国公报》第184册，光绪三十年(1904)，第24a页。

② 严复：《〈群学肄言〉译余赘语》，王栻主编：《严复集》第1册，中华书局1986年版，第126页。

③ 严复：《与〈外交报〉主人书》《与曹典球书·三》，王栻主编：《严复集》第3册，中华书局1986年版，第561、567页。

④ 参见严复《〈群己权界论〉译凡例》一文的相关论说(王栻主编：《严复集》第1册，中华书局1986年版，第132~135页)。

⑤ 严复：《〈群己权界论〉译凡例》，王栻主编：《严复集》第1册，中华书局1986年版，第133页。

⑥ 严复：《〈群学肄言〉译余赘语》，王栻主编：《严复集》第1册，中华书局1986年版，第126页。

> 贩而来者，每多此病。如“立宪”，其立名较为无疵，质而解之，即同“立法”。吾国近年以来，朝野之间，知与不知，皆谈“立宪”。“立宪”既同“立法”，则自五帝三王至于今日，骤听其说，一若从无有法，必待往欧美考察而归，然后为有法度也者，此虽五尺之童，皆知其言之谬妄矣。是知“立宪”“宪法”诸名词，其所谓“法”者，别有所指。新学家之意，其法乃吾国所旧无，而为西人道国之制，吾今学步取而立之。然究竟此法，吾国旧日为无为有，或古用而今废，或名异而实同，凡此皆待讨论思辨而后可决。故其名为“立宪”，而不能再加分别者，以词穷也。①

日译名词虽然未必都能准确传达西学含义，但其优胜处在于简洁通俗，易于为人理解和接受。严译名词大多使用生僻字词，不易辨识，晦涩难懂，虽然曾一度流行，却也限制了其传播的广泛性以及认同感。因而除了少数如“物竞”“天择”“物种”“乌托邦”等由其创译的新语，至今仍为人们所习用，大多数译词都被对应的日译名词所取代，最终未能进入现代学术话语体系当中。② 即使严复后来曾任晚清学部审定名词馆总纂，仍然未能改变日本名词“语被天下”的状况。

严复在“名目”“名义”厘定上主张向传统寻求适用于表达西学概念的语汇，在含义上也并非一味沿用，而是常根据所译对象文本的论述加以拓展。如他在翻译《穆勒名学》所使用的“德”的概念：“是译所用德字，指凡物所具于己，无待于外，凡为物之所得者。其义至广，举凡形、相、品、数、色、力、声、味之属无所不赅。故其用法不但与常义之专指吉德、达德者异，亦与旧义之加于物德、凶德等为宽。虽其立名稍嫌生造，然于此译，欲避生造，诚所不能。”③究其用意，倒不一定是为了使传统士人更易接受近代西方主导的意识形态系统④；更重要的一点是，希望借由创译新语，表明在西学东渐背景下，中国传统语文依然有强大的生命力，而以传统旧名(或以传统汉语造词规则创译新词)对译西学新语即其回应方式之一。尽管在他翻译的《原富》中，也曾使用日译名词，如“殖民”“宗教”“科学”“哲学”等。

相比之下，戊戌以后力主引入日译汉字新语的呼声似乎更为强盛。差不多与严复翻译《天演论》(1895—1896)、《原富》(1902)等著作同时，一股译入“东文”、译介日本国情国政的潮流逐渐兴起，如《时务报》(1896)开设“东文报译”(由日本学者古城贞吉负责翻译，

---

① 王栻主编：《严复集》第2册，中华书局1986年版，第238~239页。

② 参见戴维·莱特：《严复及翻译家的任务》，郎宓榭、阿梅龙、顾有信编著：《新词语新概念：西学译介与晚清汉语词汇之变迁》，赵兴胜等译，山东画报出版社2012年版，第243~266页。

③ 严复：《〈穆勒名学〉按语》第十七条，王栻主编：《严复集》第4册，中华书局1986年版，第1040页。

④ 王佐良《严复的用心》持此说(商务印书馆编辑部编：《论严复与严译名著》，商务印书馆1982年版，第27页)。

初名“域外报译”，后分列各国报译）、“东文译编”等专栏，《昌言报》《农学报》等均曾转载部分译文；湖南留学东京学生汇辑《游学译编》(1902)介绍学术、教育、理财、外交、新闻等十二方面的内容；等等。梁启超早在提倡变法之初既已倡言：“日本与我为同文之国……日本自维新以后，锐意西学，所翻彼中之书，要者略备，其本国新著之书，亦多可观。今诚能习日文以译日书，用力甚鲜，而获益甚巨。计日文之易成，约有数端……苟能强记，半岁无不尽通者。以此视西文，抑又事半功倍也。”①主张借道日本译入西学，以收事半功倍之效。同一时期林乐知、范祎合作的《新名词之辨惑》，也曾表达对日译名词的青睐：“由是以谭，中国今日于译书之中，苦名词之枯窘，而借日本已译者用之，正如英文借德文、法文之比例。且日本之文，原祖中国，其译书则先于中国，彼等已几费酌度，而后定此新名词，劳逸之分，亦已悬殊，何乐而不为乎？”并以现代新语“社会”一词为例，说明日译汉字词的优越性：“如‘社会’二字，以指人群之有团结，有秩序者，虽日本之新名词，而用者既已普通，乃犹有訾议之人。不知舍此二字，尚有应用之何等字样，可吻合于西文之 Social 也？”②林乐知作为晚清来华传教士，曾与傅兰雅共同译定诸多新术语，是晚清前期新语创制的主要参与者。他对日译名词给予很高评价，一方面可以看出日译名词在 1900 年以后所受欢迎的程度已然很高，即便是从事术语厘定工作的来华传教士也相趋用之；另一方面则可以表明，西学翻译由传教士与中国士人合作创译新语的时代已经过去，而进入了输入日本新名词的时代。

无论创译新语还是引入日本新名词，在王国维看来，重要的不在于新语是由谁创译，而在于其传递原语思想的准确性。在 1905 年所作的《论新学语之输入》一文中，王氏曾将严译新语与日译名词进行比照：

> 日本之学者，既先我而定之矣，则沿而用之，何不可之有？故非甚不妥者，吾人固无以创造为也。侯官严氏，今日以创造学语名者也。严氏造语之工者固多，而其不当者亦复不少。兹笔其最著者，如 Evolution 之为“天演”也，Sympathy 之为“善相感”也。而“天演”之于“进化”，“善相感”之于“同情”，其对 Evolution 与 Sympathy 之本义，孰得孰失，孰明孰昧，凡稍有外国语之知识者，宁俟终朝而决哉！又西洋之新名，往往喜以不适当之古语表之，如译 Space(空间)为“宇”、Time(时间)为“宙”是已……夫以严氏之博雅而犹若是，况在他人也哉！且日人之定名，亦非苟焉而已，经专门数十家之考究，数十年之改正，以有今日者也。窃谓节取日人之译语，有数便焉：因袭之易，不如创造之难，一也；两国学术有交通之便，无扞格之虞，二也。有

① 梁启超：《变法通议·论译书》，《饮冰室合集》第 1 册《饮冰室文集之一》，中华书局 1989 年版，第 76 页。

② 《万国公报》第 184 册，光绪三十年(1904)，第 24a～b 页。

此二便而无二难，又何嫌何疑而不用哉？①

本着将“言语”视作“思想之代表”的认真态度，王国维对日译新语也有其审慎的一面，在日译名词如潮水涌入的现实面前，清醒地认识到“非谓日人之译语必皆精确”。然而通过对一二词译义的详细辨析，他又不得不承认：“日人所定之语，虽有未精确者，而创造之新语，卒无以加于彼，则其不用之也谓何？”于是从一般性的选择上，也更加倾向于使用日译新语：“余虽不敢谓用日本已定之语必贤于创造，然其精密，则固创造者之所不能逮。而创造之语之难解，其与日本已定之语，相去又几何哉！”②一方面肯定日本译词的“精密”，一方面指出创造语的“难解”，在输入西学为急务的清民之际，在使用新语时做出怎样的选择是显而易见的。

严复从1895年开始翻译《天演论》，其后陆续译出《原富》《群学肄言》《穆勒名学》《群己权界论》《社会通诠》《法意》《名学浅说》等著，创译了一批社会科学相关方面的术语，在当时影响甚广，与同时输入中国的日译名词形成竞争关系。关于何者在传达西学知识、观念方面更为准确、恰当，彼时的知识界曾有过热烈讨论。比较典型的例子是关于Economy概念的翻译：早期传教士曾将其译为“节用”“节俭”，后来又被译为“理财”；严复1902年翻译《原富》，代之以“计学”译名，一度受到广泛关注；梁启超又试图以“平准”“生计”译之，前者受人质疑转而放弃，后者则被存之“以待后贤”，又曾撰《生计学学说沿革小史》；日本译名“经济”，一度遭到严复、梁启超等人批评，而最终被最为定名流传至今。③ 此外在译入西学著作过程中，严复对日译名词“自由”“权利”“宪法”等都曾提出过严厉批评，而这些词却最终成了现代学术体系中的流行语。

至1900年前后，中国知识界汲纳西学的主脉，开始逐渐由传教士和晚清士人合作翻译（中西合译）的西书转向日本学者翻译（东译）的西学著作；内容侧重上也有转移，关注重心由科学技术、历史地理等知识性著作变为更富有思想性的社会科学著作。对于前后所发生的变化，王国维指出：“十年以前，西洋学术之输入，限于形而下学之方面，故虽有新字新语，于文学上尚未有显著之影响也。数年以来，形上之学渐入于中国。而又有一日本焉，为之中间之驿骑，于是日本所造译西语之汉文，以混混之势，而侵入我国之文学

① 王国维：《静安文集·论新学语之输入》，《王国维全集》第1卷，浙江教育出版社2009年版，第127~128页。

② 王国维：《静安文集·论新学语之输入》，《王国维全集》第1卷，浙江教育出版社2009年版，第129~130页。

③ 相关译名问题的讨论，见于《新民丛报》第1号、3号、8号、11号，均出版于1902年。严复又曾作《与梁启超书》与之进行讨论（王栻主编：《严复集》第3册，中华书局1986年版，第517~518页）。

界。”①虽然日、中有着不同的文化传统，但因为在近代以前同属汉字文化圈，汉字是二者共同使用的文字形式，日本在输入西学过程中造译的一大批汉字新语，也随着经由日本学习西方思潮的兴起，成了中国现代学术话语体系建构的重要思想资源和概念工具。日本学者实藤惠秀在论及这种现象时指出：

> 到甲午战争之后，由于西洋人及中国人译书的数量，到底未能满足中国人对于新文化的需求，所以中国人留学日本，而且翻译日本书籍。因为日本书籍使用大量汉字，中日“同文”的要素甚多，故此中国人翻译日文较为容易。那些用汉字制成的新语，乍然一看，有的字面上与汉语相同，其实含义与汉语迥异（例如“文学”“革命”）；有的虽用汉语组合而成，但在传统的中国却不见这种名词（例如“哲学”“美学”）。不过对于这种新语，中国人一听解说便可理解；理解之后，记忆便容易；只要改换读音，便可以立刻当做中国语使用了。②

这样的情形，确为当时中国吸收外来思想的实际。由黄摩西编写、1911 年刊行的《普通百科新大词典》，在“凡例”中即说：“吾国新名词大半由日本过渡输入，然所用汉字有与吾国习用者相同而义实悬殊者，又有吾浑而彼画易涉疑似者，皆随条分析。”③所以实藤惠秀形容说是：“从中国人来日本留学开始直到清朝覆亡的期间内（按：1896—1911，共十五年左右），因为中国人翻译了很多日本书籍，大量日本词汇得以流入中国，以致中国人对那些词汇有应接不暇的感慨。”④当时可见的情形是，各种各样的新名词充斥于报纸、演讲甚至是私人信件当中。新语的涌现，深切地改变着清末民初的学术话语体系和日常话语系统。1902 年 11 月，黄遵宪（署“水苍雁红馆主人”）在写给梁启超的信中说：

> 已布之说，若公德，若自由，若自尊，若自治，若进步，若权利，若合群，既有以入吾民之脑，作吾民之气矣。未布之说，吾尚未知鼓舞奋发之何如也。此半年中，中国四五十家之报，无一非助公之舌战、拾公之牙慧者。乃至新译之名词，杜撰之语言，大吏之奏折，试官之题目，亦剿袭而用之。精神吾不知，形式既大变矣；实事吾

---

① 王国维：《静安文集·论新学语之输入》，《王国维全集》第 1 卷，浙江教育出版社 2009 年版，第 127 页。

② 实藤惠秀：《中国人留学日本史》（修订译本），谭汝谦、林启彦译，北京大学出版社 2012 年版，第 239~240 页。

③ 黄人编：《普通百科新大词典》卷首，中国词典公司 1911 年版。

④ 实藤惠秀：《中国人留学日本史》（修订译本），谭汝谦、林启彦译，北京大学出版社 2012 年版，第 249 页。

不知，议论既大变矣。①

“公德”“自由”“自尊”“自治”“进步”“权利”“合群”等均为清末新生术语，其中包含的思想和观念经《新民丛报》等介绍而影响广泛，即文中所称的“入吾民之脑，作吾民之气”，以至于在奏折、科举试题中也时常可见使用新名词。尽管时人对这些新术语及其包含的思想尚未有深刻理解，在民族精神、文化传统等方面也仍属“旧”的根底，然而在语言表现、舆论导向等方面却已处处可见“新”的面貌。许多与《新民丛报》差不多同时创办的报纸、杂志，往往也都以“新”命名，如《新小说》《新湖南》《新广东》，等等，似乎都能从中嗅出一股传布新说的气息。

1905年王国维发表《论新学语之输入》一文，鉴于当时日译新名词输入的蓬勃态势，同时也感慨于日逐而新的学术、思想发展动向，认为：“处今日而讲学，已有不能不增新语之势。”②言下之意，不仅新兴欧西学术、思想的讲述需要借助于新的话语系统，中国传统学术同样也需要纳入新的学术体系和话语系统重作理解。以现代新语阐发学术、建构新知，是清季民国时期学人的普遍选择。王国维、梁启超、刘师培、蔡元培等人，都以各自的学术实践反映出这一趋势。王国维在《红楼梦评论》中，频频使用“自律”、“他律”、“国民”、“哲学”、“美学”、“美术”(即“艺术”)、“优美”、“壮美”、“喜剧”、“悲剧”等现代学术话语对《红楼梦》进行评论，赋予作品全新的内涵。又如他讨论中国传统思想中的“性”“理”等问题时，通过使用“形而上学”“直观”“抽象”“意识”“理性”“感性”“客观”“主观”“伦理学”“哲学”“二元论”“人性论”“辩证法”等新概念，建构与传统论见面貌迥然有别的学术见解。讨论阮元、戴震的学术思想，也将其纳入“哲学”“心理学”“伦理学”等现代学科范畴。又如刘师培序论周末之学术史，而以心理学、伦理学、论理学、社会学、宗教学、政法学、计学、教育学、理科学、工艺学、法律学等现代学科立名。蔡元培1901年撰《学堂教科论》，参酌日本学者之论，将中国学术分为“有形理学”“无形理学”和“道学”，而将“物理学”“化学”“名学”“群学”“文学”“哲学”等各分属其下，由此建构对中国学术和中国知识的重新理解。

在现代学术体系形成过程中，新生学科使用现代新语在情理之中，而被认为是“中国所固有”的史学，其学术转型也与新语创制有不可分割的关系。1902年，汪荣宝编译《史学概论》一书，认为中国传统史学“不过撮录自国数千年之故实，以应用于劝善惩恶之教育，务使幼稚者读之而得模拟先哲之真似而已”，“而未能完成其为科学之形体。就此众多之方面与不完全之形体，而予以科学的研究，寻其统系而冀以发挥其真相者，是今日所谓

① 《新民丛报》第24期《谈丛》，1903年1月13日，第45~46页。

② 王国维：《静安文集·论新学语之输入》，《王国维全集》第1卷，浙江教育出版社2009年版，第129页。

史学者之目的也”。① 同年，邓实在《政艺通报》第12、13期发表《史学通论》，认为中国古代只有“朝史”“君史”“贵族史”，而没有“国史”“民史”和“社会史”，呼唤“中国史界革命”的到来。同样是在1902年，梁启超发表《新史学》，认为“二十四史非史也”，只过不是“二丨四姓之家谱而已”，提倡“史学革命”，呼唤一种“新史学”。因此他在文中检讨了旧史之得失之后，从“史学之界说”“历史与人种之关系”及重新思考传统史学所关注的“正统”“书法”“纪年”等问题展开论说。因为致力于建构一种“新”的史学，梁启超引入诸多新的概念和思想。他在文中层层推进，从“历史”是“叙述进化之现象”“叙述人群进化之现象”“叙述人群进化之现象而求得其公理公例”三个方面，对“历史”的义界和范围展开论说。其中诸如对“史学之客体”“史学之主体”的解说，“中国史”与“世界史”的区分，将历史学与物理学、生理学等其他学科进行对照以解析其范围，强调关注历史学与地理学、法律学、伦理学等各学科之关系，等等，都是现代史学讨论的问题。其间使用的概念如“进化”“人种”“文明”“宪法”“群治”“群体”“世纪”等，均体现出梁启超建构新的史学话语体系的尝试。

事实上，在1901年所著的《中国史叙论》中，梁启超就已经由讨论“史之界说”着眼，区分“前者史家”与“近世史家”之差异：“史也者，记述人间过去之事实者也。虽然，自世界学术日进，故近世史家之本分，与前者史家有异。前者史家不过记载事实，近世史家必说明其事实之关系与其原因、结果。前者史家不过记述人间一二有权力者兴亡隆替之事，虽名为史，实不过一人一家之谱牒；近世史家必探察人间全体之运动、进步，即国民全部之经历，及其相互之关系。以此论之，虽谓中国前者未尝有史，殆非为过。”②而类似意见，王国维1899年为樊炳清译日本学者桑原骘藏《东洋史要》所作序言已有表述：“自近世历史为一科学，故事实之间不可无系统。抑无论何学，苟无系统之智识者，不可谓之科学。中国之所谓历史，殆无有系统者，不过集合社会中散见之事实，单可称史料而已，不得云历史。”③新史、旧史之间，历史观念、叙述方式的差别自然是重要分野，学术话语的区别也是其间不可忽视的面相。而由梁启超《中国法理学发达史论》《论中国成文法编制之沿革得失》《法治主义之发生》等著述，可以看出他以新的话语体系建构中国历史、思想之意图。④

从古今对照的角度来看，构成现代学术话语体系的核心概念多是近代以来涌现的新语，即便其词形保留了古典形态，所用含义则多为衍生的新出之义。如今人习用的“文学”一词，词形虽然古今相同，内涵却是新旧有别，即钱穆《现代中国学术论衡》所说的：“今

① 汪荣宝：《史学概论》第一节《序论》，《译书汇编》1902年第9期。

② 梁启超：《梁启超全集》第3卷，北京出版社1999年版，第448页。

③ 《王国维全集》第14卷，浙江教育出版社2009年版，第2页。

④ 王汎森有《晚清的政治概念与“新史学”》一文讨论晚清新出的“国家”“国民”“群”等“概念工具”如何塑造“新史学”。见氏著《中国近代思想与学术的系谱》，吉林出版集团2010年版，第197~222页。

日国人之称文学，则一依西方成规，中国古代学术史上无之。"①"文学"作为中国现代学术核心话语之一，其词语形态虽然古已有之(首见于《论语·先进》)，但其含义却是古今有别。现代作为学科之一、指以语言为表达方式的艺术的"文学"，是对译 Literature 而来的新语。因而在"文学"学科形成和"文学"观念转换过程中，通过对"文学"概念的内涵、分类等问题进行言说，成了现代"文学"学术体系建构的重要内容。②

清末民初学术话语系统的变化，与该时期文化的转型互为表征。英国历史学家彼得·伯克(Peter Burke)指出："在任何时候，语言都是一个敏感的指示器，能表明文化的变迁，虽然并不只是个简单地反映"，并且认为"借用外来词汇和用法的语言史是有启发意义的"。③ 无论是严复自造译词，还是主张借用日译名词，二者反映的都是清末以来西学输入的大势；然而在文化主体的选择上又表现出不同的取向。严复选择以传统语汇为主体(造语也往往强调符合汉语习惯)对译西学概念，意在表明汉语文化自身具备足够容纳和表达西学的内在张力和生命力；日译汉字术语在语言形态上虽然也属汉语系统，但在命名习惯、构词方式等方面都与中国传统汉语有所不同。④ 在此情形之下，极易出现"同文殊解""同名异实"的状况，也就不可避免会造成"误读"。张之洞等在拟定《奏定学堂章程·学务纲要》时曾指出：

> 古人云：文以载道。今日时势，更兼有文以载政之用。故外国论治论学，率以言语文字所行之远近，验权力教化所及之广狭。除化学家、制造家及一切专门之学，考有新物新法，因创为新字，自应各从其本字外，凡通用名词，自不宜剿袭搀杂。日本各种名词，其古雅确当者固多，然其与中国文辞不相宜者，亦复不少。近日少年习气，每喜于文字间袭用外国名词谚语，如团体、国魂、膨胀、舞台、代表等字，固欠雅驯；即牺牲、社会、影响、机关、组织、冲突、运动等字，虽皆中国所习见，而取义与中国旧解迥然不同，迂曲难晓。又如报告、困难、配当、观念等字，意虽可解，然并非必需此字，而舍熟求生，徒令阅者解说参差，于办事亦多窒碍。⑤

对身处传统语境中的晚清士人来说，许多由日本输入的汉字新语，字形虽与中国古典

---

① 钱穆：《现代中国学术论衡·略论中国文学》，生活·读书·新知三联书店 2001 年版，第 257 页。

② 具体论述，参见拙著《"文学"概念史》，人民文学出版社 2016 年版。

③ 彼得·伯克：《语言的文化史：近代早期欧洲的语言和共同体》，李霄翔等译，北京大学出版社 2007 年版，第 1 页。

④ 参见冯天瑜：《新语探源——中西日文化互动与近代汉字术语生成》，中华书局 2004 年版，第 380~394 页。

⑤ 张之洞等：《奏定学堂章程·学务纲要》，《中国近代教育史资料汇编·晚清卷》第 1 册，全国图书馆文献缩微复制中心 2006 年版，第 402~403 页。

词一致，其义却“与中国旧解迥然不同”，“迂曲难晓”也在情理之中。在此背景下，中西学术之间的对接并不在同等的地位上展开，而是以西方观念、术语的强势输入为主要表现，受到传统士人抵制在意料之中。而由新术语广泛使用及其流行所反映的近代文化转向(文体的改变为其表现方式之一)，亦能由此见其一斑。

三、“话语霸权”再审视：重估现代话语体系形成的“中国因素”

1934年5月25日，鲁迅在《申报·自由谈》上发表《偶感》短文说：

> 每一新制度，新学术，新名词，传入中国，便如落在黑色染缸，立刻乌黑一团，化为济私助焰之具，科学，亦不过其一而已。①

虽是从负面形象描述外来新语进入中国后的遭遇，却从另一个侧面说明，外来语进入中国知识体系之后，与中国文化传统发生关联，内涵往往会发生改变，已非其西语原意，而是经过多重的改造和变异。类似情形的发生，是概念、术语跨语际间流动所表现的常态。就像章士钊所感叹的：“名正理从，谈何容易。即求之西文，且往往而不可必，况欲得之于理想悬殊之吾旧文乎？”②对译西学概念而形成的新语在与其西学渊源形成固定的对应关系后，也会被运用于理解中国古代的社会、思想和文化，又往往出现类似王国维所说的“以后世之理论决事实”③的情形。如《新民丛报》第11号的《问答》栏目曾有读者来信质疑梁启超以现代“社会”理论概述秦代社会特征的做法：“第四号《学术》第二页云：‘独至获麟以后，迄于秦始，实为中国社会变动最剧之时代。’按：中国当时未有社会，而贵报云‘最剧之时代’，意即坑儒焚书之祸欤？或当时有如今日社会之举，与社会相暗合欤？”其所谓《学术》第二页的内容，为梁启超所撰《论中国学术思想变迁之大势》第三章《全盛时代》第一节《论周末学术思想勃兴之原因》中的论述。④ 篇中在在可见“文明”“阶级”“进化”“思想”“社会”“时代”“主义”“学派”“学界”“学说”“论理”(即“逻辑”)等新语。这些术语所代表的观念，在中国古代虽有所表现，却不可能如梁氏分析得那般明确、清晰。而由所谓“本社”做出的回答，似乎也觉察到秦代中国状况并不完全符合西学“社会”概念所定义的社会特征，因而只是将其义简化为一般意义的“人群”：“‘社会’者，日人翻译英文Society之语，中国或译之为‘群’。此处所谓‘社会’，即‘人群’之义耳。此字近日译日本

① 鲁迅：《鲁迅全集》第5卷，人民文学出版社2005年版，第506页。

② 民质(章士钊)：《论翻译名义》，《国风报》第1年第29号，宣统二年(1910)。

③ 王国维：《观堂集林·再与林(浩卿)博士论洛诰书》，《王国维全集》第8卷，浙江教育出版社2009年版，第18页。

④ 《新民丛报》，1902年3月24日，第59~68页。

书者多用之，已几数见不鲜矣。本报或用‘群’字，或用‘社会’字，随笔所之，不能划一，致淆耳目，记者当任其咎。然‘社会’二字，他日亦必通行于中国无疑矣。”①时至今日，对译英文 Society 的“社会”译名，也正如《新民丛报》所料一样，成为人人习用的通行话语，也就很少有人会在研究中国古代“社会”时对此概念进行详细辨析。所谓西方学术话语的“霸权”遂就此形成。

作为后发型现代化国家，中国的现代化进程受多重因素影响，近代西方文明的输入为其中重要方面。在此背景下，中国现代学术体系的建构也受其影响，无论是学术分科还是观念都不可避免地带有明显的“西方化”色彩。美籍巴勒斯坦裔学者萨义德在《东方学》一书中曾描述过一种带有普遍倾向的东方学：

> 其结果是，在东方学中达成了一种普遍认同：某些东西、某些话语方式、某些作品类型得到了东方学家们的一致接受。他们将自己的著作和研究建立在这些东西之上，而这些东西反过来又对新的作家和学者们形成很大的压力。东方学因而可以被视为一种规范化(或东方化)的写作方式、想像方式和研究方式，受适用于东方的各种要求、视角和意识形态偏见的支配。②

从某种意义上来说，中国现代学术话语体系的形成也具有某些东方学的色彩。在现代知识建构和话语体系形成中发挥权力作用的，是清末民初居于优势地位的“西学”。大量西学术语尤其是日译汉字新语的涌入，对传统的话语结构和学术体系形成巨大冲击，短时间内出现“失语”现象。然而不能否认的一点是：在汉语历史语境中形成的新概念、新术语，与其对应的西方概念和术语之间不仅词形有异，在意义内涵上也存在“落差”。严复在1902 年写给梁启超的信中谈到自己翻译所谓“艰大名义”时曾说：“盖翻艰大名义，常须沿流讨源，取西字最古太初之义而思之，又当广搜一切引伸之意，而后回观中文，考其相类，则往往有得，且一合而不易离。”③又曾自道术语厘定之不易：“一名之立，旬月踟蹰。”④尽管严译名词大多未能成为现代学术的通行话语，却从一个侧面表明，现代学术话语在其生成、演变、定型过程中曾经历复杂的意义重建，中、西概念也因此经由翻译而形成多重的“现代性”关联。

由术语翻译而形成的西方学术话语权力场域，在本土化、语境化的过程中常受到自身文化传统的制约。在时人“讲求西学之法，以译书为第一义……欲令天下士人皆通西学，

---

① 《新民丛报》，1902 年 7 月 5 日，第 87~88 页。

② 爱德华·W. 萨义德：《东方学》，王宇根译，三联书店 1999 年版，第 258 页。

③ 严复：《与梁启超书》其三，王栻主编：《严复集》第 3 册，中华书局 1986 年版，第 519 页。

④ 严复：《〈天演论〉译例言》，王栻主编：《严复集》第 5 册，中华书局 1986 年版，第 1322 页。

莫若译成中文之书”①的观念指引下，翻译不仅仅是将一种语言转化为另一种语言，由于彼此之间术语、概念的不对等性，以及其他因素的影响，语言转换过程必然会造成概念意义、内涵的不一致。严复1898年作《论译才之难》说：

> 已译之书，如《谭天》，如《万国公法》，如《富国策》，皆纰谬层出，开卷即见。夫如是，则读译书者，非读西书，乃读中土所以意自撰之书而已。敝精神为之，不亦可笑耶？往吾不信其说，近见《昌言报》第一册译斯宾塞尔《进说》数段，再四读，不能通其意。因托友人取原书试译首段，以资互发。乃二译舛驰若不可以道里计者，乃悟前言非过当也。②

《谭天》（原名《天文学纲要》，英国天文学家J. F. 赫歇耳著）为清末李善兰、伟烈亚力二人合译的一部天文学著作，《万国公法》（原名《国际法》，美国法学家惠顿著）由晚清来华传教士丁韪良翻译，《富国策》（原名《政治经济学指南》，英国经济学家法思德著）由丁韪良、汪凤藻合译，均为晚清有广泛影响的汉译西书。严复批评这些著作“读译书者，非读西书，乃读中土所以意自撰之书”，虽是就翻译的准确性而言，但从另一个方面来说，也反映出跨语际传播的必然情形，翻译不可能是意义重现，必定包含了“再造”的成分，其间的差异不过只是程度多少的不同。冯友兰曾评论严译《天演论》说：“严复翻译《天演论》，其实并不是翻译，而是根据原书的意思重写一遍。文字的详略轻重之间大有不同，而且严复还有他自己的案语，发挥他自己的看法。所以严复的《天演论》并不就是赫胥黎的《进化论与伦理学》（《天演论》的原名）。其中的进化论和不可知论，在内容上和赫胥黎的原来的理论，并不是完全相同。”③

无论早期受限于译述方式（中国士人与传教士相互合作）、沟通中西语言的能力，还是严复等人出于引入西学知识、观念的有意为之，晚清译者并未将传递西书原义作为翻译的第一准则。严复在翻译《名学浅说》（W. S. Jevons, *Primer of Logic*）时曾自陈：“中间义旨，则承用原书，而所引喻设譬，则多用己意更易。盖吾之为书，取足喻人而已，谨合原文与否，所不论也。”④这样的处置，与严复一贯秉持的“达旨”的翻译策略一致。对于这种创造性的翻译方式，王国维批评说：“侯官严氏所译之《名学》，古则古矣，其如意义之不能了

---

① 康有为：《上海强学会章程》，姜义华、张荣华编校：《康有为全集》第2册，中国人民大学出版社2007年版，第93页。

② 王栻主编：《严复集》第1册，中华书局1986年版，第90~91页。

③ 王栻等：《论严复与严译名著》，商务印书馆1982年版，第101~102页。

④ 王栻主编：《严复集》第2册，中华书局1986年版，第265~266页。

然何？以吾辈稍知外国语者观之，毋宁手穆勒原书之为快也。”①造成这一状况的原因，两种语言之间术语的不对等性是一个重要方面。也正因如此，王国维才会在严复已有《名学浅说》译本的情况下译成《辨学》一书。另一方面也提醒我们，知识、概念在从一种文化向另一文化传递过程中，受容的一方不可能全盘予以接受，必然会经过改造和变异。所谓的忠于原著(严复所谓“信”的标准)，只能是相对而言。缘于此，严复在翻译过程中也常采取变通策略：“译文取明深义，故词句之间，时有所颠到附益，不斤斤于字比句次，而意义则不倍本文。题曰达旨，不云笔译，取便发挥，实非正法。”②在输入西学过程中，术语对译常会出现意义的错位，亦即中国古人所说的“意之所随也，不可以言传也”(《庄子·天道》)，离开了概念自身所处的语境，原语概念的部分内涵和意义就会变得不可理解。

晚清西学输入中国经历了两个阶段，前后大致以甲午战争为分界：第一个阶段的主要参与者是部分中国先进士人和西方来华传教士，中国士人如魏源、林则徐、华蘅芳、李善兰、徐寿等，西方传教士如马礼逊、傅兰雅、伟烈亚力、艾约瑟、丁韪良、林乐知等，他们合作翻译西学著作，向中国知识界输入西方知识和观念；后一阶段则主要由日本输入西学，大量日译汉文西书受到国人关注，当时虽也有少数人如严复、林纾等直接对译西书，却并未成为时代主流。无论是哪一阶段，都不得不借助于新语的创制，其产生方式又大致可分为音译、意译、音意合璧等不同形式。而在王力看来，只有“借词”(音译词)才属于“外来语”，由意译方式创制的“译词”应当被排除在“外来语”的范围之外：

> 借词和译词都是受别的语言的影响而产生的新词；它们所表示的是一些新的概念。当我们把别的语言中的词连音带义都接受过来的时候，就把这种词叫做借词，也就是一般所谓音译；当我们利用汉语原来的构词方式把别的语言中的词所代表的概念介绍到汉语中来的时候，就把这种词叫做译词，也就是一般所谓意译。有人以为：音译和意译都应该称为外来语。我们以为：只有借词才是外来语，而译词不应该算做外来语。③

从清末民国时期输入新语的创制方式来看，大多属于“译词”，尤其是各学科的学名与核心概念。而王力之所以将“译词”视作“非外来语”，在某种程度上是因为这类词是以汉语的构词方式创制的新词，不仅在词语形态上属于中国名词，在意义界定上也有别于其原语的内涵。尽管对其划分是否合理，学界还有不同的看法，然而却提醒我们注意这样一个

---

① 王国维：《静安文集·论新学语之输入》，《王国维全集》第1卷，浙江教育出版社2009年版，第129页。

② 严复：《〈天演论〉译例言》，王栻主编：《严复集》第5册，中华书局1986年版，第1321页。

③ 王力：《汉语史稿》，中华书局2004年版，第587页。

事实：晚清以来创制的诸多新语，以及以此为基础构成的新的话语体系，并不仅是其西方语文形态的汉语对应词或词语系统，并非是简单形式的“霸权”作用的产物，而是有着一种复杂的翻译、转换关系。

在现代学术话语体系形成和建构过程中，西方学术话语的确曾经起过主导甚至是支配的作用，现代学术话语的西学渊源即是这种作用的直接体现；然而在此过程中汉字文化圈的学者并非只是被动接受，而是基于自己的文化基因创制新语，重构思想。傅斯年指出：“大凡用新名词称旧事物，物质的东西是可以的，因为相同，人文上的物事是每每不可以的，因为多是似同而异。”①在不同的文化语境中，概念内涵的某些方面是无法通过词语对译的方式进行传递的。而如果有本土文化的参与，其间的情况会更为复杂。美国学者费正清曾说：“进入中国的外国影响，必须通过语言这一关。外国思想的翻译常常接近于汉化。正像为了适应现代需要而把印欧语系加以现代化那样，中国也创造了新名词，许多是从日文吸收的，用以表达新的意义。可是古代汉字用于新的词组时，并不能完全摆脱它们积累起来的涵意。”②近代以来受西学东渐影响而形成的新的学术话语，有的词形为中国古典词，如“民主”“自由”“经济”“科学”“物理”“文学”等，然而其含义已非传统内涵；有的词形则属于重新创造，如“哲学”“美学”“逻辑”等。通过翻译而形成的新语，其意义都与该词所对应的西方语源有所不同，在进入中国文化时都经历了一个意义重构的过程。对此，陶履恭指出：

> 世人用语，率皆转相仿效，而于用语之真义反漫然不察。物质界之名词，每有实物可稽寻，世人用之，或能无悖词旨，鲜支离妄诞之弊。独进至于抽象之名词，无形体之可依托，而又非仅依吾人官觉所能理会。设转相沿袭，不加思索，非全失原语之真义，即被以新旨，而非原语之所诂，此必然之势也。③

无论是以何种形式产生的新语，与其进行对译的西方概念之间在内涵上常存在某种疏离，甚至因为文化语境的不同而走向相反的一面。费正清指出，某些西方概念汉译后，往往会发生文化性变异：“西方自由主义的两个神圣名词‘freedom’（自由）和‘individualism’（个人主义），翻译时，正如在日本，保留了一种任性的无责任感的涵意，使为人人的学说去为个人自己服务。规规矩矩的儒家信仰者给吓坏了。西方个人主义的美德变成了没有责任感的只顾自己的放纵。”又举“权利”一词为例说：“权利（rights）的思想即使在现代西方也是新发展起来的，但是在中国，这种思想几乎没有什么背景，以致必须为它创造一个新

---

① 傅斯年：《与顾颉刚论古史书》三《在周汉方术家的世界中几个趋向》，欧阳哲生主编：《傅斯年全集》第1卷，湖南教育出版社2000年版，第459页。

② 费正清编：《剑桥中华民国史》上卷，杨品泉等译，中国社会科学出版社1994年版，第5页。

③ 陶履恭：《社会》，《新青年》第3卷第2号，1917年。

名词。1864年当美国传教士丁韪良在翻译惠顿的《万国公法》时，用了权利一词，不久此词又在日本被使用。但是这两个汉字当然已有固定的意义，两者结合起来似乎是说'power-profit(权力-利润)'，或者至少是说'privilege-benefit(特权-利益)'。这样就使一个人对权利的维护，看起来像一场自私的权力游戏了。"①出现这种状况，一方面是缘于中国知识界对西方概念存在的误读，另一方面表明某一文化对异文化的受容并不是原封不动地搬用，而往往会基于自身文化进行整合、变异和重组，最终形成一种有别于原语含义的概念系统。虽然二者之间存在词语的对译关系，但在意义内涵上却存在一定差异。由这些发生变异的概念所构成的话语系统，又成为建构现代学术体系的重要支撑。

换个角度来看，清末民初以降创制的大量新语都采用中国文化原有的词汇，而不是创造一套全新的术语体系，本身就说明现代话语体系建构过程中"中国因素"同样扮演了重要角色。而转换过程中经历的复杂情形，并非所谓"西方话语霸权"所能概括和反映的。也正因如此，在新语(尤其核心术语)的产生、定型过程中，常出现各种不同的意见，同时会有多个不同的术语与同一个西方语源进行对译。金观涛、刘青峰在研究中国现代政治观念的形成时，曾将其过程概括为三个阶段，又特别强调第三个阶段(新文化运动时期，特别是1919年以后)在概念形成过程中的重要意义："可以看到中国人对所有外来观念的消化、整合和重构，将它们定型为中国当代观念。这些观念趋于定型，形成了中国特有的现代意义，其意义大多与第二阶段不同；有的观念甚至回到与第一阶段相近的意义和结构，也就是说重构产生了中国式的现代观念，并在这些观念基础上，建构了现代中国主要的意识形态。"②论者在讨论现代学术转型过程中，往往只看到新旧、中西之间的转换，常忽略其间经历的复杂面相和曲折历程，对中国知识分子在此过程中所作的种种努力和探讨也缺少足够重视，以致将其归结于"西方话语霸权"的作用这一点之上。尽管在传统与现代学术对接过程中，新兴的西方学术话语的确有不可替代的作用，为中国现代学术转型提供了重要的思想资源和概念工具。然而这些新兴学术话语的形成与传播，又都是在中国文化发展的历史情境中展开，其中不仅有中国学人参与其间，究其内涵也已非其西学本义，在进入中国学术话语系统时都经历了"本土化"的过程。严复在厘译西学术语时，常将其与中国思想文化的对接作为思考和论述的出发点。如他辨析"宪法"一词的适用性时说：

> "宪法"，西文曰 Constitution，此为悬意名物字，由云谓字 Constitute 而来。其义本为建立合成之事，故不独国家可以言之，即一切动植物体，乃至局社官司，凡有体

---

① 费正清编：《剑桥中华民国史》上卷，杨品泉等译，中国社会科学出版社1994年版，第5~6页。

② 金观涛、刘青峰：《观念史研究：中国现代重要政治术语的形成》，香港中文大学出版社2008年版，第7~8页。

段形干可言者，皆有Constitution。今译文"宪法"二字，可用于国家之法制，至于官司局社尚可用之，独至人身草木，言其形干，必不能犹称"宪法"。以此推勘，即见原译此名，不为精审。译事之难，即在此等。但其名自输入以来，流传已广，且屡见朝廷诏书，殆无由改，只得沿而用之。异日于他处遇此等字，再行别译新名而已。①

在严复看来"不为精审"的"宪法"，在后世成了广泛使用的通行语。然而与之形成对译关系的Constitution，却具有"宪法"所不能容纳的含义，只是因为"流传已广"，并且"屡见朝廷诏书"，不得已予以沿用。而不论是意义的扩大、缩小或者变形，都意味着"宪法"与Constitution之间的不对等关系。在此背景下，若一味以Constitution观念强究"宪法"的内涵，就会不免有郢书燕说的弊病。

严复虽不满"宪法"译名而暂予使用，王国维对"哲学"译名的辨析，则是从古今互释的层面厘定术语，显示出以本土文化对接西学概念的另一种路向。他在1903年所作《哲学辨惑》中说：

甚矣，名之不可不正也！观去岁南皮尚书之《陈学务折》及管学大臣张尚书之覆奏折，一虞"哲学"之有流弊，一以"名学"易"哲学"，于是海内之士颇有以"哲学"为诟病者。夫"哲学"者，犹中国所谓"理学"云尔。艾儒略《西学凡》有"费禄琐非亚"之语，而未译其义。"哲学"之语，实自日本始，日本称自然科学曰"理学"，故不译"费禄琐非亚"曰"理学"，而译曰"哲学"。我国人士骇于其名而不察其实，遂以"哲学"为诟病，则名之不正之过也。②

在王国维看来，"哲学"虽为日本新创译名，但其所指向的内容与传统概念"理学"相同。时人因为对这一新名的陌生而失于对其实质内容的考察，因而王氏特作文予以解惑。尽管从概念的内涵来看，西方的"哲学"与中国传统"理学"之间并非完全一致；然而在新语早期传播过程中，这样的对应显然有助于"哲学"概念为大众所接受，从而进入国人的话语和知识系统。一方面，在"哲学"之名下，中国古代的思想、观念由此形成不同的统系，一如冯友兰撰写《中国哲学史》所宣称的："哲学本一西洋名词。今欲讲中国哲学史，其主要工作之一，即就中国历史上各种学问中，将其可以西洋所谓哲学名之者，选出而叙述之。"③另一方面，以汉字文化之视野所建构的"哲学"观念，与西方学术含义中的

① 严复：《宪法大义》，王栻主编：《严复集》第2册，中华书局1986年版，第239页。

② 《王国维全集》第14卷，浙江教育出版社2009年版，第6页。

③ 冯友兰：《中国哲学史》上册，商务印书馆1934年版，第1页。书前第一篇自序作于1930年8月。此段文字又见于1934年1月商务印书馆初版之《中国哲学小史》。

Philosophy 也有不尽相同的地方，而是在中国文化语境中形成了汉语概念自身的意义内涵。①在此情形之下，对中国现代学术话语体系形成中“中国因素”所发挥的作用和影响，有重新予以审视的必要。而对类似中西之间具有对译关系的术语、概念进行辨析，在当下建构中国特色社会主义话语体系背景下显得尤有必要。

四、余　　论

1911 年，上海中国词典公司出版由黄人编纂的《普通百科新大词典》。严复为其书作序，特意申明名词的厘定在现代思想、学术体系中的重要意义：

> 名词者，译事之权舆也，而亦为之归宿。言之必有物也，术之必有涂也，非是且靡所托始焉，故曰权舆。识之其必有兆也，指之其必有檠也，否则随以亡焉，故曰归宿。……顷年以来，朝廷锐意改弦，以图自振，朝暮条教，皆殊旧观，闻见盱眙，莫知的义。其尤害者，意自为说，矜为既知，稗贩传讹，遂成故实，生心害政，诐遁邪淫。然则名词之弗甄，其中于人事者，非细故也。②

在严复看来，西学著作的翻译，一方面须以术语、概念译名的厘定为起始，思想、观念往往都以术语为依托，借助术语来进行表达；另一方面又应当以术语、概念的厘译为指归，通过对术语、概念内涵的揭示，能够更清晰地认识和理解其背后所蕴含的深刻思想。术语、概念的厘定应该能够准确反映思想的内涵，而思想、观念又能浓缩于术语、概念之中。

此前一年，梁启超为章士钊所作《论翻译名义》撰写小序，对古今学术及话语体系的巨大变化感慨至深：“而今世界之学术，什九非前代所有，其表示思想之术语，则并此思想亦为前代人所未尝梦见者，比比然也。”③与新思想、新观念输入相伴产生的现代学术新语，其生成、演变和定型往往存在各种各样的复杂情形，也会如物种变迁一样有一个选择和淘汰的过程。严复翻译的诸多新语名词便有此遭遇。如由他厘定的“群”(Society)、“直”(Rights)、“计”(Economy)等，在后来都被日译新名词“社会”“权利”“经济”等所取代，他在翻译过程中所作的辨析，也往往因为其译语遭到淘汰而被忽略。然而对译名厘定过程进行考察，对建构中国特色的学术话语体系却不无裨益。甚至有论者认为他选用特定

---

① 参见桑兵：《近代“中国哲学”发源》，《学术研究》2010 年第 11 期；陈启伟《“哲学”译名考》，《哲学译丛》2001 年第 3 期；熊月之：《从晚清“哲学”译名确立过程看东亚人文特色》，《社会科学》2011 年第 7 期；冯天瑜：《“哲学”：汉字文化圈创译学科名目的范例》，《江海学刊》2008 年第 5 期。

② 王栻主编：《严复集》第 2 册，中华书局 1986 年版，第 277 页。

③ 《国风报》第 1 年第 29 号，宣统二年(1910)。

的术语翻译西方概念，反映了他立足中华文化，努力吸收当代西方科学思想，希望从源头上将以儒家为代表的中国思想文化现代化的愿望，是中国文化发展继孔子、朱熹之后的又一个里程碑。①

以中国传统思想去格义西方现代观念，从而实现中西对接与涵化，在晚清时期中西文化接触过程中表现得甚为突出，术语厘译始终居于关注的中心。1895—1896年，严复翻译《天演论》，曾用"权利"一词对译Rights，然而又觉得不甚妥当。后来在1902年写给梁启超的信中，严复对Rights译名进行详细辨析：

> 惟独Rights一字，仆前三年，始读西国政理诸书时，即苦此字无译，强译"权利"二字，是以霸译王，于理想为害不细。后因偶披《汉书》，遇"朱虚侯忿刘氏不得职"一语，恍然知此"职"字，即Rights的译。然苦其名义与Duty相混，难以通用，即亦置之。后又读高邮《经义述闻》，见其解《毛诗》"爰得我直"一语，谓"直"当读为"职"。如上章"爰得我所"，其义正同，叠引《管子》"孤寡老弱，不失其职，使者以闻"，又《管子》"法天地以覆载万民，故莫不得其职"等语。乃信前译之不误，而以"直"字翻Rights尤为铁案不可动也……此Rights字，西文亦有"直"义，故几何直线谓之Right line，直角谓Right Angle，可知中西申义正同。此以"直"而通"职"，彼以物象之正者，通民生之所应享，可谓天经地义，至正大中，岂若"权利"之近于力征经营，而本非其所固有者乎？且西文有Born Right及God and my Right诸名词，谓与生俱来应得之"民直"可，谓与生俱来应享之"权利"不可。何则，生人之初，固有直而无权无利故也，但其义湮晦日久，今吾兼欲表而用之，自然如久废之器，在在扞格。顾其理既实，则以术用之，使人意与之日习，固吾辈责也。②

正是认识到"权利"概念与中国传统制度、观念之间存在某种偏离，严复在翻译《群己权界论》时，选择用"民直""天直""权利"三个词来对译不同语境中的Rights，以消除概念使用造成的误读。而至梁启超等人提倡使用日译名词之后，严译的许多术语因为过于雅驯而遭淘汰，Rights也仅以"权利"的译名而被接纳并广泛使用。在此背景下，作为西方政治学概念的Rights与中国传统术语"直"之间的联系也因此被切断，在中国语境中"权利"一词于是便不能完整表达Rights的全部含义。而后人的讨论，又往往以西方的Rights概念对中国的"权利"话语进行分析和批评，由此造成聚讼不一的情形。

汉字新语在与西方语源进行对译之后，从某种程度上来说已经脱离了西方语境，而是

---

① 王宪明：《严译名著与中国文化的现代化——以严复译〈群学肄言〉为例的考察》，《福州大学学报》2008年第2期。

② 严复：《与梁启超书》其三，王栻主编：《严复集》第3册，中华书局1986年版，第519页。

在中国语境中形成自足的意义系统。这个意义系统与其西方词汇的含义有直接联系，但并非完全对等，其间必然会融入中国文化自身的某些质素。就像德国哲学家伽达默尔所提示的："即使在生活受到猛烈改变的地方，如在革命的时代，远比任何人所知道的多得多的古老东西在所谓改革一切的浪潮中仍保存了下来，并且与新的东西一起构成了新的价值。"①当我们讨论新思想、新观念如何影响于现代中国的学术时，往往会忽略传统思想观念所发挥的影响。最近中外学界关于中国文学抒情传统与现代性的研究，则旨在提醒我们在讨论中国文学现代性时，不能忽略传统文学观念在现代化进程中所具有的张力，以及由其所代表的中国现代性表述的另外一个脉络。② 1902 年，严复在写给梁启超的信中提出：

> 大抵取译西学名义，最患其理想本为中国所无，或有之而为译者所未经见。若既已得之，则自有法想。在已能达，在人能喻，足矣，不能避不通之讥也。③

从一般意义的翻译来看，这一做法与他自己所提出的"信"的标准并不一致；然而从文化的跨语际旅行来看，出现这样的情形又是意料中事。在此背景下形成的术语、观念，对于与之对应的西学术语、观念来说也仍然是一种重新创造。作为例子之一，即便是到"国家"观念十分成熟的民国后期，仍有学者注意到中国不同于西方以"帝国""族国"为特征的国家性质，从而使用"中国之国""中国天下""中国天下国"等概念来凸显中国不同于西方国家的属性和特征。④ 这样的认识也提醒我们：无论是"国家""民主""自由"等所谓"西方"思想、概念，都应当在中国文化发展的历史语境中进行理解，而不是以西方的概念内涵作为解释中国思想、文化的依据和标准。在此义下，建构中国特色的现代学术话语体系，创立一套全新的话语体系并非第一要务，而是通过对构成现代中国思想、文化的核心概念进行"正本清源"的梳理和考辨，在追索现行话语生成过程的基础上，对其在汉语世界所具有的意义详加辨析，发掘新语生成、演变背后的中国内涵，由此将其与西方对应概念加以区别，在中国文化语境中建构属于自身的意义谱系。

---

① 伽达默尔：《真理与方法——哲学诠释学的基本特征》，洪汉鼎译，商务印书馆 2010 年版，第 399 页。

② 参见陈国球、王德威编《抒情之现代性："抒情传统"论述与中国文学研究》引言、导论、总结等部分的相关论述（三联书店 2014 年版，第 1~32、741~814 页）。

③ 严复：《与梁启超书》其三，王栻主编：《严复集》第 3 册，中华书局 1986 年版，第 518~519 页。

④ 罗梦册：《中国论》，商务印书馆（重庆）1943 年版。

区域史

湖北武汉历史文化研究

涂文学*

武汉是一座建城历史悠久、空间布局独特、极富个性魅力的城市。在这座由钢筋水泥搭建起来的近代历史舞台上，几乎每隔几年都要上演一出惊天动地的历史活剧。武汉是一座充满活力的商业大都会，“十里帆樯依市立，万家灯火彻宵明”，九省通衢，万商云集，“货到汉活”，明清时为“天下四聚”之一，晚清时更被外人艳称为“东方芝加哥”。然而，长期以来，武汉的这种历史地位被严重低估，至少在史家的眼中和笔下是如此。民初湖北方志大家王葆心在其所著《续汉口丛谈》中就不胜感慨：“近日有为《上海小史》者，其旨则专详见今。因淞沪大埠，自来纪述良夥，且云间一郡，明季清初，此类记乡土里俗之书尤多，美备之余，无庸赓述。汉口则记者寥寥。”①时至当下，专力于武汉历史与文化研究的“学院派”仍然寥如晨星，远不如上海、广州、北京甚至天津、成都、重庆的本土城市研究学者之众，著述之丰。但值得庆幸的是，在为数不多的关注武汉城市历史与文化研究的学者中，能够有冯天瑜先生这样的文史大家，以造福荆楚乡梓、复兴武汉文化的历史使命感，40 年甘之如饴地奉献着自己的学术智慧，独树一帜引领湖北武汉区域历史文化研究的方向，为湖北武汉区域史研究积累了丰厚的学术资产。

一、事件史：工业化、城市化、城市现代化与辛亥革命“城市起义”

冯天瑜先生对湖北及武汉区域史研究肇始于辛亥武昌起义的研究。

辛亥革命首发于武汉，首胜于武汉，这场改写中国乃至亚洲历史的近代史上最重要的历史事件，由于是“唯物史观的一个绝好的例证”，“明白地指出了将来的中国的去向”，

---

* 涂文学(1958—)，江汉大学武汉研究院教授、院长，江汉大学城市研究中心主任，华中师范大学中国近代史研究所博士生导师。

① 王葆心：《续汉口丛谈》卷一，湖北教育出版社 2002 年版，第 5 页。

并且“因为浓郁的地方色彩，对热爱乡邦的人们更有着特别的魅力”，因此引起冯先生的“十二分留意”，从此便有了持续40年辛亥革命武昌首义史研究。对此，冯先生1985年在湖北人民出版社出版的《辛亥武昌首义史》的序言中曾有详细披露：“这段史事浓郁的地方色彩，对热爱乡邦的人们更有着特别的魅力。三烈士纪念碑、彭刘杨路、首义路、起义门、阅马场湖北军政府旧址、拜将纪念碑、蛇山头黄兴铜像等首义胜迹，是我们这些‘老武昌’从幼年时代起便经常留连徜徉的处所；至于首义先烈的故事，连同其中包蕴着的爱国主义和民族主义精神，则通过前辈的讲述和书本上的文字，如同‘润物细无声’的春雨，滋润着我们的心田。正是这一切，使我形成了对武昌首义的惓惓情怀，它驱使自己从致力史学工作之始，就有意研究这段悲壮而又曲折多致的历史。”①

通览冯先生关于辛亥革命研究的系列成果，我们发现其对于武昌首义的研究有其独特的视角，作为中国近代最伟大的历史事件，冯先生理所当然地对事件始末进行了详细系统的研究，其中对某些史事的细节还有精细独到的考证甚至精彩形象的描述。但我们感兴趣的是冯先生以辛亥武昌首义为基点，以“长时段”(地理时间)和“中时段”(社会时间)视野契入湖北武汉区域史、经济史、社会史及文化史的研究。即通过晚清湖北武汉区域经济、社会、文化状貌的述写，不仅探讨了辛亥革命在武昌首义并首胜的背景和原因，而且深刻揭示了辛亥革命作为资产阶级民主革命“城市起义”的性质。区域史与事件史的综合、交叉研究视野，赋予冯先生辛亥革命史研究的历史纵深感和学术理论高度。他认为晚清已经进入了传统社会的总结时期，此时专制社会出现了解体的征兆，近代社会也已曙光微露，故而研究辛亥革命不应拘泥于事件本身，还应关注到当下所处的历史时期，城区风貌、社会形态、经济发展、文化状貌等时空背景因素，进而发现推动辛亥首义这一重大历史事件形成与发展的诱因。通过汉口城市空间形态的变化、武昌城市空间形态的拓展、汉阳城市空间形态的发展，勾勒出近代武汉城市空间演变的特征；他不仅描绘出了武汉近代都会的景观与样貌，更通过城市的工业化发展及现代化进程，独辟蹊径地提出“城市起义”概念，创见性地揭示出“工业化”“城市化”道路的发展路径，促成武昌首义事件发生的内在因果联系。

事实上，早在20世纪70年代末期，冯先生已将对于辛亥革命的单一事件研究，转而迈向更深层次的多元环境探讨，即从区域史的角度切入并展开，着重关注“首义之区”的城市经济、社会、文化及背景特征，探寻辛亥革命事件背后更为深层次的历史文化与空间交错之影响。② 在《湖北成为辛亥革命“首义之区”原因初探》一文中，冯先生指出，辛亥革命绝非“始于意外”的偶然成因，而是“先声夺人”的历史进程之必然结果。这一观点驳斥

① 贺觉非、冯天瑜：《辛亥武昌首义史》，湖北人民出版社1985年版，序第1~2页。

② 冯天瑜：《湖北成为辛亥革命“首义之区”原因初探》，《武汉师范学院学报》(哲学社会科学版)1980年第4期。

了对于“湖北地处形胜，控扼九省，故登高一呼，应者云集”的论调，凸显出区域特征的重要性。湖北武汉在内陆地区能在中国早期现代化进程中“先声夺人”，既与近代汉口被迫开埠开放，外力楔入有关，同时更得益于张之洞“湖北新政”使湖北武汉工业化、城市化、城市现代化，并获得长足发展，从而为辛亥革命爆发创造思想舆论和经济社会条件。第二次鸦片战争以后，英、法、俄、德、日、美等国相继侵入湖北，开商埠、辟租界、设银行，办工场、辟航道、筑铁路，逐步控制湖北武汉经济、金融、交通等，改变了武汉地方社会固有的社会经济生态，这个深处堂奥、风气古朴的内陆省份，一变而为“商贾辐辏，白皙人种联翩并集”的列强“势力圈竞争之中心点”“锁国时代之楚”，变成“门户洞开之楚”，湖北的社会结构发生了前所未有的大变动。①

冯先生敏锐洞悉到，辛亥前夕的湖北，不仅是党人惨淡经营的基地，也是清廷统治脆弱的一环。正是由于地处“九省通衢”的独特优势，加之无独有偶地成了“三不管”地带，才使西方势力顺理成章地大举渗透湖北地区，而西方势力渗透湖北武汉的结果，便是直接或间接地促成了武昌首义。对此，冯先生有深刻剖析：

> 从十九世纪中叶至辛亥革命前，资本—帝国主义列强对湖北无孔不入的渗透，给人民带来的苦难当然是十分深重的，与此同时，也造成了西方殖民者所不曾料想到的结果——
>
> “世界上最古老最坚固的帝国，因受了英国资本家纺织品的影响，八年来已处于社会革新的前夜，这种社会革新对于文明无论如何应有非常重大的结果。我们欧洲的反动派，在最近的将来势必向亚洲逃跑，一跑跑到中国的万里长城，跑到这个最保守的堡垒的门口，那时那时候，安知他们在那里不会碰到‘中华共和国——自由、平等、博爱’这几个大字呢？”（《马克思恩格斯论中国》）马克思、恩格斯在十九世纪中叶对于资产阶级革命不可避免地将在中国发生的天才预见，被中国近代历史，特别是辛亥革命史所证明。正如马克思、恩格斯所指出的，这场革命是在西方列强经济侵略的刺激、影响下发生的。特别引人注目的，恰恰是列强渗透的中心之一——湖北，成为辛亥革命的“首义之区”。
>
> 这是历史的辩证法所使然！②

城市化的进程是一个蜕变的过程，往往伴随着痛苦的记忆与屈辱的历史。19世纪末20世纪初，在长江中下游及珠江三角洲出现的资本主义新经济，因西方列强竞相向中国输出资本而崛起。中国民族资本在甲午战争后出现了一个短暂的高峰，此时资产阶级革命

① 冯天瑜：《辛亥革命前列强对湖北的渗透》，《江汉论坛》1985年第6期。
② 贺觉非、冯天瑜：《辛亥武昌首义史》，湖北人民出版社1985年版，第22~23页。

活动正摩拳擦掌，跃跃欲试。在冯先生的诠释中，20 世纪初，中国民族资本初具规模的地区，一是江浙、二是广东、三是湖北。作为首义之区的武汉，在 19 世纪末，其现代经济产生、成长具有自身的特点，这便是官办发展速度快，企业规模大，投资额度高，技术设备先进，自成体系，工人数量多。在官办工业的和外资企业的带动刺激下，“湖北作为一个深处堂奥的内地省份，自然经济开始解体，并随之出现前所未有的新的经济形势”①。商品市场的扩大、劳动力市场的出现以及货币财富积累、民族资本形成。尽管由于地域与时代的关系，对于武汉民族资产阶级的经济实力不能作过高估计，但是“由于汉口作为一个传统商业社会广泛存在的商人阶层，城市功能结构转型之后新加入的工业资本家、金融资本家、自由知识分子和大量的产业工人等，一个具有现代城市共同体意识的新型市民阶级萌生了，他们在推动城市转型，参与社会革新，反对专制政治，推动民主进程方面发挥了主导作用”②。近代工业与民族资本大发展的区域背景，加之张之洞“种豆得瓜”辛勤耕耘的结果，新兴阶层和知识阶层与具有近代色彩的军队交相辉映，清王朝最后的命脉也就被革命党人攥在了手里。诚如冯先生所言，辛亥革命的爆发与武汉所处的区域环境及历史文化息息相关，湖北党人具有与清军主力一决雌雄的实力，也绝非偶然。

当现代化的车轮碾过清朝腐朽的躯壳时，工业化和城市化也随之展现出它们的魅力。武昌首义终于在清朝统治薄弱的环节却是工业化、城市化最发达的近代都会——武汉爆发。正是这发达的都会赋予作为“城市起义”的辛亥革命不同于中国以往任何革命和起义的阶级特性和时代特性。冯先生对辛亥武昌首义“城市起义”的定义精准而独到，对区域工业化、城市化及城市现代化与辛亥武昌首义“城市起义”之间因果关系的探析系统且深刻。无论是从武昌起义发生背景，还是革命方式、革命主体，武昌首义都可堪称典型的近代资产阶级民主革命——城市起义或曰城市市民革命。城市起义首先必须发生在城市，而且是近代工商业较为发达，新的市民阶级较为成熟的城市，辛亥革命中，具有代表性的两次起义是广州起义和武昌起义，而广州和武汉都是近代以来开埠通商后，现代工商业得到较大发展，城市功能现代转型较为充分的城市；城市革命的目标在于建立有利于民族资本主义发展的民主政治制度，并使包括资本家在内的广大市民阶级获得管辖治理城市乃至参与国家政治事务的权利，为了达到这一目的，在革命的方式上，城市中的市民阶层既可选择和平改良如游行罢工、议会谈判、协商调停、和平请愿等，也可采取武装起义；既可以选择君主立宪，也可以建立民主共和。改良与革命和立宪与共和之间并无实质区别，都只是资产阶级达到自己目的的手段而已，在近代中国，上述手段都曾被城市资产—市民阶级采用过。曾经，立宪派的和平运动气势不输革命派，李提摩太评价资政院弹劾军机大臣：“吾

① 冯天瑜、张笃勤：《辛亥首义史》，湖北人民出版社 2011 年版，第 61 页。

② 涂文学、高路：《武昌起义的城市革命特性》，中国社会科学院近代史研究所编：《辛亥革命与百年中国——纪念辛亥革命一百周年纪念学术论文集》(第二册)，社会科学文献出版社 2016 年版，第 1167 页。

辈居中国四十年，一旦得目睹此景象，殊堪惊讶。吾辈今日所见者，与前日所想望者，有过之而无不及。土耳其、葡萄牙之两大革命尚不能比。”①但当现实粉碎了他们的幻想后，最终都主动参加了革命，选择了资产阶级革命的激进形态——城市武装起义；此外，革命的主体必须是城市市民阶级，包括农民、手工业者、小商贩、城市贫民和资产阶级等，武昌起义的领导和参与者虽然是文人、士兵与下层军官，也就是所谓“秀才造反”。新军这个群体实际上是当时城市市民阶级下层的集合体，革命爆发后，城市市民阶级上层——商人、工业资本家、金融资本家以各种形式积极参与、支持革命，形成强大合力。武昌起义作为一场现代城市市民革命，与传统的农民起义相比，有着本质的区别。梁启超尝言：“暴动事业，无论在何国，无论在何时，其必出于啸聚，必为无机的群众。”②但作为现代资产阶级城市起义的武昌首义，决非无组织无准备的“啸聚”，其参加者也决非“无机的群众”，而是有着明确的革命理论纲领和建立民主共和的目标，有较为严密组织体系和行动路线图，不是旧式会党或梁山泊那样的绿林山寨，而是具备现代政党性质的革命团体，其维系成员的纽带不再依靠江湖义气、血缘关系，而是依靠实现民主共和的革命信仰，发动和号令起义的也不是简单迷信的揭帖、口号，而是民主、自由、人权等近代资产阶级启蒙思想主张。武昌起义是在留学生、革命党人长期艰苦的思想启蒙和舆论发动下爆发的，这些革命者推崇法国大革命，鼓吹暴力革命，宣扬民主自由，服膺天赋人权，辛亥革命前的武汉，俨然已是新文化运动中心和新思想策源地。

从早年与贺觉非先生合著《辛亥武昌首义史》对武昌首义爆发背景和原因的探讨，指出：“这一切则无法用‘偶然性’一言以蔽之。当我们考察十九世纪末叶以来湖北出现的新的经济土壤、新的社会阶级和社会思潮，追溯湖北革命党人在长达十年的期间，遵循孙中山民族民主革命的纲领，在乡邦所作的英勇而坚实的努力，便会发现，武昌首义决非一只从云端掉下来的幸运之果”③；到 2011 年辛亥革命 100 周年，和张笃勤合著的洋洋八十余万言的《辛亥首义史》，提出辛亥武昌首义为“共和旗帜下第一次成功的城市起义”的新论断，指出：“处于中国内陆贸易最高地位的汉口，兼具中心都会、地区都会、地区城市、较大城市的功能。在这样的近代中心城市爆发的辛亥首义，在三个关键环节上开创先机：(一)以武装暴动击碎两百余年清王朝的统治机器，终结沿袭两千余年的专制帝制。(二)以湖北军政府建立和《鄂约法》颁布，昭示了近代意义的民主共和政治模样。(三)辛亥武昌起义、湖北军政府成立举起取代清政府的旗帜，而多数省份也纷纷宣布‘易帜独立’，导致中央集权的清朝瓦解……这些既破且立的环节，都留下种种未竟之业和令人嗟叹的遗憾，然其首创性价值却可昭日月。20 世纪初叶发生在东方大国的辛亥革命，与 17 世纪的

---

① “译电”，《民立报》，宣统二年十二月初三日。

② 梁启超：《暴动与外国干涉》，张枬、王忍之编：《辛亥革命前十年间时论选集》第 2 卷上册，生活·读书·新知三联书店 1978 年版，第 282 页。

③ 贺觉非、冯天瑜：《辛亥武昌首义史》，湖北人民出版社 1985 年版，第 8 页。

英国革命、18世纪的法国革命和美国独立战争、19世纪日本明治维新，在推动社会近代转型方面的劳绩，可并辉千秋。"①冯先生经过笔耕不辍近四十载的研究与沉淀，对辛亥首义的革命属性尤其是区域工业化、城市化、城市现代化与作为"城市起义"的辛亥首义之间的因果互动有了质的升华。跟随冯先生的脚步，可以看出近代武汉从汉口开埠到武昌首义及武汉工业化、现代化、城市现代化转型等历史演进的根本路径，而"城市起义""发生在武汉这一较为后起的腹地都会。这次城市起义从酝酿、爆发和取得相当程度的成功，皆植根于近代城市物质文明和精神文明的积淀"。② "城市化是现代化的基本内涵之一。现代城市借助工业文明的伟力，通过现代社会系统将人群组织起来，使个体的、分散的人的能量得以回合、放大与升华。"③"作为九省通衢的武汉，自十九世纪中叶以降，从中古式镇崛起为华中首屈一指的现代都会，聚集了由机器工业、现代商业及交通、新式学堂和现代传媒组合成的巨大物质——精神力量。人称辛亥首义为一次'新军起义'又称其为一次'城市起义'，它所凭借的正是现代都会聚集的巨大能量。"④因此，工业化、城市化及城市的现代化是辛亥革命之因，而武昌首义推翻专制，建立民主共和又是工业化、现代化结出的时代之果。

二、人物传：时势造英雄与英雄造时势

冯先生持续近四十年的区域研究除了"事"——辛亥武昌首义外，另一个关注点便是"人"——张之洞。一人一事，构成其湖北武汉区域史研究的两大侧翼。

张之洞是集晚清重臣、著名学者和思想家为一身的影响中国近代历史的关键性人物。古人云，立德、立功、立言为人生之"三不朽"，而张之洞恰巧在此"三不朽"方向均有所建树。身处中国近代"千年未有之大变局"转型动荡时代，张之洞"立德"卫道，忠君爱国，清廉自守，坚守传统儒学道德的最后底线；作为学者和思想家的张之洞，学养厚重，思想深邃，其《书目问答》《劝学篇》皆为传世佳构，他提出的"中体西用"学说，"汇通中西，权衡新旧"，成为近代国人处理中西文化关系的指导思想和基本遵循；作为政治家，张之洞在湖广总督任上施行"湖北新政"，建工厂、修铁路、兴文教、练新军、办市政，治鄂18载，使武汉由一个传统政治军事中心和以内部循环为主的商业市镇崛起为富有国际影响力的近代大都会。

冯先生对张之洞的研究主要体现为他出版的三部张之洞传记中，一是1985年由河南教育出版社出版的《张之洞评传》，二是1991年与何晓明合著、由南京大学出版社纳入"中

① 冯天瑜、张笃勤：《辛亥首义史》，湖北人民出版社2011年版，第8页。
② 冯天瑜、张笃勤：《辛亥首义史》，湖北人民出版社2011年版，第17页。
③ 冯天瑜、张笃勤：《辛亥首义史》，湖北人民出版社2011年版，第49页。
④ 冯天瑜、张笃勤：《辛亥首义史》，湖北人民出版社2011年版，第49页。

国思想家评传丛书”的《张之洞评传》，三是2020年由湖北人民出版社出版的《张之洞评传》。从这三部关于张之洞研究的成果中，我们可以明显看出其对张之洞研究的前后侧重，即前期侧重于对作为思想家张之洞的研究，近些年则在保持对张之洞思想和学术研究的同时，加重了对作为政治家——洋务殿军张之洞“湖北新政”的研究分量，凸显张之洞督鄂18年对湖北武汉区域现代工业化、城市化的重大贡献，尤其是“湖北新政”“种豆得瓜”，导致辛亥革命爆发的客观效应。这种前后变化，我们从1991年南京大学出版社版的《张之洞评传》和2020年湖北人民出版社版的《张之洞评传》的章节安排即可一目了然。南大社版《张之洞评传》“生平篇”共8章，其中仅第5章“‘劳歌已作楚人吟’”评述张之洞督鄂事迹；而湖北人民版的《张之洞评传》“生平篇”为9章，较南大社版仅增1章，但记述张之洞督鄂章节却增加至3章：第五章“总督湖广·暂署两江(一)实业建设”，第六章“总督湖广·暂署两江(二)新军编练”，第七章“总督湖广·暂署两江(三)文教兴革”，占了“生平篇”1/3的篇幅。

在最新版的《张之洞评传》中，冯先生系统梳理了张之洞在湖广总督任上施行“湖北新政”的种种实绩并给予实事求是的客观评价：“总督湖广、暂署两江的18年间，张之洞全面展开其洋务事业，成为洋务派晚期的最大代表。他惨淡经营的‘湖北新政’，以创实业、练新军、兴文教，造成一种耸动朝野视听的格局，产生全国性影响，清末各省推行‘新政’皆取法于湖北。张之洞的势力亦‘由武昌以达扬子江流域，靡不遍及’。”①

关于兴办实业，冯先生指出：“兴办实业，是张之洞洋务‘新政’的基础。他在湖广任内创办的交通和工业设施不在少数，有的项目就规模和技术水平而言，居当时中国乃至亚洲前列。”“19世纪末20世纪初，张之洞在湖北兴办的几家近代化机器工厂，就规模和设备水平而言，都在国内居领先地位，甚至可以与外国企业一争雄长。如汉阳铁厂所用高炉和贝色麻炼钢炉，其技术性能都属19世纪晚期的上乘设备，连当时的东方强国日本尚不能望其项背。”②在开拓铁路和电信事业方面，卢汉铁路的修建，几乎与张之洞出任湖广总督经历共始终。该时期张之洞在慈禧的支持下，成长为与李鸿章相颉颃的洋务派又一巨头。③ 张之洞积极筹设电报局，主要出于政治军事上的需要，在客观上对民间经济文化的发展也有助益。他还在武汉三镇设置电话线，1900年在武昌、汉口设电话局，1904年成立电话公司，是为全国官督商办电话的创始。在兴办机器工业方面，汉阳铁厂的修建虽然屡经周折，走了许多弯路，但终于在19世纪90年代建设成中国以至亚洲第一家现代化钢铁联合企业，日本的第一个钢铁联合企业1901年才开始投产，比汉阳铁厂晚了7年。“当时的西方人和中国官方站在不同角度都意识到：建成现代化钢铁联合企业，对增强中国的

---

① 冯天瑜：《张之洞评传》，湖北人民出版社2020年版，第75页。

② 冯天瑜：《张之洞评传》，湖北人民出版社2020年版，第95页。

③ 冯天瑜：《张之洞评传》，湖北人民出版社2020年版，第78页。

国力具有重大意义。”①除了汉阳铁厂外，创办军事工业——湖北枪炮厂，是张之洞督鄂的另一政绩。“湖北枪炮厂于光绪十六年(1890年)在汉阳大别山(龟山)北麓动工兴建，光绪三十年(1904年)改名湖北兵工厂，光绪三十四年(1908年)定名汉阳兵工厂。这是中国第一座具有完备系统的大规模军火工厂，‘植中国军械之初基’……湖北兵工厂就其规模和技术水平而言，确乎在当时居全国军事工业之冠，‘较津局既逾数倍，较沪局亦复加多’。”②张之洞创办的湖北纺织官局(纺织丝麻四局)，虽然在资金、设备、管理诸方面都存在不少问题，但确起了“略分洋利”的作用。就规模而言，武昌织布局为中国最大织布厂之一，名列全国纺织厂前茅。张之洞为了发展机器棉纺业，力图用长绒优质洋棉取代短绒劣质土棉，曾进口一批美棉在武昌附近种植，可惜未能得到推广。在湖北开设的缫丝局为华中地区最大的机器缫丝厂。对于张之洞兴办之官办企业，冯先生归纳了五大特点：一是发展速度快，二是企业规模大，三是投资额度大，四是技术设备先进，五是自成体系，六是体制陈旧，经济效益差。③ 在充分肯定张之洞兴办实业的巨大成就的同时，冯先生也花了不少笔墨直陈弊端，如汉阳铁厂在工厂选址、煤铁资源勘察开采等失误，“并不仅仅是由张之洞主观指导失当造成的，也与落后、守旧的客观环境带来的障碍直接相关”④。张之洞以防止权益外漏为由兴办汉阳铁厂，“然而，实施的结果却是一再亏本”。究其原因，“大而言之，当然要归结于西方列强经济侵略和宗法社会、专制政治对近代工业的桎梏。正如时人评价的：‘官督商办之工业几乎无不失败，即其变相之商办工厂，因官习未除亦百弊丛生，鲜克生利。其失败原因有二，一、信任官绅万能，不重专门人才；二、依赖外人过甚，工程大权遂为外人所专揽。’但这种总体性的原因，尚需通过对张之洞一手操办的铁厂、枪炮厂、布纱丝麻四局的内部情形进行考察方能具体理解”⑤。这些具体原因，冯先生归纳为，第一，以官府衙门方式管理大机器生产；第二，对洋款、洋员依赖日益加深；第三，工人生产和生活状况悲惨，等等。种种原因中，冯先生着重强调了两点。一是以官府衙门思维和作风兴办与管理近代机器大工业，往往违背市场规律。以纺织工业为例，“欧美各国走向工业化，大都是从发展轻纺工业开始积累资金的，但清末中国，由于统治者(包括张之洞这样的洋务大吏)迫于国防危机，违背经济客观规律，优先发展洋务军工，轻纺工业一再为军工输血，套上沉重的枷锁，以至步履维艰，奄奄一息。其结果不仅阻碍纺织业的发展，而且导致整个工业因资金匮乏、比例失调而无法正常运行，而布纱丝麻四局招商承办后，便‘起死回生’，欣欣向荣，诚如《湖南实业杂志》所指出的：‘鄂省纺纱、织布、缫丝、制麻四局，前因官办亏耗，租与粤商韦子封(韦应南)之应昌公司承办，获利

① 冯天瑜：《张之洞评传》，湖北人民出版社2020年版，第84~85页。
② 冯天瑜：《张之洞评传》，湖北人民出版社2020年版，第91页。
③ 冯天瑜、张笃勤：《辛亥首义史》，湖北人民出版社2011年版，第56~57页。
④ 冯天瑜：《张之洞评传》，湖北人民出版社2020年版，第84页。
⑤ 冯天瑜：《张之洞评传》，湖北人民出版社2020年版，第96页。

甚巨。'该公司接办四局后，每年向政府纳租银十万两。这个对比昭示了一条真理——宗法帝制的政治结构是发展近代工业的大碍，这些实业项目的兴建过程和内部状况，相当典型的展现半殖民地中国官办近代事业的特征"。① "张之洞兴办实业的坎坷经历告诉人们，病入膏肓的专制官僚政治，是中国建立近代化大机器工业的制约和障碍。"②二是"中体西用"思想指导下的工业化运动只引进技术和人才而忽略先进管理制度和现代化理念，产生出的官办及官督商办企业成了怪诞的混合体——技术设备是现代化的，经济体制则是衙门式的。"二者极不协调，死的拖住活的，过去的拖住现在的和未来的。从西方引入的先进生产技术无法施展其威力，生产一直不景气，至20世纪初叶，更走到穷途末路，或停产倒闭，或交商承办，几乎——中道夭折。"③张之洞总督湖广、暂署两江的18年，兴办实业是其洋务新政的基础性工作，此间他的实业建设以官办为主，兼及襄助民营工商业，均取得耸动视听的成就，特别是创建的汉阳铁厂、湖北枪炮厂(后演变为汉阳兵工厂)、布纱丝麻四局，其规模和技术水平都在国内乃至亚洲处领先地位。然限于政治体制、财经困窘和对科技的认知水平，兴办实业可谓举步维艰，荆天棘地，往往经不起价值法则的检验，成功与挫折兼具。但张氏的实业践履毕竟为中国近代经济的发展奠定初基，其成功经验可垂之青史。张之洞在经济上有成有败：一方面奠定华中地区近代工业初基，促进工商业发展；另一方面官办企业弊端丛生，亏损连连，难以维系。④

关于编练新军，1896年，张之洞开始大规模编练新军，经过数年努力，编成一镇一混成协湖北新军，即陆军第八镇(镇统张标)和暂编第二十一混成协(协统黎元洪)，其中第八镇官702员、兵10520名，二十一混成协官288员、兵4612名，是仅次于北洋六镇的第二支强大的新军。新军"新"在何处？冯先生从四个方面予以概述，其一装备和训练全为洋式。"一切操练章程，均按西法处理，连一切行军应用器具都按照西法购备。"其二淘汰老弱和兵痞，对入伍士兵有一系列较严格的要求。其中新军文化素质较高尤引冯先生赞赏："尤其引人注目的是，要求入伍士兵粗通文字，这使新军的文化水准较之以往任何军队明显提高。1905年……湖北新军在黄陂募兵，入伍的96人中，就有12个廪生，24个秀才。知识青年在士兵中占如此高的比例，是以往任何旧式军队所没有的。士兵构成成分这一变化，不仅使得现代化军事技术的掌握成为可能，而且新军士兵也有了接受新的社会政治思潮的知识基础。这一点对晚清政局的影响十分深远。"⑤其三军官多由军事学堂出身者担任，"非武备学堂出身的，不得充将弁。张之洞是这一政策的倡导者之一"。由此催生出现代军事教育，张之洞在武汉兴办湖北武普通中学堂(1901)、湖北将弁学堂(1902)等近代

① 冯天瑜：《张之洞评传》，湖北人民出版社2020年版，第75页。
② 冯天瑜：《张之洞评传》，湖北人民出版社2020年版，第102页。
③ 冯天瑜：《张之洞评传》，湖北人民出版社2020年版，第101页。
④ 冯天瑜：《张之洞评传》，湖北人民出版社2020年版，第146页。
⑤ 冯天瑜：《张之洞评传》，湖北人民出版社2020年版，第123~124页。

军事学校，并选派军事学堂学生赴日留学，培养出吴禄贞、蓝天蔚等著名军事将领。其四不仅对士兵进行忠于朝廷的政治灌输，也进行一定的技术训练，即“治兵之道，首在训兵，其次练兵”。在张之洞苦心经营、锐意编练下，仿效德日的湖北新军成为清末最新锐的新式陆军，在几次各地新军“秋操”中皆名列前茅，成各省编练新军的楷模。①

尽管湖北新军有上述诸多“新”特点，但囿于张之洞“中体西用”思想指导，现代化新式装备湖北新军，骨子里仍然是旧式武装。“张之洞建立新式军队的努力，限于仿效西方先进的军事技术，并未着意创造近代化军队所必须具备的一系列社会前提。在‘中体西用’思想的指导下，张之洞建立近代国防的措施，可以形成某些引人注目的外观，但在不触动旧有生产关系和官僚制度的情况下，这支用近代化武器装备起来的军队，仍然是一支帝制武装。”②

关于文教事业，张之洞致力于书院改制，将科举应试之旧式书院，如，经心书院、两湖书院、江汉书院改制为或与学堂近似(经心书院)，或略涉“西学”(江汉书院)，或向新学堂过渡的近代高等学堂(两湖书院)。大办兴办各类学堂，先后兴办了各类实业学堂，如，矿业学堂和工业学堂(1892)，湖北自强学堂(1893)，湖北方言学堂(1898)，湖北方言商务学堂(1891)，湖北算术学堂(1891)，湖北农务学堂(1898)，湖北工艺学堂、湖北驻东铁路学堂(1896)；师范学堂，如，湖北师范学堂(1902)，两湖总师范学堂(1904)，湖北师范传习所(1903)，支那师范学堂(1905)；普通学堂，如，湖北初等小学堂(1904)，湖北五路高等小学堂(1904)，湖北文普通中学堂(1903)，湖北文高等学堂、湖北存古学堂(1907)；妇幼学堂，如，湖北敬节学堂(1904)，湖北育婴学堂(1904)，湖北女学堂(1906)等；派遣游学生，其秉持“西洋不如东洋”的宗旨，因而主要向日本派遣游学生，“据粗略统计，达数千人之多，为留日学生数量最多的省份之一”③。创办图书馆、报刊等文化设施，其于1904年创办的“学堂应用图书馆”即湖北省图书馆，“为中国最早成立、最先对外开放的省级公共图书馆”④。冯先生认为，在张之洞“湖北新政”兴办的诸多事业中，文教是最为成功的：“张之洞主持湖北新政，政治上难称成功——它没有，也不可能挽救清廷政制颓势。在经济上则有成有败——一方面奠定华中地区近代工业初基，促进工商业发展；另一方面官办企业弊端丛生，亏损连连，难以维系。而在文教事业上，却取得了显著的社会效果。其在湖北创办的一系列近代文教设施，对湖北以至整个华中地区影响深远……”⑤

张之洞督鄂18载，于湖北武汉早期现代化功莫大焉。1909年，病中的张之洞对人谈

---

① 冯天瑜：《张之洞评传》，湖北人民出版社2020年版，第128页。
② 冯天瑜：《张之洞评传》，湖北人民出版社2020年版，第126页。
③ 冯天瑜：《张之洞评传》，湖北人民出版社2020年版，第142页。
④ 冯天瑜：《张之洞评传》，湖北人民出版社2020年版，第145页。
⑤ 冯天瑜：《张之洞评传》，湖北人民出版社2020年版，第146页。

起自己在湖北推行“新政”时颇为自负，认为“实堪自问”。在张之洞卓有成效的努力下，武汉开始了从传统的政治中心和商业市镇向现代化的国际性工商业城市的转型。其一，“自相挹注”的近代工业体系建立，武汉成为中国早期工业化运动的发源地。张之洞督鄂前，武汉除了有一些外资工厂外，民族工业完全空白，但至辛亥革命前夕，武汉工业实力已跃居全国前列，工厂总数和某些经济指标曾一度超过上海。当时全国官办和官督商办工厂共46家，武汉工厂占其中的24%，而上海则只占10.87%。武汉的纺织工业相当长的一段时间内在国内独占鳌头，1892年纱锭总数占全国的40.9%，1893年占比更高达77.1%。杨铨《五十年来中国之工业》说：“……汉口之铁政局，武昌之织布、纺纱、制麻、缫丝四局，规模之大，计划之周，数十年以后未有步其后尘者。”“当三十年前，能预测现今商战之潮流，急谋中流之砥柱，荜路蓝缕，惨淡经营，以作武汉工业之先导者，厥为张文襄公之洞之功。虽张氏好大喜功，博而不精，然其烛照几先，气魄雄厚，有足称焉。且张氏创办伊始，锐意以振兴工业为己任，造端宏大，不图苟简，如汉阳钢铁、兵工二厂，远采德国之制，诚东亚第一之大规模，他若纱麻丝布四局，虽至今称为武汉第一等大工厂可也。夫民可与乐成，难与谋始。张氏能不避其难，而好为其难，此种魄力，实足以开一时之风气，而树工艺之基础。”①正是由于张之洞这种“开风气之先”，武汉的早期工业化运动获得了长足发展。张之洞督鄂前，武汉民族资本主义工业完全空白，但到1911年，武汉已有民办企业122家。行业涉及机械制造业、造船业、榨油业、火柴业、服装业、面粉业、食品加工业、木材加工业、砖瓦业、肥皂业、玻璃业、棉织业、烟草业、造纸业、化工行业、制革业、水泥业、碾米业、制药业、制茶业、建筑业、印刷业、麻织业和水电公用事业等。这些私营民族工业虽不一定都是张之洞直接扶植的，但与张之洞推行的奖励工商业的政策有联系。②

其二，武汉成为全国新式教育的中心和两湖地区的文化中心，“文化湖北”“文化武汉”异军突起。湖北曾经是楚文化的发祥地，其文化与学术在中华文化发展史上占有一席之地，“惟楚有材，于斯为盛”。但是，宋元尤其是明清以来，湖北文化却急剧衰落，文化的实用主义倾向浓厚，学术名流鲜见。“湖北素称文薮，本朝文章，首推熊刘，则仍以时文掩其实用。粤匪（对太平天国的诬称——引者注）寇攘以来，郡邑涂炭，文献凋残，虽经克复，而急功近名之士，又思剽窃浮艳以博荣名，问以先正制艺之法，不能举其名，况六经精义乎。”③身兼学者和官僚两重身份的张之洞任湖广总督后，十分重视文化和教育，“查自强之策，以教育人才为先；教战设方，以设立学堂为本”④。“湖北地处上游，南北

① 申报馆：《最近之五十季》，1923年。

② 冯天瑜：《张之洞评传》，湖北人民出版社2020年版，第107页。

③ 冯德材：《武昌新建经心书院记》，《湖北文征》第十一卷，湖北人民出版社2000年版。

④ 张之洞：《设立武备学堂折》（光绪二十三年正月二十八日），赵德馨主编：《张之洞全集》（三），武汉出版社2008年版，第412页。

冲要，汉口、武昌为通商口岸，洋务日繁，动关大局，造就人才，似不可缓。”①因此，他把兴办教育作为其洋务新政的重中之重，武汉一改过去文化落后的局面，成为全国学界注目的焦点，学府林立，人才辈出。“其在湖北创办的一系列近代文教设施，对湖北以至整个华中地区影响深远，湖北省的现代大、中、小学教育的雏形，形成于张之洞督鄂期间，武汉大学、华中农业大学、武汉科技大学、湖北省图书馆等重要文教机构，其渊源都要追溯到张氏业绩。至于从所办各类新学堂及所派遣的留学生里，更涌现出大批对近代历史发生重大影响的改革者和文化人。……这里只需提一提曾为两湖书院、武备学堂、文普通高等学堂等校学生黄兴、宋教仁、吴禄贞、蓝天蔚、董必武、李四光即可。”②

其三，市政建设成就斐然，“东方芝加哥”声名鹊起，蜚声海外。张之洞对现代城市功能有某种自觉的认识，在他的努力下，1899 年，夏口厅正式成立。至此，阳夏正式分治，汉口成为有独立行政权力的城市，这标志着汉口作为一个独立的现代城市终于脱离了传统社会的母体而获得了新生。在张之洞的有效治理之下，汉口华界的城市规划和市政建设开始起步。1904 年，张之洞主持兴建汉口后湖长堤，“1905 年在汉水沿岸筑起一道水墙，绕过平原直到陨水。长 14 英里，耗资白银一百万两。目的在于防止周围地区免遭洪水袭击，在此之前这一地区每年免不了洪水一劫。这一工程已经完工，只不过还有一些水闸尚待兴修”。有了这道屏障，就可以填高地基，扩建马路，扩大城区范围。实践证明，后湖长堤修筑后，对汉口的发展具有改变城市版图的意义，“涸出田十余万亩，泽国皆划为市廛”③。使上自舵落口、下至丹水池的一大片土地露出水面，从此，东北滨江，西南临汉水，西与北则以后湖长堤为界的新市区形成了。后人评论说：“总督张之洞，见铁路外的土地荒废了太可惜，就在铁路外另做了一道堤，把汉口的面积扩大了 20 倍。堤修成后，堤内成了良田，人民感激张之洞的功德，称呼堤为张公堤。”④张之洞将修马路作为“利民富国之要政”予以高度重视，鉴于“旧时省城街道仄狭，岁久不修，遇雨或积水或泥淖难行”⑤，于 1905 年在武汉三镇设立马路工程局，是为现代市政机构之滥觞。1907 年，汉口老城墙被拆除并在原址上修筑了华界第一条马路——后城马路，汉口的商业区与居民点向东北方向延伸，逐渐形成了今六渡桥、花楼街、黄陂街、新堤街、半边街(统一街)、歆生路(江汉路)、三民路、济生马路、大智路、辅堂街(友益街)等新的街道，汉口的闹市区

---

① 张之洞：《张文襄公奏稿·卷二十一》，中国书店 1990 年版。

② 冯天瑜：《张之洞评传》，湖北人民出版社 2020 年版，第 146 页。

③ [英]穆和德等：《近代武汉经济与社会：江汉关十年报告——汉口江汉关(1882—1933 年)》，李策译，香港天马图书有限公司 1993 年版，第 104 页。

④ [英]穆和德等：《近代武汉经济与社会：江汉关十年报告——汉口江汉关(1882—1933 年)》，李策译，香港天马图书有限公司 1993 年版，第 104 页。

⑤ [英]穆和德等：《近代武汉经济与社会：江汉关十年报告——汉口江汉关(1882—1933 年)》，李策译，香港天马图书有限公司 1993 年版，第 104 页。

也逐渐转移到六渡桥和江汉路一带。张之洞还注重城市公用事业的建设，水电、电话、公用交通等都开始起步，城市面貌发生重大改观。张之洞为维护利权，鼓励商战，在汉口开办商务公所，仿照外洋劝工场举办湖北土特产交易会，“这显然是一种鼓励民间工商业发展的开明措施”。他“十分注意振兴实业，发展商品经济”①，任内有设立汉口商务局、筹设商学商会、创办两湖劝业场、设商场局等重大举措，在一系列重商兴商政策推动下，武汉由一个传统内贸商业市场成功转型为国际商贸大埠，1867 年，汉口间接外贸额仅 3000 万海关两，1901 年达 1.35 亿海关两，增加了 1 亿多海关两，“长江沿岸之商场除上海以外，其交易总额无一能凌驾汉口者……其地实为南北交通之咽喉，商业繁荣”②。汉口成为仅次于上海的中国第二大外贸口岸，被人称为“东方芝加哥”：“与武昌、汉阳鼎立之汉口者，贸易年额一亿三千万两，夙超天津天津，近凌广东，今也位于清国要港之二，将进而摩上海之垒，使观察者艳称为东方之芝加哥(美国第二大之都会)。”③

从某种意义上言之，张之洞是和湖北武汉的早期现代化发展连在一起的，没有张之洞的“湖北新政”，就没有近代湖北武汉的崛起。当然，除了张之洞个人能力和魄力之外，天时地利也格外惠眷张之洞，太平天国运动之后，湖北有近五十年时间没有发生战乱和大的自然灾害，对于经常受战争和天灾困扰的武汉来说，晚清近五十年的风调雨顺、安定祥和，实在是不可多得的发展机遇。武汉九省通衢，在近代沿海沿江开放格局中，以长江为孔道，形成了沪—汉连动、对外开放的总格局，武汉成为内地“唯一出海口”，张之洞主持修建京汉铁路通车后，“河南各地之货物固集中于汉口，当 1904 年汉口输出不过七百四十万两，至 1910 年增至千七百九十万两”④。武汉交通枢纽地位和商业势圈得以进一步强化和扩展。“时势造英雄”与“英雄造时势”，在晚清的湖北武汉、张之洞之间极其偶然地结合起来了，成就了张之洞，成就了湖北，成就了武汉。

张之洞“湖北新政”一个意想不到之结果，是催生了辛亥武昌首义这枚资产阶级民主革命之硕果。关于张之洞的“湖北新政”与武昌首义之关系，历来议论颇多，早在武昌起义爆发后不久，《申报》即有评论指出：“张之洞者，平日以顽固见称，所以举动皆以忠君守旧，为新学派所吐弃者也。不谓其所培养之人才、经营之事业，如湖北军队、如汉阳兵工厂等，均为革命军之预备，使革命力量顿增数倍于畴昔。”⑤辛亥革命后，孙中山探访首义之区，看见张之洞新政遗迹，幽默地说“张之洞是不言革命之革命家”。张之洞的学生张继煦作《张襄公治鄂记》，更明确指出张之洞的湖北新政是“种豆得瓜”：“抑知武汉所以成为重镇，实公二十年缔造之力也。其时工厂林立，汉汉殷赈，一隅之地，足以耸动中外之视

① 冯天瑜：《张之洞评传》，湖北人民出版社 2020 年版，第 107~109 页。
② 徐焕斗：《汉口小志》，民国四年(1915)汉口后花楼盘铭印务局，《商业志》第 6 页。
③ [日]水野幸吉：《中国中部事情：汉口》，武德庆译，武汉出版社 2014 年版，第 11 页。
④ 《上海总商会月报》，1921 年第 1 卷。
⑤ 《意想以外之时局》，《申报》，1911 年 11 月 4 日。

听。有官钱局、铸币厂，控制全省之金融，则起事不虞军用之缺乏，有枪炮厂可供战事之源源供给；成立新军，多富于知识思想，能了解革命之旨趣。而领导革命者，又多素所培植之学生也。精神上、物质上，皆比较彼时他省为优，以是之故，能成大功。虽为公所不及料，而事机凑泊，种豆得瓜。"①在冯先生看来，张之洞"湖北新政""种豆"是因，使作为城市起义的辛亥武昌首义具备起精神和物质条件，"中国历史上多次发生农民起义和贵胄夺取，然而这些暴烈的事变，虽导致'改朝换代'，却并未触动社会形态的基本面，地主经济与宗法君主专制政治一仍其旧。而辛亥革命则另成格局，它引发国体、政体的更化，是一次比较完全意义上的近代性民主革命。这样的革命，只有在近代文明达到一定程度的条件下方有可能发生。而20世纪初叶中国的某些地区，如辛亥首义爆发地湖北武汉，便大体具备此种条件"②。而辛亥武昌首义正是工业化、城市化结下的"城市革命"之果。对于张之洞主办湖北新政的主观动机与客观效果之二律背反的矛盾情况，冯先生在《辛亥首义史》中有深刻分析，他引述张继煦的"种豆得瓜"论，清朝遗老"追源祸始"，乃由张之洞"优容新进，骄纵军人，养痈十余年，兴学练兵，设厂制造，徒资逆用"所造成等后指出：

"种豆得瓜"的辨析，"徒资逆用"的责难，"岂非天哉"的无可奈何，从不同侧面反映出"湖北新政"主持人张之洞思想行径陷入"二律背反"：

张氏操持"新政"，目的在于维护清王朝和纲常名教，但"新政"创办的近代工业、近代军事、近代文教，却一并转化为纲常名教的异己力量。

他组训的新军、培养的知识分子更成为大清皇朝的掘墓人。

张之洞大刀阔斧地引进"西用"，无不对"中体"发生解构作用。

由张氏推进的近代城市文明(兴学练兵，设厂制造)，竟成为"城市起义"的动力。

戊戌年间，张之洞连康梁变法都不容忍，当然更加痛恶革命，但这位文襄公的新政业绩在客观上却助推了革命的发生。

曾经入张之洞幕府二十余年的辜鸿铭(1856 — 1928)，言风趣，喜调侃，晚年发表过蕴含机锋的妙语：

"民国成立，系孙中山与张香涛的合作。"

孙中山、张之洞系对立营垒的两路人，哪有"合作"之可能？然而，两人事业却有相通、相应之处，张氏的"湖北新政"，为孙氏领导的辛亥革命奠定了物质基础和人才基础，故从此种意义言之：民国成立，是孙、张合作的结果。③

---

① 张继煦：《张文襄公治鄂记》，湖北通志馆，1947年刊本，第7页。

② 冯天瑜、张笃勤：《辛亥首义史》，湖北人民出版社2011年版，第49页。

③ 冯天瑜、张笃勤：《辛亥首义史》，湖北人民出版社2011年版，第102页。

辛亥革命之所以爆发，有着深刻的城市文化背景。商埠的开放，近代工业的创立，西方思想的输入等因素，打破了传统社会内循环的商业格局，动摇了故步自封的保守文化思想，并产生了一批具有现代属性的商人、实业家及知识分子；同时传统社会的士绅阶级也在分化，人们要求摆脱封建专制政治和传统农业文明的桎梏，追求发展经济的新技术和西方民主制度的现代城市文明。尽管张之洞在武汉实施的“新政”，其主观目的是维护传统的“道统”和“君统”——纲常伦理和专制帝制，但在既定事实上，却导致了武汉传统城市功能结构转型与社会阶层、阶级心理的变化，客观上营造了发生城市资产阶级革命的政治和经济环境。因此，无论在实践还是理论方面，张之洞都可以被看作旧时代、旧制度和旧文化的终结性人物。历史也确实通过张之洞，给洋务运动甚或清朝的专制统治彻底画上了句号。

张之洞督鄂与其施行的“湖北新政”，既给湖北和武汉区域发展创造了“前无古人”之历史顶点，同时因为“湖北新政”基本属于“强人政治”型的个人政治行为，也使“后张之洞时代”出现“后无来者”“不如时昔”的尴尬局面。是故冯先生在《张之洞与中国近代化》序言中指出：“中国早期现代化是在自身社会条件远未成熟的情形下，因外力逼迫，由政府自上而下发动的，故这是一种‘强政府、弱社会’的现代转型”，“上海、天津、武汉之所以成为晚清现代工商业的三鼎足，除三地特定的区位优势、西洋势力的渗透等因素外，与李鸿章、刘坤一、张之洞、袁世凯的坐镇直接相关。中国的早期现代化与军政强人的活动关系密切，以至人存事兴，人亡事衰，现代化进程不断发生大起大落以至中断。这是政府大力干预的现代化所要付出的代价。张之洞离鄂，武汉在全国的地位渐降，张氏本人有此预言，以后的历史进程也证实了这一点。武汉早期现代化的成败得失与慈禧太后支持下的洋务后期巨擘张之洞干系甚深，人们为此盛赞张氏的功勋，但张氏在武汉早期现代化进程中的巨大个人作用，已埋藏着武汉早期现代化坎坷性的伏笔”。“武汉的早期现代化在十九二十世纪之交成就斐然，颇耸动中外视听，成为现代化‘后发优势’的一个例证，而其间包蕴的种种弊端，又制约着武汉的进程。在此后近一个世纪，武汉的现代化建设又续有发展，其规模与水平非张之洞督鄂时可比，但就在全国的地位而言，20世纪初叶以后的武汉则要发出‘不如昔时’之叹。”①武汉在近代的崛起与塌陷，既受制于中国早期现代化总体格局，同时更和张之洞和“湖北新政”所深藏着的种种流弊不无干系。冯先生基于对历史史实深入挖掘所展开的充满辩证思维的哲理之论，“洞悉文明转型的种种不可抗拒的规律”，给我们以深刻的历史启示：由于中国社会转型漫长而曲折，依靠个人权力和个人魅力推动现代化作为一种社会现实而长期存在。张之洞作为湖北武汉早期现代化事业的开拓者，不仅未能建立一套旨在规范和引导行政官员领导现代化事业的政治体制，反而身体力行维护和强化“人治化”的专制体制，使现代化的发展与延续失去了政治保障，导致其开创的现代化

---

① 冯天瑜、陈锋主编：《张之洞与中国近代化》，中国社会科学出版社2010年版，序言第5页。

事业“人走政息”。从这个意义上言之，张之洞对湖北武汉20世纪前半叶现代化进程的某种“断裂”应负不可推卸之责。诚然将湖北武汉比较优势风光不再的原因一股脑儿推到张之洞身上有苛求之嫌。但是，由于张之洞是主持一方政务的封疆大吏而非一般布衣百姓，由于“湖北新政”不是一种传统的政治行为和个人行为，而是对区域乃至全国发展具有转折意义的政治——社会事件，因此，张之洞“应负其责”该是应有之义。历史一再表明，只有走出“强政府、弱社会”和“人治”“权治”体制循环怪圈，依靠体制机制而不是仰赖个人权力和魅力，建立和健全自上而下与自下而上——政府与社会相互联动的现代化体制机制，区域乃至国家现代化方能走出困境，步入坦途。

三、文化史：源远流长的荆楚文化与异军突起的江汉人文

冯先生长期研究中华文化史，在传统文化宏观研究的架构上，长江文化与荆楚文化是其关注的重要内容。

黄河流域和长江流域是中华文明的两大发祥地，长江流域的新石器文明并不比黄河流域时间晚、水平低，就农作物的产生时间而言，还略早于黄河流域。进入铁器时代的秦汉魏晋，此阶段的长江流域文明的总体水平显然落后于黄河中下游区域。从三国时期长江流域的吴、蜀与黄河流域的魏国势力鼎足看来，此阶段的长江流域文明仍然在进步之中，发展水平与黄河流域不相上下。两晋之际与中唐以后，文化中心逐渐南迁，长江流域进入其文明发展的繁盛期。两宋以后，完成了经济、文化中心从黄河流域向长江流域的转移。① 冯先生认为长江和长江文化具有“水”“通”“中”三大特点：一是淡水富集，二是水运通衢，三是文明中心。关于“文明中心”，冯先生指出：“如果说中国的自然地理中心在黄河上中游，那么经济地理、人口地理中心则在长江流域以武汉为圆心，1000公里为半径划一圆圈，中国主要大都会及经济文化繁荣区皆在圆周近侧。居中可南北呼应、东西会通、引领全局，近年遂有‘长江经济带’发展战略的应运而兴。长江经济带覆盖中国11个省市，包括长三角的苏浙沪3省市、中部4省和西南4省市。11省市GDP总量超过全国的四成，且发展后劲不可限量。回望古史，黄河流域对中华文明的早期发育居功至伟，而长江流域依凭巨大潜力，自晚周疾起直追，巴蜀文化、荆楚文化、吴越文化与北方之齐鲁文化、三晋文化、秦羌文化并耀千秋。龙凤齐舞、国风—离骚对称、孔孟—老庄竞存，共同构建二元耦合的中华文化。中唐以降，经济文化重心南移，长江迎来领跑千年的辉煌。近代以来，面对‘数千年未有之大变局’，长江担当起中国工业文明的先导，改革开放的先锋。未来学家列举‘21世纪全球十大超级城市’，依次为：印度班加罗尔、中国武汉、土耳其伊

① 明海英：《长江流域地位日益提升——访武汉大学历史学院教授冯天瑜》，《中国社会科学报》，2019年9月6日。

斯坦布尔、中国上海、泰国曼谷、美国丹佛、美国亚特兰大、墨西哥昆坎—图卢姆、西班牙马德里、加拿大温哥华。在可预期的全球十大超级城市中，竟有两个(武汉与上海)位于长江流域，足见长江文明世界地位之崇高，发展前景之远大。”长江与长江文明这种“文明中心”地位，赋予其江河文明巨大的研究价值。“作为中国‘母亲河’之一的长江，更以丰饶的自然秉赋、悠远深邃的文化积淀、广阔无垠的发展前景，理所当然成为江河文明研究的翘楚。”(冯天瑜《长江文明馆献辞》)

根据长江文化的历史源流，冯先生进而切入对荆楚文化的纵深考察，他分别从宗教文化、思想学术，以及人物特征等方面进行了分门别类的分析研究，系统地探讨了湖北地区思想文化发展的特点与规律。

冯先生认为，湖北在思想上的百花齐放与人才辈出之格局，都同荆楚大地的区域特征不无关系。荆楚文化在空间上的分布，大致包含今两湖及河南、安徽、江西部分地区。而在时间上的区隔则主要包括先秦荆楚文化、早期荆楚文化、近世荆楚文化和当代荆楚文化四个阶段。以春秋战国时期的先秦荆楚文化而论，其主要成就在于庄子的散文和屈原的诗歌，浪漫主义是他们共有的色彩，“楚人爱国忠君、念祖、好巫翕然成风”。而自秦汉以来至东汉末年，早期荆楚文化因地处南北军事要冲、行政体制的地理分割，已呈现出多元文化大融合的趋势。随着宋代经济中心的转移，儒释道进一步融合催生出理学，近世荆楚文化也就此孕育出“湖湘学派”，以其经世致用的学风代代相传，尔后更是在近代中国的社会与文化转型过程中，发挥了极其重要的作用。① 虽然鼎盛时期的楚文化影响遍及大半中国，但湖北作为楚文化的发源地，是楚文化核心和精华之所在。对此身为楚人的冯先生不无自豪地指出：“湖北又是楚文化的发源、繁盛之地。楚国文化，作为南方文化的代表，与中原文化相颉颃，自成一派，上起殷商，下迄秦汉。而湖北，作为楚文化之重镇，从古至今，未尝衰替。从上古的郢都，到中古的荆州，到近古的鄂州，再到今天的武汉，始终为国家、民族兴衰的一大关枢之地。”(冯天瑜《湖北省在对台工作中独特的思想文化资源》)

冯先生认为，从思想史的角度看，春秋战国时期出现的百家争鸣的局面，百家按地区性可分为南北两派，“荆楚学派是南派的代表，它主要活动在楚国境内。湖北是楚国政治、经济、文化的中心，故涌现出一大批出类拔萃的思想家”②。

从由浪漫灵动、博大精深的楚文化奠基并开其端绪，湖北文化自先秦至晚清，一路走来，人文荟萃，代有高峰。对此，冯先生在《湖北省在对台工作中独特的思想文化资源》一文中，娓娓道来，如数家珍：

---

① 冯天瑜：“2018 大河对话：汇聚大河文明——高质量发展的可持续未来”发言。

② 冯天瑜、宫哲兵、张武：《重视区域思想史的研究——兼论湖北历代思想发展的轨迹和特点》，《湖北社会科学》1993 年第 12 期。

湖北上古的楚郢文化，尤其是1978年随州(今随县)曾侯乙墓编钟的出土……充分展现了楚都郢城作为歌舞之都、音乐之都的艺术魅力，代表了当时乐律的高水平。湖北上古漆器的工艺研究……如江陵九店楚墓出土的方形彩绘铜镜、随县曾侯乙墓出土编钟上的髹漆铜人、荆门包山方形铜镜等，都一展漆器艺术的风采。

湖北是“楚辞”文学的兴盛地，屈原的《离骚》《哀郢》《招魂》等楚辞名篇，传诵至今。……湖北民间盛传的上古伯牙、钟期的古琴台，也早已成为中国古代知音文化的代名词。

东汉时期，荆州已经成为墨客骚人、饱学经师的荟萃佳地。当时荆州刺史刘表麾下，人才盛极一时。余波延及六朝，荆州文化独树一帜。东汉文人祢衡在江夏创作《鹦鹉赋》“文无加点”的故事，早已成为一个传奇。当年偌大的一个小洲，却因之而名传千古。多少年过去了，人们仍然念念不已。其中最负盛名的是唐代崔颢《黄鹤楼》诗。宋代严羽称“唐人七言律诗，当以崔颢《黄鹤楼》为第一”。……李白一生足迹踏遍了大半个中国，在湖北居游时间最长。他多次在荆门、江陵、襄阳、江夏一带游历，留下上百首诗文，不少为经典名篇。如《早发白帝城》《黄鹤楼送孟浩然之广陵》《渡荆门送别》《襄阳歌》《与韩荆州书》《上安州李长史书》《上安州裴长史书》等。李白诗云：“黄鹤楼中吹玉笛，江城五月落梅花。”武汉由是有“江城”美名。

在唐代，湖北涌现了不少名家，古今称羡。有著名的“文选学”世家李善、李邕父子，江夏人。李善是公认的“文选学大师”，完成《文选注》60卷，他开创的“选学”，至今仍然为台、鄂等省的众多专家所重视。其子李邕，有“书中仙手”美名，唐代著名书法家，其《李思训碑》《岳麓寺碑》等书法造诣，饮誉至今。同时期还有著名的唐代边塞诗派的代表人物江陵人岑参、唐代山水田园诗派的代表人物襄阳人孟浩然、晚唐散文家襄阳人皮日休、“世客荆州”的小说家段成式等。

湖北的安陆、黄州等地，是唐宋文学的重要阵地。唐代大诗人李白曾经在安陆成家立室，娶前宰相安陆许圉师孙女为妻，前后在安陆居住了十余年，创作了大量诗文。到了宋代，安陆宋庠、宋祁兄弟，名噪一时。宋庠官居相位，刊印《陶渊明集》等，影响甚巨；宋祁奉命和欧阳修撰写《新唐书》。宋氏兄弟的诗文创作，开拓出湖北文学之大局。同时，安陆人郑獬，参与欧阳修的文学革新运动，为进士第一，累官翰林学士，权知开封府，以经学闻世，亦名噪一时。黄州，古称齐安，唐宋时多为大臣贬谪之地。苏门四学士之一的张耒，《齐安秋日》说：“齐安荒僻地，平昔放逐臣。”唐武宗会昌年间，大文豪杜牧被贬任黄州，创作了不少相关的诗文。到宋代，大文豪王禹偁被贬谪到黄州、蕲州，也有不少作品传世。最引人注目、成就最大的，是大文豪苏轼。他曾经被贬谪到黄州长达四年，正是苏轼文学创作的高峰期，也是他文学风格发展成熟的重要时期。他的前、后《赤壁赋》，《记承天寺夜游》，《念奴娇·赤壁怀古》，《东坡八首》，《寒食雨》等著名作品，都创作于这一时期。此外，北宋大文豪欧阳修也是在湖北成才的。

元明以后，湖北的文化实力已跃居全国前列，在经学、文学等领域，更是人才济济，雄霸天下。以经学大儒而论，元明时期，湖北先后有赵复、郝敬等著名经学家，备受台湾等地区经学研究者的重视。赵复为元代著名经学大儒，安陆人，深受忽必烈等元朝皇帝的礼遇和重视。赵复自称是朱熹的私淑弟子，他倾一生之力，将北宋关学(陕西)、洛学(河南)的影响延伸到河北，为河北之学兴盛做出重要贡献，在宋明理学发展中地位显著。郝敬为明代万历十七年进士，京山人，有“穷经巨擘”美誉。郝敬的经学贡献，黄宗羲《明儒学案》称“疏通证明，一洗训诂之气。明代穷经之士，先生实为巨擘”，足见郝敬在整个明代经学中的地位和实力。

以地域和家族而论，明代中后期，湖北学风大炽，人才鼎盛。黄安(今红安)三耿(耿定向、耿定理、耿定力)，麻城二周(周思久、周思敬)、二梅(梅国桢、梅之焕)，公安三袁(袁宗道、袁宏道、袁中道)，俱名噪一时。明代中后期的湖北文学，有执全国文坛之牛耳的盛势。嘉靖年间，“后七子”之一的吴国伦，湖北兴国(今阳新)人，与当时的文坛盟主李攀龙、王世贞齐名，时人有“求名之士，不东走太仓(王世贞)，则西走兴国(吴国伦)”之称。万历年间，著名思想家李贽在黄安、麻城等地，定居达15年之久，讲学著书，传播新思想，对晚明湖北文化影响极大。公安“三袁”，深受李贽思想的影响，掀起一股引领时局的文学创作潮流。他们高举明代中叶以来的个性解放思潮，倡导“独抒性灵，不拘格套”，取得了很高的文学成就，至今为人称颂。公安派之后，湖北竟陵(今天门)派崛起，以竟陵人钟惺、谭元春为代表。他们继承公安派的文学新变旗帜，形成“幽深孤峭”的艺术风格，对后世影响也很大。

湖北文化发展源远流长，高潮迭起，在思想学术、文学艺术诸领域涌现了不少杰出思想家和文学家，为古代中国思想史贡献了湖北智慧。冯先生认为湖北古代思想有包容性、思辨性、否定性三大特点。关于包容性，湖北古代主体思想虽然受老庄思想影响至深，但因善于融合百家之说，得以构造荆楚学派之论。湖北思想家纵览群书，博采众长，包容百家，形成湖北学术思想的一个显著特点。关于思辨性，重义理，善思辨，是湖北学术思想史的一大特点。荆楚老庄学派、两汉荆州新学、南北朝至隋唐的湖北佛学及至近代江汉新学，都偏重哲理与思辨，具有比较突出的思辨性。关于否定性，“湖北历代主要思想家们在哲学思想方面，一般以讲‘否定’为主。这是老庄哲学思想的继承和延续。老子讲‘无’，是一种否定，庄子讲‘无无’，更是彻底的否定，荆州新学开玄学之先河，也是讲否定。佛学论‘空’，更是彻底的否定。哲学上以‘否定’论见长，形成了湖北古代哲学思想的基本特点。而否定论可以导致革命性，也可以导致‘无为’性，因此，湖北地区往往成为新旧思想大交战，革新与守旧相冲突的‘竞争最剧烈之场’，就不足为奇了”①。

---

① 冯天瑜、宫哲兵、张武：《重视区域思想史的研究——兼论湖北历代思想发展的轨迹和特点》，《湖北社会科学》1993年第12期。

古代湖北不仅思想学术成就斐然，名家辈出，而且在宗教乃至医药、茶道诸领域也取得了引领中华文化的骄人成就：

湖北是我国道教的重要发源地。早期道教之一的五斗米道，在三国、两晋时期活跃于湖北境内。公元221年，孙权迁都鄂州，改鄂州为武昌，尊崇道士介象，供奉南岳师祖，改龙盖山为南岳山，此为湖北最早的道教圣地。

湖北也是我国佛教的重要发源地，与佛教的渊源甚深。早在东汉年间，佛教已经传入湖北，并且形成有寺有僧的格局。……湖北是禅宗的重要发祥地，祖庭所在地。湖北名刹当阳玉泉寺，即为隋代天台宗创始人智颛创建。智颛禅师，在玉泉寺创立天台一宗。到了唐代，禅宗四祖道信禅师在黄梅双峰山，创建正觉寺，弘法三十余年，传衣钵于五祖弘忍(黄梅人)；弘忍传承衣钵后，又在黄梅创建五祖寺。湖北黄梅，因此被后世公认为禅宗祖庭，以及禅宗的策源地。弘忍圆寂后，其弟子神秀在当阳山玉泉寺，大开禅法，开创北宗禅，与六祖慧能的南宗禅并峙，开禅宗南顿北渐之风。禅宗作为中国化的佛教宗派，经过四祖道信、五祖弘忍在湖北黄梅的传法，已成定局，五祖之后，形成各家宗派。

湖北为什么能出现一批著名的佛学家，并成为“南方佛教的中心地区”？冯先生这样道出原委：“佛教思想为什么能够在湖北迅速传播，并出现一批著名的佛学家呢？除了政治、经济方面的原因以外，人文传统和地理条件也是重要的原因。先秦时期，湖北是楚国的中心，故道家思想流行。汉初，以道家思想为基础的黄老之学在全国占据统治地位。魏晋玄学也发端于湖北的荆州新学。佛教思想在不少地方与道家思想、玄学思想相近，故入华初依附于道、玄。湖北的文化传统使佛教在那里很容易找到结合点。从地理条件看，湖北地处中国中部，从西北入华的佛学和从海南入华的佛学常在湖北碰撞、交流，这就使湖北聚集了一大批著名佛僧，佛学极一时之盛也就事非偶然了。”①

中国是茶文化的故乡……而湖北，是茶文化研究的重镇。全世界第一部茶叶专著，最著名的《茶经》，由唐代湖北竟陵人陆羽撰写。《茶经》一书，首次系统地向世人展现了茶叶生产的历史、源流、现状、生产技术，以及饮茶技艺、茶道原理等，推动了中国茶叶技术的向外传播。陆羽因而受到后人的尊重，被誉为“茶圣”、“茶神”。

中国的医药学在全世界也是独树一帜的。对于中医药学的重视和研究，湖北更是独占鳌头。明代湖北蕲春人李时珍的《本草纲目》，标志着我国古代中医药学领域的重

① 冯天瑜、宫哲兵、张武：《重视区域思想史的研究——兼论湖北历代思想发展的轨迹和特点》，《湖北社会科学》1993年第12期。

要突破。《本草纲目》在明代各类本草药籍的基础上，“集诸家之大成”，记载植物近2000种，动物460多种，矿物260多种，以及物理、化学、天文、地理、农业、气象等方面的系统知识，在我国科技史上占有突出的地位，被西方的科学家达尔文称誉为“中国古代的百科全书”。(冯天瑜《湖北省在对台工作中独特的思想文化资源》)

同中国传统文化和其他地域文化一样，荆楚—湖北文化在经历古代既有辉煌、繁盛之后，于19世纪末叶迈入了近代转型期。冯先生认为，荆楚文化“这当然是中国文化整体近代转型的一翼，但又有其地域性特征”。(冯天瑜《荆楚文化的近代转型》)

关于荆楚文化近代转型的时间节点，冯先生认为其“远源固然可以追溯至汉口镇晚明以降的崛起，然其正式起步，则在清咸丰、同治之际，即第二次鸦片战争以后，这较之东南沿海晚了二十年，但较北方和西部，又呈‘捷足先登’之势”。冯先生特别强调，“我们讨论荆楚文化的近代转型，必须正视与东南沿海的‘时间差’，以及与西部相比的先进性，从而准确把握荆楚地区在全国近代文化格局里的第二梯级位置”。

何为荆楚文化近代转型的“地区性特色”？冯先生总结归纳出三大特点：一是汉口开埠、西力东侵的外铄性特色；二是“湖北新政”，国家和政府的先导性、主动性作为；三是风云际会、古典与现代交织的瑰丽色彩。

关于“外铄性特色”，冯先生指出，1861年汉口开埠尤其是江汉关设立后，汉口逐步成为水陆交通枢纽，华中最大的货物集散地，“货到汉口活”的说法遍传遐迩，武汉“九省总汇之通衢”的功能得到充分发挥，带动了长江中游商品经济及近代工商业的发展。至19世纪末、20世纪初，汉口的对外贸易额居全国第二，“驾乎津门，直追沪上”。“这样的经济土壤，培植了近代文教事业，武汉渐次成为华中首屈一指的文化中心。总之，19世纪60年代初汉口开埠，是荆楚社会及文化近代转型的正式起点。这正昭示了荆楚文化近代转型的外铄性特色。”(冯天瑜《荆楚文化的近代转型》)

“荆楚文化近代转型的又一重要特色，是官府主动性，政府行为是转型的先导性动力。”冯先生认为，张之洞督鄂前，湖北的经济、社会和文化在全国充其量只是位居中游的一般性省份，但在张之洞“湖北新政”的大力推动下，湖北不仅“从一个中等发展水平的内地省份，迅疾跃升为全国近代化进程的排头兵”，而且开始了荆楚文化从传统到近代的转型与跨越。张之洞便是这种转型的主要代表。“值得一提的是，张之洞本人经历了从清流党到洋务大吏的跨越，这正是文化转型在同一个历史人物身上的戏剧性展现。”“转型前后的张之洞的文教举措有明显差别…… 1889年总督湖广，已俨然洋务殿军，其文教兴革与20年前意趣迥别。”由于张之洞力推“中体西用”、会通中西的文教新政，湖北武汉文风丕变，人才蔚兴，“洋务运动末期(19世纪90年代)和清末新政(20世纪前10年)20年间的湖北文教兴革，是荆楚文化近代转型的直接导因。仅从近代文化的载体——近代知识分子的成长而论，都与这一时段新学堂兴办及留学生出洋热潮相关。由封疆大吏张之洞推动的

湖北文教兴革，使这个较封闭的华中省份一跃而为人才辈出之处”。(冯天瑜《荆楚文化的近代转型》)

由于湖北武汉独特的地理位置，“同东南沿海相比，近代中国的北方和西北较为落后、保守……而地处长江中游诸省，尤其是湖北、湖南(也即‘楚地’)，正处在较开化的东南与较封闭的西北的中间地带，借用气象学语言，长江中游处在湿而暖的东南风与干而冷的西北风交汇的‘锋面’，因而气象因素繁复多变，乍暖乍寒，忽晴忽雨。如果说，整个近现代中国都卷入了‘古今一大变革之会’，那么，两湖地区更处在风云际会的漩涡中心”。同时也由于荆楚文化悠久的传承和厚重的积淀，转型期的荆楚文化中西杂糅，古今交织。于是形成荆楚文化近代转型的第三个特点：古典与现代交融，熔铸古今，会通中西。“这种时代的风云际会，又养育了湖北学子的深沉哲思，为现代荆楚文化染上古典与现代交织的瑰丽色彩。熊十力早年投身辛亥革命，又目睹民国政治的腐败，退而论学，穷究天人，完成了整合儒释的大建构，对中国现代哲学有重要贡献。又如闻一多兼涉文史，其新诗蕴涵格律诗韵致，其楚辞、诗经研究借助芝加哥社会学派方法，融铸古今、会通中西，展现了转型时代学人的风范，昭示了现代荆楚文化的特殊魅力。”(冯天瑜《荆楚文化的近代转型》)

在湖北武汉区域文化的研究中，冯先生于近世荆楚人物着力尤多。

湖北“地灵人杰”，“惟楚有材，于斯为盛”：“炎帝辟草莱、创农耕，尝百草、救苍生；楚庄王成就春秋霸业，不飞则已，一飞冲天；香草美人孕育屈原《离骚》，绝唱千古；出塞昭君、中兴刘秀、智慧孔明、传禅弘忍、放达孟浩然，皆一时俊杰；茶圣陆羽、书家米芾、活字毕昇、药师李时珍，竞献越代发明；张居正一条鞭法、谭鑫培须生演艺、黎元洪都督军政府，堪称创举。”(冯天瑜《湖北英俊人物》)但是，相对全国尤其江浙甚至江西而言，两宋以后晚清以前，湖北人才尤其是学术思想名人并不多见。“古来即流传‘唯楚有材’之说，但指的是先秦，汉唐以迄明清的湖北，其实并非人才茂盛之区。梁启超《近代学风之地理的分布》一文指出：‘湖北为交通最便之区，而学者无闻’，又说：‘湖北为四战之区，商旅之所辐集，学者希焉。’这是对清末以前湖北人才情形的概括。”(冯天瑜《荆楚文化的近代转型》)但这种状况在晚清发生根本改观，湖北人才异军突起，独领风骚，成为近代中国一道独特的文化风景。

近代湖北人才蔚兴，当以武汉和鄂东为甚。

“作为‘九省总汇之通衢’的武汉，近一百多年来从中古式的军政重镇和商贸集散地，崛起为华中地区首屈一指的现代都会，在经济、政治、文化诸方面放射出较大能量，得益于时代风云际会间的群贤毕至、才俊荟萃。”①冯先生认为，近代武汉人物(包括旅居武汉的外籍人士)有三大特点：第一，政治类人物密集；第二，经济类人物未成大气象，实业

① 武汉地方志编纂委员会主编：《武汉市志·人物志·序言》，武汉大学出版社1999年版，第1页。

多虎头蛇尾；第三，文化类人物巨匠纷呈。①

冯先生认为“这显然与武汉近世以来数度成为全国政治中心直接相关”。武汉作为辛亥首义之区和大革命中心，“是早期国民党人和共产党人的重要发祥地之一。湖北籍元老居正(广济)、陶希圣(黄冈)等都是从武汉登上政治舞台的。武汉籍著名共产党人则有恽代英、萧楚女、李求实、项英等；参加中国共产党第一次全国代表大会的13人中，有五位邻近武汉的湖北人——董必武(黄安)、陈潭秋(黄冈)、包惠僧(黄冈)、李汉俊(潜江)、刘仁静(应城)，他们都曾在武汉求学、任事，都有长期旅居武汉的经历”②。

武汉历来为工商大埠，商贾云集，但本籍商界成大器者寥寥，稍有作为者，也多半有始无终。冯先生敏锐地觉察到了这一奇特现象。“张之洞治鄂期间兴办的汉阳铁厂、湖北枪炮厂、丝布纱麻四局曾是中国乃至东亚领先的现代工业项目，都因内外原因而未获健全发展，其主办者蔡锡勇等人也无缘成长为强劲的历史人物。武汉著名商号‘曹祥泰’创始人曹南山父子的日用百货制造业，第一次世界大战前后曾兴盛一时，抗日战争间则跌入低谷；裕大华集团徐荣廷、苏汰余20世纪初叶颇有拓展，之后却饱经磨难，屡遭挫折；号称‘地皮大王’、自诩‘创造了汉口’的刘歆生，其房地产事业于清末民初势头甚健，不久则一再败绩，地产大部典卖；创办震寰纱厂的刘鹄臣兄弟，创办第一纱厂的李紫云，轧花业巨头周文轩，建立民营机器厂的周仲宣，商界闻人贺衡夫、周苍柏等，也都是企业初创有成，一度颇具规模，终因战乱、天灾、政治变故或自身经营不善而一蹶不振，甚至全然倒闭。通览武汉工商业者的传、录，并加以综汇，便可勾勒出近世民族资本崎岖坎坷的发展轨迹。”③其实，就经济类人物而言，近代武汉还有两个奇特现象，一是汉口作为商业重镇却没有形成有势力有影响的“汉帮”，二是近代武汉缺少工业巨擘。笔者2004年9月在接受《长江日报》记者访谈时，曾以“武汉文化现象三问”为题对此发表过一些不成熟的看法，与冯先生的上述观点不无契合之处。“在近现代武汉有名的民营大企业中，创办者和投资人本地人寥寥。如汉阳周仲宣等的周恒顺机器制造厂，武昌徐荣廷等的汉口裕华纺织股份有限公司(武昌裕华纱厂)，江夏人李紫云等的汉口第一纺织公司(武昌一纱厂)和祖籍山西生于汉口的刘子敬等的震寰纱厂等，除裕华纱厂外，经营都不成功，后来大都租给外商或是外地人经营。汉口燮昌火柴厂和既济水电的主要创始人是浙江宁波府镇海人宋炜臣；汉口福新面粉五厂和申新四厂是荣德生的长婿李国伟；汉口最大的机器厂扬子机器厂是侨商顾润章、王光等合资创办的，宋炜臣也有投资；承办汉阳铁厂的是以盛宣怀为首的

---

① 武汉地方志编纂委员会主编：《武汉市志·人物志·序言》，武汉大学出版社1999年版，第2~3页。

② 武汉地方志编纂委员会主编：《武汉市志·人物志·序言》，武汉大学出版社1999年版，第2页。

③ 武汉地方志编纂委员会主编：《武汉市志·人物志·序言》，武汉大学出版社1999年版，第2~3页。

上海商人集团；最初承租布纱丝麻四局‘商办’的是在汉口做茶叶生意的广东商人韦紫封，本地商界没人出来承租，其后的承租者和主要出资者也大多是外籍人。”此一现象，连当时驻汉日本领事水野幸吉也有察觉：“在汉口这样的商业集中之地，其有财力的商人主要来自广东、宁波等地，湖北本地人反而经营的商业规模较小。工业尚处于幼稚阶段。”①究其原因，笔者以为与汉口“转输贸易”商业形态形成的投机和急功近利的码头文化有关。“武汉独特的地理位置，使武汉商人热衷于商业，而对投资工业企业无兴趣，极大地影响了武汉城市经济格局，甚至对政治活动也带来影响……张之洞投资工业劝募资本的时候，汉口商人响应并不积极，‘力微识近，大都望而却步’。地方志书也谈到本地士大夫与商人‘讳谈洋务’。正是这样一种社会文化氛围，造成张之洞在武汉无商可招，只能官办。”②

关于武汉学术文化人物，冯先生指出，由于武汉兼具腹地城市和对外通商口岸的双重身份，是新旧文化冲突融会的聚焦点，其特定的学术土壤，培育了一批学贯中西、影响达于全国乃至全世界的文化名人。他在列举出历史地理学家杨守敬，书法家张裕钊，哲学家熊十力、汤用彤、徐复观、殷海光，地质学家李四光，化学家张子高，文字学家黄侃，文学家闻一多、胡风、曹禺，考古学家李济、黄文弼，藏书家徐行可，法学家张知本，方志学家王葆心等湖北文化名家后，论析他们与武汉的渊源关系：“他们大都在武汉邻近县份的乡间发蒙于私塾，又到武汉进入新式学堂或改制书院，接受新文化洗礼，不少人从武汉出国留学，学成又曾执教、治学于此。武汉确乎养育了一批现代文化巨子，熊十力‘天上地下，唯我独尊’的哲人超识，徐复观的坚毅果决，殷海光孤行独往的求索精神，闻一多的奔放和勇于牺牲，胡风九死不悔的坚强个性，以及这批文化人共有的‘开放进取’与‘保守执着’相辉映的双重内蕴，都与江汉交汇处特定的文化氛围紧密相关。”③冯先生的意思是，正是武汉作为现代城市新思想策源地和新文化荟萃地的城市功能，同时也由于荆楚—江汉地区多元开放、锐于拓新、敏于哲思的文化秉性，为近代学人的成长提供了温润的气候，肥沃的土壤，形成近代湖北文化异军突起、人才辈出的可喜局面。

武汉因为现代都市吸引并聚集了大批政军英豪、工商巨子、文化名流，而偏于湖北东隅的鄂东更是一片神奇的土地，这里曾经产生了许多影响近代中国历史发展进程的风云人物。“将军县”红安和“教授县”蕲春，一文一武，可谓双峰并峙，堪称奇观。冯先生的区域文化研究中，对鄂东学术文化名家辈出现象多有关注，其中尤有价值者是对鄂东文化人才兴盛原因的深入探究。

---

① ［日］水野幸吉：《中国中部事情：汉口》，武德庆译，武汉出版社2014年，第5页。

② 涂文学：《文化汉口》，武汉出版社2006年版，第439~440页。

③ 武汉地方志编纂委员会主编：《武汉市志·人物志·序言》，武汉大学出版社1999年版，第3页。

> 阅览徐复观先生(1903—1982)的《中国艺术精神》《学术与政治间》诸书，每震其穷观极照、心与物冥的博大气概。展读与徐复观相先后的熊十力、汤用彤、殷海光诸先生的论著，也能感受到一种贯穿古今、汇通中外的浩然之气和特立独行的精神。在研习上述先生宏著之际，想到他们都是湖北人，而且都是鄂东人，如熊十力(1885—1968)、殷海光(1919—1969)黄冈人，汤用彤(1893—1964)黄梅人，徐复观浠水人，均属湖北东部黄冈地区(隋唐称黄州，元称黄州路，明清称黄州府)。进而又联想到鄂东的另外一些近世乡贤，如地质学家李四光(1889—1971)、政治史兼经济学家王亚南(1901—1969)黄冈人，文字学家黄侃(1886—1935)、文学家胡风(1902—1985)蕲春人，诗人闻一多(1899—1946)浠水人，方志学家王葆心(1867—1944)罗田人，逻辑学家汪奠基(1900—1979)鄂城人。他们都堪称某一文化门类领风骚的一代巨子。在一个省份的东隅，于半个世纪间涌现出如此众多的全国性乃至世界性文化名人，可谓一种罕见现象。(冯天瑜《湖北英俊人物》)

地理位置偏僻、并非经济繁庶区的鄂东何以短时间内出现人才“井喷”的“罕见现象”？冯先生引章太炎“视天之郁苍苍，立学术者无所因，各因地齐、政俗、材性发舒，而名一家”的观点，从鄂东特定的地理方位和政教风俗诸方面做了详细剖析。

鄂东虽然偏于湖北东隅，但“吴头楚尾”的文化交流融通优势，“刚强的性格，激越的思绪，浪漫的情感”的民情特点，潜移默化地影响了熊十力、徐复观、闻一多、胡风等人。熊十力“天上地下，唯我独尊”的豪气，徐复观坚毅果决的性格，闻一多的奔放、勇敢和牺牲精神，胡风九死不悔的坚强个性，都与鄂东民风的熏陶有关，它们又是这些文化大师学术品性、创作风格的有机构成部分。鄂东人“开放进取”与“保守执着”二者兼备的双重性格，在熊、徐、闻、胡诸人的文化事业中也深有体现。鄂东向来尊文重教，文风颇盛。光绪十八年(1892)湖北学政孔祥霖奏称，湖北“文风以黄州、蕲水、黄安、麻城为胜”。冯先生以他的亲闻亲见为例，论述这种乡俗民风对近世鄂东文化人的潜移默化：“这里有问津书院等书院传世，保持着尊师重教传统，有‘爱子重先生’的民谣流行。笔者幼时曾多次从先父那里听到这样一则故事：抗日战争期间，原在武汉任教的父母亲返回黄冈山区避难，有两年在乡间教私塾，得到乡民的广泛敬重，甚至当地的土匪头子李显军，每至春节都要前来送礼拜年，见到父亲，纳头便拜，可谓‘盗亦有道’，这正是鄂东尊师重教传统的一个侧影。另外，鄂东，特别是徐复观的故乡浠水，有藏书传统，明清以来，浠水外出做官、经商、游学的人，都给家乡赠书，这形成一种不成文的规则。故至今浠水博物馆还藏有大量明版、清版线装书，笔者曾前往参观、阅览。以笔者见闻所及，一个县级博物馆藏有如此数量的古籍，浠水为仅有之例。由此推想，清末民初，在浠水的乡村、集镇间，藏书数量一定可观，读书风气也必然隆盛。浠水及鄂东诸县，还兴办族学、村学、家塾、门馆，民间有集资办学、尊师重教的深厚传统。这无疑是鄂东近世人文兴盛的基础。徐复观等先贤便是在这样的氛围中成长，又得到新式教育的洗礼，加上个人天资与努力的结合，终于成就为一代文化大师。此为乡邦之荣，中国之幸！”(冯天瑜《湖北英俊人物》)

在冯先生看来，鄂东文化人才兴盛既是两宋以来中国经济文化中心南移，长江中下游渐成人文繁盛荟萃之区的大趋势使然，同时更得益于张之洞“湖北新政”兴文教，使湖北迅速崛起为长江流域乃至中国文化教育中心，给鄂东学人提供了接受现代教育，走上中国乃至世界文化殿堂前所未有之新机遇。此乃近世鄂东大批量涌现具有地域特色、民族气质、世界影响的文化学术大家之主要原因：

> 湖北乃至鄂东近世人文荟萃，更直接的动因是张之洞督鄂期间开端的文教兴革，使湖北的文化教育水平居于晚清各省前列，鄂籍学人出国留学人数也名列各省前茅。前述现代湖北文化名人大都是张之洞督鄂期间兴办的新式学堂或改制书院培养出来的，或由其派遣出国留学。如王葆心曾就学两湖书院；张知本曾就读两湖书院，又以官费赴日本留学；黄侃由张之洞亲自指示，资助官费留学日本早稻田大学；张子高(1886—1976)曾就学武昌文普通学堂，后赴美留学，入麻省理工学院；李四光曾就读西路高等小学堂，又被选送日本东京弘文学院学习；黄文弼(1893—1966)就学汉阳府中学堂；闻一多曾就读武昌两湖师范附属小学，后留学美国。如果说，曾国藩(1811—1872)及其湘军把湖南山乡的农家子弟带上全中国舞台，为近世湖湘人文之盛奠定基石，那么，张之洞(1837—1909)开端的文教兴革及大规模留学生派遣，则使湖北学子走上中国乃至世界文化殿堂，徐复观正是行列中人。如果他无此机遇，可能只是终老浠水一乡绅或者私塾先生。(冯天瑜《湖北英俊人物》)

四、区域史观：大智眼界与大爱情怀

冯先生视野宏阔、立意高远，其区域史研究，既不就事论事，也不孤立看人，而是从整体环境着手，由宏观入微观，聚焦于区域与时代背景之下的人与物、史与事的相互联系，进而使区域不再是空洞的存在，而是因独特的事件及有代表性的人物而鲜活丰满，从而在描绘区域政治、经济、社会发展演进的历史轨迹的同时，揭示区域文化鲜活生动的个性特征。

冯先生的湖北武汉区域史研究是有系统的区域史观做指导和观照的。

(1)整体史观。整体史观又称全球史观，是将人类社会的历史作为一个整体来看待的一种史观。整体史观或者全球史观的关键不在于是否谈论了“整个世界”，而在于是否把研究对象置于普遍联系的“世界”之中。从这个意义上言之，冯先生可谓深得整体史观的精髓。他把湖北武汉区域社会与文化置于中华文化的背景下来考察，比较分析中国文化和湖北荆楚文化的共性与个性。在冯先生的区域文化研究构架中，中华文化—长江文化(南方文化)—荆楚文化(湖北文化)三个层次虽然都有不同的涉及，但其重心则在彼此之间影响和互动。他认为，湖北兼有“北雄南秀”的文化特征，荆楚文化不仅有百折不挠的“九头鸟”精神，还因南北文化交汇与近代中西文化的互通，融创出“敢为人先，追求卓越”的湖北佬精神。近代以来，“码头文化”更是构筑了大武汉雄阔的城市性格，也形成了开放与包容的市民文化精神。故而他将长江流域和黄河流域进行比较，又将荆楚文化与各区域文化进行比较：“回望古史，黄河流域对中华文明的早期发育居功至伟，而长江流域依凭巨大潜力，自晚周疾起直追，巴蜀文化、荆楚文化、吴越文化与北方之齐鲁文化、三晋文化、秦羌文化并耀千秋。龙凤齐舞、国风—离骚对称、孔孟—老庄竞存，共同构建二元耦合的中华文化。”(冯天瑜《长江文明馆献辞》)巴蜀文化、荆楚文化、吴越文化共同组成南方文化，区别于北方文化的雄浑、谨严，其文化性格为清奇、灵动。正所谓“北峻南雄、北肃南舒，北强南秀、北塞南华”，用阳刚和阴柔将北南文化特性区别开来。① 冯先生以整体史观观照近代鄂东文化异军突起、名家辈出的文化现象，从两宋以来经济文化中心南移，长江中下游成为文化繁盛之区(宏观)到鄂东为“吴头楚尾”的荆楚文化与吴越文化交错融会之区(中观)再到鄂东偏于湖北东隅独特地理位置和政教风俗(微观)三个层面，揭示了近代鄂东学术文化繁荣的宏观历史文化背景、中观区域交流融通、微观重教尊文民风浸润等多重生成机制。是为以整体史观研究区域文化典型案例、经典之作。

(2)环境史观。环境史观是从历史的角度考察和观照人与环境关系的发展和演变的历史观，其中地理环境影响人类生产生活方式、社会制度和法律、区域文化和国民性格是其重要内容。孟德斯鸠是“地理环境决定论”的开创者，他在《论法的精神》第三编中用6章篇幅详论“法与气候性质的关系”，指出“不同气候下的不同需求，促成了不同的生活方式，不同的生活方式导致不同的法律”。② 孟德斯鸠十分注重气候对政治制度和法律、国民性格的影响，指出“有些国家的酷热气候使人身体疲惫，精神委靡，只有借助惩罚才能让人履行艰苦的义务。在这些地方，奴隶制对理性的冲击相对小些。由于奴隶主懒待君主，奴隶也就懒待主子。那里的民事奴隶制与政治奴隶制并存”③。孟德斯鸠把他的这个理论用于考察中国专制政体，指出“专制政体尽管就其性质而言，到处都一样，但是，由于环境、宗教观点、成见、受到遵循的惯例、人的气质、风尚、习俗的不同，差异还是很大的”④。“中国的政体没有达到它所应该达到的腐败程度。大多基于气候的物质原因抑制

① 冯天瑜：《返本开新　追寻大美——〈荆楚狂歌〉序》，《美术之友》2007年第1期。
② [法]孟德斯鸠著：《论法的精神》上册，许明龙译，商务印书馆2012年版，第279页。
③ [法]孟德斯鸠著：《论法的精神》上册，许明龙译，商务印书馆2012年版，第292页。
④ [法]孟德斯鸠著：《论法的精神》上册，许明龙译，商务印书馆2012年版，第249页。

了这个国家里的道德原因，进而演绎出了种种奇迹。”“中国的气候出奇地有利于人口增殖。那里的妇女生殖力之强为世界所仅见。最残忍的暴政也不能抑制人口增长。……中国的君主只能抱有尼禄的那种愿望：但愿全人类只有一个首领。暴政归暴政，气候将使中国的人口越来越多，并最终战胜暴政。”①孟德斯鸠认为，因为南方气候炎热而北方气候寒冷，所以南北方人的性格迥然不同。他以中国为例对此观点予以证明：“我在前面已经指出，炎热削减人的力量和勇气，而生活在寒冷气候下的人有一种体力和精神力量，使他们能够从事长时间的、艰苦的、宏伟和勇敢的活动。这种现象不仅可以通过各个民族的比较发现，即使在同一国家的不同地区对比中也可见到。中国的北方人比南方人勇敢，朝鲜的南方人也不如北方人勇敢。”②孟德斯鸠把地理环境对人类文明的影响程度极端化、绝对化，理所当然的不被冯先生所认同。冯先生曾作《地理环境与文化创造》专文对之予以批判，指出：“地理唯物论强调气候、地形等自然条件对人类历史文化的影响，与‘神创说’和‘智力决定论’等唯心史观相背反，包含着若干合理的、有价值的思想成分，然而又有直观化、简单化的偏颇，特别是当地理唯物论被推向极端，扩张成‘地理环境决定论’时则有若干重大失误。”“‘地理环境决定论’把地理环境全然看作人类社会的外力，认为是自然环境这种外力决定着社会的进程、左右着人性和文化的特征。事实上，地理环境并不是简单作为一种外力影响人类生活的。人类通过对自然的征服和改造，日益把地理环境转化为人类社会内部不可缺少的因素。在这一意义上，可以把地理环境称作‘人化了的自然界’，或者称作‘社会—地理环境’。人类历史的变迁和文化类型的形成，是作为社会的人依托于物质存在创造出来的，并非由地理环境外在赋予。”③因此，冯先生指出，在人—地关系上，“有必要复归马克思、恩格斯的科学观点，既高度肯定地理环境对历史文化的深远影响，又扬弃地理环境决定论，坚持文化生成的主体客体辩证统一的观点。”在肯定地理环境一定程度上影响历史文化的基础上，冯先生进一步探讨了“地理环境究竟在怎样的意义上、经由哪些中介，方作用于人类的历史进程和文化创造”。“地理环境是人类从事社会生产须臾不可脱离的空间和物质—能量前提，是物质资料生产过程中不可缺少的、经常的必要条件。正是在这一意义上，物质生产及其技术构成地理环境影响人类历史进程和文化创造的主要中介。”理清了地理环境对人类历史发展和文化创造的影响途径与主要中介后，冯先生进一步探讨了地理环境对人类物质生产方式、经济—社会关系尤其是风俗习惯、性格面貌的影响。关于地理环境影响国家、民族、区域文化类型，冯先生指出：“地理环境经由物质生产方式这一中介，给各民族、各国度文化类型的铸造奠定了物质基石，各种文化类型因而都若明若暗地熏染了地理环境提供的色调。”“地理环境还在一定程度上影响人们的风俗习

① [法]孟德斯鸠著：《论法的精神》上册，许明龙译，商务印书馆 2012 年版，第 151 页。
② [法]孟德斯鸠著：《论法的精神》上册，许明龙译，商务印书馆 2012 年版，第 320~321 页。
③ 冯天瑜：《地理环境与文化创造》，《理论月刊》1991 年第 1 期。

惯、性格面貌，但这种影响要通过人们自身的活动实现”，而且这种影响并非线性和直接的，表面而暂时的，“地理环境对人类文化创造的影响是真实而多侧面，持续而深刻的，但这种作用主要又不是立竿见影的。在通常情况下，地理环境只为文化发展提供多种可能性，至于某种可能性以某种形态转变为现实性，则取决于人类的选择”①。

冯先生以“地理环境经由一定的中介影响历史发展和文化创造”的环境史观观照湖北武汉区域历史和区域文化，从地理—人文的自然与文化生态角度系统地探讨了区域发展和文化创造的生成机制，肯定地理环境对历史和文化的巨大影响，认为人类的社会因素(经济的、政治的、心理的)具有强大的选择能力，使人类可以在同一自然环境内创造不同的文化事实，并进而考察地理环境为中华民族提供了怎样的可能性，以及中华民族如何在这些可能性中作出自己的选择，创造出独具风格的文化类型。② 具体到湖北及武汉，冯先生从湖北自然地理和自然气候出发，引申归纳出湖北自然—人文生态类似气象学“锋面”特质，这一生态特征因为对湖北武汉区域文化和民俗影响至大至深而被冯先生反复提及。在《湖北省志人物志稿》前言中，冯先生认为，“同东南沿海相比，近代中国的北方和西北较为落后、保守，在一个长时间，‘北洋势力’是近现代中国反动阵营的代名词。而地处长江中游诸省，尤其是湖北、湖南，正处在较开化的东南与较封闭的西北的中间地带，借用气象学语言，长江中游处在湿而暖的东南风与干而冷的西北风相交汇的‘锋面’，因而气象因素繁复多变，乍暖乍寒，忽晴忽雨。如果说，整个近现代中国都卷入了‘古今一大变革之会’，那么，两湖地区更处在风云际会的漩涡中心。……湖北在二十世纪初叶崛起为仅次于上海的工商业基地，继而成为辛亥革命首义之区、大革命心脏地带、土地革命的主战场之一，便是有力的实证”③。地理区位上九省通衢，为中国经济与文化之中心，自然气候方面湿暖与干冷交汇，文化风尚上的东西对冲、南北交汇，形成湖北武汉不东不西，既南又北，“没有特点就是特点”的“杂糅”特征。冯先生对近代湖北文化地理特征的生动形象概括，成为他研究湖北武汉近代转型和文化创造的逻辑起点。

纵观冯先生的湖北思想史、湖北人物尤其是鄂东人物研究，一个突出特点是都强调地域因素对思想形成及发展产生的深刻影响。早在 20 世纪 90 年代初，冯先生与友人主编《湖北历代思想家评传》即注意到对中国思想学术人物研究，“不满足于从宏观的社会存在、传统资料两因素的影响来研究历史思潮，还要求结合地区条件、人物经历等因素对其进行更加细微更加具体的考察，这无论从研究领域的拓展上，还是从方法论的科学化而言，都是一个大的进步”。冯先生认为，尽管中国古代思想学派和思想家思想学术体系生成机制复杂多样，但包括地理环境在内的“地区条件”无疑是其中最重要的因素之一：

---

① 冯天瑜：《地理环境与文化创造》，《理论月刊》1991 年第 1 期。

② 冯天瑜：《地理环境与文化创造》，《理论月刊》1991 年第 1 期。

③ 冯天瑜主编：《湖北省志人物志稿》(第一卷)，光明日报出版社 1989 年版，前言第 3 页。

> 人所共知，中国以学术流派众多著称于世，非但在“百家争鸣”的先秦诸子时代如此，即使在秦汉以后独断论盛行的时代，中国学术的多极潜质，以及与此直接相关的学派之争却未曾一日止息。造成这种情状的原因自然是多方面的。章太炎曾分析道：“视天之郁苍苍，立学术者无所因。各因地齐、政俗、材性发舒，而名一家。”(《原学》，《訄书》重订本)他把地理环境(“地齐”)、政教风俗(“政俗”)、人材素质(“材性”)三者共同视作学术派别形成的因素，这是一种比较完备的看法。而结合地区条件研究中国思想文化史，正是对这几重因素综合考察的科学方法。这里所说的地区条件当然包括自然环境，但更重要的是指社会环境、文化风气方面的地区特点，即兼顾“地齐”与“政俗”两个侧面。每个时代的思想，都是这个时代生产斗争、阶级斗争的反映。每个时代的生产斗争、阶级斗争都要在特定的自然环境和社会环境中进行，这个特定的自然—社会环境因地区而有差异性，这就给思想发展带来了地区特点。每个时代的思想，又深受传统思想资料和文化风气的影响，而传统的思想资料和文化风气因地区而不完全相同，这也是产生思想地区性的重要原因。另外，思想的发展一定要通过思想家的主观思维来实现。每个思想家都生活在一定的地区里，他们的思维方式、性格特征都受到特定的“地齐”和“政俗”的影响，其学术活动总有一定的地区范围，这就使每个思想家思想体系或多或少熏染上地方色彩。凡此种种，便是我们应当结合地区条件研究中国思想文化史的原因。①

(3)长时段史观。自觉运用“长时段理论”研究辛亥武昌首义和武汉城市历史发展演进，是冯先生湖北武汉区域史研究的一大特点。冯先生认为，传统的辛亥首义研究仅仅将其看作一个“短时段”的事变，显然有诸多欠缺，需要将其置于整个近代社会转型的全过程，超越单一“事件史”范畴，方能准确把握辛亥革命的生成机制、革命性质及其历史地位：“法国年鉴学派第二代的代表学者布罗代尔(Fernand Braudel，1902 — 1985)在《历史和社会科学：长时段》中提出历史研究‘时段’理论，即区分地理时段(长时段)、社会时间(中时段)、个体时间(短时段)，又将三者分别称为‘结构’(structures)、‘局势’(conjunctures)和‘事件’(evenements)。主张重视地理时间(‘结构’)、社会时间(‘局势’)对历史进程的深远影响，个体时间(‘事件’)为结构和局势所左右。而传统史学较多注目于‘个体时间’，主要用力于重大政治事件、外交活动、军事征战等‘短时段’事变的研究，这显然是有缺欠的。今日我们作辛亥首义史考辨，必须超越狭隘的政治史观，将视野投射

---

① 冯天瑜、宫哲兵、张武：《重视区域思想史的研究——兼论湖北历代思想发展的轨迹和特点》，《湖北社会科学》1993年第12期。

到近代社会转型全貌，从结构、局势、事件的辩证关系探索这一历史事变的生成机制。”①借鉴法国年鉴学派布罗代尔的历史研究“时段”理论与恩格斯晚年提出的“历史合力”论，冯先生认为短时段“首义”事件造因于中长时段社会变革，辛亥首义是由革命党人与立宪派、从清朝离析出来的汉官、袁世凯集团、清廷满洲亲贵、西方列强等几种力量相互博弈的产物。故而冯先生回到当时的历史环境中去，由微观入宏观，“考察19世纪60年代汉口‘开埠’以来，尤其是考察1889年张之洞(1837—1909)总督两湖、主持‘湖北新政’以来二十年间的社会变动，考察兴实业、办文教、练新军等诸多近代化事业造成的经济、社会及观念形态的深刻演化，还要考察辛亥首义之后错综复杂的政情演绎与社会变迁，从而在既宏阔又精微的历史视野下，辨析辛亥首义史的起承转合”②。冯先生还以长时段理论研究武汉城市史，提出极具创见的“武汉城市市龄四段说”。他认为，武汉城市史的阶段性发展可分为四个层次。第一个层次是以盘龙城的“城垣建筑”为武汉市历史起点。第二个层次是以国家确定行政建制为城市定型的重要标志。今武汉地区定为县、郡治所，以西汉肇始，距今2100年左右，而郡治置于今武汉市中心区，则始于三国吴，据今约1700年。第三个层次是以武汉地区的市镇经济与工商业开端为近代化标志，大约成于明朝成化年间，距今大概600年的历史。第四个层次是以19世纪中叶第二次鸦片战争后的汉口开埠，确立武汉转型为现代都会的历史门槛。③为研究武汉城市史提出了新思路，颇具方法论意义。

近四十年来，冯先生的湖北武汉区史研究持续不辍，时有佳作。这既缘于他浓烈的乡邦情结、家国情怀，把对家乡的大爱之情寄托于书斋里，浓缩于笔墨中，同时也基于一种学者使命感，学术重在经世，学问贵于应用，用自己的智慧为人民谋福祉，为乡梓献良策。因是观之，冯先生并不是关在象牙塔两耳不闻窗外事的桃园之人，方外逋客，他的区域史研究有着极强的当下意识、参与意识和使命意识。

(1)当下意识。冯先生曾经研究过晚清经世实学，对实学家讥刺时政，诋排专制，倡言变法，变一味考辨古史为“写当前活的历史”的当下指向和功用价值表示肯定和赞许，借此明确地表达了自己既追求学术内在圆满，又为现实提供历史借鉴的价值追求。冯先生是心忧天下、情系乡邦的学者和思想家，“传统知识分子忧国忧民、为现实而学术的文化基因深植于他的灵魂”④。他的湖北武汉区域研究与晚清以来的经世实学一脉相承，植根学术，直指当下。一方面，他的纯学术的历史著述基于强烈的经世意识，包蕴着对于当下区

① 冯天瑜、张笃勤：《辛亥首义史》，湖北人民出版社2011年版，第9页。

② 冯天瑜、张笃勤：《辛亥首义史》，湖北人民出版社2011年版，第9页。

③ 冯天瑜：《武汉：中古重镇到近代都会》(中信设计院“无界讲堂”第一讲)。

④ 邹贤敏：《真学者——我谈冯天瑜》，《中国文化探究集》，中国社会科学出版社2011年版，第189页。

域经济、社会与文化发展的历史智慧和有益启示；另一方面，他的不少文章和演讲以严谨务实的历史研究与敏锐深邃的学术智慧为区域经济发展及文化建设提供理论支撑。如冯先生以长时段视角审视大武汉发展战略，为武汉成为中部发展支点提供历史依据和理论支撑。他认为，以长时段结构性观照，武汉拥有成为中部发展战略支点的自然禀赋；以中时段局势性观照，武汉具备成为中部发展支点的深厚的历史积淀；以短时段事件性因素而论，近代湖北多次领受战略支点安排。自然禀赋、历史积淀、国家战略机遇，赋予湖北武汉良好而深厚的发展条件，湖北武汉应当从历史中找回自信，抓住机遇，复归其位。“近代湖北曾是文明领先之区，后因带际战略安排，一度落后，当下正进入复归其位、更上层楼的时候。而实现这种提升，自然禀赋、历史积淀是基础，作为历史主体的人的正确抉择和主观努力则是关键。……一切都有赖湖北民众及其领导，凭借自然优势、历史积淀，作出正确的进路选择，持续地、坚忍不拔地奋力拼搏。”①

（2）参与意识。冯先生对于湖北武汉的文化事业总是满怀热情，倾力参与。20 世纪 80 年代以来，冯先生参与湖北武汉地方志编纂工作，在省、市副总纂位置上一干就是 40 年。先生尝言，“1986 年主持地方志工作的密加凡同志曾说，冯天瑜是当时担任《湖北省志》最年轻的副总纂，一晃 40 年过去，我现在是最年长的副总纂了”。他不当挂名副主纂，主持编纂了《湖北省志人物志稿》和《武汉市志 · 人物志》，数十载如一日，兢兢业业地为地方史志编纂贡献着自己的心血与智慧。对于省市重大经济、社会和文化活动，只要省、市政府邀请，他都积极参与。2014 年，武汉市开展“武汉—2049”远景战略规划活动，受武汉市委市政府之邀，冯先生给全市领导干部做《2049 大武汉前景刍议》报告。回顾 3500 年建城史，展望 2049 年大武汉，冯先生描绘武汉将以中国中部首席一线城市，崛起为宜居、高品质的世界级大都会。2049 年的大武汉，当由道德淳美、守纪遵法、气度恢弘的市民决定其城市精神。孙中山制定《建国方略》，将“心理建设”列于首位，次论实业计划和民权，此可谓先哲之睿见。2049 年设计，不可见物不见人，而应将新市民的锻造列为首要任务，须将学校教育、家庭教育、社会教育落到实处，促成全体市民德业双修。愿景是：2049 年的大武汉“天更蓝，水更清，路更通，人更雅”，这“人更雅”尤其切中要处，环境美、人文美的大武汉有赖文雅、优雅的市民建设与呵护。这将带给人们无限美好的企盼：“武汉形势之优，得滔滔万里的扬子江之赐，古人识此，今人更当举起‘长江文明’旗帜，以之聚集力量，引领潮头。以‘缔造从江汉起’的气派，做‘江汉朝宗’文章，建设活力大武汉，正逢其时，而又时不我待！”②

湖北省和武汉市每年都举办“台湾周”，冯先生不仅写作《湖北省在对台工作中独特的

① 冯天瑜：《中部发展战略支点的长时段思考》（论纲）。

② 冯天瑜：《2049 大武汉前景刍议》。

思想文化资源》长篇文章，为“湖北武汉台湾周”提供文化支撑。而且应省委省政府之邀，成立武汉大学台湾研究所，并亲任所长，在研究所成立仪式上的致词中，冯先生表达了他建设一个特色鲜明的台湾研究所，为祖国统一大业和中华民族伟大复兴贡献智慧和力量的决心：“省里和学校要我参与组建研究所，实在是力不能企，出于‘布衣忧国’之思，勉为其难，愿与诸同仁携手共进，用心建设一个贡奉实绩、特色鲜明的武大台湾研究所，为中华文化复兴、为祖国统一大业略尽绵薄。”①

(3)使命意识。正是由于深怀“布衣忧国”之思，也由于浓烈的乡邦情结和家国情怀，冯先生的区域文化研究深藏着复兴乡邦文化历史使命感。在他看来，“湖北不独能代表长江文化，并能沟通黄河文化。如山东、河南，只能代表北方文化，不能传播南方文化于北方。湖北则容纳黄河文化，而传播于长江一带。一面自己产生文化，一面又为文化的媒介者，因其沟通南北，能令二元文化调和。在历史上看来，不能不说湖北所贡献及遗留的功劳是最大的”。而近代以来，湖北走出来的学者多，研究湖北的学者却不多。幸而如今能有冯先生这样的名家，作为武汉的学者，关注家乡、关注城市，把大爱融入对城市、区域的研究，对武汉的发展寄予厚望。这份历史的责任与承担，恰恰是对梁启超 1922 年演讲的有力回应：作为“中国文化的枢纽”，“湖北不惟绾毂南北，而且居东西要衢，文化上应负调融之责任，使东南西北各部均得以贯通无阻”。冯先生心系武汉发展，近年来多次撰文，四处演讲，为武汉的发展鼓与呼，“近代以来，面对‘数千年未有之大变局’，长江担当起中国工业文明的先导，改革开放的先锋。未来学家列举‘超级城市’概念，并在其预测的未来二三十年内的世界十大超级城市中，长江流域的武汉和上海入列，足见长江文明世界地位之崇高，发展前景之远大”②。他不遗余力地吁吁保护昙华林、汉正街、江汉路、汉口租界等城市老建筑、老街区，维护城市历史的文脉。他关心武汉当下城市文化建设，提出城市中除了一些公共的大型博物馆，还要关注和发展栖息在民间的各种小型、专题的、有特色的民间收藏馆、博物馆。文化遗产无处不在，有价值的遗产珍藏在我们生活的很多地方，要善于发现。特色街道、里巷的保存、维护、修整和文化价值的弘扬，也非常重要。③ 他呼吁广大市民要热爱武汉，要有城市自信：“我觉得武汉有很多优点，豪放、义气，但有一个毛病，武汉人喜欢指责武汉。我并不反对武汉人批评武汉，但拒绝不热爱。我去过中国甚至世界上的其他城市，有的比武汉小很多，但市民说起自己的城市，都是褒奖，充满着热爱之情。我觉得武汉要把这样的民风、民气好好转变，这绝不是要掩饰

① 冯天瑜：《在武大台湾研究所成立会上的发言》，2013 年 5 月 25 日。

② 冯天瑜：“2018 大河对话：汇聚大河文明——高质量发展的可持续未来”发言。

③ 2019 年 11 月 3 日，冯天瑜出席武汉市政府、中国文物保护基金会、国际古迹遗址理事会共享遗产委员会主办的“社会力量参与文物保护利用论坛”，作《面向公众的遗产研究：新时代的文化遗产学术研究与公众普及》发言。

武汉的缺点，武汉的毛病。但是我们要热爱武汉，要对武汉未来的发展前景充满信心。这一点上，我们不仅传媒要做工作，包括我们武汉城市设计者要做很多工作来提升。”①殷殷之情，溢于言表。这种对武汉的大爱，让冯天瑜先生的区域史、区域文化研究不再是一个个方块字堆积起来的冰冷的无机物，而充满着爱的情怀，爱的温度，温暖着城市，温暖着这座城市里的每一个人……

① 冯天瑜：《武汉：中古重镇到近代都会》(中信设计院“无界讲堂”第一讲)。

区域史视野下的辛亥武昌首义

方秋梅*

辛亥革命史研究是中国近代史研究中最成熟的领域之一。高校林立的湖北，既是辛亥首义之区，又是辛亥革命史研究的重镇，该研究领域的大家、名家辈出，冯天瑜先生便是其中大家之一。冯先生先后就教于湖北大学、武汉大学，数十年来从事辛亥首义史研究不辍，其研究奠基于湖北大学，以1985年初版《辛亥武昌首义史》①为代表（本文以下称之为1985年版《首义史》）；其鼎盛之作《辛亥首义史》②在2011年完成于武汉大学（本文以下称之为2011年版《首义史》）。要之，冯先生的辛亥革命史研究是以辛亥首义史为核心展开的。笔者将以这两部著作为核心，阐述冯先生辛亥革命史研究的学术特色。

一、聚焦首义之区的区域史研究视角

区域必基于一定的地域，它有行政区域也有自然地理区域，有城有乡，有中心有边缘，有大有小，如此等等，皆说明区域的多样性、复杂性。因此，基于不同区域并以区域史视角书写的政治事件史如辛亥革命或辛亥首义，将呈现出不同于以"整体研究"视角书写的历史面相。换言之，相当于"整体研究"视角的研究而言，区域史视角下的辛亥革命研究就是一种创新。

辛亥革命史研究视角的区域史转向最先发生在海外，它是反思"西方中心论"的结果，美国学者周锡瑞的《改良与革命：辛亥革命在两湖》③即是代表。受国际史学潮流的影响，

---

* 方秋梅（1970— ），江汉大学人文学院历史系教授、系主任。

① 该著虽系与贺觉非先生合著，但成书却在贺先生仙逝两年后，1985年由湖北人民出版社出版，后收入《"史学五种"》，2006年由武汉大学出版社再版，参见冯先生撰《"史学五种"前记》《序》（贺觉非、冯天瑜：《辛亥武昌首义史》，武汉大学出版社2006年版）。全书四十余万字。

② 系冯先生与张笃勤研究员合著，2011年由湖北人民出版社出版。全书八十余万字，配图丰富。

③ 该著成书于20世纪70年代，1981年中文版面世。

自20世纪80年代初开始，中国大陆的辛亥革命史研究也出现区域史转向，1985年版《首义史》便是这一转向的重要体现。①

1985年版《首义史》聚焦辛亥首义之区湖北省域，首先介绍革命前湖北社会的发展状况，进而深入探讨湖北地区革命组织的起源、发展演变，论述全国尤其是湖北革命爆发前的形势变化。在此基础上，深描作为辛亥革命核心政治事件——武昌起义的酝酿、爆发、成功，武汉地区政治与军事形势的发展变化、起义在省内及省外各相关地区的反应及其结果，以及以黎元洪为首的湖北军政府方面在南北停战议和、辛亥革命转向失败、各方角力过程中的地位、角色及影响等。该著深入阐释了辛亥首义为什么爆发于湖北，在湖北革命组织的成长壮大、武昌起义的经过、阳夏战争以及湖北军政府的研究方面，较其他辛亥革命史著作更为翔实。诚如论者所言，这是一部“颇有分量”②的辛亥革命史专著。

2011年版《首义史》虽依然倾心于辛亥首义政治事件史书写，但其区域史书写有了明显不同。其显著表征有二：

其一，该著强调了1911年武昌新军暴动的首义之功与武昌起义的城市起义和城市革命性质。如导言标题为“首义：共和旗帜下第一次成功的城市起义”“短时段首义造因于中长时段的社会变革”；第一章标题为“‘城市起义’凭借城市文明积淀”。同时，在第二章“湖北革命组织”绪论中，就开宗明义，认为辛亥首义是湖北武汉发生的“城市革命”③。

其二，该著空前深入地论述了辛亥首义何以爆发于武汉。全著论述的地域核心不再是湖北，而是省内核心区域——武汉三镇。虽然该著论述并未撇开省域湖北，但其落脚点却是武汉。如第一章共分五节：第一节“三镇形胜”从地理环境的角度阐释武汉成为首义之区、武昌成为首义之地；第二节“汉口开埠”论述外因——帝国主义列强对武汉城市文明发展进程的影响；第三四五节“湖北新政之近代工业创设”“湖北新政之新军编练”“湖北新政之近代文教兴办”，深入论述张之洞“湖北新政”对湖北武汉的城市物质文明与精神文明进步的影响，从三个不同方面探讨了辛亥首义爆发于武汉的人文动因——内在的物质—精神动因。而第三章“湖北革命组织”与第四章“革命时机成熟”两章，则是从武汉地区革命组织的发展及全国形势发展如何促动武汉革命形势的进一步变化两个方面，进一步论述辛亥首义何以爆发于武汉。

由上可知，冯先生的辛亥首义史研究执着于政治事件区域史书写，其聚焦的区域先后为湖北和武汉。

---

① 此前主要有吴剑杰著、篇幅较小的《辛亥革命在湖北》(湖北人民出版社1981年版)，此后主要有皮明庥主编《武昌起义史》(中国文史出版社1991年版)和2011版《首义史》。

② 参见罗福惠、朱英主编：《辛亥革命的百年记忆与诠释》第三卷，华中师范大学出版社2011年版，第247页。

③ 参见冯天瑜、张笃勤：《辛亥武昌首义史》，湖北人民出版社2011年版，第103页。

二、臻于完善的辛亥革命政治事件区域史建构

对辛亥首义进行臻于完善的政治事件区域史建构，是冯天瑜先生辛亥革命史研究的突出特色。

冯先生在2011年版《首义史》中的辛亥首义政治事件区域史建构，借鉴了年鉴学派大师布罗代尔的“三时段”理论，“从结构、局势、事件的辩证关系探索这一历史事变的生成机制”①，并自谓其辛亥首义史研究“在充分注意‘中时段’的同时，还注意‘长时段’地理因素对革命事变的影响”②。其具体书写架构如下：

首先，论述地理时间——长时段中的辛亥武昌首义，从区位与战略方面论述地理环境对辛亥革命爆发于武汉的深远影响。

其次，论述社会时间——中时段中的辛亥武昌首义，先有汉口开埠，继而是张之洞湖北新政，阐述城市与区域文明积淀过程，探讨辛亥革命得以爆发，作为首义之区的城市武汉自身所具备的历史条件。

再次，论述个体时间——短时段中的辛亥武昌首义，讨论辛亥首义自身革命组织在武汉的孕育、诞生与发展，影响武汉革命运动的全国及湖北地区的形势的发展、武昌起义全过程，以及后续一系列相关事件的发生、发展乃至辛亥革命的失败及其在湖北的表现。

全著书写在时间上由远及近，在具体事件进程上环环相扣，从而建构了一条基于武汉区域的完整而系统的辛亥首义史链与史程。

上述史程建构还得益于充分的史实辨正。冯先生注重辛亥首义重要史实的辨正，在诸多事关辛亥首义的基本走势及一系列切关宏旨的细节上下了很深的考据功夫。诸如：孙中山、同盟会与辛亥首义究竟是何种关系？宝善里机关究竟何时失事？谁放首义第一枪、第一火？等等，均不吝笔墨。诚如他在2011年版《首义史》中所言，“本书于钩沉史料用心辨析，力求去伪存真，去粗取精，试图恢复历史本来面目”③。

以孙中山及同盟会与辛亥首义之间的关系问题为例，这一问题关系到孙中山在辛亥革命中领导作用的评价，涉及武汉乃至湖北地区辛亥革命与全国区域内辛亥革命的关系、武汉乃至湖北地区辛亥革命组织与革命运动的历史地位问题。该著既肯定了湖北武汉地区革命组织与革命运动对辛亥首义切实的影响，也梳理了同盟会及中部同盟会与辛亥首义关系——同盟会没有直接领导辛亥首义，但作为分会的中部同盟会制定了“湖北首义，诸省响应”的正确革命方针；中部同盟会领导人虽然未直接参与首义，但武汉及湖北地区革命

---

① 参见冯天瑜、张笃勤：《辛亥首义史》，湖北人民出版社2011年版，第9页。

② 冯天瑜、张笃勤：《辛亥首义史》，湖北人民出版社2011年版，第10页。

③ 冯天瑜、张笃勤：《辛亥武昌首义史》，湖北人民出版社2011年版，第16页。

党人对中部同盟会及革命领袖黄兴等人来汉的期待，说明辛亥革命领袖人物与领导组织对武汉和湖北地区的革命党人与革命组织在精神上是积极影响的。而该著后面的章节又论述到武汉革命党人在首义之后对“孙中山武汉行”的期待，就折射出孙中山在武汉革命党人中的精神领袖作用。由此可见，孙中山虽然没有直接指挥辛亥首义，但其革命精神领袖的地位还是毋庸置疑的。

其余如宝善里机关究竟何时失事问题，关系到促发重大历史事变的偶然性历史事件的关键时间节点，及辛亥首义何以在其后的某个时间节点爆发的问题；谁放首义第一枪、第一火问题，则事关重大历史事件全局的关键环节、关键时刻及关键事件的执行主体——关键人物的真实性问题。如此等等的问题，虽系历史细节，但事关重大历史事件事实、史程的真实性，不可不较真辨正。

至于黎元洪是否“床下都督”、黎氏究系伏于床下还是藏于床帐之后，虽无关大局，但由此行为细节反映出身旧营垒的黎氏出任首义领袖并非其所自愿、首义在地最高领袖缺乏参与民主革命的历史自觉，则又与其后的历史发展进程大有干系。故此存疑之历史细节，虽细而必不可少。

值得一提的是，冯先生在辨正辛亥首义史实的时候，还酌量参考了口述史料。冯先生自述其写作“广采乡邦文献，详考切关宏旨的首义史事细节，又适度使用访录辛亥老人的材料，这正是现今开始盛行的‘口述史学’的早期尝试”①。注意利用口述史料是冯先生辨正首义史实、建构首义史链与史程的一大特色。

冯先生对辛亥首义政治事件的区域史建构，力图摒弃“超越狭隘的政治史观，将视野投射到近代社会转型全貌，从结构、局势、事件的辩证关系探索这一历史事变的生成机制”②。换言之，其目的在于考察整个中国“近代社会转型全貌”，故其研究虽以湖北武汉为中心，但又不限于湖北武汉这一区域，将辛亥首义乃至辛亥革命置于宏观的中国历史时空中去定位。

他探讨湖北武汉的区位优势与战略地位，将湖北武汉置于“古今”中国区域内进行评估。③

他从中时段探讨辛亥首义爆发于武汉的原因，论述张之洞“湖北新政”的促进作用时，广泛采用比较方法，将湖北武汉置于更为广阔的区域中展开论述。诸如，论张之洞的湖北新政开办湖北枪炮厂的规模曰：

> 其创办经费之巨、及其之新，与江南制造局、金陵制造局、天津机器局等相比，

---

① 参见贺觉非、冯天瑜：《辛亥武昌首义史》，武汉大学出版社 2006 年版，“‘史学五种’前记”第 2 页。

② 冯天瑜、张笃勤：《辛亥首义史》，湖北人民出版社 2011 年版，第 9 页。

③ 参见冯天瑜、张笃勤：《辛亥首义史》，湖北人民出版社 2011 年版，第 24~28 页。

均驾而上之，是清末民初最大规模的陆军兵器工厂。①

总结湖北新政时期湖北官办工业的特点，言其发展速度快，则曰：

> 到1907年9月张之洞离任晋京时，武汉已经与上海、天津并列为中国三大制造业中心，在冶金、军工方面超过上海、天津而独占鳌头。值得注意的是，在时间上……所花时间只大约相当于沪、津的三分之一，充分显现了后来居上的态势。②

言湖北官办企业规模大，则曰：

> 如汉阳铁厂有10个分厂，个人三千多人，是当时中国乃至整个亚洲规模最大的钢铁企业。再如湖北枪炮厂……规模上，当时只有上海的江南制造局和天津机器局才能与之相提并论，在设备与技术上则傲居全国第一。晚清武汉纱锭数占全国华商纱锭总数的26%，以单个城市论，武汉纺织企业的规模和生产力在全国第二或第三位，是中国内地最大的纺织工业中心。③

对湖北新政时期的湖北新军编练、近代文教兴办等的论述，亦均置于中国甚至亚洲乃至世界的范围内进行比较。

如此这般的比较与评估，最终要说明的问题是湖北武汉地区的城市近代化与城市文明程度居全国大城市前列，“张氏的‘湖北新政’，为孙氏领导的辛亥革命奠定了物质基础和人才基础，故从此种意义言之：民国成立，是孙、张合作的结果”④。因此，冯先生着力考察湖北武汉地区的社会发展转型，就不只是为了探讨辛亥革命爆发于武汉的动因，也是用以考察中国“近代社会转型全貌”的一个标尺。这样的辛亥革命政治事件区域史建构，实已超越湖北武汉区域史的书写。

三、阐释“城市起义”：准确把握辛亥革命区域政治事件的历史内涵

1911年——20世纪的头一个辛亥年，革命党人成功举义于武昌，故这场革命被名为“辛亥革命”“辛亥首义”“武昌起义”等。因爆发于城市，故有论者称之为“城市起义”或

① 冯天瑜、张笃勤：《辛亥首义史》，湖北人民出版社2011年版，第53页。
② 冯天瑜、张笃勤：《辛亥首义史》，湖北人民出版社2011年版，第56页。
③ 冯天瑜、张笃勤：《辛亥首义史》，湖北人民出版社2011年版，第56页。
④ 冯天瑜、张笃勤：《辛亥首义史》，湖北人民出版社2011年版，第102页。

“城市革命”。其中，冯先生更为明确地揭示了它的独特历史内涵。他曾撰文说：

> 由湖北革命党人领导的新军起义何以能一举成功？湖北武昌何以成为首义之区？原因当然是多方面的，但与19世纪末叶—20世纪初叶湖北武汉地区近代文明的勃兴有着十分密切的关系。
>
> 武汉自1862年开埠，便逐步纳入世界近代化潮流。交通设施的兴建、工商业的日渐繁荣、文教事业的昌明，使武汉由三个小的市镇演变而成闻名海内外的近代化大都会。
>
> 而推动武汉近代化进程，对武汉地区近代文明有着奠基作用的关键人物，当推在湖广总督任上达17年之久的张之洞。①

可见，他着意于武汉城市“近代化”“近代化进程”与湖北武汉区域的城市近代文明奠基，关注武汉城市社会的近代转型。

而2011年版《首义史》以“‘城市起义’凭借城市文明积淀”为首章题名，并指出，19世纪末、20世纪初，上海、天津、广州、武汉“这些近代城市尚是前近代农村汪洋大海中的孤岛，并且仍在宗法专制政权掌控之下，但具有资本主义性质的市民群体……正在成长，意欲挣脱帝国主义和宗法专制势力的双重压迫，其经济、政治、文化的近代性诉求渐趋明朗。这样的城市人群，潜藏着近代以上的社会变革动力，而在革命党人发动下，有可能爆发‘城市起义’”②，强调了近代城市是相对于广大前近代农村的一种区域存在，及作为城市社会主体的市民群体所具有的近代性，从而将辛亥首义作为特定的“城市起义”的城市性与“城市革命”的革命性的内涵表达得非常明确。

该著还指出，“第一次大规模的近代性‘城市起义’，发生在武汉这一较为后起的腹地都会……取得相当程度的成功，皆植根于近代城市物质文明和精神文明的积淀”③，“它所凭借的正是现代都会聚集的巨大能量”，“这样的革命，只有在近代文明达到一定程度的条件下方有可能发生。而20世纪初叶中国的某些地区，如辛亥首义爆发地湖北武汉，便大体具备此种条件”④，注重从近代城市文明的积淀探寻辛亥首义爆发的历史基础。

总之，在冯先生那里，作为“城市起义”“城市革命”的辛亥首义，不是一种历史偶然，而是近代中国城市社会转型的结果和中国近代文明或城市文明积淀到一定程度的产物。

---

① 冯天瑜：《近代文明的奠基与武昌首义成功》，《学习与实践》2001年第9期，第5页。
② 冯天瑜、张笃勤：《辛亥首义史》，湖北人民出版社2011年版，第17页。
③ 冯天瑜、张笃勤：《辛亥首义史》，湖北人民出版社2011年版，第17页。
④ 冯天瑜、张笃勤：《辛亥首义史》，湖北人民出版社2011年版，第49页。

四、穿透中国历史解析辛亥革命区域政治事件史的大历史观

冯先生辛亥首义史研究的特色，还体现在其历史观方面。

作为鄂籍文史研究大家，冯先生十分注重文化的地域特色，认为文化研究理当彰显地域特征。他长期“参与湖北地方志、武汉地方志修纂，并倾力与辛亥武昌首义史及张之洞研究”①。1985年版《首义史》和2011年版《首义史》以及多个版本的《张之洞评传》，就是其长期坚持区域文史研究的主要结晶。在数十年来对中国传统文化的潜心研究中，冯先生特别注重本土动因的发掘。在探寻中国文化与历史发展动因的时候，他对中华元典精神的追寻及对近代中国文化转型动因的阐释，就是最好的例证。同时，冯先生还十分警惕海外汉学或中国学中的西方中心史观，并努力予以破除。1988年，他领头与唐文权、罗福惠两位先生合作撰写了《评〈剑桥中国晚清史〉的文化观》，尖锐地指出该著书写背后的“西方中心史观”：

> 这部书的文化观无疑是西方的，它对中国社会近代化历程的描述，它关于西方文化对近代中国的作用以及中国传统文化在近代的命运的评判，都带有明显的西方人的视角特征。②

冯先生这种破除西方中心史观的努力是一以贯之的。他在探讨辛亥首义爆发的中时段历史动因时，并没将武汉城市社会的转型简单地归因于帝国主义的侵略及其势力在武汉的渗透，也没有将租界的开辟简单地归结为帝国主义在华的罪恶体现，而是视为“现代都会文明的标本”和“现代都会发展模型”的提供者。③ 他关注的重点是汉口开埠和租界的开辟如何促进武汉城市史转型，以及为辛亥首义的爆发打下了什么基础。同理，他论述张之洞“湖北新政”，将其作为湖北(武汉)区域社会发展进程的一部分，重点在评估这场大大推动湖北(武汉)区域社会发展的改革为革命爆发准备了什么条件。他尽量从区域社会内部寻找历史动因，在2011年版《首义史》中如此，在更早的1985年版《首义史》中亦是如此。

在破除西方中心史观的同时，冯先生还注意吸收西方学者的史学研究理论方法。如前所述，他借鉴了年鉴学派大师布罗代尔的“三时段”理论——布罗代尔追求的是“总体的历史”(总体史)。事实上，冯先生的辛亥革命史研究也有其总体史追求。2011年版《首义史》不是1985年版《首义史》的简单的史料扩充版，而是冯先生辛亥首义史研究总体史观——

---

① 参见贺觉非、冯天瑜：《辛亥武昌首义史》，武汉大学出版社2006年版，“‘史学五种’前记”第2页。

② 冯天瑜、唐文权、罗福惠：《评〈剑桥中国晚清史〉的文化观》，《历史研究》1988年第1期。

③ 参见冯天瑜、张笃勤：《辛亥首义史》，湖北人民出版社2011年版，第37页。

一种独特的大历史观形成的标志。

冯先生早先对辛亥革命、辛亥首义的历史影响与地位的关注还主要局限于中国近代史领域。如他曾这样评价辛亥革命和辛亥首义：

> 辛亥革命作为一次比较完全意义上的资产阶级革命，推翻了清朝，建立了共和制的民国。这在有着两千多年专制帝制传统的中国，无疑是一次巨大的历史性跃进。然而，由于帝国主义和宗法专制势力联合力量强大，革命的和民主的力量相对弱小，这场一度声势浩大的革命运动很快便归于失败。①
>
> 总之，辛亥革命是中国近代史上一个承前启后的重要阶段，是旧民主主义革命的最高成就、新民主主义革命的直接前导，它的历史地位是崇高的、确立不移的。作为辛亥革命的关键性事件——武昌首义，也将在悠久的中华民族的历史上永放光芒。②

如果说在1985年版《首义史》中，这种大历史观尚未成型的话，那么，在2011年版《首义史》中，这种大历史观已经成型。

冯先生认为“考察辛亥革命，当然需要细致入微地梳理1911—1912年发生的‘短时段’剧变，但还须追究其背后的‘中时段’社会结构造成的久远影响”③。他在实际的辛亥首义历史建构中，也是这样去做的。该著对中时段社会动因的探讨，是全著对辛亥首义爆发历史动因进行理论探讨的主要组成部分，篇幅占全著七分之一强。不过，最能体现全著理论高度的是“导言”和“结语”部分。前者勾勒全著史实建构的思路、理论依据、所建构的史实具有的意义以及对历史记述方式的强调，为全著之精华。后者则进一步贯通中国历史，融会历史、社会与文化，将辛亥革命与辛亥首义置于更广阔的历史时空——中国通史中，对其历史影响与地位予以评价与定位，解析辛亥首义之巨大、深刻而积极的历史影响，以及难以突破的历史局限，所论涉及经济基础、社会结构、政治体制、文化观念等，更具历史纵深感和穿透力，故而不是简单的锦上添花，而是融会贯通的综合解析。在这样的历史分析中，辛亥革命乃至辛亥首义这样的重大区域性政治事件，不过是中国历史上若干个历史关节点中的一个，是中国历史长河中的一个“一”，它已经变身成为作者透视中国历史这个“多”的窗口；这个被置于中国历史长河中的重大区域性历史事件，已然不只是纯粹的政治事件，附着其上的还有文化的、社会的、经济的、地理的丰富信息，等等，它在很大程度上具有全息性(总体性)。

因此，冯先生的辛亥首义书写成功解析了那个1911年爆发于武汉，且在数千年中国

---

① 贺觉非、冯天瑜：《辛亥武昌首义史》，武汉大学出版社2006年版，第467页。
② 贺觉非、冯天瑜：《辛亥武昌首义史》，武汉大学出版社2006年版，第469页。
③ 冯天瑜：《辛亥首义：唯物史观的一个绝好例证》，《北京日报》，2011年6月13日。

历史发展进程中具有多重历史影响的重大政治事件，而隐身其书写后的是一种穿透中国历史解析区域政治事件的大历史观。

五、总　　结

综观冯天瑜先生的辛亥首义史研究的学术特色在于：聚焦首义之区湖北武汉，以区域史视角对辛亥首义进行了臻于完善的政治事件区域史建构；从中国近代文明或城市文明积淀与近代中国城市社会转型的角度准确把握辛亥首义"城市革命"的历史内涵；穿透中国历史以解析辛亥革命区域政治事件的大历史观。其研究既长于微观考察、史链建构，又善于宏观阐释，从而树立了一种以区域史视角书写辛亥首义政治事件史的典范。

湖北区域史构建

张笃勤*

大家知道，冯天瑜老师一直以从事中国文化史研究饮誉学林，先后出版过《明清文化史散论》《中华元典精神》《“封建”考论》《中国文化生成史》《中国学术流变》《中国文化近代转型管窥》等大作，尤其是对中国古代史一头一尾的先秦文化史与明清文化史用力最多，成果最为丰厚。另一方面，冯老师作为一位学识渊博的历史学家，学术视野和研究领域相当宽广，学术成果并不仅仅局限于中国文化思想领域。

湖北地处中国中部，怀抱长江汉水，区位得天独厚，物华天宝，号称鱼米之乡。这里历史悠久，文化底蕴丰厚，是楚文化的发源地，伟大爱国主义诗人屈原的故乡，也是历代荆楚儿女魂牵梦绕的家园。冯老师作为生活工作在武汉的湖北籍历史学者，对湖北历史文化的热爱自在情理当中。他自 20 世纪 80 年代初应邀参与湖北省、武汉市新方志编修工作，从当初最年轻的副总纂变成现在最年长的副总纂，时间已长达四十年之久。在此过程中，他参与指导编纂的新《湖北省志》《武汉市志》，分别达几十册之多，他还主持编撰《湖北省志人物志稿》《武汉市志·人物志》及《黄鹤楼志》，这些地方志书构成当代湖北区域史研究成果的重要组成部分。与此同时，他对武汉盘龙城遗址、武汉城市文化、荆楚文化及鄂东区域文化均有论列，表现出对乡邦历史文化的浓厚兴趣。比较而言，在湖北区域史研究领域中，冯老师耗时最久、用力最勤的有两个研究选题，一个是辛亥武昌首义，一个是张之洞及其湖北新政。

辛亥革命推翻了统治中国二百六十多年的清王朝，结束了中国延续两千年的专制帝制，创建了以民主、共和为旗帜的中华民国，使中国由此跨入现代政治文明的门槛，是中国近代第一次真正意义上的政治革命。武昌首义则是辛亥革命的高潮，它宣告了清王朝在华中地区政治、军事统治的土崩瓦解，引发了全国范围的反清风暴，为彻底倾覆清王朝统治建立了头功。它创建了湖北军政府，开中国民主共和政权之先声，为孙中山领导的南京

---

* 张笃勤（1953—　），武汉市社会科学院城市历史与文化研究所所长、研究员。

临时政府成立奠定了基础，是湖北 20 世纪初叶最重大的历史事件。冯老师自幼生长在辛亥首义之城武昌，三烈士纪念碑、彭刘杨路、首义路、起义门、阅马场湖北军政府旧址、拜将纪念碑、蛇山头黄兴铜像等首义胜迹，是他从幼年时代起便经常留连徜徉的处所；至于首义先烈的故事，连同其中包蕴着的爱国主义和民主主义精神，则通过前辈的讲述和书本上的文字，如同润物细无声的春雨，滋润着他的心田。正是这一切，使他形成了对武昌首义的惓惓情怀，驱使他从致力史学工作之始，就有意研究这段悲壮而又曲折多致的历史。

冯老师 1980 年在著名学术期刊《江汉论坛》发表《武汉为何成为辛亥首义之区》论文，同年结识了从事辛亥革命史料搜集整理工作的贺觉非先生(1910—1982)，从此走上辛亥武昌首义史研究之路。在贺老仙逝三年后，1985 年，他与贺老联名的《辛亥武昌首义史》在湖北人民出版社出版。此后，冯老师对辛亥武昌首义史的研究一直没有中断，除发表相关论文外，《辛亥武昌首义史》先后推出四个不同修订版本，一个比一个视野开阔、内容丰富、史料翔实、论述深刻。

最后版本即 2016 年湖北人民出版社《辛亥首义史》，分装上下册，全书八十余万字，同时配有书前彩图及随文黑白图片共六百多幅。全书正文分为九章，依次对武昌起义的时代社会背景，湖北革命组织的源流，起义时机的成熟，武昌起义的经过，湖北军政府的成立，阳夏战争的成败，湖北及全国各地的响应，国内政治势力及在华列强的斗争，武昌首义的落幕，进行了系统的叙述分析。此外，书前导言和书末结语对武昌首义的性质及伟大历史意义作了揭示和总结。该书是目前辛亥武昌首义史书中篇幅最大，记述最为全面，参考引用史料最为丰富，史实考订最为精详的一部著作，受到国家出版基金、湖北省社会公益出版专项基金、武昌辛亥革命研究中心资助。该书出版后引起中国近代史学界高度关注，《光明日报》、《武汉大学学报》、《湖北大学学报》、《书屋》杂志等著名学术报刊相继发表书评，予以很高评价，获得武汉市第十三次社会科学优秀成果一等奖。

该书在理论创新和事实叙述方面，主要有以下几个亮点。

第一，提出武昌首义是民主共和旗帜下第一次成功的城市起义。

该书认为，秦汉以来的历代农民起义都产生在农耕文明、宗法社会的土壤中，民众或因横征暴敛，或因土地兼并，濒于死地，遂揭竿而起。起事者或者“只反贪官，不反皇帝”，寄希望于原有王朝施行“仁政”；或者怀着“彼可取而代之”的雄心，谋立新朝，然充其量不过以改朝换代为目标，新的强者黄袍加身，对前朝弊政有所调整，但国体、政体并无变更，君主专制一仍其旧。而辛亥年秋季的武昌新军起义，则是中国近代第一次真正意义上的城市起义，发生在近代文明(机器工业、铁路枢纽、航运中心、近代文教、洋操军队、新式传媒)及近代人群(工商资本家、产业工人和手工业者、知识分子、自由职业者、新军官兵)聚集的大都会。与历代农民起义和改朝换代相比，辛亥首义在三个关键环节上开创先机：(1)以武装暴动击碎两百余年清王朝的统治机器，终结沿袭两千余年的专制帝制。(2)以湖北军政府建立和《鄂州约法》颁布，昭示近代意义的民主共和政治模样。(3)以湖北军政府成立并举起取代清朝政府的旗帜，多数省份纷纷宣布“易帜独立”，标志中央集权的清朝瓦解。20世纪初叶发生在东方大国的以武昌首义为高潮的辛亥革命，与17世纪的英国革命、18世纪的法国革命和美国独立战争、19世纪的日本明治维新，在推动社会近代转型方面的劳绩，足以并辉千秋。

第二，短时段首义造因于中长时段社会变革。

该书认为，武昌起义事起仓促，不仅全国性革命领袖孙中山、黄兴、宋教仁等远在现场之外，地方革命团体共进会、文学社的首脑也或避(如刘公)、或伤(如孙武)、或亡(如刘复基)、或在逃(如蒋翊武)，事变由名不见经传的下层人物临场随机启动，带有很大程度的“猝发”性质。然而，偶然之中寓有必然——当人们考察19世纪末叶以来中国(尤其是中心城市武汉)出现的新的经济结构、新的社会阶级和社会思潮，追溯湖北革命党人在长达十年的时间里，遵循孙中山先生民族民主革命的纲领，在乡邦所作的英勇而坚实的努力，进而注意武汉的地望形胜，便会发现辛亥武昌首义决非一只从云端掉下来的幸运之果。受法国年鉴学派第二代学者费尔南·布罗代尔(Fernand Braudel，1902—1985)提出历史研究“时段”理论的影响，冯老师在书里认为，中国传统史学较多注目于“个体时间”，主要用力于重大政治事件、外交活动、军事征战等“短时段”事变的研究，这是必要的却又是有缺欠的。今日研究辛亥首义史，不能将其当作短时期内的一个政治事件，而是要把它与汉口开埠的社会背景尤其是张之洞开办的洋务新政联系起来，考察首义这一“短时段”事变得以孕育的“长时段”背景——首义都市的地理形势；更需要考究作为“短时段”事变基础的“中时段”变动，即数十年间武汉作为近代都会的成长过程，探察武汉机器工业、商贸交通、学堂教育、新式军队、近代传媒的迁衍发展。这正如观察一条河流，不仅要看到表层泡沫的光耀闪现，更要探究托载表层的深层巨流的回漩涌动。

第三，提出辛亥武昌首义“历史合力”论。

恩格斯(1820—1895)晚年提出，历史的发展不是由一种力量推动的单向、直线式进程：“历史是这样创造的：最终的结果总是从许多单个的意志的相互冲突中产生出来的……有无数互相交错的力量，有无数个力的平行四边形，由此就产生出一个合力，即历史结果……”①这即是著名的“历史发展合力”论。据此，冯老师在书前导言里提出，辛亥武昌首义是同盟会及其下属地区性团体共进会、文学社组织领导的，辛亥首义史理当详论革命党人的组织活动、宣传活动及起义实践，然而，辛亥首义爆发以及之后的走势，又决非单由革命党人所左右。通观历史全过程，辛亥武昌首义的演变与结局，是革命党人与立宪派、从清朝离析出来的汉官、袁世凯集团、清廷满洲亲贵、西方列强等多种政治力量相

① 《恩格斯致约·布洛赫(1890年9月21[—22]日)》，《马克思恩格斯选集》第四卷，人民出版社1995年版，第697页。

互博弈的产物，背后更受国内、国际局势所左右。故《辛亥首义史》在研究层面上，扩大到革命党人以外的立宪派、汉族官僚、满洲亲贵、西方列强等诸多方面，大大拓展了辛亥首义史的学术视野和研究范围。

第四，考订厘清辛亥武昌首义史一些关键细节。

该书在拓展宏阔叙事的同时，还对过去记载错误或模糊不清的历史关键细节进行考辨论析，全书总计不下三十多处，在创新理念、开阔视野的同时，廓清了已有相关著作存在的一些史实讹误。例如，该书对湖北革命组织的源头，共进会孙武在汉口宝善里失事日期，武昌首义发难第一枪的主角，黎元洪出任湖北军政府都督的真实情形，湖北军政府谋略处是否存在，清帝逊位诏书真正拟稿人，孙中山创立中华革命党的时间及背景，这类直接影响辛亥革命和武汉首义进程及评价的关键细节进行严谨考订，将理论创新建立在坚实可靠的史实基础之上。

冯老师认为，张之洞曾任湖广总督 18 年，在此期间，他除两次去南京暂时署理两江总督近两年外，其余 16 年都是在武昌度过的。他在武昌任职期间，修筑了长达 1200 多公里的京汉铁路，创办了包括汉阳铁厂、湖北枪炮厂、湖北布纱丝麻四局在内的一批大型新式工业，建立了以新式学堂为载体的近代教育体制，编练了一支拥有新式装备和新式训练的湖北新军。这些洋务新政，奠定了张之洞在中国近代史上洋务派首领的地位，也使他成为湖北武汉地区现代化的先驱。冯老师指出，张之洞殚精竭虑推进洋务新政，主观动机当然是维护清王朝及纲常名教，然而这些近代性事业导致的客观后果却出其意料之外：派遣留学生为的是培养清政府需要的新式知识分子，而多数湖北留学生偏偏成为革命排满的革命党；编练新军目的为了“执干戈以卫社稷”，然而令他始料未及的是，在革命党人的运动之下，掌握洋枪洋炮的新军竟反戈倒向，成为推翻朝廷的主要力量。这些都表明，张之洞的湖北新政在客观上为辛亥武昌首义提供了物质和人才方面的有利条件。张之洞去世两年后，在他长期苦心经营的武昌，爆发了以革命新军为主力的反清起义，成为推翻清朝的导火索，武昌成为共和民主政权的发源地。历史发展的结果竟让这位清朝的“文襄公”变成了清朝的掘墓人!

因此，冯老师在撰写《辛亥首义史》过程中，不仅细致入微地梳理清末数年间湖北革命组织的源流、革命时机的成熟、辛亥首义的爆发、湖北军政府的成立、阳夏战争的成败、省内外的积极响应，以及南京临时政府成立和清帝的退位，还在追溯首义社会背景时，对武汉三镇的区位、历史沿革及地理优势作了简明扼要的阐述，继而对 1861 年汉口开埠以后西方势力在湖北的渗入，湖北政治、经济、社会的变化作了叙述分析，更对张之洞创建近代工业、编练湖北新军、兴办新型教育进行了浓墨重彩的介绍，从而为深刻理解辛亥武昌首义的来龙去脉提供了宏阔深邃的社会历史背景。

这样一来，冯老师在辛亥首义史与张之洞湖北新政研究上相互联系相互促进，研究成果交替推出：1985 年，他与贺老联名的《辛亥武昌首义史》在湖北人民出版社出版，同年他自撰的《张之洞评传》也在河南教育出版社问世；前书2006年在武汉大学出版社修订再版，后书则与何晓明合作修改后于1991年在南京大学出版社推出；前书经与张笃勤合作进行了重大补充修订，相继于2011年、2016年、2018年在湖北人民出版社出版。与此相应，《张之洞评传》又经过冯老师再次修订，作为《冯天瑜文存》之一种，2020年8月由湖北人民出版社出版。

新版《张之洞评传》的修订，是2020年年初世界罕见的新冠病毒大疫暴发，冯老师病情复发在医院治疗期间完成的。全书共分导论、生平与思想两编十六章、结语和附录，四十余万言，以政治家张之洞从清流健将到洋务殿军，“身系朝局疆寄之重者四十年”，办实业、兴学堂、倡留学、练新军为基本内容的政治生涯为经，以思想家张之洞的政治、学术、经济、军事、外交、教育和文化思想为纬，以办洋务、倡“中体西用”说为重点，全面廓清这位身处古今中西文化大交汇时期的“过渡型”历史人物思想发展变化的脉络，深刻揭示其思想、个性、行为的种种矛盾，点明其集儒臣与能吏于一身、兼开新与卫道于一体的人生之旅的特征，准确评判其在中国近现代历史上的突出地位和独特贡献。新版《张之洞评传》对原书文字进行了修订与完善，增补了冯先生近三十年来研究的新成果十余万字，在体例和表述上更为精彩，在内容和评价上更加完整与精准，是冯老师最满意的版本，也是迄今为止海内外张之洞研究与著述的优秀代表作。

假如说，起初辛亥武昌首义研究引发冯老师对张之洞湖北新政的注意，而随着对张之洞研究的开展，又反过来加深了他对辛亥武昌首义社会背景的认识分析。如果将湖北人民出版社1985年出版的《辛亥武昌首义史》，与2016年湖北人民出版社出版的《辛亥首义史》相比，可见后者关于张之洞湖北新政的论述明显增多，对辛亥首义影响的论述也相应增强。这样一来，辛亥首义史与张之洞研究二者殊途同归，既运用历史辩证法解释了张之洞推行湖北新政的客观历史作用，也采取追根溯源的方式找到了辛亥首义在武昌爆发并取得胜利的客观历史原因。从时序上看，如果说张之洞督鄂时代是武汉近代史的上半场，接踵而来的辛亥武昌首义就是武汉近代史的下半场。二者前后相接，构成湖北武汉近代(1861年至1919年)一个完整的阶段。

冯老师通过辛亥武昌首义与张之洞湖北新政两大课题研究湖北武汉近代史，可谓以纲带目，纲举目张。其选题独具慧眼，其成果别开生面，其学术贡献亦不应被其中国文化史研究的光焰所遮掩。

冯天瑜与《荆楚文库》的编纂出版

周百义*

到2020年年底,《荆楚文库》已经出版400册了。从2014年开始谋划,编纂出版工作已经走过了六个年头。《荆楚文库》能取得目前这样的成绩,与武汉大学人文社科资深教授、总编辑冯天瑜的指导是分不开的。

《荆楚文库》是湖北省委、省政府批准编纂的一套大型历史文化丛书。文库的编纂,2013年由湖北省新闻出版广电局提议,得到了省委、省政府领导的首肯。文库由华中师范大学原校长、历史学家章开沅和冯天瑜老师共同担任总编辑。由于章开沅老师年届米寿,除了特别重要的事项,编纂出版中涉及的具体工作,编委会下属的编辑部主要向冯天瑜老师请益。

全国性的文献集成,有唐代的《艺文类聚》,宋代《太平御览》,明代《永乐大典》,清代《四库全书》等,但省域的历史文献整理工作,并未有特别醒目的成果。湖北清末民初虽有王葆心、甘鹏云、张国淦、卢靖、卢慎之等人编纂《诗徵》《文徵》《书徵》《先正遗书》等,但囿于时势,大多编而未能付梓。近十年来,湖南率先编纂《湖湘文库》,继而广东的《岭南文库》,四川的《巴蜀全书》,江苏的《金陵全书》等相继启动,而此次湖北利用后发优势,重启文献的梳理、编纂、出版工作,实赖中国改革开放之巨大变革带来的经济实力。湖北学人师法先哲,全方位地对湖北有史以来的文献进行系统集成,冀希望能传之后世。

一个大型文库的编纂出版,哪些人入选,哪些人不能入选;收录哪些著作,不能收录哪些著作;同类著作,收录何种版本,都具体而又繁琐,并且要有据可依的。这些著作在文库中如何排列,何先何后,不仅是次序问题,还是“辨章学术,考镜源流”之体现。因此“谋篇布局”成了文库开启时的重要工作,也是文库能否成功的保证。在文库最初的设计阶

---

* 周百义(1954—),湖北省编辑学会会长、湖北省出版工作者协会副主席、湖北省文艺理论家协会副主席,《荆楚文库》工作委员会办公室副主任、编纂出版委员会编委、编辑部主任。

段，冯天瑜老师多次参加编辑部的会议，与编辑部的同志一起，反复讨论收入这套文库的每一位作者的每一本书。

全国各地已出版的文库中，结合他们当地的实际，有只收录历史文献的，有收录少量方志的，有按类重新编纂的，有重新请人撰写的，在编辑部召开的第一次选题讨论会议上，冯老师就强调文库要分为三个大的部分：文献编、方志编、研究编。他强调要突出本套文库的特色，除了收录已有的传世文献外，还要收录民间文献和出土文献。所以，这套文库中，收录了历史学家在田野调查中得到的清代和民国的大量民间文书，其中有契约、文书、账目、家谱等。收录有楚地出土的简牍以及研究性著作。在文献编中，除了收录本省籍贯的作者作品外，还收录曾在湖北任职的“游宦”相关的重要著作。如苏轼、胡林翼、张之洞等寓鄂期间写下的大量诗文。

“方志编”的设立，也是按照冯天瑜老师的意见确定下来的。国有史，地方有志。一方之志是国家历史的一个重要组成部分。冯老师 80 年代以来一直担任湖北省志的副总纂，对收齐出齐湖北历代方志有更专业的认识。但外省的文库中，有部分收录本地方志的，有选用版本不精的，冯天瑜老师提出在《荆楚文库》中，要对湖北历代方志“一网打尽”。除了省、府、县志外，还要收录所有的专志，如《武当山志》《万成堤志》等。

冯老师对文库编纂出版的整体构想，在第一次召开的《荆楚文库》工作会议上，他代表编委会，向省委省政府领导和有关部门做了全面的阐述。目前，《荆楚文库》的编纂出版工作，就按着他的这个思路在推进。

除了前期的“谋篇布局”，在接踵而至的实施中，我们也得到了冯老师的具体指导。如“方志编”的实施，当初方案定下后，我们计划与省“方志办”合作来推进这项工作。但在搜集全省历年方志目录时，发现省“方志办”提供的方志数量和品种，与实际情况有很大的出入。原因是省“方志办”是通过各地市县的“方志办”上报而来的。各地的“方志办”不少是非专业人员，由于他们掌握的资料有限，对于本地的方志并未目验，因此，对于现存的湖北方志语焉不详。后来，省图书馆主动提出由他们来承担编选的任务，冯天瑜老师最先肯定并支持这个方案。从目前“方志编”的实施结果来看，省图书馆的同志高度重视，十分专业，保证了“方志编”的质量与进度，选择省图书馆来执行这项任务是最佳选择。

在文库的实施进程中，我们还得到了冯天瑜老师的具体指导。如有些入选文库的作者以及作品的取舍问题，编辑部在讨论时有不同的意见，我都是在请求了冯天瑜老师后，才确定下来的。如杜甫的诗歌是否收入文库的问题，也曾一度有不同的声音。民国时，沔阳人卢靖在编纂《湖北先正遗书》时，曾将杜甫收入其中。因为杜甫的籍贯，历来有不同的表述。新旧《唐书》以及另外的史书中，将杜甫列为湖北襄阳人。但按照文库最初拟定的收录规则，是作者祖籍三代以内或在湖北出生的人士方收入。杜甫的曾祖父杜依艺已离开湖北任职，并将全家搬到了河南巩县，我们虽然希望将杜甫列入其中以光耀乡邦，但不能打破了收录的标准。后来决定将杜甫晚年来到湖北所写的诗歌与李白在鄂写下的诗歌编在一起，才算解决了这个问题。再如荀子虽然担任过楚国后期一段时间的兰陵县令，但其学术思想主要是儒家理论，按照传统的学术源流，冯老师建议不要收入。但对于老子与庄子，他们创立的道家思想是南方荆楚时期的主流文化思想，已经得到了学界的认同，应当收入文库。再如宋代的程颢程颐兄弟俩，尽管很多著作将他们列为河南人，但程颢程颐的祖父程遹年轻时来到湖北黄陂做县令，娶了当地人为妻，生下了程颢程颐的父亲，因此程颢程颐后来也出生在黄陂，所以，我们按规则将宋代理学家程颢程颐的著作收入文库，也在情理之中。

近几年来，冯老师抱病仍在关心和指导《荆楚文库》的编纂出版工作，在学术问题上每逢碰上疑难问题，我总是请教他。虽然我知道他重病在身，不忍心打扰，但听到电话那头他仍然爽朗的声音，我又感到释然。每一次，他无论在医院的病房里，还是回到家中，总是不厌其烦地一一解答我的问题。前年编辑部召开年度工作会议，冯老师刚刚出院，还出席并讲话。往事历历，我写下这些片断，是为了不被忘却的记忆。但愿若干年后，也能成为冯老师人生的天空中，那缕让人仰望的云霞。

东亚同文书院中国调查文献的开掘与研究

聂运伟*

东亚同文书院是近代日本为了经略中国，在上海设立的一所以调查中国社情为目的的学校。从其前身汉口乐善堂开始，到1945年日本败降的60年间，书院师生对除西藏以外的中国各省区(并远涉西伯利亚、东南亚)的地理、历史、经贸、政治、文化、风俗、语言开展系统周密的调查，留下浩如烟海的中国国情资料，而书院及日本诸政府部门、研究机构利用这批材料，编纂出版大量研究论著和刊物，与调查报告等原始材料一起，构成庞大的中国社情调研资料系统，是研究晚清、民国社会的一个资料渊薮。此一集群大体完整地保存在中国的国家图书馆和日本的爱知大学，但甚少被研究利用，中国学者有责任开展这一不可旁贷的整理探究工作。二十多年以来，在冯天瑜先生的带领下，武汉大学中国传统文化研究中心对东亚同文书院中国调查文献的开掘与研究，做了大量的工作。

1996年，冯天瑜先生应聘日本爱知大学(东亚同文书院后身)专任教授，开始接触东亚同文书院中国调查的史料。1998年至2001年，冯先生讲学爱知大学，广泛浏览了这批文献并作初步研究，后又访学位于京都的国际日本文化研究中心，得以浏览包括东亚同文书院中国调查在内的诸相关文献，又与爱知大学刘柏林教授采访多位在世的同文书院老校友，获得口述史学材料，逐步知晓日本明治—大正—昭和间中国调查实态，渐次了解上述文献的学术价值。自1996年始，冯先生著文(《日本"中国学"的启示——访问爱知大学有感》，《江汉论坛》1996年第10期)，率先向中国学界介绍东亚同文书院的中国调查，又陆续编纂出版几种调查材料选译本，先后出版《上海东亚同文书院大旅行记录》(商务印书馆2000年版)、《东亚同文书院中国调查资料选译》(社会科学文献出版社2012年版)。至新世纪初，国家图书馆大力发掘、整理东亚同文书院中国调查文献，冯先生亦参与是役。主编国家图书馆出版社于2016年出版的《东亚同文书院中国调查手稿丛刊》200册，2018年

---

* 聂运伟(1955—)，湖北大学文学院教授，湖北省美学学会副会长、湖北省文艺理论学会副会长。

出版《东亚同文书院中国调查手稿丛刊续编》250 册，又于 2015 年主持出版东亚同文书院编纂的《中国省别全志》及《新修中国省别全志》50 册（原书名“支那省别全志”），并作长序。至此，中国境内所藏东亚同文书院中国调查文献，大体得以刊行展现，这为东亚同文书院中国调查之研究提供了便利的资料条件。此外，冯先生还完成了与此有密切关联的其他几种著述，如：《“千岁丸”上海行——日本人一八六二年的中国观察》（商务印书馆 2001 年版）、《新语探源——中西日文化互动与近代汉字术语生成》（中华书局 2004 年版）和《日本对外侵略的文化渊源》（与任放合撰，高等教育出版社 2017 年版）。

冯先生开创性的工作和研究，给予我们开掘、研究东亚同文书院中国调查文献以重要的启示：

其一，近代日本进行的中国调查，系“大陆政策”的产物，是为日本侵略中国的战略服务的。这一历史事实，国人不可忘却并当引为警惕。

> 东亚同文书院及其前身的创始人荒尾精、根津一、近卫笃麿等，皆是日本“兴亚论”的倡导者和力行者。“兴亚论”又称“亚洲主义”，是明治至昭和时期重要的政治及思想流派，在朝野颇能呼风唤雨。“兴亚论”与蔑视亚洲邻国的“脱亚论”貌似相悖（前者反西方，后者亲西方），其实却互为补充，二者共同构成日本向东亚扩张之“大陆政策”的基旨。“兴亚论”以日本的“国权主义”为核心理念，力主以日本为盟主，与中国“合纵”，与朝鲜“合邦”，使日本“指导”下的东亚组成“足恃”的力量，以阻遏欧美势力的东进。“兴亚论”还强调中日“同种同文”，汉字文化、儒家伦理是东亚诸国“亲和”的基础，日、中、朝赖此以“协力分劳”，实现“一体化”，在日本统领下抗衡西方。“兴亚论”的这一套构想，深刻影响了后来建立的东亚同文书院的办学路线，其校名标示“东亚”，昭显“同文”，正暗藏着“兴亚论”玄机。①

其二，从知识学的背景看，东亚同文书院中国大调查即近代以来产生的社会科学领域里的社会调查，调查研究的基本要素如抽样、问卷、统计分析等，在其调查活动及其调查成果的整理、编纂和出版中，得到普遍的运用。

> 日本的官方与民间，于 19 世纪末至 20 世纪上半叶运用近代实证科学方法开展周详细密的中国社会调查，有些是对当时中国官方及民间零散资料的集中与整理，有些是运用社会学的实证调查方法采集第一手材料。经数十年积累，日本人掌握了关于中国经济、政治、社会、文化方面的翔实信息，留下卷帙浩繁的见闻录、考察报告，以

---

① 冯天瑜：《解说》，《东亚同文书院中国调查手稿丛刊》（一），国家图书馆出版社 2016 年版，第 10~11 页。

> 及在此基础上编纂的志书、类书、研究专著等等文献，为从事晚清、民国政治史、经济史、文化史、社会史研究提供了直接或间接的资料，其调查方法的精密、系统，也足堪借鉴。①

其三，日本数千年来与中国结下不解之缘。这不仅是天造地设、无可变更的邻居之缘，更是文明交会之缘，这交会中伴有笙歌，也时现杀伐，而大势是文明涵化，主潮是友好相处。经济交流，尤其是文化互动，颇有益于两国发展，并养成人民间的深情厚谊。

> 纵览数千年中日关系史，友好交往是主潮，战争冲突是支流，正可谓“两千年玉帛，一百载干戈”。中日两国从两千年友好交往里获益匪浅。这既指平城、平安时代以降日本人大规模汲纳中华文化精粹，也指明治维新以后中国人热切研习日本近代化经验。这种互为师生的关系，当然是中日两国社会进步之福，而战争冲突则使中日两国人民创巨痛深，历史正反两面的教训理应深刻汲取。②

东亚同文书院中国调查的目的是为日本的扩张侵略服务的，但也有“学术研究”和“文化交流”的某些属性。加之调查活动的时间跨度长、人员众多、调查内容和形式繁复多变，有着多重的复杂面向，需要我们“借镜观形”：将其置于东亚乃至世界史中重新加以考察，多角度审视东亚同文书院中国调查留下的文本，重返历史现场，还原历史真相，厘清影响中日关系近代转型变迁的诸多原因。

基于上述认识，2017 年秋，冯先生在病床上又构思了《东亚同文书院中国调查之研究》一书的详细纲要。在为全书撰写的《序》文中，冯先生说：“近年来，笔者再操二十年前已启之业”，与执教爱知大学三十年的刘柏林教授和湖北大学聂运伟教授联手撰著《东亚同文书院中国调查之研究》，“期以绍介、评价这一规模浩大的近代中国调查材料系统”——

> 考析东亚同文书院规模宏大的中国调查活动，发掘、整理、研究浩如烟海的调查文献，约具几方面意义：
>
> 其一，具体认识近代日本探检中国的用心之深、用力之勤，以引为警示；
>
> 其二，增进国人对社会调查的重视，期以改变中日间关于国情的信息不对称局面；

---

① 冯天瑜：《解说》，《东亚同文书院中国调查手稿丛刊》(一)，国家图书馆出版社 2016 年版，第 22~23 页。

② 冯天瑜：《“千岁丸”上海行——日本人 1862 年的中国观察》，湖北人民出版社 2017 年版，第 233~234 页。

其三，获取研究清末民国经济、政治、社会、文化的巨量实证性材料，并借鉴其系统、精密的调查方法。

经过两年的研究、讨论，几易其稿，《东亚同文书院中国调查之研究》第一稿完成于2019年夏。全书目录如下：

2020年年初，国家图书馆出版社力荐《东亚同文书院中国调查之研究》申报国家社科基金后期资助重点项目，国家图书馆出版社在评阅书里说：“武汉大学资深教授冯天瑜等专家致力东亚同文书院中国调查之研究，已历二十余年，详尽占有文字及口述史料，堪称此一领域占有资料最丰富者。冯天瑜等专家早年编译多种相关文献，近年主编《东亚同文书院中国调查手稿丛刊》(200册)及《续编》(250册)，在详尽占有材料的基础上，作全方位探讨，已成论文多种，其新著《东亚同文书院中国调查之研究》原创性及内容丰富性均属上乘，本书论述深入、章节设置合理、引文规范、行文流畅，达到了出版要求，本社拟采用刊行。”申报成功后，冯先生再次扶病推敲，对全书的叙述逻辑、论述层次、史料钩稽等做了全面的修订。全书二稿的目录更新如下：

一、古代、中世的学习性探访——遣唐使及入华日僧行迹

二、近代藩士考察视角转变——以“千岁丸”1862年上海行为例

三、汉学家中国观裂变——以竹添光鸿《栈云峡雨日记》、德富苏峰《中国漫游记》为例

四、《幕末明治中国见闻录集成》(20卷)、《大正中国见闻录集成》(20卷)

第二章 觊觎：近代日本的中国调查

弁言 “大陆政策”下的调查系统

一、军部谍情调查：乌尾、小川的谍报计划及兵地要志编纂

二、驻华领事分区调查及领事报告出版物

三、首相领衔的兴亚院对中国占领区调查

四、末次研究所谍情剪报

五、新闻机构的中国调查

六、“南满铁道株式会社”调查部38年惯行调查

七、东亚同文书院前身汉口乐善堂(1886—1889)、日清贸易研究所(1890—1893)现地踏查

第三章 东亚同文书院组建与演变

弁言 同文书院“三大精神支柱”(近卫笃麿、荒尾精、根津一)

一、南京同文书院(1900)

二、上海东亚同文书院(1901—1939)

三、上海东亚同文书院大学(1939—1945)

四、同文书院后身(1946年成立的爱知大学·沪友会、霞山会)

第四章 运行方式

弁言 官营与民助

一、奉行“亚洲主义”的东亚同文会主办

二、政府财政支持，文部省、外务省管辖与监督

三、调查材料供军部、通产省使用

四、学制、学生来源、毕业生去向

第五章 训练与调查展开

弁言 学术准备·调查展开

一、训练“中国通”：中文、中史、中国现状研习

二、掌握方法：文献调查与实地观察结合，重在现地踏查

三、社会科学方法与文化人类学方法结合

四、获取中国官方及社会闻人支持

五、实施阶段：预备期—初行期—全面展开期—受制期—严重受制期

与第一稿相比，第二稿一是强化东亚同文书院规模宏大的中国调查活动的时段考量和研究的细化，二是对中日学界相关研究的历史演化过程进行深入的研判和比勘，最大限度地综合一些卓有创见的研究成果。在新的撰写提纲里，如"东亚同文书院组建与演变"和"东亚同文书院调查报告"等章节，大大加强了细化分析，注意了研究对象不同时空语境里的变化与差异。同时，我们对日本爱知大学东亚同文书院大学纪念中心(愛知大学東亜同文書院大学記念センター)近二十年的文献整理和研究做了系统的梳理，对日本学界相关研究的历史有了更全面和更深入的了解，对新的研究态势做出了我们应有的借鉴和评判。

全书的主要内容是：

(1)日本的中国调查史探略：侧重考察日本从古代学习性调查到近代觊觎性调查的视

角转变，以此彰显东亚同文书院中国调查的历史语义和文化学内涵。

(2)“大陆政策”笼罩下的调查系统——在诸调查机构中，东亚同文书院及其前身59年的现地调查，时间最长，规模最大，且保存了完整的调查材料和著述，但却“藏在深闺少人识”，被利用的程度远低于“满铁”的“惯行调查”，本研究旨在弥补这一历史的缺憾。

(3)东亚同文书院组建与演变：东亚同文书院从前身的汉口乐善堂、日清贸易研究所到南京同文书院、上海东亚同文书院、上海东亚同文书院大学的演变轨迹，完整、清晰地勾勒出东亚同文书院及调查活动与日本“大陆政策”之间内在的关联性。政府的财政援助、文部省、外务省的管辖与监督、学生的来源和毕业生的去向、调查材料大量、直接供军部、通产省使用的事实，均无可辩驳地印证了上述的关联性。

(4)东亚同文书院调查准备：训练“中国通”的方法值得重视，如在课程设置中偏重汉语、中国历史文化、中国现状的教学；激发学生田野调查的兴趣，培养学生文献调查与实地观察相结合的能力；普遍实施现地踏查，形成书院代代膜拜的传统。

(5)“大旅行报告书”：年度大旅行报告书的编纂是东亚同文书院五千学生七百队、踏查线路如蛛网的真实写照，书中侧重复原了一些踏查线路，如图索骥，借以窥探旅行线路设置、调整、实施的总体意图和技术路径。

(6)东亚同文书院“调查报告”：调查报告内容丰富多样，涵盖地理、物产、交通、政制、社会、风俗、教育多重领域，对中国近现代重大事件也多有涉及，如保路运动、辛亥革命、二次革命、五四运动、北伐战争、济南事变等，对此归类整理、钩稽珍贵史料。

(7)收藏与编纂：摸清东亚同文书院调查文献的系统收藏与编纂的现状，是所有研究的基础。除充分利用国家图书馆出版《东亚同文书院中国调查手稿丛刊》200册和《东亚同文书院中国调查手稿丛刊续编》250册之外，也对日本丰桥爱知大学“霞山文库”收藏的相关文献给予全面的关注和系统的研究。

(8)经济类撰著：根据调查报告编著的经济类图书是调查报告经由加工后的高级产品，其加工流程的机制及演化，是我们探讨东亚同文书院及调查活动价值属性的又一重要维度，以《清国通商综览》(1892)、《支那经济全书》(1907—1909)、《支那经济地理志》(1925)、《大运河调查报告书》(1992)等为例，给予深入的分析。

(9)地方志撰著：采纳中国旧志、微观现地考察统汇而成的《支那省别全志》(18卷36册)和《新修支那省别全志》(6卷12册)是东亚同文书院中国调查的又一重要产品，国家图书馆2015年影印出版时更名为“中国省别全志”。此套志书毕数年之功，调查稿件达二十万页余。让我们具体了解近代日本从事中国踏查的广度与深度，认识其侵占中国的用心之深、用力之切；同时，也为晚清、民国研究敞开了一个鲜为人知的资料库，并从方法论上提供若干研究国情、地情的启发。

(10)中日间关于对方国情的“信息不对称”：近世以来，日本详于“知中”，中国略于“知日”。从东亚同文书院中国调查的持续性、系统性看中日间“信息不对称”，并分析其产生的原因，徐图改进，乃撰写是书的现实意义。

从学术史和思想史的角度看，我们的研究和著述力图彰显如下观点：

(1)东亚同文书院用现代田野考察方式记录的许多原始资料，尽管是为日本入侵中国所做的情报工作，但其从西方借鉴过来的实证的研究方法，有别于日本古代踏查中国的文献，是一份我们理应重视并参考、借鉴的历史遗产。若放眼东西文化近代碰撞交流、东亚文化传统秩序发生剧烈变动的大背景，东亚同文书院中国调查无疑为我们反思东方社会的近代化历程提供了无比珍贵的文献和资料。

(2)19 世纪、20 世纪之交，日本对于中国的研究正经历着从传统的“汉学”向新兴的“东洋学”“支那学”的转变。在研究理念上，开始把中国当作一个客体和“他者”来看待，崇尚对之进行客观的、实证性的研究。“日本中心论”在近代日本思想界逐步成为主流认识。

(3)运用实证科学方法对亚、非、拉的国家和地区作详细社会调查，是西方国家为推行殖民主义、建立世界统一市场而从事的一项长期活动。西方人的东方调查，从政治层面论之，是其殖民政策的产物；从学术层面论之，则是近代实证主义调查方法在东方世界的展开。这是我们在评析此类活动时必须把握的二分观点，而不必用其中的一个侧面去排斥、否认另一个侧面。

(4)通过展示日本的中国调查材料及其加工成品，也为晚清、民国研究敞开一个鲜为人知的资料库，并从方法论上提供若干研究国情、地情的启发。这项工作既有益于学术发展，又益于对近代中国、近代日本的认识。

(5)日本近代中国调查不是一个孤立的事件，而是世界历史近代转型过程中的事件。因此，不能作就事论事的简单叙述，而应对这一历史事件进行多层次、全方位的剖析，从各个层面系统地展示其兴起的时代背景、动力、结果以及随后的各种影响等。

(6)改变中日间关于对方认知度的不平衡现象，是今之国人的一项无可推卸的职责。从学术层面看，如何在调查研究的基础上，拿出深具历史感和现实洞察力的考析日本、探讨中日关系的论著，已经时不我待。有了这样的成果，方可与日本长期以来考析中国的论著在切磋、辩难中，彼此理解、相互补充，这是形成健全的中国观、日本观、中日关系观的认知基础。筑牢这一认知基础，有助于消弭中日之间对于对方认识的非理性误区，这对中日双方都将有所裨益。

东亚同文书院的中国调查，是中日两国交往史，特别是近现代交往史中的一桩公案。我们对东亚同文书院中国调查所做的研究，是在全面综合学术界相关研究的基础上，实施“文化史考察”的研究路径，即从历史文化的纵深处辨析东亚同文书院中国调查演化的全过程及演化的内在机制。此分析视野与东亚文化的现代转型密切相关，无疑有很大的拓展空间。

东亚同文书院调查资料的掘发

周建波*

中国历史的研究向以政治史为中心。近代以来，随着西学东渐，经济史、思想文化史与政治史等一同成为历史研究的重要议题。早在三四十年前，冯天瑜先生就已经成为中国思想文化史，尤其明清文化研究领域卓有声誉的专家。他不断结合新材料、新方法、新视角研究明清文化的变迁，始终活跃在学术第一线。他关于东亚同文书院调查资料的发掘、研究，即是运用新材料、新方法、新视角研究中国近代政治、经济、文化变迁的典型事例。

一、成长背景

研究冯天瑜先生的学术成就，尤其研究他为什么能发掘出东亚同文书院这一宝库，不能不研究他的家学背景的影响。

冯天瑜先生，1942 年生人，其父为著名历史学家冯永轩先生。冯永轩先生 1923 年入武昌师范大学，得国学大师黄侃指导。1924 年，入清华国学研究院第一期，受梁启超、王国维、陈寅恪、赵元任等名家指导。同期同学中，有后来成为文史大家的王力、高亨、刘盼遂、方壮猷等。在清华学习期间，梁启超的史论、政论，王国维“文献与地下发掘互证”的精密考据学，陈寅恪的中古文化及其民族史研究方法论对他的影响颇深。冯永轩先生师承王国维，致力边疆史地探究，他在国学院的研究题目为“诸史中外国传之研究”，毕业论文《匈奴史》是 20 世纪较早的匈奴史研究论文，获得佳誉。

尽管生活在书香门第家庭，然而由于冯永轩先生工作繁忙，冯天瑜先生并未在历史学专业方面受过父亲的多少指导，甚至冯天瑜先生在武汉师范学院(今湖北大学)就读的专业也不是人文历史学科，而是生物系。不过，冯天瑜先生对于古今中外文史的兴趣

---

* 周建波(1965—)，北京大学经济学院经济史学系教授、系主任。

还是受到家传的影响，他聆听过父亲对于《论语》《孟子》《史记》等国学经典的讲授，同时由于少年时期主要跟随在湖北省图书馆工作的母亲一同生活，有机会在图书馆里博览群书，养成了勤奋读书的习惯和宽阔的视野。“文革”期间，冯天瑜先生因个人兴趣潜心研究文史典籍，并在1979年后返武汉师范学院历史系任教，1994年出任武汉大学历史系教授。

从冯天瑜先生的成长背景中，笔者留意到两个可能促使他率先在东亚同文书院调查资料研究领域取得突破的因素。

第一，受到历史学家父亲的深刻影响，对于历史资料有着敏锐的直觉和强烈的兴趣。冯天瑜先生家境并不富裕，战乱年间又奔波于逃亡途中，但作为大知识分子的父亲，喜好收藏书籍、信札、古钱币、字画等历史资料，在逃难过程中宁愿摒弃其他财物也不能放弃这些珍贵的资料，使得许多文物经历了抗日战争、“文革”等历史动荡，仍能保存完好，最终捐赠给湖北大学、武汉大学等。从小受到历史学家父亲的耳濡目染，让冯天瑜先生对史料价值有着独特的敏感性。东亚同文书院的资料虽尘封已久，但冯天瑜先生通过有限的几次学术交流便能够敏锐地发现其价值，并努力发掘，积极向国内引进，这绝非偶然。

第二，冯天瑜先生视野宽广，善于将中国文化和外国文化相结合。民国学术研究提倡中外对比，清华国学院四大导师皆有海外留学或游学的经历。冯永轩先生受到清华国学院的亲传，其对于中外文化相互影响的研究自然充满了宏大的视野。这些学术研究风格对于冯天瑜先生有着潜移默化的影响，是他后来能够在东亚同文书院这一异域史料上取得重大突破的重要原因。

二、与东亚同文书院研究的渊源

1994年10月27—29日，冯天瑜先生参与在东京举办的“第三届东亚国际实学研讨会”，其间访问早稻田大学和东京大学，并与日本汉学家交流探讨。有关这次研讨会的内容记录并不详细，对于东亚同文书院的研究更是尚未涉及，但这次访日学术交流活动却为冯天瑜先生开展东亚同文书院研究以及开展中日学术交流埋下了伏笔。

两年后，应日本爱知大学(日本东亚同文书院为其前身)邀请，冯天瑜先生与中国社科院王家福研究员、张琢研究员一同赴日进行了短期访问。尽管这次访问时间不长，但让冯天瑜先生首次接触到爱知大学图书馆收藏的《幕末明治中国见闻录》、东亚同文书院第十三期至三十二期学生的《大旅行记》《大旅行报告书》，经东亚同文会东京总部“调查编纂部”整理汇编而成的《中国省别全志》(18卷)、《大旅行志》，日本学者整理出版的《东亚同文书院中国调查旅行记录》(1~3卷)、《东亚同文书院大运河调查报告书》等珍贵材料。冯天瑜先生敏锐地意识到这批历史资料具有极高的学术研究价值。回国后，他当即撰文《日本

“中国学”的启示——访问爱知大学有感》①对东亚同文书院及其中国调查的资料予以介绍。同时，冯天瑜先生也与爱知大学尝试建立中长期的学术合作关系。1998年，冯天瑜先生受聘日本爱知大学中国学部，任兼职教授，此后又担任京都日本文化研究中心研究员等职务，并先后在日本讲学五年。其间，冯天瑜先生组织团队陆续翻译出版日本沪友会所编《上海东亚同文书院大旅行记录》(商务印书馆2000年版)，以及根据自己讲学研究内容编译的《“千岁丸”上海行——日本人一八六二年的中国观察》(商务印书馆2001年版)等与日本“中国学”研究相关的著作，发表学术论文若干②。有学者认为冯天瑜教授这一时期主要通过晚清日本幕末遣使访问中国，对比中日应对现代化之差异，以反思近代“中国传统社会应对西方文明挑战时的木讷和迟钝”，以及使用东亚同文书院调查资料考察晚清时期的中国社会。③

冯天瑜先生在日本爱知大学讲学期间，还与日本爱知大学刘柏林教授一同到东京、名古屋、丰桥等地访问曾亲身参与东亚同文书院调查的在世老人，进行口述史的积累研究。④ 东亚同文书院始于1886年由荒尾精创办的汉口乐善堂。1890年荒尾精与根津一创设日清贸易研究所。1900年近卫笃麿成立南京同文书院，1901年正式更名为东亚同文书院，并迁至上海。东亚同文书院自1901年开始招生，第1期生在1904年完成调查报告。⑤根据东亚同文书院第44期生土门义男、第45期生松山昭治回忆，东亚同文书院的中国调查一直延续至日本战败前夕的1945年夏，第45期生因战争结束未及作旅行调查。⑥ 东亚同文书院调查伊始于20世纪初，前后长达四十余年，总计近五千名学生对中国进行了地毯式立体调查，即使战争期间也并未中止。“满铁”调查在史学研究领域影响很大，但调查活动持续时间更长、调查地域分布更广的东亚同文书院的中国调查却鲜有人知，这不得不说是研究工作的一大疏漏。也正是如此，冯天瑜先生一再呼吁“东亚同文书院中国调查的

---

① 冯天瑜：《日本“中国学”的启示——访问爱知大学有感》，《江汉论坛》1996年第10期。

② 这一时期与日本中国学相关研究的主要论文有：冯天瑜：《东亚同文书院的中国旅行调查》，《文史知识》2000年第1期；冯天瑜：《日本幕府使团对太平战事的探察》，《中国文化研究》2000年第2期；冯天瑜：《同治元年日本人上海所见“华洋会剿”》，《学术月刊》2000年第8期；冯天瑜：《“千岁丸”——日本锁国二百年后使清第一船》，《清史研究》2000年第3期；冯天瑜：《日本使团对清末上海社情的观察》，《黄冈师范学院学报》2001年第2期；冯天瑜：《日本幕末“开国”与遣使上海》，《武汉大学学报》(人文社会科学版)2000年第5期；冯天瑜：《同治元年日本人对上海社情的观察》，《学术月刊》2002年第1期。

③ 谢贵安：《冯天瑜明清文化转型学术思想研究》，《学习与实践》2011年第1期。

④ 冯天瑜：《〈警觉与借镜——东亚同文书院中国调查的启示〉弁言》，《文化发展论丛》2018年第1期。

⑤ 一般在入学第三、四年进行旅行踏查。由冯天瑜先生主编，国家图书馆出版社出版的《东亚同文书院中国调查手稿丛刊》(全200册)涵盖1927(第24期生)—1943(第40期生)年，《东亚同文书院中国调查手稿丛刊续编》(全250册)涵盖1916—1926年调查报告及旅行日志等。

⑥ 冯天瑜：《东亚同文书院中国调查的历史警示与当下启迪》，《文化软实力研究》2018年第6期。

历史警示和现实启迪都是巨大的，无视于此都是我们的损失”。

三、开东亚同文书院资料研究之先河

早在1959年，中日关系史领域著名专家胡锡年教授翻译出版了由日本东亚同文会编著的《对华回忆录》(商务印书馆1959年版)。书中强调该书的叙述具有明显的主观性和反动性，但其中的客观的调查记录却是值得研究的。按作者话说，这些资料收集的本意是用以侵华，但作为研究工作，我们可以“变毒草为肥料”①。根据房建昌先生整理，吉宜康先生的文章《关于东亚同文书院》收录在1964年的《上海文史资料选辑》。但这些研究其后并未引起社会广泛关注，而有关东亚同文书院的研究也停滞不前，直至90年代有关东亚同文书院的研究才重新有零星发表。例如，蔡茂堂先生发表《关于东亚同文书院的一鳞半爪》、苏智良先生发表《上海东亚同文书院述论》和单冠初先生发表《试论东亚同文书院的政治特点兼与西方教会大学比较》等文章体现学界开始重视对东亚同文书院本身发展历史的研究。然而正如房建昌先生所言，“以上论著有一个共同特点，就是均未见该书院的原始档案”②。

房建昌先生的文章发表于1998年。从时间来看，冯天瑜先生早在1996年即指明东亚同文书院原始档案的重要性，可谓开东亚同文书院资料研究之先河。东亚同文书院原始资料现主要藏于两地：一是爱知大学丰桥校舍图书馆，完整收藏了东亚同文书院中前期的调查报告及其他资料；二是国家图书馆(旧称北京图书馆)，国家图书馆这批日文资料均印有“国立南京图书馆藏”字样，是1945年日本战败以后，由中国政府接收并经由胡适先生安排送往当时的北京图书馆。冯天瑜先生曾与刘柏林教授等一起在爱知大学图书馆、国家图书馆对原始资料进行了深入研究。由于这批资料由日文手写，辨识不易③，由冯天瑜先生牵头，从东亚同文书院的中国旅行调查材料中选取代表性篇目若干，请专人进行翻译，并出版《东亚同文书院中国调查资料选译》(3卷本，社会科学文献出版社2012年版)。

此后，由冯天瑜先生作为主编，国家图书馆出版社分别于2015年、2016年和2017年影印出版东亚同文书院编著的《中国省别全志》(50册)，《东亚同文书院中国调查手稿丛刊》(200册)和《东亚同文书院中国调查手稿丛刊续编》(250册)。该丛书出版后，各高校图书馆纷纷购置，已不需要专程前去国家图书馆和爱知大学查阅资料。鉴于冯天瑜先生深厚的学术造诣以及对推动东亚同文书院研究作出的卓越贡献，2020年国家社科基金将冯天

---

① 东亚同文会编著：《对华回忆录》，胡锡年译，商务印书馆1959年版，第7页。

② 房建昌：《上海东亚同文书院(大学)档案的发现及价值》，《档案与史学》1998年第5期。

③ 冯天瑜先生在《东亚同文书院中国调查手稿丛刊》解说中提及，这些资料“因存放多年，纸张色变、草书字迹模糊，日文水准甚高的刘柏林君及日本学者也极难识读”，笔者研究团队在进行相关研究和翻译时亦遇到该问题。

瑜先生主持的《东亚同文书院中国调查之研究》立项为后期资助重点项目。

冯天瑜先生认为，东亚同文书院大规模、长时期、深入细致的中国调查首先应当引起国人的警示和思考。“勿忘昔年日本侵华用心之深切、用力之坚实，勿忘应当向强敌学习，认真作国情调查、外域调查。”①其次，虽然东亚同文书院中国调查服务于日本侵华行动，文字叙述也时常带有帝国主义、殖民主义的主观偏见，但这些资料不乏可取之处。日本与中国文化相近，又受到近代发达国家的冲击，在调查资料方面进行了周密规划和整理，可以弥补近代中国社会调查资料分散、欠缺准确性的不足。对于这些资料的开发，可以为晚清、民国研究提供一个更为全面的资料库，有益于对近代中国和日本的重新再认识。同时，这些调查具有系统性、长时段、跨区域的特点，在方法论上也颇有特点。基于此，他呼吁国人应当对晚清民国时期包括东亚同文书院在内的整个日本对华调查的研究(军部、通产省、外务省、各大财团、新闻单位都各有对于中国调查的系统)予以高度关注。

笔者对于冯天瑜先生关于东亚同文书院资料价值的判断深表赞同。由于这些书院学生接受过严格的汉语言和中国文化教育，受到较为系统科学的社会调查方法和商科等专业学科知识的严格训练，因此，这群“中国通”完成的调查报告和游记记载了大量不同行业的资料和数据，甚至包括中国民众的日常生活，就这些客观的调查资料而言，其中绝大多数是较为真实、有效的，可以拿来即用。河北师范大学康金莉教授评论认为，东亚同文书院的调查者“基于工业化先行国家的视角对中国钱庄营业、学徒、信用状况进行评论，分析银行和钱庄关系等，并提出发展建议，不失为对近代中国金融研究的国际化视野与前瞻性思考，为近代中国金融研究思路之拓展不无裨益”②。由此看来，撇开其中主观片面的评论，这批资料中也有相当一部分评论符合当时经济发展的规律，具有一定可取之处。

四、书院调查方法之实践

冯天瑜先生长期以来致力于开掘异域史料，并提倡实践王国维先生所提出的“二重证据”方法论。陈寅恪先生曾在《王静安先生遗书序》中对此总结，所谓二重证据法，“一曰地下之实物与纸上之遗文互相释证——二曰取异族之故书与吾国之旧籍互相补正——三曰取外来之观念与固有之材料互相参证”③。冯天瑜先生对于日本中国学的考察，在东亚同文书院资料与中国近代资料的补正，以及借“他者”之眼，重新审视已有历史结论方面有突出贡献。

值得一提的是，冯天瑜先生久居武汉，人生中唯一在家乡以外长时间生活的就是在日

---

① 冯天瑜：《〈中国省别全志〉(影印版)序言》，《文化发展论丛》2018 年第 1 期。

② 康金莉：《加强日人对华经济调查资料之翻译与运用推动近代金融史研究》，http：//ex. cssn. cn/dzyx/dzyx_mtgz/202011/t20201125_5221536. shtml，2020 年 11 月 25 日。

③ 《陈寅恪集 · 金明馆丛稿二编》，生活 · 读书 · 新知三联书店 2001 年版，第 247 页。

本的讲学，可以想见这批资料对他的强大吸引力。据笔者观察，冯天瑜先生在研究东亚同文书院调查资料时特别注重以下两点，一是关注日本人当年考察中国的动机，并借以反思国内调查研究的开展。冯天瑜先生曾多次感叹东亚同文书院在中国社会调查工作之详细。相较而言，虽然近代中国留日学生亦不少，但对于日本问题研究的开展却罕见系统的资料整理和深入的研究分析。① 为此，冯天瑜先生呼吁向东亚同文书院学习，开展系统的社会调查。如湖北省社会科学界联合会组织开展社会调查，以及《湖北省籍企业农民工生存状况调查》《汉水文化调查》《混合所有制经济发展调查》等系列的出版就得益于冯天瑜先生的直接建议。二是重视与文化史相关联的研究。冯天瑜先生的研究领域以明清近代中国文化史研究为主，尤侧重近代变革之际。中国与日本不仅在地理上相近，在文化上也有千丝万缕的联系。自古以来，日本就屡次遣派使者赴中国考察学习，并将成果带回日本作为模板进行学习。近代日本较中国更早完成了近代化的转型，出于对抗欧美在华势力，把中国变成日本的产品销售市场和原料产地的考虑，其非常重视对中国的交通、贸易、商业习惯、商业势力、金融机构、度量衡以及民众生活水平、风俗人情等的了解。也就是说，近代日本虽有“脱亚入欧”之倡导，但亚细亚主义的深入人心使日本并未忘情于中国，对中国的观察、调查从未停止。历史上的中国之于日本是文化母邦，既是曾经学习效仿的模范，又是侵略战争的目标。而反之，对于中国而言，以近代日本作为主体观察中国又何尝不是一种独特的视角。当然，由日本人撰写的资料本身具有主观性和带有一定的目的性，这就需要在研究过程中对材料合理地选取使用。

五、东亚同文书院研究的深入

在冯天瑜先生的大力呼吁和积极努力下，有关东亚同文书院资料的整理与研究逐渐得到了学术界的重视，并在两个领域不断拓展：一是基础资料翻译引介的补充完善，二是利用调查资料开展不同行业、不同区域的研究。

得力于冯天瑜先生的积极努力，国家图书馆出版社影印出版了东亚同文书院编著的《中国省别全志》(50 册)，《东亚同文书院中国调查手稿丛刊》(200 册)和《东亚同文书院中国调查手稿丛刊续编》(250 册)。有这三本资料丛书做基础，中国学人利用东亚同文书院调查资料开展研究的条件基本具备，笔者认为，这是冯先生对东亚同文书院研究作出的最为重要的贡献。笔者团队正是在冯天瑜先生长久努力结出丰硕成果的基础上，才得以对东亚同文书院资料开展选译出版的②。先是于 2016 年以“东亚同文书院对华经济调查研

① 冯天瑜：《日本“中国学”的启示——访问爱知大学有感》，《江汉论坛》1996 年第 10 期。

② 周建波：《东亚同文书院对华经济调查资料选译(1927—1943 年)・金融卷》，社会科学文献出版社 2020 年版。

究”为题获得国家重点课题支持，业已出版《东亚同文书院对华经济调查资料选译(1927—1943年)·金融卷》(社会科学文献出版社2020年版)，另外两卷《东亚同文书院对华经济调查资料选译(1927—1943年)·物产资源卷》《东亚同文书院对华经济调查资料选译(1927—1943年)·交通卷》，将于2021年出版。接着2021年又以“东亚同文书院经济调查的整理与研究”为题取得国家社科基金重大项目支持，拟翻译出版4~6卷文献，并在此基础上出版专著《20世纪上半叶中国工业化进程研究——基于东亚同文书院经济调查资料的视角》。无疑，这是对冯天瑜先生已有研究成果的进一步补充和完善。

学者们尝试利用这批资料开展不同专题的研究。例如，陈锋教授《清末民国年间日本对华调查报告中的财政与经济资料》从财政、金融、货币的专业视角强调清末民初日本对华调查报告的价值。① 他对东亚同文书院依据调查报告编撰的几部有名的著作，如《支那经济全书》《清国商业综览》《清国商业惯习及金融事情》和《支那经济地理志》进行了专门介绍，其中对《支那经济全书》的介绍最为详尽。陈锋指出，《支那经济全书》所汇集的资料，有的来源于实地调查，有的是文牍档案典章的直接移录，有的是从相关资料中采摘综合。就三种资料的来源形式看，实地调查和采摘综合的资料最具价值。他举例说，该书第1辑第6编“人民生活程度”，分别对北京、汉口、香港每月的温度、民众衣冠、饮食、居住状况，北方人的生活状态，江南人的生活状态，上海的商人生活，上海的买办生活，上流社会的生活状态等进行了调查。在“上海的商人生活”一节中，甚至记录了上海大东门外一个小卖店在光绪三十年(1904)正月和三月每天的日常开支。显然，东亚同文书院的这些调查报告，对研究晚清民国的财政金融货币有重要的价值。

也有学者利用书院调查资料开展西南、西北、内蒙古等边疆区域研究。② 尽管这些论文多限于对东亚同文书院在边疆地区进行调查的具体情况和调查成果的简单介绍，研究深度有待进一步加强，但也提供了不少有价值的信息，值得关注。如周长山指出书院对广西地区的调查除惯常的交通、贸易、金融、货币、度量衡等内容外，特别注重对资源情况，尤其广西铜的储量和分布的调查，以及日货在当地的销售情况、当地人对日货的态度的调查等。高娟和王建荣介绍了东亚同文书院在内蒙古地区的调查活动。王建荣更突出东亚同文书院对内蒙古物产资源的调查。他说，内蒙古物产资源丰富，是中国发现新矿物最多的省区。其盛产铁矿、石炭自然资源以及牛、羊、马等畜产品，这些在日本都属于匮乏资

① 陈锋：《清末民国年间日本对华调查报告中的财政与经济资料》，《近代史研究》2004年第3期。

② 这一阶段的主要相关论文有：杨德芳：《〈新修支那省别全志·贵州省〉所载民国时期的贵州》，《贵州文史丛刊》2013年第2期；周长山：《近代日人桂边调查初探——以东亚同文书院的活动为中心》，《中国边疆史地研究》2013年第2期；高娟：《他者视野からみる東亞同文書院の内モンゴル「調查旅行」》，内蒙古大学硕士学位论文，2013年；王建荣：《日本东亚同文书院在内蒙古地区的旅行调查》，内蒙古师范大学硕士学位论文，2017年；高启安：《十九世纪末、廿世纪初日本人的进出甘肃》，《敦煌研究》2011年第4期；高启安：《日本人编撰的中国地方志：〈支那省别全志〉和〈新修支那省别全志〉——以甘肃卷为主》，《图书与情报》2010年第6期。

源，为此东亚同文书院对内蒙古产的羊毛、甘草、皮革、畜产品、矿产等作了深入的调查。

高启安以《支那省别全志》和《新修支那省别全志》中的《甘肃志》为例指出，和近代中国方志编纂者大多受旧式教育出身，无法脱离旧志书窠臼相比，《全志》和《新修全志》编纂者受过近代学术方法的训练，无论是体例还是材料的取舍等，都融入了近代学术思想和理念。更重要的是，《全志》和《新修全志》所采用资料，几乎全采自调查所得，为第一手资料，与以往的方志编纂多传承于遗留史料而成有着本质区别。其中，铁路、邮政、电信、农产品价格、矿业分布、科学测绘地图、林业状况以及交易方法等，为历代方志所无。《全志》所附甘肃省、兰州市的地图，都是经过科学测量得出的比例图，而《兰州市图》则更弥足珍贵，这一点旧志书无法相比。《新修全志》则附彩色《矿产图》，也是经科学测量所绘。《全志》附有各县、府所在地城镇之简易线描地图，城镇的面积、布局一目了然。当然，高启安也指出，由于撰修该志的动机是为了扩大日本原料购买产地，因此所要了解和反映的主要集中在经济领域，将主要的篇章用来介绍资源和交通(矿产、人力、水利、交通、物产)以及社会状况(民族、甘宁等地教派及冲突等)，缺乏作为志书必需和重要的部分，如人物、职官、艺文、方言等文化史料和信息，本质上还不是一部全面反映一个地区社会、政治、经济、地理、文化等整体状况的志书。

薄井由的博士学位论文《清末民初云南商业地理初探——以东亚同文书院大旅行调查为中心的研究》是改革开放以来，国内少有的利用书院调查资料研究20世纪上半叶研究区域工业化建设的文章，有较高的成就。① 它以滇越铁路的修建为中心，探讨了由此带来的云南经济地理的变化、交易的商品种类的变化、城镇兴衰的变化、外国商业势力的变化，本土民族工业的崛起、会馆分布的变化、商会分布的变化、当地人对于日本人和日货态度的变化等，对了解由世界市场带动、交通先行的20世纪上半叶云南工业化的发展历程，很有帮助。比如论文指出，1910年滇越铁路通车后，铁路沿线城镇开始发展起来，但红河水运衰落下去。蒙自、河口失去了最大外贸货物集散地中心的地位，在蒙自开设的洋行和领事馆纷纷迁往省城昆明，以致历期同文书院云南调查班都用“停止、商业寥寥”的字眼描述铁路通车后蒙自法租界商业萧条的状况。

还有其他等研究成果，不一而足。可以说，除薄井由本身是日本人可以直接对原始资料进行阅读以外，其余作者无一例外地，没有不参考、利用冯天瑜先生所介绍、翻译引介的资料的。自冯天瑜先生访日交流呼吁对东亚同文书院资料关注以来，相关著述有了显著增长。无疑，这是冯天瑜先生开风气之先影响下的结果，但是，对于整个东亚同文书院调查资料的利用、发掘而言，现有成果偏重介绍，而未能利用其中资料作出更有研究价值的

① 薄井由：《清末民初云南商业地理初探——以东亚同文书院大旅行调查报告为中心的研究》，复旦大学博士学位论文，2004年。

成果。已出版的著作、发表的论文，只是反映了东亚同文书院旅行调查的一鳞半爪，研究深度有待进一步加强。

客观地说，东亚同文书院以交通、贸易、金融、货币、商品、市场为主题的调查内容，造成了书院调查资料整理与研究的高壁垒，这可能就是目前学术界缺乏利用书院调查资料进行深度研究的原因。毕竟东亚同文书院是一所以商科为背景的高等专科学校，学生受到的是金融、货币、贸易、财政、商品、市场拓展等方面的严格训练，专业性强，门槛高；手写日语，有一定的草书性质，辨识不易；加上书院学生在一个地方的调查不长，地名、人名、街道名、马路名写错的情况在所难免，由此提出了资料整理和研究的高难度问题，非得有志于东亚同文书院调查资料研究，且懂日语、经济学、经济史的多栖人才搭建好一个强有力的班子后，才能够做好这项工作。比如，对书院调查中药材贸易资料的整理，就涉及中医药的专业素养、专业术语等；而对金融资料的整理，则涉及五花八门的计量单位，名称繁多的金融机构，非得懂这段时间的金融货币的历史，才能够做好书院金融货币资料的整理工作。

相较而言，欧美学者对东亚同文书院资料的利用和研究则更显深入。例如，美国研究东亚同文书院的著名学者任达、傅高义等具有教育学、历史学、经济学等多方面的知识结构，其利用书院调查资料进行研究时，能够从日本产业结构变化要求扩大商品销售市场和原料采购产地，与欧美各国在中国的竞争性增强等出发，视野开阔，大局观强。傅高义更多地从全球化、列强争夺中国市场视角研究东亚同文书院，任达则更多地侧重中外文化交流视角，从日本对华文化输出的角度看待东亚同文书院的旅行调查，通过毕业生就业的分析，研究东亚同文书院在日本高等教育中的地位。无疑，这些能丰富、深化我们对东亚同文书院的认识。

综上，冯天瑜先生的研究成果已经为后人提供了深入研究的基础，对于开拓该资料的使用和研究作出了巨大贡献，作为冯先生东亚同文书院研究的重要受惠者，笔者决心在冯先生已有研究成果的基础上，搭建由精通日语，熟悉经济学、社会学、历史学等多领域的交叉学科复合人才组成的研究团队，将东亚同文书院资料中商业流通卷、交通卷、物产资源卷、移民卷、矿产分布与开发卷、民众信仰和新式教育卷等相关内容尽量译出，并在此基础上写出一部有分量的研究著作：《20世纪上半叶中国工业化进程研究——基于东亚同文书院经济调查资料的视角》。我想，这应该契合了冯天瑜先生二十余年前引介此资料的初衷。

2021年1月15日于北大燕园

晚清古学书院的文化风貌

——以武昌经心和黄州经古书院课艺为中心

鲁小俊*

清代书院特重考课，考课的试卷通称课艺，也叫课作、课卷。按考课内容分，清代书院主要有三种类型。大多数书院考课八股文(其中有的兼课试帖诗)，可称为“时文书院”。自阮元在杭州创设诂经精舍(1801)，在广州创设学海堂(1820)，考课经史词章的书院蔚起，成为晚清教育和文化的新景观。“士人始知八股试帖之外，尚有朴学，非以时艺试帖取科名为学也。”“士人不复于举业中讨生活，皆力臻康乾嘉道诸老之学，贱视烂墨卷如敝屣，光绪中叶以前之风气如此。”①这类书院为“古学书院”。19世纪60年代以后，时务之学、泰西之学，成为部分书院考课的主要内容，这类书院属于“新学书院”。武昌经心书院和黄州经古书院，是晚清有代表性的古学书院。② 本文以两书院的课艺为中心，从学术定位、时代意识、乡邦情结、实现路径等方面，探究晚清古学书院的文化风貌。

一、三种课艺总集：经心、经古书院的考课成果

武昌经心书院，同治八年(1869)创设，明年建成。初以经解、史论、诗赋、杂著课士，继分外政、天文、格致、制造四科(1897)，后又改为天文、舆地、兵法、算学四科

---

* 鲁小俊(1976—)，武汉大学文学院教授。本文系国家社会科学基金冷门绝学专项“清代书院课艺整理与研究”(19VJX095)阶段性成果。本文原题为“晚清古学书院的教学风貌——以武昌经心和黄州经古书院课艺为中心”，发表于《孔学堂》2021年第1期。严五代老师对本文亦有贡献，谨致谢忱!

① 刘成禺:《世载堂杂忆》，辽宁教育出版社1997年版，第11页。

② “古学书院”“新学书院”只是大致的分类。武昌经心书院晚期也改设外政、格致等科，但运行时间只有短短数年；黄州经古书院的考课也涉及时务、西学，但比重很小。故在本文讨论的范围内，两书院仍可归入“古学书院”。

(1899)。① 经心书院的创设，得力于时任湖北学政张之洞的主导。其后，张任四川学政和两广总督，创设成都尊经书院和广州广雅书院。光绪十五年(1889)调任湖广总督，于次年在武昌创设两湖书院，又将黄州河东书院改为经古书院，并安排门生周锡恩掌教经古书院。②

将考课成果选编成册，是清代中后期书院的风尚。湖北书院的课艺总集，现今所能见到的有六种。其中汉阳《晴川书院课艺》(1868 年刊)、江夏《高观书院课艺》(1887 年刊)、武昌《江汉书院课艺》(1891—1892 年刊)，皆为八股文总集，这三所书院也是传统的时文书院。武昌经心、黄州经古书院追步诂经精舍和学海堂，“读书期于明理，明理归于致用”③，“读书求通材”“学期有用”④，其考课题目也以明理致用为务。两书院的考课成果，汇编为三种课艺总集⑤：

(1)《经心书院集》，光绪十四年(1888)冬仲湖北官书处刊，左绍佐序。⑥ 凡四卷：卷一、卷二经解 10 题 49 篇，卷三论著 7 题 22 篇，卷四诗赋 16 题 46 篇。作者及入选篇数情况：陈培庚 13 篇，张增龄 12 篇，周以存 8 篇，陈曾望 7 篇，杨介康、钱桂笙 6 篇，王家凤、黄觐恩 5 篇，李心地、石超、姚虞 4 篇，陈之茂 3 篇，陈嗣贤、李文藻、刘景琳、王廷儒、高崇煦、娄正寅、朱筠声、舒福清 2 篇，郭集琛、屈开埏、刘传镛、熊汝明、常兆璜、尹家楣、萧树声、严用彬、陈登庸、李文熙、夏良材、姚汝说、万綮、张极翔、石致中、杨昌萃、邱兆华、朱希文、张序宾、余培麟、徐第瀛、彭承骧、彭邦桢、陈略 1 篇。

(2)《经心书院续集》，光绪二十一年(1895)冬仲湖北官书处刊，谭献序。凡十二卷：卷一、卷二“说经”，29 题 44 篇；卷三至卷五“考史”，48 题 89 篇；卷六至卷八“著述”，34 题 70 篇；卷九至卷十二“词章”。入选篇数较多者：黄云魁 21 篇，郭拱辰 19 篇，钟龙瑞 16 篇，甘鹏云、贺汝珩 15 篇，朱楙春 14 篇，刘铭勋 13 篇，陈伦、雷以震、刘培钧 11 篇，甘葆真 10 篇，雷以成、周昌甲 8 篇，王廷梓 7 篇，张正钧、许钟岳、徐荫松 6 篇，陈鸿儒、丁彝、权量、陈则汪、黄炳琳 5 篇，夏先鼎、赵增典、姚汝说、刘邦骏、郭定钧、卓从乾、黄廷燮、马文炳 4 篇，张瑞国、周家藩、周之桢、陈鸿勋、范孟津、朱衣 3 篇。其他作者一二篇不等：陈问巽、余长春、陈宧、刘匹熊、张琴、王传珍、关道倬、李文翰、覃寿彭、程文藻、陈庆萱、汪宝增、鲁秉周、周兆奎、周世傅、陈曾寿、陈礼、邱

① 杨湖樵：《经心书院述略》，全国政协文史委编：《文史资料选辑》第 99 辑，文史资料出版社 1984 年版，第 98 页。

② 黄冈市政协文史委编：《黄冈文史资料》第 7 辑《黄州史话》，2004 年，第 225 页。

③ 苑书义等主编：《张之洞全集》，河北人民出版社 1998 年版，第 9797 页。

④ 谭献编：《经心书院续集》，清光绪二十一年刻本，谭献序。

⑤ 另外，武昌两湖书院也是张之洞创设的书院，但没有课艺总集存留下来，只有少数生徒课艺，收入光绪二十二年(1896)明达学社刊行的《五大书院课艺》。

⑥ 据左绍佐序，经心书院的课艺，前山长刘恭冕曾刻一帙，未成卷，以费绌而止。

岳、周以蕃、闻谷、陈拔萃、孟晋祺、陈元珖、刘以忠、闻廷炬、周家弼、水祖培。

(3)《黄州课士录》(经古书院课艺集)，光绪十七年(1891)刊于黄郡，山长周锡恩编定，钟鹏程校字，王葆周覆校，李方豫序、周锡恩序、杨寿昌跋。凡四卷：卷一“考订”13题15篇，卷二“性理”12题24篇，卷三“经济”13题21篇，卷四至卷八“词章”，其中赋13题41篇，杂文2题6篇，诗12题96篇。作者及入选篇数情况：夏仁寿19篇，童树棠18篇，王葆心15篇，钟鹏程、梅作芙11篇，王懋官、曹集蓉9篇，闻宗谷8篇，范曾绶6篇，叶启寿、胡浩、谢椿5篇，鲁家璧、刘鹏4篇，帅培寅、王葆周、李自英、霍凤喈3篇，赵隽杭、涂廷桂、李林滋、张炳寿、王茂桓、张寿之、王树勋、黄子昜、洪席珍、程廷藻、黄巨源、毕自厚、陈庆萱、吴临翰、李鸿渚、闻廷炬2篇，殷炳楠、陈正保、童德润、周绂藻、李焱龙、戴阿鲁、毕惠康、王楚乔、许堃、石相钦、王国桢、范毓璜、王葆龢、刘镜华、余仁恭、周锦森、毕自芬、范曾绪、许集奎、萧璟、胡有焕、毛声远、余嗣勋、何楚楠、王殿华、张朗、余锦琪、阙名1篇，周锡恩拟作2篇。卷末又有王懋官等三十六家《题辞》。

《黄州课士录》周锡恩序云：“自庚寅(1890)夏迄辛卯(1891)春，诸生课作，千有余篇。兹择其尤雅，刊若干卷。”是集所收共203篇，用稿率约为20%。《经心书院集》和《经心书院续集》的用稿率无考，但择优刊登的原则是普遍性的。有文入选以上三种课艺总集的生徒，有一部分寂寂无闻；也有一些人，后来在不同领域具有影响。如曾任湖北咨议局议员的陈培庚(进士)、著有《畏斋集》的陈曾望(举人)、协纂《湖北通志》的杨介康(进士)、掌教存古学堂的钱桂笙(解元)、著有《庚子避乱记》的尹家楣(进士)、曾主持湖北图书馆的姚汝说(举人)、主修《湖北文征》的甘鹏云(进士)、曾任交通部次长的权量(商科举人)、曾任北京师范大学等校教职的周之桢(进士)、曾主政四川的陈宧(拔贡)、著有《苍虬阁诗》的陈曾寿(进士)、方志学家王葆心(举人)、曾任湖北图书馆馆长的毕惠康(生员)、著有《万国史述要》的王楚乔(举人)，等等。两所书院培育人才的成就，于此可见大概。

二、经史、经济和词章：经心、经古书院的学术定位

两书院的三种课艺总集，编选成书时分作“经解”“论著”“诗赋”，或“说经”“考史”“著述”“词章”，或“考订”“性理”“经济”“词章”等类。综合而言，考课命题涵盖三类学问：经史之学、经济之学和词章之学。

经史题如《郑君笺〈诗〉多以韩易毛说》《千乘之国解》《纳约自牖说》《读〈郑风·风雨〉篇》《孟子之学长于〈诗〉〈书〉说》《〈春秋〉阙文说》《释蜾蠃》《祝祭于祊解》《〈荀子〉引〈诗〉考》《禹河故道迁徙考》《老子与韩非同传论》《汉武帝纪赞不言武功说》《〈五代史志〉附〈隋书〉论》《〈通鉴〉不载文人论》《羊叔子论》《书〈宋史·虞允文传〉后》《〈宋史·儒学传〉原

于〈后汉书·党锢〉论》《李广、程不识论》《阮籍、嵇康论》《明季东林复社论》等。左绍佐序有言："治经为先，词章亦必由经学出，乃为有本。"①谭献序亦云："课士以经训文辞者，所以劝读书求通材也。夫学期有用，约先以博，古昔圣贤之道术，以《诗》《书》《易》《礼》《春秋》植之，以诸子百家史乘辅之，经纶润色，见知见仁，无空言也。"②经史之学为治学之本，经心、经古书院之名正合此意。

经济题如《保甲源流利弊说》《收铜器以救钱法议》《变武科议》《黄州险要论》《长安应建陪都议》《湖北水利策》《食货民生之本说》《海防江防论》《铁路议》《广建育婴堂说》《拟保高丽以防俄患疏》《裁驿费以养电线议论》《泰西以商耗中国，中国宜讲商税说》《长江水师参用兵轮议》《团练宜修寨堡说》等。这方面《黄州课士录》选文尤多。刘成禺《世载堂杂忆》有云："黄州课士题目，有显微镜、千里镜、汽球、蚊子船等咏；时务有拿破仑汉武帝合论、和林考、唐律与西律比较、倡论中国宜改用金本位策。张之洞见之，曰：'予老门生，只汝一人提倡时务，举省官吏士大夫，对于中国时局，皆瞶瞶无所知，而汝何独醒也？'之洞益器重之，并嘱随带道员蔡锡勇(曾留学西洋，为之洞属下办理洋务要人)，时与锡恩谈外国学问、政治、兵事、制造各种情形。"③晚清时务、泰西之学昌盛，经古书院可谓得风气之先。④

词章题如《拟宋玉〈钓赋〉》《宋玉悲秋赋》《刘向校书赋》《惟楚有材赋》《拟庾子山〈春赋〉》《拟谢惠莲〈雪赋〉》《拟鲍明远〈舞鹤赋〉》《短镫檠赋》《拟张文献公〈白羽扇赋〉》《寒溪寺老桂赋》《梅影赋》《拟苏子瞻前〈赤壁赋〉》《拟白居易〈动静相交养赋〉》《论黄州诗绝句》《拟韩昌黎〈感春〉四首》《拟杜工部〈诸将〉五首》《拟左太冲〈招隐诗〉二首》《拟陶渊明〈读山海经〉诗》《拟谢康乐诗》《和陶〈饮酒〉诗》《拟鲍明远〈数诗〉》《大器晚成赋》《喜雨诗》《拟朱文公〈寿母生朝〉》《拟杜〈咏怀古迹〉》《拟放翁〈感愤〉诗》《拟苏子瞻〈武昌铜剑歌〉》《拟东坡〈和子由记园中草木〉诗》《拟韩孟〈斗鸡联句〉》《黄州古迹五咏》《夏日琴台游记》《叙楚国先贤》《湖北舆图山川颂》《汉上迎秋诗》《读张杨园先生全集书后》《拟韩退之〈五箴〉》《秋阴、秋雨、秋晴》《洋器四咏》。词章题的主要特点，一是注重模拟前贤名作，二是多写日常题材、励志题材和地方风物，这也是书院文学训练的基本路数。

一般而言，清代书院的课艺总集，八股文多有批语、评点，经史词章之文少有批点。两书院的三种总集，唯有《黄州课士录》中的部分诗文，刊有眉批或总评。评语多简略，如"诂训摄契，文意晓然"，"刊除枝碎，撮举宏义，得乾嘉诸经师一派"，"文亦风回云浩，自然老成"，"清深华妙"，"气格清深"，"清远有唐音"，"深心独造"，"文以辨洁为能"，

---

① 左绍佐编：《经心书院集》，清光绪十四年刻本，左绍佐序。

② 谭献编：《经心书院续集》，清光绪二十一年刻本，谭献序。

③ 刘成禺：《世载堂杂忆》，辽宁教育出版社 1997 年版，第 51 页。

④ 有关晚清部分古学书院"经古""经世"的双重倾向，可参陆胤：《经古学统与经世诉求——张之洞创建广雅书院的学派背景》，《清史研究》2013 年第 2 期。

“雅赡”，“典雅”云云。几乎都是正面评价，乃因入选总集之文，皆为优中选优，有批评性意见的课艺往往未能收入总集。

课士以经史、经济和词章，是对书院沦为科举附庸的纠偏。谭献在《经心书院续集》序中指出：“国家沿明制，以四书五经义取士，而提学试有经古，春秋试有策对，钦定十三经、廿四史、九通，旁及群籍，著录四库，颁示天下学官，所以造士通圣贤微言大义之归、古今治乱兴衰之故，非不备也。而世俗之士，歆侥幸，径简易，帖括自封，房行徒究，甚至毕生未诵五经之全，里塾不睹史家之籍。人才升降，其以是乎？其以是乎？”①谭献所言所忧，是晚清的普遍问题。刘成禺就谈道：“咸丰以至光绪中叶，人崇墨卷，士不读书。”②薛福成《应诏陈言疏》(1875)也说：“世之慕速化者，置经史实学于不问，竞取近科闱墨，摹拟剽窃以弋科第。”他还提到前岁中式举人徐景春，不知《公羊传》为何书，以至贻笑海内。③ 经心、经古书院的课士方式，正是对这一风气的反拨。

放眼全国，杭州诂经精舍和广州学海堂之后，继起者有：长沙湘水校经堂(1831)、江宁惜阴书院(1838)、南昌经训书院(1840)、广州菊坡精舍(1867)、福州致用书院(1873)、成都尊经书院(1875)、上海求志书院(1876)、上海格致书院(1876)、宁乡沩水校经堂(1876)、宁波辨志文会(1879)、衡阳船山书院(1882)、江阴南菁讲舍(1884)、苏州学古堂(1888)、沅州沅水校经堂(1888)、广州广雅书院(1888)、昆明经正书院(1891)、衡山研经书院(1893)等。这些书院在书院总数中的占比仍很小，但足以引人瞩目。湖北地区幸赖经心、经古书院，在晚清古学书院的区域版图上占有一席之地。

左绍佐序《经心书院集》有云：“学术难言也，文字之于为学又难言也。课试之作，不必有所感而生，有所积而后发也，其于文字又难言也。然而量才评力，非此不能得其勤惰明蔽之迹，是又不可以已也。寻其勤惰明蔽之迹，因而致之，而奋发磨砻之事随之以起，人材又往往出于其间，作兴之机，将于是乎在。”④书院课艺是一种命题作文，与通常的“抒情”“言志”之作有别，其主要价值在于思想、学术、文学和举业的训练。不过，即便是“不必有所感而生，有所积而后发”的命题作文，其间也可以有“情怀”存焉。这“情怀”除了学术追求之外，还有两点：一是时代意识，二是乡邦情结。

三、“象牙塔”内外：经心、经古书院的时代意识

晚清社会，时局也是变局。以八股文训练为主要事务的时文书院，因为文体的特殊

① 谭献编：《经心书院续集》，清光绪二十一年刻本，谭献序。
② 刘成禺：《世载堂杂忆》，辽宁教育出版社 1997 年版，第 11 页。
③ 马忠文、任青编：《中国近代思想家文库 · 薛福成卷》，中国人民大学出版社 2014 年版，第 49 页。
④ 左绍佐编：《经心书院集》，清光绪十四年刻本，左绍佐序。

性，较难将时代意识融入考课命题。但经心、经古书院这类研习经史词章的古学书院，考课也可以贴近时代脉搏。其方式一为“显”，一为“隐”。

贴近时代脉搏之“显”者，吟咏新物，发表时评，建言献策。至于所吟、所议的内容，可以是具体事物，也可以是重大制度问题。

《黄州课士录》所收《洋器四咏》，分咏显微镜、时辰表、电灯、气球，收录曹集蓉、王葆心、王懋官等九位生徒之作。王葆心诗有云：“君不见泰西小学考索工，千百小儿争玩弄。”(《显微镜》)“西人重利兼好游，一声啸出山海秋。纪年一千八百数，纪月三十又一周。幻中出奇奇出幻，呜呼！璇玑玉衡至此皆可休。”(《时辰表》)这是西方器物文明给书院生徒带来的视觉和心理冲击。再如《拟保高丽以防俄患疏》，当是有鉴于国事日危，“俄情叵测”，山长周锡恩拟定该题，以考查生徒对国情的关注和思考。生徒王懋官先从北东南西四个方向，陈述俄国的领土范围。四面之中，惟东向无所阻碍，直至黑龙江与太平洋交界之处，“较之中华，拓两倍焉，然其心究无厌也”。而俄国三面环海，因其为“寒冷之地”，“急需者，海口耳”。三个口岸中，其余两处开拓难度极大，“舍高丽其谁”；再往前推进，高丽不支，唇亡齿寒，“俄人之窥伺中原，不得不先图高丽”，“高丽毗邻辽沈，逼近京师，一旦有事，则根本易摇”，故保高丽才能保中华。至于具体策略，要守住三个关卡：一是戍兵全庆二道，“故日本无所肆其毒”；二是设军于江华岛，“以杜其分师旁袭，又保高丽之奇兵也”；三是死守平壤，“则王京无西南之援”。王懋官的分析和对策，显示出非凡的战略视野。又如《广建育婴堂说》，乃有感于当时影响颇大的“丹阳教案”，加之“溺女乃楚中恶俗，伤生害理，君子痛心”，山长拟定这一题目，极具现实意义。生徒钟鹏程对建设育婴堂提出了详细策略，周锡恩赞赏有加，评点称其“意周法密，布施此文，胜于黄金买祇陀园也”。

科举制度发展到清代后期，弊端尤多。如何改革选士制度，也是书院考课的重要选题。《经心书院集》中的《科举论》，《经心书院续集》中的《九品中正得失论》《宋十科举士法议》《明代察典得失论》，《黄州课士录》中的《变武科议》等文，或考察历史流变，或针砭现实问题，对于科举制度何去何从，提出了一些有启发意义的看法。不过，生徒所作也不乏简单化的思路。如《经心书院续集》所收周昌甲《求志篇》称：“三代圣贤，设生今日，未尝不习科举，但不过本其所蕴，出其所素定，必不沾沾于得器之计。”在作者看来，科举的根本问题在于士子应试的心术不纯。他倡导“学圣贤之学，比志圣贤之志”，试图用道德建设拯救科举之弊，其不切于实用可知。

贴近时代脉搏之“隐”者，借拟古悲秋之幽情，寄托遭逢大变局之感怀。

其表现，一是多拟杜之作。学习杜诗，自与其典范价值相关；而另一层意义，当是晚清的社会状况，与杜诗的背景多有相似之处。《经心书院集》有《拟杜工部〈诸将〉五首》，《经心书院续集》有《拟杜〈咏怀古迹〉》组诗、《〈诸将〉拟杜》组诗。《诸将》作于唐代宗大历元年(766)，其时安史之乱虽已平息，边境之祸尚未根除，杜甫忧从中来，社稷安危，念兹在兹。书院师生模拟杜诗，既是训练写诗技能，个中亦有异代知音之感。如《〈诸将〉拟杜》第二组中的第一首：

> 十年戎马靖妖氛，海国新传警报闻。镇日惊惶思旧将，晨星零落几雄军。师连齐鲁窥边月，路入蓬瀛拥阵云。异类披猖终破灭，须收后效继前勋。（黄震魁作）

结尾表达了肃清异敌、还我太平的信心。拟杜诸诗，内容和思想都接近原诗，这是一种跨越时空的响应。《经心书院续集》又有《拟放翁〈感愤诗〉》，“何时再下平戎诏，踏碎黄河夜夜冰”（陈伦作），追步放翁，也与模拟老杜一脉相承。

二是多悲秋之作。悲秋本是中国文学的常见题材，“悲秋之祖”宋玉即湖北人，《经心书院集》中也收录《宋玉悲秋赋》一篇，借以致敬先贤。而书院师生的悲秋感怀，似乎又有一种特别的焦虑感。《经心书院续集》中，权量《汉上迎秋诗》其一云：

> 微凉初逗汉江头，回首乡关乐未休。竹几山明浑见画，糟床酒熟不知愁。霜寒粳稻肥黄蟹，水冷芙蓉净白鸥。随分耕渔堪自适，无端做客惹悲秋。

本是其乐融融的做客访友，稻香蟹肥，白鹭悠飞，可悲秋之感，依然无端生发。其三云：“丹心欲共灯花结，白发偏随漏水长。”周昌甲《汉上迎秋诗》：“慷慨曾几时，朝华夕就槁。”“毋待时日蹉，须鬓嗟潦倒。”水祖培《霜华赋》：“底事渐惊双鬓改，长安不见帐长江。”诸如此类，频现悲白发之叹。生徒多为青年人，山长却让他们写这种“老气横秋”的题目。这里也许有“为赋新词强说愁”的写作训练之意，同时也许还有学业未成的焦虑，以及遭逢千年未有之大变局的局促和不安。

四、“惟楚有材”：经心、经古书院的乡邦情结

课艺的乡邦情结主要体现在两个方面，一是地方文化史的建构，二是地方风物的体验。经心书院在武昌，经古书院在黄州，书院师生对于两地的文化和风物多有留意。

书院考课通常多模拟之作，通过模拟来训练写作技能。而乡邦先贤，又往往成为重要的模仿对象。对于书院师生而言，乡邦先贤具有距离上的亲近感，从而可以产生更为直接的激励意义。《经心书院集》有《拟宋玉〈钓赋〉》，《黄州课士录》有《拟〈大言〉〈小言〉赋》，这是学习楚国文学家宋玉。《经心书院续集》有《拟庾子山〈春赋〉》，这是模拟曾任郢州别驾（治所在今武昌）的江陵人庾信。苏轼虽不是荆楚人士，但他贬谪黄州期间，留下了宝贵的文学遗产，也成为书院师生主要的致敬对象。《经心书院续集》有《拟苏子瞻〈前赤壁赋〉》，《黄州课士录》有《拟苏子瞻〈武昌铜剑歌〉》《拟东坡〈和子由记园中草木〉诗》等。

不仅模拟前贤，书院师生还尝试通过品评前贤，建构地方学术史、文学史。《经心书院续集》有《叙楚国先贤》(朱楙春作)，模拟朱育《会稽对》，以主客问答的形式，追述楚地卓有成就的先贤。其叙考据之学，有铎椒、邓粲、欧阳元、崔遵之；义理之学，有周敦颐、朱震、赵复、周尧卿、冀元亨；词章之学，有屈原、宋玉、黄香、刘珍等。类似的还有《拟辑〈湖北诗征〉序例》(雷以震作)，称屈原为“万世祖师”，认为“天下文章莫大是乎”；而后依次论述宋玉、景差、庾信、杜甫、孟浩然、潘大临、三袁、钟惺等作家的渊源关系，可谓“湖北诗史”。

《黄州课士录》中的《论黄州诗绝句》，共134首，涉及宋代、明代、清代的九十多位黄州诗人，其中又以本朝人居多。这组论诗绝句，首论宋代潘大临：

> 柯山葱倩画图开，风雨重阳句自裁，屈宋以来犹崛起，苏黄而外此奇才。(梅作芙作)
>
> 奇才久已重庭坚，风雨重阳思惘然。千载七言人脍炙，好诗原不在多传。(夏仁寿作)
>
> 南圃东湖次第开，江山点缀要奇才。催租偶败重阳兴，终得苏髯句法来。(黄子鼒作)

三首绝句赞赏潘大临的奇才，遥想他与苏黄的交集，特别称道名句“满城风雨近重阳”。论及的宋代诗人还有何颉之、林敏功、来敏修、夏倪等四人。所论明代诗人，有董朴、陈溱、田重器、何景明、王廷陈、王一鸣、王一翥、李文祥、吴良吉、陈仁近、张步云、邓楚望、王同道、寇学海、易之贞、瞿九思、汪美、汪勋、朱期至、周宏禴、梅国桢、石昆玉、瞿甲、杨大鳌、杨晋、袁希夔、吴亮嗣、邱齐云、梅之焕等四十三人。如论何景明云：“信阳复古振群英，当代谣哇尽废声。俊逸参军谁妙悟，一篇明月忆平生。”(王葆周作)论寇学海云：“一篦溪水绿鳞鳞，游子诗曾各惜春。藜杖湿扶花外雨，风情想见寇山人。”(梅作芙作)所论清代诗人，按顺治、康熙、乾隆、嘉庆、道光、咸丰、同治、光绪诸朝排列，有顾景星、刘子壮、李炳然、张希良、王材任、金德嘉、舒逢吉、潘焕龙、熊五纬、陈锦、范昌棣等近四十人。如论潘焕龙云：“三载校书居秘阁，十年相马遇燕台。何如老作闲伴去，四树梅花一笑开。”(范毓璜作)论熊五纬云：“一腔忠义寓于诗，抱负宏深欲济时。选句欲嫌方志略，寥寥只载刺猫诗。”(石相钦作)这组《论黄州诗绝句》，论及宋至清末九十多位诗人，可作“黄州诗史”来读。山长拟定、生徒写作这类题目，不仅可以拓展对地方文学的认知，更重要的是有助于培植赓续文化命脉的使命感。

课艺的乡邦情结还体现在多写地方风物。这里有自然风物，如《经心书院集》中的《云梦赋》，以“楚有七泽，尝见其一”为韵，虽为想象之作，但以楚为荣的豪情溢于言表。又如《黄州课士录》中的《羊山草木诗》(山长周锡恩作)，吟咏盆松、蕉、乌柏、柿子、月季、枯杨、竹、姜，可谓黄州的“羊山植物志”。《寒溪寺老桂赋》中，鲁家璧“秋到武昌，空山忽香”一句，为山长所激赏，评点有云：“‘秋到武昌’八字，涵盖他人千句万句。正如祖咏成‘林表明霁色’，便可投卷而出也。”更多的是人文风物，如《经心书院续集》中的《江城五月落梅花赋》《湖北舆图山川颂》《楚学祠碑》《卓刀泉铭》《洪山祭罗忠节公文》，《黄州课士录》中的《青云塔赋》《黄州古迹五咏》(王元之竹楼、韩魏公读书堂、苏子瞻乳母墓、秦少游海棠桥、杜子皇饥凤轩)等。《湖北舆图山川颂》中，陈则汪赞美湖北山川“宿应翼轸，富甲东南”，“险可御强，泽及无涘”，自有一种生于斯土的自豪。

《黄州课士录》附录《题辞》，作者有三十多人，包括王懋官、霍凤喈、钟鹏程、程廷藻、鲁家璧、王楚乔、余春凤、范曾绶等。有生徒，也有官员和乡绅。由此，书院山长、书院生徒和地方官绅，围绕课艺总集，构成了一个命题、答题、阅读、品评的体系。其中最能引起共鸣的，就是乡邦情结。如余锦琪题辞：“炳灵江汉英，蕲黄堪领袖。”闻宗谷题辞：“沅芷湘兰屈宋思，满腔忠爱郁离奇。二千年奉乡先辈，一卷嵚崟续楚辞。”毕惠康题辞：“自从茂叔讲筵开，铸就英英绝世才。一代鸿文今让楚，须知桃李赖人栽。”这种乡邦情结，最简明的表述就是“惟楚有材”，《经心书院集》中即有一篇《惟楚有材赋》(杨介康作)。前有乡邦名贤，今有书院师生，乡邦之兴，国家之兴，意在斯乎，意在斯乎！

五、举业、励志和怡情：两书院教育目标的实现路径

如果说学术定位、时代意识和乡邦情结，属于“情怀”的范畴，那么兼顾举业、励志劝学和张弛有度，可算是达成教育目标的实现路径。举业、励志和怡情，这三者在两书院的课艺中也有具体呈现。

其一，就文体而言，清代科举“名为三场并试，实则首场为重，首场又四书艺为重”①。时文书院以举业训练为要务，八股文自是主要的考课文体。经心、经古书院力矫其弊，其考课文体也就与八股文无关，而涉及杂体文、赋和古今体诗等“古学”文体。三种课艺总集的题目数量，如下表所示：

	总题量	杂体文	赋	古今体诗
《经心书院集》	33	17	9	7
《经心书院续集》	176	128	27	21
《黄州课士录》	64	40	13	11

① 赵尔巽等：《清史稿》卷一〇八《选举志三》，中华书局1986年版，第3149页。

三种总集的共同之处，是杂体文居多，然后是赋和古今体诗。其中杂体文包括考、原、释、解、辨、述、说、表、疏、论、议、序、跋、启、记、箴、铭、颂、赞等，既考查生徒的学术功底，也引导生徒关注社会现实问题。这些都是与考课八股文大异旨趣的。

不过，若以为杂文诗赋与科举无关，则又不然。且不论“博学鸿词”这种特科，以一赋一诗取士；即便常科考试中，“自童试及科岁试、乡会二试，以至各朝考、散馆、大考、考差皆有诗，小试间作赋，散馆、大考皆先作赋，则诗赋未尝废也。自科试至乡会试、殿试皆对策，自童试以至进士、朝考、大考及考军机、御史皆作论，则策论未尝废也”①。“春秋两闱，经策与制艺兼试；殿廷试以策论；馆阁试以诗赋；至提学岁科两试，则经解古学别为一场：固未尝专重时文而以经学词章为可忽也。”②因此经心、经古书院的考课文体，也是有益于举业的，只不过其成效更为长远而已，其期待在于“异日出而润色鸿业，高文典册，以鸣国家之盛者也”③。

其二，无论纯粹的学术研究，还是兼顾举业训练，皆需正心诚意、勤勉治学方能有成。而词章之学的特殊性，在于它既可以“学术”，也可以“人生”。因此在词章命题中融入“修身”“劝学”的励志内容，也是应有之义。以《经心书院续集》为例，其中有《日长如小年赋》，收录刘培钧、雷以震、刘铭勋、刘邦骏、陈伦五人课艺，为集中同题之作较多者。题以“至于我辈当惜分阴”为韵，劝学之意甚为明显。再如《矫轻警堕论》，意在警示学子。王廷梓在文中指出：“君子为学之方，莫大于变化气质。”“气质之病，不可胜穷。而毗于阳者，每失之轻；毗于阴者，每失之堕。故轻与堕二端，足以括天下学人之病。”又如《读〈曲礼〉作四箴》，包括“傲箴”“欲箴”“志箴”“乐箴”四则；《读书箴》，包括“戒欺”“求慊”“矫轻”“警堕”四则。郭拱辰在《戒欺》中写道：

> 勿畏其难，而忽其易。力匪克任，勿曰能专。谊虽偶得，勿曰已安。学苟退也，勿谓孟晋。学苟疑也，勿谓笃信。

又如《拟韩退之〈五箴〉》，包括“游箴”“言箴”“行箴”“好恶箴”“知名箴”五则，徐荫松在小序中有言：

> 少窥陈籍，则企向圣贤之域，而不知时之易逝也。荏苒及今，道不加修，而疚恶之生，与日俱积。欲不为下流之归也难矣，因作五箴以自讼云。

---

① 钱振伦评选：《安定书院小课二集》，清光绪十三年刻本，钱振伦序。
② 冯桂芬鉴定：《正谊书院课选》，清光绪二年刻本，蒋德馨序。
③ 孙锵鸣鉴定：《惜阴书院东斋课艺》，清光绪四年刻本，孙锵鸣序。

诸如此类的修身、励志、劝学之言，由生徒在课艺中写出，比起由山长训示，更能有切肤之感。课艺刊刻流布，书院生徒观摩品鉴，也更容易感同身受。

值得注意的是，《经心书院续集》中有一篇《大器晚成赋》，作者是周昌甲。其文推崇“不急炫以求售”方为“大器”，有云：“大木之长千寻乃见工师之得，大鼎之锤百炼乃有太庙之饰。”“躁就者其精必无余也，浅投者其具必不美也。”“本千秋之在抱，期万有之毕罗。捷径不求，声价则璧珍自重；闭门而造，工夫与岁月俱多。想经营惨淡之年，盖曲成此器也。”书院出此题，不鼓励急于求成，不宣扬“赢在起跑线”，既可以激励生徒潜心问学，对于年龄较大、科名未就的生徒而言，也能有心理安慰作用。就更大范围来看，经心、经古这类古学书院，博习经史词章，不课八股试帖，所具有的也正是培植“大器”的长远眼光。

其三，在学术文章之外，两书院的课艺也写到日常生活。或咏物写景，或记游吟赏，如《经心书院续集》中的《待雪》《咏雪》《探梅》《探梅》《酿雪》《销夏》《霜华》《秋禊诗》《冬怀诗》《喜雨诗》《踏青词》《夏日游琴台记》，《黄州课士录》中的《秋阴》《秋雨》《秋晴》《秋海棠》等。命题者有意引导生徒，将视野从典籍拓展到日常，书院生活也由此多了几份闲适和诗意。

即使是依赖文献的拟作、赋作，也有不少与时令、自然相关者。如《经心书院集》中的《拟韩昌黎〈感春〉四首》，《经心书院续集》中的《拟庾子山〈春赋〉》《拟谢惠连〈雪赋〉》《拟〈冬子夜歌〉》《五月江深草阁寒赋》《竹醉日赋》《夜明祭月赋》《霜华赋》《露赋》《蝉赋》《滄菊赋》，《黄州课士录》中的《拟谢希逸〈月赋〉》《红叶赋》《秋鹰赋》《梅影赋》《寒溪寺老桂赋》等。近世文学的一个倾向即“日常化”，“也就是向实际生活的靠拢”，“日常生活与儒学人生价值的一体化”是一种境界。① 书院课艺是命题作文，它的“日常化”还有另外的意义：可观、可感、可亲的日常题材，不仅更容易入手以完成写作，从而培植信心和成就感，还可以在严肃的学术写作之外，获得较为轻松的调节。

能起到调节作用的，还有“以文为戏”。这类游戏性质的课艺，如《经心书院续集》中的《拟甘蔗自陈表》《荷花生日寿言》《拟鲍明远〈数诗〉》，《黄州课士录》中的《拟韩孟斗鸡联句》，数量不多但都以趣味见长。《拟甘蔗自陈表》，源自沈约的《修竹弹甘蕉文》，本即俳谐文，书院命题让甘蔗上表为自己辩护，翻出新意。《荷花生日寿言》，也是以拟人手法呈现雅趣。《拟鲍明远〈数诗〉》，将数字嵌入诗中，有奇妙之趣。《拟韩孟斗鸡联句》收录五位生徒作品，评语有“入后沉激动人，如观太史公《刺客》诸传”“刁斗森严，如程不识治军”云云，可见想象和描摹之奇巧。像这样的游戏文字，以及前述日常题材，都能起到怡情的效果。“一张一弛，文武之道”，考课命题中的张弛有度，也是写作之道、问学之道。

---

① 朱刚：《“日常化”的意义及其局限》，《文学遗产》2013 年第 2 期。

六、小　　结

因张之洞的主导和支持，武昌经心书院和黄州经古书院，追步杭州诂经精舍和广州学海堂，以明理致用为宗旨，不课八股试帖，专课经史词章。当日书院考课的成果，大多已经不存于世。幸赖《经心书院集》《经心书院续集》《黄州课士录》三种课艺总集，今人可略知当日考课之情形。两书院的考课内容，涵盖经史之学、经济之学和词章之学，这三者也是两书院的学术定位。课艺命题注重融入时代意识和乡邦情结，不仅培植生徒的学问之基、经世之才，也激发生徒的责任感和荣誉感。学术、时代和乡邦，是两书院的"情怀"所在，而举业、励志和怡情，则是书院教育目标的实现路径。在晚清多元化的书院格局中，两书院的课艺总集，直观而典型地呈现了古学书院的文化风貌。

光复初期台湾地区国文教育的探索与发展

刘　耀*

1945年日本战败，台湾地区结束了五十年的殖民地历史，国民政府接收台湾，台湾回归祖国。在之前的五十年间，中国大陆与台湾都经历了剧变。此时，江山虽已复归完璧，但原本同根同源的两个地区却变得陌生：对大陆而言，晚清的变革、民国的建立，让大陆走出了传统社会的桎梏，文学革命更是让白话文取代了文言文；对台湾而言，在乙未割台后，日本在台湾推广殖民教育，推行日语教学，希望通过这一手段改造台湾的文化与民族认同，进而便于其殖民活动的展开。因此，对于当时的民国政府而言，废除日本的殖民教育，在台湾推广国语（"标准语"），加强台湾人民的文化认同，也就成了民国政府的当务之急。

国民政府在台湾地区推广国语的过程中，必然会涉及"国文"问题。① 新文化运动以来，"言文一致"成了新的语言文字标准，而对战后初期的台湾而言，所谓"国文"，便是国语的载体，因此当时台湾地区的语文教育也就呈现出了国语/国文两个层面。在国语/国文教育的背后，虽有政治上的需要，但其立足根本仍在于以中国文化教育取代日本的奴化教育，亟须摸索出适合台湾地区国文教育的方法与手段。

---

* 刘耀（1987—　），江南大学马克思主义学院讲师。

① 关于台湾地区国语运动的研究，参见张博宇编：《台湾地区国语运动史料》，台湾"商务印书馆"1974年版；许雪姬：《台湾光复初期的语文问题——以二二八事件前后为例》，《思与言》1991年第4期；李西勋：《台湾光复初期推行国语运动情形》，《台湾文献》1995年第3期；黄英哲：《言语秩序的重整——台湾省国语推行委员会》，氏著《"去日本化""再中国化"：战后台湾文化重建1945—1947》，台湾麦田出版社2007年版，第41~64页；仇志群：《台湾推行国语的历史与现状》，《台湾研究》1999年第4期；汪毅夫：《魏建功等"语文学术专家"与光复初期台湾的国语运动》，《东南学术》2002年第6期；马学磊：《语言中的政治：台湾光复初期的国语运动》，《温州大学学报》（社会科学版）2009年第6期；梅家玲：《战后初期台湾的国语运动与语文教育——以魏建功与台湾大学的国语文教育为中心》，《台湾文学研究集刊》第7期，2010年；崔明海：《光复初期台湾国语运动的开展及其社会影响》，《抗日战争研究》2013年第2期。

一、国语教育的兴起

“国语”这一概念于20世纪初开始在中国流行，一般认为，近代中国的“国语”是由明清“官话”演变而来，在新中国建立后，又被“普通话”所取代，三者虽然名称不同，但它们的内涵却是一致的。① 对于国民政府而言，国语乃是当时官方认可并推广的语言，因此国语教育也成了当时语言教育的主要内容，而国语教育对于当时的台湾而言，更是紧迫。

在乙未割台后，日本在台湾推广所谓的“皇民化教育”。在日本殖民教育的过程中，推广日语是其中的重要一环。日据时期台湾首任学务部长伊泽修二就提出“使台人习日语”，② 并在台湾开设“日语讲习所”，大力普及日语。

在经历了五十年的殖民教育后，日语成了台湾地区的通用语言，这也让台湾在实际上处于一个“日语台湾”的状态。当时台湾民众因接受日本殖民教育时间的不同，在日语的使用方面也呈现出不同的面貌：

> 我把台湾人的语言意识来做个侧面观，按着年纪的大小，台湾的语言层可以分做三阶段，就是老年、中年、少年。老年级，除了五十年来没有机会学日本语的一部分不用提之外，智识人的话语虽然大都是台湾话，生活语也是台湾话。但是词汇里已经渗入不少日本语和语法了。中年级，除了一部分的人没有熟习日本话，大都能操日本话，看日本书写日文，有的更因受的是日本教育，所以走思路作思想都用日本语的语法。这一层的人，有的虽然会说一口还很流利的母语，可恰因为母语已经由社会上退到家庭的一角落，他们不得不用日语想东西。台湾话的根干虽然没有摇动，枝叶的作用已经变了。少年级，这一层，不但学会了日本语言，有的简直不会说台湾话，实际上是最难脱离日本语的一层。③

在这段描述中，可以看到，当时台湾地区的日语使用情况已非常普遍，因此如何在台湾推行国语教育，已经不再是简单的教育问题，而是要将已经日本化的台湾“再中国化”，当时的国民政府也为此做出了诸多努力。

在国民政府接收台湾之初，政府便已确立了在台湾地区推广国语教育的方针。按照《台湾接管计划纲要》(1945年3月)，国语教育与普及乃是接管工作的重要内容：

---

① 林焘：《从官话、国语到普通话》，《语文建设》1998年第10期。

② 徐南号主编：《台湾教育史》，台湾师大书苑2002年版，第22页。

③ 吴守礼：《台湾人语言意识侧面观》，台湾《新生报·国语》1945年第1期。

> 接管后应确定国语普及计划，限期逐步实行。中小学以国语为必修课，公教人员应首先遵用国语。各地方原设之日语讲习所，应即改为国语讲习所，并先训练国语师资。①

然而，面对台湾地区的复杂形势以及国语推广所遭遇的诸多困难，台湾省行政长官公署向教育部求助，希望教育部能够派遣专家前往台湾进行国语推广工作。

民国时期，为了推广国语，教育部成立了国语推行委员会，该委员会致力于国语推广。而在台湾光复之初，国语推行委员会便已有意在台湾地区推广国语。针对台湾的特殊情况，以及大陆国语推广的经验，国语推行委员会曾做出若干设想，并指出“台湾确实是一个有工作可做的环境”②。因此，1945 年年底，应台湾行政长官陈仪之邀，国语推行委员会派出了魏建功、何荣、王炬等人前往台湾从事国语推广工作。

1946 年 4 月，台湾省国语推行委员会成立，魏建功为主任，何荣为副主任，其他成员还包括林绍贤、王玉川、吴守礼等人。③ 该委员会以推广标准国语，改进语文教育为主要目的。1944 年 3 月，国民政府便颁布了“国语运动纲领”，而魏建功根据台湾地区的实际情况，对该纲领提出了调整：

> 1. 实行台语复原，从方言比较学习国语。2. 注重国字读音，由“孔子白”引渡到“国音”。3. 刷清日语句法，以国音直接读文达成文章还原。4. 研究词类对照，充实语文内容建设新生活。5. 利用注音符号，沟通各族意志融贯中华文化。6. 鼓励学习心理，增进教学效能。④

这个纲领的提出，表明了台湾省国语推行委员会在国语推广上的方法与目的，也说明了魏建功等人并没有照搬大陆的经验，而是根据台湾的实际情况安排国语的推广工作。

从 1946 年成立到 1959 年撤销，台湾省国语推行委员会为国语在台湾地区的推广做了大量工作，再加之台湾民众学习国语的热情，国语成了台湾地区的通行语言，一改战后初期日语盛行的局面，完成了台湾地区语言的“再中国化”。有人曾指出，战后台湾地区的国语运动有着政治化倾向，⑤ 这一点确实存在，这是现实的需要：台湾的国语运动是要将日本化的台湾重新中国化，这是一个急切的政治任务，是民族主义的表现。而人们往往

---

① 陈鸣钟、陈兴唐主编：《台湾光复和光复后五年省情》(上)，南京出版社 1989 年版，第 54 页。

② 张博宇：《台湾地区国语运动史料》，台湾“商务印书馆”1974 年版，第 29 页。

③ 张博宇：《台湾地区国语运动史料》，台湾“商务印书馆”1974 年版，第 30 页。

④ 魏建功：《魏建功文集》第 4 卷，江苏教育出版社 2001 年版，第 318 页。

⑤ 马学磊：《语言中的政治：台湾光复初期的国语运动》，《温州大学学报》(社会科学版) 2009 年第 6 期。

没有注意到，在台湾国语运动的背后，也是战后中国文化教育在台湾地区重新立足的开端。

对于国语教育与中国文化的关系，首任台湾行政长官陈仪深有体会。陈仪曾主理福建事务长达七年，并曾于1935年前往台湾参加日本在台举办的“始政四十年纪念博览会”，对台湾情形十分了解。在台湾光复之前，陈仪便曾致函陈立夫，指出日本的奴化教育让“台湾五十岁以下的人对于中国文化及三民主义差不多没有了解的机会”①，所以陈仪曾表示：“本人到台湾后，拟先着重国语及国文之教授，务期达到使台胞明白了解祖国文化之目的”②。可以说，陈仪代表了官方对国语教育与中国文化在台湾地区传播的期许，因此，国语教育在政治层面之外，还有着文化层面的考量。

与陈仪不同，以魏建功为代表的台湾省国语推行委员会则没有太多的政治上的考虑，更多的是在思考如何通过国语教育来重建台湾地区的中国文化。在魏建功到达台湾后的第二周，他就在电台发表了《国语运动在台湾的意义》一文，随后又补充撰写了《〈国语运动在台湾的意义〉申解》，并陆续发表了《何以要提倡从台湾话学习国语》《台语即是国语的一种》《国语运动书端》《怎么样从台湾话学习国语》等文章。在这些文章中，魏建功明确表达了在台湾推广国语的目的：

> 我对台湾人学习国语的问题，认为不是一个单纯的语文训练，却已牵连到文化和思想的光复问题。……受日本语五十年的侵染，教育文化上如何使得精神复原，这才是今日台湾国语推行的主要问题，这才是整个的，核心的，百年大计的。所以我们不感觉普通运用国语普及不普及成问题，而日夜焦心的是如何使得教育文化上促进精神复原的工具完善而敏捷的使大家能自由运用起来。③

可见，魏建功是将国语推广作为一个工具，其目的还在于促成中国文化教育在台湾地区的开展。

战后初期，国民政府为了纠正日本的奴化教育，加强台湾地区与大陆在语言上的一致性，大力在台湾地区推行国语教育，国语成了台湾地区的通用语言，台湾也从“日语台湾”变成了“国语台湾”，台湾地区的语言实现了“再中国化”。然而，战后台湾地区的国语教育并不是简单的语言教育，它还是让台湾民众了解中国文化的先行条件，是中国文化教育在战后台湾地区展开的第一步。因此，在国语教育的推广的大背景下，国文教育也被提上了日程。

---

① 陈鸣钟、陈兴唐主编：《台湾光复和光复后五年省情》(上)，南京出版社1989年版，第58页。
② 重庆《大公报》，1945年9月2日，第3版。
③ 魏建功：《魏建功文集》第4卷，江苏教育出版社2001年版，第319~321页。

二、国文教学的困境

"国文"一词最早在汉语中指的是国家的礼乐制度，在日本明治时期被日本学者所转用，变成了指代专攻本国文学的学科名，后又被中文所吸收，成了汉语新词。① "国文"这一概念，包含着两个层面的含义：一是民族主义的诉求，与国粹、国学等概念兴起相近；二是与"国语"相对应，希望以国文作为"普通文"而通行。因此，清末以来的国文教育一直与国语教育结伴而行，但到了民国时期国语教育与国文教育开始分离，国语教育作为启蒙教学，国文教育则是高一层次的教育内容，但台湾地区由于其特殊情况，国文教学也有着与内地不同之处。

在战后初期，台湾地区民众学习国语的热情高涨，坊间出版了多种语文教材。根据台湾学者的统计，从国民政府接收台湾到台湾省国语推行委员会成立，民间出版的国语教科书共有十一种之多，② 但这些教科书大多是以会话训练为主题，并不涉及文化思想。可见，当时台湾岛内还没有将国语教学与国文联系在一起，而随着台湾大学的改组与成立，国文教学也被搬上了日程，如何调节国语与国文教学的关系，也成了台大国文教授们必须解决的难题。

对于民国时期的内地高校而言，大学阶段的国文教育已经非常成熟，而台湾地区却是面临着国语都说不清、道不明的窘境。根据战后初期台湾大学师生的描述，当时台大校园内"学生受的是日文教育，不通中文"，老师们则是"非精通日语，无法上课"。③ 因此，校内有的单位向学校申请开设国语课程，以便教职员学习国语；学校也主动开设国语和公文补习班，以便台湾籍教职员使用国语及公文写作。1947 年 5 月，原为台湾省编译馆馆长许寿裳出任台大中文系主任，许先生上任后便开始推动全校学生的国语文教学：

> 本院中国文学系，特别注意国语之推行，国文之教学，对本省学生不问院系，每周皆授以国语三小时，国文五小时，务使其在写说上，能自由表达，无所隔阂。又特设文学院图书阅览室，陈列现代中国各种书籍及报章杂志，以便学生随时阅读，而获进步。为求适合本省学生的需要，特新编印国文及国语读本，并以注音教授标准国语。④

---

① 陆胤：《清末"蒙学读本"的文体意识与"国文"学科之建构》，《文学遗产》2013 年第 3 期。

② 黄英哲：《"去日本化""再中国化"：战后台湾文化重建 1945—1947》，台湾麦田出版社 2007 年版，第 43~45 页。

③ 叶曙：《我所认识的八位台大校长》，《闲话台大四十年》，台湾传记文学出版社 1989 年版，第 17 页。

④ 《台湾大学校刊》1947 年第 6 期，第 1 版。

至此，战后台大的国语国文教学开始走上正轨，而当时台大并没有相应的教材，因此国语国文教材的编写工作也排上了日程。

1948 年 2 月，许寿裳召开全校国语国文教学会议，会议决定“全校大学一年级国文第二学期依程度重新分组，以利教学”，并确定“全校各院国文国语采用同一教材，即国文采用本校选印之《大学国文选》，国语采用本校选印之《大学国语文选》”。① 台大终于出现了统一的国语、国文教材。

民国时期，教育部曾主导编写了大学一年级通用的国文教材，这份教材在篇目选定后曾引发诸多争论，其焦点在于所选篇目，朱光潜先生就认为这份教材所选的文章多为古文，不适合当时大一学生的教学。② 因此，这份教材便更不适合当时台大学生的学习，台大中文系的教员李竹年便曾对国文读本的选材提出过他的看法：

> 像外省有些大学用的国文读本，充满了周秦汉魏，经史子集的文章(西南联大的除外)，高深诚高深矣，但不适合我们此时此地的需要。③

可见，当时台大的国文教材的选文只能以现代白话文和浅显的文言文，而有别于大陆大学国文教材所偏好的古典散文，这是台湾地区国文教育有别于大陆之处，其原因也无外乎台湾学生的国文接受能力较低。

许寿裳先生所编印的《大学国文选》现在也不复得见，这里面既有着学术发展下的自然淘汰，也有着政治上的原因：

> 光复初期，本省同学阅读文言文，非常吃力，当时台大中文系主任许寿裳教授，就特别为此编了一本白话《大学国文》，里头包括鲁迅、郭沫若……进步作家的文章；一九四九年十月，中华人民共和国成立以后，这些作家没有跟随国民党到台湾……这本台大讲义组出版的《大学国文》就变成禁书了。④

虽然原书已不得见，但在黄英哲先生所收藏的许先生遗稿中，倒是保留了许先生在规划这本国文教材过程中所圈定的一些篇目：

---

① 《台湾大学校刊》1948 年第 9 期，第 1 版。

② 朱光潜：《朱光潜全集》第 9 卷，安徽教育出版社 1993 年版，第 123 页。

③ 李竹年：《我对本校国文教学的意见》，《台湾大学校刊》1948 年第 10 期，第 6 版。

④ 路统信：《台湾糖的滋味——路统信的证言》，蓝博洲编：《麦浪歌咏队》，台湾晨星出版社 2001 年版，第 252 页。

一,《我在教育界的经验》(蔡元培);二,《四十年前之小故事》(吴敬恒);三,《知难行易》(孙中山先生);四,《文学革命论》(陈独秀);五,《为学与做人》(梁启超);七,《新民说》(梁启超);八,《呐喊自序》(鲁迅);九,《狂人日记》(鲁迅);十,《与黎锦熙罗常培书》(钱玄同);十一,《读书》(胡适);十二,《国语的文学,文学的国语》(胡适)。①

这份书单虽然不全面,但也可以看出许先生在编写国文教材中的一些基本构想,而这正是许先生在台湾地区推广国文时曾谈及台湾的国文教育目标的体现:

我们台湾也需要一个新的五四运动,把已往所受的日本毒素全部肃清,同时提倡民主,发扬科学,于五四时代的运动目标以外,还要提倡实践道德,发扬民族主义。②

所以,从这份书单中可以看到:首先,书单上所列文章都是近代文人的作品,没有出现古典散文;其次,虽然是国文教材,但却在其中掺入了不少与文学革命相关的作品;最后,编者还注意到了价值观的培育,选择了一些教学生读书及为人处世的文章。

台大国文教材的编写是战后台湾国文教育的缩影,在国语还未能推广完成的台湾地区,推行国文教育只能选用以白话为主的文章,而这种做法也得到了台大教员的支持:

本校一年级用的国语教本,已经编印了出来;国文课用的《大学国文选》,在本学期开始时已由中国文学系几位先生选定印就,在应用着了,我虽未参加这本书的编选工作,但我觉得这本书内所选的三十篇文章,是适合我们的教学对象——台大学生的。这里面选大半是现代人的白话文,但也有一部分是现代人作的"现代文言文"。……我们认为教台湾学生,在现阶段,还只能以白话文为主,少量夹一点现代人的浅近的文言文是可以的。③

可见,对于台大的师生而言,许寿裳先生所主持的《大学国文选》的编写符合当时台大的实际需求,但这种做法却在一定程度上违背了国文课程所应达到的目标。

对于国文课程所应教授的内容,不同的学者有着不同的观点,但就政府官方的政策而言,国文教育的内容主要还是集中在古典文章。民国十八年(1929),国民政府教育部颁行

① 转引自梅家玲:《战后初期台湾的国语运动与语文教育——以魏建功与台湾大学的国语文教育为中心》,《台湾文学研究集刊》第7期,2010年。

② 许寿裳:《台湾需要一个新的五四运动》,《新生报》,1947年5月4日。

③ 李竹年:《我对本校国文教学的意见》,《台湾大学校刊》1948年第10期,第6版。

《中学课程暂行标准》，其中对初中及高中的国文教育都做出了最低限度的规定，都有文言文阅读的要求。而在针对教育部编订的《大学国文选目》中应着重语文训练的问题，朱自清先生曾回应道："大学国文不但是一种语文训练，而且是一种文化训练"，"所谓文化训练就是使学生对于物，对于我，对于今，对于古，更能明达……这自然不是国文一科目的责任，但国文也该分担起这一责任"。① 朱先生的回应表明了国文教育的目标，但光复初期台大的国文教育只承担了语文训练的功能，这也正是当时台湾地区国文教育所面临的困境，而这种困境不得不借助国语与国文教育的协作来加以摆脱。

三、国语文与国文

国文教育乃是国语教育发展的高级阶段，因此国文教育的目标便不是简单的说国语，不但要能够阅读与书写现代国文，还要能阅读和理解古典文章。然而由于光复初期台湾的特殊情况，台湾地区的国文教育并不能像大陆那样有序推进，因此当时身处台湾的魏建功提出了"由语而文"这一教育理念。

二二八事件后，陈仪去职，魏建功也离开了台湾省国语推行委员会，转任台湾大学中文系教授，并负责在台大筹办"国语专修科"。在台大期间，魏建功主持编写了《大学国语文选》，在该书的序言中，魏建功便说明了该文选编写的目的，以及它与国文课程之间的关系：

> 本大学为应台省学生需要，开设国语课程，与国文课程相辅为用，主旨在使学者能——(1)认识国字，(2)正确读音，(3)流利应用标准语。
>
> "说""读"在国语课程占重要地位，"写作""欣赏"归到国文课程里，但这里也不能不顾到。同样，国文课程对于"说""读"，并不比"写作""欣赏"可以轻忽几分。本大学为了特别需要，在语文复原的意义上，把国文多分出一部分来叫国语而已。②

在这份教材中，魏建功按故事、对话、小说、戏剧、歌谣、演说、文将选文分为七类，既有胡适、赵元任、老舍、曹禺等同时代人的作品，也有冯梦龙、文康等古典白话小说家的作品。可见，在魏建功看来，"国语"与"国文"是一体两面的关系，国语课在教会读、说的过程中，也要教导写作与欣赏，将国语教育与国文教育联系在一起，由语而文，循序渐进。而魏建功的做法并不是孤例，当时台湾专注于国语讨论的重要刊物《新生活·国语周刊》所刊登的文章也遵循着这种方法。

---

① 朱自清：《语文杂话》，生活·读书·新知三联书店2012年版，第7页。

② 魏建功：《魏建功文集》第4卷，江苏教育出版社2001年版，第212~213页。

《新生活·国语周刊》在创刊之初，关注的焦点在于如何正确学习国语，但随着国语推广的深入，单纯的标注发音，清除日本语法已不能满足台湾人民的需要。因此，在创办半年后，《新生活·国语周刊》上出现了一批讨论文学的文章，如俞敏的《注意方言文学》、何欣的《国语文学名著介绍：红楼梦》等，这表明文学开始进入国语推广的范围之内，国语推广开始向国文介绍转变。

上文曾谈到国语与国文的差异，但这一关系并不为倡导文学革命的学者们所认可。新文化运动期间，胡适、陈独秀、傅斯年、钱玄同等人曾就文学语言的改良进行过激烈的讨论，他们普遍主张将白话文作为文学创作的基础，可以说，正是国语运动与文学革命的合流才催生了"新文学"。① 而当时内地前往台湾的学人中，许寿裳与鲁迅关系密切，魏建功则是钱玄同的学生，这样的学脉也让他们更亲近新文化运动，而从他们所选编的教材来看，鲁迅、钱玄同、胡适等人的文章赫然在列，也意味着他们认可五四以来的新文学。那么，以许寿裳、魏建功为主导的台湾国语/国文教育只是新文化运动在台湾的翻版吗?

前文曾谈及民国教育部编订的《大学国文选目》，该《选目》因大量选用古文而备受争议，而这一《选目》的负责人正是魏建功，他本人也曾对此发表过意见。在魏建功看来，"大学国文——乃至一般的国文——主要训练是在使学者自由熟悉运用本国语文工具的技能"，而对于大学国文的学习，他则认为"大学国文已不限于'能'而必及于'知'的训练，所以选文应是两重示范的作用——形式和内容双方兼有之"。② 可见，此时的魏建功对大学国文教学有着很高的期许，这也与他在台大倡导的国语教育大相径庭，而这种差异正是新文学与古典文学在台湾传播的取舍。

对于许多经历新文化运动的学人而言，文学革命带来了白话文，但他们并不反对古典文化，如胡适所列举的《一个最低限度的国学书目》便涵盖了中国传统文化中的代表性书目，陈独秀、钱玄同、傅斯年等人都有着极高的古典文学修养，他们倡导文学革命，用白话文取代文言文，是希望实现"文言一致"，而不是摒弃中国的传统文化。在这一点上，魏建功与他们的目标是一致的：

> 台湾的国语运动是要把"言文一致"的实效表现出来，而使得"新文化运动"的理想也得到最后胜利。③

而对于当时的台湾民众而言，强调"言文一致"的国语运动，不但可以较快地刷新台湾的语言环境，也可以让台湾与大陆更好地接轨，这也是台湾地区的国语文教育与大陆文学革命

---

① 参见王风：《文学革命与国语运动之关系》，《中国现代文学研究丛刊》2001 年第 3 期。

② 魏建功：《魏建功文集》第 4 卷，江苏教育出版社 2001 年版，第 287 页。

③ 魏建功：《魏建功文集》第 4 卷，江苏教育出版社 2001 年版，第 314 页。

的差异所在：大陆是希望通过文学革命，用白话文取代文言文；台湾地区的国语文教育则是为了摆脱日本的奴化教育，通过白话文让台湾与中国大陆接轨。

在台湾国语教育推广的过程中，不仅要做到“言文一致”，而且要通过国语的推广来让台湾的民众和学生们接触和了解中国文化：

> 国语文既是构成民族国家的基本要素，客观的精神生活之反映；国语文教育，当然不限于传授语言社会中共同的手段。更要以国语文为工具，以分析，理解，鉴赏——文化领域内最尖端的文艺作品以及其他论文等——为媒介，使学生们理会，体得民族国家的智慧，德行，文化精神以及人类共通的“生”与人性美等，培养共同的体验；陶冶道德的人格；也就是形成关系密切的有机的共同社会之准备；完成民族国家生存的第一个基本条件。①

可见，台湾国语文教育的目标还是在于培育台湾民众对中华文化的认同感与向心力，而这种培育所依赖的媒介必然要囊括中国古典文学，因此台大的教员认为在国语文教育推广一段时间后，应在国文教育的课本中选入古典文学的作品：

> 将来再过一二年，再渐渐加一些时间较古而词意仍较浅的散文和韵文，以培植他们欣赏中国旧文学的能力，藉以了解中华民族的真实的精神生活的历史。②

因此，台湾光复初期的国语文教学的目的更多的是夯实台湾民众国语与国文的基础，而在这种基础成型后，台湾的国文教育也开始与内地接轨。

1949年，傅斯年出任台湾大学校长，他十分重视语文教育，故在其上任后的第一个学年，他便针对大一的国文教育做出了如下规定：

> 一、大一国文之目的：
> 使大一学生因能读读古书，可以接受中国文化。
> 训练写作能力。
> 二、教材：
> 1. 课堂上所教者，以古文为限。本学期以《孟子》一书为课本，先将白文印出，其中何章可以不讲，另行决定。
> 2. 下学期以《史记》一书为课本，《史记》不能全讲，请每位先生选出二十篇，然

① 张则贵：《三十七年度国语文教育问题》，《台湾大学校刊》1948年第10期，第8版。
② 李竹年：《我对本校国文教学的意见》，《台湾大学校刊》1948年第10期，第6版。

后再共同讨论。除《孟子》、《史记》之外，另选宋以前诗为补充教材，请伍俶，戴君仁，郑骞三位先生选定，并请傅校长参加。

3. 请台静农先生选一种白话文语本，作为课外读物，以文从字顺者为限。①

作为新文化运动的中坚人物，傅斯年赴台后没有继续许寿裳、魏建功的国语文教学，而是另起炉灶，将古典文学作为国文教授的主要内容，与大陆的国文教学相接轨，这种教学方案也成了台湾地区国文教育长期遵循的规则。

四、余　　论

回顾光复初期台湾地区的国语文教育，可以看到，国语教育由于政府的大力推行，进展迅速，台湾地区在较短的时间内，便完成了“日语台湾”到“国语台湾”的转变。但由于台湾民众长期受日本奴化教育的影响，使得国文教育只能依赖白话文，与国语教育并轨而行，进而形成了国语文教育的模式。随着国语文教育的推进，以及大批大陆学者迁往台湾，台湾的国文教育开始向大陆靠拢，国语文教育也向国语、国文两阶段教育转变，即小学阶段为国语教育，初高中乃至大学阶段则为国文教育。

在今天看来，台湾地区的国文教育已成为中国传统文化在台湾扎根与传播的主要媒介，但回顾台湾地区国文教育的探索与发展，可以明白这并不是一蹴而就的，而是经历了相当长时间的摸索与发展。

---

① 《台湾大学校刊》1949 年第 38 期，第 1 版。

前瞻

制度文化研究锐意精进

——由《“封建”考论》《周制与秦制》说开去

张三夕*

冯天瑜先生长期致力于中国文化史的研究，硕果累累，成就斐然。在我看来，冯先生关于中国文化史的研究有一个从一般文化史向制度文化史转向的轨迹。研读冯先生在这方面的有关论述后，我有三点初步的看法，以就教于冯先生和学界同仁。

一、厘清中国历史分期和社会性质的认识

制度文化史研究是一般文化史研究的题中应有之义。早在1989年前后，冯先生就在与何晓明、周积明合著的《中华文化史》(上海人民出版社1990年版)中，探讨中国历史分期问题，并专立一目“中国‘封建制度’辨析”，该目提出，“秦汉至明清两千年间社会形态较确切的表述，应是‘宗法君主专制社会’”，其制度主体已不是“封建”的。冯先生自我总结，1989年的此种看法，是其2005年前后撰写《“封建”考论》(武汉大学出版社2006年版)的基点(见冯天瑜《与李慎之、唐德刚、谷川道雄三先生议“封建”》)。《“封建”考论》一书，是冯先生对于中国制度文化史研究的转折性成果。冯先生关于中国“封建制度”的系统辨析，厘清了中国史学界长期在固守“五种社会形态”说的基础上关于中国封建社会的认知。用“五种社会形态”说来对中国进行历史分期，完全不符合中国的历史实际。尽管有一些学者不认同《“封建”考论》一书的观点，但是，我认为冯先生基于历史事实和概念史清理基础上所做出的论断，已然成为学术界的部分共识。我所认识的一些文史学者，他们都表示，以后再也不会在学术论述中随意使用“封建社会”一词。无论对中国古代社会性质持什么观点，你只要谈论中国“封建制度”和“封建社会”，你都不可忽视、不可回避《“封建”考论》得出的结论。

---

* 张三夕(1953—)，华中师范大学文学院教授。

继《"封建"考论》后，冯先生没有停止关于中国"封建制度""封建社会"系统辨析的脚步，最近，又对中国史学界长期固守"五种社会形态"说的思想来源《联共(布)党史简明教程》进行了深入的梳理和批判，发表了长文《复现中国史分期本真——兼评〈联共(布)党史简明教程〉》①。冯先生提出："《联共(布)党史简明教程》的'五种社会形态单线直进说'假唯物史观名义，曾导致中国历史分期陷入混乱，束缚人文社会科学健康发展。而此种僵化模式论实则背离马克思普遍性与特殊性相统一的网状进路的社会形态学说，尤其背离马克思的'封建'原论，扭曲了中国历史进程，有悖中国历史实态。中国史记述复归正途，要在扬弃单线模式，认识以宗法封建的周制与皇权一统的秦制相递嬗、相交织的中国古史真相。"(见该文摘要)冯先生这篇长文，一如《"封建"考论》专著一样采取正本清源的历史学方法，努力摆脱中国历史分期的混乱局面，确实有助于我们深入"认识以宗法封建的周制与皇权一统的秦制相递嬗、相交织的中国古史真相"。就此而言，冯先生的有关论述对于重新认识中国古代社会性质作出了历史性贡献。

二、"周制与秦制"研究证明"以中释中"之必要性

在冯先生的制度文化史研究中，"周制与秦制"的研究始终在其视野之内，如《人文论衡》中"'封建'重识"栏目下有一组文章涉及此论域，其中《"周制"与"秦制"：中国前近代国家制度两大互渗实体》一文，就是专门讨论这个问题的②。又如《中国文化生成史》第九章第一节《"周制"与"秦制"：传统中国政治的两种类型》，第四节《周制与秦制的文化功能》③以较大篇幅来讨论这个问题。如果说冯先生前期的学术研究有从"中国文化史"转向"中国文化生成史"的发展轨迹，后期的学术研究重点则是从《"封建"考论》转向"周制与秦制"的专门制度文化史研究。我个人认为，无论是"中国文化生成史"研究、"封建"考论，还是"周制与秦制"的开拓研究，冯先生的研究都有一个很重要的学术立场，那就是"以中释中"，即用中国的概念来解释中国的历史事实。中国古代社会普遍使用的专词"封建"，是"封土建国"的简称，这在中国历史上是不言自明的。但自20世纪30年代中国学界流行的泛化"封建"观后，将非封建的秦汉以下两千年社会称为"封建"，则全失"封建"本意，因此冯先生批评说："这种概念与所指错位的'削足适履'做法，混淆了整个中国历史分期，导致'语乱天下'。复归'封建'本义与国际通用义，方为正途。"④所谓"复归'封建'本义"，就是要"以中释中"。之所以出现"封建"概念的误用、滥用，"语乱天下"，就是一味

① 《江汉论坛》2021年第3期。

② 冯天瑜：《人文论衡》，湖北人民出版社2019年版，第326~349页。

③ 冯天瑜：《中国文化生成史》下册，武汉大学出版社2013年版，第531~637页。

④ 冯天瑜：《复现中国史分期本真——兼评〈联共(布)党史简明教程〉》，《江汉论坛》2021年第3期。

地不加反省地“以西释中”或“以苏俄律中”的结果。其结果诚如恩格斯在《致保·恩斯特》信中所言：“如果不把唯物主义方法当作研究历史的指南，而把它当作现成的公式，按照它来剪裁各种历史事实，那么它就会转变为自己的对立物。”①由此可见坚持“以中释中”之必要性。

当然，冯先生在坚持“以中释中”的同时，并不排斥“以西释中”，而是在世界史的大背景下看中国史，中西会通。我个人非常赞同冯先生的“守望”立场：“从空间相度言之，中国文化植根于中国历史，外因决定论不足取，必须在中国发现中国文化的动力之源；中国文化又是世界的中国文化，检讨其生成机制，不可做井蛙之观，须中外会通，从全球视角探讨中国文化生成。”②从五四运动到今天，我们处在中西文化冲突和交汇的历史大变局中，运用西方的理论、观点和方法来研究中国文史日益成为人文学术界的主流。面对“以西释中”的滚滚洪流，如何能保持自己的民族文化本位的学术研究立场，“以中释中”可能是必要的“守望”。

三、“周制与秦制”长期互渗、互动的原因及其对中国历史的影响

冯先生认为“周制与秦制”是中国古代史上长期互渗、互动的两种国家制度，儒家和法家的学说是这两种国家制度的思想基础，其研究得出的结论是：

> 就政治制度言之，两千年来以秦制为主，兼采周制，二者彼此渗透、相互消长，呈现一种有限专制君主政治；就政治学说而言，则以儒家为本，法家道家辅助。谭嗣同称“二千年来之政，秦政也”，大抵如此；“二千年来之学，荀学也”，确为至论。“荀学”是一种王霸杂之、儒主而法辅的学说，汉至清两千年间政学的主流大体如是。
>
> 这种既盛称仁义又力行威权的刚柔相济体制，正是两汉至明清的皇权政治的常态。③

我们现在感兴趣的问题是，“周制与秦制”长期互渗、互动的原因何在？为什么中国会出现“周制与秦制”长期互渗、互动的历史局面？冯先生的研究有所涉及，如周制形成的原因与封建制、宗法制、等级制密切相关，而秦制的兴起则因为封建制、宗法制、等级制的“解纽”，但我仍觉得不够充分。“周制与秦制”的长期互渗、互动，实际上形成了中国古

---

① 《恩格斯致保·恩斯特(6月5日)》，《马克思恩格斯选集》第4卷，人民出版社1995年版，第688页。

② 见卷首“题记”，冯天瑜：《中国文化生成史》上册，武汉大学出版社2013年版，第9页。

③ 冯天瑜：《中国文化生成史》下册，武汉大学出版社2013年版，第546~547页；又见《复现中国史分期本真——兼评〈联共(布)党史简明教程〉》，《江汉论坛》2021年第3期。

代王朝政治制度的某种“稳定形态”，需要思考的是，这种“稳定形态”在解释中国历史的有效性方面与金观涛当年提出的“超稳定结构”等学说相比，有什么不同的历史认知价值。

笔者前不久拜访冯先生，有幸看过冯先生正在撰写的大著《周制与秦制》纲要，在目录前的“题记”中，冯先生说他的这部著作的目的是“概述周制、秦制内涵，简析二者的历史功能，及其在现代社会建设中的效应”。冯先生当面征求我的意见，我讲了一些粗浅的想法。现在想就周制秦制的“历史功能，及其在现代社会建设中的效应”再谈一点意见。

在秦汉到明清这两千多年的历史中，中国的国家制度是以君主专制的秦制为主而辅之以宗法封建的周制，这样一种制度形态的历史功用，是不是导致中国历史上出现一些重大问题的主因？如统一与分裂的关系。按照柳宗元等古代思想家的论断，君主专制的秦制更有利于统一，而宗法封建的周制更容易导致分裂，封建藩王起而作乱的事变，如汉初的“吴楚七国之乱”、西晋的“八王之乱”、明初的“靖难之役”、清初的“三藩之乱”等，就是例证。历代王朝的崩溃不是郡县制的问题，而是君主暴政的原因。一般而言，这是中国历史的常态，但是，中国实际的历史往往是十分复杂的。葛剑雄《统一与分裂——中国历史的启示》得出结论，从秦到唐安史之乱前，“有九百多年的时间，存在着一个以秦朝的疆域为基础的中原政权，其版图时有盈缩，其余时间则分裂为若干政权，但自治政权始终存在。中国真正的统一是在1759年实现的，持续了81年。对中国而言，分裂、分治的时间是主要的，统一的时间是非常短暂的。对中原王朝而言，统一的时间略少于分裂的时间。但是元朝之前分裂时间多于统一时间，元朝之后，则基本上是统一的”①。按照葛剑雄的研究结论，“对中国而言，分裂、分治的时间是主要的，统一的时间是非常短暂的”。那是否意味着，从秦汉到明清这两千多年的历史，维护中国统一的君主专制的秦制的历史功用是有限的，可能需要重新评估。就统一与分裂的关系而言，元朝是一个历史分界线，“元朝之前分裂时间多于统一时间，元朝之后，则基本上是统一的”。这是否意味着，秦制真正能发挥维护中国统一的历史功用是在元明清三代？

谈到元朝，不能不说中国历史上的一些特例，如成吉思汗创立的蒙古汗国军政合一的千户制，就带有很浓厚的“封建”色彩，这种制度与中国传统的周制有什么异同，它为什么能造成蒙古帝国盛极一时的大一统局面？元朝的国家制度中有哪些秦制的因素，也需要深究。元朝是中国古代历史不可或缺的重要朝代，其国家制度也许可以作为“周制秦制格局中的例外状态”来重新加以审视。此点好像还没有纳入冯先生大著的视野。

至于谈到周制秦制“在现代社会建设中的效应”，这更是我很感兴趣的问题。这个问题实际上涉及旧制与今制的关系，此时不宜多谈。有些问题，我已向冯先生求教，如秦汉以后周制的遗存是否需要重新清理？宗法制在今天对国家制度的影响？宗法制与农耕文明紧

---

① 葛剑雄：《统一与分裂——中国历史的启示》，生活·读书·新知三联书店1994年版，第100页。

密相连，但市场经济、城镇化、工业化、信息化、全球化等时代巨变正加速中国宗法社会的解体，它对基于宗法社会的周制是否带来某些不可逆转的冲击？如何评判周制在现代社会建设中的效应？此类问题，也希望冯先生大著能有所回应。

冯先生在《中国文化生成史》一书最后的"跋"语中指出：

> "考察现实"与"追究历史"是互动而统一的过程，这一过程将我们引入文化生成史的广阔界域。①

推动中国制度文化史的深入研究，也要高扬司马迁"通古今之变"的旗帜。为此，我们期待冯先生的大著《周制与秦制》早日问世。

① 冯天瑜：《中国文化生成史》下册，武汉大学出版社2013年版，第898页。

“着先鞭”与“再出发”

杨　华*

一

中国文化史研究，始自梁启超在南开大学讲授“中国文化史”课程，其讲义名为“中国文化史稿”。后来他虽然发愿撰写一部宏大的《中国文化史》，但只发表了“社会组织篇”。此后有顾伯康、常乃德、杨东莼、柳诒徵、陈登原、陈安仁、钱穆、陈竺同等多种中国文化史著作。在新中国的史学体系中，文化史一度与政治史、经济史共列为“三大块”之一，曾经颇受重视。① 但是，从20世纪50年代后期开始，文化史研究被迫从学术视界中退居边缘。正如朱维铮先生所说：

> 史学者视文化史为畏途，课题极少有人问津了，课程很快从大学里消失了。不得已而非说到文化不可，那就“一简二批三否定”。我们惋惜地看到，六十年代初期出现的几部重要通史教材，文化部分简单得非但与政治部分不成比例，而且基调都是立足于“批”，几乎都是给予否定性评价。这就是我们的窗户内见不到文化通史论著的一大原因，虽然还不是根本原因。②

根本性的变化，发生在改革开放之后。1978年冬天，复旦大学历史系设置了中国思想文化史研究室；1979年春天，中国社会科学院近代史研究所筹建了近代文化史研究室，这

---

* 杨华(1967—　)，武汉大学中国传统文化研究中心主任，武汉大学历史学院教授。

① 相关学术前史，可参周积明：《二十世纪的中国文化史研究》，《历史研究》1997年第6期。周积明：《中国文化史研究的反思》，《史学理论研究》1998年第3期。何晓明：《改革开放以来的中国文化史研究》，《史学月刊》2009年第5期。

② 朱维铮：《中国文化史的过去和现在》，《复旦学报》(社会科学版)1984年第5期。

是中国文化史研究复兴的火种。以上二机构合作出版了《中国文化研究集刊》。1982 年 12 月 16—19 日，联合国教科文组织《人类科学文化史》中国编委会与《中国文化研究集刊》编委会，在复旦大学联合召开中国文化史研究学者座谈会，四十多人与会，标志着中国文化史研究逐渐走向兴盛。与会学者认为，必须填补中国文化研究这一学术空白。会议讨论了"文化"与"文明"的概念、文化史的研究对象和范围、文化形态诸问题、中国文化传统的估计问题、中外文化交流问题、文化中心问题、文化史的研究方法问题，并对即将到来的中国文化史研究提出建议和设想。① 朱维铮先生说："我们期待了三十多年的中国文化史'热'，终于在一九八二年夏天开始出现。"②发端于上海的中国文化史研究复兴运动，朱维铮先生起到具体而重要作用。③

1983 年 5 月，在长沙举行的全国历史学规划会议，专门讨论了中国文化史和中国近代文化史的研究问题，催生了两套丛书，即"中国文化史丛书"和"中国近代文化史丛书"。1985 年，李侃、田居俭先生向第十六届国际历史大会提交的论文，题为"近五年(1980—1984)中国历史学概述"。其中说道："文化史研究的兴起，是中国史学界近几年出现的又一个新气象。……一些长期致力于断代史和社会史研究的学者们，也开始注意研究各个历史时期的文化生活和文化成就。"④正如当事者施宣圆先生所说，上海人民出版社所出的"中国文化史丛书"组织和编辑过程中，"真正'当家'的是庞朴和朱维铮，他们二人是'编委会常务联系人'"，"八十年代的'文化热'从上海'热'到全国，这是'学术界的春天'，是中国知识分子心情最舒畅的时期！庞朴、朱维铮功莫大焉！他们不愧是'文化热'的倡导者！"⑤

1986 年 1 月 6—10 日，在上海举行的首届国际中国文化学术讨论会，是一次里程碑式的会议。当时全世界研究中国文化的中外著名学者，均受邀参会，共 70 多人。涉及国内外 21 所大学、十多个研究所、二十多个与文化史相关的学科。会议讨论了中国文化的特征、结构、阶段，讨论了中国文化中的儒学问题、中国文化传统的总体估价问题、中外文化交流问题，以及中国文化的世界化和世界文化的中国化问题，同样，会议也对开展中国文化史研究提出建议和设想。后来中国文化史研究的很多重大问题和学科方向，均在此次

---

① 张宁等整理：《中国文化史研究学者座谈会纪要》，《中国文化研究集刊》第一辑，复旦大学出版社 1984 年版。

② 朱维铮：《中国文化史的过去和现在》，《复旦学报》(社会科学版)1984 年第 5 期。

③ 邹振环：《朱维铮先生与 20 世纪 80 年代的"文化史"》，《安徽史学》2013 年第 1 期。葛兆光：《学"不随术变"，坚持启蒙主义立场》，《文汇报》，2012 年 3 月 19 日。

④ 中国史学会编：《第十六届国际历史科学大会中国学者论文集》，中华书局 1985 年版，第 415 页。

⑤ 施宣圆：《庞朴：八十年代"文化热"的倡导者》，《文汇报》，2015 年 2 月 16 日。

会议上得到呈现。会议论文结集为《中国传统文化的再估计》。①

改革开放以来，中国文化史研究的复兴及其取得的成就，有目共睹。这种复兴过程，可由研究机构、学术会议和刊物平台三个方面得到说明。近四十年的中国文化史研究，论著数量远超此前，主要表现在文化和文化史通论性研究、断代文化史研究、专题文化史研究、区域文化史研究、少数民族文化史研究、文化史普及性读本编纂等六个侧面。近年来，中国文化史研究出现了三方面新动向：其一，出现不少新领域和新问题，形成“新文化史”；其二，大量吸收其他学科的方法和成果，突破了以往的学科边界；其三，大量发掘新材料，使得相关研究更加实证。②

冯天瑜先生是最早参加这一过程的学者之一，并为中国文化史研究的复兴作出了重要贡献。1982 年的复旦座谈会，以京、沪学者为主，他说自己是极少数外地参加者之一，会议由周谷城先生主持，议题极具开创性，为其后的上海盛会奠定了基础。在 1986 年 1 月的上海龙柏饭店会议上，他宣读《中国古文化的特质》一文。文章认为，“要把握一个民族文化的特征，必须首先了解这个民族的文化得以繁生的独特的自然环境和社会条件”，“地理环境的、物质生存方式的、社会组织的格局，决定了中国古代社会心理的特点”。该文从半封闭的温带大陆大河型地理环境、农业型的自然经济、家国一体的宗法社会三个方面，论证“中国古文化得以滋生和发展的土壤”。认为正是这些社会存在的综合作用，养育了中国人特定的社会心理、社会意识形态、思想体系。文末还绘制一张“中国文化根植土壤图”，以与“欧洲文化根植土壤图”相对比。认为夏商周时期是家国一体的宗法分封制，秦至明清是家国一体的宗法君主专制时期，晚清到民国是宗法君主专制转向宗法军事独裁制时期。③ 虽然他后来的理论要较之更为完整、成熟，但此文、此图的基本框架已经初步揭示中国文化史的整体结构。

在北京，中国文化书院于 1984 年成立。汤一介、庞朴先生起了重要作用，梁漱溟、冯友兰、季羡林、张岱年等文化耆宿亲自讲课，为传统文化的复兴做出不懈努力。首届“中国文化讲习班”于 1985 年 3 月在北京举行，共有二百多人参加。④ 在中国文化书院成立之初(1983 年左右)，汤一介先生曾约萧萐父、冯天瑜等学者，赴深圳共商其事。冯先生又是北京该学院的第一期学员，同时也在学习会上做了发言。

---

① 《中国传统文化的再估计：首届国际中国文化学术讨论会(1986)文集》，上海人民出版社 1987 年版。会议综述见邹振环等整理《首届国际中国文化学术讨论会纪要》，载于该论文集。

② 杨华、李娅杰、张爽：《40 年来的中国文化史研究(1978—2018)》，《人文论丛》2020 年第 1 辑，武汉大学出版社 2020 年版。

③ 冯天瑜：《中国古文化的特质》，《中国传统文化的再估计：首届国际中国文化学术讨论会(1986)文集》，上海人民出版社 1987 年版，第 99 页。

④ 汤一介：《我与中国文化书院》，氏著《我们三代人》，中国大百科全书出版社 2016 年版，第 309 页。

改革开放之初，关于中国文化史的学术探索刚刚起步，冯天瑜先生的工作无疑是最早一批成果之一。1979年，蔡尚思先生出版了《中国文化史要论(人物·图书)》(湖南人民出版社版)，这是此前30年间唯一的文化史著作，而且只是一部书目。虽身居华中，但他与京、沪两地的文化史研究前沿学者之间，有密切互动。1984年，冯天瑜先生出版了《明清文化史散论》(华中工学院出版社版)。所以，他受邀参与在上海举行的中国文化史会议，也是情理中事。1986年11月，冯天瑜、周积明二位合作出版了《中国古文化的奥秘》(湖北人民出版社版)。同年，在《中国文化研究集刊》第三辑上，冯天瑜、周积明二位合作发表了《顾炎武文化思想初探》。① 在该书第五辑上，冯天瑜又发表了《明清文字狱述略》，其时为1987年。②

这些都说明，他实际上是此次“文化史热”的最早一批参与者，也是主要推动者之一。

二

在随后的几年间，有志于中国文化史而不是经济史或政治史的学者们，都在集中精力，发奋研究。例如，1986年，向仍旦编《中国古代文化史论》出版(北京大学出版社版)；1987年，韩养民《秦汉文化史》出版(陕西人民出版社版)；1987年，杨金鼎主编《中国文化史词典》出版(浙江古籍出版社版)；1987年，上海古籍出版社编《中国文化史三百题》出版(上海古籍出版社版)；1987年，何新的《中国文化史纲》《中国文化史新论》出版(黑龙江人民出版社版)。类似的著作，在随后的几年间，间有出版，例如，谭家健主编《中国文化史概要》(高等教育出版社1988年版)、李宗桂《中国文化概论》(中山大学出版社1988年版)、《中华文明史》编纂工作委员会《中华文明史》(河北教育出版社1989年版)、黄新亚《中国文化史概论》(陕西师范大学出版社1989年版)、冯天瑜《中国文化史断想》(华中工学院出版社1989年版)、阴法鲁和许树安主编《中国古代文化史》(3册，北京大学出版社1989年版)。

冯天瑜、何晓明、周积明著《中华文化史》出版(上海人民出版社1990年版)，将中国文化史研究热潮和学科建设推至高峰。此书是当时和其后影响最大的中国文化通史。

对于中国文化通史的撰作，在文化史热兴盛之初，学者们就做过理论设计。例如，周谷城先生认为，应当反对欧洲中心论。他说：“研究中国文化史，同样要反对欧洲中心论，尤其说到近代的时候更要注意。……文化总是在交流中发展的，优秀的文化是属于全世界的，我们同样需要学习别国的长处。但近代中国落后了，并不等于文化也都是落后的，只

---

① 冯天瑜、周积明：《顾炎武文化思想初探》，《中国文化研究集刊》第三辑，复旦大学出版社1986年版。

② 冯天瑜：《明清文字狱述略》，《中国文化研究集刊》第五辑，复旦大学出版社1987年版。

能说有一部分落后了，还有许多优秀的东西，依然居于世界文化的前列。”①杨宽先生提出，中国文化通史研究，应当注意四点：一是加强国内各个地区、各个民族文化特点的分析，对并这些具有特点的相互交流融合过程进行探讨；二是加强各个时代各个门类文化的综合研究；三是加强文化史研究中薄弱环节(如科技、宗教、风俗等“专史”)的研究；四是加强中外文化交流方面的研究，把中国文化与世界文化联系起来考察。② 据冯天瑜先生回忆，1986年左右，朱维铮先生曾约他合撰中国文化通史。冯先生拟就纲目，朱先生甚表赞同，并与福建人民出版社联系好，将在那时出版。但后来由于朱先生忙于《中国文化研究集刊》和“中国文化史丛书”，加之地域远隔，交流不便，于是冯先生便与何晓明、周积明另外合撰了《中华文化史》。

这部近百万字的巨著，约稿于1987—1988年间，显然，上海人民出版社很早就寄望于冯天瑜先生。果然，出版后好评如潮。正如《中国社会科学》的书评所说，它不是简单的史料堆砌，也没有停留于简单的文化事实或现象的描述，而是“有系统地、史论结合地，历史与逻辑统一地描述中华民族文化发展规律的创制”，是“一个突破”。认为该书具有三大特点：一是文化生态论的理论成就，二是对中国文化发展历程的全面叙述，三是将中国文化的回溯和前瞻有机统一。③ 该书出版后，获得包括第五届中国图书奖一等奖(1991年)，首届中国国家图书奖提名奖(1994年)、首届全国高校人文社科二等奖(1995年)在内的一系列奖项。说明学术界、读书界对该书的认可程度。

与其他的历史研究一样，关于中国文化史的叙述，也存在三种模式。一是时段叙述，即按照时间顺序从古到今进行叙述，可以称之为“横写”。解放前的柳诒徵《中国文化史》、陈登原《中国文化史》等著作都是此种写法。二是类别叙述，即分侧面(如文字、艺术、思想、制度等)或类别逐项叙述，可以称之为“纵写”；实际上，按类别纵写，仍然要交代各个侧面的时代历程。这类著作以阴法鲁、许树安主编《中国古代文化史》为代表，该书三册，列举了中国古代的民族形成、家族制度、文字文献、经学发展、礼仪制度、书法艺术、建筑艺术等31个专题，内容齐全。三是概论叙述，即对各个文化类项进行分类论述，可以称之为“论写”。梁漱溟先生《中国文化要义》(学林出版社1987年版)，钱穆先生《中国文化史导论》(修订版，商务印书馆1994年版)，张岂之、方克立二先生主编《中国文化概论》(北京师范大学出版社1994年版)等著作，都是此中代表。

冯先生关于中国文化史的叙述，可以说是第一类与第三类的结合。即论与史的结合，也就是他所说“义理”与“考据”的结合。在民国时期的一些中国文化史叙述中，并非没有

① 周谷城：《中国文化史研究的意见和希望》，《中国文化研究集刊》第一辑，复旦大学出版社1984年版。

② 杨宽：《如何加强中国文化史的研究》，《中国文化研究集刊》第一辑，复旦大学出版社1984年版。

③ 潘伯祥、郭齐勇：《中华文化史读后》，《中国社会科学》1992年第6期。

“导论”部分，但《中华文化史》上编对之大大扩展了。在回顾其写作理路时，他说《中华文化史》的特点在于，“就中国文化的发生发展的生态环境，作全景式把握，从地理环境、经济土壤、社会结构三层面的分析与综合着手，剖析中华文化的生成机制，试图运用历史唯物主义的理论、系统论的方法诠释中国文化诸特质，并对跳跃式的西方文化历程、连续性的中国文化历程作出比较”①。他创立的“中国文化生态”理论，将生物学中的生态理论移植到历史传统论述中，造就了一种文化史的叙述“范式”，为后来其他相关中国文化史叙述所承继。

近百万字的《中华文化史》，在上海人民出版社共出了5个版本，印刷二十余次，发行近十万册。1993年，台湾桂冠图书公司还印行一版。后来，冯先生带领我们沿用此种体例，又编著了多种中国文化通史，被广泛用作教材。其中，高等教育出版社出版的《中国文化史》，15年来各种版本累计印刷达59次，共26万余册，成为高等教育出版社的长销教材。其使用范围也不限于历史系和其他人文学科，社会科学和自然科学的青年无不由之受益。时间是最好的试金石，诚哉斯言！

近年，他又将自己早年创立的文化生态学说和中国文化特质学说加以充实拓展，出版了《中国文化生成史》，可以视为他对于中国文化史研究的一个理论总结。②

在中国文化史的视野下，冯天瑜先生一路前行，披荆斩棘，在不少领域大有掘进，有些则是拓荒式的工作。他本是先秦史专家，后来则转战于明清史，对中国文化做由源入流的研究，出版了《中华元典精神》、《明清文化史散论》、《解构专制——明末清初“新民本”思想研究》(合著)、《明清经世实学》(合著)等著作。他本是思想史专家，但在语义传播领域发现了大问题，作出了新贡献，出版了《“封建”考论》《新语探源——中西日文化互动与近代汉字术语生成》等著作。他本是中华文化宏观研究的专家，但在湖北地方文化史领域又独开新面，出版了《辛亥首义史》《张之洞评传》等著作，晚年主持《荆楚文库》丛书则更是地方文化建设的大型工程。他本以理论研究见长，却出版有《“千岁丸”上海行——日本人一八六二年的中国观察》这样的考证著作，晚年又孜孜于日本东亚同文书院调查报告的研究。在湖北人民出版社结集出版的《冯天瑜文存》，至少20卷，初步估计已逾800万字。其笔耕之勤、著述之丰，是一方面；而其涉及领域之广、研究跨度之大，则更加值得注意。

学术各有所长，有专精和通博之分，两者不可偏废，若能相济则更为难得。冯先生的研究，奉行义理、考据、词章三者相济的理路，力求宏观把握与微观考察的交融互摄，展示出历史研究尤其是文化史研究的魅力。所以，他的学术影响力完全超越了某个三级学科、二级学科，也超越了历史学一级学科，可以说惠及人文学科、社会学科，乃至整个知

---

① 冯天瑜：《学术回眸》，氏著《冯天瑜文集》，武汉大学出版社2009年版，第1143~1144页。

② 卷首“题记”，冯天瑜：《中国文化生成史》，武汉大学出版社2013年版。

识界、思想界。他的论著有不少被译为英文、日文、西班牙文和韩文出版。

三

品味冯天瑜先生的中国文化史研究，笔者认为，至少有三点值得学习。

第一，长于思辨，史论结合。在多处场合、多篇文章中，冯天瑜先生说他的“看家书”是王夫之《读通鉴论》和黑格尔《历史哲学》，表示自己的史学理论和学术方法从中获益匪浅。翻阅这两部中西经典，理论的光芒无时不在。黑格尔《历史哲学》的“绪论”中，历史的“理性”“自由”“精神”，都是关键词。他谈希腊、罗马，用了历史的“青年时代”和“成年时代”来作比喻，令人想起梁启超和内藤湖南对中国历史的比喻(即把中国历史比作人的童年、青年、壮年和暮年)。尤其是，《历史哲学》的“绪论”中，历史的地理基础，这也是冯先生研究中国文化生成过程时特别强调的部分。《读通鉴论》按历史朝代，对历代皇帝功德均加平议，其首篇《秦始皇》的第一句话，就论及封建与郡县问题：“两端争胜，而徒为无益之论者，辨封建者是也。”①使人想到，冯先生后来终生留意的“封建”一词在古今中外之间的意义转化，其《“封建”考论》的著述并非起于一时之念。

翻阅这两部中西经典，一纵一横，将人类历史，尤其中国历史的规律都上升到理论总结的层面。冯先生在这方面的自觉，也是国内学者少见的。在其学术生涯的任何阶段，他从未以知识的叙述和追溯为满足，总是将历史信息上升到一定的理论高度，试图由之说明历史真相和历史规律。例如，他在1994年出版的《中华元典精神》，不仅归纳出先秦诸子的元典思想，而且总结出“历史重演律”，把先秦的元典思想与中国近代文化的一些关键转变联系起来，认为这是人类文化螺旋式上升、“三段论”式的一般规律。张岱年先生称之为对文化史、思想史研究的“重要贡献”。

又如，关于近代启蒙问题，这也是哲学史、思想史研究领域一直关注的理论议题。著名历史学家侯外庐先生早在抗战时期就关注此一问题，1956年曾出版《中国早期启蒙思想史(十七世纪至十九世纪四十年代)》(人民出版社版)，后收入其主持的《中国思想史》第五卷。

我校萧萐父先生继承侯先生的思想体系，对近代启蒙的思想历程做过详细梳理，讨论的范围延及晚清民国。萧先生在其《吹沙集》中列有《中国哲学启蒙的坎坷道路》等多篇文章，集为“启蒙胜语”。② 他还与许苏民先生合著有《明清启蒙学术流变》(辽宁教育出版社1995年版)。冯先生也研究这一问题，则是历史学的角度，从中国文化近代转型这一宏大的历史框架中重予审视。他挖掘中国古代君主专制的制度机制，研究顾黄王等人批判专制

---

① 王夫之：《读通鉴论》，舒士彦点校，中华书局1975年版，第1页。

② 萧萐父：《吹沙集》，巴蜀书社1991年版。

主义的思想脉络，挖掘中国传统的民本思想资源，发表有《从晚周民本思潮到黄宗羲的〈明夷待访录〉》等文。① 后又与谢贵安先生合著有《解构专制——明末清初“新民本”思想研究》(湖北人民出版社 2003 年版)。侯外庐先生对中国启蒙思想的研究，多多少少带有与西方启蒙思潮相比附的痕迹，从时间上、思想资源上都是如此。侯先生曾经说：“为什么像欧洲的启蒙哲学要回到希腊，像中国的启蒙哲学要回到先秦呢？这自然是由于他们企图摆脱封建统治阶级的迫害，不得不托古改制，但更重要的原因却在于，在古代哲人的思想体系里，曾出现过后世的思想方法的胚胎形态。”②冯先生的研究是从历史学的视野中，用历史研究的资料展开的，其史料梳理和史事分析功夫，较之哲学史和思想史的研究更有所推进。

第二，古今观照，勇于前瞻。历史学研究应当分为四个层次，即搜集史料、还原史事、解释史实、归纳规律。其中，前两项最为关键，什么是史料？如何搜集史料？如何进行史事还原？这些都需要专门的训练。一般史学工作者，多止步于此。至多，再前进至第三步，对历史事实的发生加以解释，讨论其发生的必然性和偶然性。然而很多人认为，历史解释并不可靠，将历史误解为“任人打扮的小姑娘”。冯先生的工作，则超越了一般的史学研究，勇敢地迈向第四步，总是从当下出发，对中国社会进行前瞻。

他多次说，“‘当下’是文化反思的起点。”③在其早年著作《中华文化史》的“结语”部分，专门列有“前瞻”一目。认为“中华文化的漫长历程，尤其是近现代化走过的道路，似乎报告着如下消息”：

> 未来的中华文化将是“世界的”与“民族的”二者的统一；未来的中华文化将是“现代的”与“传统的”二者的统一；未来的中华文化将在迎接生态环境尖锐挑战中前进；未来的中华文化是在两种社会制度并存的世界环境中发展的社会主义文化。④

读者可以发现，几乎在每一部中国文化史著作中，他都有所“前瞻”。他说：

> 从时间向度言之，文化生成史应从过去时的“守护”，导引出未来时的“瞻望”，而在守望之际，正可增进文化自觉，既不陶醉于中华优胜的旧梦，也切勿自溺于百不如人的自贱自戕。时人的职责是：理性地认识自国文化的优劣长短，动态地摆正自身

---

① 冯天瑜：《从晚周民本思潮到黄宗羲的〈明夷待访录〉》，氏著《明清文化史散论》，华中工学院出版社 1984 年版，第 239~268 页。

② 侯外庐：《中国思想史通史》第五卷《中国早期启蒙思想史》，人民出版社 1992 年版，第 34 页。

③ 卷首“题记”，冯天瑜：《中国文化生成史》，武汉大学出版社 2013 年版，第 1 页。

④ 冯天瑜、何晓明、周积明：《中华文化史》，上海人民出版社 1990 年版，第 1174~1180 页。

的世界位置，明辨人类文明大道，把所致中华复兴的航行方向，坚定前进。①

如同欧美学界从“汉学”(Sinology)转向“中国学”(China Study)一样，问题导向是他学术研究的一大特色。例如，他在《中国文化生成史》“后记”中说：“笔者久有意愿以国人当下的生存实态为窥探口，反顾历史，比照异域，直面文化生成诸前沿问题。”他认为，“考察现实”与“追究历史”是互动而统一的过程。“遥瞻前景是研讨文化生成史的题中之义。”②为此，在新世纪出版的《中国文化生成史》“结语”部分，他特别列出了十项问题，他都谓之“文化前瞻”，这包括中国富强和民主尚在进行时、“中国世纪”应当缓议、逾越“中等收入陷阱”、超克人口—资源失衡瓶颈、跻身“核心创新国”、惩贪治腐、打破利益固化藩篱、防止族群撕裂、提升国民精神、开展文明对话，等等。这些问题，都是中国经济腾飞之后遇到的现实问题，也是他晚年一再强调的学术切入点。

他认为，文化的现代转进由三大要素合力形成，即商品经济、民主法治、公正效率，三者缺一不可。他正是从这三者跛足不平衡的角度，来反思中国传统的。他特别重视从“长时段”的眼光来审视中国传统文化的“基础性的结构性要素”。他曾引用布罗代尔的原话，以说明这种思考：“所谓结构，实际上就是那些不受急风暴雨(或用汤因比的话说，“急进或猛退”)的影响而长期存有的东西。”他所谓“结构”，主要系他发明的“四大要素”，即地理环境、经济基础、社会结构和政治制度。③

反过来，从当下的问题意识反观中国传统，与为知识而知识的学术操练不同，会催生出看待历史的新视角。他认为，我们所处的当下，就是农耕文明(前现代文明)、工业文明(现代文明)、信息文明(后现代文明)的交织时期，是“多层级变革的相互叠加”。由此反观中国传统文化的历时性和共时性特点，自有其优势。例如，关于中国传统文化近代转型问题，即当今中国文明为何以如此状貌呈现于世界面前？他自有其思考。众所周知，对于近代转型的动力、机制和时间、历程，学界历来就有不同见解，存在着“外部刺激论”“内因说”和“合力论”三种观点。第一种观点就是费正清、奈肖尔等人提出的冲击—反应模式，代表性学者还有邓嗣禹、列文森、费维恺等人，此说至今在西方学术界仍是主流话语。第二种观点认为，中国文明的近代转型是其自身发展和内在诉求的结果，是适应时代需求的必然走向。中国文化具有内在转化的能力，也具有包容多种文明的容量。沟口雄三、狄百瑞、杨联陞、傅衣凌、杜维明、余英时等学者，都注意挖掘中国文化内在的新质因素，阐释这种转型的内在机理。第三种观点即“合力论”，认为中国传统文化的内因与西方文化的外因产生合力，共同推动了中国的近代转型，罗荣渠、耿云志、郑大华等人对之

---

① 冯天瑜：《中国文化生成史》，武汉大学出版社 2013 年版，第 9 页。
② 冯天瑜：《中国文化生成史》，武汉大学出版社 2013 年版，第 815 页。
③ 冯天瑜：《中国文化生成史》，武汉大学出版社 2013 年版，第 8 页。

均有论述。笔者理解，冯先生的相关论述支持并强化了“合力论”。这也是冯先生个人以及由他领导的武汉大学中国传统文化研究中心，近一二十年来集中探讨的主要问题意识和主要领域。

第三，世界视野，中外对比。冯先生的研究特别注重世界眼光，他说：“文化是在特定的空间下形成与发展的，具有国别性；文化又是彼此交流与渗透的，具有国际性。因而，考察文化生成，既要追究其本土根源，又要观照其外来影响。”①

认识到人类文明存在着不同的类型，这是世界知识体系的一大进步。从来自世界各地的传教报告，发展到各种《民族志》，促进了西方对于世界的了解。黑格尔的《历史哲学》分作四部，即东方世界、希腊世界、罗马世界、日耳曼世界，已经具有文明类型的雏形。比较自觉的文明类型学说(又有谓之“文明形态论”)，以斯宾格勒、汤因比等人为代表。斯宾格勒于1918年出版的《西方的没落》，把世界文化分作9种文化，即希腊(古典)、阿拉伯、西方、印度、中国、埃及、巴比伦、墨西哥、俄罗斯(尚未完成)，每个文化都经历了诞生、发展、成熟和毁灭的过程。而汤因比《历史研究》中总共列举了21个(后来是26个)“彼此有关的和无关的”文明“品种”，其中有4个文明出了问题和流产了，有5个文明在生长的早期就停止了，其余的文明生长了下来。② 中国文明自古以来的“华夷之辨”，是一种狭隘的文化中心主义，冯先生的中国文化史研究多次对之予以批判。在《中华文化史》等著作中，多次强调鲁迅的“拿来主义”，主张中西文化互相融合，他既反对“冲击—反应”模式论，也反对“中国文化本位”模式论。③ 他反对亨廷顿的“文明冲突”论，赞同杜维明先生的“文明对话”理论，主张文明多元，文明“融会”和“涵化”。④

冯天瑜先生在研究中国文化时，总是把它放在世界视野中，尽量有所比较。例如，他对先秦诸子元典及元典精神的研究，就是从“轴心时代”的角度展开的。在《中国元典精神》一书中，他力图将中国诸文化元典与印度《吠陀》《佛典》、希伯来《旧约全书》《新约全书》、希腊《理想国》《形而上学》等域外元典进行比较，系统考察东亚、南亚、西亚、南欧轴心时代的社会环境，由之考察诸民族元典的学术脉络，以对中国先秦典籍和元典精神获得更高、更新的认知。“轴心时代”论，来源于雅斯贝尔斯的《历史的起源与目的》，此书德文版出版于1949年，英文版是1953年。闻一多在《文学的历史动向》中也有类似说法，其文发表于1943年12月的《当代评论》。时值抗战硝烟，日寇封锁，中外消息不畅。斯氏

① 冯天瑜：《中国文化生成史》，武汉大学出版社2013年版，第92页。

② 索罗金：《汤因比的历史哲学》，汤因比：《历史哲学》附录，曹未风等译，上海人民出版社1997年版，第452~475页。其他学术前史，可参郭齐勇：《文化学概论》，湖北人民出版社1990年版，第129~158页。

③ 冯天瑜、何晓明、周积明：《中华文化史》，上海人民出版社1990年版，第1161~1174页。

④ 冯天瑜：《中国文化生成史》，武汉大学出版社2013年版，第882~888页。

与闻氏二人，几乎是“英雄所见略同”的文化史观。① 不用说，解放前柳诒徵、陈登原等《中国文化史》未及利用这一理论，新时期的其他文化史研究也都没有利用这一理论。将中国元典置于“轴心时代”理论显微镜下进行考察，不能不说是一大创见。

中国人的文化自大和文化中心主义，在近代遇到前所未有的挑战。汉唐正史皆列有《四夷传》《蛮夷传》之类，《宋史》开始列有《外国列传》(卷 244 ~ 卷 251)。《明史》也是如此，这些外国只能列入《外国列传》(卷 320 ~ 卷 328)，位于《土司列传》之后。然而，《清史稿》卷 153 至卷 160，便是 8 卷《邦交志》。由“四夷模式”到“外国模式”，由《传》入《志》，足见中国被纳入世界体系的被动过程，同时也体现了中国知识人认识世界的主动过程。冯先生在中国文化史的叙述中，向来强调我国文化不仅在内部具有各族文化的相互融合、相互渗透，也先后受容于中亚游牧文化、波斯文化、印度佛教文化、阿拉伯文化、欧洲文化、日本文化，以外来文化作补充和复壮剂，才得以有更强盛的生命力。

冯先生着力研究的近代巨擘张之洞，正是这种转折时期的关键人物。他认为，“若要厘清张氏(张之洞)思想，探究清学源流，非贯穿古今、打通中西不可”，“即使研究‘纯粹’的中国问题，如先秦典籍的形成与特征，也有必要打通中外，于比较中窥探奥妙”。② 他多次强调，中国文化既是中国的，也是世界的，“不可作井蛙之观，须中外会通”。

他反对把断代史、区域史研究，与对整体的、世界的总体把握割裂开来：

> 历史学就其整体而言，是以全部人类历史为对象的，具有广阔的时间及空间包容量。当然，历史学要完成这种对人类历史的总体把握，必须作断代的、区域的、分门别类的研究，这种分析性研究是综合性研究的前提与基础。③

由于有较长时间在日本讲学，他接触到东亚的语言传播问题，开始研究近代新语。他后来出版的《新语探源——中西日文化互动与近代汉字术语生成》《近代汉字术语的生成演变与中西日文化互动研究》等著作，揭示近代以来文化术语在中、西、日之间的传播路径，把一般的语言学研究上升为全局性的思想文化史研究，展现了近代古今中西文化之间的冲突与融会状貌。他由此开创了一种称之为“历史文化语义学”的研究模式，这应当是思想史、语言学、近代史、世界史等多种领域的综合，属于文化史的范畴。

冯先生认为：

> 史学又不是过往事实的流水账，“恢复”历史本来面目只是史学的第一项任务，紧

① 参拙文《论闻一多的中国文化史研究》，《闻一多研究集刊》第 9 辑，武汉出版社 2004 年版。
② 冯天瑜：《学术回眸》，氏著《冯天瑜文集》，武汉大学出版社 2009 年版，第 1146~1147 页。
③ 冯天瑜：《学术回眸》，氏著《冯天瑜文集》，武汉大学出版社 2009 年版，第 1146 页。

> 随其后，它还有义务极深研几，穷源竟委，洞见症结，在纷繁错综的历史现象背后，追求一种规律性的展现，“鉴往”以“知来”。所以史家又应当擅长理论思维，面对纷繁的史实，作出精当、深刻的历史哲学思考，究天人之际，通古今之变，成一家之言。①

正是基于以上的理论自觉，以及鉴往和知来的雄心，他才在不少问题上“成一家之言”。

四

21世纪，中国的文化史研究进入一个新阶段，出现了“新文化史”(New Cultural History)潮流。“新文化史”，既是又不是“新的文化史”。

“新文化史”的理论和方法来自西方，是对以经济社会史为中心的年鉴学派的反动。如果从福柯算起，可以追溯到20世纪六七十年代。1989年，美国学者林·亨特(Lynn Hunt)编辑出版了《新文化史》，其研究内容的大众取向非常明显。1999年，林·亨特(Lynn Hunt)和维多利亚·E. 鲍纳尔(Victoria E. Bonnell)又合编了论文集《超越文化转向》，提出在文化研究中加入社会的因素，把文化分析模式与社会分析模式结合起来。② 在法国，布罗代尔把心态史学从边缘带到中心，法国年鉴学派的新一代学者中，兴起“表象史”研究，即对自我、他人、民族的形象、想象和感知的研究，也是同一“转向”。③这是一场国际性的史学运动。

新文化史的主要特点，大致归纳起来有如下特点：

第一，研究理论发生变化。从政治史、经济史等主流视角，转向文化史的视角。新文化史的“解构”方法，与西方后现代史学潮流同步，前者甚至就是后者的一部分。它否定故有的主流(如经济史、政治史)，主张去中心化，不相信终极规律的存在，不相信历史学研究的“使命”。此前的研究注重长时段、大跨度、大结构、大过程、大比较、数据化，总是力图用“科学化”的办法揭示人类社会的某种规律，被批评为“见物不见人”，忽略了历史发展中人的作用。而新文化史认为，历史发展应当是鲜活的人和事，而不是貌似科学的冷冰冰的模型。

第二，研究对象发生变化。主要包括两点。其一是从研究精英文化转向研究下层民众文化。西方史学中，卡洛·金兹伯格(Carlo Ginzburg)的《奶酪与蛆虫》和埃马纽埃尔·勒华拉杜里(Emmanuel Le Roy Ladurie)的《蒙塔尤》便是其代表性著作。下层民众的社会结

---

① 冯天瑜：《学术回眸》，氏著《冯天瑜文集》，武汉大学出版社2009年版，第1142~1143页。

② 俞金尧：《寸有所长而尺有所短：新文化史述评》，《史学理论研究》2013年第1期。

③ 张俊峰：《新社会史与新文化史的关系》，《史学理论研究》2013年第1期。

构、人际网罗、日常生活、家庭关系、个人的情感和需求之类，可以说是“向下”的历史、“形而下”的历史。其二是从研究宏观对象转向研究微观对象。此前未被注意的细节内容，成为新文化史关注的对象，有学者概括道：

> 新文化史之所以被名之为新，其研究范式之新固然无疑，但其新的最主要体现之处 还是在于研究内容。一些诸如气味、情绪、梦、垃圾、屎、疼痛、姿态、眼泪、食物、盐、煤、火、声音、镜子、内衣、乳房、厕所、房屋、戒指、发型、服饰等过去不入历史研究者法眼的课题，也为我们司空见惯的物事，现在都已经成为新文化史家的研究对象；至于一些政治、经济类的老命题在新视野下也被重新检视，以另具新义的政治文化史、消费文化史等名目再现于读者眼前。①

在此潮流下，图像、动物、情感、记忆、概念、阅读、疾病、影视、广告、害荒、巫术、饮食、身体、旅行、幽默、梦境、性别、监狱、遗嘱、同性恋……此等内容都成为新文化史的研究对象。近年来，女性研究、身体研究、情感研究、图像研究、卫生疾病研究等，都成为学术热点。

第三，研究方法发生变化。这包括两个方面。其一是与其他学科的结合，即研究方法的“开放性”。由于研究对象的相同或相近，新文化史与社会学、人类学、民族学等学科之间有极好的融合，文学作品、田野调查、民间口述等“非正式”史料大受重视。其二是特别强调语言学和文学批评的方法、成果，注重研究本身的故事描述。与以往研究的高头讲章不同，它甚至被称为“讲故事的文化史”。

正如王笛先生所说，海外汉学研究大多带有“新文化史”的痕迹，例如，史景迁的《王氏之死》、孔飞力的《叫魂》、罗威廉的《红雨》、沈艾娣的《孟醒子》、何伟亚的《怀柔远人：马嘎尔尼使华的中英礼仪冲突》，包括王笛本人的《茶馆：成都的小商业、日常文化与公共政治》，等等。虽然汉学家们没有将自己归为新文化史学派，但这些研究对象和方法，大多与西方新文化史研究存在相通之处。② 史景迁的研究，以下层人为对象，具有详细描述的特点，可以说是汉学著作中新文化史研究的典范。

以上这些学术范式的转移，在中国的大陆和台湾学界，均有所折射。虽然它最初反映在世界史研究中，但中国史研究很快就与国际学术界同步，也出现了“新文化史”的转向。

早在 20 世纪 90 年代，刘志琴先生接替丁守和先生，主持中国社会科学院近代史研究所文化史研究室之后，就瞄准世界学术潮流，推动“新文化史”研究：

---

① 张仲民：《新文化史与中国研究》，《复旦学报》(社会科学版) 2008 年第 1 期。
② 王笛：《西方新文化史对中国史研究的影响》，《历史研究》2020 年第 4 期。

> 她在那时及时地向学术界介绍新文化史研究，提倡、鼓励从事新文化史研究，将新文化史规范为“社会文化史”。这个概念虽说受到一些人的非议，但相当准确地描述了新文化史的概念、范畴和意义。根据近二十年传进来的新文化史定义，所谓新文化史，其实就是一种新的研究方法和研究视角，是将社会的和文化的历史作为一个整体来看待，去研究，因而被称为新文化史，或被称为“社会文化史”。①

按照马勇先生的说法，冯、何、周合著《中华文化史》和阴、许主编《中国古代文化史》属于“旧文化史”或“旧的文化史”。考察20世纪30年代王云五先生主编“中国文化史丛书”(商务印书馆版)和20世纪80年代周谷城先生主编的“中国文化史丛书”(上海人民出版社版)，所谓文化史，实际上是艺术、语言、舞蹈、绘画等各种专史的综合。在马勇先生看来，“新文化史”则有所不同，它受到后现代史学的影响，只不过比旧文化史更加重视再现、实践、微观、叙事、相对性。新文化史不再把历史形成的文化结果作为惟一研究对象，而重视其形成的过程；它通过语言学转向，强调叙事，甚至以描述为目的，以消解历史学的资政、教化等功能。

实际上，冯先生后来撰写的几部著作，也可说是“新文化史”的尝试。例如《“封建”考论》，从“封建”这一关键词的辨析，导引出制度文化的考论和中西日思想概念的转变，正应了陈寅恪先生“凡解释一字即是做一部文化史”的提法。《“千岁丸”上海行——日本人一八六二年的中国观察》一书，还原了日本开国后幕府第一次向清朝派出使节团和第一次开展官商性“出贸易”的过程。通过日本人一个月的上海观察，展现出近代中国史的典型剖面。该书认为，这是17世纪30年代以来日本人踏访中国的先河，由此昭显出日本人中国观的转化。有学者将《“千岁丸”上海行——日本人一八六二年的中国观察》与黄仁宇先生《万历十五年》相比拟。关于这两部著作的评论甚多，兹不赘引。这些工作，在新视角、新方法上的拓进不言自明；不过值得注意的是，作者并没有观照欧美“新文化史”的理论，是本土学者根据中国文化的历史实际而做出的新探索。

在新时期，中国文化史与中国社会史出现了合流的趋势。一方面，在微观研究、日常生活研究、下层民众研究、田野调查手段等方面，新文化史研究的对象、理论、方法正好与社会史研究相契合，所以，二者几乎都受到西方“新文化史”的影响，界限越来越模糊。另一方面，二者复兴的时间几近同步。中国社会史的复兴，起始于1986年10月在南开大学历史系召开的“首届中国社会史研讨会”(与《历史研究》编辑部、天津人民出版社合办)。二者的合流也是情理中事。

所以，如刘志琴先生所主导的那样，很多学者干脆称之为“社会文化史”。1992年，社科院近代文化史研究室与《社会学研究》编辑部合作召开的会议，便名之为“社会文化史

① 马勇：《新文化史在中国：过去、现在和未来》，《史学理论研究》2013年第1期。

研讨会”。该研究室集体编写的《近代中国社会文化变迁录》，刘先生所撰序言中即名为“青史有待垦天荒：试论社会文化史研究的崛起”。常建华先生特别关注日常生活史研究，他认为人类日常生活是文化史、社会史、历史人类学共同关注的对象，只是它们重视的程度不同、表述方法不一而已，它应当成为“社会文化史”的基本内容。① 刘永华先生编有《中国社会文化史读本》。类似的提法不一而足，兹不赘述。②

经过近四十年的理论探索和学术实践，中国文化史、中国社会史，或者说中国社会文化史学界，都认识到反思的必要。2013 年，《史学理论研究》刊发一组论文，检讨中外“新文化史研究”的理论和实践。③ 国内不少论著也都对相关研究加以理论分析。④ 总的说来，大多认为此种研究存在“碎片化”现象，呼吁整体的、有理论的、触及民族精神的文化史研究。黄兴涛先生认为，自 20 世纪 80 年代以来，中国学术界同时兴起社会史和文化史两股研究潮流，这可以说是新时期史学研究最大进展之一。二者存在互动，但是“相比之下，无论是在新颖程度、理论自觉还是学术声势和对外交流等方面，社会史研究或者说在‘社会史’旗号下所进行的研究，似乎都略胜一筹”。于是，提出“中国文化史研究再出发”的问题。⑤

1990 年，冯天瑜先生在《中华文化史·导论》中就专列有“文化史在历史学科中地位的确立和发展”一目，认为“把史学从政治史、军事史扩大到文化史、经济史、工商业史、科技史，是启蒙时代史学的重大贡献之一”，呼吁“就中国史研究而论，从文化角度展开，也有着极大的迫切性”。⑥ 近四十年来，他和同道为中国文化史的学科建设和研究范式的建立，做出了不懈努力。

如今，“新文化史”潮流在西方学术界已渐消停，在中国学术界也处于反思之中。经过 40 年的积淀，冯先生当年提出的“迫切性”，即复兴的迫切性，转变为另一种迫切性，即提升的迫切性。中国文化史如何用自己的视角，反映中华民族的发展历程，反映中国漫长而辉煌的历史道路，反映中国人民的精神特质，需要建立真正的中国话语和中国学派。在

---

① 常建华：《日常生活与社会文化史："新文化史"观照下的中国社会文化史研究》，《史学理论研究》2012 年第 1 期。

② 刘志琴主编：《近代中国社会文化变迁录》（三卷），浙江人民出版社 1998 年版。刘永华：《中国社会文化史读本》，北京大学出版社 2011 年版。罗检秋：《从"新史学"到社会文化史》，《史学史研究》2011 年第 4 期。

③ 张俊峰《新文化史与新社会史的关系》、俞金尧《寸有所长而尺有所短：新文化史述评》、马勇《新文化史在中国：过去、现在和未来》、彭卫《文化史研究应触及民族精神》、李振宏《文化史研究需要提倡整体性思维》等文，均载《史学理论研究》2013 年第 1 期。

④ 周兵：《新文化史：历史学的"文化转向"》，复旦大学出版社 2012 年版。梁景和、黄巍：《西方新文化史述略》，《首都师范大学学报》（社会科学版）2010 年第 3 期。

⑤ 黄兴涛：《文化史研究的再出发》，《中国图书评论》2009 年第 12 期。

⑥ 冯天瑜、何晓明、周积明：《中华文化史》，上海人民出版社 1990 年版，第 41 页。

此意义而言，中国文化史研究的再出发，既契机理，又合时宜。

五

我们认为，一门学科之所以存在，必定有其不可替代的原因。应当具备五个明确的要素，即学术边界、研究对象、问题意识、应用范围和学科归属。以下尝试由这些方面来检讨当下和未来的中国文化史研究。①

第一，关于中国文化史的研究边界和研究对象。目前存在三种不同的声音：一是不主张，不需要边界，比如朱维铮先生(分分合合)。二是也不主张划分边界，“文化”只是一种方法，用文化的眼光来研究各时代的其他现象。三是主张划分边界，即研究“大文化视野下的小文化”；也就是说，根据文化由外及内的四个层次(物质、制度、行为、精神)，从外向里看，大文化将这四个层次均囊括其中，而小文化则只研究最核心的一层——精神。然而，最核心的精神层面也有很多，包括思想、心理、哲学、宗教等。目前最常见的一种学科格局和研究模式是：通史包括专门史(与断代史等量齐观)；专门史包括文化史(即狭义的文化史，与经济史、政治史、宗教史、民族史之类等量齐观)；文化史包括思想史；思想史又包括哲学史、学术史、概念史等。我们觉得也有相当的操作性。这种以精神的视野来审视中国历史、由“小文化”把握“大文化”的路径，也正是它存在的必要性和特色所在。与蔡尚思先生所关于文化史研究应以学术思想史为中心而展开的观点，大致可以相通。

钱穆先生主张，“文化即人生”，他认为文化史的范围，要大于政治、社会、经济、学术、人物、地理各方面，后者均只是中国文化的一部分：“中国文化延续数千年以至今天，由其历史演进之总全程，包括一切方面，而来研究其汇通合一之意义与价值者，乃是所谓文化。”②当然，这是从广义的文化角度来理解的。

第二，关于中国文化史的问题意识。可以从以下几方面来予以理解。中国文化史研究必须致力于从不同角度、不同材料来阐释以下问题：

(1)中华民族的民族精神。全世界的文化史著作，都是由《民族志》(来源于传教士报告和旅行家游记之类)发展而来。我国富于文献，中国人自己的民族志并不算少，例如历代的人文地理志、游记，这既包括汉族地区的，也有少数民族的人文地理志。然而，中国人至今没有撰写出一部可堪与《菊与刀》相比的中华民族精神史著作。中国文化通史、各地的区域文化史、断代文化史出版不少，民族志编纂也非常丰富(少数民族之外，汉族的地

① 参前引杨华、李娅杰、张爽：《40年来的中国文化史研究(1978—2018)》，《人文论丛》2020年第1辑，武汉大学出版社2020年版。

② 钱穆：《中国历史研究法》，生活·读书·新知三联书店2001年版，第132~133页。

方风俗志也有不少)，但能在世界上产生重大影响的民族精神志几乎没有。迄今为止，仍只有林语堂的《吾土吾民》、柏杨的《丑陋的中国人》(“酱缸文化”)之类为外人所道，且都是不能准确反映中华民族精神特质的通俗读物。为什么？也许正由于身处其中，才“不识庐山真面目”，无法准确而又高屋建瓴地概括出中国人的精神特质。我们认为，中国文化史研究应当以世界视野下的中华民族精神志撰写作为奋斗目标。

(2)中华民族的文脉传承。“文化”与“文明”这一对概念，有分有合。时间上而言，进入文明阶段之后，最近的四千多年，中华民族的文明就是文化；从内容上而言，中华文明是可与其他文明进行比较的单元。文明由很多文化要素组成，不同的文明，文化要素不一样，那么，中华文明乃至整个东亚文明，在哪些要素上具有独特性？在不同的时期，秦汉晋唐，宋元明清，每个时代独特的精神风貌是什么？主体精神是什么？后一时期，与前一时期在文化上的连续性和继承性表现在哪里？哪些文化要素是连续的，哪些则被中断了？文化的传承具有何规律？今天，中华民族在哪些方面继承和扬弃了祖先传承下来的文化要素？应当如何传承下去？此类问题，是文化史研究必须回答的问题意识。

(3)中华民族的文化认同。费孝通先生关于中华民族“多元一体”的理论，很好地解释了当前我国的民族多元性问题。但是，文化多元性问题还需要更深刻更合理的理论加以解释。中华民族和中华文化的多元一体结构是如何形成的？这不只是民族史学科的问题，更是一个文化史问题。几千年来，由华夏族群(三大族团)演变到汉族、中华民族，内部是如何逐步形成文化认同的？需要进行系统的文化史阐释。其他民族(如北方游牧民族、南方百越民族)是怎样与华夏族、汉族共同形成文化认同的？更需要文化史阐释。就某种意义而言，如从文化史角度加以解释，可能比从族群演变的民族史角度解释得更清楚、更合理。

以上三个问题，其他的学科当然也可以研究，断代史和专门史也都有研究。但是，通过中国文化史研究，由中国文化史学科来进行整体阐释，则可能更为合适，更为系统，脉络更加清晰。这正是中国文化史学科最重要的问题意识，该学科存在的合法性和必要性也自在其中了。

第三，关于中国文化史的应用范围和学科归属。

如上所论，中国文化史研究的优长在于其宏观性，即理论性和整体性。我们认为，这对于以下两个方面的应用具有较强针对性：

(1)中外文明比较。在克服“碎片化”的研究之后，中国文化史研究有利于建立解释中华文明的大框架、大理论。这些体系化的理论揭示，在中华文明与其他世界文明的对比研究和对话互鉴中，更具有学术上的便利性，这也是其他断代史、专题史所无法具备的优势。

(2)国民素质教育。1949 年之前，出版的中国文化史有数十部之多。之所以如此，就是因为当时的高等教育将其作为必修科目。柳诒徵、陈登原等人的《中国文化史》便是当时的教材。今天，一般的高等学校，尤其是理工科大学，也应当将中国文化史作为必须学习的基本内容，由之而提高国民素质，加强爱国教育，促进文化认同。

在目前的历史学科门类之下，中国文化史是中国史(一级学科)下二级学科专门史的一支，实即专门史下的三级学科。

当前，中国文化史研究和教学仍处于方兴未艾之势，其前景可期。我们认为有两点尤其应当注意。其一，应当更加注意域外文明的文化史研究，将域外民族的文化史研究成果纳入视野，加强中外文化的比较研究，由之克服“身在庐山”之弊。其二，应当更加自觉地利用数字人文的方法和成果，将中国文化史的研究推向深入，使中国文化史的教学获得更加优异的成效。

郁达夫有诗：“寻春我爱着先鞭，梢上红苞吐未全。”40 年前，冯天瑜先生的中国文化史研究可谓已着先鞭；40 年后，期待他为中国文化史研究再启新程。